AQUARIEN ATLAS FOTO INDEX 1-5

Wir widmen dieses Buch
unseren Töchtern
Jenny und Nicole

Hans A. Baensch
Dr. Gero W. Fischer

1977 -2007 30 Jahre MERGUS

Umschlagfotos:

Titel: *Paracheirodon axelrodi*
Burkhard Kahl

Melanotaenia boesemani
Arend van den Nieuwenhuizen

Symphysodon aequifasciatus
Arend van den Nieuwenhuizen

Betta splendens
Arend van den Nieuwenhuizen

Corydoras geryi
Arend van den Nieuwenhuizen

Rückseite: *Hyphessobrycon columbianus*
Dieter Bork

Apistogramma hongsloi
Dieter Bork

Betta enicae
Horst Linke

Hemipsilichthys bahianus
Hans-Georg Evers

Foto gegenüber: *Dicrossus filamentosus* ♀
Uwe Römer

Vorsatz: Iguacu-Wasserfälle im Dreiländereck Argentinien/Brasilien/Paraguay
Mergus-Archiv

Nachsatz: Rio Union, Costa Rica
Mergus-Archiv

3. Auflage 2007

AQUARIEN ATLAS FOTO-INDEX 1-5: Baensch, Hans A.; Fischer, Gero W.
Mergus Verlag GmbH; Verlag für Natur- und Heimtierkunde - Melle:
NE: Baensch, Hans A.; Fischer, Gero W.

ISBN 978-3-88244-035-5

Satz: Dr. Gero W. Fischer, Quito, Ecuador
Scans: Viscan, Singapur
Druck: Mergus Press, Singapur
Herausgeber: Hans A. Baensch

Printed in Singapore

Hans A. Baensch

Dr. Gero W. Fischer

AQUARIEN ATLAS

FOTO-INDEX 1-5

MERGUS

Verlag GmbH für Natur- und Heimtierkunde
Hans A. Baensch · Melle · Germany

Vorwort

Der MERGUS AQUARIEN ATLAS hat sich zum umfangreichsten Standardwerk der Aquaristik entwickelt und besteht inzwischen aus 6 Bänden. Während Band 1 zusätzlich die biologisch/chemischen Aspekte und die Technik der Aquaristik bespricht und fast alle in der Aquaristik bekannten Pflanzen in den Bänden 1 bis 3 vorgestellt werden, behandeln die sechs Atlanten inzwischen zusammen ca. 4.800* verschiedene Fischarten. Der "FOTO INDEX" dient dazu, den Überblick darüber zu erleichtern und zu behalten.

In Stichworten und intuitiven Abkürzungen bietet dieser INDEX konzentrierte Kurzinformationen (incl. 4.600 Farbfotos) über alle bisher vorgestellten Fischarten, darüber hinaus das Wesentliche zu den Ordnungen und Familien aller Arten.

Band/Seiten-Hinweise (unter den Fotos) auf den AQUARIEN ATLAS, in dem weiteres über diese Arten gelesen werden kann, und ein ausführliches Gesamtregister mit über 25.000 Taxa aller Arten, mit Umgangsnamen und Synonymen, geordnet nach Gattung/Art und Art/Gattung, vervollständigen die Zugangshilfen zur Information. Außerdem erleichtern das Inhaltsverzeichnis - wie aus den AQUARIEN ATLANTEN gewohnt, in Gruppen unterteilt - und ein zusätzliches systematisches Inhaltsverzeichnis (in alphabetischer Reihenfolge) vor jeder Gruppe das Auffinden von taxonomischen Begriffen, oft bis zur Unterfamilie.

In der Systematik, wie auch sonst in der Biologie, gibt es vielerlei Ansichten darüber, wie die eine oder andere Ordnung, Familie, Unterfamilie, Gattung oder Art einzuordnen sei. Wir lehnen uns größtenteils an das Standardwerk "Fishes of the World" von JOSEPH S. NELSON (3. Aufl., 1994), ohne aber etwa anders lautende Klassifizierungen der AQUARIEN ATLAS-Bände zu übersehen. Es bleibt damit gewährleistet, daß jeder AQUARIEN ATLAS-Freund die ihm geläufige Bezeichnung, vor allem im Bereich der Einteilung in Familie bzw. Unterfamilie findet.

Die Welt wird immer kleiner, die Tropen rücken immer näher und wir als Aquarianer können sie sogar in unserem Wohnzimmer finden. Dieser INDEX ist ein kompaktes Mitnehmwerk: ob zum Zoofachgeschäft um die Ecke oder zu den Flüssen rund um die Erdkugel, immer zur Hand mit den wichtigsten Informationen; ein treuer Ratgeber im Dienste der Aquarianer und Fischfreunde allgemein, eine Entscheidungshilfe für Reiseziele mit Hinweisen auf dort zu erwartende Arten.

Vorwort

Wenn auch dieser INDEX eher an fortgeschrittene Aquarianer gerichtet ist, so braucht der Anfänger nicht vor ihm zurückzuschrecken, verleiht er doch einen ersten Überblick über die Fischwelt, die die Natur uns bietet. Der Spezialist wird in ihm neue Herausforderungen entdecken, der Anfänger wird leichter diejenigen Arten auswählen können, die in ihrer Haltung weniger problematisch sind und die bereits nachgezüchtet werden - ganz im Sinne des Artenschutzes. Eine "Rote Liste" der gefährdeten Süßwasserarten rundet die Informationen ab.

Wenn wir bedenken, daß dieser INDEX etwa 4.800* Süß- und Brackwasserarten vorstellt und daß es ca. 15.000 beschriebene Arten in diesen Gewässern gibt, dann wissen wir, daß uns noch ein weiter Weg bevorsteht, bis unser Ziel, alle Arten vorzustellen, erreicht sein wird. Wir nehmen dazu gern weltweit weitere Beiträge von Fotographen und Aquarianern für zukünftige MERGUS AQUARIEN ATLANTEN entgegen, und wir danken für die bisherige Mitarbeit.

Hans A. Baensch
Melle - Deutschland

Dr. Gero W. Fischer
Quito - Ecuador

* Diese neue Auflage des Foto-Index enthält im Register in rot gedruckt auch die ca. 800 Arten aus Band 6. Im Bildteil konnten wir diese aus Kostengründen nicht unterbringen. Dazu hätte es umfangreicher Neumontagen des gesamten Foto-Index bedurft.

Komplett überarbeitet nach FishBase:
Froese, R. and D. Pauly. Editors. 2006. FishBase.
World Wide Web electronic publication.
www.fishbase.org, version (03/2006).

Inhaltsverzeichnis

Fische

Inhaltsverzeichnis

Verzeichnis der Ordnungen, Familien, Unterfamilien

Verzeichnis der Ordnungen, Familien, Unterfamilien

Verzeichnis der Ordnungen, Familien, Unterfamilien

Verzeichnis der Ordnungen, Familien, Unterfamilien

Verzeichnis der Ordnungen, Familien, Unterfamilien

Verzeichnis der Ordnungen, Familien, Unterfamilien

Zeichenerklärung

1	2
3	4
5	6

Reihenfolge der Arten auf jeder Seite:
Es gilt von links nach rechts und von oben nach unten.
Diese Gliederung findet sowohl bei den Seitenüberschriften als auch im Index zur Zuweisung der Familiennamen bzw. der Synonyme Verwendung.

Unter den Abbildungen der etwa 4000 Arten sind folgende Informationen zu finden (wir beziehen uns auf die jeweils neuesten Auflagen bis einschließlich 2006 des Aquarien Atlas, Bände 1–5):

Gültiger wissenschaftlicher Name	Aquarien Atlas Band/Seite
Deutscher Umgangsname	
H: Herkunft.	Sw,Bw,Mw
GU: ♂ bzw. ♀: Geschlechtsunterschiede.	**V:** Verhalten
Z: Zucht.	**F:** Futterplan
T: Temperatur **L:** Länge **pH:** Säuregrad	**SG:** Schwierigkeitsgrad

Gültiger wissenschaftlicher Name: Der zur Zeit gültige Name der Art. Weitere wissenschaftliche Namen, welche zur Zeit als Synonyme gelten, sind im Gesamtregister aufgeführt.

Deutscher Umgangsname: Leider ist eine solche Benennung meistens regional begrenzt und viele Arten haben keine. Der Gebrauch des wissenschaftlichen Namens ist daher vorzuziehen.

Aquarien Atlas Band/Seite: Mergus Aquarien Atlas Bände 1 bis 5 mit entsprechender Seitenzahl in jenem Band, in dem ausführlichere Informationen gefunden werden können.

Herkunft: Das ursprüngliche Herkunftsgebiet (Habitat) der Art. Folgt ein E – endemisch – so besiedelt diese Art nur jenes begrenzte Gebiet.

Sw, Bw, Mw: Süßwasser (nur in Zweifelsfällen angegeben), Brackwasser, Meerwasser. Die Reihenfolge gibt Aufschluß über den bevorzugten Wassertyp.

Geschlechtsunterschiede (GU): Die deutlichsten äußeren Merkmale, welche es erlauben, die Geschlechter zu unterscheiden. Normalerweise ist ein laichbereites Weibchen (♀) auch an einem größeren Leibesumfang zu erkennen, wenn sonst kein Unterschied zum Männchen (♂) bestehen sollte. Bei jugendlichen Fischen gestaltet sich die Erkennung allgemein schwieriger.

Verhalten: Das allgemeine soziale Verhalten der Art, wobei aber immer die Größe des Individuums in Betracht gezogen werden muß. Die Zeichen [!, –, (–), =, +] bedeuten im einzelnen:

! **Vorsicht. Die Art kann auch dem Aquarianer gefährlich werden! (Bisse, Stachel)**

– Artbecken/Einzelhaltung vorgeschlagen. Es handelt sich hier hauptsächlich um Räuber und sehr große Fische.

(–) Es empfiehlt sich ein Artbecken, auch zum Schutz der Art. Es handelt sich um heikle Arten, die leicht unterdrückt werden, und seltene Arten, bei denen eine Aquarienzucht wünschenswert wäre.

= "Spezielles" Gesellschaftsbecken möglich, z.B. Cichliden gewisser Gruppen unter sich; aber auch große, friedliche Fische untereinander. Oftmals sind innerartliche Aggressionen stark ausgeprägt, während Fremdarten nicht beachtet werden.

\+ "Normales" Gesellschaftsbecken möglich. Friedlicher Fisch, der allerdings auch leichter einem "mittelaggressiven" Fisch zum Opfer fallen könnte. Grundregeln der Vergesellschaftung wie: keine extremen Unterschiede in Größe, ähnliches Temperament, ähnliche Wasserbedingungen, angepaßte Aquariendimensionen und -einrichtung usw. müssen immer beachtet werden.

? Unbekannt. Es fehlen Berichte. Engagierte Aquarianer können hier einen Beitrag leisten.

Doppelsymbole: z.B., +,– ; friedlich als Jungtier, später zu groß oder Raubfisch.

Zeichenerklärung

Zucht: Grundsätzliche Art der Fortpflanzung. In den Einleitungen sind weitere Informationen zu finden. Werden Angaben aus der Natur gemacht, ist eine Aquarienzucht noch nicht gelungen, aber im Sinne des Artenschutzes sehr wünschenswert (Artbecken ist vorzuziehen). Oftmals ist die zu erwartende Anzahl von Eiern (E) oder Jungen (J) angegeben.

Futterplan: Die Ernährung der Art. (Eine ausführliche Erklärung kann im Aquarien Atlas Band 1, S. 200f., gefunden werden.)

H Herbivore = Pflanzenfresser
Diese Arten ernähren sich in der Natur von Früchten, Samen, Pflanzen (sowohl aquatische als auch Landpflanzen, die in das Wasser hineinragen) und Algen. Viele dieser Arten nehmen auch Nahrung tierischen Ursprungs auf, aber unter ihnen gibt es keine ausgesprochenen Raubfische. Diese Arten haben einen reduzierten Magen und einen langen Darm und müssen deshalb im Aquarium mehrmals täglich gefüttert werden (3–4 Mal).

K Karnivore = Fleischfresser
Arten mit diesem Hinweis sind meist Räuber, aber auch solche, die auf eine Ernährung mit Markenfutter tierischen Ursprungs angewiesen sind. Obwohl Lebendfutter eine Notwendigkeit sein kann, bieten gefriergetrocknetes Futter (FD) und Frostfutter angemessene Ausweichmöglichkeiten. Der Magen ist gut entwickelt, und der Darm ist kurz. Im Aquarium ist eine einmal tägliche Fütterung meist ausreichend.

K! Nicht/sehr schwer an Trockenfutter (FD, Flockenfutter) zu gewöhnen.

L Limnivore = Aufwuchsfresser
Ähnlich den Pflanzenfressern haben diese Arten einen reduzierten Magen und langen Darm. Sie weiden den Belag (Aufwuchs) der Dekoration und der Scheiben ab. Die Algen mit den darin befindlichen Klein- und Kleinstlebewesen werden dabei den ganzen Tag über in kleinen Portionen aufgenommen, was bei einer Fütterung unbedingt berücksichtigt werden muß (Futtertabletten).

O Omnivore = Allesfresser
Arten mit den geringsten Ernährungsproblemen. Unter ihnen gibt es weder Raubfische noch spezialisierte Pflanzenfresser, und sie können mit handelsüblichen Flockenfuttermitteln ernährt werden.

P! Obligater Parasit.
Die Art ist auch im Aquarium auf eine parasitische Lebensweise angewiesen (z.B. Schuppenfresser oder Blutsauger in der Kiemenhöhle größerer Fische).

P Fakultativer Parasit.
Obwohl diese Arten in der Natur parasitisch leben, werden sie sich im Aquarium auf die leichter zu erfüllende "normale" Fütterung umstellen lassen.

Eine qualitativ und quantitativ optimale Fütterung, bei angemessenen Wasserwerten, ist oft der ausschlaggebende Einfluß auf die erfolgreiche Zucht einer Art.

Temperatur: Der Bereich der günstigsten Wassertemperatur. Bei Arten aus größeren nördlichen und südlichen Breiten muß man bedenken, daß viele auf eine jahreszeitlich bedingte Senkung der Temperatur (Winter) für ausdauerndes Leben und Fortpflanzung angewiesen sind.

Länge: Die Gesamtlänge der ausgewachsenen Art (inklusive Schwanzflosse) ist ein ausschlaggebendes Kriterium bei der Wahl der Aquariengenossen, ihrer Anzahl und der Größe des Aquariums.

pH: Der durchschnittliche Säuregrad des Wassers.

≪7 ≅ stark sauer (unter 6,0)
<7 ≅ schwach sauer bis neutral (von ca. 6,0 bis 7,0)
7 ≅ um neutral oder keine besonderen Ansprüche
>7 ≅ neutral bis alkalisch (von ca. 7,0 bis 8,0)
≫7 ≅ stark alkalisch (über 8,0)

Normalerweise läßt sich aus dieser Angabe auch auf die Härte des Wassers schließen: stark sauer ≅ sehr weich, sauer ≅ weich, neutral ≅ keine besonderen Ansprüche, alkalisch ≅ hart, stark alkalisch ≅ sehr hart.

SG: Schwierigkeitsgrad bei der Haltung. (Siehe auch Aquarien Atlas Band 1, S. 203f.)

1 Einfach zu halten (und zu füttern). Kaum Erfahrung notwendig.
2 Gewisse Vorkenntnisse erforderlich.
3 Arten für fortgeschrittene Aquarianer.
4 Problematische Arten. Nur für Aquarianer mit den entsprechenden Vorkenntnissen, aber auch mit der erforderlichen technischen Einrichtung und Futterquelle. Es handelt sich um große, seltene oder anspruchsvolle Arten, aber es kann sich auch um giftige (Stachelverletzungen) oder anders gefährliche Arten handeln.

Flußneunauge *Lampetra fluviatilis*

Ursprung/Systematik

Die Familie der Rundmäuler (Petromyzontidae), Teil der Überklasse Cyclostomata, hat ihren Ursprung im Oberkarbon (Steinkohlezeit, vor ca. 325 Millionen Jahren). Da ihnen ein Knochenskelett fehlt, sind keine fossilen Funde bekannt. Das Fehlen von Kiefern sichert ihre Zugehörigkeit zu Agnatha (Kieferlose Fische) (NELSON, 1994).

Klasse Cephalaspidomorphi

PETROMYZONTIFORMES	41 von 41 (32)*	
Petromyzontidae	6 G, 41 A**	25

Geographische Verbreitung

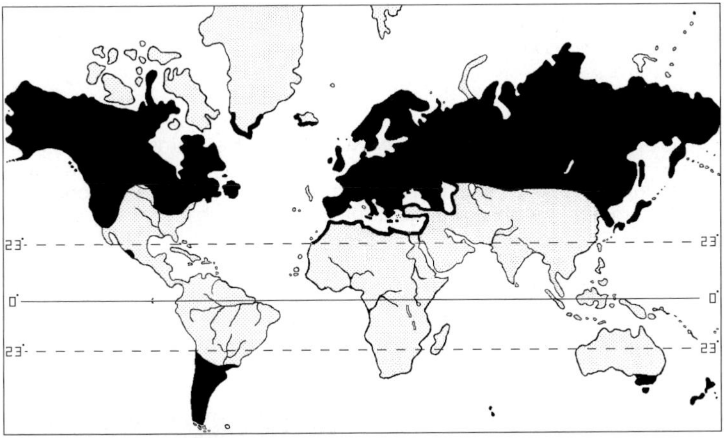

Verbreitungsgebiet der Petromyzontidae.

Zucht/Fortpflanzung

Die Zucht im Aquarium ist noch nicht gelungen. Die Gründe liegen in einem komplizierten Lebenslauf und der im Aquarium entsprechend schwer zu erfüllenden Diät.

In der Natur erfolgt die Eiablage im Süßwasser bei 12–16 °C. Bis zu 3000 Eier werden in flachen Mulden abgelaicht.

* Alle der insgesamt 41 Arten dieser Ordnung brauchen Süßwasser, zumindest Teil ihres Lebens. (32 Arten davon halten sich nur im Süßwasser auf.)

** Insgesamt werden 41 Arten in 6 Gattungen anerkannt.

Gruppe 0

PETROMYZONTIFORMES
Rundmäuler

Biologie

Rundmäuler leben bis zu 6 Jahre als Larve in Süßwasser (*Ammocoetus* oder Querder genannt). Diese Zeit wird bei langsamem Wachstum größtenteils eingegraben verbracht. Nach der Metamorphose wandern manche Arten in das Meer (andere wandern nicht) und verbleiben dort bis zu 3 Jahre. In dieser Zeit ist ihre Wachstumsrate groß, dann wandern sie wieder zurück in das Süßwasser, wo sie nach dem Ablaichen innerhalb von wenigen Tagen sterben.

Ernährung

Larven filtrieren Schwebestoffe, die ihnen die Strömung heranträgt. Dazu strecken sie ihren Kopf aus dem feinkörnigen Bodengrund heraus. Nach der Metamorphose gehen sie auf eine semiparasitäre Ernährung über. Sie fressen jetzt Fischfleisch und -blut, welches sie durch Ansaugen und Abraspeln ihrer Wirtsfische erhalten. Nach Beginn der Laichwanderung wird irreversibel keine Nahrung mehr aufgenommen.

Verhalten

Larven sind harmlos, während erwachsene Tiere Parasiten sein können, auch innerhalb ihrer Art. Parasitische Tiere ernähren sich auch nach der Metamorphose, nichtparasitäre Formen pflanzen sich nach der Metamorphose ohne weitere Ernährung fort.

Besonderheiten

Der Körper ist nackt und aal- bis wurmförmig. Brust- und Bauchflossen fehlen. Der Mund ist rund und wird wie eine Blende geschlossen. Sie werden nicht zu den eigentlichen Fischen gezählt, sondern bilden die gesonderte Gruppe der Kieferlosen (Inger).

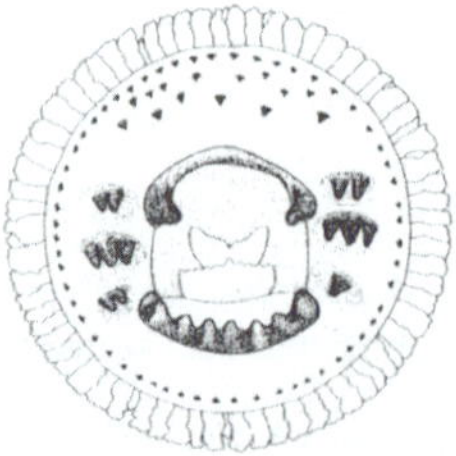

Lampetra planeri Mundscheibe 2/201

Lampetra appendix ♀ mit Eiern 4/8

Es wird grundsätzlich von der Aquarienhaltung dieser Familie abgeraten.

Lampetra fluviatilis 4/7
Flußneunauge
H: Europa.
GU: Urogenitalpapille. V: –
Z: Künstliche Befruchtung. F: O,K
T: 5–18°C, L: ca.100 cm, pH: 7, SG: 4

Lampetra planeri 2/201, (5/8)
Bachneunauge, Bachpricke
H: Europa.
♀: Afterregion rot, geschwollen. V: –
Z: Natur: März–Juni. F: K
T: 4–16°C, L: 19 cm, pH: 7, SG: 4

Lampetra appendix 4/8
Amerikanisches Neunauge
H: USA: Große Seen.
♂: Quellflosse kleiner. V: –
Z: Nicht erfolgt. F: K
T: 5–20°C, L: 20 cm, pH: 7, SG: 4

Lethenteron camtschaticum 4/11
Arktische Lamprete
H: Nordamerika, Rußland, Japan.
♂: Quellflosse kleiner. V: –
Z: Nicht erfolgt. F: K
T: 5–18°C, L: 18–54 cm, pH: 7, SG: 4

Lethenteron kessleri 4/12
Kesslers Neunauge
H: Rußland, Japan; ohne Meerzugang.
♂: Länger; Dorsale höher. V: –
Z: Natur: Mai–Juli. F: K
T: 5–25°C, L: 35 cm, pH: 7, SG: 2–3

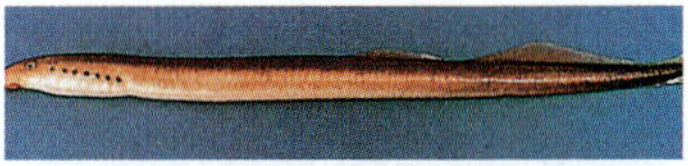

Lethenteron zanandreai 5/8
Lombardisches Neunauge, Ciriola
H: Europa: Italien. Bedroht!
♂: Mundscheibe größer; Schwanz abwärts gebogen. V: =
Z: Nat.: Jan.–Juni (März); 2000 E. F: K
T: 5–19°C, L: 22 cm, pH: 7, SG: 4

Gruppe 1 Unechte Knochen- u. Knorpelfische

Die Gruppe 1 bringt im Anschluß an die Neunaugen weitere – entwicklungsgeschichtlich gesehen – primitive Fische, die keine Echten Knochenfische sind (d.h., keine Fische der Division Teleostei). Unterfamilien wurden in der alphabetischen Reihenfolge nicht berücksichtigt.

* Alle der insgesamt 25 Arten dieser Ordnung brauchen Süßwasser, zumindest für einen Teil ihres Lebens. (14 Arten davon halten sich nur im Süßwasser auf.)

** Insgesamt werden etwa 24 Arten in 4 Gattungen anerkannt.
(beides NELSON, 1994)

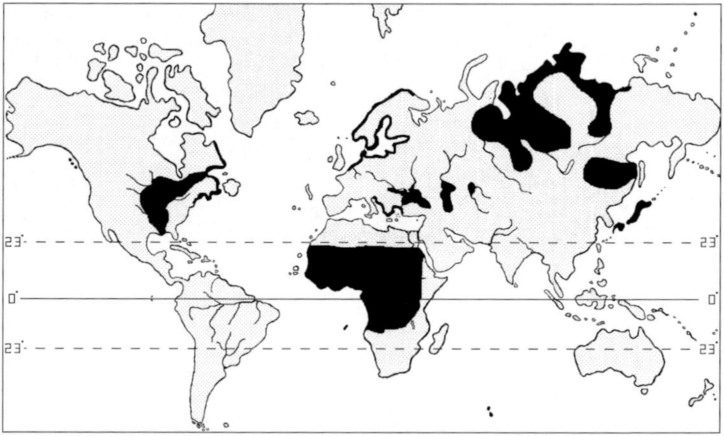

Verbreitungsgebiet der Chondrostei.

Ordnung Acipenseriformes (Störe und Löffelstöre)

Viele Arten dieser Ordnung sind weltweit als Kaviarlieferanten und wegen ihres wohlschmeckenden Fleisches sehr geschätzte Fische (Familie Acipenseridae), manche sind aber durch Überfischen, Umweltverschmutzung und hydraulische Bauwerke in ihren Laichflüssen (es handelt sich größtenteils um anadrome Wanderfische) vom Aussterben bedroht. Fischzuchtanstalten haben inzwischen erste Erfolge in der Fortpflanzung einiger Arten erzielt und so könnte sich auf mittlere Sicht die Lage wieder bessern, zumal ein steigendes Umweltbewußtsein und kontrollierte Fangquoten immer deutlicher das ihrige zur Erhaltung der Störe beitragen.

Der Löffelstör (Familie Polyodontidae) ist im Mississippi-Einzugsbereich (USA) beheimatet. Es handelt sich um einen riesigen Fisch, der inzwischen erfolgreich in Fischzuchtanstalten fortgepflanzt wird, um Naturbestände aufzustocken und auch um dessen Fleisch zu vermarkten.

Da diese Fische für "normale" Aquarien bei weitem zu groß werden, wird vom Erwerb von Jungfischen abgeraten, wenn man sich nicht von vornherein darüber im klaren ist, was später mit dem gewachsenen Tier geschehen soll.

Ordnung Polypteriformes (Flösselhechte)

Flösselhechte besiedeln nur das tropische Afrika und können atmosphärische Luft atmen: ihre lungenartig bauchwärts gelegene 2-teilige Schwimmblase, die mit der Speiseröhre verbunden ist, dient als zusätzliches Atmungsorgan. Werden Flösselhechte am Luftholen gehindert, so ertrinken sie selbst in sauerstoffreichem Wasser. Sie sind vor allem untereinander aggressiv, aber auch andere Fische, die als Beute in Frage kommen, sind gefährdet. Sie können sich auf ihre Ventralen stützen, um so auszuruhen.

Acipenser baeri 3/74
Sibirischer Stör
H: Asien: GUS-Staaten.
GU: Unbekannt. V: =
Z: Anadrom u. stationär. F: K
T: 14–20°C, L: >200 cm, pH: >7, S: 3–4

Acipenser gueldenstaedtii 3/74
Waxdick
H: Europa, W-Asien: Inlandmeere.
GU: Unbekannt. V: =
Z: Anadrom; Kaviar. F: K
T: 14–20°C, L: <400 cm, pH: >7, S: 3–4

Acipenser medirostris 3/76
Grüner Stör
H: Amerika u. Asien. Selten.
GU: Unbekannt. V: ?
Z: Anadromer Wanderfisch. F: K
T: 4–20°C, L: <210 cm, pH: >7, S: 3–4

Acipenser nudiventris 3/76
Schip, Dick, Glattdick
H: Europa u. Asien: Inlandmeere.
GU: Unbekannt. V: =
Z: Anadromer Wanderfisch. F: K
T: 4–20°C, L: 200 cm, pH: >7, S: 3–4

Acipenser ruthenus 1/207
Sterlet
H: Europa u. Sibirien.
GU: Unbekannt. V: =
Z: Natur: Mai, Juni. F: K
T: 4–18°C, L: 100 cm, pH: >7, S: 2–3

Acipenser schrenckii 3/78
Amur-Stör
H: Asien: GUS-Staaten, China.
GU: Unbekannt. V: =
Z: Anadrom: Juni–September. F: K
T: 4–20°C, L: <290 cm, pH: >7, S: 3–4

Acipenser stellatus 3/78
Sternhausen
H: Europa u. W-Asien.
♀: Etwas voller zur Laichzeit. V: =
Z: Anadrom: Juni–September. F: K
T: 4–20°C, L: <190 cm, pH: >7, S: 3

Acipenser sturio 3/81
H: Küsten Europas.
GU: Unbekannt. V: =
Z: Natur: Juni, Juli; anadrom. F: K
T: 4–18°C, L: 600 cm, pH: >7, S: 4

Huso dauricus 3/82
Kaluga-Hausen
H: Asien: GUS-Staaten, China.
GU: Unbekannt. V: –
Z: Natur: Mai, Juni. F: K
T: 4–20°C, L: 560 cm, pH: >7, S: 4

Huso huso 3/82
Hausen
H: Europa u. Asien.
GU: Unbekannt. V: =
Z: Herbst, Frühling; Beluga-Kaviar. F: K
T: 4–20°C, L: 900 cm, pH: >7, S: 4

Pseudoscaphirhynchus kaufmanni 3/84
Großer Pseudoschaufelstör ♂
H: GUS-Staaten.
♂: Ausgezogene K; spitzes Maul. V: ?
Z: Natur: April. F: K
T: 4–20°C, L: 75 cm, pH: >7, S: 3–4

Scaphirhynchus platorhynchus 2/204
Schaufelstör
H: Nordamerika.
GU: Unbekannt. V: =
Z: Natur: April–Juni. F: K
T: 4–20°C, L: 150 cm, pH: >7, S: 4

KNORPELF.

Polyodon spathula 2/215
Löffelstör
H: Nordamerika.
GU: Unbekannt. V: =
Z: N: Feb.–Mai; Fischzuchtanstalt. F: K
T: 4–18°C, L: 200 cm, pH: 7, S: 4

Erpetoichthys calabaricus 1/210
Flösselaal
H: Westafrika.
♂: 12–14 Analflossenstrahlen (♀ 9). V: =
Z: Noch nicht gelungen. F: K
T: 22–28°C, L: 40 cm, pH: <7, S: 3

Polypterus delhezi 2/216
Zaire-Flösselhecht
H: Afrika: Zaire.
GU: Unbekannt. V: –
Z: Nicht erfolgt. F: K
T: 26–28°C, L: 35 cm, pH: 7, S: 3–4

Polypterus ornatipinnis 1/210
H: Zentralafrika: Oberer u. mittl. Zaire.
♂: Anale breiter? Kopf schmaler? V: –
Z: Pflanzendickicht; 200–300 Eier. F: K
T: 26–28°C, L: <46 cm, pH: 7, S: 4

Polypterus palmas 2/216
H: Afrika: Guinea, Sierra L., Lib., Zaire.
♂: Anale doppelt so strahlenreich. V: –
Z: Freilaicher. F: K
T: 26–28°C, L: 30 cm, pH: 7, S: 3

Polypterus senegalus 2/218
Senegal-Flösselhecht
H: Afrika: Weißer Nil.
GU: Unbekannt. V: –
Z: Nicht erfolgt. F: K
T: 25–28°C, L: 30 cm, pH: 7, S: 3–4

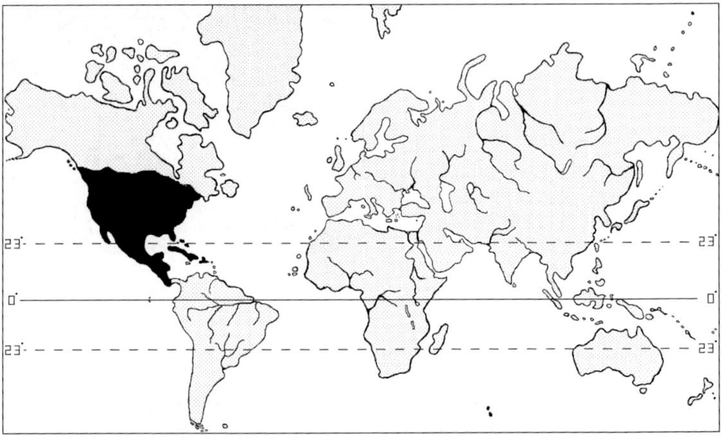

Verbreitungsgebiet der Neopterygii.

Ordnung Amiiformes (Kahlhechte)

Zur Kreidezeit und im Jura (vor 100 bzw. 190 Millionen Jahren) waren die Amiiformes zahlreich vertreten, heutzutage ist der Kahlhecht (Familie Amiidae) die einzige überlebende Art. Der Kahlhecht bewohnt das Mississippibecken und sumpfige Gewässer in Florida.

Seine Lunge (modifizierte Schwimmblase) erlaubt es ihm, Wärme- und Trockenperioden zu überstehen. Zwar ist er kein obligater Luftatmer, doch schon ab 10 °C nimmt seine Lungenaktivität zu und erlaubt ihm schließlich, in einer schlammigen Höhle die Trockenzeit zu überstehen. Seine beachtliche Endgröße begrenzt seine Haltung im Heimaquarium auf höchstens junge Exemplare, da er obendrein ein Raubfisch ist.

In der Natur laichen oftmals mehrere Paare nebeneinander, so daß Brutkolonien entstehen. Die Art ist sehr fruchtbar, man schätzt, 70000 Eier werden pro Nest am Boden inmitten des Pflanzendickichts gelegt.

Ordnung Semionotiformes (Knochenhechte)

Knochenhechte (Familie Lepisosteidae) waren ebenfalls in der Kreidezeit und im Jura zahlreich vertreten (s. oben); heute gibt es davon nur noch sieben Arten. Ihr sonst zum Kahlhecht identisches Verbreitungsgebiet ersteckt sich jedoch weiter bis zum südlichen Mittelamerika.

Der schlanke Körper wird panzerartig von Schmelzschuppen umgeben. Die Gelenke der Wirbelsäule erlauben Nickbewegungen des Kopfes. Die Schwimmblase der Knochenhechte ermöglicht Hilfsatmung, welche hauptsächlich in den warmen Jahreszeiten benötigt wird.

Knochenhechte sind Raubfische des "Stoßräuber-Typs". Die erforderliche Beschleunigung wird durch die Dorsale und Anale zusammen mit der Kaudalflosse ermöglicht.

Das schnelle Wachstum und die beachtliche Endgröße der Knochenhechte bedingen ihre Haltung in großen Schauaquarien; für das Heimaquarium sind sie nicht geeignet.

Amia calva 2/205
Kahlhecht, Amerikanischer Schlammfisch
H: Nordamerika: USA
♂: Schwanzstielfleck; kleiner. V: –
Z: Natur: Mai, Juni. F: K
T: 15–20°C, L: 75 cm, pH: 7, S: 4

Lepisosteus oculatus 2/210
Gefleckter Knochenhecht
H: Nordamerika: USA.
GU: Unbekannt. V: –
Z: Zu groß. F: K
T: 12–20°C, L: 125 cm, pH: 7, S: 4

Lepisosteus osseus 2/210
Gemeiner Knochenhecht
H: Nordamerika: USA.
GU: Unbekannt. V: –
Z: Natur: März–Mai. F: K
T: 12–20°C, L: 150 cm, pH: 7, S: 4

Lepisosteus platostomus 2/212

H: Nordamerika.
GU: Unbekannt. V: –
Z: Nicht gelungen. F: K
T: 10–18°C, L: 60 cm, pH: 7, S: 2

Atractosteus tristoechus 2/212
Alligatorhecht, Kaimanfisch
H: Amerika: S-USA, Kuba, N-Mexiko.
GU: Unbekannt. V: –
Z: Nicht gelungen. F: K
T: 18–23°C, L: >300 cm, pH: 7, S: 3

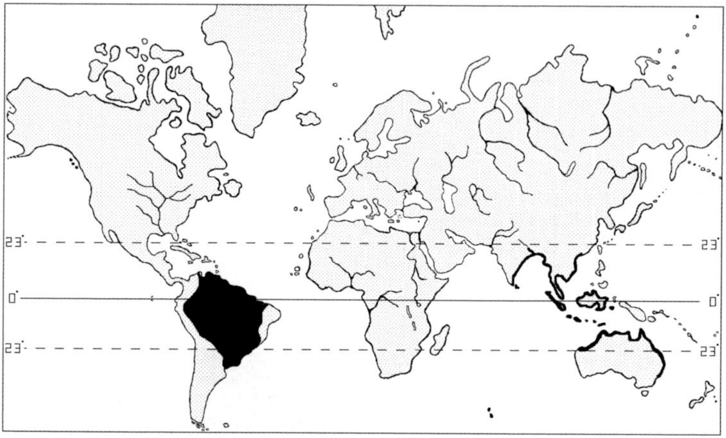

Verbreitungsgebiet der Rajiformes (Süß-/Brackwasser).

Ordnung RAJIFORMES

Die Stachelrochen (Familie Dasyatidae) und vor allem die Süßwasserstechrochen der Familie Potamotrygonidae sind Relikte von Meerwasserarten des Pazifischen Ozeans, welche sich an Süßwasser anpassen mußten, als die Anden durch Kontinentalverschiebung entstanden. Vor jener Zeit (vor 15 Millionen Jahren) floß der Amazonas noch in den Pazifik. Erst etwa 5 Millionen Jahre später durchbrach die größte Süßwasseransammlung, die es je gegeben hat, das östliche Plateau und begann wie heute in den Atlantik zu entwässern. Die Anpassung der Stachelrochen an das Leben in Süßwasser ersieht man aus der reduzierten Rektaldrüse und der geringen Harnkonzentration im Blut.

Befruchtung erfolgt intern – diese Rochen sind lebendgebärend. Es kommt sogar vor, daß ein in der Natur gerade gefischtes Rochenweibchen im Boot gebiert. Diese miniatur-erwachsenen Jungrochen haben bereits eine Körperlänge von etwa 10 cm und es hängt ihnen der Dottersack vom "Nabel" an. Etwa ein Dutzend Junge können es sein. Die Vermehrung im Aquarium ist bereits gelungen (siehe AQUARIEN ATLAS Band 5, Seite 10).

Der peitschenartige Schwanz trägt nahe an seinem Ende einen mit Widerhaken bewehrten Stachel. Dieser wird alle 6–12 Monate erneuert. Allein aus mechanischen Gründen ist eine Verwundung sehr schmerzhaft, zudem ist der Stachel giftig. Es ist mit einer Infektion zu rechnen, da allerlei organische Fäulnisstoffe in der rauhen Oberfläche des Stachels eingebettet sind. Normalerweise wird man am unteren Bein verletzt, wenn man in der freien Natur auf einen Rochen tritt. Man wird sich daher in "rochenverdächtigem Gebiet" (Sand/

Schlammboden der Niederungen) immer mit schleifendem Schritt fortbewegen, um so einen eventuell im Boden ruhenden Rochen zu verscheuchen. Im Aquarium ist die Verletzungsgefahr zwar geringer, trotzdem wird man aber immer mit Vorsicht im Becken hantieren.

Aquarienhaltung von Rochen ist in Becken mit großzügiger freier Grundfläche durchaus möglich, sollte aber erfahrenen Aquarianern vorbehalten bleiben.

Sägerochen (Familie Pristidae) sind eigentlich Bewohner der Meere Südostasiens, aber *Pristis microdon* (S. 36) dringt bis zu 400 km in die Flüsse Australiens ein. Diese Art hat ein haiähnliches Aussehen, ist aber näher mit Rochen verwandt. Sie ist lebendgebärend und hat dementsprechend eine geringe Anzahl von Jungen (ca. 20).

Natürlich wird mit ihren 5 m Endlänge diese Art für unsere Aquarien bei weitem zu groß.

Der Import für das Berliner Aquarium ist mit großen Anstrengungen bereits gelungen. Die Tiere haben jedoch nicht lange überlebt.

Himantura oxyrhyncha 4/14
Indo-Australischer Tüpfelrochen
H: NW-Australien, S-Indonesien. Bw
♂: Verdickungen an Ventralen. V: !
Z: Unbekannt. F: K
T: 23–26°C, **Ø**: 250 cm, **pH**: >7, **S**: 4

Paratrygon aiereba 4/14
Ringrochen
H: Südamerika: Brasilien.
♂: Verdickte Ventralflossen. V: !
Z: Natur: lebendgebärend. F: K
T: 22–28°C, **Ø**: 50 cm, **pH**: <7, **S**: 4

Potamotrygon henlei 4/16
Feuerrochen
H: Südamerika: Brasilien.
♂: Verdickungen an Ventralen. V: !
Z: Natur: lebendgebärend. F: K
T: 23–28°C, **L**: 35 cm, **pH**: <7, **S**: 3–4

Potamotrygon hystrix 4/16
Marmorierter Süßwasserrochen
H: Südamerika.
♂: Ventralen dicker; farbiger(?). V: !
Z: Natur: lebendgebärend, 6–12 J. F: K
T: 24–26°C, Ø: 70 cm, pH: <7, S: 4

Potamotrygon hystrix (?) ♀ 5/11
Marmorierter Süßwasserrochen
Mit Jungtier.

Potamotrygon motoro 1/209
Gemeiner Stechrochen
H: Südamerika.
♂: Verdickungen; kontrastreicher. V: !
Z: Natur: lebendgebärend. F: K
T: 23–25°C, L: 70 cm, pH: <7, S: 4

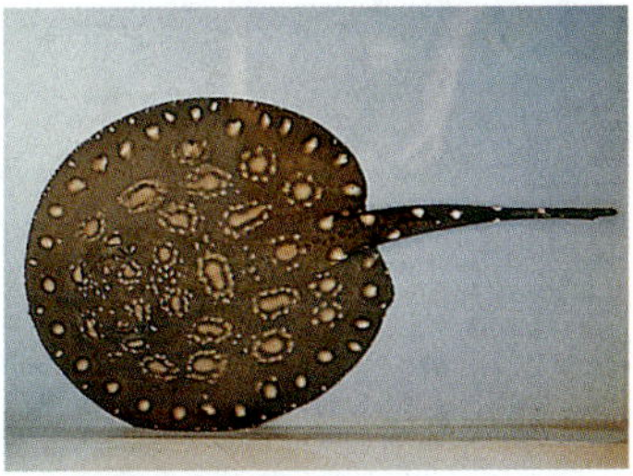

Potamotrygon leopoldi 5/15
Leopolds Stachelrochen
H: Südamerika: Brasilien: Rio Xingú. E
♂: Anhang hinter Geschlechtspor. V: !
Z: Noch nicht gelungen. F: K
T: 20–25°C, Ø: 25 cm, pH: <7, S: 4

Potamotrygon motoro 2/219

H: Südamerika.
♂: Verdickungen an Ventralen. V: !
Z: Natur: lebendgebärend. F: K
T: 24–26°C, Ø: 30 cm, pH: <7, S: 3

Potamotrygon motoro ♂ 5/11

Zuchtbericht in Aquarien Atlas, Band 5.

Potamotrygon orbignyi 4/18
Genetzter Süßwasserrochen

H: Südamerika.
♂: Verdickungen an Ventralen. V: !
Z: Natur: lebendgebärend. F: K
T: 24–26°C, Ø: >30 cm, pH: 7, S: 4

Potamotrygon sp. aff *orbignyi* 4/20
Genetzter Süßwasserrochen

Potamotrygon schroederi 5/16
Schröders Stachelrochen, Guacamaya-R.

H: Südamerika: Venezuela. Sehr selten.
♂: "Hoden" hinter dem After. V: !
Z: Natur: lebendgebärend. F: K
T: 18–25°C, Ø: 40 cm, pH: <7, S: 4

Potamotrygon sp. 4/20

Pristis microdon 2/220
Leichthard's Sägefisch

H: Südostasien, Australien.
♂: Ventrale als Begattungsorgan. V: ?
Z: Natur: lebendgebärend; <20 J. F: K
T: 24–26°C, L: 500 cm, pH: 7, S: 4

Klasse: Sarcopterygii
Unterklasse: Dipnoi — Lungenfische

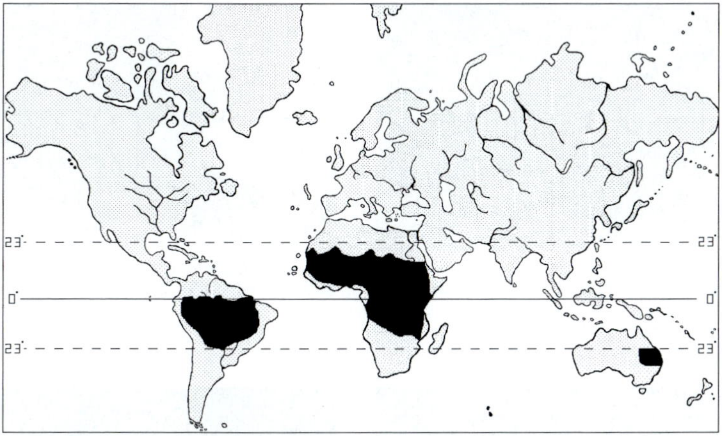

Verbreitungsgebiet der Dipnoi.

CERATODONTIFORMES
Ceratodontidae — Australische Lungenfische

Ordnung CERATODONTIFORMES

Die australischen Lungenfische (Familie Ceratodontidae) mit nur einer Art: *Neoceratodus forsteri*. Im Vergleich zu den Lepidosireniformes ist ihre Lungenatmung wenig entwickelt. So gräbt sich diese Art nie in den Schlamm ein und stirbt, sollte das Gewässer austrocknen. Die Endgröße der Art verlangt Aquarien von beachtlichen Dimensionen.

Neoceratodus forsteri 2/206
Australischer Lungenfisch
H: Australien, Queensland.
GU: Unbekannt. **V:** –
Z: Natur: wie Froschlaich. **F:** K
T: 22–28°C, **L:** 180 cm, **pH:** 7, **S:** 4

LEPIDOSIRENIFORMES

Ordnung LEPIDOSIRENIFORMES

Amerikanische und Afrikanische Lungenfische (Familie Lepidosirenidae bzw. Protopteridae) haben eine Lunge (modifizierte Schwimmblase), welche es ihnen ermöglicht, die Trockenzeit zu überleben. Dazu zieht sich der einzelne Fisch in eine Schlammkapsel, die er innen mit abgesondertem Schleim bedeckt, zurück und atmet nur noch durch eine letzte Öffnung, die er nahe seinem Maule läßt. Für das Heimaquarium werden die Fische zu groß.

Lepidosiren paradoxa 2/207
Südamerikanischer Lungenf., Lurchfisch
H: Zentrales Südamerika.
GU: Unbekannt. V: =
Z: Natur: unterirdische Gänge. F: K
T: 24–28°C, L: 125 cm, pH: 7, S: 4

Lepidosiren paradoxa juv. 2/207
Südamerikanischer Lungenf., Lurchfisch

Protopterus annectens annectens
Afrikanischer Lungenfisch 2/221, 3/86
H: Afrika; Vom Senegal bis Nigeria.
GU: Unbekannt. V: –
Z: Natur: Vaterfamilie. F: K
T: 25–30°C, L: 82 cm, pH: 7, S: 2

Protopterus dolloi 1/208
H: Afrika; Zaire-Einzugsgebiet.
GU: Unbekannt. V: –
Z: Natur: Vaterfamilie. F: K
T: 25–30°C, L: 85 cm, pH: 7, S: 4

Protopterus aethiopicus aethiopicus 3/86
Äthiopischer Lungenfisch weiße Farbform
H: Afrika; Nil.
GU: Unbekannt. V: –
Z: Natur: Vaterfamilie. F: K
T: 25–30°C, L: 200 cm, pH: 7, S: 4

Protopterus aethiopicus aethiopicus 3/86
Äthiopischer Lungenfisch

Hyphessobrycon columbianus; oben ♀, unten ♂ (s.S. 99).

Ursprung/Taxonomie

Salmler zählen zu den ältesten Fischordnungen. Sie müssen ihren Ursprung vor 80–150 Millionen Jahren im Mesozoikum, vor der Teilung Afrikas und Amerikas haben, wie sich aus der Existenz von den sehr ähnlichen Gruppen, die auf beiden Kontinenten vertreten sind, z.B. *Hydrocynus* vs. *Hoplias* oder *Erythrinus,* und Citharinidae vs. Hemiodontidae und Curimatidae (GÉRY, 1977) herleitet.

Früher wurden die Salmlerähnlichen als eine Unterordnung (Characoidei) der Karpfenartigen (Cypriniformes) angesehen, also nicht als eigene Ordnung (Characiformes) wie heute. Auch die Einteilung in Familien folgt immer wieder neuen Erkenntnissen. In diesem Buch haben wir uns bemüht, einer modernen Einteilung zu folgen, ohne die Besitzer älterer AQUARIEN ATLAS-Auflagen im Stich zu lassen. Zur Überbrückung der Klassifikationsvarianten wurden das Inhaltsverzeichnis, der Systematik-Index und das Register sehr ausführlich gestaltet.

Neuen Auffassungen zufolge teilen sich die Salmlerfamilien jetzt wie folgt auf (NELSON 1994; MOYLE u. CECH, 1988):

- Afrika: Alestidae, Characidae, Citharinidae (einschließlich der früheren Distichodontidae, jetzt als Unterfamilie Distichodontinae) und Hepsetidae.
- Amerika: Anostomidae, Hemiodontidae, Ctenoluciidae, Curimatidae, Erythrinidae, Gasteropelecidae, Lebiasinidae und Characidae (mit den jetzt auch als Unterfamilien angesehenen Characidiinae, Crenuchinae und Rhoadsiinae).

Im Anschluß folgt die in Gruppe 2 Verwendung findende Einteilung. Die Stellung von Familien und Unterfamilien zueinander wird sich sicherlich in Zukunft erneut ändern. Für uns Aquarianer bedeutet das zwar eine gewisse Umgewöhnung und Verwirrung, ist aber aquaristisch gesehen relativ unbedeutend.

Unterfamilien ohne Seitenzahl wurden in der alphabetischen Einteilung der Gattungen nicht berücksichtigt.

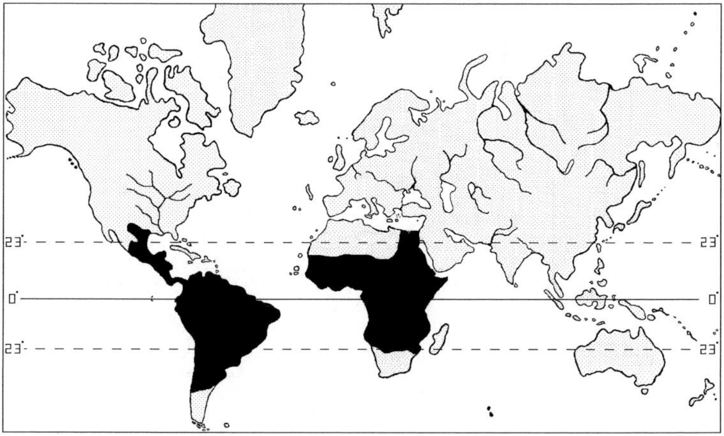

Verbreitungsgebiet der Characiformes.

Geographische Verbreitung

Mit Ausnahme von *Astyanax mexicanus* (S. 98), der auch in Nordamerika (Texas) vorkommt, beschränkt sich das Verbreitungsgebiet der Ordnung Characiformes auf Mittel- und Südamerika (mit über 1100 Arten) und Afrika (mit über 175 Arten).

Geschlechtsunterschiede

Bei nicht ausgewachsenen Salmlern ist es oft unmöglich, das Geschlecht festzustellen. Erst mit Eintritt der Reife erscheinen Unterschiede. Da bei vielen Arten die Geschlechtsunterschiede mit "unbekannt" angegeben werden, soll die folgende Tabelle mögliche Geschlechtsunterschiede aufzählen. Natürlich werden nicht alle Eigenschaften bei einer Art zu finden sein, und manche werden selbst bei genauester Untersuchung des – lebenden – Fisches nicht zu erkennen sein.

Mögliche äußere Geschlechtsunterschiede bei Salmlern.			
Eigenschaft	Geschlecht		Ausnahmen (A) / Bemerkungen
	männlich	weiblich	
Größe	kleiner	größer	A: *Phenacogrammus*, *Pseudochalceus*, *Nematobrycon* Gleiches Alter?
Körper	farbiger	einfacher	A: *Megalamphodus*. Ernährung gut?
Gestalt	schlanker	voller	Laichreife? Ernährung?
Flossen	ausgezogen	"normal"	Vor allem Anale, Dorsale u. Kaudale
Flossen	ausgefranst	sauberer Rand	Anwesenheit von Raubfischen?
Flossen	farbiger	einfacher	A: *Megalamphodus*
Anale	gerade bzw. konvex	konkav bzw. gerade	Alter?
	mit Häkchen	ohne Häkchen	Bei Tetragonopterinae
Dorsale	mit Punkten		Bei Characidiinae
Schwimmblase	unten spitz	unten rund	A: *Gymnocorymbus ternetzi*, *Hyphessobrycon bifasciatus*. Nur bei durchsichtigen Arten anzuwenden.
Bauch	gerade bzw. konkav	konvex	Deutlich bei Laichansatz.
Von oben	schlanker	runder	Bei Gasteropelecidae
Verhalten	Rivalitäten	Balz	Längere Beobachtung an angepaßten Fischen (Paaren?) erforderlich.

Manche dieser Kriterien ergeben sich nur bei längerem Aquarienaufenthalt der Fische, z.B.: a) längere Flossenstrahlen, weil sie von keinem Raubfisch verfolgt werden und andere Beckeninsassen beobachtet werden können; b) die Ernährung gut und folglich zu erwarten ist, daß die Art alle ihre Farben zeigt; c) Größenunterschiede bei bekanntem Alter und gleicher Fütterung können deutlicher als geschlechtsbedingt interpretiert werden usw.

Verhalten

Die meisten Salmler sind tagaktiv. Größtenteils handelt es sich um Planktonjäger, welche durch ihre geringe Größe den Aquarienmitbewohnern nicht gefährlich werden. Letzteres gilt sogar für Piranhas, die zwar in Gruppen jagen, aber bei guter Fütterung eher träge sind. Trotzdem wird ihre Haltung nur im Artbecken empfohlen.

"Standardsalmler" schließen sich zu Schulen zusammen und schwimmen unentwegt in den mittleren Wasserschichten; sie tragen somit wesentlich zur Belebung eines Gesellschaftsaquariums, etwa mit friedlichen Cichliden und Welsen, bei.

Salmler haben sich an die verschiedensten Biotope angepaßt, so auch an Stromschnellen (innerhalb der Familien Citharinidae, Hemiodontidae und der Unterfamilie Characidiinae).

Ernährung

Die meisten Salmler sind planktonische Allesfresser und daher mit handelsüblichem Flockenfutter leicht zu halten; selbst Piranhas (z.B. *Pygocentrus nattereri,* S. 95) fressen mit der Zeit Forellen-Pellets. Für Zuchtzwecke allerdings wird eine gezieltere Fütterung erforderlich.

Manche Arten sind auf fleischliche Nahrung angewiesen, wie z.B. *Hoplias malabaricus* (S. 130), die verhungern, sobald der letzte Aquarienmitbewohner – selbst Artgenosse – aufgefressen wurde. Die Raubfische unter den Salmlern sind leicht an ihren großen Zähnen zu erkennen. Besonders auffällig sind Tigersalmler der afrikanischen Gattung *Hydrocynus* (S. 51 f.), südamerikanische Erythrinidae (S. 130), Piranhas innerhalb der Serrasalminae (S. 91 ff.), und die Gattung *Hydrolycus* der Rhaphiodontinae (S. 91) der Familie Characidae. Alle diese Arten verlangen natürlich größte Vorsicht beim Hantieren!

Die Haltung von Pflanzenfressern und Aufwuchsfressern in Aquarien gestaltet sich etwas schwieriger. Bei ersteren ist eine Dekoration mit lebenden Pflanzen praktisch ausgeschlossen – Javamoos ist wahrscheinlich giftig und wird am Ende doch von hungrigen Fischen mit fatalen Folgen gefressen; letztere finden im Aquarium bald nichts mehr zum "Ablutschen". Die meisten Pflanzen- und Aufwuchsfresser sind jedoch wenig wählerisch in bezug auf das, was im Aquarium als freßbar angesehen wird. Es geht hier vor allem um die afrikanische Familie Citharinidae (*Distichodus* spp. S. 56 f.) und die südamerikanischen Arten innerhalb der Familien Anostomidae (S. 66 ff.), Chilodontidae (S. 125), Curimatidae (S. 127 ff.), Prochilodontidae (S. 144) und Serrasalmidae (*Myleus* spp. u.a., S. 93 f.).

Allgemeines

Salmler sind zusammen mit Welsen die am häufigsten vorkommenden Fische Südamerikas. In Afrika dagegen erfahren sie starke Konkurrenz durch Cypriniden und werden an Artenvielfalt von mehreren Fischgruppen übertroffen; Cichliden dominieren in den See-Biotopen Afrikas – während Characiden größtenteils auf langsam fließende Gewässer der Tiefebenen beschränkt sind (MOYLE UND CECH, 1988).

Die Sinne der Salmler sind hoch entwickelt, und so sind sie meistens als erste zur Stelle, wenn gefüttert wird (auch in der Natur). Selbst der Blinde Höhlensalmler (*Astyanax mexicanus*, S. 98) wittert Nahrung fast wie sehende Fische, dank des hoch entwickelten Geruchsinns.

Salmler reagieren sowohl auf visuelle Reize als auch auf olfaktorisch-chemische (auf Duftstoffe – so etwa bei Verletzung eines Schwarmmitgliedes, die zur Flucht des gesamten Schwarmes führt) und auch auf akustische Reize (mit Hilfe des "Weberschen Apparates", der das Gehörorgan mit der Schwimmblase als Resonanzboden verbindet) (GÉRY, 1977).

Ihre oft silbrigen Körper sind mit Cycloidschuppen bedeckt, und zahlreiche Arten haben einen dunklen Schwanzwurzelfleck, eine Signalzeichnung bei Schwarmfischen. Salmler haben große Augen (Ausnahme: Höhlenbewohner) und meistens eine Adipose (Fettflosse). Manche Arten verlieren ihre Schuppen leicht. Solche Arten verlangen sehr vorsichtiges Hantieren, z.B. Arten innerhalb der Hemiodontidae und Curimatidae. Gleichzeitig sind diese Arten sehr nervös und sehr empfindlich. Die Exemplare allerdings, denen wir im Fachhandel begegnen, sind schon wesentlich strapazierfähiger geworden, als sie in der freien Natur sind.

Die Ordnung der Characiformes stellt viele der populärsten Aquarienfische, man denke nur an den Neonsalmler, den Roten Neon, die Rotaugen *Moenkhausia* und die verschiedenen Rotmaulsalmler. Diese Arten werden zu Millionen gehandelt. Die meisten sind gezüchtete Tiere. Es wird kaum einen Aquarianer geben, der nicht schon einmal diese Fische gehalten hat.

Von der touristischen Seite aus sind die Piranhas wohl die weltweit berüchtigsten Süßwasserfische überhaupt. Einen solchen Fisch zu angeln gehört zur *Tour de Force* eines jeden Urwaldbesuchs in Südamerika.

Auch in der Fischwirtschaft sind die Salmler inzwischen vertreten. Ihre Möglichkeiten sind bei weitem noch nicht ausgeschöpft. Zur Zeit scheinen vor allem die omnivoren Scheibensalmler der Gattung *Colossoma* (S. 91 f.) die gesuchten Eigenschaften: leichte Ernährung mit Trockenfutter (Pellets), schnelles Wachstum, hohe Besatzdichte und Robustheit in sich zu vereinen. Ihre Fortpflanzung in Gefangenschaft bereitet noch Schwierigkeiten. Deshalb werden Tiere für Speisezwecke mit Geschlechtshormonen behandelt (wie Lachse etc.). Die Reife tritt erst mit 3 bis 4 Jahren ein. Zu diesem Zeitpunkt muß man bereits mit 3 bis 7 kg schweren Exemplaren arbeiten.

Familie	Herkunft	Verhalten	Futter	Fortpflanzung	Besonderheiten
Anostomidae	SA, (MA)	Einzelgänger; zu artfremden friedlich	L,H	in Teichen, schwer; zw. Pflanzen	Einige Arten sind Kopfsteher.
Alestiidae	Af	Raubfische	K	zw. feinf. Pflanzen	Schönste Salmler Afrikas
Characidae	MA, SA	Gesellschaftsfische	O, K	zw. feinf. Pflanzen	heterogen, s. S. 71
Chilodontidae	SA	Friedfische; geringe Gruppenbildung	O,H,L	Freilaicher	Torffilterung erleichtert Zucht; Kopfsteher.
Citharinidae	Af	Friedfische	H	Freilaicher; viele unbekannt	Ichthyoborinae: beweglicher Oberkiefer.
		Raubfische	K		
Ctenoluciidae	SA	Stoßräuber; einzeln o. Gruppe	K	Freilaicher; selten	Mittlere/obere Wasserschichten; Maulspitze ist sehr empfindlich.
Curimatidae	SA	Friedlich, gewisse Gruppenbildung	L,H	zw. überschwemm-ten Pflanzen	Viele Arten ähneln sich.
Erythrinidae	SA	Extreme Raubfische	K	unbekannt; in Teichen erfolgt	Haben zusätzliche Sauerstoff-aufnahmemöglichkeiten.
Gasteropelecidae	SA	Friedliche Schwarmfische	K,O	Kaum gelungen; an feinfiedrige Pflanzen	Oberflächenfische: können "fliegen".
Hemiodontidae	SA	Bewegungsfreudige Schwarmfische	H,O,L	unbekannt	Verlieren Schuppen leicht; auch in der Natur empfindlich.
Hepsetidae	Af	Stoßräuber	K!	Schaumnest! mit Brutpflege	Monotypische Familie.
Lebiasinidae	SA	Leb.: kleine Räuber	K	unbekannt;	Schlängeln sich über Land.
		Pyrr.: Friedfische	O,K	Substrat-/Pflanzenl.	Einige der schönsten Salmler.
Parodontidae	SA	Friedliche Schwarmf.	L,H	unbekannt	sehr friedlich
Prochilodontidae	SA	Große Schwarmfische	L,H	Laichwanderungen flußaufwärts	Limnovoren sind schwer im Aquarium zu ernähren.
Serrasalmidae	SA	Räuber	H,K,O	Schwarmlaicher	sehr kannibalisch

SA = Südamerika, MA = Mittelamerika, Af = Afrika

Phenacogrammus interruptus (Blauer Kongosalmler), oben ♂, unten ♀; s.S. 54

Familie Alestiidae

Dieses Taxon beinhaltet die populärsten Salmler Afrikas, z.B. die Kongosalmler. Mit Ausnahme der Gattung *Hydrocynus* (siehe unten) können die meisten in "normalen" Salmlerbecken gehalten werden. Insgesamt werden 19 Gattungen mit derzeit 112 Arten anerkannt. Sie sind nicht sehr anspruchsvoll in bezug auf die Wasserqualität, werden nicht sehr groß und sind friedlich. In versteck- und pflanzenreich eingerichteten Becken mit dunklem Boden sind diese Fische am wenigsten scheu und zeigen ihre Farben am besten.

Die Fortpflanzungsbiologie der Alestidae folgt Salmlermanier: die Eier werden wahllos zwischen feinfiedrigen Pflanzen ausgestoßen und gleich im offenen Wasser durch das mitschwimmende Männchen befruchtet; allerdings kann sich der Vorgang über mehrere Tage hinziehen. Am besten wird torfgefiltertes, weiches, leicht saures Wasser verwendet, und eine vorangegangene abwechslungsreiche Ernährung ist Bedingung für die erfolgreiche Zucht. Manche Arten sind Laichräuber, andere nicht.

Die Gattung *Hydrocynus* (Tigersalmler, Wolfsalmler; S. 51f.) beinhaltet, wie sich aus ihren Trivialnamen bereits erkennen läßt, berühmt-berüchtigte Arten. Als große Raubfische mit beeindruckender Bezahnung können sie nur mit viel größeren Fischen vergesellschaftet werden, falls überhaupt. Ihre eigene Größe ist allerdings bereits ein Hinderungsgrund, sie im Heimaquarium zu halten.

Alestes baremoze 5/18

H: Unterer Nil, Albert-,Rudolfsee, Tschadb.,...
♂: Ausgezogene Dorsale. V: =
Z: Natur: Freilaicher zw. Pflanzen. F: O
T: 20–26°C, L: 31 cm, pH: 7, SG: 3–4

Brycinus imberi 1/216
Roter Kongosalmler

H: Kamerun, Sambia, Zaire, Malawisee.
GU: Unbekannt. V: +
Z: Natur: 14 000 Eier. F: K,O
T: 22–26°C, L: 10 cm, pH: 7, SG: 2–3

Brycinus longipinnis 1/218
Langflossensalmler

H: Nigerd., Goldk., Sierra L., Ghana, Togo.
♂: Dorsalstrahlen stark verlängert. V: +
Z: Freilaicher: <300 Eier. F: K,O
T: 22–26°C, L: 13 cm, pH: 7, SG: 2

Brycinus nurse 2/224

H: Nil bis Niger.
♂: Anale konkav. V: +,=
Z: Überschwemmungsgebiete. F: O
T: 23–27°C, L: 25 cm, pH: 7, SG: 1

Alestopetersius smykalai ♂ 4/22
Blauer Diamantsalmler

H: Nigeria.
♂: Siehe Fotos. V: +
Z: Zw. feinfiedrigen Pflanzen. F: K,O
T: 23–27°C, L: 10 cm, pH: 7, SG: 2–3

Alestopetersius smykalai ♀ 4/22
Blauer Diamantsalmler
"Blue Diamond"

Arnoldichthys spilopterus 1/216
Afr. Großschuppens., Arnolds Rotaugens.
H: Lagos bis zum Nigerdelta.
♂: Anale konvex und dreifarbig. V: +
Z: Freilaicher: 1000 Eier. F: K,O
T: 23–28°C, L: 8 cm, pH: <7, SG: 2–3

Bathyaethiops breuseghemi 3/94
Afrikanischer Mondsalmler
H: Zairebecken.
♂: Kräftig gefärbte Dorsale. V: +
Z: Freilaicher. F: K,O
T: 22–25°C, L: 7 cm, pH: 7, SG: 2–3

Bathyaethiops caudomaculatus ♂ 4/24
Afrikanischer Mondsalmler
H: Kongogebiet.
♂: Roter Fleck größer. V: +
Z: Unbekannt. F: K,O
T: 23–27°C, L: 7–8 cm, pH: 7, SG: 2–3

Bathyaethiops caudomaculatus 3/92
Afrikanischer Mondsalmler
H: Zaire.

Bathyaethiops caudomaculatus juv. 4/26
Afrikanischer Mondsalmler

Bathyaethiops greeni 4/26
Greens Salmler
H: Zaire.
♂: Spitze Dorsale u. Anale. V: +
Z: Unbekannt. F: K
T: 22–28°C, L: 6 cm, pH: <7, SG: 2

Bathyaethiops sp. ♂ 3/93

H: Zaire.

Brachypetersius pseudonummifer 4/26

H: Oberer Zaire.
♂: Schlanker. V: +
Z: Unbekannt. F: K
T: 20–27°C, L: 8 cm, pH: <7, SG: 2–3

Brycinus affinis 4/28
Rotfeder-Salmler

H: O-Afrika: Tansania.
♂: Anale konkav. V: +,=
Z: Überschwemmungsgebiete. F: K,O
T: 22–28°C, L: 28 cm, pH: 7, SG: 2

Brycinus brevis 4/28
Kleiner Großaugensalmler

H: Goldküste, Lagos, O-Nigeria.
♂: Anale konkav. V: +,=
Z: Überschwemmungsgebiete. F: K,O
T: 23–27°C, L: 22,5 cm, pH: 7, SG: 2–3

Brycinus leuciscus 4/30
Afrikanischer Weißfischsalmler

H: O-Nigeria.
♂: Anale größer, mit "Lappen". V: =
Z: Überschwemmungsgebiete. F: O
T: 22–27°C, L: 30 cm, pH: 7, SG: 3

Brycinus macrolepidotus 4/30
Großschuppiger Brycinus

H: W-Afrika.
♂: Anale konkav. V: +,–
Z: Zu groß. F: K,O
T: 23–27°C, L: 42 cm, pH: 7, SG: 3

Alestes schoutedeni 4/32
Großschuppen-Brycinus
H: Unteres Kongobecken.
♂: Roter Fleck größer. V: +,–
Z: Unbekannt. F: K,O
T: 22–27°C, L: ca.25 cm, pH: 7, SG: 3

Bryconaethiops boulengeri 5/18
Rufzeichensalmler
H: Zaire: Kongobecken.
♂: Lang ausgezogene Dorsale. V: +,=
Z: Unbekannt. F: O
T: 22–27°C, L: 25 cm, pH: 7, SG: 3

Bryconaethiops macrops 4/32
Masken-Großaugensalmler
H: Kamerun, Kongo.
♀: Zur Laichzeit voller. V: +
Z: Zw. Pflanzen im Schwarm (?). F: O
T: 23–26°C, L: 12 cm, pH: 7, SG: 2–3

Bryconaethiops microstoma 2/224
Fadensalmler
H: Unterer Zaire.
♂: Farbiger, längere Dorsale (?). V: +
Z: Unbekannt. F: H,L
T: 24–28°C, L: 15 cm, pH: 7, SG: 2

Hemigrammopetersius barnardi ♀ 3/89

H: Tansania, Küsteneinzug.
♂: Anale als runder Lappen. V: +
Z: Unbekannt. F: K,O
T: 24–27°C, L: 6 cm, pH: 7, SG: 2

Alestopetersius caudalis 1/218
Gelber Kongosalmler
H: Stanley Pool, Zaire-Nebenflüsse.
♂: V u. Anale mit weißen Spitzen. V: +
Z: Freilaicher; <300 Eier. F: K,O
T: 22–26°C, L: 7 cm, pH: 7, SG: 3

Rhabdalestes septentrionalis 4/34
Tschadsalmler

H: Tschadsee, Niger, Elfenbeinküste.
♂: Anale mit Lappen. V: +
Z: Überschwemmungsgebiete. F: K,O
T: 22–28°C, L: ca.8 cm, pH: 7, SG: 1–2

Hemigrammopetersius cf. *pulcher* 5/20
Afrikanischer Leuchtstrichsalmler

H: Zaire.
♂: Anale länger u. konvex. V: +
Z: Unbekannt. F: K
T: 22–25°C, L: 4 cm, pH: 7, SG: 2–3

Hemigrammopetersius cf. *pulcher* 5/20
Afrikanischer Leuchtstrichsalmler

H: SO-Nigeria: Kwa-Fälle.

Rhabdalestes septentrionalis 4/34

H: Gambia, Senegal, Kamerun, Guinea.
♂: Anale konvex. V: +
Z: Eier sinken zu Boden. F: K,O
T: 23–27°C, L: 6 cm, pH: 7, SG: 2–3

Rhabdalestes tangensis ♂ 4/36
Tangasalmler

H: O-Afrika.
♂: Anale weiß. V: +
Z: Eier sinken zu Boden. F: K,O
T: 23–27°C, L: 5,5 cm, pH: 7, SG: 2–3

Hydrocynus goliath 2/226
Wolfsalmler

H: Zairefluß.
♂: Nicht festzustellen. V: –
Z: Im Aquarium nicht möglich. F: K
T: 23–26°C, L: 40 cm Aq. 150 cm Nat., pH: 7, SG: 4

SALMLER

Hydrocynus vittatus 4/42
Tigersalmler
H: Tropisches Afrika.
♂: Kleiner, schlanker. V: –
Z: Natur: Wintermonate. F: K,O
T: 22–28°C, L: 65 cm, pH: 7, SG: 4

Ladigesia roloffi 1/220
Orangeroter Zwergsalmler, Sierra-Leone Zw.
H: Lib., Sierra L., Elfenbein- u. Goldküste.
♀: Gerade Anale. V: =
Z: Zwischen Laichfasern. F: K,O
T: 22–26°C, L: 4 cm, pH: <7, SG: 2–3

Lepidarchus adonis signifer ♂ 1/220
Adonissalmler
H: W-Afrika.
♀: Fast durchsichtig. V: +
Z: Zwischen Laichfasern; <30 E. F: K,O
T: 22–26°C, L: 2 cm, pH: <7, SG: 3

Micralestes acutidens 1/222, 4/36
Spitzzahnsalmler
H: Nil, Niger, Zaire, Zambesi, Togo, Ghana.
♂: Anale anders, schlanker. V: +
Z: Nicht beschrieben. F: K,O
T: 22–26°C, L: 6,5 cm, pH: 7, SG: 2

Micralestes elongatus 4/38

H: W-Afrika: Atlantische Ströme.
♂: Breitere Anale. V: +
Z: N: Freilaicher zw. Pflanzen. F: K,O
T: 22–26°C, L: 6 cm, pH: 7, SG: 2

Micralestes humilis 2/226, 4/38

H: Sambesi, Zaire, Tschad, usw.
♂: Abgerundete Anale (?). V: +
Z: Unbekannt. F: K,O
T: 24–28°C, L: 9 cm, pH: <7, SG: 2

Micralestes occidentalis 4/40

H: Elfenbeink., Ghana, Liberia, Sierra L.
♂: Anale rund, rosa Tönung. V: +
Z: Unbekannt. F: K,O
T: 22–26°C, L: 8 cm, pH: 7, SG: 2–3

Micralestes sp. (2/226)
Afrikanischer Rotflossensalmler

H: Togo, Ghana, Tschad.
♂: Schlanker; Anale länger. V: +
Z: Unbekannt. F: O
T: 23–27°C, L: 12 cm, pH: 7, SG: 1

Micralestes stormsi ♀ 3/90
Echter Roter Kongosalmler

H: Zairebecken, S-Tschadsee.
♂: Adipose u. Iris rot. V: +
Z: Unbekannt; Freilaicher?. F: K,O
T: 22–26°C, L: 7,5 cm, pH: 7, SG: 2

Petersius conserialis ♂ 3/90

H: Tansania. Selten.
♂: Anale konvex. V: +
Z: Unbekannt. F: O
T: 22–26°C, L: 14,5 cm, pH: 7, SG: 3

Phenacogrammus altus ♂ 3/92

H: Zairebecken.
♂: Farbiger, schlanker. V: +
Z: Unbekannt; wie *P. interruptus*? F: K,O
T: 24–27°C, L: 6,5 cm, pH: <7, SG: 3

Phenacogrammus ansorgii 3/94
Ansorges Blauer Kongosalmler

H: Gabun, Zaire, Angola.
♂: Schulterfleck, fadenartige D u. A.V: +
Z: Selten; wie *P. interruptus*. F: K,O
T: 24–28°C, L: 7,5 cm, pH: <7, SG: 2–3

Phenacogrammus sp. "Kongo I" ♂ 5/22
Blehers Kongosalmler
H: Zairegebiet: "Boma".
♂: Größere Dorsale u. Anale. V: +
Z: Freilaicher; <300 Eier? F: K,O
T: 22–26°C, L: 6 cm, pH: <7, SG: 2–3

Phenacogrammus deheyni 4/40
Brauner Kongosalmler
H: Mittlerer Kongo.
♂: Farbiger, größere Flossen. V: +
Z: Wie *P. interruptus*? F: K,O
T: 24–27°C, L: 7 cm, pH: 7, SG: 2–3

Brachypetersius huloti 5/22
Hulots Kongosalmler
H: Zaire, NW-Gabun.
♂: Dorsale u. Anale spitz. V: +
Z: Freilaicher; <300 Eier? F: K,O
T: 22–25°C, L: 6–7 cm, pH: <7, SG: 2

Phenacogrammus interruptus 1/222
Blauer Kongosalmler
H: Zairegebiet.
♂: Farbiger, größere Flossen. V: +
Z: Freilaicher; <300 Eier. F: K,O
T: 24–27°C, L: 8,5 cm, pH: <7, SG: 2–3

Phenacogrammus "Kongo II" ♂ 5/24
Limonen-Kongosalmler
H: Zaire.
♂: Längere Dorsale u. Anale. V: +
Z: Freilaicher; <300 Eier? F: O
T: 23–26°C, L: 6 cm, pH: <7, SG: 3

Phenacogrammus "Kongo II" ♀ 5/24
Limonen-Kongosalmler

Familie Citharinidae

Diese Familie enthält sowohl hochrückige Pflanzen- und Aufwuchsfresser (Unterfamilie Distichodontinae) als auch schlanke, gestreckte Raubfische mit einem beweglichen Oberkiefer (Unterfamilie Ichthyoborinae). Insgesamt werden 20 Gattungen mit etwa 103 Arten anerkannt. Der Name Geradsalmler bezieht sich auf die gerade Seitenlinie dieser Fische.

Mehrere Arten erzielen eine beachtliche Größe, diese sind besser in öffentlichen Aquarien aufgehoben. Für das Heimaquarium sind kleinbleibende Arten in dieser Familie vertreten; mehrere sind sogar so klein, daß für sie Arthaltung empfohlen wird, da sie in einem Gesellschaftsaquarium zu leicht unterdrückt werden können.

Die Einrichtung der Aquarien folgt "normalen" Richtlinien für Fische des offenen Wassers, aber dem kulinarischen Interesse einiger Arten für Pflanzen muß Rechnung getragen werden. Aufwuchsfressende Arten werden Nutzen ziehen aus einer starken Beleuchtung und dem dadurch geförderten Algenwachstum.

Für Raubfische sollte das Aquarium gedämpfte Beleuchtung haben, und zahlreiche Unterstände zwischen Pflanzen und Steinen dürfen nicht fehlen.

Eine Zucht der Geradsalmler ist bislang nur in Ausnahmefällen gelungen, wobei es sich um Freilaicher zwischen feinfiedrigen Pflanzen handelt. Der Laich mancher Arten ist gegenüber Mikroorganismen extrem empfindlich, und auch beim Umsetzen der Fische muß das Wasser ähnliche Werte aufweisen.

Nannocharax-Arten haben eine große Ähnlichkeit mit den südamerikanischen bodenorientierten Characidiinae.

Belonophago tinanti 2/228
Nadel-Flossenfresser
H: Unterer Kongo.
GU: Nicht beschrieben. **V**: –
Z: Nichts bekannt. **F**: K!
T: 24–26°C, **L**: 20 cm, **pH**: <7, **SG**: 4

Citharinus citharus 3/96
Afr.Hochrückensalmler, Hochrückengerads.
H: Senegal–Nilbecken.
GU: Unbekannt. **V**: –
Z: Unbekannt; zu groß. **F**: O
T: 22–28°C, **L**: 50 cm, **pH**: 7, **SG**: 3

Citharinus congicus 4/43
Kongo-Geradsalmler
H: Zairebecken, Tansania.
GU: Nicht erkennbar. **V**: +,=
Z: Sumpfgebiete zur Regenzeit. **F**: H,O
T: 22–26°C, **L**: >43 cm, **pH**: 7, **SG**: 4

Distichodus affinis 1/226
Rotflossen-Distichodus
H: Unterer Zaire.
GU: Unbekannt. V: +
Z: Freilaicher. F: H,L
T: 23–27°C, L: 21 cm, pH: 7, SG: 3

Distichodus decemmaculatus 1/224
Zwergdistichodus, Zehnfleck-Geradsalmler
H: Zentrales Zairebecken.
GU: Unbekannt. V: +
Z: Noch nicht gelungen. F: H
T: 23–27°C, L: 7,5 cm, pH: 7, SG: 2

Distichodus fasciolatus 1/224
Grauband-Distichodus
H: Kamerun, Zaire, Katanga, Angola.
GU: Unbekannt. V: =
Z: Unbekannt. F: H
T: 23–27°C, L: 60 cm, pH: 7, SG: 3

Distichodus lusosso 1/226
H: Zairebecken, Angola, Katanga, Kam.
GU: Unbekannt. V: +
Z: Unbekannt, zu groß. F: H
T: 22–26°C, L: 40 cm, pH: 7, SG: 3

Distichodus notospilus 2/228
Äschengeradsalmler
H: S-Kamerun bis Angola.
GU: Unbekannt. V: =
Z: Noch nicht erfolgreich. F: H,O
T: 23–27°C, L: 15 cm, pH: 7, SG: 3

Distichodus rostratus 4/45
H: W- u. N-Afrika.
GU: Unbekannt. V: =
Z: Sumpfgebiete zur Regenzeit. F: H,O
T: 22–28°C, L: 75–80 cm, pH: 7, SG: 4

Distichodus sexfasciatus 1/228
Zebra-Geradsalmler

H: Zairebecken, Angola.
GU: Unbekannt. V: =
Z: Natur: Freilaicher. F: H
T: 22–26°C, L: 1 m (Nat.), pH: 7, SG: 4

Eugnathichthys macroterolepis 5/32

H: Zairebecken.
GU: Unbekannt. V: –
Z: Unbekannt. F: K
T: 23–27°C, L: 15 cm, pH: 7, SG: 3–4

Hemigrammocharax sp. aff. *lineostriatus* 5/26

H: Angola.
♂: Etwas schlanker. V: +
Z: Revierbildend. F: K
T: 22–26°C, L: 3,5 cm, pH: 7, SG: 2

Hemigrammocharax multifasciatus 5/26

H: Oberer Sambesi, N-Zairesystem, Gabun.
♂: Etwas schlanker zur Laichzeit. V: (–)
Z: Nicht beschrieben. F: K,O
T: 22–26°C, L: 6 cm, pH: 7, SG: 2

Ichthyborus monodi 4/57

H: S-Nigeria, W-Kamerun.
♀: Größer, rundere Bauchpartie. V: –
Z: Unbekannt. F: K!
T: 24–27°C, L: 20 cm, pH: 7, SG: 3–4

Ichthyborus ornatus 3/99
Gezeichneter Flossenfresser

H: Zairebecken. Gez. Schnabelsalmler
GU: Unbekannt. V: –
Z: Unbekannt. F: K!
T: 22–26°C, L: 20 cm, pH: <7, SG: 4

Ichthyborus quadrilineatus 4/58
Scherenschwanz-Schnabelsalmler
H: Zwischen Gambia u. Guinea-Bissau.
GU: Unbekannt. **V**: –
Z: Unbekannt. **F**: K?
T: 22–27°C, **L**: 12 cm, **pH**: 7, **SG**: 3–4

Nannaethiops unitaeniatus, u. ♀ 1/228
Afrikanischer Einstreifensalmler
H: Zaire bis Niger, und bis Weißen Nil.
♂: Schlanker, farbiger. **V**: +,–
Z: Freilaicher. **F**: K
T: 23–26°C, **L**: 6,5 cm, **pH**: 7, **SG**: 2–3

Nannaethiops unitaeniatus ♂ 3/96
Afrikanischer Einstreifensalmler

Nannocharax ansorgii ♂ 5/28

H: Gam.,Sen.,Niger-,Voltafl.,Tschad,Sierra L.
♂: Etwas größer u. farbiger. **V**: +
Z: Paare oder mehr ♀. **F**: K
T: 22–26°C, **L**: 4,5 cm, **pH**: 7, **SG**: 2

Nannocharax brevis 4/46
Kleiner Bodensalmler
H: Zentrales Zairebecken.
♂: Zur Laichzeit schlanker. **V**: =
Z: Nicht beschrieben. **F**: K,O
T: 23–27°C, **L**: 4,5 cm, **pH**: 7, **SG**: 2–3

Nannocharax fasciatus 1/230
Afrikanischer Bodensalmler
H: Kamerun, Volta, Niger, Gabun, Guinea.
GU: Nicht beschrieben. **V**: +
Z: Nicht erfolgt (?). **F**: K
T: 23–27°C, **L**: 7–8 cm, **pH**: 7, **SG**: 3

Nannocharax latifasciatus o. ♂, u. ♀ 4/46
Afrikanischer Breitbandsalmler 5/29

H: S-Nigeria, Grenze Kamerun.
♂: Etwas schlanker. V: +
Z: Torffasern. F: K,O
T: 23–26°C, L: 5 cm, pH: 7, SG: 2–3

Nannocharax macropterus 4/48

H: Zairebecken.
♂: Kleiner, schlanker, farbiger. V: +
Z: Noch nicht gelungen. F: K
T: 24–28°C, L: 6 cm, pH: <7, SG: 2–3

Nannocharax occidentalis 4/48

H: Mittlerer u. unterer Niger.
♂: Schlank, blaßbraune D, A, K. V: +
Z: Unbekannt. F: K
T: 22–27°C, L: <7,5 cm, pH: 7, SG: 2–3

Nannocharax parvus (5/29), 2/230
Breitband-Bodensalmler o. ♂, u. ♀

H: Niger bis Ogove.
♂: Schlanker. V: +
Z: Unbekannt. F: H,O
T: 22–26°C, L: 5 cm, pH: 7, SG: 1–2

Nannocharax parvus (5/29), 2/230
Breitband-Bodensalmler

Nannocharax procatopus 5/30
Back-Gammon-Salmler

H: Zentrales Zairebecken: Stanleyfälle.
♀: Voller zur Laichzeit. V: (–)
Z: Unbekannt. F: K,L
T: 20–24°C, L: 8 cm, pH: >7, SG: 2–3

Nannocharax sp. cf. *fasicatus* 5/30
Seybolds Bodensalmler, Masken-Bodens.
H: Liberia: Saint John- u. Cessfluß.
♀: Voller zur Laichzeit. V: +
Z: Unbekannt. F: K,L
T: 22–26°C, L: 7 cm, pH: 7, SG: 2

Neolebias ansorgii 1/230
Ansorges Salmler, Roter v.Kam., Breitbands.
H: Kamerun, Angola, Zentralafrika.
♂: Farbiger (Foto). V: (–)
Z: Torffasern, Javamoos; <300 E. F: K,O
T: 24–28°C, L: 3,5 cm, pH: <7, SG: 2–3

Neolebias ansorgii rote Farbform 3/98
Roter Neolebias, Ansorges Salmler
H: Kamerun, Angola, Zentralafrika.
♂: Dunkler; ein ♀ oben. V: (–)
Z: Nicht leicht; Torffasern. F: K,O
T: 24–28°C, L: 3,5 cm, pH: <7, SG: 2–3

Neolebias axelrodi ♂ 4/50

H: S-Nigeria, SO-Benin.
♂: Farbiger, Anale rot. V: +
Z: Torffasern, Javamoos; 60 Eier. F: K
T: 22–26°C, L: <3 cm, pH: <7, SG: 3

Neolebias axelrodi ♀ 4/50

Neolebias kerguennae 4/50

H: W-Gabun.
♂: Farbiger, kleiner, schlanker. V: (–)
Z: Selten; Torffasern, Javamoos. F: K,O
T: 24–28°C, L: <3 cm, pH: 7, SG: 3

Neolebias powelli 1 Körperfleck 4/52
Domino-Neolebias
H: Nigerdelta; S-Nigeria.
♂: Etwas roter. V: (–)
Z: Schwer; Torffasern, Javam. F: K,O
T: 23–26°C, L: <3 cm, pH: <7, SG: 3

Neolebias powelli 2 Körperflecken 4/52
Domino-Neolebias

Neolebias powelli 3 Körperflecken 4/52
Domino-Neolebias

Neolebias trewavasae ♂ 4/54
H: Zairebecken, Nil (?).
♂: Kleiner, schlanker, dunkler. V: +
Z: Torffasern, Javamoos. F: K,O
T: 24–28°C, L: 5 cm, pH: <7, SG: 3

Neolebias trewavasae ♀ 4/54

Neolebias trilineatus 2/230
Afrikanischer Dreistreifensalmler
H: Zairebecken.
♂: Rötliche Flossen. V: +
Z: Feinfiedrige Pflanzen; <250 E. F: K,O
T: 23–26°C, L: 5 cm, pH: 7, SG: 2

Neolebias unifasciatus 4/54
Schwarzer Neol., Afr. Längsbandsalmler
H: W-Afrika.
♂: Zur Laichzeit ziegelrot. **V**: =
Z: Torffasern, Javamoos. **F**: K,O
T: 24–28°C, **L**: 5 cm, **pH**: <7, **SG**: 2–3

Phago loricatus 4/58
Harnisch-Schnabelsalmler
H: Nigeria: Nigerdelta.
GU: Unbekannt. **V**: –
Z: Nicht beschrieben. **F**: K
T: 22–27°C, **L**: 12 cm, **pH**: 7, **SG**: 3–4

Familie Hepsetidae

Eine monotypische Familie. Der Afrikanische Hechtsalmler ist ein Raubfisch, der dennoch mit seinesgleichen und zumindest gleich großen Fischen vergesellschaftet werden kann. Das Aquarium muß schon wegen seiner Endgröße großzügig bemessen sein, aber auch die Angewohnheit, das sinkende Futter im "Überfall" zu erbeuten, ist ein wesentlicher Grund.

Ein Fisch für Spezialisten, die hin und wieder auch mal einen Futterfisch verabreichen können.

Paraphago rostratus 2/232
Gestreifter Flossenfresser, Gestr. Schnabels.
H: Kongobecken.
GU: Unbekannt. **V**: –
Z: Nicht erfolgt. **F**: K!
T: 23–26°C, **L**: 18 cm, **pH**: <7, **SG**: 4

Phago loricatus 1/232
Gefleckter Schnabelsalmler
H: W-Afrika: Nigerdelta.
GU: Unbekannt. **V**: –
Z: Nicht erfolgt. **F**: K!
T: 23–28°C, **L**: 14 cm, **pH**: 7, **SG**: 3–4

Hepsetus odoe 2/233
Afr. Hechtsalmler, Guineischer Lachssalmler
H: Tropisches Afrika außer Nilbecken.
GU: Unbekannt. **V**: –
Z: N.: freies Schaumnest; Pflege. **F**: K!
T: 26–28°C, **L**: 70 cm, **pH**: 7, **SG**: 4

Hyphessobrycon loretoensis, metae oder *peruvianus*? Die Art hat eine große Ähnlichkeit zu den Mitgliedern dieser Gruppe, ihr Auge ist jedoch im Unterschied zu jenen oben intensiv rot (vgl. S. 112/113). Gefangen wurde diese Art in Bächen des mittleren Rio-Napo-Systems, Ecuador.

Brachychalcinus orbicularis? (s.S. 96). Nach mehreren Generationen Auslese bleibt das Rot bei den meisten halbwüchsigen Exemplaren und einigen ausgewachsenen Fischen erhalten. Wildfänge zeigen es nur als Jungfische (gefangen im Napogebiet, Ecuador).

Das Biotop

Das Hauptverbreitungsgebiet dieser Salmler ist zweifellos das Amazonasbecken, welches uns zunächst als definiertes Flußlauf- und Seengebiet erscheint. Die hydrographische Realität ist jedoch anders: Durch das Abwechseln von Regenzeit und Trockenzeit ist der Wasserstand dieses Beckens in weiten Teilen extremen Schwankungen unterworfen – stellenweise bis zu ca. 12 m! Aber schon geringere Schwankungen von "nur" etwa 2 m – wie sie am Rande des Beckens auftreten, auf etwa 200 m über dem Meeresspiegel, aber immer noch 2800 km Luftlinie vom Atlantischen Ozean entfernt – haben einen entscheidenden Einfluß auf das Leben der Fische. Während der Regenzeit werden aus Seen mit relativ definierten Ufern große Überschwemmungsgebiete, die den Regenwald viele Quadratkilometer unter Wasser setzen, um dann wieder als "Resttümpel" von ein paar Hektar Oberfläche die Trockenzeit des nächsten Jahres zu überdauern.

Die Folgen sind einleuchtend: Während der Regenzeit gibt es ein Überangebot an Nahrung und Lebensraum – eine Hochzeit vor allem für Pflanzenfresser (F: H) und Aufwuchsfresser (F: L), während die Fleischfresser (F: K) vor allem zur Trockenzeit auf ihre Kosten kommen, dann, wenn die Fischdichte drastisch zunimmt.

An allen Ufern lauern Dutzende von pfundschweren *Hoplias malabaricus* auf ihre Beute. Nachts von einem Scheinwerfer überrumpelt, springen sie sogar ins flache Kanu. Gleiches kann man am offenen Wasser mit verschiedenen Curimatidae erleben.

Gleichzeitig ändert sich die Wasserqualität. Mit dem Rückgang des Wasserspiegels fließt das Wasser aus den Waldgebieten in die Lagunen und von dort in die großen Flüsse zurück. In den Lagunen sammelt sich sauerstoffarmes Wasser. Nur eine dünne Oberflächenschicht hat höhere Werte dank des Windes und des Wellengangs. *Colossoma* spp. sind diesen Gegebenheiten bestens angepaßt. Bei Sauerstoffmangel schwillt ihnen die Unterlippe und wird zu einer Art Trichter. Diese befähigt die Fische, den sauerstoffreichen Oberflächenfilm "einzuatmen". Andere Salmler können über die Schwimmblase Sauerstoff aufnehmen (z.B. Erythrinidae).

Die Flußbiotope können hauptsächlich in Weiß-(Klar-) und Schwarzwasser klassifiziert werden. Die folgende Tabelle veranschaulicht ihre Eigenschaften: für Aquarienhaltung und vor allem -zucht sind die Unterschiede in pH und Mineralkonzentration (Härte, Leitfähigkeit) von besonderer Bedeutung.

	Weiß-/Klarwasser	Schwarzwasser
Beispiel	Amazonas, Napo, Ucayali	Rio Negro
Ursprung	junge Gebirge	verwitterte Gebirge
Farbe	grautrüb	teefarben/durchsichtig
pH	um neutral	sauer bis sehr sauer
Härte	weich	sehr weich bis nicht meßbar
Nährstoffe	viele Schwebstoffe	arm
Biologie	bakterienreich	leicht antiseptisch

o.l.: Hochwasser. Die zahlreichen Niederschläge der Regenzeit halten die Flüsse konstant im Hochwasser. Die Lagunen können nicht abfließen und überschwemmen mehrere Quadratkilometer. Die Fischdichte ist sehr gering und Pflanzenfresser haben große Auswahl.

o.r.: Die Trockenzeit hat begonnen. Die Flüsse sind in ihre Läufe zurückgekehrt, und die geringe Regenmenge kann das Wasserniveau in den überfluteten Wäldern nicht halten, so daß die Lagunen drastisch schrumpfen. Die Fischdichte wird extrem hoch, die Raubfische kommen voll auf ihre Kosten. Durch das zurückfließende Waldwasser und die große Menge faulenden organischen Materials ist das Wasser sauerstoffarm. Fische, die noch in diesem Resttümpel verblieben sind, sind dem Tode geweiht.

u.l.: Das letzte offene Wasser ist verschwunden und Landpflanzen wachsen auf dem feuchten Boden. Mit der kommenden Regenzeit wird alles wieder überschwemmt werden und der Kreislauf sich wiederholen. (S. 5/686)

Familie Anostomidae
Die meisten sind keine Schwarmfische, und obwohl sie gegenüber artfremden Aquariengenossen friedlich sind, kann es innerartlich zu Aggressionen kommen. Als Jungfische sehr attraktiv, werden sie zunehmend grün/braun. Vor allem die kopfstehenden Mitglieder dieser Familie sind interessante Pfleglinge.

Leporinus u.a. brauchen große Aquarien, um ihrer Endgröße und Schwimmfreudigkeit gerecht zu werden. Nur Plastikpflanzen können vielen dieser Aufwuchs- und Pflanzenfresser widerstehen.

Abramites hypselonotus 1/233
Brachsensalmler
H: Amazonas u. Orinocobecken.
GU: Unbekannt. V: =
Z: Nicht erfolgt (?). F: L,H
T: 23–27°C, L: 13 cm, pH: 7, SG: 2–3

Abramites hypselonotus 3/100
Schöner Brachsensalmler
H: Rio Paraguaybecken.
GU: Unbekannt. V: =
Z: Nicht bekannt. F: L,H
T: 22–25°C, L: 12 cm, pH: 7, SG: 3

Anostomus anostomus 1/234
Prachtkopfsteher
H: Brasilien, Venezuela, Guyana, Kolumb.
GU: Unbekannt. V: +
Z: Hypophese-Hormone. F: L
T: 22–28°C, L: 18 cm, pH: <7, SG: 2–3

Pseudanos gracilis 2/234
Vierfleck-Kopfsteher
H: Brasilien.
GU: Nicht erkennbar. V: +
Z: Noch nicht gelungen. F: K,O
T: 24–26°C, L: 14 cm, pH: <7, SG: 3

Anostomus plicatus 3/100
Heller Vierpunktkopfsteher
H: Guyana, Surinam.
GU: Unbekannt. V: +
Z: Noch nicht gelungen. F: H,O
T: 24–28°C, L: 15 cm, pH: <7, SG: 2–3

Anostomus spiloclistron 3/102
Schriftzeichen-Prachtkopfsteher
H: Guyana, Surinam.
GU: Nicht erkennbar. V: +
Z: Unbekannt. F: H,O
T: 24–28°C, L: 16 cm, pH: <7, SG: 3

Laemolyta taeniata 1/234
Gestreifter Kopfsteher, Kupferstrichsalmler
H: Mittlerer Amazonas, Rio Negro.
GU: Unbekannt. V: +
Z: Nicht bekannt. F: L,O
T: 24–26°C, L: 20 cm, pH: <7, SG: 3

Anostomus ternetzi 1/236
Goldstreifen-Kopfsteher
H: Brasilien.
GU: Unbekannt. V: +
Z: Nicht bekannt. F: L
T: 24–28°C, L: 16 cm, pH: <7, SG: 2–3

Leporellus vittatus 2/234
Leporellosalmler
H: Amazonas, Orinoco, Paraná.
♀: Vollere Bauchlinie. V: +
Z: Nicht bekannt. F: L,H
T: 22–25°C, L: 12 cm, pH: <7, SG: 2–3

Leporellus vittatus 2/234
Leporellosalmler

Leporinus affinis 1/238
Grüner Leporinus
H: Venezuela, Paraguay, Bras., Kol., Peru.
GU: Unbekannt. V: =
Z: Noch nicht gelungen. F: H
T: 23–27°C, L: 25 cm, pH: <7, SG: 3

Leporinus desmotes 2/236
Rüssel-Leporinus
H: Guyana, Amazonasbecken.
GU: Nicht erkennbar. V: +
Z: Nicht bekannt. F: L,H
T: 22–26°C, L: 18 cm, pH: 7, SG: 2–3

Leporinus fasciatus 1/238
Gebänderter Leporinus
H: Venezuela, Amazonasnebenflüsse.
GU: Unbekannt. V: =
Z: Noch nicht gelungen. F: H
T: 22–26°C, L: 30 cm, pH: <7, SG: 3

Leporinus friderici 2/238
Friderici-Salmler
H: Amazonas, Guyana.
♂: Zur Laichzeit: Rote V u. P. V: =
Z: Zu groß (?). F: H,O
T: 23–26°C, L: 50 cm, pH: <7, SG: 2–4

Leporinus granti 3/102
Grants Leporinus
H: Guyana-Länder, Amazonasbecken.
GU: Nicht erkennbar. V: +
Z: Nicht erfolgt. F: H
T: 22–26°C, L: 20 cm, pH: <7, SG: 2

Leporinus cf. *jamesi* 4/60
James' Leporinus
H: Brasilien: Amazonasgebiet.
GU: Nicht erkennbar. V: =
Z: Zu groß (?). F: H,O
T: 22°C, L: 30 cm, pH: 7, SG: 3–4

Leporinus lacustris 3/104
See-Leporinus
H: Brasilien, Paraguay.
GU: Nicht erkennbar. V: +
Z: Nicht erfolgt. F: H,O
T: 22–27°C, L: 20 cm, pH: 7, SG: 2

Leporinus "maculatus" 2/238
Gefleckter Leporinus
H: Guyana-Länder, Amazonasbecken.
♂: Schlanker, etwas kleiner. V: +
Z: Zufall; zwischen Pflanzen. F: H,O
T: 22–26°C, L: 18 cm, pH: <7, SG: 2

Leporinus megalepis 3/104
Großschuppiger Leporinus
H: Guyana, Amazonasbecken.
GU: Nicht erkennbar. V: +
Z: Unbekannt. F: H,O
T: 22–27°C, L: 30 cm, pH: <7, SG: 3

Leporinus moralesi 4/60
Maulbeer-Leporinus
H: Venezuela, Brasilien, Peru.
♀: Laichzeit dicker. V: +
Z: Überschwemmungsgebiete. F: O,H
T: 22–26°C, L: 30 cm, pH: 7, SG: 3–4

Leporinus nigrotaeniatus juv. 1/240
Punkstreifen-Leporinus
H: Guyana, Brasilien.
GU: Nicht erkennbar. V: +
Z: Unbekannt. F: H
T: 23–26°C, L: 40 cm, pH: 7, SG: 4

Leporinus nigrotaeniatus adult 3/106
Punkstreifen-Leporinus

Leporinus octofasciatus 2/240
Rotflossen-Leporinus
H: Brasilien.
GU: Nicht erkennbar. V: =
Z: Unbekannt. F: H
T: 23–26°C, L: 22 cm, pH: <7, SG: 3

Leporinus pellegrinii 2/240
Pellegrins Leporinus
H: Guyana-Länder, oberer Amazonas.
GU: Nicht bekannt. V: +
Z: Noch nicht erfolgt. F: H,O
T: 25–26°C, L: 12 cm, pH: <7, SG: 2

Leporinus steyermarki 3/106
Grauer Leporinus
H: Venezuela (?), Paraguay.
GU: Nicht unterscheidbar. V: +
Z: Noch nicht gelungen. F: H,O
T: 22–26°C, L: 30 cm, pH: <7, SG: 3

Leporinus striatus 1/240
Gestreifter Leporinus
H: Bol., Kol., Ec., Paraguay, Venezuela.
GU: Nicht bekannt. V: +
Z: Nicht bekannt. F: H
T: 22–26°C, L: 25 cm, pH: <7, SG: 3

Leporinus wolfei 4/62
Wolfs Engmaulsalmler
H: Peru: Amazonasbecken.
GU: Unbekannt. V: +
Z: Noch nicht gelungen. F: H,K
T: 23–28°C, L: <30 cm, pH: 7, SG: 2–4

Pseudanos trimaculatus 1/236
Dreifleck-Anostom., Dreitupfen-Kopfsteher
H: Brasilien, Guyana.
GU: Unbekannt. V: +
Z: Nicht bekannt. F: L,O
T: 23–27°C, L: 12 cm, pH: 7, SG: 3

Schizodon fasciatus 2/242
Gebänderter Schizodon
H: Amazonasbecken.
GU: Nicht bekannt. V: =
Z: Nicht gelungen (Größe). F: H
T: 22–28°C, L: 40 cm, pH: <7, SG: 4

Echte Amerikanische Salmler

Unterfamilie	Herkunft	Verhalten	Futter	Fortpflanzung	Besonderheiten
Aphyocharacinae	SA	friedliche Schwarmfische	K,O	Freilaicher, brauchen Torfextrakt	Laichräuber.
Bryconinae	SA	friedlich, dann zänkisch	K,O	Freilaicher; überschwemmte Wiesen	Schwarmfische für große Aquarien.
Characidiinae	SA	bodenorientiert	K,O	wenig bekannt, Freilaicher	Die Arten sind untereinander sehr ähnlich.
Characinae	SA	Tendenz zu Raubfischen	K,O	Freilaicher	Hundssalmler sind keine Aquarienfische.
Cheirodontinae	SA	friedliche Schwarmfische	K,O	wenig Erfolg	Viele sind sehr klein u. zart.
Crenuchinae	SA	friedlich aber leicht territorial	K	Höhlenlaicher mit mit Brutpflege (♂)	Brauchen Lebendfutter für längere Haltung.
Glandulocaudinae	SA	friedliche Schwarmfische	K,O	Eier an breite Blätter, sehr kleine Larven	Vorratsbefruchtung (a.Wochen), Drüse am Schwanzstiel.
Iguanodectinae	SA	Schwarmfische	K,O	Freilaicher	*Piabucus dentatus* evtl. ein Tetragonopterinae.
Paragoniatinae	(MA),SA	friedliche Schwarmfische	K,O	Freilaicher, oft schwer	*X. bondi* ähnelt Glaswels.
Rhaphiodontinae	SA	extreme Raubf.	K	Freilaicher	Zähne mehrere cm lang.
Rhoadsiinae	MA,SA	territorial	K,O	Freilaicher, Pflege	Erst im Alter Prachtfisch.
Serrasalminae (Fam. Serrasalmidae)	SA	Schwarmfische	K,O,H	Freilaicher, a. Hormonbehandlung	Piranhas und pflanzenfressende Friedfische.
Stethaprioninae	SA	Schwarmfische	K,O	zw. feinfiedrigen Pflanzen	Nicht pflanzenfressende "Ersatz-Scheibensalmler".
Tetragonopterinae	MA,SA	Schwarmfische	K,O	Lebendfutter für Zucht, feinfiedrige Pflanzen	Siehe S. 74.

Unterfamilie Aphyocharacinae

Ausdauernde Fische von bescheidener Länge der mittleren und oberen Wasserzonen. An die Wasserzusammensetzung werden keine besonderen Ansprüche gestellt. Auch zur Zucht sind sie nicht sonderlich wählerisch, jedoch mit einer Tendenz zu weichen und leicht sauren Wasserwerten.

Die Gameten werden nahe der Wasseroberfläche ausgestoßen und vielfach bereits im Herabsinken von den Elterntieren gefressen. Für eine rationelle Zucht werden ein niedriger Wasserstand (ca. 15 cm) und ein Laichrost als Gegenmaßnahmen empfohlen.

Unterfamilie Bryconinae

Eine für den Aquarianer wenig interessante Unterfamilie, welche mehrheitlich aus größeren silbernen Fischen besteht. Mit Ausnahme des vom Aussterben bedrohten Patagonischen Messingsalmlers (S. 77), der zur Eiablage Kiesgruben aushebt, handelt es sich um Freilaicher, die in der Natur die Gräser überschwemmter Wiesen zur Eiablage aufsuchen.

Unterfamilie Characidiinae

Kleine, längliche, bodenorientierte Salmler von bescheidenem Reiz. Über ihre Fortpflanzung ist wenig bekannt, aber es werden wiederholt Erfolge in dichtbepflanzten Aquarien erzielt.

Unterfamilie Characinae

Unterfamilie mit einem hohen Anteil an Raubfischen, so z.B. die großen Hundssalmler (S. 81), von deren Aquarienhaltung abgeraten wird, *Exodon paradoxus* (S. 82), ein Aggressivling von hohem Reiz, und auch die kleinen Raubglassalmler. Durch die geringe Größe der letzteren ist die Auswahl ihrer möglichen Beckengenossen etwas einfacher. Soweit bekannt, handelt es sich bei allen Arten um Freilaicher.

Unterfamilie Cheirodontinae

Kleine, für das Gesellschaftsaquarium gut geeignete Salmler. Ein paar Arten sind sehr klein und daher heikel, weswegen für sie ein Artbecken empfohlen wird. Die Zucht ist bei den meisten Arten noch nicht gelungen.

Unterfamilie Crenuchinae

Salmler dieser Unterfamilie haben eine für Characiden ungewöhnliche Fortpflanzungsmethode: sie laichen in Verstecken (Höhlen) ab, und das Männchen betreibt Brutpflege; die Anzahl der Eier ist gering. Leider ist eine Haltung im Aquarium über längere Zeit ohne häufigeres Verabreichen von Lebendfutter nicht möglich.

Unterfamilie Glandulocaudiinae

Die Fortpflanzungsbiologie weicht ebenfalls sehr von der Standard-Salmlermanier ab: Es findet eine Vorratsbefruchtung statt mit späterer Eiablage unter breiten Pflanzenblättern oder zwischen feinfiedrigen Pflanzen, ohne weitere Teilname des Männchens.

Mit Ausnahme des winzigen *Scopaeocharax atopodus* (S. 88) sind alle Arten für ein Gesellschaftsaquarium geeignet.

Unterfamilie Iguanodectinae
Kleine Unterfamilie mit unauffällig gefärbten, langgestreckten Arten. In der Aquaristik sind sie wenig verbreitet.

Unterfamilie Paragoniatinae
Die Arten dieser Unterfamilie brauchen Platz zum Schwimmen und sollten im Schwarm gehalten werden, da sie sonst scheu bleiben. Es handelt sich um anspruchslose Allesfresser, bei denen für eine Vergesellschaftung nur die Größe berücksichtigt werden muß.

Zuchterfolge sind je nach Art sehr verschieden, folgen aber soweit dem "Salmler-Standard".

Unterfamilie Rhaphiodontinae
Raubfische dieser Unterfamilie haben Zähne von mehreren Zentimetern Länge. Damit können sie auch unvorsichtigen Aquarianern schwere Verletzungen zufügen. Es wird von einer Aquarienhaltung dieser Unterfamilie abgeraten.

Familie Serrasalmidae
Diese Familie wurde früher als Unterfamilie Serrasalminae zur Familie Characidae gestellt und enthält sowohl die pflanzenfressenden Scheibensalmler als auch die weltweit bekannten und gefürchteten fleischfressenden Piranhas. Allesamt sind Schwarmfische mittlerer bis beachtlicher Größe, die geräumige Aquarien benötigen.

Die Pflanzenfresser sind durchweg friedlich, eine Dekoration des Aquariums mit echten Pflanzen ist aber nicht möglich. Bei Piranhas sollte man versuchen, eingewöhnte Exemplare auch an Forellenpellets zu gewöhnen; die Fütterung erleichtert sich dadurch erheblich, und satte Piranhas sind nicht sonderlich aggressiv. Trotzdem: Netze werden jedesmal zerbissen, und Vorsicht beim Hantieren ist geboten.

Die Arten, die sich bisher in Aquarien vermehren ließen, legten ihre Eier an feinfiedrige Wasserpflanzen oder an die herabhängenden Wurzeln von Schwimmpflanzen. Die großen Wanderarten sind bisher nur künstlich zum Ablaichen gebracht worden. Früher wurden zermahlene und mit Aceton aufbereitete Hypophysen (meist von Karpfen oder von reifen Wildfängen gleicher Art) in saliner Lösung injiziert, heute finden immer mehr synthetische Hormone Anwendung. Nicht alle Hormone wirken gleich gut auf alle Arten. Auch die Anzahl der erforderlichen Dosen variiert je nach Hormon, Fischart und Geschlecht. Bedingung ist aber immer ein reifer oder annähernd reifer Fisch; durch die Behandlung wird nur die Eiablage ermöglicht. Diese Art der Vermehrung findet vor allem in der Speisefischzucht Verwendung. Es handelt sich hierbei unter anderen um die Riesensalmler *Colossoma macropomum* (S. 92) und *Piaractus brachypomus*, S. 92) – beides Arten, die für "normale" Aquarien bei weitem zu groß werden und die ohne diese Hormonbehandlung noch nicht in Gefangenschaft abgelaicht haben (ESTEVEZ, 1990).

Unterfamilie Stethaprioninae

Kleine Unterfamilie hochrückiger Salmler für das Gesellschaftsaquarium. Farblich wenig interessant, haben sie aber eine ansprechende Scheibenform und sind viel pflanzenfreundlicher als die Scheibensalmler. *Brachychalcinus* sp. aff. *orbicularis* (S. 63) hat als Jungtier intensiv rote Flossen, die Farbe verblaßt aber bei der Mehrzahl der erwachsenen Exemplare.

Unterfamilie Tetragonopterinae

Diese große Unterfamilie enthält die "Standardsalmler" der Aquaristik. Es handelt sich um kleine bis mittelgroße Schwarmfische, die mehrheitlich für das Gesellschaftsaquarium geeignet sind.

Für die Zucht benötigen die meisten Arten eine abwechslungsreiche Ernährung mit Lebendfutter, nur wenige begnügen sich mit Flokkenfutter. Das Wasser sollte etwas weich und sauer sein; manche Arten verlangen extreme Werte in dieser Hinsicht, da sonst die Eier verpilzen. Mit wenigen Ausnahmen (s. unten) sind diese Salmler Freilaicher, die mehr oder weniger dem Laich zwischen den feinfiedrigen Pflanzen nachstellen. Eiablage erfolgt in den Morgenstunden, man sollte die Zuchttiere bald danach umsetzen. Ansonsten helfen ein Laichrost, dichter Pflanzenwuchs und gute Fütterung.

Der Laich einiger Arten ist lichtempfindlich (z.B. Neon- u. Kardinaltetra, S. 121, 122), bei *Creagrutus beni* u. *C. brevipinnis* (S. 103) findet eine Vorratsbefruchtung statt, *Nematocharax venustus* (S. 121) hat eine Vaterfamilie und bei *Pseudochalceus kyburzi* (S. 123) handelt es sich um einen Haftlaicher, der Brutpflege betreibt.

Aphyocharax alburnus 1/242
Laubensalmler

H: S-Brasilien, Paraguay, Argentinien.
GU: Nicht bekannt. **V**: +
Z: Freilaicher, Pflanzen; <500 E. **F**: O,K
T: 22–28°C, **L**: 7 cm, **pH**: <7, **SG**: 1–2

Aphyocharax anisitsi 1/242
Rotflossensalmler

H: Argentinien.
♂: Feinste Häkchen an Anale. **V**: +
Z: Freilaicher, Pflanzen; <500 E. **F**: O,K
T: 18–28°C, **L**: 5 cm, **pH**: 7, **SG**: 1

Aphyocharax dentatus ♂ 2/243
Falscher Rotflossensalmler

H: Paraguay, Brasilien, Kolumbien.
♂: Anale hakenförmig. **V**: =
Z: Freilaicher im Schwarm. **F**: K,O
T: 15–22°C, **L**: 12 cm, **pH**: 7, **SG**: 2

Aphyocharax erythrurus 4/80
Venezuela-Laubensalmler
H: Venezuela.
♀: Etwas größer u. fülliger. V: +
Z: Freilaicher; <500 E. F: K,O
T: 22–26°C, L: 7 cm, pH: <7, SG: 2

Aphyocharax paraguayensis 1/284,2/244
Augenflecksalmler, Schwanzfleckensal.
H: Rio Paraguaybecken.
♂: Schlanker. V: +
Z: Freilaicher, Pflanzen. F: O
T: 22–27°C, L: 4 cm, pH: <7, SG: 1–2

Aphyocharax rathbuni o.♂, u.♀ 2/244
Rubinsalmler
H: Rio Paraguay.
♂: Weiße Flossenspitzen. V: +
Z: Freilaicher, Pflanzen. F: K,O
T: 20–26°C, L: 5 cm, pH: <7, SG: 2

Aphyocharax cf. *rathbuni* u.♂, o.♀ 5/34
evtl. *Aphyocharax avary*
H: Rio Paraguay.
♂: Weiße Flossenspitzen. V: +
Z: Freilaicher, Pflanzen. F: K,O
T: 18–24°C, L: 4,5 cm, pH: 7, SG: 1–2

Aphyocharax sp. aff. *rathbuni* 5/34

Foto s.S. 5/38

Brycon cephalus 3/108
Südamerikanische Forelle
H: Amazonasbecken.
GU: Nicht erkennbar. V: +,–
Z: Unbekannt. F: K,O
T: 22–26°C, L: 22 cm, pH: 7, SG: 3

Brycon falcatus 1/244
Türkensalmler
H: Guyana-Länder, Brasilien.
GU: Unbekannt. V: +,–
Z: Nicht versucht (?). F: K,O
T: 18–25°C, L: 25 cm, pH: <7, SG: 3

Brycon melanopterus 2/246
Kielstrichsalmler
H: Amazonasgebiet; weit verbreitet.
GU: Unbekannt. V: +,–
Z: Nicht beschrieben. F: K,O
T: 22–26°C, L: >18 cm, pH: <7, SG: 2–3

Brycon cf. *rubricauda* 5/35

H: Brasilien: Vor allem Weißwasser.
GU: Unbekannt. V: –
Z: Überschwemmungsgebiete. F: K,O
T: 20–28°C, L: 30 cm, pH: <7, SG: 4

Bryconops affinis 2/246
Gestreckter Silbersalmler
H: O-Brasilien.
GU: Unbekannt. V: +,–
Z: Freilaicher zwischen Pflanzen. F: K,O
T: 22–28°C, L: 12 cm, pH: <7, SG: 3

Chalceus erythrurus 3/108
Gelbflossen-Glanzsalmler
H: Amazonasbecken.
GU: Nicht unterscheidbar. V: =
Z: Unbekannt. F: K,O
T: 22–26°C, L: 25 cm, pH: 7, SG: 3

Chalceus macrolepidotus 1/244
Glanzsalmler, Südam. Großschuppens.
H: Guyana-Länder, Amazonas.
GU: Unbekannt. V: –
Z: Nicht erfolgreich. F: K
T: 23–28°C, L: 36 cm, pH: 7, SG: 4

Gymnocharacinus bergi ♂ 3/110
Patagonischer Messingsalmler
H: Argentinien: N-Patagonien, E.
♂: Kleiner; K mit weißem Saum. V: +
Z: Im Kies. F: O
T: 18–22°C, L: 6 cm, pH: <7, SG: 3

Gymnocharacinus bergi ♀ 3/110
Patagonischer Messingsalmler
Vom Aussterben bedroht! Es leben zur Zeit nur etwa 250 Exemplare!

Salminus brasiliensis 5/36
Forellen-Raubsalmler
H: La Plata-Becken u. Amazonas (?).
GU: Unbekannt. V: –
Z: Nicht bekannt. F: K
T: 20–26°C, L: >60 cm, pH: 7, SG: 4

Triportheus albus 2/248
Gelbflossen-Kropfsalmler
H: Brasilien.
♂: Kaum zu erkennen. V: =
Z: Freilaicher; überschw. Pflanzen. F: K,O
T: 22–28°C, L: 11 cm, pH: <7, SG: 3–4

Triportheus angulatus 1/244
Punktierter Kropfsalmler, Armbrustsalmler
H: Amazonasbecken.
GU: Unbekannt. V: =
Z: Nicht bekannt. F: K
T: 22–28°C, L: >10 cm, pH: 7, SG: 2

Triportheus pictus 2/248
Silberner Kropfsalmler
H: Amazonasbecken.
♂: Langgestreckter, schlanker. V: =
Z: Nicht nachgezogen. F: O
T: 22–28°C, L: 16 cm, pH: <7, SG: 2–3

Triportheus rotundatus 2/250
Gerundeter Kropfsalmler
H: Guyana-Länder, Venezuela.
♀: Bauchpartie voller. V: +
Z: Nicht beschrieben. F: K,O
T: 24–27°C, L: 15 cm, pH: 7, SG: 2

Ammocryptocharax elegans 4/116
H: Brasilien.
GU: Nicht erkennbar. V: –
Z: Nichts bekannt. F: K
T: 23–27°C, L: 7 cm, pH: ≪7, SG: 3–4

Ammocryptocharax cf. *minutus* 4/118
H: Oberer Orinoco u. Rio Negro.
GU: Nicht bekannt. V: +
Z: Nicht bekannt. F: K,O
T: 23–26°C, L: 5 cm, pH: ≪7, SG: 3

Ammocryptocharax vintonae 4/116
Vintons Zwergpfeilsalmler
H: Guyana: Membaru-Fluß.
♀: Fülliger zur Laichzeit. V: +
Z: Nicht bekannt. F: K
T: 23–27°C, L: 4 cm, pH: <7, SG: 2–3

Characidium brevirostre 4/118
Kurznasiger Bodensalmler
H: Kolumbien, Peru.
♂: Dorsale größer. V: +
Z: Nicht veröffentlicht. F: K,O
T: 22–26°C, L: 5,5 cm, pH: <7, SG: 2

Characidium fasciatum 1/314
Gebänderter Bodensalmler
H: Sehr weit verbreitet.
♂: Basis der Dorsale gepunktet. V: +
Z: Freilaicher. F: K
T: 18–24°C, L: 8–10 cm, pH: <7, SG: 2

Characidium sp. aff. *fasciatum* 2/295
Rio Negro-Bodensalmler
H: Brasilien: Rio Negro.
GU: Nicht beschrieben. V: +
Z: Freilaicher. F: K,O
T: 22–24°C, L: 8–10 cm, pH: <7, SG: 2

Characidium sp. aff. *fasciatum* 2/295
Peru-Bodensalmler
H: Peru.

Characidium rachovii ♂ 1/314
Rachows Grundsalmler
H: S-Brasilien.
♂: Gepunktete Dorsale. V: +
Z: Freilaicher? F: K,O
T: 20–24°C, L: 7 cm, pH: <7, SG: 2

Characidium sp. 4/120
C. purpuratum-Gruppe
H: Brasilien: São Paulo (Itanhaèm).
♀: Etwas voller. V: +
Z: Noch nicht erfolgt. F: K,O
T: 20–25°C, L: 10 cm, pH: 7, SG: 2–3

Characidium sp. 4/120
C. purpuratum-Gruppe
H: Brasilien: São Paulo (Cuiaba).

Characidium sp. ♂ 4/122
C. purpuratum-Gruppe
H: Brasilien: São Paulo.

Characidium sp. ♀ 4/122
purpuratum-Gruppe
H: Brasilien: São Paulo.

Characidium steindachneri 4/123
Steindachners Bodensalmler
H: Peru, Kolumbien: Amazonasgebiet.
GU: Nicht bekannt. V: +
Z: Nicht bekannt; Freilaicher?. F: K,O
T: 22–25°C, L: 6 cm, pH: <7, SG: 2–3

Elachocharax pulcher 2/297
Widderchensalmler, Zwerggrundsalmler
H: Brasilien: Rio Negro, Rio Madeira.
GU: Unbekannt. V: +
Z: Natur: Massenvermehrungen. F: K
T: 24–30°C, L: 3 cm, pH: ≪7, SG: 2–3

Klausewitzia ritae 5/72
Ritas Zwergpfeilsalmler
H: Brasilien: Tapajos-System.
GU: Nicht bekannt. V: +
Z: Dichtbewachsenes Aquarium. F: K
T: 23–28°C, L: 4 cm, pH: ≪7, SG: 3

Melanocharacidium dispilomma 5/72

H: N-Brasilien, S-Venezuela.
♂: Kleiner, schlanker. V: +
Z: Noch nicht gelungen. F: K
T: 22–29°C, L: 7 cm, pH: 7, SG: 2

Odontocharacidium aphanes 2/298
Grüner Zwergpfeilsalmler
H: Brasilien: Tapajos-System.
GU: Nicht bekannt. V: +
Z: Unbekannt. F: K
T: 24–28°C, L: 4 cm, pH: ≪7, SG: 3

Odontocharacidium aphanes 3/146
Zorniger Zwergpfeilsalmler
H: Brasilien: Rio Negro u. Rio Amazonas.
GU: Nicht unterscheidbar. **V:** +
Z: Javamoos. **F:** K,O
T: 22–26°C, **L:** 2 cm, **pH:** ≪7, **SG:** 3

Charax condei 1/248
Kleinschuppiger Glassalmler
H: Venezuela, Paraguay.
♂: Schlanker, gelber, kleiner. **V:** –
Z: Freilaicher (?). **F:** K
T: 23–25°C, **L:** 7 cm, **pH:** 7, **SG:** 3

Charax gibbosus 2/252
Wachssalmler
H: Guyana, Amazonien, Rio Paraguay.
♂: Laichzeit gelblich. ♀: Größer. **V:** =
Z: Freilaicher. **F:** K,O
T: 24–27°C, **L:** 15 cm, **pH:** 7, **SG:** 2

Charax pauciradiatus ♂ 3/112
Hundskopf-Wachssalmler
H: Amazonasbecken, Paraguay.
♀: Größer. **V:** =
Z: Freilaicher (?). **F:** O
T: 22–27°C, **L:** 15 cm, **pH:** 7, **SG:** 2

Charax tectifer 4/63
Panzertetra
H: Oberer Amazonas, Ecuador.
♀: Fülliger u. etwas größer. **V:** =
Z: Freilaicher, Pflanzen. **F:** K,O
T: 23–28°C, **L:** 14 cm, **pH:** 7, **SG:** 3

Cynopotamus argenteus 2/252
Flußhund
H: Paraguay.
GU: Nicht bekannt. **V:** –
Z: Nicht nachgezogen. **F:** K
T: 20–24°C, **L:** 12 cm, **pH:** <7, **SG:** 4

Exodon paradoxus 1/246
Zweitupfen-Raubsalmler
H: Brasilien, Guyana.
♀: Bauch kräftiger. V: –
Z: Wasserpflanzen. F: K
T: 23–28°C, L: 15 cm, pH: <7, SG: 3

Gnathocharax steindachneri 1/246
Fliegensalmler, Schlußlicht-Drachenflosser
H: Brasilien: Rio Madeira.
♀: Schwarzer Laichfleck. V: =
Z: Freilaicher. F: K,O
T: 23–27°C, L: 6 cm, pH: <7, SG: 2

Roeboexodon guyanensis 4/66
Haimaul-Salmler
H: Guyana-Länder.
GU: Unbekannt. V: =
Z: Nicht bekannt. F: K
T: 23–26°C, L: 10 cm, pH: <7, SG: 3

Roeboides dayi 1/248
Cauca-Raubglassalmler
H: Kolumbien: Rio Cauca.
♂: Gestreckter. V: –
Z: Freilaicher, Pflanzen. F: K
T: 22–26°C, L: 6 cm, pH: 7, SG: 3

Roeboides dayi 4/68
Days Raubglassalmler
H: Venezuela, Trinidad.
♀: Zur Laichzeit fülliger. V: –
Z: Freilaicher. F: K
T: 22–28°C, L: 5 cm, pH: 7, SG: 2–4

Roeboides descalvadensis 4/68
Descalvado-Raubglassalmler
H: Brasilien.
♀: Zur Laichzeit fülliger. V: =
Z: Freilaicher (?). F: K
T: 22–26°C, L: 5 cm, pH: 7, SG: 3

Roeboides dayi 3/114
Meeks Raubglassalmler
H: Kolumbien: Rio Cauca.
♂: Schlanker. V: –
Z: Freilaicher (?). F: K
T: 22–26°C, L: 6 cm, pH: 7, SG: 3

Roeboides paranensis 3/114
Paraguay-Raubglassalmler
H: Paraguay.
GU: Unbekannt. V: –
Z: Freilaicher (?). F: K
T: 22–26°C, L: 6,5 cm, pH: 7, SG: 3

Roeboides thurni 5/37
Thurns Raubglassalmler
H: Guyana.
GU: Unbekannt. V: –
Z: Paarweise; feinfiedrige Pflanzen. F: K
T: 22–25°C, L: 5 cm, pH: 7, SG: 2–3

Brittanichthys myersi 3/116
Brittans Salmler
H: Rio Negro, Rio Xeriuni.
♂: Häkchen an Analflossenstrahlen. V: +
Z: Unbekannt. F: K,O
T: 22–24°C, L: 4 cm, pH: ≪7, SG: 3

Brittanichthys sp. 4/104
Leuchtstrichsalmler
H: Peru.
GU: Unbekannt. V: (–)
Z: Nicht bekannt. F: K,O
T: 23–27°C, L: 3 cm, pH: <7, SG: 3

Odontostilbe pequira 3/116
Orangepunkt-Salmler
H: Amazonas, Brasilien.
♂: Farbiger u. schlanker. V: +
Z: Wie *Paracheirodon innesi* (?). F: K,O
T: 22–26°C, L: 5,5 cm, pH: 7, SG: 2

Odontostilbe fugitiva 3/118

H: Amazonasbecken, Kolumbien.
♂: Schlanker. V: +
Z: Unbekannt. F: K,O
T: 22–26°C, L: 5 cm, pH: <7, SG: 2–3

Serrapinnus piaba 2/269
Piabatetra

H: Brasilien.
♂: Konkave Anale, läng. Schwimmbl. V: +
Z: Unbekannt. F: O
T: 20–27°C, L: 5 cm, pH: 7, SG: 2

Cheirodon pulcher 5/40

H: Trinidad, Venezuela.
♂: Schlanker, kleiner. V: +
Z: Unbekannt. F: K,O
T: 22–25°C, L: 3,5 cm, pH: 7, SG: 2–3

Phenacogaster megalostictus 5/41
Großfleckiger Glastetra

H: Guyana bis zum Rio Negro.
♀: Schwimmblase kürzer u. rund. V: =
Z: Schwarmlaicher zw. Pflanzen. F: K,O
T: 22–27°C, L: 4,5 cm, pH: <7, SG: 2–3

Phenacogaster pectinatus 3/118
Goldband-Glassalmler

H: Oberes u. mittleres Amazonasbecken.
♀: Anale nur schwach konkav. V: +
Z: Wie *Hemigrammus* (?). F: O
T: 23–27°C, L: 8 cm, pH: 7, SG: 1

Saccoderma hastatus 4/66

H: Kolumbien.
♂: Adult: Kaudalflossendrüse. V: +
Z: Unbekannt. F: O
T: 23–27°C, L: 3,5 cm, pH: <7, SG: 2–3

Saccoderma melanostigma ♂ 5/38

Saccoderma melanostigma ♀ 5/38

H: Venezuela: Maracaibosee.
♂: Größer; längere Flossen. V: +
Z: Unbekannt. F: O
T: 25–28°C, L: 5 cm, pH: 7, SG: 2

Crenuchus spilurus 1/317
Fleckschwanzs., Kl. Raubs., Segelflossens.
H: Guyana.
♂: Dorsale spitz u. rot. V: =
Z: Höhlenlaicher, ♂ Brutpflege; <60E. F: K,O
T: 24–28°C, L: 6 cm, pH: <7, SG: 3–4

Poecilocharax bovalii ♂ 5/74

H: Guyana: Poloro-Fluß.
♂: Schlank; Anale rötlich. V: =
Z: Brutpflege durch das ♂? F: K
T: 23–27°C, L: 5 cm, pH: 7, SG: 2–3

Poecilocharax bovalii ♀ 5/74

Poecilocharax weitzmani ♂♂ 3/147
Weitzmans Raubsalmler
H: Amazonasbecken.
♂: Schlank bis "mager". V: =
Z: Brutpflege durch das ♂. F: K!
T: 24–28°C, L: 4 cm, pH: ≪7, SG: 3

Mimagoniates microlepis o.♀,u.♂ 3/120
Kleinschuppiger Barberos-Tetra
H: SO-Brasilien.
♂: Größer, farbiger. V: +
Z: Pflanzenlaicher. F: K
T: 18–23°C, **L**: 6 cm, **pH**: 7, **SG**: 3–4

Mimagoniates tenuis o.♀, u.♂ 3/120
Barberos Tetra
H: SO-Brasilien, Paraguay, N-Argentinien.
♂: Anale spitz ausgezogen. V: +
Z: Innere Befruchtung; zw. Pflanzen. F: K?
T: 19–22°C, **L**: 5 cm, **pH**: <7, **SG**: 3–4

Mimagoniates tenuis ♂ 2/254
Barberos Tetra

Corynopoma riisei ♂ oben 1/250
Zwergdrachenflosser
H: Kolumbien, Rio Meta.
♂: Pektoralen paddelartig lang. V: +
Z: Vorratsbefruchtung. F: O
T: 22–28°C, **L**: 6–7 cm, **pH**: 7, **SG**: 2

Gephyrocharax chaparae 4/70
Chapare-Drüsensalmler
H: Bolivien, Kolumbien (?).
♂: Drüse am Schwanzstiel. V: +
Z: Vorratsbefrucht.; zw. Pflanzen. F: K,O
T: 20–24°C, **L**: 4,5 cm, **pH**: 7, **SG**: 2–3

Gephyrocharax valencia 2/256
Brückensalmler, Valenciasalmler
H: Venezuela: Valencia-See.
♂: Anale lappenartig. V: +
Z: Vorratsbefruchtung; zw. Pflanzen. F: O
T: 23–26°C, **L**: 5 cm, **pH**: 7, **SG**: 1

Gephyrocharax venezuelae 4/70
Venezuela-Drüsensalmler
H: Venezuela.
♂: "Sonderschuppe" am Schwanzstiel. V: +
Z: Wie *G. chapare* (?). F: K
T: 20–24°C, L: 5 cm, pH: 7, SG: 2

Mimagoniates lateralis ♂♂ 5/42

H: Brasilien: São Paulo, Santa Catarina.
♂: Mit Drüse; größer, schlanker. V: +
Z: Innere Befrucht.; an breite Blätter. F:O
T: 23–26°C, L: 5 cm, pH: <7, SG: 2–3

Mimagoniates lateralis ♀ 5/42

Mimagoniates microlepis ♂ 5/45
Kleinschuppiger Barberos Tetra
H: SO-Brasilien: Küstenregenwald.
♂: Größer, farbiger, längere Flossen. V: +
Z: Pflanzenlaicher. F: K
T: 18–25°C, L: 5–7 cm, pH: 7, SG: 2–3

Mimagoniates microlepis ♂ 5/45
Kleinschuppiger Barberos Tetra

Mimagoniates microlepis ♀ 5/45
Kleinschuppiger Barberos Tetra

Mimagoniates microlepis 3/120
Kleinschuppiger Barberos-Tetra
"Joinville"

Pseudocorynopoma doriae 1/250
Drachenfl, Fransenfl., Kehlkopfs., Drüsens.
H: S-Brasilien, La Plata-Gebiet.
♂: Dorsale u. Anale lang. **V**: +
Z: Freilaicher, Pflanzen; 1000 E. **F**: O
T: 20–24°C, **L**: 8 cm, **pH**: 7, **SG**: 1

Pterobrycon myrnae ♂ 2/256
Flügelschuppensalmler
H: Costa Rica.
♀: "Normale" Ventralen. **V**: =
Z: Noch nicht gelungen. **F**: K,O
T: 23–26°C, **L**: 6 cm, **pH**: <7, **SG**: 2

Scopaeocharax atopodus 4/72
Bürstenmaul-Drachenflosser
H: Peru.
GU: Unbekannt. **V**: –
Z: Unterseite von Blättern (?). **F**: K,O
T: 20–24°C, **L**: 2,5 cm, **pH**: <7, **SG**: 3

Xenurobrycon macropus 3/122

H: Rio Paraguay.
♂: Auffällige Anale u. Kaudale. **V**: =
Z: Unbekannt. **F**: O
T: 22–28°C, **L**: 5 cm, **pH**: 7, **SG**: 2

Iguanodectes spilurus 1/296
Eidechsensalmler
H: Guyana, Brasilien.
♂: Vord. Strahlen der Anale länger. **V**: +
Z: Laichrost. **F**: K,O
T: 23–27°C, **L**: 5–6 cm, **pH**: <7, **SG**: 2

Piabucus dentatus 2/292
Piabucosalmler
H: Guyana-L., mittl. u. unt. Amazonas.
GU: Nicht beschrieben. V: =
Z: Noch nicht nachgezogen. F: K
T: 20–25°C, L: 18 cm, pH: 7, SG: 2

Paragoniates alburnus 1/252
Blauer Glassalmler
H: Mittl. u. ob. Amazonas, Venezuela.
GU: Unbekannt. V: +
Z: Freilaicher zw. Pflanzen (?). F: K,O
T: 23–27°C, L: 6 cm, pH: 7, SG: 2

Phenagoniates macrolepis 2/258
Panama Glutsalmler
H: S–Panama.
GU: Unbekannt. V: =
Z: Nicht erfolgt. F: K
T: 22–24°C, L: 6 cm, pH: <7, SG: 3–4

Prionobrama filigera 1/252
Rotflossen-Glassalmler
H: Rio Paraguay, Argentinien, S-Brasilien.
♂: Längere Anale. V: +
Z: Schwimmpflanzen. F: O
T: 22–30°C, L: 6 cm, pH: 7, SG: 1–2

Prionobrama sp. (*filigera*?) 4/72

H: Amazonas, Paraguay, Paraná, Uruguay.
♂: Dorsale u. Anale länger. V: +
Z: Unbekannt. F: K
T: 23–26°C, L: 5–6 cm, pH: 7, SG: 2

Rachoviscus crassiceps ♂ 3/123
Dickkopfsalmler
H: Rio de Janeiro, Paraná.
♂: Flossensaum weiß u. mit Häkchen. V: =
Z: Unbekannt. F: K,O
T: 20–25°C, L: 4,5 cm, pH: <7, SG: 1–2

Rachoviscus crassiceps ♀ 5/48
Dickkopfsalmler

Rachoviscus graciliceps ♂ 5/48

H: Brasilien: Bahía.
♂: Größer, farbiger, dunkler, Häkchen. V: =
Z: Daueransatz; Laichrost. F: K,O
T: 22–25°C, L: 5 cm, pH: <7, SG: 2

Rachoviscus graciliceps ♀ 5/48

Xenagoniates bondi 1/252
Goldstirn-Glassalmler

H: Kolumbien, O-Venezuela.
GU: Unbekannt. V: +
Z: Nicht erfolgt. F: K,O
T: 20–26°C, L: 6 cm, pH: 7, SG: 2–3

Acestrorhynchus altus 3/112
Roter Hundssalmler

H: Amazonas-, Paraguaybecken.
GU: Unbekannt. V: –
Z: Unbekannt. F: K!
T: 22–26°C, L: 35 cm, pH: <7, SG: 4

Acestrorhynchus falcirostris 2/251
Hundssalmler

H: Amazonasbecken, Orinoco, Guyana.
GU: Unbekannt. V: –
Z: Unbekannt. F: K!
T: 24–26°C, L: 40 cm, pH: <7, SG: 4

Acestrorhynchus cf. *microlepis* 5/50
Hechtkopfsalmler
H: Amazonasgebiet.
GU: Unbekannt. V: –!
Z: Überschwemmungsgebiete. F: K!
T: 18–28°C, L: >30 cm, pH: <7, SG: 4

Hydrolycus scomberoides 4/74, 5/50
Wolfsalmler
H: Amazonas, Orinoco, Rio Paraguay.
GU: Unbekannt. V: –!
Z: Unbekannt. F: K!
T: 20–28°C, L: <60 cm, pH: 7, SG: 4

Hydrolycus scomberoides 4/74, 5/50

Rhoadsia altipinna 4/76
Regenbogensalmler
H: W-Ecuador.
♂: Sichelförmige D; A mit rotem Rand. V: –
Z: Freilaicher, territorial. F: K
T: 22–25°C, L: 17 cm, pH: 7, SG: 3–4

Acnodon normani 1/350
Schafpacu
H: Brasilien: Rio Xingú, Rio Tocantins.
GU: Unbekannt. V: +
Z: Unbekannt. F: H
T: 22–28°C, L: <15 cm, pH: <7, SG: 3

Catoprion mento 2/328
Wimpelpiranha, Schuppenfressender Pi.
H: Guyana, Brasilien: Mato Grosso.
GU: Unbekannt. V: +,–
Z: Nicht berichtet. F: K!
T: 23–26°C, L: 15 cm, pH: ≪7, SG: 4

Piaractus brachypomus 2/328
Silberner Pacu
H: Oberer Amazonas.
GU: Unbekannt. V: +
Z: Unbekannt. F: H,O
T: 23–28°C, L: 45 cm, pH: <7, SG: 4

Colossoma macropomum 1/350
Schwarzer Pacu, Riesenpacu, Gamitana
H: Amazonasgebiet.
♂: Dorsale spitz?, Anale gezähnt? V: +
Z: Wanderfisch, Hormonspritze. F: H
T: 22–28°C, L: >60 cm, pH: 7, SG: 3

Metynnis argenteus 1/352
Scheibensalmler, Silberdollar
H: Guyana, Brasilien.
♂: Anale vorne rot u. länger. V: +
Z: Schwimmpflanzen; <2000 Eier. F: H
T: 24–28°C, L: 14 cm, pH: <7, SG: 3

Metynnis argenteus 4/136
Scheibensalmler, Silberdollar
Eventuell ein ♂ in Brutfärbung.

Metynnis hypsauchen ♀ 1/352
Dickkopf-Scheibens.,Schreitmüllers Sch.
H: Ven., Guyana-L., Bras., Paraguay.
♂: Anale farbiger u. länger. V: +
Z: Schwimmpflanzen; <2000 Eier. F: H
T: 24–28°C, L: 15 cm, pH: <7, SG: 3

Metynnis hypsauchen ♂ 1/352
Dickopf-Scheibens., Schreitmüllers Sch.
Laichfärbung. (Foto 3/163)

Metynnis hypsauchen fasciatus 2/330
Gestreifter Scheibensalmler
H: Amazonasbecken.
♂: Anale länger, hakenförmig. V: +
Z: Schwimmpflanzen. F: H,O
T: 23–26°C, L: 14 cm, pH: <7, SG: 3

Metynnis lippincottianus 1/354
Gefleckter Scheibensalmler, Roosevelts Sch.
H: Amazonasbecken: Weißwasser.
♂: Anale rot u. vorne länger. V: +
Z: Schwimmpflanzen; <2000 Eier. F: H
T: 23–27°C, L: 13 cm, pH: 7, SG: 2

Metynnis maculatus 3/160
Gepunkteter Scheibensalmler
H: Brasilien, Bolivien.
♂: Anale farbiger u. vorne länger. V: +
Z: Javamoos; 150 Eier. F: H
T: 20–28°C, L: 18 cm, pH: <7, SG: 2–3

Metynnis mola juvenil 3/160

H: Rio Paraguaybecken.
♂: Anale breit u. gerundet. V: +
Z: Unbekannt. F: H
T: 20–26°C, L: 15 cm, pH: <7, SG: 2–3

Myleus asterias 3/162

H: Guyana-Länder, Amazonasbecken.
GU: Nicht unterscheidbar (?). V: +
Z: Unbekannt. F: H
T: 23–27°C, L: ca. 25 cm, pH: 7, SG: 3

Myleus pacu 3/162
Pacu, Brauner Mühlsteinsalmler
H: Guyana-Länder, Amazonasbecken.
GU: Nicht erkennbar. V: +
Z: Unbekannt. F: H
T: 22–28°C, L: <60 cm, pH: 7, SG: 3

Myleus rubripinnis ♂ 2/330
Mond-Scheibensalmler

H: Brasilien: mittlerer Amazonas.
♂: Farbiger, Anale zweilappig. V: +
Z: Zwischen Pflanzenbüscheln. F: O
T: 23–25°C, L: 12 cm, pH: <7, SG: 3–4

Myleus rubripinnis "gelb" 4/136

H: Brasilien: unterer Rio Tocantins.
♂: Farbiger; Anale vorne länger. V: +
Z: Noch nicht gelungen. F: O,H
T: 22–27°C, L: 12 cm, pH: <7, SG: 2–3

Myleus rubripinnis 1/354
Haken-Scheibensalmler

H: Guyana-Länder, Amazonasgebiet.
GU: Nicht beschrieben. V: +
Z: Unbekannt. F: O
T: 23–27°C, L: <25 cm, pH: <7, SG: 3–4

Myleus schomburgkii 2/332
Schomburgks Scheibensalmler

H: Venezuela, Brasilien.
♂: Anale zweilappig, Dorsale spitzer. V:+
Z: Noch nicht erfolgt. F: H,O
T: 23–27°C, L: 12 cm, pH: <7, SG: 2–3

Mylossoma aureum 4/138
Gemeiner Scheibensal., Goldener Mühlsteins.

H: Orinoco- u. Amazonasbecken.
♂: Anale vorne länger. V: +
Z: Natur: Freilaicher, paarweise. F: H,O
T: 22–28°C, L: 20 cm, pH: <7, SG: 2–3

Mylossoma duriventre 1/356
Mühlsteinsalmler

H: S-Amazonasbecken bis Argentinien.
GU: Unbekannt. V: +
Z: Unbekannt. F: H
T: 22–28°C, L: >20 cm, pH: <7, SG: 4

Ossubtus xinguense 4/138
Adlerschnabel-Pacu
H: NO-Brasilien: Rio Xingú, Altamira. E?
GU: Unbekannt. V: +
Z: Unbekannt. F: H,O
T: 22–25°C, L: ca.15 cm, pH: <7, SG: 3

Pristobrycon calmoni 2/332, 5/80
Schlußlichtpiranha
H: Venezuela, Guyana, unt. Amazonas.
♂: Dunkler, Anale stärker gekrümmt. V: +
Z: Schwarmlaicher zw. Pflanzen. F: O
T: 23–28°C, L: 15 cm, pH: 7, SG: 1–2

Pygocentrus nattereri adultes ♂ 1/356
Natterers Sägesalmler, Roter Piranha
H: Guyana bis La Plata-Gebiet.
♂: Rote Kehle. ♀: Gelber. V: !
Z: Schwarmlaicher zw. Pflanzen. F: K
T: 23–27°C, L: 28 cm, pH: <7, SG: 4

Pygocentrus nattereri 1/356
Natterers Sägesalmler, Roter Piranha
Foto s.S. 1/359.

Pygocentrus cariba 2/334
Schulterfleck-Piranha
H: Venezuela, Guyana-Länder.
♂: Bulliger Kopf, schlanker. V: !
Z: Schwarmlaicher zw. Pflanzen. F: K
T: 22–27°C, L: 28 cm, pH: <7, SG: 3–4

Serrasalmus rhombeus 1/358
Gefleckter Sägesalmler, "Roter Piranha"
H: Guyana-Länder, Amazonasbecken.
♂: Anale vorne spitz u. länger. V: !
Z: Gelungen. F: K
T: 23–27°C, L: 38 cm, pH: <7, SG: 4

Serrasalmus sp. juv. 5/82

H: Amazonasbecken.
GU: Unbekannt. **V**: !
Z: Unbekannt. **F**: K
T: 22–28°C, **L**: ca. 25 cm, **pH**: <7, **SG**: 3

Serrasalmus spilopleura 1/358
Schwarzband-Sägesalmler

H: Orinoco, Amazonasbecken, La Plata.
♀: Tiefer gekerbte Kaudale. **V**: !
Z: Zwischen Wasserpflanzen. **F**: K
T: 23–28°C, **L**: 25 cm, **pH**: <7, **SG**: 4

Pygocentrus nattereri 2/334
Diamant-Piranha

H: Paraguay.
GU: Nicht bekannt. **V**: +
Z: Unbekannt, Schwarm. **F**: H
T: 20–25°C, **L**: 25 cm, **pH**: <7, **SG**: 4

Utiaritichthys sennaebragai 4/140

H: Brasilien.
♂: Ventral kräftiger rot. **V**: =
Z: Unbekannt. **F**: H
T: 23–28°C, **L**: 25 cm, **pH**: <7, **SG**: 4

Brachychalcinus orbicularis 1/254
Diskussalmler

H: N- u. mittl. Südamerika.
GU: Unbekannt. **V**: +
Z: Freilaicher. **F**: H,O
T: 18–24°C, **L**: 12 cm, **pH**: 7, **SG**: 3

Poptella longipinnis 4/78

H: Venezuela.
♀: Zur Laichzeit fülliger. **V**: =
Z: Unbekannt. **F**: K,O
T: 25–28°C, **L**: 10 cm, **pH**: 7, **SG**: 2

Stethaprion erythops 4/78

H: Oberes u. mittl. Amazonasbecken.
GU: Unbekannt. V: +
Z: Noch nicht gelungen. F: K
T: 24–28°C, L: 8 cm, pH: 7, SG: 2–4

Tucanoichthys tucano ♂ 5/58
Tukáno-Salmler

H: Brasilien: Rio Uaupés.
♂: Kleiner, schlanker. V: =
Z: Aufzucht nicht gelungen. F: K
T: 21–27°C, L: 2 cm, pH: ≪7, SG: 4

Tucanoichthys tucano ♀ 5/58
Tukáno-Salmler

Tetragonopterinae sp. nov. 5/61
"Kielbauch"-Salmler

H: Brasilien: Rio Uaupés.
♂: Hochrückiger. V: =
Z: Unbekannt; wird sehr aggressiv. F: K
T: 24–30°C, L: 7 cm, pH: <7, SG: 2–4

Tetragonopterinae sp. nov. ♂ 5/63
Kielbauchsalmler I

H: Brasilien: Rio Uaupés.

Astyanax abramis 5/52

H: O-Andines Südamerika bis Paraguay.
♂: Kleiner, schlanker. V: +
Z: Sicher möglich. F: K,O
T: 23–26°C, L: 5 cm, pH: 7, SG: 2–3

Astyanax bimaculatus 1/255
Rautensalmler
H: O-Südamerika bis Paraguay.
♂: Anale u. Kaudale gelbrötlich. V: +
Z: Sicher möglich. F: K,O
T: 20–28°C, L: 15 cm, pH: <7, SG: 2

Astyanax brevirhinus 4/80
Stumpfmäuliger Tetra
H: O-Brasilien.
♂: Kräftiger gefärbt. V: +
Z: Nicht erfolgt. F: K,O
T: 23–27°C, L: 10 cm, pH: 7, SG: 2

Astyanax daguae 5/52

H: Kolumbien.
♂: Schlanker. V: +
Z: Zw. Pflanzen. F: K,O
T: 24–27°C, L: 4 cm, pH: 7, SG: 2–3

Astyanax fasciatus 3/124
Amerikanischer Streifensalmler
H: Mexiko bis Argentinien, nicht überall.
♂: Schlanker. V: +
Z: Pflanzenbüschel. F: K,O
T: 20–25°C, L: 14cm, pH: 7, SG: 1

Astyanax mexicanus 1/256
Blinder Höhlensalmler
H: Texas bis Panama.
♂: Schlanker. V: +
Z: Relativ leicht. F: K,O
T: 20–25°C, L: 9 cm, pH: 7, SG: 1

Astyanax giton 3/124

H: O-Brasilien.
GU: Unbekannt. V: +
Z: Unbekannt. F: K,O
T: 20–25°C, L: 8 cm, pH: 7, SG: 1

Astyanax guianensis 3/126

H: Guyana, Venezuela.
♂: Anale stärker gebogen. V: +
Z: Schwarmlaicher, Pflanzen. F: K,O
T: 23–27°C, L: 6 cm, pH: 7, SG: 1–2

Astyanax cf. *maximus* 4/82

H: Peru.
♂: Schlanker. V: ?
Z: Unbekannt. F: K,O
T: 20–22°C, L: ca.20 cm, pH: 7, SG: 2–3

Astyanax cf. *ribeirae* 4/82

H: SO-Brasilien.
♂: Längere Dorsale. V: +
Z: Paarweise, Pflanzen. F: K,O
T: 23–27°C, L: 8 cm, pH: 7, SG: 2

Astyanax scabripinnis 3/126
Rauhflossensalmler

H: O- u. SO-Brasilien.
♀: Deutlich voller. V: +
Z: Schwarm, Pflanzen. F: O
T: 22–26°C, L: 10 cm, pH: 7, SG: 2

Hyphessobrycon columbianus 5/54
Evtl. *Hyphessobrycon ecuadoriensis*

H: Kolumbien: Dariengebiet.
♂: D größer; schlanker. V: +
Z: Freilaicher; auch ü. Glasboden. F: K
T: 24–27°C, L: 5 cm, pH: <7, SG: 2

Astyanax sp. "Cabruta" 5/54
Cabrutasalmler

H: Venezuela: Umgebung Cabruta.
♂: Anale ausgezogener. V: +
Z: Unbekannt. F: O
T: 22–28°C, L: 7 cm, pH: 7, SG: 2

Astyanax sp. "Lago Tefé" 4/84
Goldflossensalmler

H: Brasilien, Tefe-See u. Umgebung.
♂: Viel kleiner u. schlanker. V: +
Z: Noch nicht gelungen. F: K,O
T: 24–27°C, L: 4,5 cm, pH: 7, SG: 2–3

Astyanax sp. "Lago Tefé" 4/84
Goldflossensalmler

oben ♀, unten 2 ♂♂

Jupiaba zonata 2/260
Diamantsalmler

H: Paraguay. Oberer Amazonas (?).
♂: Schlanker, etwas größer. V: +
Z: Schwarm, Pflanzenbüschel. F: K,O
T: 20–25°C, L: 8 cm, pH: 7, SG: 1

Axelrodia riesei ♀ 1/256
Roter Griessalmler

H: S-Kolumbien: Rio Meta.
♂: Schlanker. V: +
Z: Noch nicht gelungen. F: K
T: 20–26°C, L: 4 cm, pH: 7, SG: 3

Axelrodia stigmatias 2/261
Pfeffersalmler

H: Amazonasbecken.
♂: Schlanker; weiße Striche intensiver. V: +
Z: Noch nicht gelungen. F: K,O
T: 22–26°C, L: 3 cm, pH: ≪7, SG: 2–3

Boehlkea fredcochui 1/258
Blauer Perusalmler

H: Peru, Kolumbien.
GU: Nicht genau bekannt. V: +
Z: Erfolgreich. F: K,O
T: 22–26°C, L: 5 cm, pH: <7, SG: 2–3

Bryconamericus iheringii 5/56
Primerosalmler
H: S-Brasilien, N-Argentinien.
♂: Kleiner, schlanker. V: +
Z: Freilaicher zw. Pflanzen (?). F: K,O
T: 18–23°C, L: 10 cm, pH: 7, SG: 2

Bryconamericus emperador 4/86
Rostbrauner Tetra
H: Kolumbien.
GU: Unbekannt. V: +
Z: Freilaicher zw. Pflanzen (?). F: K,O
T: 23–27°C, L: 10 cm, pH: <7, SG: 2

Bryconamericus sp. aff. *stramineus* 3/128
H: Paraguay.
GU: Unbekannt. V: +
Z: Freilaicher zw. Pflanzen (?). F: K,O
T: 22–26°C, L: 6 cm, pH: <7, SG: 2

Bryconella pallidifrons 4/86
H: Peru.
♂: 0,5 cm kleiner; schlanker. V: +
Z: Noch nicht gelungen. F: K,O
T: 26–28°C, L: ♀3,5 cm, pH: <7, SG: 2–4

Bryconops caudomaculatus ♂ 2/262
Leuchtflecksalmler
H: Guyana, Brasilien, Kolumbien.
♂: Spitzere Schwanzflossenlappen. V: +
Z: Nicht erfolgt. F: K,O
T: 23–26°C, L: 13 cm, pH: 7, SG: 2–3

Bryconops caudomaculatus ♀ 2/262
Leuchtflecksalmler

Bryconops (Creatochanes) inpai 4/88

H: Brasilien, Peru.
♀: Laichansatz. V: +
Z: Unbekannt. F: O
T: 24–27°C, L: 10 cm, pH: <7, SG: 2–4

Bryconops melanurus 2/264
Rotschwänzchensalmler

H: O-Brasilien.
♂: Schlanker. V: +,=
Z: Natur: Freilaicher. F: K,O
T: 23–26°C, L: 10 cm, pH: <7, SG: 2–3

Carlastyanax aurocaudatus 1/258

H: Kolumbien: Rio Cauca. E
GU: Unbekannt. V: +
Z: Unbekannt. F: K,O
T: 22–25°C, L: 5 cm, pH: <7, SG: 2–3

Ceratobranchia obtusirostris 3/128

H: Peru, Kolumbien.
GU: Unbekannt. V: +
Z: Unbekannt. F: O
T: 20–24°C, L: 7, pH: <7, SG: 2

Pseudocheirodon arnoldi 2/264
Weißer Tetra

H: Costa Rica, Panama.
♂: Dickere Strahlen, Widerhäkchen. V: +
Z: Unbekannt. F: K,O
T: 22–24°C, L: 4,5 cm, pH: 7, SG: 2

Cheirodon galusdae 2/266
Chilesalmler

H: Mittleres Chile.
♂: Schlanker. V: –
Z: Noch nicht gelungen. F: K
T: 18–22°C, L: 6 cm, pH: 7, SG: 3

Serrapinnus kriegi 2/266
Dreipunkttetra
H: Rio Paraguaybecken, Brasilien.
♀: Vollere Bauchpartie. V: +
Z: Freilaicher, Pflanzen. F: K,O
T: 24–27°C, L: 5 cm, pH: <7, SG: 2

Cheirodon parahybae 1/260
Blaustrichtetra
H: SO-Brasilien.
♂: Schlanker; Widerhäkchen . V: +
Z: Unbekannt. F: K,O
T: 23–27°C, L: 4,5 cm, pH: 7, SG: 2

Creagrutus beni ♀ 2/270
Goldbandsalmler
H: Venezuela, Brasilien, Peru, Bolivien.
♀: Farbenprächtiger (!). V: +
Z: Vorratsbefruchtung; 50–70 E. F: O
T: 22–26°C, L: <8 cm, pH: <7, SG: 1–2

Creagrutus brevipinnis 4/88
Doppelstreifentetra
H: Kolumbien: Rio Cauca. E
♀: Farbenprächtiger (!). V: +
Z: Vorratsbefruchtung (kurz). F: K
T: 23–27°C, L: 6 cm, pH: <7, SG: 3

Creagrutus lepidus 5/56

H: N-Venezuela.
♂: Schlanker, farbiger; Längsband. V: +
Z: Unbekannt. F: K
T: 25–30°C, L: 7–8 cm, pH: >7, SG: 2

Ctenobrycon hauxwellianus
Hochrückensalmler 1/262
H: Amazonas.
♂: Lebhaftere Farben. V: =
Z: Freilaicher, Pflanzen. F: K,O
T: 20–28°C, L: 8 cm, pH: 7, SG: 2

Gymnocorymbus bondi 2/270
Socolofs Rotmantelsalmler
H: Kolumbien: Rio Meta.
GU: Nicht beschrieben. V: +
Z: Nicht beschrieben. F: O
T: 23–27°C, L: 5,5 cm, pH: <7, SG: 2

Gymnocorymbus ternetzi 1/262
Trauermantelsalmler
H: Rio Paraguay, Rio Guaporé, Bolivien.
♂: Anale breiter, Dorsale spitzer. V: +
Z: Freilaicher, Pflanzen. F: O
T: 20–26°C, L: 5,5 cm, pH: 7, SG: 1

Gymnocorymbus thayeri 1/264
Silbermantelsalmler
H: Amazonas- u. Orinocobecken.
♂: Anale konkav. V: +
Z: Nicht beschrieben. F: K,O
T: 23–27°C, L: 6 cm, pH: <7, SG: 2

Hasemania nana 1/264
Kupfersalmler
H: Brasilien.
♂: Farbiger, Analflossenspitze weiß. V: +
Z: Freilaicher, Pflanzen. F: K,O
T: 23–28°C, L: 5 cm, pH: <7, SG: 1

Hemibrycon jabonero 4/90
Jabonero Tetra
H: Venezuela, Kolumbien (?), Ecuador.
♀: Etwas größer u. dicker. V: =
Z: Nicht beschrieben. F: K
T: 22–26°C, L: <10 cm, pH: <7, SG: 2–3

Hemigrammus barrigonae u.♂,o.♀ 4/92
Barrigona-Tetra
H: Kolumbien.
♂: Schlanker, kleiner. V: +
Z: Feinfiedrige Pflanzen. F: K,O
T: 22–26°C, L: 4,5 cm, pH: <7, SG: 3

Hemigrammus bellottii 3/130

H: Guyana-Länder, Amazonas.
♂: Schlanker, kleiner. V: +
Z: Zw. feinfiedrigen Pflanzen. F: K,O
T: 23–27°C, L: 4 cm, pH: <7, SG: 2

Hemigrammus bleheri 1/272, 3/130
Rotkopfsalmler
H: Kolumbien, Brasilien.
♂: Schlanker. V: +
Z: Zw. feinfiedrigen Pflanzen. F: K,O
T: 23–26°C, L: 4,5 cm, pH: <7, SG: 2–3

Hemigrammus boesemani 2/272
Glanzstrichsalmler
H: Guyana-Länder, Amazonas.
♂: Unten spitze Schwimmblase. V: +
Z: Feinfiedrige Pflanzen. F: K,O
T: 23–26°C, L: 4,5 cm, pH: <7, SG: 2

Hyphessobrycon anisitsi 1/266
Rautenflecksalmler
H: Argentinien, Paraguay, SO-Brasilien.
♂: Flossen roter oder gelber. V: +
Z: Feinfiedrige (harte) Pflanzen. F: K,O
T: 18–28°C, L: 7 cm, pH: 7, SG: 1

Hemigrammus cupreus 4/92
Glänzender Kupfertetra
H: Amazonasbecken.
♂: Farbiger. V: +
Z: Feinfiedrige Pflanzen. F: K,O
T: 23–27°C, L: 3,5 cm, pH: 7, SG: 2

Hemigrammus elegans 1/266
Goldstrich-Glassalmler
H: Amazonas.
♂: Schlanker. V: +
Z: Feinfiedrige Pflanzen. F: K,O
T: 23–27°C, L: 3,5 cm, pH: 7, SG: 2

Hemigrammus erythrozonus 1/268
Glühlichtsalmler
H: Guyana: Essequibo-Fluß. E
♂: Schlanker, kleiner. V: +
Z: Feinfiedrige Pflanzen. F: K,O
T: 24–28°C, L: 4 cm, pH: <7, SG: 2

Hemigrammus guyanensis 2/272
Rotpunktsalmler
H: Französisch Guyana.
♂: Spitze Schwimmblase. V: +
Z: Feinfiedrige Pflanzen. F: K,O
T: 20–24°C, L: 4 cm, pH: <7, SG: 1–2

Hemigrammus hyanuary 1/268
Grüner Neon, Costello-Salmler
H: Brasilien: Amazonas.
♂: Anale hat Widerhaken. V: +
Z: Feinfiedrige Pflanzen. F: K,O
T: 23–27°C, L: 4 cm, pH: <7, SG: 1–2

Hemigrammus sp. aff. *hyanuary* ♂ 4/96

H: Kolumbien.
♂: Schlanker (s. Fotos). V: +
Z: Feinfiedrige Pflanzen. F: K,O
T: 23–27°C, L: 4 cm, pH: <7, SG: 2

Hemigrammus sp. aff. *hyanuary* 4/96
Zwei ♀♀.

Hemigrammus levis 1/266
Silberstreifentetra
H: Mittlerer Amazonas.
♂: Schlanker. V: +
Z: Feinfiedrige Pflanzen. F: K,O
T: 24–28°C, L: 5 cm, pH: 7, SG: 1–2

Hyphessobrycon elachys 3/134
Schilfsalmler
H: Brasilien, Paraguay.
♂: Verlängerte D, V u. A. V: +
Z: Zw. feinfiedrigen Pflanzen. F: K,O
T: 24–27°C, **L**: 5 cm, **pH**: <7, **SG**: 2

Hyphessobrycon erythrostigma 1/284
Perez Salmler, Fahnen-Kirschflecksalmler
H: Peru: oberes Amazonasbecken.
♀: Oben. ♂: Unten. V: +
Z: Zw. feinfiedrigen Pflanzen. F: K,O
T: 23–28°C, **L**: 6 cm, **pH**: <7, **SG**: 2

Hyphessobrycon flammeus 1/286
Roter von Rio
H: O-Brasil.
♂: A rot. ♀: V mit schwarzen Spitzen. V: +
Z: Zw. feinfiedrigen Pflanzen. F: O
T: 22–28°C, **L**: 4 cm, **pH**: 7, **SG**: 1

Hyphessobrycon georgettae 4/94
Georgis Tetra
H: Surinam.
♂: Schwimmblase spitz; länger. V: +
Z: Zw. feinfiedrigen Pflanzen. F: K,O
T: 23–27°C, **L**: 4 cm, **pH**: <7, **SG**: 2

Hyphessobrycon griemi 1/286
Roter Goldflecksalmler, Ziegelsalmler
H: Mittelbrasilien.
♂: Anale blutrot mit weißem Saum. V: +
Z: Feinfiedrige Pflanzen; leicht. F: K,O
T: 23–28°C, **L**: 4 cm, **pH**: 7, **SG**: 1–2

Hyphessobrycon haraldschultzi 4/94
Schultz' Signalsalmler
H: Brasilianisch-Kolumbianische Grenze.
♂: Schlanker zur Laichzeit. V: +
Z: Zw. feinfiedrige Pflanzen (?). F: K,O
T: 22–26°C, **L**: 3,5 cm, **pH**: <7, **SG**: 2–3

Hyphessobrycon herbertaxelrodi 1/288
Schwarzer Flaggensalmler, "Schw. Neon"
H: Brasilien, Paraguay.
♀: Bauch voller. V: +
Z: Feinfiedrige Pflanzen, Torf. F: K,O
T: 23–27°C, L: 4 cm, pH: <7, SG: 2–3

Hyphessobrycon heterorhabdus 1/288
Dreibandsalmler, "Falscher Ulrey"
H: S-Zuflüsse des mittl. Amazonas.
♀: Voller u. etwas größer. V: +
Z: Zw. feinfiedrigen Pflanzen. F: K,O
T: 23–28°C, L: 4–5 cm, pH: <7, SG: 2

Hyphessobrycon igneus 3/136

H: Argentinien, Paraguay.
♂: Bunter, schlanker. V: +
Z: Unbekannt. F: K,O
T: 20–24°C, L: 5 cm, pH: 7, SG: 2–3

Hyphessobrycon inconstans 1/290,3/136
Flittersalmler
H: O-Brasilien, Paraguay, Kolumbien.
♀: Bauch stärker konvex. V: +
Z: Freilaicher. F: K,O
T: 22–28°C, L: 4,5 cm, pH: 7, SG: 1

Hyphessobrycon loretoensis 1/290
Loretosalmler
H: Peru: oberes Amazonasbecken.
♂: Schlanker. V: +
Z: Nicht erfolgreich (?). F: K,O
T: 22–26°C, L: 4 cm, pH: <7, SG: 2–3

Hyphessobrycon loweae ♀ 5/64

H: Brasilien: Mato Grosso.
♂: Längere Anale u. Dorsale. V: +
Z: Unbekannt. F: O
T: 25–28°C, L: 4,5 cm, pH: 7, SG: 2

Hyphessobrycon luetkenii 3/138

H: Paraguay, SO-Brasilien.
♂: Schlanker. V: +
Z: Zw. feinfiedrigen Pflanzen. F: O,K
T: 22–26°C, L: 6 cm, pH: 7, SG: 2

Hyphessobrycon metae 2/278
Purpurtetra, Rio Meta-Salmler

H: Kolumbien: Rio Meta.
♀: Voller u. höher gebaut. V: +
Z: Zw. feinfiedrigen Pflanzen. F: K,O
T: 22–26°C, L: 5 cm, pH: <7, SG: 2–3

Hyphessobrycon minimus 4/98
Minitetra

H: Peru, Guyana.
♀: Schwimmbl. stumpf, höher. V: +
Z: Zw. feinfiedrigen Pflanzen (?). F: K,O
T: 23–27°C, L: 3 cm, pH: <7, SG: 3

Hyphessobrycon minor 1/290
Weißer Minor, Glasminor

H: Guyana-Länder.
♂: ? V: +
Z: Zw. feinfiedrigen Pflanzen? F: K,O
T: 23–27°C, L: 3 cm, pH: 7, SG: 2

Hyphessobrycon newboldi 5/64

H: Venezuela.
♂: 1 cm kleiner; schlanker. V: +
Z: Nicht erfolgt; größere Becken. F: O
T: 25–29°C, L: ♀ 5 cm, pH: 7, SG: 2–3

Hyphessobrycon peruvianus 3/138
Blauer Loretosalmler

H: Peru: Iquitos.
♂: Schlanker. V: +
Z: Zw. feinfiedrigen Pflanzen. F: K,O
T: 24–26°C, L: 4,5 cm, pH: <7, SG: 2–3

Hyphessobrycon pulchripinnis 1/292
Zitronensalmler, Schönflossensalmler
H: Mittl. Brasilien: Tocantins-Zuflüsse.
♂: Anale deutl. schwarzer Saum. V: +
Z: Freilaicher. F: K,O
T: 23–28°C, L: 4,5 cm, pH: <7, SG: 1–2

Hyphessobrycon pyrrhonotus 5/66
Rotrücken-Kirschflecksalmler
H: Brasilien: mittl. Rio Negro.
♂: Längere Dorsale. V: +
Z: Weiches Wasser um Neutral. F: K
T: 24–27°C, L: 6 cm, pH: 7, SG: 2–3

Hyphessobrycon reticulatus 2/280
Netzsalmler
H: SO-Brasilien, La Plata-Becken.
GU: Unbekannt V: =
Z: Zw. feinfiedrigen Pflanzen (?). F: K,O
T: 15–25°C, L: 8 cm, pH: 7, SG: 2–3

Hyphessobrycon sp. ♂♂ 1/292
Sichelsalmler
H: Peru: Iquitos.
♂: Dorsale stärker ausgezogen. V: +
Z: Torfwasser, schwierig. F: K,O
T: 23–28°C, L: 5 cm, pH: <7, SG: 2

Hyphessobrycon robustulus 1/290
Kugelflecksalmler
H: Peru: Amazonasbecken.
GU: Unbekannt. V: +
Z: Zw. feinfiedrigen Pflanzen (?). F: K,O
T: 23–26°C, L: 4,5 cm, pH: <7?, SG: 2

Hyphessobrycon "saizi" 5/66
Sichelsalmler
H: Kolumbien: Rio Meta; Surinam.
♀: Voller u. höher gebaut. V: +
Z: Bisher nicht nachgezogen. F: K,O
T: 22–26°C, L: 4,5 cm, pH: <7, SG: 3

Hyphessobrycon scholzei 1/294
Schwarzbandsalmler
H: O-Brasilien, Paraguay.
♂: Kleiner; tiefer gegabelte Kaudale. V: +
Z: Zw. feinfiedrigen Pflanzen. F: O,H
T: 22–28°C, L: 5 cm, pH: 7, SG: 1–2

Hyphessobrycon eques 4/100
Serpasalmler
H: Brasilien, Paraguay.
♂: Dorsale spitzer, Kaudale roter. V: +
Z: Zw. feinfiedrigen Pflanzen. F: K,O
T: 22–26°C, L: 4,5 cm, pH: 7, SG: 1

Hyphessobrycon socolofi o.♀ u.♂ 2/280
Socolofs Kirschflecksalmler
H: Brasilien: Rio Negro.
♂: Dorsale etwas größer. V: +
Z: Freilaicher, Laichrost. F: K,O
T: 23–27°C, L: 4,5 cm, pH: <7, SG: 2–3

Hyphessobrycon stegemanni 4/100
Stegemann's Tetra
H: Brasilien: Unterer Rio Tocantins.
♂: Schlanker. V: +
Z: Zw. feinfiedrigen Pflanzen. F: O
T: 23–28°C, L: 3 cm, pH: <7, SG: 2–3

Hyphessobrycon tropis 4/102

H: Brasilien.
♂: Kiel am vorderen Teil der Anale. V: +
Z: Zw. feinfiedrigen Pflanzen (?). F: K,O
T: 21–26°C, L: 3–4? cm, pH: 7, SG: 1–2

Hyphessobrycon tukunai 4/102
Tukuna-Salmler
H: Oberes Amazonasgebiet.
♂: 1. Str. der A verdickt, Häkchen. V: –
Z: Noch nicht gezüchtet. F: K,O
T: 21–24°C, L: 2–3? cm, pH: 7, SG: 2

Hyphessobrycon vilmae 1/290
Goldstaubsalmler
H: Brasilien: Mato Grosso.
♀: Größer u. runder. V: +
Z: Noch nicht gezüchtet. F: K,O
T: 22–26°C, L: 4 cm, pH: 7, SG: 2–3

Hyphessobrycon werneri 3/140
Schulterfleck-Tetra
H: Brasilien.
♂: Größere Dorsale, farbiger. V: +
Z: Noch unbekannt. F: K,O
T: 22–27°C, L: 4 cm, pH: <7, SG: 1–2

Hyphessobrycon "White Fin" 5/62

Inpaichthys kerri 1/296
Königssalmler
H: Amazonien.
♂: Größer, farbiger. V: +
Z: Über Quellmoss, <400 Eier. F: K,O
T: 24–27°C, L: ♂ 4 cm, pH: <7, SG: 2

Markiana nigripinnis 4/106
Orangeflossensalmler
H: Paraguay.
♂: Orange bis rote Flossen. V: =
Z: Bereits gelungen. F: O
T: 20–26°C, L: 15 cm, pH: 7, SG: 2

Hyphessobrycon axelrodi 4/106
Calypsotetra
H: Trinidad.
♂: Kleiner, schlanker. V: +
Z: Freilaicher. F: K,O
T: 22–23°C, L: 4 cm, pH: 7, SG: 2–3

Hyphessobrycon megalopterus 1/298
Schwarzer Phantomsalmler
H: Zentralbrasilien.
♀: Farbiger: Ad, V u. Anale rot. V: +
Z: Freilaicher; abdunkeln. F: K,O
T: 22–28°C, L: 4,5 cm, pH: <7, SG: 2

Hyphessobrycon micropterus 5/68
H: Brasilien: Rio Sao Francisco.
♂: Schlanker; Schwimmbl. breiter. V: +
Z: Noch nicht gelungen. F: K,O
T: 23–27°C, L: 3,5 cm, pH: <7, SG: 2–3

Hyphessobrycon roseus u.♂ o.♀ 2/282
Gelber Phantomsalmler
H: Guyana-Länder: Maroni-Flußsystem.
♂: Siehe Foto. V: +
Z: Freilaicher. F: K,O
T: 23–27°C, L: 3 cm, pH: <7, SG: 2

Hyphessobrycon sp. 2/282
Prachtphantomsalmler
H: Züchtung?
♂: D größer, meist ohne schwarz. V: +
Z: Unbekannt. F: K,O
T: 23–27°C, L: 4 cm, pH: <7, SG: 2–3

Hyphessobrycon sweglesi o.♀,u.♂ 1/298
Roter Phantomsalmler
H: Kolumbien.
♀: Rot/schwarz/weiße Dorsale. V: +
Z: Freilaicher, abdunkeln. F: K,O
T: 20–23°C, L: 4 cm, pH: ≪7, SG: 2–3

Moenkhausia ceros 2/284
Cerossalmler
H: Peru: Rio Ucayali.
♂: Spitze Schwimmblase. V: +
Z: Nicht beschrieben. F: K,O
T: 24–26°C, L: 6 cm, pH: 7, SG: 1–2

Moenkhausia chrysargyrea ♂ 4/108
Pinselflecksalmler

H: Brasilien, Guyana-Länder.
♀: Voller u. etwas größer. V: +
Z: Perlonfaser, Torfwasser. F: K,O
T: 23–28°C, L: 7,5 cm, pH: <7, SG: 2

Moenkhausia chrysargyrea ♀ 4/108
Pinselflecksalmler

Moenkhausia collettii 1/300
Colletti-Salmler

H: Amazonasbecken, Guyana-Länder.
♂: Anale länger ausgezogen. V: +
Z: Zw. Javamoos; dunkel; 150 E. F: K,O
T: 23–27°C, L: 3 cm, pH: <7, SG: 2

Moenkhausia comma 2/284
Kommasalmler

H: Unterer Amazonas.
♂: Bauch schlanker. V: =
Z: Zwischen Pflanzenbüschel. F: K,O
T: 23–28°C, L: 8 cm, pH: <7, SG: 2

Moenkhausia copei 2/286
Copesalmler

H: Amazonasbecken u. Guyana-Länder.
♂: Anale stärker gebogen. V: +
Z: Zw. feinfiedrigen Pflanzen. F: K,O
T: 22–26°C, L: 6,5 cm, pH: <7, SG: 2–3

Moenkhausia dichroura 3/140
Schwanzfleck Moenkhausia

H: Guyana, Brasilien, Paraguay.
♂: Schwimmblase spitzer. V: +
Z: Noch nicht gelungen. F: K,O
T: 22–26°C, L: 4,5 cm, pH: <7, SG: 2–3

Moenkhausia sp. aff. *dichroura* 5/62
Schwanzfleck Moenkhausia

Moenkhausia eigenmanni 4/110
Eigenmanns Tetra

H: Kolumbien: oberer Rio Meta.
♀: Zur Laichzeit voller. **V**: +
Z: Keine Zuchtberichte. **F**: K,O
T: 23–27°C, **L**: 5 cm, **pH**: <7, **SG**: 2

Moenkhausia grandisquamis 4/110

H: Guyana-Länder u. Amazonasbecken.
♂: Etwas kleiner u. schlanker. **V**: =
Z: Noch nicht gelungen. **F**: O,H
T: 21–25°C, **L**: <8 cm, **pH**: <7, **SG**: 2–4

Moenkhausia hemigrammoides 3/142
Signalsalmler

H: Guyana-Länder.
GU: Unbekannt. **V**: +
Z: Unbekannt. **F**: O
T: 22–25°C, **L**: 3,5 cm, **pH**: 7, **SG**: 1

Moenkhausia intermedia 1/300
Scherenschwanzsalmler

H: Amazonasbecken, Rio Paraguay.
♂: A länger, Schwimmblase spitzer. **V**: +
Z: Abgedunkelt; als Paare. **F**: K,O
T: 23–27°C, **L**: 5 cm, **pH**: <7, **SG**: 2–3

Moenkhausia sp. aff. *intermedia* 3/142
Längsstreifen-Scherenschwanzsalmler

H: SO-Brasilien, Paraguay.
♂: Anale länger, Schwimmbl. spitzer. **V**: +
Z: Unbekannt. **F**: K,O
T: 23–27°C, **L**: 4,5 cm, **pH**: <7, **SG**: 2–3

Moenkhausia lepidura ♂ 2/288

H: Guyana-Länder, Amazonasgebiet.
♂: Anale vorne breiter V: +
Z: Freilaicher (?). F: K,O
T: 22–28°C, L: 8 cm, pH: 7, SG: 1

Moenkhausia melogramma o.♀, u.♂
Goldglassalmler 2/288

H: Kolumbien: oberer Amazonas.
♂: Spitze Schwimmblase. V: +
Z: Pflanzendickicht, Torffilterung. F: K,O
T: 23–27°C, L: 4,5 cm, pH: <7, SG: 2–3

Moenkhausia naponis 5/68

H: Ecuador: Rio Napo-Gebiet.
♀: Durch Laich voller. V: +
Z: Unbekannt. F: K,O
T: 25–28°C, L: 6 cm, pH: 7, SG: 2

Moenkhausia phaenota 2/290
Goldbraune Moenkhausia

H: Brasilien: Mato Grosso.
♀: Runder, ca. 0,5 cm größer. V: +
Z: Nicht beschrieben. F: K,O
T: 23–26°C, L: 4,5 cm, pH: ≪7, SG: 2–3

Moenkhausia pittieri ♂♂ 1/302
Brillantsalmler

H: Venezuela: Valencia-See.
♂: Dorsale fahnenartig. V: +
Z: Perlonfaser; abdunkeln. F: K,O
T: 24–28°C, L: 6 cm, pH: <7, SG: 3

Moenkhausia sanctaefilomenae 1/302
Rotaugen-Moenkhausia

H: O-Ecuador, -Peru, -Bol., W-Bras., Para.
♀: Deutlich runder. V: +
Z: Freilaicher. F: O
T: 22–26°C, L: 7 cm, pH: 7, SG: 1

Moenkhausia simulata 2/290
Mimik-Moenkhausia
H: Oberer Amazonas.
♂: Stärker konkave Anale. V: +
Z: Nicht beschrieben. F: K,O
T: 24–27°C, L: 6 cm, pH: 7, SG: 2

Nematobrycon lacortei 1/304
Regenbogentetra, Rotaugen-Kaisersalmler
H: W-Kolumbien.
♂: Dorsale stärker ausgezogen. V: +
Z: Freilaicher, Daueransatz. F: K,O
T: 23–27°C, L: 5 cm, pH: <7, SG: 2–3

Nematobrycon palmeri ♂ 1/304
Kaisertetra, Kaisersalmler
H: W-Kolumbien.
♂: Siehe Foto. V: +
Z: Freilaicher, wenig produktiv. F: K,O
T: 23–27°C, L: 5 cm, pH: <7, SG: 2

Nematocharax venustus ♂ 5/70

H: Brasilien: Bahía.
♂: 3 cm größer; lange D, A u. V. V: =
Z: Vaterfamilie. F: O
T: 22–26°C, L: ♂ 8 cm, pH: <7, SG: 2–3

Nematocharax venustus ♀ 5/70

Paracheirodon axelrodi 1/260
Roter Neon, Kardinaltetra
H: Venezuela, Kolumbien, W-Brasilien.
♀: Etwas kräftiger. V: +
Z: Freilaich.; abdunkeln, <500 E. F: K,O
T: 23–27°C, L: 5 cm, pH: ≪7, SG: 2–3

Paracheirodon innesi 1/307, (4/64)
Neontetra, Neonsalmler, Neonfisch
H: O-Peru: Rio Putumayo.
♂: Schlanker, gerader Strich. V: +
Z: Freilaich.; abdunkeln; <130E. F: K,O
T: 20–26°C, L: 6 cm, pH: ≪7, SG: 1–2

Paracheirodon innesi 1/307, 4/64
Diamantkopf-Neontetra

Paracheirodon innesi 1/307, 4/64
Schleier-Neontetra

Paracheirodon simulans 1/294
Blauer Neon
H: Brasilien: Rio Negro.
♀: Etwas größer und voller. V: +
Z: In Schulen. F: K,O
T: 23–27°C, L: < 3,5 cm, pH: ≪7, D: 2–3

Petitella georgiae 1/308
Georgis Rotmaulsalmler
H: Brasilien, Peru: Iquitos.
♂: Kaudale mit mehr Kontrast. V: +
Z: Sehr weiches Wasser. F: K,O
T: 22–26°C, L: 5 cm, pH: <7, SG: 4

Phenacogaster calverti 4/112
Komteßsalmler
H: Brasilien: Bundesstaat Maranhão.
♂: Viel schlanker, etwas kleiner. V: +
Z: Freilaicher. F: O
T: 23–27°C, L: 8 cm, pH: 7, SG: 2–3

Piabarchus analis 3/144
Piaba-Glassalmler
H: Paraguay.
GU: Unbekannt. V: =
Z: Unbekannt. F: K,O
T: 20–26°C, **L**: 4 cm, **pH**: 7, **SG**: 3

Pristella maxillaris 1/308
Sternflecksalmler, Wasserstieglitz
H: Venezuela, Guyana, Brasilien.
♂: Schlanker, Schwimmblase spitz. V: +
Z: Harmonisches Paar; <400 E. F: K,O
T: 24–28°C, **L**: 4,5 cm, **pH**: 7, **SG**: 1–2

Psellogrammus kennedyi 3/144

H: Paraguay.
GU: Unbekannt. V: =
Z: Unbekannt. F: K
T: 22–28°C, **L**: 6,5 cm, **pH**: <7, **SG**: 3

Pseudochalceus kyburzi 4/112
Kyburz' Salmler
H: Kolumbien.
♂: Dorsale lang, Kaudale farbiger. V: +
Z: Haftlaicher, Brutpflege; 30 E. F: K,O
T: 23–26°C, **L**: 6 cm, **pH**: <7, **SG**: 3

Hollandichthys multifasciatus ♀ 2/292
Großschuppensalmler, Dickmaulsalmler
H: SO-Brasilien.
♂: Schlanker, Anale konkav. V: +,=
Z: Freilaicher. F: K,O
T: 16–23°C, **L**: 12 cm, **pH**: 7, **SG**: 2–3

Hyphessobrycon simulatus 4/114
"Falscher" Sternflecksalmler
H: Französisch-Guyana.
♂: Farbiger. V: +
Z: Noch nicht gelungen. F: K,O
T: 24–26°C, **L**: 5 cm, **pH**: <7, **SG**: 2–3

Tetragonopterus argenteus 1/310
Gesäumter Schillersalmler
H: Venezuela?, Brasilien, Peru.
♂: Dorsale stärker ausgezogen? V: +
Z: Freilaicher. F: O
T: 22–27°C, L: 8 cm?, pH: 7, SG: 1

Tetragonopterus chalceus 1/310
Schillersalmler
H: Guyana-Länder, Brasilien.
♂: Dorsale stärker ausgezogen. V: +,=
Z: Freilaicher, Pflanzen. F: K,O
T: 22–28°C, L: <12 cm, pH: <7, SG: 2–3

Thayeria boehlkei o. ♂, u. ♀ 1/312
Schrägschwimmer
H: Brasilien, Peru.
♀: Zur Laichzeit voller. V: +
Z: Zwischen Pflanzen; 1000 E!. F: K,O
T: 22–28°C, L: 6 cm, pH: <7, SG: 2

Thayeria ifati 2/294
Halbstreifen-Schrägschwimmer
H: Französisch Guyana, Surinam.
♂: Erste Analstrahlen weiß. V: +
Z: Nicht beschrieben. F: K,O
T: 23–28°C, L: 5 cm, pH: <7, SG: 2–3

Thayeria obliqua 1/312
Pinguinsalmler
H: Brasilien: Madeira Flußsystem.
♀: Zur Laichzeit voller. V: +
Z: Noch nicht nachgezüchtet. F: K,O
T: 22–28°C, L: 8 cm, pH: <7?, SG: 3

Phenacogaster tegatus 4/114
Zweipunkt-Glassalmler
H: Grenzgebiete: S-Brasilien-Paraguay.
♀: Zur Laichzeit voller, größer. V: +
Z: Unbekannt. F: O
T: 23–27°C, L: 6–7 cm, pH: 7, SG: 2–3

Chilodus punctatus 1/318
Punktierter Kopfsteher
H: Guyana-Länder, Venezuela, Brasilien.
♀: Nur zur Laichzeit runder. **V**: +
Z: Freilaicher. **F**: H,L
T: 24–28°C, **L**: 9 cm, **pH**: <7, **SG**: 3

Familie Chilodontidae

Zur Zeit werden 2 Gattungen mit insgesamt 7 Arten anerkannt. *C. punctatus* verliert seine Attraktivität auch nicht, wenn er erwachsen wird. Obwohl keine echten Schwarmfische, kommen sie doch in Trupps vor.

Caenotropus labyrinthicus 4/126
Labyrinthsalmler
H: Venezuela, Kolumbien.
♀: Zur Laichzeit voller. **V**: +
Z: Unbekannt. **F**: O
T: 24–27°C, **L**: 18,5 cm, **pH**: <7, **SG**: 3

Ctenoluciidae Hechtsalmler

Familie Ctenoluciidae

Die Familie der Hechtsalmler enthält 2 Gattungen mit derzeit 7 Arten. Wie ihr Umgangsname bereits vermuten läßt, sind Hechtsalmler Raubfische des Stoßräubertyps mit hechtartigem Aussehen. Aquaristisch sind es noch recht unbekannte Arten. Ihre Ernährung ist kompliziert, da sie alle recht groß werden und kaum Gefrierfutter oder gar Trockenfutter annehmen; man ist also auf größere Mengen an Lebendfutter angewiesen.

Hechtsalmler sind zur Oberfläche hin orientiert und schreckhaft; eine partielle Schwimmpflanzendecke und Unterstände werden empfohlen.

Die Maulspitze dieser Fische ist sehr empfindlich und heilt schlecht. Es kommt deshalb leider des öfteren vor, daß die Tiere im Handel Transportschäden aufweisen und kein Futter mehr annehmen.

Boulengerella lateristriga 2/299
Streifenhechtsalmler
H: Brasilien: Rio Negro, Rio Urubu.
GU: Nicht bekannt. V: =
Z: Noch nicht erfolgt. F: K!
T: 23–27°C, L: 40 cm, pH: ≪7, SG: 3–4

Boulengerella lucius 2/300
Cuviers Hechtsalmler
H: Guyana-Länder, Amazonasgebiet.
GU: Nicht beschrieben. V: =
Z: Noch nicht erfolgt. F: K
T: 23–27°C, L: 60 cm, pH: <7, SG: 3–4

Boulengerella maculata 1/316
Gefleckter Hechtsalmler
H: Amazonas u. Nebenflüsse.
GU: Nicht bekannt. V: =
Z: Noch nicht erfolgt. F: K!
T: 23–27°C, L: 35 cm, pH: <7, SG: 3

Ctenolucius beani 4/125
Schokoladen Hechtsalmler
H: Venezuela: Rio Apure.
GU: Nicht bekannt. V: –
Z: Unbekannt. F: K!
T: 23–28°C, L: >12 cm, pH: <7, SG: 3–4

Ctenolucius beani 2/300
Gavial-Hechtsalmler
H: Panama, Kolumbien.
GU: Nicht bekannt. V: =
Z: Noch nicht erfolgt. F: K!
T: 23–26°C, L: 30 cm, pH: <7, SG: 3

Ctenolucius hujeta 2/300
Hujeta-Hechtsalmler
H: Panama, Kolumbien, Venezuela.
♂: Anale größer, Kante ausgefranst. V: –
Z: Freilaicher; 2000–3000 Eier. F: K!
T: 22–25°C, L: <70 cm, pH: 7, SG: 4

Rio Aguarico (Südamerika: Ost-Ecuador); das Zuhause von vielen Salmlern u. Welsen.

Familie Curimatidae

Oft wird die Familie Prochilodontidae als Unterfamilie der Familie Curimatidae zugerechnet. Hier werden sie, dem AQUARIEN ATLAS folgend, als zwei eigenständige Familien behandelt.

Viel Verwirrung herrscht auch in bezug auf die Anzahl der Gattungen und Arten innerhalb dieser Familie. Eine Gegebenheit, die ihre Ursache in der großen Ähnlichkeit der Arten hat. Zur Zeit tendiert man zu etwa 8 Gattungen mit insgesamt 98 Arten.

Aquaristisch haben die Curimatidae wenig zu bieten. Es handelt sich um mittelgroße, hauptsächlich silberne Fische, die zudem Pflanzen auf ihrem "Speisezettel" haben. Für den Laien ist der auffälligste Unterschied zu den Prochilodontidae, daß letztere größer sind. Speisefischzüchterisch gesehen besteht daher geringes Interesse an den Curimatiden.

Das Aquarium sollte nicht zu hell eingerichtet werden, damit die Fische ihre Scheu verlieren und nicht blaß wirken; der Gebrauch von Plastikpflanzen und Schwimmpflanzen zusammen mit Moorkienwurzeln und dunklem Sand ist hierzu von Vorteil.

Insgesamt sind die Arten dieser Familie robuste Fische, die jedoch – wie für südamerikanische Salmler typisch – weiches, leicht saures Wasser bevorzugen. Aquarienzucht ist nur bei wenigen Ausnahmen gelungen.

Curimata cyprinoides 4/126
Aalstrich-Barbensalmler
H: Brasilien: Unterer Amazonas.
♀: Deutlich fülliger. V: +
Z: Überschwemmungsgeb. 300000E. F: O
T: 23–27°C, L: 18 cm, pH: 7, SG: 2

Cyphocharax gillii 3/148
Gills Barbensalmler
H: Paraguay.
GU: Nicht bekannt. V: +
Z: Natur: nach Regenzeiten. F: H,O
T: 20–28°C, L: 10 cm, pH: <7, SG: 2

Steindachnerina dobula 3/148
Nasen-Barbensalmler
H: Paraguay, Peru.
GU: Nicht bekannt. V: +
Z: Natur: nach Regenzeiten. F: H,O
T: 20–28°C, L: 10 cm, pH: <7, SG: 2

Cyphocharax spilurus 2/304

H: Weit verbreitet.
♀: Stark gerundet (Foto). V: +
Z: Überschwemmungsgebiete. F: H,O
T: 20–28°C, L: 9 cm, pH: 7, SG: 2

Curimatopsis evelynae ♂ 4/130

H: Kolumbien: Oberer Rio Meta.
♂: Schwach eingekerbte Kaudale. V: +
Z: Unbekannt. F: O
T: 23–27°C, L: ♀ 5 cm, pH: 7, SG: 2

Curimatopsis macrolepis 2/304

H: Kolumbien: Oberer Rio Meta.
♂: Meist farbiger, seitlich flacher. V: +
Z: In Pflanzenbüscheln. F: H,O
T: 22–26°C, L: 6 cm, pH: 7, SG: 2

Curimatopsis myersi 3/150
Myers Barbensalmler
H: Paraguay.
GU: Nicht bekannt. V: +
Z: Noch nicht erfolgt. F: H,O
T: 22–26°C, L: 5 cm, pH: <7, SG: 2

Cyphocharax multilineatus 1/320
Gestreifter Barbensalmler
H: Brasilien: Rio Negro.
GU: Nicht bekannt. V: +
Z: Nicht bekannt. F: H
T: 23–27°C, L: 12 cm, pH: <7, SG: 2

Cyphocharax pantostictus 4/130

H: Ecuador, Peru.
♂: Schlanker. V: +
Z: Noch nicht erfolgt. F: O
T: 24–28°C, L: 10 cm, pH: ≪7, SG: 2–3

Pseudocurimata lineopunctata 4/128

H: Brasilien, Kolumbien.
♂: Keine außerhalb der Laichzeit. V: +
Z: Nicht beschrieben. F: O
T: 23–27°C, L: 12 cm, pH: <7, SG: 3

Steindachnerina elegans 2/303
Längsband-Barbensalmler
H: Zentralbrasilien.
GU: Nicht beschrieben. V: +
Z: Noch nicht erfolgt. F: H,O
T: 24–27°C, L: 10 cm, pH: <7, SG: 2–3

Steindachnerina guentheri 4/128
Olivin-Barbensalmler
H: Kolumbien: Rio Meta; S-Venezuela.
♂: Keine außerhalb der Laichzeit. V: +
Z: Überschwemmungsgebiete. F: H,O
T: 23–26°C, L: 10 cm, pH: <7, SG: 2–3

Familie Erythrinidae

Die Familie der Raubsalmler besteht aus 3 Gattungen mit insgesamt mindestens 10 Arten. Mit 100 cm Länge ist *Hoplias macrophthalmus* ihr größter Vertreter. Wie ihr Name schon ahnen läßt, können diese Arten nicht für eine Aquarienhaltung empfohlen werden. Es handelt sich um Raubfische mit einem beeindruckenden Gebiß, und selbst Piranhas haben vor ihnen Respekt. Farblich sind sie nicht sehr ansprechend; man findet sie dennoch ab und zu in Aquarien.

Im Aquarium liegen die Fische bewegungslos auf dem Boden, bis eine Beute ihre Aufmerksamkeit erregt. Nach blitzschnellem Zupacken ist die "Bewegungsphase" nach etwas Kauen auch schon wieder zu Ende.

In der Natur sind diese Salmler sehr hart im Nehmen: sie sind die letzten Überlebenden in Restgewässern der Trockenzeit. Manche können atmosphärische Luft atmen und über Land von einem Wasser zum anderen schlängeln. Zumindest *Hoplias malabaricus* ist als Speisefisch minderwertig.

Erythrinus erythrinus 1/322
Blauer Raubsalmler, Lachssalmler
H: Vom Norden bis S-Brasilien.
GU: Nicht bekannt. **V**: !
Z: Nicht bekannt. **F**: K!
T: 22–26°C, **L**: 25 cm, **pH**: 7, **SG**: 3

Hoplerythrinus unitaeniatus 1/322
Gestreifter Raubsalmler
H: Venezuela, Trinidad, Paraguay.
GU: Nicht bekannt. **V**: !
Z: Zu groß? **F**: K!
T: 23–27°C, **L**: 40 cm, **pH**: 7, **SG**: 4

Hoplias malabaricus ♂ 2/308
Tigersalmler, Kleiner Trahira
H: Nördliches und mittleres Südamerika.
♂: Schlanker. **V**: !
Z: Schauaquarium. **F**: K!
T: 20–26°C, **L**: 50 cm, **pH**: 7, **SG**: 4

Hoplias malabaricus ♀ 2/308
Tigersalmler, Kleiner Trahira

Carnegiella strigata

Familie Gasteropelecidae

Die Familie der Beilbauchfische besteht aus 3 Gattungen mit insgesamt 9 Arten. Obwohl farblich weniger interessant, sind sie alle gefragte Bewohner für Gesellschaftsaquarien, da sie friedfertig sind und durch ihre eigentümliche Körpergestalt einen angenehmen Kontrast bringen. Alle Arten in der Familie sind an ein Leben nahe der Oberfläche angepaßt, daher das obenständige Maul. Es sind die einzigen Fische, von denen bekannt ist, daß sie aktiv in der Luft fliegen (NELSON, 1994) – d.h., sie segeln nicht passiv, sondern üben auch während des "Fluges" Antrieb aus. Dabei sind es die Pektoralen, die wie die Flügel eines Kolibris schlagen. In der Natur ist dies ihre Taktik, einer Gefahr zu entkommen: sie schießen aus dem Wasser und fliegen mehrere Meter weit über der Oberfläche dahin, bis z.B. ein Raubfisch Kontakt zu ihnen verloren hat.

Leider ist es bisher nicht gelungen, sie gezielt zu vermehren. Nur bei *Carnegiella strigata* (S. 132) kam es des öfteren zur Eiablage an feinfiedrigen Pflanzen.

Carnegiella marthae 1/324
Schwarzschwingen-Beilbauchfisch
H: Venezuela, Brasilien.
GU: Nicht zu unterscheiden. V: +
Z: Noch nicht gelungen. F: K
T: 23–27°C, L: 3,5 cm, pH: ≪7, SG: 4

Carnegiella myersi 1/324
Glasbeilbauchfisch
H: Peru, Bolivien.
GU: Nicht bekannt. V: +
Z: Noch nicht gelungen. F: K
T: 23–26°C, L: 2,5 cm, pH: <7, SG: 3

Carnegiella strigata 1/326
Marmorierter Beilbauchfisch
H: Guyana.
♀: Voller. V: +
Z: Feinfiedrige Pflanzen. F: K
T: 24–28°C, L: 4 cm, pH: <7, SG: 3

Carnegiella strigata 1/326
Gabel-Beilbauchfisch
H: Peru: Iquitos.
♀: Voller. V: +
Z: Feinfiedrige Pflanzen. F: K
T: 24–28°C, L: 4 cm, pH: <7, SG: 3

Gasteropelecus maculatus 1/326
Gefleckter Beilbauchfisch
H: Panama, Kolumbien, Venezuela, Surinam.
GU: Nicht sicher erkennbar. V: +
Z: Noch nicht erfolgt. F: K
T: 22–28°C, L: 9 cm, pH: <7, SG: 3

Gasteropelecus sternicla 1/328
Silberbeilbauchfisch
H: Guyana, Surinam, Brasilien.
♂: Von oben schlanker. V: +
Z: Noch nicht erfolgt. F: K
T: 23–27°C, L: 6,5 cm, pH: 7, SG: 2

Thoracocharax securis 1/328
Platinbeilbauchfisch
H: Zentrales Südamerika.
GU: Nicht bekannt. V: +
Z: Noch nicht erfolgt. F: K
T: 23–30°C, L: 9 cm, pH: 7, SG: 3

Familien Hemiodontidae und Parodontidae

Die Familie der Keulensalmler umfaßt 5 Gattungen mit insgesamt 29 Arten. Die Algensalmler sind mit 3 Gattungen und 27 Arten vertreten.

Keulensalmler sind flinke, torpedoartige Fische mittlerer Größe des offenen Wassers. Algensalmler (Parodontidae) wie *Apareiodon*, *Parodon* und *Saccodon* führen ein bodenbezogenes Leben. Es gibt unter den Keulensalmlern Aufwuchsfresser, Pflanzenfresser und Allesfresser. In der Natur sind manche Arten sehr empfindlich. Diese verlieren nach ihrem Fang leicht die Schuppen und sterben kurz danach im Eimer, selbst wenn man sie wie "rohe Eier" behandelt. Exemplare, die im Handel angeboten werden, sind schon etwas robuster.

Als schwimmfreudige Schwarmfische benötigen diese Arten großzügige Aquarien. Leider haben Bemühungen um ihre Vermehrung bisher keinen Erfolg gehabt, und mit der Ausnahme, daß laichreife Weibchen ventral voller erscheinen, sind auch keine Geschlechtsunterschiede bekannt.

Bivibranchia fowleri 2/310
Gründelsalmler
H: Venezuela, Brasilien.
GU: Nicht bekannt. V: –
Z: Unbekannt. F: L
T: 22–28°C, L: 25 cm, pH: <7, SG: 4

Hemiodus gracilis 2/310
Federsalmler
H: Guyana, Brasilien.
GU: Nicht bekannt. V: +
Z: Noch nicht gelungen. F: L,O
T: 23–27°C, L: 16 cm, pH: <7, SG: 2–3

Hemiodus microlepis 2/313

Hemiodus quadrimaculatus 1/330
Torpedosalmler
H: Guyana.
GU: Nicht bekannt. V: +
Z: Noch nicht erfolgt. F: O
T: 23–27°C, L: 10 cm, pH: 7, SG: 2–3

Hemiodus vorderwinkleri
Torpedosalmler 3/154
H: Guyana, Surinam, oberer Amazonas.
GU: Nicht bekannt. V: +
Z: Noch nicht erfolgt. F: O
T: 23–27°C, L: 10 cm, pH: 7, SG: 2–3

Hemiodus orthonops 2/312
Paraguay-Keulensalmler
H: Rio Paraguay.
GU: Nicht bekannt. V: +
Z: Noch nicht erfolgt. F: L,O
T: 22–26°C, L: 16 cm, pH: 7, SG: 2

Hemiodus unimaculatus 2/314
Kaplansalmler, Einflecksalmler
H: Venezuela, Brasilien, Guyana-Länder.
GU: Nicht bekannt. V: +
Z: Noch nicht erfolgt. F: L,O
T: 23–26°C, L: 18 cm, pH: 7, SG: 3

Hemiodus sterni 2/312
Sterns Keulensalmler
H: Brasilien: Mato Grosso.
GU: Nicht bekannt. V: +
Z: Noch nicht erfolgt. F: H,O
T: 22–26°C, L: 12 cm, pH: <7, SG: 3

Hemiodus unimaculatus

Argonectes longiceps

Hemiodus atranalis

Zeichnungsmuster von *Hemiodus* und verwandten Gattungen. Weitere Skizzen auf der gegenüberliegenden Seite.

(Skizzen aus Böhlke 1955, verändert nach Géry, 1977.)

Hemiodus argenteus

Bivibranchia fowleri

Hemiodus goeldii

Hemiodus gracilis

Hemiodus huraulti

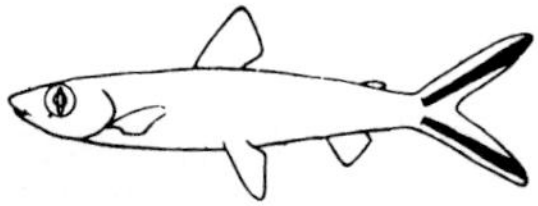

Hemiodus immaculatus

Hemiodus microlepis

Hemiodus parnaguae

Hemiodus quadrimaculatus

Hemiodus vorderwinkleri

Hemiodus parnaguae

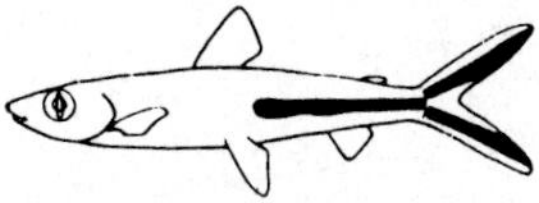

Hemiodus semitaeniatus

Hemiodus sterni

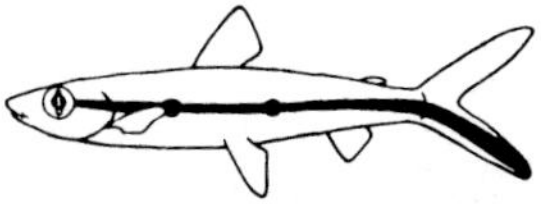

Hemiodus ternetzi

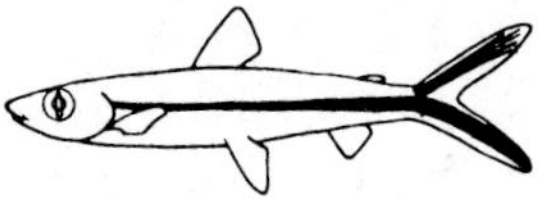

Hemiodus thayeria

Hemiodus orthonops

Apareiodon affinis 2/318
La Plata Algensalmler
H: La Plata, Parana, Rio Paraguay.
GU: Nicht bekannt. V: +
Z: Noch nicht erfolgt. F: L,H
T: 22–26°C, L: 6 cm, pH: <7, SG: 2

Apareiodon gransabana 5/77
Mazuruni-Algensalmler
H: Guyana: Rio Caroni.
GU: Nicht bekannt. V: +
Z: Nicht bekannt. F: H,O
T: 20–25°C, L: 10 cm, pH: <7, SG: 2–3

Apareiodon piracicabae 1/330, 4/132
Algensalmler, Tiete-Algensalmler
H: SO-Brasilien, Paraná.
GU: Unbekannt. V: +
Z: Nicht bekannt. F: H,O
T: 22–26°C, L: 8 cm, pH: 7, SG: 2

Apareiodon sp. 1/330, 4/132

Parodon suborbitalis 2/318
Tabaksalmler, Grüngebänderter Grundsa.
H: Venezuela, Kolumbien, Bolivien.
♀: Zur Laichzeit voller. V: +
Z: Bisher nicht erfolgt. F: H,O
T: 23–26°C, L: 12 cm, pH: 7, SG: 1

Parodon nasus 3/154
Blauer Algensalmler
H: Brasilien, Paraguay.
♀: Dickerer Bauch. V: +
Z: Unbekannt. F: H,O
T: 22–26°C, L: 10 cm, pH: <7, SG: 2

Familie Lebiasinidae

Insgesamt enthält die Familie der Schlanksalmler etwa 63 Arten in 6 Gattungen. Unter ihnen gibt es zahlreiche aquaristisch interessante Arten. Es werden zwei Unterfamilien anerkannt (hier in der alphabetischen Reihenfolge der Arten nicht berücksichtigt):

- Lebiasininae mit den weniger interessanten Zwergraubsalmlern der Gattungen *Lebiasina* und *Piabucina*, und
- Pyrrhulininae mit den attraktiven und für Gesellschaftsaquarien geeigneten *Nannostomus*/*Nannobrycon* und *Copeina/Copella/Pyrrhulina*.

Lebiasininae sind robuste Arten. Man findet sie sowohl in kleinen Kalksteinbettbächen als auch in Urwaldtümpeln mit weichem, saurem und sauerstoffarmem Wasser. Da sie räuberisch sind, müssen Aquariengenossen sich verteidigen können und die Fütterung muß öfter kräftiges Lebendfutter einschließen. Trotzdem ist bei älteren Exemplaren Vorsicht bei einer Vergesellschaftung angesagt. Die Fische bevorzugen die mittleren und unteren Wasserschichten. Eine Aquarienzucht ist bisher noch nicht gelungen.

Nannostomus trifasciatus (1/346, siehe auch S. 142). Ein Juwel im Aquarium.

Die Bleistiftfische (*Nannostomus*/*Nannobrycon*) der Pyrrhulininae sind kleine, zarte, sehr attraktive Salmler. Es sind pflanzenfreundliche, ruhige Idealfische für das "gehobene" Regenwald-Gesellschaftsaquarium, die in Schwärmen durch die mittleren und oberen Wasserschichten ziehen. Um die Farben dieser scheuen Fische voll zur Geltung kommen zu lassen, sollte das Aquarium versteckreich mit Wurzeln und Pflanzen eingerichtet werden; mäßige Beleuchtung (einige Schwimmpflanzen) und dunkler Bodengrund tragen auch dazu bei.

Die Fütterung sollte, wenn nicht Lebendfutter, doch wenigstens Gefrierfutter mit einschließen. Da diese Arten in der Dämmerung am aktivsten auf Nahrungssuche gehen, sollte abends ausgiebig gefüttert werden. Zu dieser Zeit kann man auch lebendige Salinenkrebse verfüttern, da sie gleich, noch lebendig also, gefressen werden.

Die Wasserqualität muß gut sein und darf keine großen Schwankungen aufweisen. Regelmäßige Wasserwechsel sind wichtig, damit der Nitrat-Wert nicht ansteigt. Der pH-Wert sollte zwischen 5,5 und 7,0 liegen und die Härte unter 4 °KH. Diese Werte werden zweckmäßigerweise mit einer Filterung über Torf erzielt.

Alle Bleistiftfische sind bereits gezüchtet worden. Es handelt sich um Freilaicher, die ihre Eier in Perlonwatte oder Javamoos legen. Da sie Laichräuber sind, wird das Zuchtaquarium mit einem Ablaichrost eingerichtet. Darauf legt man das Laichsubstrat (z.B. Javamoos). Sehr weiches Wasser mit einem pH um 6,0 ist vorteilhaft bzw. Bedingung für die schwerer zu züchtenden Arten (*Nannobrycon* spp.). Die Brut braucht in den ersten Tagen Infusorien und Rädertierchen zur Ernährung.

Weitere Einzelheiten können aus der Gattungsbeschreibung auf den Seiten 337 ff. des AQUARIEN ATLAS Band 1 entnommen werden.

Die Arten innerhalb der Gattungen *Copeina, Copella,* und *Pyrrhulina* werden etwas größer und sind insgesamt etwas unempfindlicher als die Bleistiftfische. Es handelt sich um Schwarmfische der mittleren Wasserzonen, manche mit einer Tendenz nach oben, andere mit einer nach unten.

Was die Dekoration des Aquariums anbelangt, so sollte es wie für Bleistiftfische eingerichtet werden. In bezug auf die Wasserbedingungen sind diese drei Gattungen etwas weniger empfindlich, vor allem zur Haltung reichen mittlere Härtewerte und ein pH-Wert um neutral aus.

In ihrer Fortpflanzung gibt es erwähnenswerte Abweichungen von der "Salmler-Norm":

Generell laichen die *Pyrrhulina*-Arten auf breiten, vorher gesäuberten Blättern. Die Männchen betreiben Brutpflege.

Copella arnoldi legt ihre Eier außerhalb des Wassers an die Unterseite von Landpflanzenblättern (im Aquarium auch an die Deckscheibe). Das Männchen hält nach der Eiablage das Gelege feucht, indem es mit dem Schwanz Wasser hochschlägt. Die Jungfische schlüpfen nach etwa 36 Stunden und fallen ins Wasser.

Copeina guttata laicht in einer vorher gesäuberten Sandgrube oder auf einem Stein. Das Männchen betreibt Brutpflege.

Alle diese Arten können mit ruhigen Friedfischen in einem Gesellschaftsaquarium gehalten werden.

Copeina guttata 1/332
Forellensalmler
H: Amazonasbecken.
♂: Farbiger, Kaudale oben länger. V: +
Z: Sandgrube, Brutpflege ♂. F: K,O
T: 23–28°C, L: 7–15 cm, pH: 7, SG: 2–3

Copella arnoldi links ♂ 1/332
Spritzsalmler
H: Guyana.
♂: Siehe Foto. V: +
Z: Blatt über Wasser, ♂, (<200). F: O,K
T: 22–29°C, L: 8 cm, pH: 7, SG: 2

Copella metae 1/334
Metasalmler
H: Kolumbien, Peru.
♂: Dorsale länger. V: +
Z: Breites Blatt, ♂ pflegt (<300). F: K,O
T: 23–27°C, L: 6 cm, pH: <7, SG: 2–3

Copella zigzag 1/334
Blaupunktsalmler
H: Unterer Amazonas bis Rio Negro.
♂: Farbiger, längere Kaudale. V: +
Z: Breites Blatt, ♂ pflegt (<300). F: K,O
T: 23–27°C, L: 5 cm, pH: <7, SG: 2–3

Copella nigrofasciata 1/334
Rehsalmler
H: Brasilien: Um Rio de Janeiro.
♂: Flossen farbiger, zugespitzt. V: +
Z: Breites Blatt. F: K,O
T: 21–25°C, L: 6 cm, pH: <7, SG: 2–3

Copella vilmae ♂♂ 2/320
Regenbogen-Schlanksalmler
H: Brasilien: Oberer Amazonas.
♂: Farbiger, Dorsale länger. V: +
Z: Unbekannt. F: K,O
T: 23–25°C, L: 6,5 cm, pH: ≪7, SG: 3–4

Piabucina astrigata 1/336
Punktierter Zwergraubsalmler
H: W-Kolumbien, W-Ecuador.
♂: Bunter, schlanker. V: =
Z: Noch nicht gelungen. F: K
T: 22–26°C, L: 8 cm, pH: 7, SG: 2–3

Lebiasina bimaculata 3/156
Blauer Zwergraubsalmler
H: W-Ecuador, W-Peru.
♂: Farbiger, schlanker. V: –
Z: Unbekannt. F: K
T: 22–26°C, L: 10 cm, pH: 7, SG: 1

Piabucina boruca 4/133
Boruco-Zwergraubsalmler
H: Costa Rica.
♂: Farbiger, schlanker. V: -
Z: Nicht bekannt. F: K,O
T: 22–26°C, L: 12 cm, pH: 7, SG: 1-2

Lebiasina multimaculata 2/320
Vielpunkt-Zwergraubsalmler
H: NW-Kolumbien.
♂: Farbiger, schlanker. V: =
Z: Noch nicht erfolgt. F: K
T: 23–27°C, L: 7 cm, pH: 7, SG: 3

Nannostomus eques 1/340
Spitzmaul-Ziersalmler
H: Kolumbien, Guyana, Brasilien.
♂: Schlanker, farbiger. V: +
Z: Freilaicher, Javamoos. F: K
T: 23–28°C, L: 5 cm, pH: <7, SG: 3

Nannostomus unifasciatus 1/340
Einbinden-Ziersalmler
H: Kolumbien, Guyana, Brasilien.
♂: Anale schwarz-rot-weiß. V: +
Z: Freilaicher, Javamoos. F: K
T: 25–28°C, L: 6 cm, pH: <7, SG: 3

Nannostomus anduzei 4/134

H: Venezuela, Brasilien.
♂: Schlanker, farbiger. V: +
Z: Unbekannt. F: K
T: 24–28°C, L: 2 cm, pH: <7, SG: 3

Nannostomus beckfordi 1/342
Längsbandziersalmler
H: Guyana-Länder, Brasilien.
♂: Schlanker, weiße Flossenspitzen. V: +
Z: Freilaicher, Javamoos. F: K,O
T: 24–26°C, L: 6,5 cm, pH: <7, SG: 1–2

Nannostomus bifasciatus 1/342
Zweibinden-Ziersalmler
H: Surinam, Guyana.
♂: Ventralen bläulich-weiß. V: +
Z: Freilaicher, Javamoos. F: K,O
T: 23–27°C, L: 4 cm, pH: <7, SG: 3

Nannostomus digrammus u.♂,o.♀ 2/322
Zweistreifen-Ziersalmler
H: Guyana, Brasilien: Amazonas.
♂: Anale breiter. V: +
Z: Freilaicher, Javamoos; schwer. F: K
T: 24–26°C, L: 4 cm, pH: <7, SG: 3

Nannostomus espei 1/344
Espes Ziersalmler, Gebänderter Ziers.
H: SW-Guyana.
♂: Schlanker, farbiger, Anale breiter. V: +
Z: Haftlaicher, Javamoos. F: K,O
T: 22–26°C, L: 3,5 cm, pH: <7, SG: 2–3

Nannostomus harrisoni 1/344
Goldbinden-Ziersalmler
H: Guyana.
♂: Anale farbiger. V: +
Z: Freilaicher, Javamoos. F: K
T: 24–28°C, L: 6 cm, pH: <7, SG: 3–4

SALMLER

Nannostomus marginatus 1/346
Zwergziersalmler
H: Surinam, Guyana, Brasilien (?).
♂: Schlanker. V: +
Z: Freilaicher, Javamoos. F: K,O
T: 24–26°C, L: 3,5 cm, pH: <7, SG: 2–3

Nannostomus marilynae 3/157
Marylins Ziersalmler
H: Brasilien.
♂: Schlanker. V: +
Z: Auch Dauerlaicher; <30 Eier. F: K,O
T: 24–26°C, L: 5 cm, pH: <7, SG: 2–3

Nannostomus nitidus o.♂, u.♀ 5/78
Schmuckziersalmler
H: Brasilien: Parâ: Rio Capim.
♂: Schlanker; rote Anale u. Kaudale. V: +
Z: Schwimmpflanzen; 200 Eier. F: K,O
T: 24–28°C, L: ♂ 4,5 cm, pH: <7, SG: 2

Nannostomus trifasciatus 1/346
Dreibinden-Ziersalmler
H: Brasilien.
♂: Schlanker, farbiger. V: +
Z: Freilaicher, Javamoos. F: K,O
T: 24–28°C, L: 5,5 cm, pH: <7, SG: 2

Pyrrhulina brevis 2/324
Schuppenflecksalmler
H: Brasilien: Manaus.
♂: Farbiger, Kaudale oben länger. V: +
Z: Haftlaicher, nur paarweise. F: K,O
T: 24–28°C, L: 9 cm, pH: <7, SG: 3

Pyrrhulina brevis melanistische Form 2/324

P. b. australe: Paraguay: La Plata.
P. b. lugubris: Kolumbien: Rio Meta.

Pyrrhulina eleanorae ♂♂ 5/78

H: Obere Amazonasnebenflüsse.
♀: Flossen farblos. V: +
Z: Haftlaicher an Blätter; ♂ wacht. F: K,O
T: 24–28°C, L: ♂ 8 cm, pH: 7, SG: 2–3

Pyrrhulina filamentosa ♀♀♀ 1/348

H: Venezuela, Guyana, Amazonas.
♂: Schlanker, größer. V: –
Z: Unbekannt. F: K,O
T: 23–28°C, L: 12 cm, pH: <7, SG: 2–3

Pyrrhulina laeta ♂ 2/326
Halbstrichsalmler

H: Guyana-Länder (?), Amazonas.
♂: Kaudale oben länger. V: +
Z: Unbekannt. F: K,O
T: 23–27°C, L: 8 cm, pH: <7, SG: 2–3

Pyrrhulina laeta 4/134
Halbstrich-Schlanksalmler

H: Peru: Jenaro Herrera.
♂: Dorsale, Kaudale oben länger. V: +
Z: Haftlaicher; 250 Eier. F: K,O
T: 25–28°C, L: 9 cm, pH: <7, SG: 2–4

Pyrrhulina rachoviana 2/326
Augenstrichsalmler

H: Argentinien: Paraná, La Plata.
♂: Kaudale oben länger. V: =
Z: Haftlaicher, ♂ pflegt 50–200 E. F: K,O
T: 15–22°C, L: 5 cm, pH: 7, SG: 1–2

Pyrrhulina spilota 3/158

H: Keine näheren Angaben.
♂: Größer, schlanker, farbiger. V: +
Z: Haftlaicher. F: O
T: 23–26°C, L: 6 cm, pH: <7, SG: 3

Pyrrhulina stoli 3/158

H: Kolumbien, Surinam, Guyana.
♂: Größer, längere Flossen. V: +
Z: Haftlaicher. F: O
T: 20–24°C, L: 8 cm, pH: <7, SG: 1–2

Pyrrhulina vittata 1/348
Kopfbindensalmler

H: Brasilien: Amazonasbecken, Madeira.
♂: Farbiger zur Laichzeit. V: +
Z: Haftlaicher, ♂ pflegt <300 E. F: K
T: 23–27°C, L: 6 cm, pH: <7, SG: 3

Prochilodontidae

Familie Prochilodontidae

Diese Familie besteht aus 3 Gattungen mit 21 Arten. Sie wird auch als Unterfamilie Prochilodontinae der Curimatidae angesehen. Alle Mitglieder sind Pflanzenfresser und in kleinerem oder größerem Ausmaß Limnovoren. Diese letzteren sind besonders schwer in einem Aquarium zu ernähren. Da es sich zudem um recht große Arten handelt, sind es selten gesehene Aquarienbewohner.

In ihrem natürlichen Verbreitungsgebiet allerdings sind die "Bocachicos" [= Kleinmäuler] trotz ihrer vielen Gräten, geschätzte Speisefische. Die jahreszeitlich bedingt flußaufwärts wandernden Laichschwärme werden mit allen Mitteln verfolgt: Speer, Netz, "Barbasco" (Rotenone, ein aus einer Pflanze gewonnenes Fischgift) und sogar Dynamit. Die ökologischen Folgen letzterer Methoden kann man sich vorstellen.

In der Speisefischzucht sind bescheidene Erfolge mit ein paar Arten erzielt worden. Ihre Vermehrung scheitert an den gleichen Problemen wie die der allesfressenden Scheibensalmler, der Serrasalmidae (*Colossoma* spp.). Auch sonst ist z.B. ihre Wachstumsrate den letzteren unterlegen, wodurch das Interesse an dieser Familie auch in diesem Bereich nicht groß ist.

Prochilodus nigricans juv. 3/150
Grauer Barbensalmler
H: Amazonasbecken.
GU: Nicht bekannt. **V**: +
Z: Noch nicht erfolgt. **F**: H
T: 22–28°C, **L**: 25 cm, **pH**: <7, **SG**: 3

Semaprochilodus insignis 3/152
Gezeichneter Barbensalmler
H: Guyana-Länder, Brasilien.
GU: Nicht bekannt. **V**: +
Z: Unbekannt. **F**: H,O
T: 22–26°C, **L**: 30 cm, **pH**: <7, **SG**: 3

Semaprochilodus taeniurus juv. 1/320
Schwanzstreifensalmler, Nachtsalmler
H: Brasilien, O-Kolumbien.
GU: Nicht bekannt. **V**: +
Z: Noch nicht erfolgt. **F**: H,L
T: 22–26°C, **L**: 30 cm, **pH**: <7, **SG**: 3

Semaprochilodus taeniurus 3/153
Schwanzstreifensalmler
H: W-Brasilien, Kolumbien.
♀: Zur Laichzeit fülliger. **V**: +
Z: Überschwemmungsgebiete. **F**: H,L
T: 23–26°C, **L**: 30 cm, **pH**: 7, **SG**: 2–4

Semaprochilodus insignis 2/306

H: Mittlerer u. oberer Amazonas.
GU: Nicht bekannt. **V**: +
Z: Noch nicht erfolgt. **F**: H,L
T: 23–26°C, **L**: 35 cm, **pH**: <7, **SG**: 3

Potamorhina altamazonica 2/306

H: Amazonasgebiet, Rio Paraguay.
GU: Nicht bekannt. **V**: +
Z: Noch nicht erfolgt. **F**: H,O
T: 22–26°C, **L**: 18 cm, **pH**: 7, **SG**: 4

Puntius johorensis, s.S. 184

Ursprung/Taxonomie

Zur Zeit wird der Gliederung von FINK und FINK (1981) gefolgt. Demnach haben sich aus den Cypriniformes die Characiformes (Gruppe 2) und etwas später die Siluriformes (Gruppe 4) entwickelt. Den "Weberschen Apparat" haben sie mit den Characiformes und Siluriformes gemeinsam.

Südostasien scheint der Ausganspunkt der Entwicklung der Cypriniden gewesen zu sein: Sie sind dort besonders stark vertreten und alle Gattungen Afrikas sind auch in Asien zu finden.

Carassius auratus, der Goldfisch, ist wohl der älteste Zierfisch überhaupt. Durch die Jahrtausende hindurch hat der Mensch zahlreiche Zuchtformen aus ihm entwickelt. Die eine oder andere als schön oder als Degeneration zu bezeichnen, ist wohl eher Ansichtssache.

Zur Zeit (NELSON, 1994) zählt man 5 Familien mit derzeit 2662 Arten in 279 Gattungen zu den Cypriniformes. Im folgenden die in der Gruppe 3 Verwendung findende Einteilung. Unterfamilien wurden in der alphabetischen Reihenfolge der Arten nicht berücksichtigt.

Geographische Verbreitung

Karpfenähnliche Fische überwiegen vor allem in den Fließgewässern Nordamerikas, Europas und Asiens; in Südostasien erreichen sie ihre größte Artenvielfalt. Auch in Afrika sind sie vertreten, aber nicht in solcher Präsenz. Hervorzuheben ist vor allem das Fehlen dieser Ordnung in Südamerika, aber auch in Australien gibt es sie nicht. Verschiedene Arten sind heutzutage allerdings dank der Aquaristik und der Speisefischzucht fast weltweit zu finden, allerdings nicht in natürlichen Gewässern.

Verbreitungsgebiet der Cypriniformes.

Verhalten

Die große Mehrzahl der Arten sind Allesfresser, es gibt aber auch Aufwuchsfresser und Pflanzenfresser unter ihnen. Raubfische sind in dieser Ordnung kaum zu finden. Dennoch sollte ab und zu Lebendfutter verabreicht werden, damit die Fische ihre Farben beibehalten.

In der Fortpflanzung überwiegen die Freilaicher und Brutpflege ist selten. Am ausgefallendsten sind die Bitterlinge, die ihre Eier zwischen die Kiemenblätter von Muscheln der Familie Unionidae legen. Ansonsten legen manche Arten ihre Eier an Steine oder auf Sand und bei anderen, sehr fruchtbaren Arten sind die Eier planktonisch.

Besonderheiten

Karpfenartige sind im Habitus sehr verschieden, aber die meisten haben ein vorstülpbares, unbezahntes Maul und mit Ausnahme einiger weniger Schmerlen haben sie keine Adipose. Die größte Art (*Catlocarpio siamensis*) kann 2,5 m Länge erreichen, die meisten jedoch sind kleinere Schwarmfische.

Die Ordnung spielt in vielen Bereichen des menschlichen Lebens eine große Rolle: angefangen bei den vielen kleineren Arten in unseren Aquarien, über die Speisefischzucht des Spiegelkarpfens und der chinesischen Karpfen bis hin zu den angeblich glücksbringenden Eigenschaften des Koi in der japanischen Kultur.

Familie	Herkunft	Verhalten	Futter	Fortpflanzung	Besonderheiten
Balitoridae Balitorinae	As	friedliche, bodenorientierte Einzelgänger	H,O	Bei wenigen Arten gelungen: zw. Pflanzen, unter Steinen, adhärente Eier, überschwemmte Wiesen.	Haften mit Pektoralen u.Ventralen an harten Unterlagen. in der Strömung der Fließgewässer. Manche aggessiv; zylindrische Gestalt.
Nemacheilinae	Eu, As	territorial	K,O		
Catostomidae	As, N-Am	friedliche Schwarmfische, kleine Fische sind Beute.	K,O	Laichwanderungen.	Einige Arten werden sehr groß.
Cobitidae	Eu, As, N-Af	mehr o. weniger Bodengebunden, Einzelgänger u. Schwarmfische	K,O	Wenige Erfolge. Einfluß der Jahreszeiten. Freilaicher zw. Pflanzen u. Höhlenlaicher.	Einige Arten werden bei tiefem Luftdruck unruhig (Wetterfisch). Einige Arten graben sich ein. Zusätzliche Darm-Luftatmung bei einigen Arten. Einige nachtaktiv u. territorial.
Cyprinidae	Eu, As, Af, N-Am	friedliche Schwarmfische. Einige Räuber sind adult Einzelgänger	K,O, H	Adheränte u. nicht adheränte Eier zw. Pflanzen. Überschwemmte Wiesen. Nester mit Brutpflege. Laichwanderungen.	Bitterling legt Eier in den Kiemenraum von Muscheln. Fortpflanzung bei vielen Arten noch nicht geglückt.
Gyrinocheilidae	SO-As	revierbildend, Jungfische als Gesellschaftsfische.	H,O	In asiatischen Teichen. Evtl. nach Hormongaben abgestreift u. künstlich befruchtet.	Saugen sich an andere, größere Fische, die dadurch in Panik geraten können.

Familie Balitoridae

Die Familie der Plattschmerlen schließt die Arten der früher als Familie angesehenen Homalopteridae mit ein. In etwa enthält sie 630 Arten, wobei die Anzahl der Gattungen einer großen Interpretationsspanne unterworfen ist (zwischen 37 und 59).

Wenige Arten sind bisher in Aquarien erfolgreich gezüchtet worden. Schuld an diesem bescheidenen Erfolg scheinen nicht die chemischen Eigenschaften des Wassers zu sein, da bisher in Werten um neutral und bei geringer Härte abgelaicht wurde, sondern eher die Abwesenheit eines "Überschwemmungsreizes", da nach Freilandbeobachtungen des öfteren das Ablaichen zwischen überschwemmten Pflanzen bei Hochwasser gemeldet wurde. Eier der in Aquarien sich bisher fortpflanzenden Arten sind adhärent und werden wahllos im Pflanzendickicht verteilt, in eine Kiesmulde oder unter einen Stein gelegt. Einige Arten betreiben Brutpflege.

Die meisten Balitoridae haben einen langgestreckten, wurmartigen, zylindrischen Körper. Einige Flossensauger sehen auf den ersten Blick wie Arten innerhalb der Loricariidae aus, doch gleich fällt auf, daß sie zum Unterschied von letzteren kein Saugmaul haben, sondern mit ihren Ventralen und Pektoralen einen Saugeffekt erzeugen können, der es ihnen erlaubt, sich in der Strömung festzuhalten.

Schistura notostigma, s. Seite 159

Acanthocobitis sp. cf. *botia* 2/348
Augenfleck-Ceylonschmerle
H: Sri Lanka, Indien, Thailand, China.
♂: Rinne unter dem Auge. **V**: =
Z: Pflanzendickicht; 100-150 Eier. **F**: O
T: 24–26°C, **L**: 8 cm, **pH**: >7, **SG**: 1

Acanthocobitis zonalternans 5/84
Phuketschmerle, Rotflossenschmerle
H: Asien: Thailand bis Indonesien.
♂: Hautlappen unter den Augen. **V**: +
Z: Regenzeit imitieren? **F**: K,O
T: 24–26°C, **L**: 6 cm, **pH**: 7, **SG**: 2

Nemacheilus mooreh 3/276
Augenfleckenschmerle
Siehe oben rechts.

Nemacheilus mooreh 3/276
Augenfleckenschmerle
H: Asien: Burma, Bangladesch.
GU: Unbekannt. **V**: +
Z: Unbekannt. **F**: O
T: 23–25°C, **L**: 6 cm, **pH**: 7, **SG**: 1–2

Balitora burmanica 1/449
Karpfenschmerle, Flossensauger
H: SO-Asien: Thailand, Burma.
GU: Unbekannt. **V**: +
Z: Unbekannt. **F**: L,H
T: 22–24°C, **L**: 10 cm, **pH**: 7, **SG**: 3–4

Balitora burmanica 3/286
Chinesischer Flossensauger
H: Asien: China.
GU: Unbekannt. **V**: +
Z: Unter Steinen. **F**: O
T: 22–24°C, **L**: 12 cm, **pH**: 7, **SG**: 2

Nemacheilus angorae 3/280
Angora-Bartgrundel
H: Asien: Türkei, GUS-Staaten.
♂: 2., 3., 4. Pektoralstrahlen dick. V: +
Z: Unbekannt. F: K
T: 14–22°C, L: 8,5 cm, pH: >7, SG: 2–3

Barbatula barbatula 1/376
Schmerle, Bartgrundel
H: Europa bis Sibirien.
♂: Länger; längere Pektorale. V: +
Z: Haftende Eier; ♂ bewacht oft. F: K!
T: 16–18°C, L: 16 cm, pH: >7, SG: 2–3

Barbatula barbatula 5/86
Türkische Bachschmerle
H: Europa: Türkei.
GU: Unbekannt. V: +
Z: Noch nicht erfolgt. F: K
T: 10–20°C, L: 12 cm, pH: 7, SG: 3

Barbatula barbatula 3/274
Sibirische Steinschmerle, Sib. Bartschmerle
H: Asien: GUS-Staaten.
♂: Verdickter 2. Pektoralstrahl. V: ?
Z: Noch nicht erfolgt. F: O
T: 18–22°C, L: <21 cm, pH: 7, SG: 2–3

Orthias brandtii 3/282
Brandt's Bartgrundel, Kura Bartgrundel
H: Asien: GUS-Staaten.
GU: Unbekannt. V: +
Z: Unbekannt. F: K
T: 10–20°C, L: 8,5 cm, pH: 7, SG: 2

Barbatula bureschi 5/84
Goldschmerle
H: Europa: Bulgarien.
♂: Pektorale länger; größer. V: +
Z: Haftende Eier; ♂ bewacht oft. F: K
T: 10–20°C, L: 8,5 cm, pH: 7, SG: 3

Schistura cristata 5/86
Kristallschmerle
H: W-Asien: Turkmenien.
♂: Kräftiger gefärbt, schlanker. V: +
Z: Unbekannt. F: K
T: 10–20°C, L: 12 cm, pH: 7, SG: 3

Nemacheilus insignis 3/282
H: W-Asien: Syrien, Jordanien, Palästina.
♂: Längere Flossen; Laichaussch. V: +
Z: Bodenlaicher. F: O
T: 7–24°C, L: 7 cm, pH: 7, SG: 2

Barbatula labiata 3/280
Dicklippenschmerle
H: Asien: GUS-Staaten.
GU: Unbekannt. V: ?
Z: April/Juni; <60 000 Eier. F: O
T: 14–20°C, L: 23 cm, pH: 7, SG: 2–3

Orthias tigri 3/284
H: Asien: Syrien, Libanon.
♂: 2.u.3. Pektoralstrahl verbreitert. V: +
Z: Selbstgegrabene Mulden; Pflege. F: O
T: 16–22°C, L: 11 cm, pH: 7, SG: 2

Orthias panthera 3/284
H: Asien: SW-Syrien.
♂: Längere Pektorale. V: +
Z: Unbekannt. F: O
T: 6–24°C, L: 10 cm, pH: 7, SG: 2

Beaufortia leveretti 4/142
Leveretts Flossensauger
H: China: Hainan.
GU: Unbekannt. V: +
Z: Unbekannt. F: H,O
T: 18–24°C, L: 12 cm, pH: 7, SG: 2–3

Crossostoma tinkhami 2/426
Fukien-Flossensauger
H: O-Asien: China.
GU: Unbekannt. V: +
Z: Noch nicht erfolgt. F: O
T: 22–24°C, L: 10 cm, pH: 7, SG: 3–4

Gastromyzon ctenocephalus 5/88
Stachelkopf-Flossensauger
H: Borneo (Sarawak).
♂: Tuberkel an Kopf u. Pektoralbasis. V: +
Z: Unbekannt. F: O
T: 19–23°C, L: 5 cm, pH: 7, SG: 2–3

Gastromyzon punctulatus 2/426
Punktierter Flossensauger
H: SO-Asien: Indonesien, Kalimantan.
GU: Unbekannt. V: +
Z: Unbekannt. F: O
T: 23–25°C, L: 5 cm, pH: 7, SG: 2

Traccatichthys sp. cf. *taeniatus*

Siehe rechte Seite unten.

Jinshaia sinensis 5/88
Sinensis Plattschmerle, Chinesische Pl.
H: China: Provinz Szechuan.
GU: Unbekannt. V: +
Z: Noch nicht erfolgt. F: H
T: 18–25°C, L: 8 cm, pH: >7, SG: 2–3

Homaloptera orthogoniata 2/428
Pracht-Flossensauger, Sattelfleck Borneoschmerle
H: SO-Asien: Indonesien, Thailand. V: +
♂ u. Z: Unbekannt. F: H,O
T: 20–24°C, L: 12 cm, pH: 7, SG: 3

Homaloptera sp. 5/90
Grüner Flossensauger
H: SO-Asien: Thailand.
GU: Unbekannt. V: +
Z: Nicht bekannt. F: L,H,O
T: 18–22°C, L: 10 cm, pH: <7, SG: 3

Homaloptera cf. *stephensoni* 5/90

H: SO-Asien: Thailand.
GU: Unbekannt. V: +
Z: Nicht bekannt. F: L,H,O
T: 20–24°C, L: 10 cm, pH: <7, SG: 3

Lefua costata 2/344

H: Asien: Rußland, N-China, Korea.
GU: Unbekannt. V: ?
Z: Nicht bekannt. F: K
T: 18–22°C, L: 10 cm, pH: 7, SG: 3

Lefua nikkonis 5/92
Nikkonschmerle
H: Asien: Japan
GU: Unbekannt. V: +
Z: Nicht bekannt. F: K
T: 15–25°C, L: 8 cm, pH: 7, SG: 2

Liniparhomaloptera disparis 2/428

H: Asien: China.
♀: Unbekannt. V: +
Z: Unbekannt. F: O
T: 22–24°C, L: 5 cm, pH: 7, SG: 2–3

Traccatichthys taeniatus ♂ 4/144
Schöne Gebirgsbachschmerle
H: China: Kanton.
♂: Geringer Unters., siehe Fotos. V: =
Z: Noch nicht gelungen. F: H,O
T: 22–25°C, L: 10 cm, pH: 7, SG: 2–3

Traccatichthys taeniatus ♀ 4/144
Schöne Gebirgsbachschmerle

Nemacheilus abyssinicus ♂ 4/144
Abessinische Schmerle
H: Afrika: Äthiopien.
♀: Zur Laichzeit voller. V: +
Z: Unbekannt. F: K,O
T: 18–22°C, L: 9 cm, pH: 7, SG: 3

Nemacheilus abyssinicus ♀ 4/144
Abessinische Schmerle

Nemacheilus binotatus 3/274

H: Asien: N- u. W-Thailand.
♂: Unteraugen-Lappen. V: +
Z: Noch nicht gelungen. F: O
T: 26–28°C, L: 6 cm, pH: 7, SG: 2

Triplophysa dorsalis 2/350
Graue Schmerle
H: Asien: GUS-Staaten.
GU: Unbekannt. V: ?
Z: Natur: April–Juni. F: O
T: 18–22°C, L: 13 cm, pH: 7, SG: 3

Nemacheilus fasciatus 2/350
Bänderschmerle
H: Indonesien, Sumatra, Borneo, Java.
GU: Unbekannt. V: –
Z: Noch nicht erfolgt. F: K!
T: 22–24°C, L: 9 cm, pH: <7, SG: 2

Schistura montana 5/92
Punjabschmerle
H: Asien: Indien: Punjab.
GU: Nicht erkennbar. V: +
Z: Unbekannt. F: K,O
T: 10–22°C, L: 8 cm, pH: >7, SG: 3

Barbatula merga ♀ 5/94
Mergaschmerle
H: O-Europa: W-Uralgebirge.
♂: Zur Laichzeit schlanker. V: +
Z: Unbekannt. F: K,O
T: 10–22°C, L: 9,5 cm, pH: 7, SG: 2–3

Schistura notostigma 2/352
Orangefleck-Bachschmerle
H: SO-Asien: Sri Lanka.
♂: Oberer Kaudallappen länger. V: –
Z: In dichten Pflanzen (20 Junge). F: O
T: 22–24°C, L: 8 cm, pH: 7, SG: 2–3

Nemacheilus oxianus 5/96
Oxysschmerle
H: Asien: Usbekistan: Amu-Darja.
♂: Größere Dorsale, kontrastreicher. V: +
Z: Unbekannt. F: K,O
T: 10–18°C, L: 6,5 cm, pH: 7, SG: 2–3

Nemacheilus pardalis 5/96
Leopardschmerle
H: Asien: Usbekistan: um Duschanbe.
♂: Größere Dorsale; länger. V: +
Z: N: Mai nach Schneeschmelze. F: K,O
T: 10–18°C, L: 9,5 cm, pH: 7, SG: 3

Schistura savona 4/147
Savonaschmerle
H: Indien: Kalkutta.
♂: Evtl. 1. Dorsalstrahl verdickt. V: +
Z: Unbekannt. F: K,O
T: 23–26°C, L: 10 cm, pH: 7, SG: 2–3

Nemacheilus selangoricus 2/352
Kuipers Schmerle
H: Indonesien, Malaysia.
♂: Spitze P; ob. Kaudallappen läng. V: ?
Z: Nicht erfolgt. F: K,O
T: 23–25°C, L: 7,5 cm, pH: <7, SG: 2

Nemacheilus selangoricus 2/352
Kuipers Schmerle o.♂, u.♀

Triplophysa stoliczkai 2/354
Stoliczkas Schmerle
H: Asien: GUS-Staaten, China.
♂: Verdickte Ventralstrahlen. V: ?
Z: Nicht erfolgt. F: K,O
T: 16–20°C, L: 15 cm, pH: 7, SG: 3

Triplophysa strauchi 2/354
Gefleckte Dicklippen-Schmerle
H: Asien: GUS-Staaten, China.
♂: Flacher; Dorsale niedriger. V: ?
Z: Natur: April–Juni; <47 000 E. F: K,O
T: 18–22°C, L: 25 cm, pH: 7, SG: 3

Nemacheilus longicaudus 3/286

H: Asien: GUS-Staaten.
GU: Unbekannt. V: +
Z: Nicht bekannt. F: K
T: 10–20°C, L: 20 cm, pH: >7, SG: 2

Pseudogastromyzon cheni 2/430
Chinesischer Flossensauger
H: O-Asien: S-China.
♂: Karminrote Dorsale? V: +
Z: Nicht bekannt. F: O
T: 20–25°C, L: 5 cm, pH: 7, SG: 2

Pseudogastromyzon fasciatus 5/98
Zebraflossensauger
H: Asien: China.
GU: Nur zur Laichzeit. V: +
Z: Noch nicht erfolgt. F: H,O
T: 18–23°C, L: 8 cm, pH: >7, SG: 2–3

Schistura kessleri 3/278
Kesslers Schmerle
H: Asien: Iran, Afg., Pak., Indien, GUS-S.
♂: CANESTRINI Schuppe, spitzere P. V: +
Z: Noch nicht erfolgt. F: O
T: 22–30°C, L: 8 cm, pH: >7, SG: 2–3

Schistura magnifluvis 5/100
Mekong-Plattschmerle
H: Asien: Thailand: mittl. Mekongfluß.
♂: Suborbitaler Hautfetzen? V: +
Z: Ei Ø 1,5 mm; unter Steinen? F: K,H
T: 23–28°C, L: ♀ 40 cm, pH: <7, SG: 2

Schistura montana 5/94
Bergplattschmerle
H: Asien: N-Indien.
♂: Zur Laichzeit farbiger, schlanker. V: =
Z: Noch nicht erfolgt. F: K,O
T: 18–22°C, L: 6,5 cm, pH: 7, SG: 2–3

Schistura notostigma ♂? 5/100
Dorsalstich-Plattschmerle
H: Asien: Sri Lanka.
♂: 2. u. 3. Pektoralstrahl verdickt? V: +
Z: Ei Ø 1,5 mm; unter Steinen? F: K,H
T: 23–28°C, L: ♀ 40 cm, pH: <7, SG: 2

Weitere ähnliche Arten:

Schistura montana	12 Binden
S. rupecula	14 Binden
S. rupecula var.	13 Binden
Nemacheilus subfusca	10 Binden
Schistura scaturigina	11 Binden

Schistura sargadensis 5/102
Sargaschmerle
H: Asien: Turkmenistan.
♂: Größere Dorsale; länger V: +
Z: Nicht beschrieben. F: K,O
T: 15–22°C, **L**: 8,5 cm, **pH**: <7, **SG**: 2–3

Schistura sp. aff. *spilota* 5/98
Kwai-Plattschmerle
H: Asien: W-Thailand: River Kwai.
GU: Unbekannt. V: +
Z: Unbekannt. F: K
T: 15–24°C, **L**: 7 cm, **pH**: 7, **SG**: 2–3

Sinogastromyzon wui 4/142
Wuis Flossensauger
H: China: Kwangsi.
GU: Unbekannt. V: +
Z: Unbekannt. F: H,O
T: 18–26°C, **L**: 14 cm, **pH**: 7, **SG**: 2–3

Nemacheilus kuschakewitschi 3/278
Kuschakewitschs Bartgrundel
H: Asien: GUS-Staaten.
♂: Breiterer Kopf. V: +
Z: Nicht bekannt. F: O
T: 10–20°C, **L**: 11 cm, **pH**: >7, **SG**: 2–3

Vaillantella maassi 5/103

H: Sumatra, Borneo, Malaya.
GU: Unbekannt. V: =?
Z: Unbekannt. F: K,O
T: ca. 24°C, **L**: < 24 cm, **pH**: 7, **SG**: 2–3

Yunnanilus brevis 3/276

H: SO-Asien: Birma.
♂: Fleischlappen unter den Augen. V: +
Z: Nicht bekannt. F: O
T: 22–24°C, **L**: 6 cm, **pH**: 7, **SG**: 2

Familie Catostomidae

Eine erfolgreiche Familie mit 79 Arten in 13 Gattungen, die vor allem in Fließgewässern in Nordamerika zu den zahlreichsten Fischen gehören. Man findet sie aber auch in Asien.

Es handelt sich um anpassungsfähige Arten, die auf das Abweiden des Bodens spezialisiert sind. Arten aus ruhigeren Gewässern haben große, hochrückige Körper.

Es gibt auch die Ansicht, daß *Myxocyprinus asiaticus* ebenfalls in diese Familie gehört; im AQUARIEN ATLAS wird diese Art aber zu den Cyprinidae gezählt, weshalb sie hier im INDEX auf Seite 219 zu finden ist.

Saugdöbel werden recht groß. Diejenigen aus kühlen Fließgewässern benötigen außerdem Aquarienwasser mit hohem Sauerstoffgehalt. Da farblich eher braun-graue Töne überwiegen, ist diese Familie ein seltener Gast unserer Aquarien.

Catostomus c. catostomus 4/148
Alaska-Saugdöbel
H: USA: O-Rocky Mountains bis Maine.
♂: Fast schwarz; perlart. Knoten. V: –
Z: Frühjahrslaichwanderung. F: K
T: 0–15°C, L: 70 cm, pH: 7, SG: 4

Catostomus c. catostomus 4/148
Maulbinden-Saugdöbel
H: Sibirien, Rußland.
♂: Zur Laichzeit viel dunkler. V: –
Z: Frühjahrslaichwanderung. F: K
T: 4–18°C, L: 54 cm, pH: 7, SG: 4

Catostomus commersonii 3/165
Alaska Saugdöbel
H: Canada u. USA.
♂: Meist kleiner; schönere Farben. V: +
Z: Natur: April–Mai; 20 000 E. F: K,O
T: 4–20°C, L: 30 (45) cm, pH: 7, SG: 2

Erimyzon sucetta 2/337
Saugdöbel
H: USA: New York bis Florida und Texas.
♂: Schlanker. V: +
Z: Natur: März–April; <20 000 E. F: O
T: 4–20°C, L: 25 cm, pH: >7, SG: 2–3

Familie Cobitidae

Die Familie der Schmerlen und Dorngrundeln enthält etwa 199 Arten in 26 Gattungen. Einem bodennahen Leben in Fließgewässern angepaßt, ist ihr Körper größtenteils wurmförmig (*Pangio*) bis ventral abgeflacht (*Botia*). Das Verbreitungsgebiet der Dorngrundeln erstreckt sich über ganz Europa und Asien, mit Gebieten in Nord- und Ostafrika.

Verbreitungsgebiet der Familie Cobitidae.

Dorngrundeln sind scheue Fische. Das Aquarium sollte daher vielfältige Verstecke aufweisen. Einige Arten graben sich sogar zeitweilig ein; es ist daher wichtig, daß der Bodengrund nicht scharfkantig ist. Einige *Botia* sind weniger scheu und schwimmen in Gruppen durch das Aquarium, diese sind auch weniger bodengebunden.

Die Fortpflanzung der Cobitidae ist noch wenig erforscht. In Aquarien gibt es allenfalls Zufallszuchten. Es gibt Höhlenlaicher (*Acantopsis*) und Freilaicher zwischen Pflanzen (*Cobitis*), während bei den bekannten *Botia* wenig bezüglich des Laichverhaltens geklärt ist, außer daß Jahreszeiten (Regenzeit) einen größeren Einfluß zu haben scheinen. Auch in bezug auf die Tatsache, daß manche Arten im Aquarium kaum ihre natürliche Größe erreichen, gibt es nur Vermutungen (z.B., *Chromobotia macracanthus* erreicht bis zu 30 cm in der Natur; im Aquarium sind 18-cm-Exemplare ein Monster): ob diese wohl je reif werden? Ein bekannter Geschlechtsunterschied ist der dickere 2. Strahl an den Pektoralen der Männchen.

Einige Schmerlen sind territorial, wobei sich die Revierverteidigung gegen Artgenossen und nicht gegen artfremde Fische richtet. Ihre Diät ist überwiegend die eines Omnivoren, aber die Karnivoren können oftmals Trokkenfutter verweigern; man ist für diese Arten dementsprechend auf Lebend- und Gefrierfutter angewiesen.

Praktisch alle Arten sind für ein Gesellschaftsaquarium geeignet. Die etwas niedrigeren Hälterungstemperaturen einiger Arten müssen berücksichtigt werden, aber durch das weite Verbreitungsgebiet bedingt, gibt es passende Arten für alle Wasserwerte.

Acantopsis dialuzona 1/366
Rüsselschmerle
H: SO-Asien.
GU: Unbekannt. V: +
Z: Höhlen u. unter Steinen. F: K,O
T: 25–28°C, L: 22,5 cm, pH: <7, SG: 2–3

Acantopsis sp. 5/104
Vietnam-Rüsselschmerle
H: SO-Asien: Vietnam.
GU: Unbekannt. V: +
Z: Höhlen u. unter Steinen. F: K,O
T: 22–26°C, L: 18 cm, pH: 7, SG: 2–3

Syncrossus beauforti 2/342
Beauforts Schmerle
H: SO-Asien: Thailand, Laos.
GU: Unbekannt. V: =
Z: Unbekannt. F: O
T: 26–30°C, L: 25 cm, pH: <7, SG: 2

Syncrossus berdmorei 1/366

H: Burma, Thailand.
GU: Unbekannt. V: =
Z: Unbekannt. F: K,O
T: 22–26°C, L: 25 cm, pH: 7, SG: 2–3

Botia dario 3/166
Grüne Bänderschmerle
H: Indien.
♀: Voller. V: +
Z: Nicht gelungen. F: K,O
T: 23–26°C, L: 6,5 cm, pH: 7, SG: 3

KARPFENÄ.

Yasushikotakia eos juv. 2/340, (5/105)
Sonnenschmerle
H: SO-Asien: Laos, Thailand.
GU: Unbekannt. V: +
Z: Überschwemmungsgebiete. F: K
T: 24–28°C, L: 6 cm, pH: <7, SG: 2–3

Parabotia fasciata 4/152
Ringelschmerle, Schlanke Bänderschm.
H: China: Yangtze-Fluß.
GU: Unbekannt. V: =
Z: Unbekannt. F: K
T: 20–26°C, L: >15 cm, pH: 7, SG: 2–3

Syncrossus helodes 1/368
Tigerschmerle
H: SO-Asien: Thailand, Laos, Kambodscha.
GU: Unbekannt. V: –
Z: Noch nicht gelungen. F: K,O
T: 24–30°C, L: 22 cm, pH: <7, SG: 2

Yasushikotakia lecontei 2/342
Le Conte-Schmerle, Rotflossenprachtsch.
H: SO-Asien: O-Thailand, Laos.
GU: Unbekannt. V: +
Z: Unbekannt. F: K
T: 24–28°C, L: 15 cm, pH: <7, SG: 2–3

Yasushikotakia lecontei juv. 2/342
Le Conte-Schmerle, Rotflossenprachtsch.
(Foto s.S. 5/106)

Botia lohachata 1/370
Netzschmerle
H: NO-Indien, Bangladesch.
GU: Unbekannt. V: +
Z: Noch nicht gelungen. F: O
T: 24–30°C, L: 7 cm, pH: <7, SG: 2

Botia almorhae 5/105
Netzschmerle
H: China; Yangtse, Südasien
GU: Unbekannt. V: =
Z: Unbekannt. F: K
T: 22–26°C, L: 15 cm, pH: 7, SG: 2–3

Chromobotia macracanthus 1/370
Prachtschmerle
H: Indonesien: Sumatra, Borneo.
♂: Kaudale tiefer gegabelt. V: –
Z: Beginn d. Regenzeit, Höhle F: O
T: 25–30°C, L: <30 cm, pH: <7, SG: 2–3

Chromobotia macracanthus var. 1/370
Prachtschmerle
(Foto s.S. 5/108)

Yasushikotakia morleti 1/368
Hora's Schmerle, Aalstrichschmerle
H: Asien: Thailand, Laos, Kambodscha.
GU: Unbekannt. V: –
Z: Noch nicht gelungen. F: K,O
T: 24–30°C, L: 22 cm, pH: <7, SG: 2

Yasushikotakia morleti 1/368
Hora's Schmerle, Aalstrichschmerle
(Foto s.S. 5/107)

Yasushikotakia nigrolineata 5/109
Schwarzstreifen-Prachtschmerle
H: Asien: China.
GU: Nicht erkennbar. V: +
Z: Bisher nicht erfolgt. F: K,O
T: 15–25°C, L: 5 cm, pH: >7, SG: 2–3

Sinibotia robusta 4/154
Kansuschmerle

H: Asien: China.
GU: Unbekannt. **V**: =
Z: Noch nicht gelungen. **F**: K,O
T: 18–24°C, **L**: 18 cm, **pH**: >7, **SG**: 3

Botia rostrata ♀ 3/166
Leiterschmerle

H: Asien: Birma, Indien.
♀: Größer; kaum helle Bereiche. **V**: –
Z: Noch nicht gelungen. **F**: K,O
T: 22–25°C, **L**: 6 cm, **pH**: <7, **SG**: 1

Yasushikotakia modesta 1/372
Grüne Schmerle

H: Thailand, Vietnam, Malaiische Halbi.
♂: Kleiner (?). **V**: –
Z: Noch nicht gelungen. **F**: K,O
T: 26–30°C, **L**: 24 cm, **pH**: <7, **SG**: 2

Yasushikotakia modesta juvenil 1/372
Grüne Schmerle

(Foto s.S. 5/107)

Yasushikotakia sidthimunki 1/372
Zwergschmerle, Schachbrettschmerle

H: N-Thailand.
GU: Unerkennbar. **V**: +
Z: Gelungen, aber keine Daten. **F**: K,O
T: 26–28°C, **L**: 6 cm, **pH**: <7, **SG**: 2

Yasushikotakia sidthimunki 5/110
Schachbrettschmerle

H: Hinterindien.
♂: Voller u. gedrungener. **V**: +
Z: Künstliche Befruchtung. **F**: K,O
T: 22–27°C, **L**: 6 cm, **pH**: <7, **SG**: 2–3

Botia striata 2/344
Zebraschmerle, Streifenschmerle
H: Asien: S-Indien.
GU: Unbekannt. V: +
Z: Kein Bericht. F: O
T: 23–26°C, L: <10 cm, pH: 7, SG: 1–2

Sinibotia superciliaris 4/152
Spitzkopfschmerle
H: China: Szetschuan.
GU: Nicht beschrieben. V: =
Z: Unbekannt. F: K,O
T: 22–26°C, L: 15 cm, pH: <7, SG: 3–4

Cobitis sp. cf. *satunini* 5/112
Kaspischer Steinbeißer
H: Zuflüsse des Kaspischen Meeres.
♂: 2. Pektoralstrahl verdickt. V: +
Z: Freilaicher zw. Pfl. u. Steinen. F: K
T: 10–25°C, L: 7 cm, pH: >7, SG: 2–3

Cobitis sp. (4/163)

Cobitis bilineata (4/163)

Cobitis taenia taenia 1/374
Steinbeißer, Dorngrundel
H: Europa, W-Asien.
♂: Kleiner; 2. Pektoralstrahl dicker. V: +
Z: Pflanzenlaicher. F: K!
T: 14–18°C, L: 12 cm, pH: >7, SG: 2–3

Kottelatlimia pristes 4/156

H: Malaysia.
GU: Unbekannt. V: +
Z: Unbekannt. F: O
T: 22–25°C, L: 6 cm, pH: ≪7, SG: 4

Lepidocephalus thermalis 2/346
Indischer Steinbeißer
H: Asien: Indien, Sri Lanka.
GU: Unbekannt. V: (–)
Z: Unbekannt. F: O
T: 22–24°C, L: 8 cm, pH: <7, SG: 2–3

Leptobotia elongata 4/156
Riesenbotia
H: China.
♂: Infraoculardorn. V: –
Z: Laichwanderung. F: K,O
T: 22–28°C, L: <50 cm, pH: <7, SG: 4

Leptobotia guilinensis 4/158

H: China.
GU: Unbekannt. V: +
Z: Unbekannt. F: K,O
T: 23–27°C, L: 20 cm, pH: 7, SG: 2–3

Leptobotia mantschurica 2/346
Mandschurenschmerle
H: Asien: Rußland, China.
♂: Infraoculardorn. V: ?
Z: Noch nicht erfolgt. F: K,O
T: 16–20°C, L: 2 cm, pH: 7, SG: 3

Leptobotia rubrilabris 4/158
Rotlippenschmerle
H: China.
♂: Rote Lippen. V: +
Z: Nicht erfolgt. F: K,O
T: 18–25°C, L: 12 cm, pH: 7, SG: 2–3

Misgurnus anguillicaudatus 2/348
Ostasiatischer Schlammpeitzger
H: Asien: Sibirien, China, Korea, Japan.
♂: 2. Strahl der Pektoralen verdickt. V: +
Z: Zufallserfolge. F: O
T: 10–25°C, L: <50 cm, pH: 7, SG: 1–2

Misgurnus bipartitus ♂ 5/112
Russischer Schlammbeißer
H: Asien: N-China, Mongolei. Selten
♂: Zur Laichzeit farbiger. V: –
Z: Kein Bericht F: K,O
T: 5–20°C, L: 15 cm, pH: 7, SG: 3

Misgurnus fossilis 1/374
Europ. Schlammpeitziger, Schlammbeißer
H: Europa.
♂: Kleiner; 2. Pektoralstrahl dicker. V: +
Z: Zufällig gelungen. F: K
T: 4–25°C, L: 30 cm, pH: 7, SG: 1–2

Misgurnus sp. cf. *anguillicaudatus* 2/348

H: Asien: Sibirien, China, Korea, Japan.
♂: 2. Strahl der Pektoralen verdickt. V: +
Z: Zufallserfolge. F: O
T: 10–25°C, L: <50 cm, pH: 7, SG: 1–2

Schistura sp. 2/356

Foto: *Pangio oblanga*

Pangio anguillaris (kein Foto) 2/338
Aal-Dornauge
H: SO-Asien: Thailand, Borneo.
GU: Unbekannt. V: +
Z: Unbekannt. F: O
T: 24–26°C, L: 6,5 cm, pH: 7, SG: 1

Pangio kuhlii 4/160
Vietnam-Dornauge
H: Vietnam (Neuer Fundort).
♀: Zur Laichzeit voller. V: +
Z: Keine Angaben. F: K,O
T: 20–26°C, L: 11 cm, pH: 7, SG: 2

Pangio kuhlii 4/160
Albino-Dornauge
Zuchtform. Haltung entspricht der Naturform; Albinos sind aber empfindlicher und werden nicht so alt.

Pangio myersi 1/364
Geflecktes Dornauge
H: SO-Asien.
GU: Unbekannt. V: +
Z: Schwimmpflanzenwurzeln. F: K,O
T: 24–30°C, L: 12 cm, pH: <7, SG: 2

Pangio kuhlii 1/364
Sumatra-Dornauge

Pangio shelfordii 5/114
Muränen-Dornauge
H: Asien: Malaiische Halbinsel.
♂: 2. Strahl der Pektoralen verdickt. V: +
Z: Unbekannt. F: O
T: 24–28°C, L: 8 cm, pH: 7, SG: 1

Pangio pangia 2/338
Zimtfarbenes Dornauge
H: S-Asien: Indien, Burma.
GU: Unbekannt. V: +
Z: Unbekannt. F: O
T: 23–25°C, L: 6 cm, pH: 7, SG: 1

Pangio semicincta 2/340
Halbgebändertes Dornauge
H: SO-Asien: Malaiische Halbinsel.
♂: 2. Strahl der Pektoralen verdickt. V: +
Z: Noch nicht erfolgt. F: K!
T: 26–30°C, L: 8 cm, pH: <7, SG: 2

Pangio shelfordii 1/364
Borneodornauge
H: Malaiischer Archipel.
GU: Unbekannt. V: +
Z: Unbekannt. F: K,O
T: 24–30°C, L: 8 cm, pH: <7, SG: 2

Paramisgurnus dabryanus 5/114

H: Asien: China: Jangtsefluß.
GU: Unbekannt. V: +
Z: Noch nicht erfolgt. F: K,O
T: 10–25°C, L: 9 cm, pH: 7, SG: 2

Sabanejewia bulgarica 4/162
Gold-Steinbeißer
H: Europa: Mittel- u. Oberlauf der Donau.
♂: Körperseiten vor Dorsale dick. V: +
Z: Noch nicht gelungen. F: K
T: 5–20°C, L: 12 cm, pH: 7, SG: 2–3

Sabanejewia romanica 5/116
Rumänischer Steinbeißer
H: Europa: Rumänien, Bulgarien.
GU: Unbekannt. V: +
Z: Natur: April–Juni. F: K
T: 10–18°C, L: <12 cm, pH: 7, SG: 4

Somileptus gongota 5/110
Katzenaugenschmerle
H: Asien: Indien, Burma.
GU: Unbekannt. V: =
Z: Erfolglos; unter Schieferplatte. F: K!
T: 18–22°C, L: 14 cm, pH: 7, SG: 4

Familie Cyprinidae

Mit über 2500 Arten in mehr als 210 Gattungen sind die Karpfenfische die größte Familie innerhalb der Süßwasserfische. Sie enthält sowohl Arten mit über 2 m Länge als auch den kleinsten Süßwasserfisch mit nur 12 mm (*Danionella translucida*). Die Familie bewohnt Europa und Asien, Afrika und Nordamerika.

Cyprinidae sind in vielen Aspekten des menschlichen Alltags präsent. Viele Arten sind klein und häufige Aquariengäste (*Barbus, Rasbora, Danio, Carassius auratus* usw.) oder werden in Genstudien in Labors verwendet (*Devario, Danio*), andere werden als glücksbringend angesehen (Koi in Japan) und andere, größere Arten wiederum sind seit ein paar Jahrtausenden in der chinesischen und seit Jahrhunderten in der westlichen Speisefischzucht vertreten (*Cyprinus carpio, Ctenopharyngodon idella*, u.a.).

Karpfen-Hypophyse-Extrakt ist auch heute noch ein vielerorts gebrauchtes Mittel, um Wanderfische zum Laichen in Teichen zu stimulieren. Nur dadurch ist es z.B. möglich, etwa den Graskarpfen wie auch andere der chinesischen Karpfen außerhalb des chinesischen Bereichs zu züchten. Tropische Arten, wie die großen *Barbus,* sind in dieser Hinsicht einfacher zu vermehren, da man bei ihnen auf eine Hormonspritze nicht angewiesen ist.

Koi – farbige Zuchtformen von *Cyprinus carpio* – sind für Gartenteiche weltweit gesuchte Fische. In Japan erzielen Ausstellungssieger bis zu fünfstellige Summen in Dollar.

Ein charakteristischer Geschlechtsunterschied offenbart sich mit der Reife: der sogenannte Laichausschlag und das Hochzeitskleid der Männchen.

Zuchtformen von *Puntius anchisporus*, o. Albino, u. "Moosbarbe" (s.S. 193).

Es erscheinen weiße Knötchen, vor allem auf ihrer Kopfregion, und außerdem ändern sie ihre Farben.

Für unsere Aquarien bieten die Cyprinidae eine große Auswahl, u.a.:

Barbus/Puntius: Kleine bis große aktive Schwarmfische; das Aquarium darf nicht weniger als 50 l fassen (größere Arten brauchen wesentlich mehr). Obwohl dunkler Bodengrund und gute Bepflanzung vorgeschlagen werden, muß eine offene Schwimmzone gewährleistet sein; die meisten bevorzugen bodennahe Wasserschichten. Einige Arten zupfen an den fadenartig ausgezogenen Flossen ihrer Aquarienmitbewohner (z.B. Skalare, verschiedene Guramis). Weiches Altwasser mit einem pH-Wert um neutral wird meistens zur Fortpflanzung bevorzugt. Zucht ist im allgemeinen möglich, bei mehreren Arten einfach. Das Zuchtbecken sollte der Morgensonne ausgesetzt sein, die Eier haften an feinfiedrigen Pflanzen oder fallen zu Boden. Barben sind arge Laichräuber und müssen nach dem Laichvorgang unbedingt umgesetzt werden.

Epalzeorhynchos: Meist untereinander bissig, anderen Arten gegenüber aber friedlich. Das Aquarium sollte mit zahlreichen, voneinander optisch getrennten Verstecken ausgestattet sein. Ihre Diät erstreckt sich von Lebendfutter bis zu Algen. Durch die starke innerartliche Aggressivität ist ihre Zucht nur selten gelungen; sie findet in weichem, leicht saurem Wasser in Höhlen statt. In tropischen Gebieten wird *E. bicolor* in Teichen gezüchtet.

Rasbora: Diese meist kleinen Schwarmfische bevorzugen die mittleren und oberen Wasserschichten. Einige Arten leben in sehr weichem und saurem Wasser. Bei vielen ist die Zucht gelungen, wobei feinfiedrige Pflanzen als Laichsubstrat vorgezogen werden. Eine gelungene Auswahl sowie das Alter der Partner sind wichtig. Obwohl gute Gesellschafter, ist bei manchen kleineren Arten ein Artbecken vorzuziehen.

Microphysogobio elongata ♀ 5/118

H: Asien: China: Amurbecken.
♂: Dorsale größer u. konvex. V: +
Z: Juni, Juli; Brutpflege (♂). F: K,O
T: 15–24°C, L: 8,5 cm, pH: 7, SG: 2

Abbottina rivularis 3/168

H: Asien: GUS-Staaten, Kor., Jap., China.
♂: Größer, Laichausschlag. V: +
Z: Juni, Juli; Brutpflege (♂). F: H,K
T: 4–23°C, L: 13,5 cm, pH: 7, SG: 2–3

Abramis ballerus 4/164
Zope, Schwuppe
H: Europa: Elbe bis Newa; Skandinavien.
♂: Laichausschlag. **V**: +
Z: Frühsommerwanderung. **F**: O
T: 5–25°C, **L**: 35 cm, **pH**: 7, **SG**: 2–3

Abramis brama 3/169
Brachsen, Blei, Brassen
H: Europa.
♂: Laichausschlag. **V**: +
Z: Mai, Juni; <300 000 E. **F**: O
T: 10–24°C, **L**: 75 cm, **pH**: >7, **SG**: 1–2

Abramis sapa 5/118
Bergs Brassen
H: Asien: Aserbaidschan, Georgien.
♂: Laichausschlag u. schlanker. **V**: +
Z: Mai, Juni; <300 000 E. **F**: O
T: 10–25°C, **L**: <39 cm, **pH**: 7, **SG**: 4

Vimba vimba 3/272, 5/224
Zährte
H: Europa: S-Schwe., S-Finnl., Deutschl.
♂: Kein Laichausschlag, schlanker. **V**:+
Z: Mai/August; flache, steinige Ufer. **F**:K
T: 10–20°C, **L**: 40 cm, **pH**: >7, **SG**: 2–4

Vimba vimba juv. 3/272, 5/224
Zährte

Acanthalburnus microlepis 3/170
Napotta
H: Asien: GUS-Staaten.
♀: Zur Laichzeit fülliger. **V**: +
Z: Wenig bekannt. **F**: K,O
T: 4–20°C, **L**: 25 cm, **pH**: >7, **SG**: 2

Acanthorhodeus asmussi 2/358
Asmuss' Stachelbitterling
H: Asien: GUS-Staaten, West- Südkorea.
♂: Hochzeitskleid. ♀ Legeröhre. V: +
Z: Natur: Mantelhöhle Muschel. F: H,O
T: 18–22°C, L: 16 cm, pH: 7, SG: 2–3

Acheilognathus barbatulus 5/120
China-Bitterling
H: Asien: China.
♂: Hochzeitskleid. ♀: Legeröhre. V: +
Z: Natur: Mantelhöhle Muschel. F: O
T: 8–20°C, L: ♀ 7 cm, pH: 7, SG: 2–3

Acheilognathus macropterus 5/120
Riesenbitterling
H: Asien: China: Jangtse u. Ningpoflüsse.
♂: Hochzeitskleid. V: +,=
Z: Natur: Uferbereich zw. Pflanzen. F: O
T: 15–25°C, L: 27 cm, pH: 7, SG: 1–4

Acheilognathus chankaensis 2/358
H: Asien: GUS-Staaten.
♂: Hochzeitskleid. ♀ Legeröhre. V: +
Z: Natur: Mantelhöhle Muschel. F: H,O
T: 18–22°C, L: 11 cm, pH: 7, SG: 2–3

Acheilognathus tabira 5/122
Tabira-Bitterling
H: Japan.
♂: Hochzeitskleid. ♀ Legeröhre. V: =
Z: N: Muschel; auch zw. Steinen?. F: K,O
T: 10–25°C, L: 8,5 cm, pH: 7, SG: 2

Poropuntius deauratus 5/122
Goldbarbe
H: Asien: China: Kanton.
GU: Unbekannt. V: +
Z: Natur: Freilaicher zw. Pflanzen. F: O,H
T: 12–24°C, L: 12 cm, pH: 7, SG: 2

Tor soro 2/360
Großschuppenbarbe
H: SO-Asien: Sumatra, Thailand.
GU: Unbekannt. V: –
Z: Keine Berichte. F: O,H
T: 22–26°C, L: bis 100 cm, pH: 7, SG: 3

Alburnoides bipunctatus 1/379
Schneider, Alandblecke
H: Europa.
♀: Kräftiger gebaut. V: =
Z: Ausnahmsweise; auf Kies. F: K,O
T: 4–18°C, L: 14 cm, pH: 7, SG: 2

Alburnoides bipunctatus 5/124
♀
H: Asien: Um das Kaspische Meer.
♂: Schlanker. V: =
Z: Laichwanderung. F: K,O
T: 4–23°C, L: 4,5 cm, pH: >7, SG: 2

Alburnoides bipunctatus 3/174
Krim-Schneider
H: Asien: GUS-Staaten.
♀: Kräftiger gebaut. V: =
Z: Noch nicht erfolgt. F: K,O
T: 4–20°C, L: 12,5 cm, pH: 7, SG: 2–3

Alburnoides oblongus 3/170
Taschkent-Schneider
H: Asien: GUS-Staaten.
♀: Zur Laichzeit fülliger. V: =
Z: Keine Berichte. F: K,O
T: 4–20°C, L: 14 cm, pH: >7, SG: 2

Alburnoides taeniatus 2/360
Gestreifter Schneider, Alandblecke
H: Asien: GUS-Staaten.
♀: Bauchlinie konvex. V: =
Z: Natur: Juni-Juli. F: K,O
T: 4–20°C, L: 9 cm, pH: >7, SG: 2

Alburnus albidus 4/164
Mittelmeer-Ukelei, Alborella
H: Europa: Süditalien.
♂: Laichausschlag. V: +
Z: Substratlaicher: Steine. F: K,O
T: 12–28°C, **L**: 20 cm, **pH**: 7, **SG**: 2–3

Alburnus alburnus 3/173
Ukelei, Laube
H: Europa.
♂: Laichausschlag. V: =
Z: Natur: April–Juni; a.Aquarium. F: K,O
T: 10–20°C, **L**: 25 cm, **pH**: 7, **SG**: 2

Alburnus charusini hohenackeri 3/174
Transkaukasischer Ukelei
H: Asien: GUS-Staaten.
♂: Laichausschlag. V: =
Z: Unbekannt. F: K
T: 10–20°C, **L**: 12 cm, **pH**: 7, **SG**: 2–3

Aspius aspius 3/176
Rapfen, Schied
H: Mitteleuropa, W-Asien.
♂: Laichausschlag. V: =,–
Z: Natur: April–Juni, <100 000 E. F: K!
T: 4–20°C, **L**: <100 cm, **pH**: 7, **SG**: 2

Aspius aspius 3/176
Kaspischer Rapfen
H: Asien: GUS-Staaten.
♂: Laichausschlag. V: =,–
Z: Natur: März–April, <483 000 E. F: K!
T: 10–20°C, **L**: 77 cm, **pH**: >7, **SG**: 2–3

Balantiocheilus melanopterus 1/380
Haibarbe
H: SO-Asien: Thai., Sum., Bor., Mali. Halb.
♀: Zur Laichzeit dicker. V: +,–
Z: Künstliche Befruchtung ? F: O
T: 22–28°C, **L**: 35 cm, **pH**: <7, **SG**: 2

KARPFENÄ.

Barbichthys nitidus 2/362
Hochflossenbarbe, "Siam highfin shark"
H: SO-Asien.
GU: Unbekannt. V: ?
Z: Noch nicht gelungen. F: O
T: 23–26°C, L: 35 cm, pH: 7, SG: 2–3

Barboides gracilis 4/166

H: Afrika: Benin, Nigeria, SW-Kamerun.
♀: Größer; zur Laichzeit dicker. V: +
Z: Unbekannt. F: K,O
T: 24–26°C, L: 2,5 cm, pH: <7, SG: 2

Barbus ablabes 2/362

H: W-Afrika.
♀: Deutlich voller. V: +
Z: Laichrost; <500 Eier. F: K,O
T: 23–25°C, L: 11 cm, pH: <7, SG: 2–3

Barbus aboinensis 4/166
Aboinabarbe
H: Afrika: S-Nigeria.
♀: Deutlich voller. V: +
Z: Unbekannt. F: K,O
T: 24–28°C, L: 8 cm, pH: 7, SG: 2

Barbonymus altus 3/179

H: Asien: Thailand, Laos.
♀: Voller. V: +
Z: Unbekannt. F: K,O
T: 22–27°C, L: 15 cm, pH: 7, SG: 1–2

Barbus paludinosus 3/181; 5/132

H: O-Afrika: Kenia, Uganda, Tansania.
♂: Schlanker. V: +
Z: Noch nicht erfolgt. F: K
T: 19–26°C, L: 7,5 cm, pH: 7, SG: 2

Barbus apleurogramma 3/182

H: Afrika: Uganda, Ruanda, Burundi, Tans.
♂: Schlanker? V: +
Z: Unbekannt. F: O
T: 23–26°C, L: 5 cm, pH: <7, SG: 2

Puntius arulius 1/380
Prachtglanzbarbe, Dreibandbarbe

H: S- und SO-Indien.
♂: Dorsalstrahlen stark verlängert. V: =
Z: Pflanzendickicht; <100 Eier. F: O
T: 19–25°C, L: 12 cm, pH: <7, SG: 2–3

Barbus atakorensis 3/184

H: Afrika: Ghana, N-Benin, Nigeria.
GU: Unbekannt. V: +
Z: Keine Berichte F: O
T: 22–25°C, L: 4 cm, pH: ≪7, SG: 2–3

Puntius bandula ♀ 3/197
Bandulabarbe

Puntius bandula ♂ 3/197
Bandulabarbe

Barbus barbus 2/364
Barbe, Flußbarbe

H: Europa: Frankreich bis Memel, England.
♂: Laichausschlag. V: +,=
Z: Mai–Juni; Laichschwarm; flußaufw. F:O
T: 10–24°C, L: 90 cm, pH: 7, SG: 2

Barbus barbus 5/126
Lotusbarbe
H: Europa: GUS-Staaten, Balkan, Schweiz.
♂: Laichausschlag. V: +,=
Z: Zu groß. F: O
T: 5–20°C, L: 85 cm, pH: 7, SG: 4

Barbus fasciolatus 2/364
Blaustrichbarbe
H: Afrika: Angola, Simbab., Sambia, Zaire.
♀: Junge tintenrot?, fülliger. V: +
Z: Pflanzendickicht. F: O
T: 20–26°C, L: 5 cm, pH: <7, SG: 1–2

Barbus baudoni 4/168
Baudonibarbe
H: Afrika: Nigeria.
♀: Voller. V: +
Z: Unbekannt. F: K,O
T: 24–26°C, L: 4 cm, pH: 7, SG: 3–4

Puntius bimaculatus o. ♀, u. ♂ 2/366
Zweifleckbarbe
H: SO-Asien: Sri Lanka.
♂: Schlank, dunkelrote Längsbinde. V: +
Z: Javamoos; 400 E; Laichräuber. F: O
T: 22–24°C, L: 7 cm, pH: <7, SG: 2

Puntius binotatus 2/366
Fleckenbarbe
H: SO-Asien: Malaysia, Indonesien, Philip.
♂: Schlanker. V: +
Z: Javamoos; 400 E; Laichräuber. F: O
T: 24–26°C, L: <18 cm, pH: <7, SG: 1–2

Puntius binotatus 3/196
Sattelfleckbarbe

Barbus callipterus 1/382
Prachtflossenbarbe

H: W-Afrika: Kamerun bis Nigeria.
♀: Viel dicker. V: +
Z: Noch nicht geglückt. F: O
T: 19–25°C, **L**: 9 cm, **pH**: 7, **SG**: 1

Barbus candens 3/184
Rote Dreifleckbarbe

H: Afrika: Zaire.
♂: Schlanker, farbiger, etw. größer. V: +
Z: Noch nicht geglückt. F: O
T: 24–26°C, **L**: 4 cm, **pH**: 7, **SG**: 2–3

Barbus graellsi 5/128
Ebrobarbe Bw für Alttiere

H: Europa: Spanien: Ebro-System. E.
♂: Laichausschlag, schlanker. V: =
Z: Laichwanderungen. F: K,O
T: 10–24°C, **L**: 50 cm, **pH**: 7, **SG**: 4

Barbus camptacanthus 5/124
Buckelbarbe

H: Afrika: Kamerun, Gabun, Nigerdelta.
♀: Voller zur Laichzeit. V: =
Z: Freilaicher über Pflanzen. F: O
T: 22–28°C, **L**: 16 cm, **pH**: 7, **SG**: 2

Puntius gelius 4/170
Hundsbarbe

H: Indien: Ganges.
♂: Dorsale u. Ventralen rötlich. V: =
Z: Feinfiedrige Pflanzen; Laichrost. F: O
T: 18–28°C, **L**: 10 cm, **pH**: 7, **SG**: 2

Barbus caudovittatus 3/186

H: Afrika: Zaire-System.
GU: Unbekannt. V: =
Z: Noch nicht geglückt. F: O
T: 24–27°C, **L**: 80 cm, **pH**: 7, **SG**: 2

Barbus chlorotaenia 4/168

H: Afrika: Ghana, Nigeria, Kamerun.
♂: Etwas kleiner. V: +
Z: Noch nicht geglückt. F: O
T: 23–27°C, **L**: <8 cm, **pH**: 7, **SG**: 2

Puntius chola 3/186
Kiemenfleckbarbe, Kolabarbe

H: Asien: Indien, Bangladesch, Burma.
♂: Flossen rötlich zur Laichzeit. V: +
Z: Wasserpflanzen, Laichrost. F: O
T: 20–25°C, **L**: 15 cm, **pH**: <7, **SG**: 1–2

Barbus ciscaucasicus juv. 5/126
Kaukasusbarbe

H: Asien: O-Flüsse des Kaspischen M.
♂: Laichausschlag, schlanker. V: =
Z: Laichwanderung. F: K,O
T: 10–22°C, **L**: 39 cm, **pH**: 7, **SG**: 4

Puntius conchonius l. ♀, r. ♂ 1/382
Prachtbarbe

H: N-Vorderindien.
GU: Siehe Foto. V: =
Z: Wasserpflanzen; Laichräuber. F: O
T: 18–22°C, **L**: 15 cm, **pH**: <7, **SG**: 1

Barbus congicus ♂ 4/170
Kongobarbe

H: Af.: Zaire-System; Malagarasi-System?.
♂: Farbiger, schlanker. V: =
Z: Noch nicht geglückt. F: O
T: 22–26°C, **L**: 6 cm, **pH**: <7, **SG**: 3

Barbus congicus ♀ 4/170
Kongobarbe

Puntius cumingii 1/384
Ceylonbarbe
H: Sri Lanka.
♂: Schlanker; farbigere Flossen. V: =
Z: Nicht ganz leicht. F: O
T: 22–27°C, **L**: 5 cm, **pH**: <7, **SG**: 2–3

Hypsibarbus pierrei vorn 2/368
(*Barbonymus schwanenfeldii* hinten) (2/369)
H: SO-Asien: Thailand.
♂: Wesentlich schlanker. V: =
Z: Keine Berichte. F: O
T: 22–25°C, **L**: >45 cm, **pH**: 7, **SG**: 4

Barbus perince 4/173

H: Afrika: Niger-System.
♂: Kleiner, schlanker. V: +
Z: Keine Zuchtberichte bekannt. F: O
T: 23–27°C, **L**: <11 cm, **pH**: 7, **SG**: 2–3

Barbus eburneensis 3/189

H: Afrika: Guinea bis W-Elfenbeinküste.
GU: Unbekannt. V: +
Z: Noch nicht geglückt. F: O
T: 22–25°C, **L**: 9 cm, **pH**: ≪7, **SG**: 2–3

Barbus eutaenia 4/174

H: Zentrales u. S-Afrika.
♂: Farbiger, schlanker, gering. V: =
Z: Unbekannt. F: O
T: 20–26°C, **L**: 8 cm, **pH**: 7, **SG**: 2

Puntius dunckeri 1/386
Clownbarbe, Everetts Barbe
H: SO-Asien: Singapur, Borneo.
♂: Farbiger, schlanker. V: +
Z: Pflanzen, Morgensonne. F: O
T: 24–27°C, **L**: 10 cm, **pH**: <7, **SG**: 2–3

KARPFENÄ.

Puntius fasciatus 1/386
Glühkohlenbarbe

H: SO-Asien: Malaii. Halbin., Indonesien.
♂: Schlanker u. meist kleiner. V: +
Z: Nicht ganz einfach. F: O
T: 22–26°C, L: 15 cm, pH: <7, SG: 2–3

Puntius foerschi 3/190
Foerschs Barbe

H: SO-Asien: Indonesien (Borneo).
♂: Meist schlanker. V: +
Z: Noch nicht geglückt. F: O
T: 24–28°C, L: 6 cm, pH: <7, SG: 2

Barbus guirali 3/190

H: Afrika: S-Kamerun, Gabun.
GU: Keine sicheren bekannt. V: +
Z: Noch nicht geglückt? F: O
T: 22–26°C, L: 17 cm, pH: ≪7, SG: 2–3

Puntius filamentosus 1/388
Schwarzfleckbarbe

H: Asien: Indien, Sri Lanka.
♂: Farbiger; meist kleiner. V: +
Z: Feinfiedrige Pflanzen. F: O
T: 20–24°C, L: 15 cm, pH: <7, SG: 2

Barbus gelius 1/388
Fleckenbarbe

H: Zentralindien, Bengalen, Assam.
♂: Farbige Seitenbinde; schlanker. V: +
Z: Blattunterseite; <100 E., Laichr. F: O
T: 18–23°C, L: 4 cm, pH: <7, SG: 2

Barbus holotaenia 1/390
Vollstreifenb., Afrikanische Längsstrichb.

H: Afrika: Kamerun bis Zaire u. Angola.
GU: Unbekannt. V: +
Z: Noch nicht geglückt. F: O
T: 24–30°C, L: 12 cm, pH: <7, SG: 2–3

Barbus hulstaerti 1/390
Schmetterlingsbarbe
H: Afrika: Angola, Zaire.
♂: Vorderer Fleck sichelförmig. V: +
Z: Abdunkeln, max. 22°C. F: O
T: um 24°C, L: 3,5 cm, pH: ≪7, SG: 3

Barbus jae ♂ 2/368
Jae-Barbe
H: W-Zentralafrika.
♂: Wesentlich farbiger. V: +
Z: Laichräuber. F: O
T: 21–25°C, L: 4 cm, pH: ≪7, SG: 2

Barbus jae ♀ 2/368
Jae-Barbe

Barbus cf. *jae* 5/130

H: W-Afrika: Gabun.
GU: Bei 3 cm kein Unterschied. V: +
Z: Keine Angaben. F: K,O
T: 22–26°C, L: 4 cm, pH: 7, SG: 2

Barbus janssensi ♂♂ 2/370
Janssens Barbe
H: Afrika: Zaire.
♂: Kleiner; deutliche Flecken. V: +
Z: Noch nicht geglückt. F: O
T: 24–26°C, L: 10 cm, pH: <7, SG: 2

Puntius johorensis 1/384
Linienbarbe
H: Malaii. Halbi., Malaysia, Suma., Born.
♂: Schlanker; kräftigere Linien. V: +
Z: Pflanzen; sehr produktiv. F: O
T: 23–25°C, L: 12 cm, pH: ≪7, SG: 2

Barbus kerstenii 3/192

H: Afr.: Kenia, Uganda, Tansania, Ruanda.
♂: Schlanker. V: +
Z: Noch nicht geglückt. F: O
T: 23–26°C, L: 9 cm, pH: 7, SG: 2

Puntius lateristriga 1/392
Schwarzbandfleckbarbe

H: SO-Asien.
♂: Kräftiger rot, schlanker. V: +
Z: Pflanzendickicht; Laichräuber. F: O
T: 25–28°C, L: 18 cm, pH: <7, SG: 2–3

Puntius lateristriga 5/144
Kreuzbandbarbe (Syn.: *B. zelleri*)

H: Asien: Indien: Johore.
♂: Schlanker. V: +
Z: Pflanzendickicht; Laichräuber. F:O,H
T: 20–28°C, L: 7 cm, pH: >7, SG: 1–2

Barbus leonensis 2/370

H: W-Afr.: Sierra L., Gambia, Niger, Chad.
GU: Unbekannt. V: +
Z: Noch nicht geglückt. F: O
T: 22–24°C, L: 3 cm, pH: ≪7, SG: 2

Puntius lineatus o.♀, u.♂ 2/372
Bartellose Linienbarbe

H: Afrika: Zaire-System.
♂: Schlanker, kräftigere Linien. V: +
Z: Pflanzen; sehr produktiv. F: O
T: 21–24°C, L: 12 cm, pH: <7, SG: 2

Barbus lineomaculatus 2/372

H: Afrika: Kenia, Tansania, Zaire.
♂: Schlanker? V: +?
Z: Noch nicht geglückt. F: K
T: 22–25°C, L: 8 cm, pH: <7, SG: 2

Barbus macrops u.♂,o.♀ 4/174
Afrikanische Längsstreifenbarbe
H: W-Afrika, Tschadbecken.
♂: Kleiner, schlanker. V: +
Z: Noch nicht gelungen. F: O
T: 22–28°C, L: 12 cm, pH: 7, SG: 3–4

Barbus magdalenae 4/180
Magdalenenbarbe
H: Afrika: Viktoria- u. Nabugabo-See.
♂: Zur Laichzeit schlanker. V: +
Z: Noch nicht geglückt. F: O
T: 22–28°C, L: 8 cm, pH: 7, SG: 1

Barbus martorelli 4/178

H: Afrika: Äquatorial-Guinea, Zaire.
♂: Kleiner, schlanker. V: +
Z: Keine Angaben bekannt. F: O
T: 22–26°C, L: <12 cm, pH: 7, SG: 2–3

Barbus meridionalis 4/178
Forellenbarbe, Hundsbarbe
H: S-Europa.
GU: Kein Unterschied. V: +
Z: Natur: Mai/Juni. F: O
T: 5–25°C, L: 30 cm, pH: 7, SG: 2

Barbus miolepis miolepis 3/192
Netzbarbe
H: Afrika: Zairesystem.
♂: 1. Dorsalstrahl immer dunkel? V: +
Z: Nicht sehr produktiv. F: O
T: 24–28°C, L: 11 cm, pH: 7, SG: 2

Barbus multilineatus 4/180

H: Afrika: SO-Zaire.
♂: Schlanker. V: +
Z: Noch nicht gelungen. F: K,O
T: 22–26°C, L: <4,5 cm, pH: <7, SG: 3

Barbus musumbi 4/182
Angola-Barbe, Musumbi-Barbe
H: Afrika: Angola.
♂: Farbiger, schlanker. V: +
Z: Einfach; Pflanzen; 500–600 E. F: K,O
T: 22–26°C, L: <6 cm, pH: 7, SG: 1

Barbus neumayeri 3/194
Neumayers Barbe
H: O-Afrika: Kenia, Uganda.
♂: Schlanker. V: +
Z: Noch nicht geglückt. F: O
T: 23–27°C, L: 12 cm, pH: <7, SG: 2–3

Barbus nyanzae 5/128
Nyanzabarbe
H: O-Afrika: Uganda, Kenia.
GU: Nicht beschrieben. V: +
Z: Nicht erfolgt. F: K,O
T: 18–28°C, L: 6 cm, pH: 7, SG: 2

Puntius narayani ♂ 2/374

H: S-Asien: Sri Lanka.
♂: Schlanker. V: +
Z: Noch nicht gelungen. F: O
T: 22–26°C, L: 6 cm?, pH: <7, SG: 2

Puntius nigrofasciatus vorn ♂ 1/392
Purpurkopfbarbe
H: Asien: S-Sri Lanka.
GU: Siehe Foto. V: +
Z: Feinblättrige Pflanzen. F: O
T: 22–26°C, L: 6,5 cm, pH: <7, SG: 1

Barbus oligogrammus 5/130

H: Afrika: Burundi.
♂: Schlanker. V: +
Z: Freilaicher zw. Pflanzen. F: K,O
T: 22–27°C, L: 6 cm, pH: >7, SG: 2

Puntius oligolepis o.♀, u.♂ 1/394
Eilandbarbe
H: Indonesien: Sumatra.
♂: Farbiger, schlanker. V: +
Z: Dichte Bepflanzung; <300 E. F: O
T: 20–24°C, L: 5 cm, pH: <7, SG: 1

Puntius orphoides adult 1/394
Rotflossenbarbe, Rotwangenbarbe
H: SO-Asien: Thai., Java, Madura, Borneo.
GU: Keine bekannt. V: +
Z: Noch nicht geglückt. F: O,H
T: 22–25°C, L: 25 cm, pH: <7, SG: 2

Puntius orphoides juvenil 1/394
Rotflossenbarbe, Rotwangenbarbe

Barbus paludinosus o.♂, u.♀ 5/132
Sumpfbarbe
H: Afrika: Äthiopien bis Angola.
♂: Rote Flossen?; schlanker. V: +
Z: Noch nicht erfolgt. F: K,O
T: 20°C, L: 8–12 cm, pH: 7, SG: 2

Barbus paludinosus Kenia 3/181, 5/132
Sumpfbarbe
Syn.: *B. amphigramma*

Barbus paludinosus Tansania 3/181, 5/132
Sumpfbarbe

Puntius partipentazona 3/194
Teilgürtelbarbe
H: Asien: Thailand, Laos, Westmalaysia.
♂: Schlanker. V: =
Z: Feinblättrige Pflanzen. F: O
T: 22–25°C, L: 4,5 cm, pH: 7, SG: 1–2

Barbus pellegrini 4/177
Dreipunktbarbe, Pellegrins Barbe
H: Afrika: Kivu-, Edward-, Tanganjikasee.
GU: Kaum erkennbar. V: +
Z: Zwischen Pflanzen; Laichrost. F: K,O
T: 22–28°C, L: 12 cm, pH: 7, SG: 2

Puntius hexazona 1/396
Fünfgürtelbarbe
H: SO-Asien: Singapur, Mal. Halbi., Borneo.
♂: Farbiger, kleiner, schlanker. V: +
Z: Passendes Paar; <200 E. F: K
T: 22–26°C, L: 5 cm, pH: <7, SG: 2–3

Barbonymus schwanenfeldii 1/398
Brassenbarbe, Schwanenfelds Barbe
H: SO-Asien: Singapur, Mal.Halbi., Sum., Bor.
GU: Unbekannt. V: =
Z: Noch nicht gelungen. F: O,H
T: 22–25°C, L: 35 cm, pH: <7, SG: 3–4

Barbus perince 4/184
H: Afrika: Nil u. Seitenflüsse, Tschad-, Albert-, Edwardsee, Benue-System.
♂: Kleiner, schlanker. V: +
Z: Keine Berichte bekannt. F: O
T: 22–28°C, L: <12 cm, pH: 7, SG: 2

Puntius phutunio 2/374
Zwergbarbe
H: SO-Asien: O-Indien, Sri Lanka.
♂: Farbiger, schlanker. V: +
Z: Dichte Bepflanzung. F: O
T: 22–24°C, L: 5 cm, pH: <7, SG: 1–2

Barbus tauricus tauricus 3/198
Krimbarbe
H: Europa: Rußland.
♂: Laichausschlag, schlanker. V: +
Z: Natur: Mai–Juli. F: O
T: 10–22°C, L: 34 cm, pH: >7, SG: 2

Barbus punctitaeniatus 4/184
H: Afrika: Senegal-, Niger-, Volta-System.
♂: Kleiner, schlanker. V: +
Z: Noch nicht gelungen. F: O
T: 22–26°C, L: 4,5 cm, pH: 7, SG: 2–3

Barbus quadripunctatus 5/134
Vierpunktbarbe
H: Afrika: Tansania.
♂: Insgesamt goldener. V: (–)
Z: Noch nicht gelungen (?). F: K,O
T: 23–27°C, L: 3,5 cm, pH: 7, SG: 2

Puntius rhomboocellatus 1/396
Rhombenbarbe
H: Borneo?
♂: Roter, kleiner, schlanker. V: +
Z: Noch nicht beschrieben. F: O
T: 23–28°C, L: 5 cm, pH: 7, SG: 2

Puntius sahyadriensis 5/136
Khavlibarbe
H: Asien: Indien.
♂: Größere Dorsale, schlanker. V: +
Z: Zwischen Pflanzen. F: O
T: 18–28°C, L: 7 cm, pH: >7, SG: 2

Puntius semifasciolatus 1/398
Messingbarbe, Hongkongbarbe
H: Asien: SO-China, Hongkong.
♂: Farbiger, schlanker, viel kleiner. V: +
Z: Dichte Bepflanzung; <300 E. F: O
T: 18–24°C, L: 10 cm, pH: <7, SG: 1

Puntius semifasciolatus 1/398
"Puntius schuberti"
Xanthische (gelbe) Form

Puntius semifasciolatus 5/140
Vietnamesische Messingbarbe
H: Asien: N- u. Mittelvietnam.
♂: Farbiger. V: +
Z: ♂♂ treiben stark. F: K,O
T: 16–25°C, L: 6–8 cm, pH: >7, SG: 1–3

Barbus sp. 5/142
Pastellbarbe
H: Afrika: Zaire.
♂: Schlanker. V: +
Z: Nicht beschrieben. F: O
T: 23–26°C, L: 8 cm, pH: 7, SG: 2

Barbus sp. "Äthiopica" 3/196

Barbus stigmatopygus 5/136
H: Afrika: Nil, Niger, Volta, Guinea-Bissau.
♂: Etwas schlanker. V: (–)
Z: Unbekannt. F: K
T: 23–26°C, L: <2,5 cm, pH: <7, SG: 3–4

Barbus sublineatus 5/138
Morsebarbe
H: Afrika: Senegal, Niger, Gambia, Guinea.
♂: Deutlich schlanker. V: +
Z: Noch nicht nachgezogen. F: K,O
T: 22–27°C, L: 10 cm, pH: 7, SG: 2

Barbus sylvaticus 4/186

H: Afrika: Benin, Nigeria.
♂: Etwas farbiger u. schlanker. V: (–)
Z: Noch nicht geglückt. F: K,O
T: 23–26°C, L: 2,5 cm, pH: ≪7, SG: 3–4

Barbus paludinosus 5/138
Taitabarbe

H: Afrika: Kenia.
♂: Kräftig gelbe Flossen. V: =
Z: Noch nicht nachgezogen. F: O
T: 22–28°C, L: 14 cm, pH: 7, SG: 2–3

Puntius terio 5/140
Goldfleckbarbe

H: Asien: Indien.
♂: Rötlich Flossen; D mit schwarz. V: +
Z: Nach Winterpause. F: K,O
T: 18–22°C, L: 10 cm, pH: >7, SG: 1

Puntius anchisporus (1/363), 1/400
Sumatrabarbe, Viergürtelbarbe

H: Indonesien: Sumatra, Borneo.
♂: Farbiger, kleiner, schlanker. V: =
Z: Passendes Paar. F: O
T: 20–26°C, L: 7 cm, pH: <7, SG: 1–2

Puntius ticto u.♂, o.♀ 1/400
Zweipunktbarbe, Zweifleckbarbe

H: Asien: Sri Lanka bis zum Himalaya.
♂: Rötlich, schlanker. V: +
Z: 1 ♂, mehrere ♀♀. F: O
T: 14–22°C, L: 10 cm, pH: <7, SG: 1

Puntius stoliczkanus 2/376
Sonnenfleckbarbe

H: SO-Asien: O-Burma.
♂: Farbiger, schlanker. V: +
Z: Pflanzendickicht, Laichräuber. F: O
T: 22–26°C, L: 6 cm, pH: <7, SG: 1–2

Puntius titteya u.♀, o.♂ 1/402
Bitterlingsbarbe
H: Asien: Sri Lanka bis zum Himalaya.
♂: Rot zur Laichzeit, schlanker. **V**: +
Z: Pflanzendickicht, Laichräuber. **F**: O
T: 23–26°C, **L**: 5 cm, **pH**: 7, **SG**: 1

Barbus trispilos 5/142
Dreipunktbarbe
H: Afrika: Guinea, Ghana, Niger bis Nigeria.
♂: Laichfärbung: roter Bauch. **V**: +
Z: Gattungstypisch. **F**: K,O
T: 22–28°C, **L**: 10,5 cm, **pH**: <7, **SG**: 1–2

Barbus trimaculatus 4/186

H: S-Afrika: Weit verbreitet.
GU: Unbekannt. **V**: =
Z: Noch nicht erfolgt. **F**: O
T: 24–26°C, **L**: 12 cm, **pH**: 7, **SG**: 3

Barbus toppini 2/376
Toppins Barbe
H: Afrika: Südafrika bis Malawi.
♂: Kleiner, schlanker, Knötchen. **V**: +
Z: Kein Bericht. **F**: O
T: 22–26°C, **L**: 4 cm, **pH**: <7, **SG**: 2

Barbus venustus 4/188
Rote Panganibarbe
H: Afrika: NO-Tansania, Kenia.
♂: Farbiger, schlanker. **V**: +
Z: Laichrost, Farbe ging verloren. **F**: O
T: 20–26°C, **L**: 4 cm, **pH**: 7, **SG**: 3

Puntius vittatus 2/378
Streifenbarbe
H: Asien: Indien, Sri Lanka.
♂: Kleiner, schlanker. **V**: +
Z: Laichrost; <300 E. **F**: O
T: 20–24°C, **L**: 6 cm, **pH**: <7, **SG**: 1–2

Barbus viviparus 1/402
Nahtbarbe, Schneiderbarbe
H: SO-Afrika.
GU: Unbekannt. **V**: +
Z: Unbekannt. **F**: K,O
T: 22–24°C, **L**: 6,5 cm, **pH**: <7, **SG**: 2

Barbus zanzibaricus 5/144
Sansibarbarbe
H: Afrika: Tansania, Kenia, Somalia.
♂: Schlanker, rosa. **V**: +
Z: Unbekannt. **F**: K,O
T: 22–28°C, **L**: 10 cm, **pH**: >7, **SG**: 2

Barilius barna 4/189
Ozolabärbling
H: Asien: Indien.
♂: Etwas gestreckter. **V**: +,=
Z: Noch nicht erfolgt. **F**: K,O
T: 20–26°C, **L**: >12 cm, **pH**: 7, **SG**: 2

Barilius gatensis 5/146
H: Asien: Indien: bis auf 1700 m.
♂: Laichausschlag; kleiner. **V**: =
Z: Nicht beschrieben; zw.Pflanzen. **F**:K,O
T: 16–24°C, **L**: 15 cm, **pH**: 7, **SG**: 3

Abramis bjoerkna 3/201
Güster, Blicke, Halbbrachsen
H: Mitteleuropa bis W-Asien.
♂: Laichausschlag. **V**: +
Z: Natur: Mai/Juni. **F**: O
T: 4–20°C, **L**: <35 cm, **pH**: 7, **SG**: 1

Boraras brigittae 1/440, 3/262
Mosquitorasbora
H: Asien: Indonesien: Sumatra.
♂: Farbiger, schlanker, kleiner. **V**: +
Z: Eiablage an Blattunterseite. **F**: K,O
T: 23–25°C, **L**: 3,5 cm, **pH**: <7, **SG**: 2–3

KARPFENÄ.

Boraras maculatus 1/436
Zwergbärbling
H: SO-Asien: W-Malay., Singapur, W-Sum.
♂: Farbiger, schlanker, kleiner. V: +
Z: Pflanzendickicht, Laichräuber. F: O
T: 22–25°C, L: 4,5 cm, pH: ≪7, SG: 2–3

Danio albolineatus 1/404
Schillerbärbling
H: SO-Asien: Burma, Thai., Malaii. Halbi.
GU: Siehe Foto. V: +
Z: Pflanzendickicht. F: K,O
T: 20–25°C, L: 6 cm, pH: <7, SG: 1

Danio kerri 1/406
Inselbärbling
H: Asien: Thailand.
♂: Wesentlich schlanker. V: +
Z: Frei über dem Boden; <400 E. F: O
T: 23–25°C, L: 5 cm, pH: <7, SG: 1–2

Danio nigrofasciatus 1/406
Tüpfelbärbling
H: Asien: Burma.
♂: Anale mit Goldsaum; schlanker. V: +
Z: Pflanzendickicht; <300 E. F: K,O
T: 24–28°C, L: 4,5 cm, pH: <7, SG: 1–2

Danio rerio 1/408
Zebrabärbling
H: Asien: O-Vorderindien.
♂: Farbiger, schlanker. V: +
Z: Feinblättrige Pflanzen; 400–500 E. F: O
T: 18–24°C, L: 6 cm, pH: 7, SG: 1

Danio "frankei" 1/409
Eine Morphe von *B. rerio*?

Capoeta damascina 3/202

H: O-Europa u. W-Asien.
GU: Unbekannt. V: +
Z: Noch nicht erfolgt. F: O
T: 15–26°C, L: 40 cm, pH: 7, SG: 3

Capoeta damascina 5/148
Damaskusbarbe, Damaskus-Weißling
H: W-Asien: O-Türkei: Hazar Gölü.
♂: Schlanker, kleiner. V: +
Z: Zwischen Pflanzen. F: K,O
T: 16–23°C, L: 7 cm, pH: >7, SG: 2

Capoetobrama kuschakewitschi 3/202
o.♂, u.♀
H: Asien: GUS-Staaten.
GU: Siehe Foto. V: =
Z: Apr–Jun; 3000–4000 adhärente E. F:O
T: 16–20°C, L: 21 cm, pH: 7, SG: 2–3

Carassius auratus 1/410
Goldfisch
H: Asien: China.
♂: Laichausschlag, schlanker. V: +
Z: Viele Zuchtformen. F: O
T: 10–20°C, L: 36 cm, pH: 7, SG: 1

Carassius gibelio 3/204
Giebel, Silberkarausche
H: O-Asien bis Sibirien; heute a. Europa.
♂: Schlanker. V: +
Z: Braucht keine ♂♂? F: O
T: 10–20°C, L: <45 cm, pH: >7, SG: 1

Carassius carassius 1/410
Karausche, Moorkarpfen
H: Europa.
♀: Zur Laichzeit dicker. V: +
Z: Großbecken. F: O
T: 14–22°C, L: 80 (20) cm, pH: 7, SG: 1

KARPFENÄ.

Catla catla 4/190
Catlabarbe
H: Asien: Indien, Burma bis Malaysia.
GU: Nicht erkennbar bei Juv. **V:** –
Z: Teichzucht. **F:** O
T: 18–28°C, **L:** 180 cm, **pH:** 7, **SG:** 1–4

Chalcalburnus chalcoides 4/190
Seelaube, Mairenke, Schiedling
H: Schwarzmeer- u. Kaspische-Region.
♂: Laichausschlag, schlanker. **V:** +
Z: Natur: über Kies. **F:** K
T: 5–20°C, **L:** 10 cm, **pH:** 7, **SG:** 2–3

Chela cachius u. ♂, o. ♀ 4/192
Blauer Flügelbärbling
H: Indien.
♀: Dickerer Bauch (s. Foto). **V:** +
Z: Nachts; Eier sehr klein. **F:** O
T: 22–26°C, **L:** 10 cm, **pH:** 7, **SG:** 2

Chela caeruleostigmata 2/378
Blauer Kielbauchbärbling
H: SO-Asien: Zentral-Thailand.
♂: Schlanker. **V:** +
Z: Feinblätt. Pflanzen, keine Laichr. **F:** O
T: 24–26°C, **L:** 6 cm, **pH:** <7, **SG:** 2

Chela dadyburjori 2/380
Dadyburjors Kielbauchbärbling
H: SO-Asien: Burma.
♂: Schlanker. **V:** +
Z: Feinblättrige Pflanzen. **F:** K
T: 22–24C, **L:** 4 cm, **pH:** <7, **SG:** 3

Chela fasciata 2/380

H: SO-Asien: S-Indien.
♂: Schlanker? **V:** +
Z: Unbekannt. **F:** O
T: 22–26°C, **L:** 6 cm, **pH:** 7, **SG:** 2

Chela laubuca 1/412
Indische Glasbarbe, Indischer Brachsen
H: SO-Asien.
♂: Schlanker. V: +
Z: Feinblätt. Pflanzen; keine Laichr. F: O
T: 24–26°C, L: 6 cm, pH: <7, SG: 1–2

Chelaethiops elongatus 5/148
Lirangabärbling
H: Afrika: Zairebecken.
GU: Unbekannt. V: +
Z: Nicht beschrieben. F: K,O
T: 22–28°C, L: 6 cm, pH: 7, SG: 2

Cirrhinus molitorella 3/250

H: Asien: China, Taiwan, Hongkong.
GU: Unbekannt. V: +
Z: Noch nicht erfolgt. F: K
T: 18–24°C, L: 15 cm?, pH: <7, SG: 1–2

Chelaethiops bibie 4/192
Leuchtstrichbärbling
H: Afrika: Nil u. Webi Shebeli.
GU: Kaum erkennbar. V: +
Z: Noch nicht beschrieben. F: K
T: 22–28°C, L: 5,5 cm, pH: >7, SG: 2–3

Chelaethiops rukwaensis ♀ 3/205
Rukwabärbling
H: Afrika: Tansania.
♀: Zur Laichzeit fülliger. V: +
Z: Noch nicht erfolgt. F: K
T: 24–28°C, L: 8 cm, pH: >7, SG: 2

Couesius plumbeus ♀ 4/194
See-Zwergdöbel
H: N-Amerika: Michigan, Kanada, Alaska.
♂: Zur Laichzeit mit roten Flecken. V: =
Z: Nicht bekannt. F: K,O
T: 4–25°C, L: 23 cm, pH: 7, SG: 3

Crossocheilus reticulatus 2/384

H: SO-Asien: Thailand.
GU: Unbekannt. V: ?
Z: Noch nicht erfolgt. F: H,O
T: 23–25°C, L: 14 cm, pH: <7, SG: 1

Puntius denisonii 5/150
Denisonbarbe, Rotstrich-Algenfresser
H: Asien: Indien.
♀: Nur zur Laichzeit voller. V: +
Z: Nach Überwinterung. F: K,O
T: 15–25°C, L: 15 cm, pH: 7, SG: 2–3

Crossocheilus cf. *reticulatus* 5/221
Puzzlebarbe
H: Unbekannt.
GU: Unbekannt. V: +
Z: Unbekannt. F: L,H
T: 20–24°C, L: 8 cm, pH: 7, SG: 2

Crossocheilus siamensis 1/418
Siamesische Rüsselbarbe, Algenfresser
H: SO-Asien: Thailand, Malaiische Halbi.
GU: Unbekannt. V: +
Z: Noch nicht gelungen. F: H
T: 24–26°C, L: 14 cm, pH: <7, SG: 1

Cyclocheilichthys apogon 1/412
Indische Flußbarbe
H: SO-Asien.
GU: Nicht sicher. V: +
Z: Noch nicht nachgezüchtet. F: K
T: 24–28°C, L: 50 cm, pH: 7, SG: 1

Cyclocheilichthys janthochir 3/206
Schönflossen-Flußbarbe
H: SO-Asien: Indonesien, Kalimantan.
GU: Nicht sicher. V: +
Z: Noch nicht gelungen. F: O
T: 24–26°C, L: >20 cm, pH: <7, SG: 1

Ctenopharyngodon idella 1/414
Graskarpfen
H: Asien. F: H
In der Teichwirtschaft als Kontrollmaßnahme gegen Wasserpflanzen.
T: 10–20°C, **L**: 60 cm, **pH**: 7, **SG**: 4

Cyprinus carpio 1/414
Karpfen, Koi (Zierkarpfen)
H: Asien: Japan, China.
♂: Laichausschlag, schlanker. V: +
Z: Im Aquarium Platzmangel. F: O
T: 10–23°C, **L**: <120 cm, **pH**: >7, **SG**: 1–2

Devario aequipinnatus 1/416
Malabarkärpfling, "Malabaricus"
H: W-Küste Vorderindiens, Sri Lanka.
♂: Farbiger, schlanker. V: +
Z: Freilaicher; Sonne; <300 Eier. F: O
T: 22–24°C, **L**: 10 cm, **pH**: <7, **SG**: 1

Devario devario u. ♀, o. ♂ 1/416
Devario-Bärbling
H: Asien: Pak., N-Indien, Bangladesch.
♂: Schlanker; siehe Foto. V: +
Z: Freilaicher; Sonne. F: O
T: 15–26°C, **L**: 15 cm, **pH**: <7, **SG**: 1

Devario pathirana 5/150

H: Asien: Sri Lanka.
♂: Schlanker. V: +
Z: Freilaicher; Sonne. F: O
T: 22–25°C, **L**: 6 cm, **pH**: 7, **SG**: 1

Devario regina 2/382
Königsdanio
H: S-Thailand, N-Malaysia.
♂: Farbiger, schlanker. V: +
Z: Noch nicht erfolgt. F: O
T: 23–25°C, **L**: 13 cm, **pH**: <7, **SG**: 2

Dionda episcopa 4/194
Rundnasen-Minnow
H: N–Amerika: USA, N-Mexiko.
♂: Kleiner, intensiver gefärbt. V: +
Z: Zwischen Kies; nicht haftend. F: O
T: 23–25°C, L: 7 cm, pH: >7, SG: 2–3

Discherodontus halei 3/200
Somphongs Barbe
H: Asien: Thailand, Malaiische Halbinsel.
♂: Schlanker zur Laichzeit. V: =
Z: Noch nicht erfolgt. F: O
T: 23–26°C, L: 10,5 cm, pH: 7, SG: 2

Eirmotus octozona 2/382
Achtbinden-Trugbarbe
H: SO-Asien: Indonesien, Borneo.
♂: Flossen rötlich; schlanker. V: +
Z: Noch nicht erfolgt. F: O
T: 24–26°C, L: 5 cm, pH: 7, SG: 2

Elopichthys bambusa juv. 5/152

H: GUS-Staaten: Amur.
GU: Unbekannt. V: –
Z: Frühsommer: pelagische Eier. F: K!
T: 10–20°C, L: 200 cm, pH: >7, SG: 4

Epalzeorhynchos bicolor 1/422, (5/152)
Feuerschwanz-Fransenlipper
H: SO-Asien: Thailand.
♂: Dorsale hinten spitz. V: =,–
Z: Selten gelungen. F: K,O
T: 22–26°C, L: 12 cm, pH: 7, SG: 2

Epalzeorhynchos frenatum 1/422
Zügelfransenlipper
H: SO-Asien: O-Thailand.
♂: Farbiger. V: =,–
Z: In Teichen. Höhlenbrüter. F: K,O
T: 22–26°C, L: 15 cm, pH: 7, SG: 2

Epalzeorhynchos munense 1/422
Grüner Fransenlipper
H: SO-Asien: N-Thailand.
♂: Anale mit schwarzem Saum. V: =,–
Z: Höhlenbrüter. F: O
T: 22–26°C, L: 15 cm, pH: 7, SG: 2

Epalzeorhynchos munense 1/422, 2/388
Putzerfransenlipper
H: SO-Asien: N-Thailand.
♂: Anale mit schwarzem Saum. V: =,–
Z: Höhlenbrüter. F: O
T: 22–26°C, L: 15 cm, pH: 7, SG: 2

Epalzeorhynchos kalopterus 1/418
Schönflossige Rüsselbarbe
H: SO-Asien: Thailand, Sumatra, Borneo.
♂: Kleiner, schlanker. V: =
Z: Noch nicht erfolgt. F: O
T: 24–26°C, L: 15 cm, pH: <7, SG: 2

Crossocheilus oblongus 1/420
Goldbrauner Algenfresser
H: SO-Asien: N- u. Zentral-Thailand.
GU: Unbekannt. V: =
Z: Unbekannt. F: H,O
T: 18–22°C, L: 12,5 cm, pH: 7, SG: 2

Culter mongolicus 3/207
Mongolische Rotfeder
H: Asien: Mongolei, GUS-Staaten, China.
GU: Unbekannt. V: =
Z: Natur: Juni; pelagische Eier. F: K
T: 10–20°C, L: 60 cm, pH: <7, SG: 2–3

Esomus longimanus 6/370
Schwanzfleck-Flugbarbe
H: Asien: Thailand, Laos.
♂: Schlanker. V: +
Z: Wie andere *Esomus*? F: K
T: 20–28°C, L: 7 cm, pH: <7, SG: 2

KARPFENÄ.

Esomus lineatus 3/208
Streifenflugbarbe
H: Asien: Indien.
♂: Schlanker. V: +
Z: Vermutlich gelungen. F: O
T: 22–25°C, L: 6 cm, pH: 7, SG: 1–2

Esomus metallicus 2/384

H: SO-Asien: Malaiische Halbi., Thailand.
♂: Kleiner, schlanker. V: =
Z: Feinfiedrige Pflanzen; <700. F: O
T: 21–25°C, L: 8 cm, pH: <7, SG: 1–2

Esomus thermoicos

H: Asien: Thailand, Laos.
♂: Schlanker. V: +
Z: Wie andere *Esomus*? F: K
T: 22–26°C, L: 7,5 cm, pH: <7, SG: 2

Garra barreimiae barreimiae 5/154

H: Asien: Oman: Wadi Sahtan.
GU: Unbekannt. V: +
Z: Biologie unbekannt. F: O,H
T: 18–24°C, L: 3–6,5 cm, pH: 7, SG: 2–3

Garra barreimiae barreimiae 5/154
Höhlenform

Garra cambodgiensis 5/156
Längsband-Saugbarbe
H: Asien: Thailand, Kambodscha, Laos,...
GU: Unbekannt. V: +
Z: Nicht bekannt. F: O
T: 20–25°C, L: 15 cm, pH: <7, SG: 2–3

Garra ceylonensis 3/211
Ceylon-Saugbarbe
H: Asien: Sri Lanka.
GU: Unbekannt. V: +
Z: Noch nicht gelungen. F: O
T: 24–26°C, L: 15 cm, pH: 7, SG: 2–3

Garra congoensis 3/212
Kongo-Saugbarbe
H: Afrika: Zaire.
GU: Unbekannt. V: ?
Z: Noch nicht erfolgt. F: O
T: 23–25°C, L: 10 cm, pH: <7, SG: 2–3

Garra dembeensis 3/212
Kamerun-Saugbarbe
H: Afrika: O-Afrika bis Kamerun.
♂: Orangenf. Flossenspitzen. V: +
Z: Noch nicht erfolgt. F: H,O
T: 22–26°C, L: 11 cm, pH: 7, SG: 2–3

Garra ghorensis 3/214
Jordanische Saugbarbe
H: Asien: Quellen des Toten Meeres.
♂: Laichausschlag, läng. Pektorale. V: +
Z: Freilaicher, Laichräuber. F: H,O
T: 25–28°C, L: 9 cm, pH: >7, SG: 2

Garra hughi u. ♀, o. ♂ 5/156
Hughs Saugbarbe
H: Asien: Nordindien.
♂: Kleiner u. schlanker. V: +
Z: Kein Bericht. F: K,O
T: 15–25°C, L: 8 cm, pH: >7, SG: 1–2

Garra gotyla gotyla 2/386
H: SO-Asien: Indien, Pakistan, Nepal.
GU: Unbekannt. V: ?
Z: Noch nicht erfolgt. F: O
T: 24–26°C, L: 20 cm, pH: 7, SG: 2–3

Garra nasuta ♀ 3/214
Nasen-Saugbarbe
H: Asien: Indien, Burma, S-China, Vietnam.
GU: Unbekannt. V: +
Z: Noch nicht erfolgt. F: O
T: 20–25°C, L: 20 cm, pH: 7, SG: 2–3

Garra ornata 4/196

H: Afrika: Niger- u. Zaire-System.
GU: Unbekannt. V: ?
Z: Noch nicht erfolgt. F: K,O
T: 22–26°C, L: 7,5 cm, pH: 7, SG: 2–3

Garra pingi 4/196
Pings Saugbarbe
H: Asien: China, Indien.
GU: Unbekannt. V: +
Z: Unbekannt. F: K,O
T: 15–25°C, L: 8 cm, pH: 7, SG: 2–3

Garra rossica 5/158
Rossbarbe
H: Asien: Turkmenien: Murgafluß.
♀: Zur Laichzeit voller. V: +
Z: Noch nicht erfolgt. F: K,O
T: 8–20°C, L: 9,5 cm, pH: 7, SG: 2–3

Garra rufa 3/216
Rötliche-Saugbarbe
H: Asien: Levante u. Mesopotamien.
♂: Laichausschlag, läng. Pektorale. V: +
Z: Freilaicher; Laichräuber. F: H,O
T: 15–28°C, L: 16 cm, pH: 7, SG: 2

Garra sp. cf. *pingi*

H: SO-Asien: Thailand.
GU: Unbekannt. V: ?
Z: Noch nicht gelungen. F: O
T: 24–26°C, L: 15 cm, pH: 7, SG: 2

Garra cambodgiensis adult ♂ o. 2/386
juv. unten

Jungtiere wurden 1935 als *Garra taeniatops* beschrieben (heute Synonym). *Garra taeniata* ist ebenfalls Synonym zu *G. cambodgiensis*

Gnathopogon tsianensis ♀ 5/160
Trinan-Gründlingsbarbe

H: Asien: China.
♂: Schlanker zur Laichzeit. V: +
Z: Noch nicht erfolgt. F: H,O
T: 10–22°C, L: 10 cm, pH: 7, SG: 1–2

Gobio benacensis 5/162
Po-Gründling

H: Europa: Italien.
♂: Laichausschlag? V: +
Z: Unbekannt. F: O
T: 10–25°C, L: 12 cm, pH: >7, SG: 2–3

Squalidus chankaensis biwae ♂ 5/158
Biwa-Gründlingsbarbe

H: Asien: Japan: Lake Biwa. E
♂: Schlanker; z. Laichzeit farbiger. V: +
Z: Kein Bericht vorhanden. F: K,O
T: 10–24°C, L: 12 cm, pH: >7, SG: 2–3

Gobio albipinnatus 5/160
Belingi-Gründling

H: GUS-Staaten.
♂: Laichausschlag; schlanker. V: +
Z: Natur: Sand/Steinboden. F: O
T: 10–20°C, L: 13 cm, pH: 7, SG: 2–3

Romanogobio ciscaucasicus 5/162
Kaukasischer Gründling

H: Asien: Turkmenien.
♂: Laichausschlag; schlanker. V: +
Z: N: Flache Laichgruben im Kies. F: O
T: 5–25°C, L: 15 cm, pH: >7, SG: 2–3

Gobio gobio 1/420
Gründling
H: Europa.
♂: Laichausschlag. V: +
Z: Vereinzelt erfolgreich. F: K,O
T: 10–18°C, L: 20 cm, pH: >7, SG: 2

Gobio soldatovi 3/217
Soldatovs Gründling
H: Asien: GUS-Staaten, China.
♂: Laichausschlag. V: +
Z: Nat.: Sand/Steinboden; <5300 E. F: K
T: 4–18°C, L: 12 cm, pH: >7, SG: 2

Gobio gobio tungussicus 3/218

H: Asien: GUS-Staaten.
♂: Laichausschlag. V: +
Z: Natur: Sandboden. F: K
T: 10–18°C, L: 11 cm, pH: >7, SG: 2–3

Romanogobio tenuicorpus 3/218
Weißflossiger Amur-Gründling
H: Asien: GUS-Staaten, China.
♂: Laichausschlag. V: +
Z: Unbekannt. F: K
T: 8–20°C, L: 12 cm, pH: >7, SG: 2–3

Hampala macrolepidota 3/220
Große Flußbarbe
H: SO-Asien: Sunda I., Birma, Thailand.
GU: Keine. V: ?
Z: Zu groß. F: O
T: 22–25°C, L: 70 cm, pH: 7, SG: 2–4

Hemibarbus maculatus 3/220
Gefleckte Amurbarbe
H: Asien: GUS-Staaten, China.
♂: Etwas größer. V: +
Z: Natur: Mai/Juni. F: K
T: 10–24°C, L: 36 cm, pH: 7, SG: 3

Hemiculter leucisculus ♀ 3/224
Beilbauch-Weißfisch
H: Asien: GUS-Staaten, China, Taiwan,...
♂: Schlanker. **V**: +
Z: Natur: Laichen im Sommer. **F**: O
T: 18–22°C, **L**: 18 cm, **pH**: 7, **SG**: 2

Hemigrammocapoeta nana ♂ 5/164
Tiberiabarbe
H: Asien: Türkei, Israel: Tiberias-See.
GU: Siehe Fotos. **V**: +
Z: Freilaicher zw. Pflanzen? **F**: O
T: 10–24°C, **L**: 18 cm, **pH**: >7, **SG**: 2

Hemigrammocapoeta nana ♀ 5/164
Tiberiabarbe

Aphyocypris lini ♂ 3/222
Chinesischer Lampionfisch
H: Asien: S-China.
GU: Siehe Fotos. **V**: +
Z: Plastikgitter. **F**: O,K
T: 18–22°C, **L**: 5 cm, **pH**: >7, **SG**: 1–2

Aphyocypris lini ♀ 3/222
Chinesischer Lampionfisch

Horadandia atukorali 3/224
Ceylon-Zwergbarbe
H: SO-Asien: Sri Lanka.
GU: Unbekannt. **V**: (–)
Z: Unbekannt. **F**: O
T: 24–26°C, **L**: 2,8 cm, **pH**: <7, **SG**: 3

Hypophthalmichthys molitrix 3/226
Silberkarpfen, Tolstolob

H: O-Asien, Europa eingebürgert.
♂: Wesentlich schlanker. V: +
Z: Überschwemmungsseen. F: Plankton
T: 6–24°C, L: <100 cm, pH: 7, SG: 2

Aristichthys nobilis 3/226
Marmorkarpfen, Gefleckter Silberkarpfen

H: Asien, auch eingebürgert.
♂: Schwer zu unterscheiden. V: +
Z: Überschwemmungsseen. F: O, H
T: 10–26°C, L: <100 cm, pH: 7, SG: 2

Inlecypris auropurpurea ♂ 5/164

H: Asien: Buma: Inlé-See u. Zuflüsse.
GU: Unbekannt. V: +
Z: Noch nicht erfolgt. F: K
T: 22–24°C, L: 6 cm, pH: 7, SG: 2

Phoxinus erythrogaster 3/229
Südliche Rotbauch-Elritze

H: USA: Ohio, Michigan, Iowa, Alab., Miss.
♂: Zur Laichzeit roter Bauch. V: +
Z: Natur: April bis August. F: O
T: 10–23°C, L: 9 cm, pH: 7, SG: 2–3

Phoxinus erythrogaster 3/229
Südliche Rotbauch-Elritze

Labeo chrysophekadion 1/426
Schwarzer Fransenlipper

H: SO-Asien.
GU: Unbekannt. V: –
Z: Hormonbehandlung. F: O
T: 24–27°C, L: 60 cm, pH: 7, SG: 2

Labeo cylindricus 3/230
Berglabeo
H: O- u. S-Afrika.
GU: Unbekannt. V: +
Z: Noch nicht erfolgt. F: O
T: 24–28°C, L: 40 cm, pH: 7, SG: 3

Labeo forskalii 3/230, 2/388
Nil-Fransenlipper
H: Afrika: Nil-Gebiet.
♂: 1. u. letzter Dorsalstrahl länger. V: =
Z: Noch nicht erfolgt. F: O
T: 18–25°C, L: 35 cm, pH: 7, SG: 2

Labeo forskalii 2/388, 3/230
Nil-Fransenlipper

Labeo parvus 2/390

H: W-Afrika.
♂: Farbiger, schlanker. V: –
Z: Noch nicht geglückt. F: O
T: 23–25°C, L: 45 cm, pH: 7, SG: 3

Labeo congoro 5/168

H: Afrika: Zaire.
♂: Kleiner, schlanker. V: –
Z: Noch nicht geglückt. F: O
T: 22–26°C, L: <40 cm, pH: 7, SG: 3

Labeo ruddi 3/232
Limpopo-Labeo
H: Afrika: S-Afrika, Mosambik, Simbabwe.
♂: Laichausschlag? V: =
Z: Noch nicht erfolgt. F: O
T: 23–27°C, L: 26 cm, pH: 7, SG: 2–3

Labeo senegalensis 4/198

H: W-Afrika.
♂: Laichausschlag. V: ?
Z: Noch nicht erfolgt. F: O
T: 22–26°C, L: 65 cm, pH: 7, SG: 4

Labeo parvus 4/198

H: Afrika: Nigeria.
GU: Nicht bekannt. V: ?
Z: Noch nicht erfolgt. F: O
T: 22–27°C, L: 13 cm, pH: 7, SG: 3

Labeo cyclorhynchus 2/390

H: Afrika: Zaire.
GU: Unbekannt. V: –
Z: Noch nicht erfolgt. F: O
T: 21–27°C, L: 30 cm, pH: 7, SG: 2

Labiobarbus leptocheila 2/392

H: SO-Asien: Burma, Thailand.
GU: Unbekannt. V: +
Z: Noch nicht erfolgt. F: O
T: 24–26°C, L: 25 cm, pH: 7, SG: 2–3

Labiobarbus festivus 2/392
Signalbarbe
H: SO-Asien: Kalimantan.
♂: Farbiger?, schlanker? V: +
Z: Noch nicht erfolgt. F: O
T: 22–24°C, L: 20 cm, pH: 7, SG: 2–3

Labiobarbus leptocheila 3/232
Cuviers Fransenlipper
H: SO-Asien: Thai., Malaysia, Indonesien.
♂: Schlanker. V: +
Z: Noch nicht erfolgt. F: O
T: 24–26°C, L: 25 cm, pH: 7, SG: 2–3

Ladigesocypris ghigii ♂ (5/176), 5/168
Rhodos Moderlieschen
H: Europa: Griechenland, Türkei. Selten.
GU: Unbekannt. V: +
Z: Nicht schwierig. F: K,O
T: 5–30°C, L: 10 cm, pH: >7, SG: 2

Ladigesocypris ghigii (5/176), 5/168
Rhodos Moderlieschen

Ladislavia taczanowskii 3/234
Yalugründling
H: Asien: GUS-Staaten, China.
♂: Laichausschlag. V: +
Z: Natur: Juni/Juli. F: O
T: 4–18°C, L: 8 cm, pH: >7, SG: 2–3

Phoxinus czekanowskii czerskii ♀
Chankapfrille 5/170
H: GUS-Staaten.
♂: Laichfärbung. V: +
Z: Noch nicht erfolgt. F: K
T: 10–20°C, L: 11,7 cm, pH: >7, SG: 2

Phoxinus czekanowskii suifunensis ♂ 5/170
H: GUS-Staaten.
♂: Zur Laichzeit mit roten Flossen. V: +
Z: Noch nicht erfolgt. F: K
T: 10–20°C, L: 13,4 cm, pH: >7, SG: 2–3

Leptobarbus hoevenii adult 2/394
Siambarbe
H: SO-Asien: Thailand, Indonesien.
GU: Unbekannt. V: +
Z: Noch nicht erfolgt. F: O
T: 23–26°C, L: 50 cm, pH: 7, SG: 3

Leptobarbus hoevenii juv. 2/394
Siambarbe

Leptobarbus melanopterus 4/200

H: Asien: W-Borneo.
GU: Unbekannt. V: –
Z: Nicht bekannt. F: K,O
T: 22–30°C, L: 24 cm, pH: 7, SG: 3

Leptobarbus melanotaenia juv. 2/394

H: SO-Asien: Kalimantan.
GU: Unbekannt. V: +
Z: Noch nicht erfolgt. F: O
T: 23–26°C, L: 25 cm, pH: 7, SG: 2–3

Leptobarbus hoeveni 5/172
Rotschwanzbarbe

H: Asien: Indonesien.
GU: Unbekannt. V: +
Z: Unbekannt. F: K,O
T: 20–26°C, L: 12 cm, pH: >7, SG: 2–3

Leptocypris niloticus 3/234
Afrikanisches Moderlieschen

H: Afrika.
♂: Schlanker. V: +
Z: Noch nicht erfolgt. F: O
T: 22–27°C, L: 9,5 cm, pH: >7, SG: 2

Leucalburnus satunini ♂ 3/237
Kuraschneider, Döbelschneider

H: Asien: GUS-Staaten.
♂: Laichausschlag. V: +
Z: Noch nicht erfolgt. F: K
T: 10–20°C, L: 17,5 cm, pH: >7, SG: 2–3

Leucalburnus satunini ♀ 3/237
Kuraschneider, Döbelschneider

Leucaspius delineatus 1/424
Moderlieschen
H: Europa, W-Asien.
♂: Kleiner, schlanker. V: +
Z: Schilfstengel; Brutpflege ♂. F: O
T: 10–20°C, L: 9 cm, pH: 7, SG: 1–3

Ladigesocypris ghigii ♂ 5/174
Goldrücken Moderlieschen, Türkisches Mod.
H: Asien: Türkei. E.
♂: Kleiner, schlanker. V: +
Z: Unbekannt. F: K,O
T: 10–24°C, L: 7 cm, pH: 7, SG: 2

Ladigesocypris ghigii ♀ 5/174
Goldrücken Moderlieschen, Türkisches Mod.

Ladigesocypris ghigii 5/174
Griechisches Moderlieschen
H: Europa: Griechenland: Rhodos.
♂: Kleiner, schlanker. V: +
Z: Im Gartenteich? F: K,O
T: 10–24°C, L: 8 cm, pH: 7, SG: 2

Leuciscus cephalus 4/200
Italienischer Döbel
H: Europa: S-Frankreich, Italien.
♂: Laichausschlag. V: +
Z: Noch nicht erfolgt. F: O
T: 10–24°C, L: 40 cm, pH: 7, SG: 2–4

Leuciscus cephalus 3/238
Aitel, Döbel
H: Europa.
♂: Laichausschlag, schlanker. **V:** +,–
Z: Natur: April–Juni; 200 000. **F:** K,O
T: 4–20°C, **L:** 80 cm, **pH:** 7, **SG:** 1

Leuciscus cephalus 3/238
Kaukasischer Döbel
H: Asien.
♂: Laichausschlag. **V:** +,–
Z: Noch nicht erfolgt. **F:** O
T: 10–20°C, **L:** 45 cm, **pH:** 7, **SG:** 1–2

Leuciscus idus 1/424
Aland, Orfe, Goldorfe
H: Europa.
♂: Laichausschlag, schlanker. **V:** +,–
Z: Natur: April–Juli. **F:** K,O
T: 4–20°C, **L:** 80 cm, **pH:** >7, **SG:** 1–2

Leuciscus idus

Von *Leuciscus idus* gibt es eine weißgoldene, rotflossige Spielart, die Goldorfe. Sie ist sehr widerstandsfähig und daher als Gartenteichbewohner besser geeignet als der Goldfisch.
Es gibt eine Naturkreuzung von *Leuciscus idus* x *Aspius aspius,* die als *Aspius hybridus* beschrieben wurde. Die Art ist bei uns als Wildform selten geworden. Als Angelfisch ist die Art wenig geschätzt.

Leuciscus idus adult 5/177
Nerfling, Orfe, Aland, Jesen, Gäse
H: Europa.
♂: Laichausschlag. **V:** +,–
Z: Natur: Zeitiges Frühjahr. **F:** K,O
T: 10–22°C, **L:** 50 cm, **pH:** >7, **SG:** 4

Leuciscus illyricus 4/202

H: Europa: Dalmatien.
♂: Laichausschlag, schlanker. **V:** +,=
Z: Mai/Juni; über Kiesgrund. **F:** K
T: 5–25°C, **L:** 25 cm, **pH:** 7, **SG:** 2

Acrossocheilus labiatus 5/178
Taiwan Glitterorfe
H: Asien: Taiwan: Sin Chen-Fluß.
♂: Laichausschlag. V: +,–
Z: Unbekannt. Wie Barben? F: O,H
T: 15–25°C, **L**: >13 cm, **pH**: 7, **SG**: 1–2

Leuciscus leuciscus 3/240
Hasel
H: Europa: N der Alpen u. Pyrenäen.
♂: Laichausschlag, schlanker. V: +
Z: Natur: März–Juni; Pflanzen. F: K,O
T: 6–18°C, **L**: 30 cm, **pH**: 7, **SG**: 2

Leuciscus souffia 3/240
Strömer
H: Europa: Rhein-, Donau-System.
♂: Farbiger (bes. zur Laichzeit). V: +
Z: Natur: März–April; Kiesgrund. F: O
T: 10–20°C, **L**: 25 cm, **pH**: 7, **SG**: 2

Leuciscus souffia 5/178
Französischer Strömer
H: Europa: Frankreich: Rhône u. Var.
♂: Ob. Kaudallappen dunkel. V: =
Z: Natur: Im Schwarm. F: K
T: 10–20°C, **L**: 25 cm, **pH**: 7, **SG**: 3–4

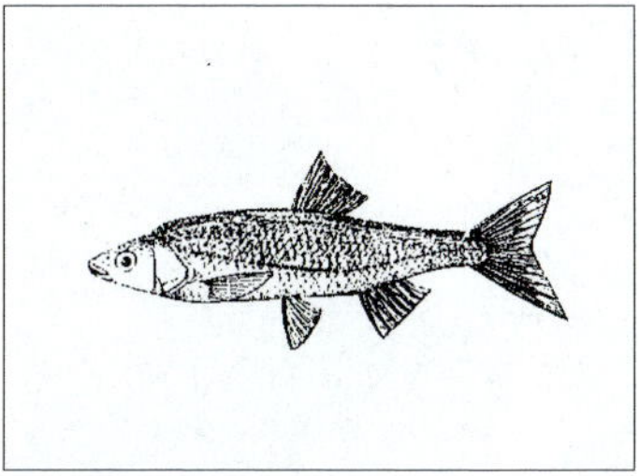

Leuciscus svallize 5/180
Adriatischer Hasel
H: Europa: Jugoslawien, Albanien.
GU: Kein Unterschied. V: +
Z: Unbekannt. F: K,O
T: 10–26°C, **L**: 25 cm, **pH**: 7, **SG**: 2

Leuciscus waleckii 5/180
Waleckis Döbel
H: Asien: GUS-Staaten.
♂: Längerer Kopf; Laichausschlag. V: =
Z: Nat.: Im Schwarm; E haftend. F: O,K
T: 10–20°C, **L**: 37 cm, **pH**: 7, **SG**: 4

Lobocheilus quadrilineatus 3/242
Lappen-Lipper
H: Asien: Thailand.
♂: Horntuberkel in der Maulregion. V: =
Z: Noch nicht erfolgt. F: O
T: 20–25°C, **L**: 26 cm, **pH**: 7, **SG**: 1–2

Lobocheilus rhabdoura 5/182

H: Asien: Thailand.
♀: Zur Laichzeit voller. V: =
Z: Laichwanderung? F: L,O
T: 18–26°C, **L**: 12 cm, **pH**: 7, **SG**: 3

Luciosoma spilopleura 3/242
Seitenfleck-Hechtbärbling
H: SO-Asien: Thai., Mal.Halb., Bor., Sum.
GU: Unbekannt. V: =
Z: Noch nicht erfolgt. F: O
T: 24–27°C, **L**: 25 cm, **pH**: <7, **SG**: 2

Luciosoma trinema 1/426
Hechtbärbling
H: SO-Asien.
♂: Verlängerte Ventralflossen. V: =
Z: Noch nicht erfolgt. F: O
T: 24–27°C, **L**: 30 cm, **pH**: <7, **SG**: 2

Megalobrama amblycephala 5/183
Riesenscheibenbrassen
H: Asien: China: Jangtse-Fluß.
♂: Krätiger Laichausschlag. V: –
Z: Unbekannt. F: K,O
T: 10–20°C, **L**: 200 cm, **pH**: 7, **SG**: 4

Megalobrama terminalis 5/184
Seitenstrich-Scheibenbrassen
H: Asien: China: Kanton: Amur.
♂: Laichausschl. ♀: Ovarien sichtbar. V:=
Z: Nicht bekannt. F: K,O
T: 10–24°C, **L**: 60 cm, **pH**: 7, **SG**: 4

Mesobola spinifer 3/246

H: Afrika: Tansania.
GU: Unbekannt. V: +
Z: Noch nicht erfolgt. F: O
T: 22–26°C, L: 4,5 cm, pH: 7, SG: 2–3

Microphysogobio amurensis 3/244
Schlanker Amurgründling

H: Asien: Amur-Einzugsgebiet.
GU: Unbekannt. V: +
Z: Natur: Juni/Juli; pelagisch. F: K
T: 14–22°C, L: 12 cm, pH: 7, SG: 2–3

Microrasbora erythromicron 2/396
Quergestreifte Zwergrasbora

H: S-Asien: Burma.
♂: Intensiver gefärbt, schlanker. V: +
Z: Javamoos. F: O
T: 21–25°C, L: 3 cm, pH: 7, SG: 3

Microrasbora rubescens 2/396
Rötliche Zwergrasbora

H: S-Asien: Burma.
♂: Intensiver gefärbt, schlanker. V: +
Z: Javamoos. F: O
T: 21–25°C, L: 3 cm, pH: 7, SG: 3

Mystacoleucus marginatus 3/244
Weißbartbarbe

H: SO-Asien.
GU: Unsicher. V: +
Z: Noch nicht erfolgt. F: O
T: 22–27°C, L: 20 cm, pH: <7, SG: 1–2

Myxocyprinus asiaticus 4/202
Wimpelkarpfen

H: Asien: N-China.
GU: Bei Juvenilen keine. V: =
Z: Keine Berichte. F: O
T: 15–28°C, L: 60 cm, pH: 7, SG: 1–4

Notemigonus crysoleucas 5/185
Goldbrassen
H: N-Amerika: Kanada, USA bis Florida.
♂: Kräftiger Laichausschlag. V: +,=
Z: Freilaicher zw. Pflanzen. F: K,O
T: 5–24°C, L: 30 cm, pH: 7, SG: 3

Notropis bifrenatus 2/398
H: N-Amerika: USA, O-Kanada.
♂: Größere Flossen. V: +
Z: Noch nicht erfolgt? F: K,O
T: 6–20°C, L: 5 cm, pH: >7, SG: 2

Notropis hudsonius 5/186
Schwarzpunkt-Zwergdöbel
H: N-Amerika: Kanada, USA.
♂: Farbiger; Laichausschlag. V: +
Z: Im Schwarm über Kies; Juni/Juli. F: K,O
T: 10–24°C, L: 15 cm, pH: 7, SG: 2

Notropis hypselopterus 2/398
Längsbandorfe
H: N-Amerika: USA.
♂: Farbiger, Dorsalspitze schwarz. V: +
Z: Noch nicht erfolgt? F: O
T: 6–20°C, L: 6 cm, pH: <7, SG: 2

Cyprinella lutrensis 1/428
Amerikanische Rotflossenorfe
H: N-Amerika: USA.
♂: Farbiger, Dorsalspitze schwarz. V: +
Z: Noch nicht erfolgt. F: O
T: 15–25°C, L: 8 cm, pH: <7, SG: 1

Notropis petersoni 5/186
Küstenzwergdöbel
H: N-Amerika: USA.
♂: Laichausschlag. V: +
Z: Mai; in Laichgruben. F: K,O
T: 5–25°C, L: 8 cm, pH: >7, SG: 1–2

Notropis rubellus 5/188
Rosanasen-Zwergdöbel, Rosanasenweißf.
H: N-Amerika: Kanada, USA.
♂: Zur Laichzeit farbiger. V: +
Z: Mehrere ♂♂ mit wenigen ♀♀. F: K,O
T: 5–24°C, L: 10 cm, pH: 7, SG: 2–3

Pteronotropis welaka ♂, hinten ♀ 4/204
Blaunasenorfe
H: N-Amerika: USA.
♂: Größere Flossen; mehr blau. V: +
Z: Zufall: an feinfiedrigen Pflanzen. F: K,O
T: 6–20°C, L: 6 cm, pH: <7, SG: 2

Pteronotropis welaka ♂ 4/204
Blaunasenorfe

Opsaridium chrystyi 1/404
Goldmäulchen, Sonnenmäulchen
H: Afrika: N-Ghana.
♂: Farbiger, schlanker? V: =
Z: Noch nicht gelungen. F: K
T: 22–24°C, L: 15 cm, pH: <7, SG: 2–3

Opsaridium zambezense 2/408

H: Afrika.
GU: Unbekannt. V: +
Z: Noch nicht erfolgt. F: K
T: 24–26°C, L: 16 cm, pH: <7, SG: 2

Opsariichthys bidens 5/188
Korea-Raubkarpfen
H: Asien: Korea, N-China.
♂: Streifenzeichnung; Flossen länger. V: –
Z: Geschlechtsreif ab 16 cm. F: K
T: 10–20°C, L: 30 cm, pH: 7, SG: 2

Opsariichthys uncirostris 3/246
Amur-Raubkarpfen
H: Asien: GUS-Staaten, Korea, N-China.
♂: Flossen länger. V: –
Z: Juni–August; Sand/Kiesboden. F: K
T: 10–22°C, **L**: 32,5 cm, **pH**: 7, **SG**: 2–3

Oreichthys cosuatis 3/198
H: Asien: Pakistan, Indien, Bangladesch, Burma, Thailand.
GU: Unbekannt. V: +
Z: Dicht Bepflanzung, Laichrost. F: O
T: 24–28°C, **L**: 7,5 cm, **pH**: <7, **SG**: 1–2

Oreoleuciscus potanini ♀ 5/190
Lachsbarbe
H: Asien: Mongolei.
♂: Farbiger u. schlanker. V: =
Z: Laichwanderungen? F: K,O
T: 10–18°C, **L**: 43 cm, **pH**: >7, **SG**: 4

Oreoleuciscus potanini 3/249
Altai-Osman
H: Asien: GUS-Staaten.
♂: Laichausschlag. V: =
Z: Juni/Juli; Freiwasser; <32 000. F: K
T: 10–20°C, **L**: 60 cm, **pH**: 7, **SG**: 2–3

Osteobrama cotio 4/206
Gurda-Barbe
H: Asien: Indien, Pakistan, Burma.
GU: Unbekannt. V: +
Z: Keine Angaben. F: O
T: 22–25°C, **L**: 9,5 cm, **pH**: 7, **SG**: 2

Osteochilus hasselti 1/428
Javakarpfen, Nilem
H: SO-Asien.
♂: Schlanker? V: +,–
Z: Noch nicht erfolgt, zu groß? F: O
T: 22–25°C, **L**: 32 cm, **pH**: <7, **SG**: 2

Osteochilus melanopleurus 2/400

H: SO-Asien: Indonesien, Malaysia, Thai.
♂: Schlanker? V: +
Z: Noch nicht erfolgt. F: O
T: 22–26°C, L: 40 cm, pH: <7, SG: 3

Osteochilus microcephalus 3/250

H: SO-Asien.
GU: Unbekannt. V: –
Z: Noch nicht erfolgt. F: O,H
T: 22–26°C, L: 26 cm, pH: <7, SG: 1–2

Cirrhinus molitorella 2/400

H: SO-Asien: Zentral-Thailand.
GU: Unbekannt. V: +
Z: Noch nicht erfolgt. F: O
T: 22–26°C, L: 22 cm, pH: <7, SG: 2–3

Osteochilus triporos 4/206

H: Asien: Borneo.
♂: Schlanker zur Laichzeit. V: =
Z: Noch nicht erfolgt. F: K,O
T: 22–28°C, L: 20 cm, pH: 7, SG: 2–3

Oxygaster anomalura 5/190

H: Asien: Malaiische Halbinsel.
♂: Schlanker zur Laichzeit. V: =
Z: Bisher nicht beschrieben. F: K,O
T: 22–27°C, L: 9 cm, pH: 7, SG: 2–3

Parabramis pekinensis 5/192
Pekingbrassen

H: Asien: China: Amur
♂: Laichausschlag. V: +,=
Z: Überschwemmungsgebiete. F: K,O
T: 10–20°C, L: 55 cm, pH: 7, SG: 4

Paracheilognathus himantegus 5/192
Taiwan-Bitterling
H: Asien: China, Taiwan.
♂: Farbiger. ♀: Legeröhre. **V**: +
Z: Keine Muschel; wie Sumatrabarbe. **F**: O
T: 15–28°C, **L**: 7 cm, **pH**: 7, **SG**: 1–2

Parachela maculicauda juv. 2/402
Glasbarbe
H: SO-Asien: Thailand, Indonesien.
♂: Schlanker zur Laichzeit. **V**: +
Z: Kein Bericht vorhanden. **F**: K,O
T: 24–26°C, **L**: 20 cm, **pH**: <7, **SG**: 2–3

Paralaubuca typus adult 2/402
Glasbarbe

Rasbora argyrotaenia 2/404
Silberbärbling
H: SO-Asien.
♂: Kleiner, schlanker. **V**: +
Z: Feinfiedrige Pflanzen; 2000 Eier. **F**: O
T: 20–26°C, **L**: 12 cm, **pH**: <7, **SG**: 1

Rasbora cephalotaenia 2/412
Zweibindenbärbling
H: SO-Asien.
♂: Wesentlich schlanker. **V**: +
Z: Feinfiedrige Pflanzen; 100 Eier. **F**: O
T: 22–24°C, **L**: <14 cm, **pH**: <7, **SG**: 2

Pelecus cultratus 3/252
Ziege, Sichling
H: Europa, Asien.
♂: Zur Laichzeit schlanker. **V**: =
Z: Mai/Juni; 33 000 Schwimmeier. **F**: K
T: 10–20°C, **L**: 60 cm, **pH**: 7, **SG**: 2

Phenacobius mirabilis 5/194
Saugmaulelritze
H: N-Amerika: N-USA bis Texas.
♂: Laichausschlag. **V**: +
Z: Unbekannt. **F**: K,O
T: 5–25°C, **L**: 12 cm, **pH**: 7, **SG**: 2–3

Phoxinellus adspersus 4/208
H: Europa: Jugoslawien.
GU: Nicht bekannt. **V**: +
Z: Noch nicht erfolgt. **F**: O
T: 5–20°C, **L**: 10 cm, **pH**: 7, **SG**: 2–3

Pseudophoxinus stymphalicus 4/208
H: Europa: Griechenland, Albanien.
GU: Unbekannt. **V**: +
Z: Nicht bekannt. **F**: K,O
T: 5–20°C, **L**: 12 cm, **pH**: 7, **SG**: 2–3

Phoxinus czekanowskii 2/404
Tschekanowski-Elritze
H: Asien: GUS-Staaten.
♂: Kleiner, schlanker. **V**: +
Z: Kein Bericht. **F**: K
T: 16–20°C, **L**: 9,5 cm, **pH**: >7, **SG**: 2

Phoxinus lagowskii 3/252
Amur-Elritze
H: Asien: GUS-Staaten, Korea.
GU: Schwer zu unterscheiden. **V**: +
Z: Natur: Juni–August. **F**: K
T: 16–20°C, **L**: 15 cm, **pH**: >7, **SG**: 2

Phoxinus percnurus 4/214
Sumpfelritze
H: O-Europa.
♂: Schlanker, kein Laichausschlag. **V**: +
Z: Juni/Juli; Pflanzenblätter. **F**: K,O
T: 15–23°C, **L**: <12 cm, **pH**: >7, **SG**: 1–2

KARPFENÄ.

Phoxinus phoxinus ♀ 1/430
Elritze, Pfrille
H: Europa, Asien.
♂: Farbiger, schlanker (Laichzeit). **V:** +
Z: An Steinen; <1000 Eier. **F:** K
T: 12–20°C, **L:** 14 cm, **pH:** >7, **SG:** 2

Phoxinus phoxinus l. ♀, r. ♂ 1/430
Elritze, Pfrille
(Foto 5/196)

Phoxinus phoxinus 2♂♂, "3/4"♀ 1/430
Elritze, Pfrille
(Foto 5/196)

Phoxinus phoxinus ♂ 5/197
Blutelritze
H: GUS-Staaten: Batumi, Gelendjik.
♂: Laichausschlag, farbiger. **V:** +
Z: An Steinen. **F:** K
T: 10–22°C, **L:** 8,2 cm, **pH:** 7, **SG:** 2–3

Lagowskiella poljakowi Mitte ♀ 5/198
Balchaschpfrille, Balchaschelritze selten
H: GUS-Staaten: Balchasch-See.
♂: Laichausschlag, scheckiger. **V:** +
Z: Bisher nicht nachgezogen. **F:** K,O
T: 8–20°C, **L:** 10 cm, **pH:** 7, **SG:** 2

Pimephales notatus 5/198
Stumpfnasen-Zwergdöbel
H: N-Amerika: S-Kanada, USA.
♂: Laichausschlag, farbiger. **V:** +
Z: An Unterseite v. Steinen...,Efam. **F:** O
T: 5–22°C, **L:** 11 cm, **pH:** 7, **SG:** 2

Pimephales promelas ♂ 3/254
Fettköpfige Elritze

H: Zentrales N-Amerika: Kan., USA, Mex.
♂: Laichausschlag, größer. **V**: +
Z: Unter Ästen o. Steinen; Vaterfam. **F**: O
T: 12–20°C, **L**: 9,5 cm, **pH**: 7, **SG**: 2

Pimephales promelas ♀ 3/254
Fettköpfige Elritze

Rhodeus lighti 5/200
Lights Bitterling

H: Asien: China, Taiwan.
♂: Schlanker, farbiger z. Laichzeit. **V**: +
Z: Muscheln. **F**: K,O
T: 10–25°C, **L**: 5,2 cm, **pH**: >7, **SG**: 2

Pseudophoxinus kervillei 5/200
Türkische Zwergelritze

H: Asien: O-Türkei. Selten.
♂: Laichausschlag, farbiger. **V**: +
Z: Unbekannt. **F**: K,O
T: 10–20°C, **L**: 5 cm, **pH**: >7, **SG**: 3

Pseudorasbora parva 5/202

H: Asien: China, Taiwan.
♂: Knötchen am Kopf. **V**: +
Z: Höhlenbrüter; Vaterfamilie. **F**: K,O
T: 12–22°C, **L**: 8 cm, **pH**: >7, **SG**: 2

Pseudorasbora parva 2/406

H: Europa.
♂: Laichausschlag. **V**: +
Z: Eier kleben an Steinen. Vaterfam. **F**: O
T: 14–22°C, **L**: 11 cm, **pH**: 7, **SG**: 2

Pseudorasbora pumila 2/408

H: Asien: Japan.
♂: Etwas größer. V: +
Z: Unbekannt. F: O
T: 15–20°C, L: 8 cm, pH: 7, SG: 2

Psilorhynchus balitora ♀ 4/222

H: Asien: Indien, Bangladesch, Burma.
GU: Unbekannt (♂ schlanker). V: +
Z: Unbekannt. F: K,O
T: 22–27°C, L: 7 cm, pH: 7, SG: 4

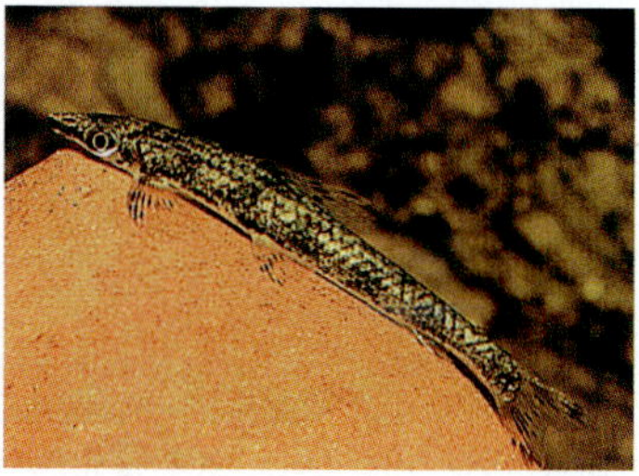

Psilorhynchus sucatio 5/226
Pfeilbarbe

H: Asien: Indien, NO-Bengalen.
GU: Unbekannt. V: +
Z: Unbekannt. F: K,O
T: 15–23°C, L: 8 cm, pH: 7, SG: 2–3

Puntius asoka 3/182

H: Asien: Sri Lanka, S-Indien (?).
GU: Nicht erkennbar. V: =
Z: Noch nicht gelungen? F: O
T: 25–30°C, L: 15 cm, pH: 7, SG: 2–3

Puntius pleurotaenia 5/134
Ceylon-Längsbandbarbe

H: Sri Lanka.
♂: Schlanker. V: +
Z: Zw. Pflanzen. F: K,O
T: 22–26°C, L: 8 cm, pH: 7, SG: 1–2

Raiamas batesii 4/210

H: Afrika: S-Kamerun, Zaire-System.
GU: Unbekannt. V: =
Z: Unbekannt. F: K,O
T: 20–26°C, L: 12 cm, pH: 7, SG: 2–3

Raiamas batesii 5/146

Raiamas moorei ♂ 3/254

H: Afrika: Tanganjika-, Rukwa-, Kivusee.
GU: Unbekannt. V: =
Z: Unbekannt. F: O
T: 24–26°C, L: 19 cm, pH: 7, SG: 2–3

Raiamas nigeriensis 4/210

H: Afrika.
GU: Unbekannt. V: =
Z: Unbekannt. F: K
T: 24–26°C, L: 13 cm, pH: 7, SG: 2–3

Raiamas senegalensis 3/256

H: Afrika: W-Afrika, Tschadseebecken.
GU: Unbekannt. V: =
Z: Unbekannt. F: O
T: 22–26°C, L: 25 cm, pH: 7, SG: 2–3

Rastrineobola argentea 3/273, 5/204

H: Afrika: Viktoriasee.
GU: Nicht erkennbar. V: +
Z: Noch nicht nachgewiesen. F: O
T: 22–26°C, L: 8 cm, pH: >7, SG: 3

Sundadanio axelrodi 2/410
Axelrods Rasbora

H: Indonesien: Sumatra.
♂: Farbiger. V: +
Z: Noch nicht erfolgt. F: O
T: 23–26°C, L: 3 cm, pH: <7, SG: 2

KARPFENÄ.

Rasbora borapetensis 1/431
Rotschwanzrasbora, Rotflossenrasbora
H: SO-Asien: Thailand, W-Malaysia.
♂: Schlanker. **V:** +
Z: Schwimmpflanze, Laichräuber. **F:** K,O
T: 22–26°C, **L:** 5 cm, **pH:** <7, **SG:** 2

Boraras brigittae o.♂, u.♀ 1/440, 3/262
Mosquitorasbora
H: Asien: S-Borneo.
♂: Intensiver rot; s. Foto. **V:** (–)
Z: Dichte Bepflanzung. **F:** K
T: 25–28°C, **L:** 2 cm, **pH:** <7, **SG:** 2–3

Rasbora brittani ♀ 2/410
Brittans Rasbora
H: SO-Asien: Malaysia.
♂: Schlanker. **V:** +
Z: Unbekannt. **F:** O
T: 23–26°C, **L:** 6 cm, **pH:** <7, **SG:** 2

Rasbora caudimaculata 2/412
Schwanzfleckbärbling, Schwanzbindenras.
H: SO-Asien: Indon., Malaysia, Thailand.
♂: Gelbliche Anale; schlanker. **V:** +
Z: Unbekannt. **F:** O
T: 20–26°C, **L:** 12 cm, **pH:** <7, **SG:** 2

Parluciosoma labiosa 2/414
Rasbora chrysotaenia (kein Foto) 3/256
H: SO-Asien: Malaiische Halbi., Sumatra.
♂: Schlanker. **V:** +
Z: Unbekannt. **F:** O
T: 22–24°C, **L:** 3,5 cm, **pH:** <7, **SG:** 2

Rasbora daniconius 2/414
Schlankbärbling
H: Asien: Thai., Burma, W-Indien, Sri Lank.
♂: Gelblicher o. rötlicher Bauch. **V:** +
Z: Pflanzendickicht; größeres Aq. **F:** O
T: 24–26°C, **L:** 10 cm, **pH:** 7, **SG:** 1

Rasbora dorsiocellata 1/432
Augenfleckbärbling
H: SO-Asien: Malaiische Halbi., Sumatra.
♂: Rötliche Kaudale; schlanker. V: +
Z: Pflanzendickicht; Laichräuber. F: O
T: 20–25°C, L: 6,5 cm, pH: ≪7, SG: 1–2

Rasbora dusonensis 1/438
H: SO-Asien.
♂: Schlanker. V: +
Z: Unbekannt. F: O
T: 23–26°C, L: 10 cm, pH: ≪7, SG: 1–2

Rasbora einthovenii 2/416
Längsbandbärbling
H: SO-Asien.
♂: Zur Laichzeit schlanker. V: +
Z: Dichte Wasserpflanzen. F: O
T: 22–25°C, L: 8,5 cm, pH: <7, SG: 1–2

Rasbora elegans 1/432
Schmuckbärbling
H: SO-Asien: W-Malay., Sing., Sum., Bor.
♂: Farbiger, schlanker. V: +
Z: Pflanzendickicht, sehr produktiv. F: O
T: 22–25°C, L: 20 cm, pH: <7, SG: 2

Trigonostigma espei u.♀, o.♂ 1/434
Espes Bärbling
H: Asien: Thailand.
♂: Farbiger, schlanker. V: +
Z: Großblättrige Pflanzen. F: K,O
T: 23–28°C, L: 4,5 cm, pH: <7, SG: 2

Trigonostigma heteromorpha u.♂ 1/434
Keilfleckbärbling, Keilfleckrasbora
H: SO-Asien: W-Malay, Sing., Sum., Thai.
♀: Fülliger, Keilfleck vorn gerade. V: +
Z: Breitblättrige Pflanzen. F: O
T: 22–25°C, L: 4,5 cm, pH: ≪7, SG: 2–3

Rasbora kalochroma 1/436
Schönflossenrasbora, Schönflossenbärbl.
H: SO-Asien: W-Malay.,Sum.,Bor.,Bangku.
♂: Dunkle Anale; schlanker. V: =
Z: Noch nichts bekannt. F: O
T: 25–28°C, L: 10 cm, pH: 7, SG: 2

Rasbora meinkeni 3/258
H: SO-Asien: Indonesien, S-Malaysia.
♂: Farbenfroher, schlanker. V: +
Z: Noch nicht erfolgt. F: O
T: 24–28°C, L: 5 cm, pH: <7, SG: 1

Rasbora pauciperforata M. ♀ 1/438
Rotstreifenbärbling
H: SO-Asien: W-Malay., Sum., Belitung.
♂: Schlanker. V: +
Z: Feinblättrige Pflanzen. F: O
T: 23–25°C, L: 7 cm, pH: <7, SG: 2–3

Rasbora gracilis 3/258
Schlankbärbling
H: SO-Asien: Malaiischer Archipel.
♂: Farbiger, schlanker, kleiner. V: +
Z: Gelungen, aber kein Bericht. F: O
T: 22–25°C, L: 12 cm, pH: <7, SG: 2

Rasbora paviei 2/416
Strichbärbling, Seitenstrichrasbora
H: SO-Asien: Indo., Sundai.,W-Malay.,Thai.
♂: Schlanker. V: +
Z: Noch nicht erfolgt. F: O
T: 22–24°C, L: 6 cm, pH: <7, SG: 1–2

Rasbora rasbora 2/418
Gangesbärbling
H: Asien: Indien, Burma, Thailand.
♂: Schlanker. V: +
Z: Noch nicht erfolgt. F: O
T: 20–25°C, L: 10 cm, pH: <7, SG: 2

Rasbora reticulata 2/418
Netzbärbling
H: SO-Asien: Sumatra, Insel Nias.
♂: Schlanker. V: +
Z: Zwischen Pflanzen. F: O
T: 22–26°C, L: 6 cm, pH: <7, SG: 2

Trigonostigma somphongsi 3/260
Siamesischer Zwergbärbling
H: SO-Asien: Thailand.
♂: Schlanker, etwas farbiger. V: +
Z: An Pflanzenblätter; 100 E. F: K,O
T: 22–26°C, L: 3 cm, pH: <7, SG: 2

Rasbora cf. *steineri* 3/260
Steiners Rasbora
H: O-Asien: China, Hongkong.
♂: Schlanker, schwer festzustellen. V: +
Z: Noch nicht erfolgt. F: O
T: 22–24°C, L: 6 cm, pH: <7, SG: 2

Oreichthys sp. 2/421

L: 3,5 cm

Rasbora sumatrana 2/420
Sumatrabärbling
H: SO-Asien: Malaii. Halbi., Kalim., Thai.
♂: Schlanker. V: +
Z: Noch nicht erfolgt. F: O
T: 23–25°C, L: 13 cm, pH: <7, SG: 1

Rasbora gracilis 2/420
Goldstreifenbärbling
H: SO-Asien: W-Malay., Suma., Belitung.
♂: Kaudale gelblich rot; schlanker. V: +
Z: Schwimmpflanzendecke. F: O
T: 22–24°C, L: 7 cm, pH: <7, SG: 1–2

KARPFENÄ.

Rasbora trilineata 1/440
Glasrasbora, Dreilinienrasbora
H: SO-Asien: W-Malay., Sumat., Borneo.
♂: Kleiner, schlanker. V: +
Z: Dichte Bepflanzung. F: O
T: 23–26°C, **L**: 10 cm, **pH**: <7, **SG**: 1–2

Rasbora tubbi 5/203
Tubbs Rasbora
H: SO-Asien: N-Borneo.
♀: Zur Laichzeit voller. V: +
Z: Unbekannt. F: K
T: 22–28°C, **L**: 13 cm, **pH**: 7, **SG**: 3

Rasbora vaterifloris var. 2/422
Gelber Perlmuttbärbling
H: Asien: Sri Lanka.
♂: Schlanker; rötliche Flossen. V: +
Z: Im Pflanzendickicht. F: O
T: 25–29°C, **L**: 4 cm, **pH**: <7, **SG**: 3

Rasbora vaterifloris var. 3/262
Blauer Perlmuttbärbling
H: Asien: Sri Lanka.
♂: Schlanker, bunter. V: +
Z: Im Pflanzendickicht. F: O
T: 25–27°C, **L**: 4 cm, **pH**: <7, **SG**: 4

Rasbora vulgaris 2/422
Vegabärbling
H: SO-Asien: Insel Labuan bei Kalimantan.
♂: Schlanker. V: +
Z: Noch nicht erfolgt. F: O
T: 22–26°C, **L**: 6 cm, **pH**: <7, **SG**: 2

Rastrineobola argentea 5/204
Viktoria-Sardine
H: Afrika: Viktoriasee-Einzug.
♂: Farbiger, schlanker. V: +
Z: In Ufernähe. F: K
T: 22–26°C, **L**: 8 cm, **pH**: 7, **SG**: 3

Rhinichthys atratulus 3/264
Schwarznasiger-Weißf., Am. Schwarznase
H: N-Amerika: USA, Kanada.
♂: Laichausschlag, farbiger. V: =
Z: Natur: Mai/Juni; Kiesboden. F: O
T: 12–20°C, L: 8 cm, pH: 7, SG: 2

Rhinichthys cataractae 2/424
Langnasen-Weißfisch
H: N-Amerika: NO-USA, O-Kanada.
GU: Unbekannt. V: +
Z: Noch nicht erfolgt. F: K
T: 4–16°C, L: 10 cm, pH: 7, SG: 3

Rhinichthys osculus 5/204
Gesprenkelter Weißfisch
H: N-Amerika: W-USA.
♂: Laichausschlag; größere Flossen. V: +
Z: N: Juni; 1 ♀ mit mehreren ♂♂. F: K,O
T: 10–24°C, L: 11 cm, pH: 7, SG: 2–3

Rhodeus amarus 1/442
Bitterling
H: Europa, W-Asien.
♂: Hochzeitskleid; ♀: Legeröhre. V: +
Z: Süßwassermuscheln. F: O
T: 15–24°C, L: 10 cm, pH: >7, SG: 2

Rhodeus amarus ♂ 1/442
Bitterling

Rhodeus atremius 5/206
Japanischer Bitterling
H: Asien: Japan.
♂: Schlanker. ♀: Kurze Legeröhre. V: +
Z: Süßwassermuscheln. F: K,O
T: 10–25°C, L: 6 cm, pH: 7, SG: 2–3

Rhodeus ocellatus l.♂, r.♀ 2/406
Hongkong-Bitterling
H: O-Asien: China, Taiwan.
♂: Zur Laichzeit farbiger. V: +
Z: Süßwassermuschel. F: O
T: 18–24°C, L: 12 cm, pH: 7, SG: 2–3

Rhodeus ocellatus smithii 5/206

H: Asien: Japan.
♂: Laichfärbung. ♀: Legeröhre. V: +
Z: Süßwassermuschel; <150 E. F: O
T: 10–25°C, L: 7 cm, pH: 7, SG: 1–2

Rhodeus sericeus 5/208
Amurbitterling
H: Asien: Rußland: Amur-Gebiet.
♂: Laichausschlag. ♀: Legeröhre. V: +
Z: Süßwassermuschel. F: K,O
T: 10–25°C, L: 9 cm, pH: 7, SG: 2

Rhodeus suigensis juv. 5/208

H: Asien: N-Korea.
♂: Laichausschlag. ♀: Legeröhre. V: +
Z: Süßwassermuschel. F: K,O
T: 10–25°C, L: 9 cm, pH: 7, SG: 2–3

Rutilus atropatenus 4/212
Tschaiplötze
H: Asien: Aserbaidschan.
GU: Unbekannt. V: +
Z: Unbekannt. F: K,O
T: 10–25°C, L: 10 cm, pH: >7, SG: 2–3

Rutilus aula 4/212
Dalmatinischer Zwergdöbel
H: Europa: Italien.
♂: Farbiger, Laichausschlag. V: +
Z: Noch nicht erfolgt. F: K,O
T: 8–24°C, L: 15 cm, pH: >7, SG: 2–3

Scardinius erythrophthalmus 1/444
Rotfeder
H: Europa, Asien.
♂: Laichausschlag. V: =
Z: April/Juni; 100 000 Eier. F: O
T: 10–24°C, L: 32 cm, pH: 7, SG: 1–2

Rutilus aula 5/210
Dalmatinischer Zwergdöbel
H: Europa. GUS-Staaten, Bulgarien.
♂: Laichausschlag. V: +
Z: Kreuzt mit *Alburnus alburnus*. F: O
T: 10–24°C, L: 32 cm, pH: 7, SG: 1–2

Rutilus meidingeri 4/214
Perlfisch, Frauenfisch
H: Europa, Asien.
♂: Farbiger, Laichausschlag. V: =
Z: Nicht möglich. F: K,O
T: 5–20°C, L: <70 cm, pH: >7, SG: 4

Pachychilon macedonicum 5/210
Prespaplötze
H: Europa: N-Griechenland. E
♂: Schlanker, Laichausschlag. V: +
Z: Im Schwarm zw. Pflanzen. F: K,O
T: 5–25°C, L: 15 cm, pH: >7, SG: 2

Rutilus pigus 4/216
Frauennerfling, Frauenfisch
H: Europa: Donau-System.
♂: Farbiger, Laichausschlag. V: +
Z: April/Mai; Uferregionen. F: K,O
T: 5–20°C, L: 45 cm, pH: >7, SG: 2–4

Rutilus rubilio 3/264
Südeuropäische Plötze
H: Europa.
♂: Laichausschlag, schlanker. V: +
Z: Natur: März–Juni. F: O
T: 10–27°C, L: 25 cm, pH: 7, SG: 1–2

Rutilus rutilus 1/444
Plötze, Rotauge
H: Europa, Asien.
♂: Laichausschlag. **V:** +
Z: Noch nicht erfolgt (Größe). **F:** O
T: 10–20°C, **L:** 40 cm, **pH:** >7, **SG:** 1–2

Rutilus rutilus 4/216
Heckels Plötze, Taran
H: Schwarzes u. Asowsches Meer.
♂: Laichausschlag. **V:** +
Z: April/Mai; über Pflanzen/Kies. **F:** K,O
T: 5–25°C, **L:** <50 cm, **pH:** >7, **SG:** 2–4

Sarcocheilichthys czerskii ♀ 3/266

H: Asien: GUS-Staaten, China. Korea?
♀: Schwarz am Schwanzstiel. **V:** =
Z: In Süßwassermuscheln? **F:** K
T: 14–22°C, **L:** 12,5 cm, **pH:** 7, **SG:** 2–3

Sarcocheilichthys sinensis 3/266

H: Asien: GUS-Staaten, Korea, China.
♂: Laichausschlag. ♀: Legeröhre. **V:** +
Z: Mai/Juli; pelagische Eier. **F:** K
T: 16–22°C, **L:** 28 cm, **pH:** 7, **SG:** 2–3

Sarcocheilichthys sinensis fukiensis l. ♀
Flickenbarbe 5/212
H: Asien: Taiwan.
♂: Laichausschlag. ♀: Legeröhre. **V:** +
Z: Muscheln. **F:** K
T: 15–28°C, **L:** 14 cm, **pH:** 7, **SG:** 1

Saurogobio dabryi 3/268

H: Asien: Amur-B., Korea, China, Vietnam.
GU: Unbekannt. **V:** +
Z: Mai/Juli; pelagische Eier. **F:** K
T: 12–22°C, **L:** 28 cm, **pH:** 7, **SG:** 2–3

Sawbwa resplendens o.♀, u.♂ 2/424
Nacktlaube
H: S-Asien: Burma.
♂: Roter Kopf u. Kaudale (Foto). V: +
Z: Eiablage an Javamoos. F: O
T: 21–25°C, L: 4 cm, pH: 7, SG: 3

Schismatorhynchos heterorhynchos
Delphinbarbe, "Doppelmaul" 5/212
H: Asien: China.
♂: Höherer Fettwulst. V: =
Z: Unbekannt. F: O
T: 22–26°C, L: 20 cm, pH: 7, SG: 2–3

Schizothorax intermedius 5/214
Lachsbarbe
H: Mittelasien: Hochlandflüsse.
♂: Laichausschlag. V: –
Z: Ähnlich dem Lachs (ohne Meer). F: K
T: 10–18 (25)°C, L: 50 cm, pH: 7, SG: 4

Schizothorax pelzami 5/214
Pelzamis Lachsbarbe
H: Mittelasien: Turkmenien: Murgab-Fluß.
♂: Laichausschlag. V: –
Z: Ähnlich dem Lachs (ohne Meer). F: K
T: 10–20°C, L: 36 cm, pH: 7, SG: 4

Semotilus atromaculatus 5/216
Bachzwergdöbel
H: N-Amerika: Kanada, USA.
♂: 10 cm größer, farbiger, Tuberkel. V: +
Z: Laichgrube im Kies. F: K,O
T: 5–25°C, L: ♂ 30 cm, pH: 7, SG: 3

Squalidus chankaensis 3/268
Chanka-Gründling
H: Asien: GUS-Staaten.
GU: Unbekannt. V: +
Z: Juni/Juli; an Boden/Pflanzen. F: K
T: 14–22°C, L: 10 cm, pH: 7, SG: 2–3

Tanichthys albonubes 1/446
Kardinalfisch, Venusfisch
H: Asien: S-China.
♂: Intensiver gefärbt, schlanker. V: +
Z: Dichte Bepflanzung. F: O
T: 18–22°C, **L**: 4 cm, **pH**: 7, **SG**: 1

Tanichthys albonubes 1/446
Kardinalfisch
Farbvariante. Von MEINKEN als *Aphyocypris pooni* vorgestellt.

Tinca tinca Goldform 5/219
Schleie

Tanichthys albonubes 1/446
Schleier-Kardinalfisch, Schleier-Venusfisch

Tinca tinca 5/219
Schleie
H: Ganz Mitteleuropa.
♂: Flossen gr., 2. Pektoralstrahl dick. V: +
Z: N: 2♂♂ mit 1 ♀; über Pflanzen. F: O
T: 4–24°C, **L**: 40 cm, **pH**: 7, **SG**: 2

Tor khudree juv. 3/270
Riesenbarbe
H: Asien: Sri Lanka.
GU: Unbekannt. V: =
Z: Unbekannt. F: O
T: 20–30°C, **L**: <144 cm, **pH**: 7, **SG**: 1–4

Tribolodon brandtii 5/222
Mw,Bw,Sw
H: O-Asien: Korea, China, Japan, Rußland.
♂: Laichausschlag; farbiger. V: +,–
Z: Vom Meer in die Flüsse. F: K,O
T: 10–24°C, L: 50 cm, pH: 7, SG: 4

Capoeta capoeta 3/270
Gewöhnliche Chramulja
H: Asien: GUS-Staaten.
♂: Laichausschlag. V: +
Z: Mai/Juli; Stein/Sand-Boden. F: H
T: 10–22°C, L: 41 cm, pH: >7, SG: 2–3

Capoeta capoeta 5/222

H: GUS-Staaten: Zuflüsse Kaspisches Meer.
♂: Laichausschlag. V: =
Z: Unbekannt. F: K, O
T: 8–24°C, L: 35 cm, pH: 7, SG: 4

Zacco platypus 4/218
Drachenfisch
H: O-Asien u. Japan.
♂: Farbiger, längere Flossen. V: +,–
Z: Freilaicher in Teichen. F: K,O
T: 10–22°C, L: 18 cm, pH: 7, SG: 1

Zacco sp. 5/224
Drachenfisch
H: Asien: China, Taiwan.
♂: Ausgezogene Anale; Laichauss. V: =
Z: Noch nicht erfolgt. Wie *Danio*? F: K,O
T: 10–24°C, L: 12 cm, pH: >7, SG: 2–3

Zacco temmincki 4/218
Taiwan-Drachenfisch
H: Asien: Taiwan, S-China.
♂: Ausgezogene Anale; Laichauss. V: =
Z: Noch nicht erfolgt. F: K,O
T: 12–26°C, L: 15 cm, pH: 7, SG: 2

Familie Gyrinocheilidae

Eine sehr kleine Familie, die in Südostasien, vor allem in Thailand, beheimatet ist. Sie besteht aus nur einer Gattung mit drei Arten. Von diesen ist vor allem *Gyrinocheilus aymonieri* von aquaristischer Bedeutung. Früher war die Gattung Teil der Familie Cobitidae.

Mit ihrem unterständigen Saugmaul sind diese Fische bestens für das Raspeln von Algen ausgerüstet (daher: Saugschmerlen). Um ein ununterbrochenes Raspeln zu ermöglichen, atmen diese Fische nicht durch das Maul, sondern sie nehmen Wasser durch eine weitere Öffnung auf, die oberhalb der Ausströmungsöffnung gelegen ist. Farblich uninteressant, ist es gerade ihre Eigenschaft als Algenfresser, die sie so populär in unseren Aquarien macht; leider werden sie recht groß (weniger im Aquarium) und sind dann aggressiv.

Ihre Schwimmblase ist zurückgebildet und erfüllt ihre Aufgabe nicht mehr; die Fische können sich nur durch Flossenkraft in der Schwebe halten.

Gyrinocheilus aymonieri 1/448
Siamesische Saugschmerle
H: Asien: Zentral-Thailand.
♂: Zur Laichzeit stärkere Dornen? **V**: +,–
Z: Unbekannt. **F**: H
T: 25–28°C, **L**: 27 cm, **pH**: 7, **SG**: 2

Gyrinocheilus aymonieri 4/220
Zitronen-Saugschmerle
H: Zuchtform aus Asien.
♂: Dornen um die Augen? **V**: +,–
Z: In Teichen; künstlich? **F**: O,H
T: 20–20°C, **L**: 22 cm, **pH**: 7, **SG**: 2–3

Gyrinocheilus aymonieri 4/220
Russische Saugschmerle
H: Asien: China, GUS-Staaten.
GU: Unbekannt. **V**: +,–
Z: Unbekannt. **F**: O
T: 15–25°C, **L**: 26 cm, **pH**: 7, **SG**: 2–3

Hypancistrus sp. (LDA19/L340), Megaclown, s.S. 344. Eine der neuen Einfuhren, die wesentlich zur Beliebtheit der Loricariidae beitragen.

Ursprung/Taxonomie

Die Ordnung Siluriformes wurde früher als Unterordnung der Cypriniformes (Karpfenähnliche Fische – Gruppe 3) angesehen. Welse haben den "Weberschen Apparat" (modifizierte Halswirbel, die akustische Signale von der Schwimmblase zum Innenohr weiterleiten) sowohl mit den Cypriniden als auch mit den Salmlern (Gruppe 2) gemeinsam. Zur Zeit zählt man 34 Familien mit über 2400 Arten in 412 Gattungen zu den Siluriformes. Fossile Funde sind aus dem Eozän und Oligozän (vor 54 bzw. 38 Millionen Jahren) bekannt (NELSON, 1994).

Nachfolgend sind die in der Gruppe 4 behandelten Familien aufgeführt. In der alphabetischen Reihenfolge der Arten dieser Gruppe wurden Unterfamilien aus Vereinfachungsgründen nicht berücksichtigt.

Geographische Verbreitung

Die Siluriformes sind weltweit verbreitet, selbst aus der Antarktis sind fossile Funde bekannt. Aus Amerika kennt man etwa 1440 Arten. Welse sind zusammen mit den Salmlern die am artenreichsten vertretene Gruppe in südamerikanischen Gewässern, wobei über ein Drittel auf die Familie Loricariidae entfällt.

Welse haben viele ökologische Nischen erobert: von sauerstoffarmen Gewässern der Tiefebenen, in denen Familien vorkommen, die atmosphärischen Sauerstoff veratmen können (z.B. Callichthyidae, Clariidae, Loricariidae), bis hin zu Gebirgsflüssen, wo sich z.B. Arten der Loricariidae mit einem Saugmaul am steinigen Boden festsaugen und so der starken Strömung widerstehen. Ariidae und Plotosidae enthalten viele Meerwasserarten, aber auch einige, die Brack- und Süßwasser aufsuchen, vor allem zum Ablaichen.

Allgemeines

Unter den Welsen gibt es tagaktive und dämmerungs- bzw. nachtaktive Arten. Letztere erkunden ihren Lebensraum mit ihren langen Barteln, welche ihnen auch in den trüben Gewässern der Niederungsflüsse sehr hilfsreich sind. Auch die Diät der Welse deckt ein weites Spektrum: Aufwuchs-

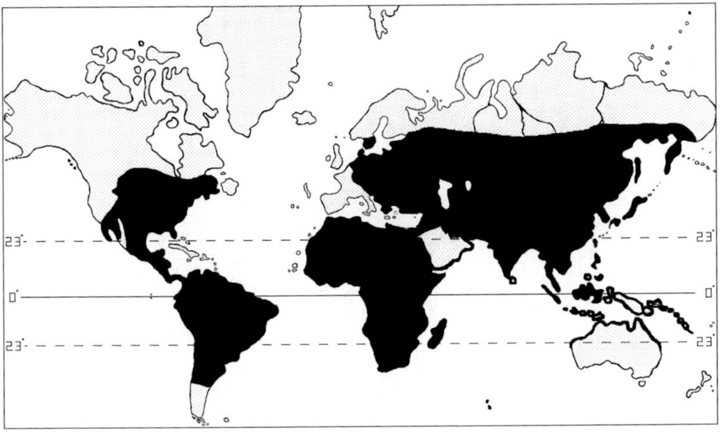

Verbreitungsgebiet der Siluriformes.

und algenfressende Arten, Allesfresser, Raubfische und sogar einige Parasiten (in der Familie Trichomycteridae) sind vertreten.

Entsprechend variabel ist auch die Größe der verschiedenen Welsarten: auf jedem der Kontinente ihres Verbreitungsgebietes kommen wahre Riesen vor – Längen über 2 m sind für mehrere Arten belegt – aber auch Hunderte von kleinen bis mittleren Arten, beliebte Gesellschafter unserer Aquarien (Callichthyidae, Loricariidae), sind Teil der Siluriformes.

In der Speisefischzucht in den USA ist vor allem die Familie Ictaluridae mit *Ictalurus punctatus* von großer wirtschaftlicher Bedeutung. Interessanterweise gibt es in Südamerika bisher keinen deutlichen Erfolg in der Speisefischzucht einheimischer Welse, obwohl es z.B. von der Größe her zahlreiche Kandidaten gäbe. In Asien werden Clariidae und in geringerem Maße Plotosidae und Siluridae gezüchtet; für Europa sei der Wels (*Silurus glanis*, S. 383) als fischereiwirtschaftlich wichtig erwähnt.

Der Körper der Siluriformes ist schuppenlos – entweder nackt oder teilweise oder ganz mit Knochenplatten bedeckt. Vorsicht bei der Gabe von Medikamenten! Nackte Arten reagieren um einiges empfindlicher auf Malachitgrün, Tripaflavin u.a. Chemikalien. Eine therapeutische Konzentration für beschuppte Fische kann einem nackten Wels zum Verhängnis werden.

Um nicht Raubfischen zum Opfer zu fallen, haben viele Welse unangenehme Dorsal- und Pektoralstacheln, die in abgespreiztem Zustand arretiert werden können. Bei manchen Arten sind diese auch giftig, bei *Plotosus lineatus* (eine Meerwasser-Art, die auch in Flüsse eindringt) sogar tödlich.

Es gibt bewegungsfreudige Schwarmfische (z.B. *Corydoras* und Glaswelse) und Einzelgänger (vor allem die größeren Raubfische) und relativ lethargische Arten (vor allem unter den Aspredinidae).

Obwohl Welse nicht sehr farbig sind, sind zahlreiche Arten mit sehr interessanten und beliebten Kontrastzeichnungen vorhanden.

Familie	Deutscher Name	Habitat	Verhalten	Futter	Besonderheiten
Ageneiosidae	Delphinwelse	S-Am; Sw	Räuber; Nacht	K	Innere Befruchtung.
Amphiliidae	Quappenwelse	Af; Sw	friedl.; Tag, Nacht	K	Saugen sich mit Flossen fest.
Ariidae	Kreuzwelse	Welt; Mw,Sw	Schwarm; Tag	O,K	Sehr aktiv; Maulbrüter (♂).
Aspredinidae	Bratpf./Banjowelse	S-Am; Sw,Bw	unbewegt; Nacht	O	Eier an ♀ geheftet o. Nest.
Auchenipteridae	Falsche Dornwelse	M-,S-Am; Sw	Schwarm; a. Tag	K,O	Innere Befruchtung.
Bagridae	Stachelwelse	Af, As; Sw	Einzelgäng.; Nacht	K,O	Etwas räuberisch.
Callichthyidae	Schwielenwelse	S-Am; Sw	friedlich; Tag	O,K,L	Schwarmfische; zusä.Luftatmung.
Cetopsidae	Walwelse	S-Am; Sw	Räuber; Nacht	K	Extreme Raubfische.
Chacidae	Großmaulwelse	As; Sw	Einzelgäng.; Nacht	K	Große Fische sind keine Beute.
Clariidae	Raubwelse	Af, As; Sw	Einzelgäng.; Nacht	K,O	Zusätzl.Luftatmung; Speisefische.
Doradidae	Dornwelse	S-Am; Sw	gesellig; Nacht	K,O	Z.T. sehr friedl.; Knochenplatten.
Heptapteridae	Antennenwelse	S-Am; Sw	Räuber; Nacht	K,O	Nur kleinere Fische sind Beute.
Heteropneustidae	Kiemensackwelse	As; Sw	gesellig; Nacht	K,O	Zus. Luftat.; aggress.; Stachel giftig.
Ictaluridae	Katzenwelse	N-,M-Am; Sw	Räuber; Tag/Nacht	O	Giftige Flossenstacheln; Speisefi.
Loricariidae	Harnischwelse	S-Am; Sw	friedlich; Tag/Nacht	H,O	Einige sind innerartlich territorial.
Malapteruridae	Elektrische Welse	Af; Sw	Einzelgäng.; Nacht	K	Elektr. Organ; individuell halten.
Mochokidae	Fiederbartwelse	Af; Sw	friedlich; Tag/Nacht	K,O,H	Einige Arten Rückenschwimmer.
Olyridae	Olyrawelse	As; Sw	Einzelgänger; ?	K	Sehr sauerstoffbedürftig.
Pangasiidae	Haiwelse	As; Sw	Schwarm; Tag	O	Etwas räuberisch; Speisefische.
Pimelodidae	Antennenwelse	M-,S-Am; Sw	Räuber; Nacht	K,O	Nur kleinere Fische sind Beute.
Pseudopimelodidae	Antennenwelse	S-Am; Sw	Räuber; Nacht	K,O	Nur kleinere Fische sind Beute.
Plotosidae	Aalwelse, Korallenw.	As; Mw–Sw	Schwarm; Nacht	O	Sehr giftige Flossenstachel.
Schilbeidae	Glaswelse	Af, As; Sw	Schwarm; Tag	K,O	Friedliche, durchsichtige Welse.
Siluridae	Echte Welse	As,Eu;Sw(Bw)	Schw.; Tag/Nacht	K,O	Glaswelse recht friedlich.
Sisoridae	Gebirgswelse	As; Sw	friedlich; Tag/Nacht	K,O,H	Gesellig; (*Bagarius* sind Räuber).
Trichomycteridae	Schmerlenwelse	M-,S-Am; Sw	friedlich; Tag/Nacht	K,P!	Zwei Unterfamilien sind parasitär.

Familie Ageneiosidae (jetzt Aucheripteridae)

Die Familie der Delphinwelse besteht nach NELSON (1994) bzw. nach BURGESS (1989) aus 2 Gattungen mit etwa 12 Arten bzw. aus 3 Gattungen und derzeit 28 Arten. Ihr Verhältnis zu den Familien Doradidae und vor allem Auchenipteridae wird unterschiedlich interpretiert.

Es handelt sich mehrheitlich um fischfressende Arten des offenen Süßwassers von Panama bis Argentinien. Ihr größter Vertreter wird 1 m lang. Größere Arten spielen eine Rolle in der Ernährung der Bevölkerung, da ihr Fleisch sehr geschätzt wird; kleinere Arten sind mögliche Aquarienkandidaten, aber die räuberische Lebensweise muß bei einer eventuellen Vergesellschaftung beachtet werden: Aquariengenossen dürfen eine Mindestgröße nicht unterschreiten.

Geschlechtsunterschiede sind: kürzere Barteln und Dorsalstachel der Weibchen, länger ausgezogenes Vorderteil der Analflosse der Männchen. Außerhalb der Laichzeit sind die Geschlechter jedoch so gut wie nicht zu unterscheiden.

Farblich sind erwachsene Delphinwelse eher unauffällig; in der Jugend sind sie kontrastreicher gezeichnet. Es handelt sich überwiegend um dämmerungs- und nachtaktive Fische.

Ihre Aquarienzucht ist wahrscheinlich noch nicht geglückt, doch ist bekannt, daß mit Hilfe der umgebildeten ersten Analflossenstrahlen des Männchens das Weibchen intern befruchtet wird. Eiablage erfolgt einige Tage später an Pflanzen, auch ohne die Anwesenheit des Männchens. Diese Art der Fortpflanzung ist innerhalb der Siluriformes ansonsten nur von der Familie Auchenipteridae bekannt, was FERRARIS (1991) veranlaßte, diese Familie der Delphinwelse in die Auchenipteridae zu integrieren.

Die Aquarieneinrichtung sollte die Vorliebe für Dunkelheit dieser Familie berücksichtigen: dunkler Bodengrund und durch Schwimmpflanzen gedämpfte Beleuchtung zusammen mit Moorkienwurzeln und anderen Verstecken bringen die Arten am besten zur Geltung.

Ageneiosus inermis 2/433
Guyana-Delphinwels
H: S-Amerika: Surinam, Guyana, Amazonas.
♂: Dorsalstachel länger (Laichzeit). **V**: =
Z: Natur: innere Befruchtung. **F**: K
T: 22–24°C, **L**: 45 cm, **pH**: 7, **SG**: 4

Ageneiosus marmoratus 4/224
Marmor-Delphinwels
H: S-Amerika: Guyana, Venezuela.
GU: Unbekannt. **V**: =
Z: Noch nicht erfolgt. **F**: K
T: 23–26°C, **L**: 30 cm, **pH**: 7, **SG**: 4

Familie Amphiliidae

Die Familie der Quappenwelse besteht aus 12 Gattungen mit insgesamt 66 Arten. Sie kommen vor allem in Gebirgsbächen des Kongo-Systems vor (bis 1829 m ü.d.M.; BURGESS, 1989). Dort leben sie bodenorientiert zwischen den Steinen und auf dem Grund. In der Strömung saugen sie sich nicht mit ihrem Maul fest, wie etwa die Loricariidae, sondern mit Hilfe ihrer breiten Pektoralen und Ventralen und ihrer flachen Unterseite. Die Arten der Unterfamilie Amphiliinae haben weder Panzerung noch Flossenstachel. Die Arten der Unterfamilie Doumeinae sehen Loricariiden sehr ähnlich, haben auch einen partiellen Panzer, aber wiederum kein Saugmaul.

Mit Ausnahme von *Phractura ansorgii* ist ihre Fortpflanzungsbiologie weitgehend unbekannt; im Aquarium sind keine weiteren Erfolge nachgewiesen, obwohl die größte Art nur 18 cm erreicht. Die Art entließ ihre froschlaichähnlichen Eier in das offene Wasser, wonach sie dann zu Boden sanken. Die Aufzucht war recht problematisch. (Angaben nach FOERSCH in FRANKE, 1985) Es wird auch berichtet, in der Natur würden die Eier unter Steine gelegt, ähnlich den Loricariidae, mit denen sie den Biotoptyp gemeinsam haben.

Die Ernährung der Quappenwelse erfolgt hauptsächlich mit Insektenlarven und anderen Wirbellosen.

Eine Gesellschaftsaquarienhaltung ist weitgehend möglich, solange das Wasser gut mit Sauerstoff versorgt und die Temperatur nicht zu hoch ist. Sonstige Wasserwerte sind nebensächlich. Die Arten sind friedlich, form- und farbattraktiv und oft auch tagsüber aktiv.

Amphilius atesuensis 3/291
Ghana-Kaulquappen-Schmerlenwels
H: W-Afrika: Ghana.
♂: Intensivere Zeichnung? V: +
Z: Noch nicht erfolgt. F: K,O
T: 18–22°C, L: 6 cm, pH: 7, SG: 2

Amphilius jacksonii 4/225
Jacksons Quappenwels
H: O-, Zentral-Afrika: Hochlandregionen.
GU: Unbekannt. V: +,–
Z: Unbekannt. F: O,K
T: 18–24°C, L: 15 cm, pH: 7, SG: 2

Amphilius sp. 3/292
Ostafrikanischer Quappenwels
H: O-Afrika: Tansania.
GU: Unbekannt. V: =
Z: Noch nicht erfolgt. F: O
T: 20–25°C, L: 21 cm, pH: 7, SG: 2

WELSE

Amphilius uranoscopus 3/292
Kenia-Schmerlenwels

H: Afrika: Kenia.
GU: Unbekannt. V: +
Z: Noch nicht erfolgt. F: K,O
T: 20–25°C, L: 7 cm, pH: 7, SG: 2

Belonoglanis brieni 5/228

H: Afrika: Zaire-Flußsystem.
GU: Unbekannt. V: +
Z: Noch nicht erfolgt. F: O,H
T: 20–25°C, L: 5 cm, pH: 7, SG: 2–3

Belonoglanis tenuis 4/226

H: Afrika: Zaire-Flußsystem.
GU: Unbekannt. V: +
Z: Noch nicht erfolgt. F: O
T: 24–28°C, L: 17 cm, pH: 7, SG: 2–3

Zaireichthys rotundiceps 5/228
Kurzer Zwergquappenwels

H: Afrika: Oberer Zaire-Einzug.
GU: Unbekannt. V: +
Z: Unbekannt. F: K!
T: 17–22°C, L: 4 cm, pH: 7, SG: 2

Zaireichthys sp.aff. *rotundiceps* 3/316
Tansania-Zwergstachelwels

H: Afrika: Tansania.
GU: Unbekannt. V: =
Z: Unbekannt. F: K
T: 22–25°C, L: 7 cm, pH: 7, SG: 2

Phractura ansorgii ♂ 3/294
Roter Kaulquappenwels

H: W-Afrika: Nigeria, Zaire.
♂: Kräftiger rotbraun, schlanker. V: =
Z: Pflanzendickicht; <100 Eier. F: O,K
T: 20–24°C, L: 9,5 cm, pH: 7, SG: 2

Phractura ansorgii ♀ 3/294
Roter Kaulquappenwels

Phractura brevicauda 5/230

H: W-Afrika: Gabun, Kamerun, Zaire.
♂: Schlanker. V: =
Z: Unbekannt. F: K,H
T: 22–26°C, **L**: 7 cm, **pH**: 7, **SG**: 3

Phractura clauseni 4/226
Clausens Quappenwels
H: Afrika: Unterer Niger, Kamerun.
♀: Zur Laichzeit dicker. V: +
Z: Noch nicht erfolgt. F: K
T: 23–27°C, **L**: 8 cm, **pH**: 7, **SG**: 2–3

Phractura intermedia 5/230

H: W-Afrika: Kamerun: Küstenflüsse.
GU: Unbekannt. V: ?
Z: Unbekannt. F: K
T: 22–26°C, **L**: 10 cm, **pH**: 7, **SG**: 3

Phractura longicauda 5/232
Langflossen-Quappenwels
H: Afrika: S-Kamerun, Ä-Guinea, Zaire.
GU: Unbekannt. V: +
Z: Unbekannt. F: K
T: 23–28°C, **L**: 8 cm, **pH**: 7, **SG**: 2–3

Leptoglanis wamiensis 4/234
Schachbrett-Zwergstachelwels
H: Afrika: Wami-Einzugsgebiet.
♂: Schlanker. V: +
Z: Unbekannt. F: K
T: 23–26°C, **L**: <8 cm, **pH**: >7, **SG**: 2

Familie Ariidae

Die Familie der Kreuzwelse besteht aus ca. 22 Gattungen mit insgesamt um die 157 Arten, welche hauptsächlich im Meerwasser vorkommen. Einige Arten wandern flußaufwärts, andere, wenige leben ausschließllich in Süßwasser. Es ist die einzige Welsfamilie mit einer weltweiten Verbreitung.

Kreuzwelse sind Maulbrüter im männlichen Geschlecht, ebenfalls einzigartig unter den Welsen. Die Eier sind relativ groß und ihre Anzahl entsprechend gering.

Ariidae sind Allesfresser mit Tendenz zu Fleischfressern und als solche leicht im Aquarium zu ernähren.

Da die verschiedenen *Arius*-Arten sich ziemlich ähnlich sehen, ist es schwierig, sie innerhalb der Gattung zu identifizieren. Es handelt sich um tagaktive Schwarmfische, was ihre gewisse Beliebtheit erklärt, denn farblich sind sie eher bescheiden.

Größere, eßbare Arten sind nicht sehr beliebt, im Gegenteil, sie werden eher als Störung empfunden, wenn sie sich im Netz verfangen. Auch verursachen ihre Dorsal- und Pektoralstacheln schwer heilende Wunden.

Arius graeffei 3/297
Lachswels
H: Neuguinea, Australien. Bw,Sw
♀: Längere, rundere Ventralen. **V:** =
Z: ♂ Maulbrüter; 2–4 Wochen; 14. **F:** O
T: 24–32°C, **L:** >40 cm, **pH:** >7, **SG:** 1–4

Hexanematichthys seemanni 2/434
Westamerikanischer Kreuzwels, "Minihai"
H: Amerika: Kalifornien–Kolumbien. Bw
♀: Hellere Flossen. **V:** =
Z: Natur: ♂ Maulbrüter. **F:** O
T: 22–26°C, **L:** 35 cm, **pH:** >7, **SG:** 3

Arius graeffei 2/434
Berneys Kreuzwels
H: N-Australien, Neuguinea. Bw, Sw
GU: Nicht beschrieben. **V:** =
Z: Natur: ♂ Maulbrüter (Nov/Dez). **F:** K
T: 24–26°C, **L:** 25 cm, **pH:** >7, **SG:** 2

WELSE

WELSE

Familie Aspredinidae

Die Familie der Bratpfannen- und Banjowelse besteht zur Zeit aus 12 Gattungen mit insgesamt 36 Arten, aber eine Arbeit in Vorbereitung wird weitere Gattungen und Arten bringen. Sie bewohnt hauptsächlich Süßwasser (Bunocephalinae), aber auch in Brackwasser und selbst in marinen Litoralzonen (Aspredininae) ist sie stellenweise zu finden.

Als nachtaktive Einzelgänger, die ihre Tageszeit versteckt zwischen Blättern oder Pflanzen am Boden liegend zubringen oder sich sogar eingraben, sind sie keine besonders gesuchten Arten, zumal farblich auch eher langweilige Brauntöne überwiegen. Ihr Reiz ist eher in ihrer ungewöhnlichen Körperform und vor allem Hautoberfläche zu finden.

Ihre Diät besteht aus Insektenlarven und anderen Wirbellosen; im Aquarium sind es problemlose Allesfresser, die für ein Gesellschaftsaquarium mit Friedfischen geeignet sind. Kleine Aquarium-Mitbewohner bis 3 cm Länge werden jedoch häufig als Nahrung angesehen.

Die Zucht der Aspredinidae ist bisher nur für *Bunocephalus coracoideus* gelungen. Bei dieser Art wedelt das Männchen eine Mulde am Boden aus. In diese legt das Weibchen seine Eier, welche dann dort durch das Männchen bewacht werden. Die Art hat sich als fruchtbar erwiesen, 4000 bis 5000 Junge können pro Eiablage erzielt werden. Unter den langgestreckten Arten wurde eine andere, sehr ausgefallenen Art der Fortpflanzung beobachtet (FERRARIS, 1991): Die Eier hängen am Bauch des Weibchens mit einem kleinen Stiel, durch den Kapillaren von einer Ventralvene der Mutter zu jedem Ei führen und es ernähren. Der Grund dafür scheint das schlammige Biotop (Flußmündungen) dieser Fische zu sein, wo ein fester Untergrund zur Eiablage selten ist.

Die Geschlechter der Aspredinidae sind schwer zu unterscheiden.

Amaralia hypsiura 3/298

H: S-Amerika: N-Brasilien.
GU: Unbekannt. V: +
Z: Unbekannt. F: O
T: 22–24°C, L: 7 cm, pH: 7, SG: 2–3

Bunocephalus verrucosus 3/298
Großkopf-Bratpfannenwels

H: S-Amerika: Mittlerer Amazonas.
GU: Keine. V: +
Z: Unbekannt. F: K,O
T: 21–25°C, L: 10 cm, pH: 7, SG: 2

Bunocephalus verrucosus 2/436
Hoher Bratpfannenwels
H: S-Amerika: Amazonasbecken.
♀: Zeitweise deutlich dicker. V: +
Z: Unbekannt. F: K,O
T: 20–24°C, L: 8 cm, pH: 7, SG: 1

Bunocephalus coracoideus 1/454
Zweifarbiger Bratpfannenwels
H: S-Amerika: Amazonas bis La Plata.
GU: Unbekannt. V: +
Z: Auf Sandboden 4000–5000 Eier. F: K
T: 20–27°C, L: 15 cm, pH: 7, SG: 3

Bunocephalus knerii 2/436
Laubwels
H: S-Amerika: Amazonas u. Zuflüsse.
GU: Unbekannt. V: +
Z: Sandgrube; Brutpflege ♂. F: K
T: 20–25°C, L: 8 cm, pH: <7, SG: 1

Bunocephalus quadriradiatus 5/233
Vierstrahl-Bratpfannenwels
H: S-Amerika: Amazonasgebiet.
GU: Unbekannt. V: =
Z: Nicht bekannt. F: K
T: 20–25°C, L: 12 cm, pH: <7, SG: 2–3

Platystacus cotylephorus ♂ 2/438
Peitschenwels
H: S-Amerika: Mündungen; Surin., Amaz.
♂: Schmalere Ventralen. V: +
Z: Natur: Eier an der Bauchhaut. F: K,O
T: 22–25°C, L: 25 cm, pH: >7, SG: 3

Platystacus cotylephorus ♀ 2/438
Peitschenwels

WELSE

Familie Astroblepidae (noch nicht im Aquarien Atlas erfaßt)

Astroblepidae sp.(?) Es fehlt der Art das Saugmaul, und laut Nelson (1994) und Burgess (1989) hat diese Familie 2 Paare Barteln. Dieser Fisch hat aber deren 3 (evtl. Pimelodidae sp.?). Die Körperform ist sehr langgestreckt, schmerlenartig.

Gefunden wurde dieser seltene Wels auf 600 m Höhe im Rio Missahualli, im ostandinen Vorland von Ecuador und in Südamerika. Der Fluß ist strömungsreich und fließt in einem Steinbett (ca. 22° C, pH um 7). Die Art ist gegen *Ichthyophthirius* sehr anfällig, und ihre schnellen Atembewegungen im Aquarium bestätigen den zu erwartenden hohen Sauerstoffbedarf. Andere Welse dieser Region sind einige Loricariidae, ein Walwels und *Pimelodella* sp.aff. *gracilis*.

Familie Auchenipteridae

Die Familie der Falschen Dornwelse besteht aus 19 Gattungen mit insgesamt etwa 100 Arten. Sie bewohnt Süßgewässer von Panama bis Argentinien.

Ferraris (1991) trennt die Gattungen *Centromochlus, Glanidium* und *Tatia*, und benutzt für sie die Familie Centromochlidae. Diese Arten zeigen keinen Sexualdimorphismus in bezug auf den Dorsalstachel und es scheint auch keine innere Befruchtung stattzufinden. Hier folgen wir jedoch Nelson, zumal bei *Tatia* innere Befruchtung beobachtet wurde.

Die verbleibenden Arten haben eine unter den Welsen einzigartige Art der Fortpflanzung (auch bei Arten der Ageneosidae zu finden, eine Familie, die Ferraris zu den Auchenipteridae stellt). Bei ihnen geschieht die Befruchtung der Eier intern nach einer Kopulation.

Geschlechtsunterschiede sind daher besonders bei der Genitalöffnung zu finden. Bei Männchen liegt diese am Ende der Vorderkante der Analflosse. Es ergibt sich eine Struktur ähnlich der des Andropodiums (Gonopodiums) der Poeciliinae (Gruppe 6 – Lebendgebärende Zahnkarpfen). Die weibliche Geschlechtsöffnung ist vergrößert und eingebuchtet, eine Art Trichter, in den das Männchen sein Gonopodium zur Kopulation einführt. Außerdem verdicken sich bei Männchen der Dorsalstachel und die Pektoralstacheln. All dies sind allerdings Merkmale, die nur während der Laichperiode beobachtet werden können.

Die adhärenten Eier werden einige Tage (sogar bis zu 4 Wochen bei *Tatia galaxias*) später an Pflanzen oder in Verstecken ohne das Beisein des Männchens abgelegt. Brutpflege ist keine beobachtet worden.

Die kleineren Arten dieser Familie sind ausgefallene Gäste für das versteckreiche, nicht übermäßig helle Gesellschaftsaquarium. Sie fühlen sich in einem kleinen Schwarm am wohlsten. Da manche dieser Arten auch tagsüber aktiv sind und sich mehrere kontrastreiche Farbmuster bei den Arten dieser Familie finden lassen, sind es beliebte Welse. Leider werden sie selten und jahreszeitlich bedingt zum Kauf angeboten.

Auchenipterichthys longimanus ♂ 2/440
Punktierter Dornwels
H: S-Amerika: m. bis u. Amazonas.
♂: Analstrahlen verdicken (Laichz.) V: =
Z: Vorratsbefruchtung. F: K,O
T: 20–23°C, L: 15 cm, pH: 7, SG: 2

Auchenipterichthys longimanus ♀ 2/440
Punktierter Dornwels

Auchenipterichthys thoracatus 2/442
Zamorawels, Mitternachtswels
H: S-Amerika: Oberer Amazonas.
♂: Dorsal-/Pektoral-Hartstrahlen dicker. V:=
Z: Natur: Innere Befruchtung. F: K,O
T: 20–24°C, L: 11 cm, pH: 7, SG: 2

Auchenipterus nuchalis 2/442
Schnauzbartwels
H: S-Amerika: Mündungsgebiete.
♂: Maxillare stärker ausgeprägt. V: +
Z: Interne Befruchtung. F: K,O
T: 20–22°C, L: 15 cm, pH: 7, SG: 2–3

Entomocorus benjamini ♂ 4/228
Schlafwels
H: S-Amerika: Bolivien.
♂: Siehe Fotos (Ventralen, Anale). V: –
Z: Noch nicht gelungen. F: K
T: 24–27°C, L: 7 cm, pH: 7, SG: 3–4

Entomocorus benjamini ♀ 4/228
Schlafwels

Entomocorus gameroi 3/300
Zwergdornwels
H: S-Amerika: Surinam, Brasilien.
♂: Anale ist Begattungsorgan. V: –
Z: Natur: Innere Befruchtung. F: K,O
T: 20–24°C, L: 7 cm, pH: 7, SG: 3

Trachelyopterus albicrux 5/234
Weißkreuz-Trugdornwels
H: S-Amerika: N-Argentinien.
♂: Anale als Urogenitalorgan. V: =
Z: Innere Befruchtung. F: K,O
T: 18–24°C, L: 14 cm, pH: 7, SG: 3

Trachelyopterus fisheri 5/234
Fishers Trugdornwels
H: S-Amerika: Guyana, Kolumbien.
♂: Anale als Urogenitalorgan. V: =
Z: Innere Befruchtung. F: K,O
T: 22–26°C, L: 28 cm, pH: 7, SG: 3–4

Trachelyopterus galeatus ♂ juv. 2/444
Wurzelwels
H: S-Amerika: Norden bis Peru.
♂: Anale als Urogenitalorgan. V: =
Z: Innere Befruchtung. F: K,O
T: 20–24°C, L: 20 cm, pH: 7, SG: 2–3

Trachelyopterus galeatus adult 2/444
Wurzelwels

Trachelyopterus galeatus 5/236
Wurzelwels
H: S-Amerika: Weit verbreitet.
♂: Anale als Urogenitalorgan. V: =
Z: Innere Befruchtung. F: K,O
T: 22–29°C, L: ca.15 cm, pH: 7, SG: 2–3

Trachelyopterus insignis ♂ 5/236
Streifentrugdornwels
H: S-Amerika: Brasilien, Kolumbien.
♂: Anale als Urogenitalorgan. V: –
Z: Innere Befruchtung. F: K,O
T: 23–28°C, L: 25 cm, pH: <7, SG: 2–3

Trachelyopterus leopardinus 5/238
Leopard-Trugdornwels
H: S-Amerika: O-Brasilien.
♂: Anale als Urogenitalorgan. V: +
Z: Innere Befruchtung; <400 E. F: K,O
T: 22–28°C, L: 18 cm, pH: 7, SG: 2–3

Pseudauchenipterus nodosus juv. 2/446
Fadendornwels, Yellow Catfish
H: S-Amerika: Guyana-L., Ven., Tri., Ama.
♂: Anale mit Urogenitalorgan. V: =
Z: Noch nicht geglückt. F: K,O
T: 20–25°C, L: 20 cm, pH: 7, SG: 2–3

Tatia creutzbergi 3/300
Zwergdornwels
H: S-Amerika: Surinam, Brasilien.
♂: Anale als Begattungsorgan. V: =
Z: Innere Befruchtung; unter Holz. F: K
T: 21–24°C, L: 4 cm, pH: 7, SG: 1

Tatia galaxias 4/228
Milchstraßen-Trugdornwels
H: S-Amerika: Venezuela: Orinoco-Becken.
♂: Anale ist Kopulationsorgan. V: +
Z: 1Monat nach Befruchtung; 200. F:K,O
T: 22–26°C, L: 9 cm, pH: 7, SG: 3

Tatia perugiae 5/238

H: S-Amerika: Kolumbien, Ecuador, Peru.
GU: Unbekannt. V: +
Z: Unbekannt. F: K,L
T: 26–28°C, **L**: 6 cm, **pH**: <7, **SG**: 3

Trachelyichthys decaradiatus 5/242
Zehnstrahlen-Trugdornwels

H: S-Amerika: Guyana.
♂: Genitalpapille vor der Anale. V: =
Z: Äußere Befruchtung. F: K
T: 20–28°C, **L**: 12 cm, **pH**: 7, **SG**: 2

Trachelyichthys exilis ♂ 3/302

H: S-Amerika: Peru: Rio Mamón.
♂: Sichtbare Genitalpapille. V: +
Z: Javamoos o.ä. F: K
T: 22–24°C, **L**: 8 cm, **pH**: <7, **SG**: 2–3

Trachelyopterichthys taeniatus 2/446
Falscher Streifendornwels

H: S-Amerika: Oberer Amazonas.
♂: Anale als Begattungsorgan. V: =
Z: Interne Befruchtung. F: K
T: 20–25°C, **L**: 15 cm, **pH**: <7, **SG**: 2–3

Trachelyopterus coriaceus ♂ 5/240
Cheyenne Trugdornwels

H: S-Amerika: Französisch-Guyana.
GU: Urogenitalpapille. V: =
Z: Innere Befruchtung. F: K,O
T: 24–29°C, **L**: 18 cm, **pH**: 7, **SG**: 2–3

Trachelyopterus coriaceus ♀ 5/240
Flecken-Trugdornwels

H: S-Amerika: Brasilien.
♂: Genitalpapille vor der Anale. V: =
Z: Innere Befruchtung. F: K,O
T: 24–29°C, **L**: 18 cm, **pH**: 7, **SG**: 2–3

Familie Bagridae

Die Familie der Stachelwelse besteht aus 31 Gattungen mit etwa 286 Arten insgesamt. Die Systematik der Familie wird nicht universell anerkannt, so z.B. gibt es ein Kriterium, nach dem die Gattung *Olyra* – die einzige der Familie Olyridae (siehe dort) – Teil der Bagridae sei. Gleichzeitig werden die Bagridae in zwei weitere Familien aufgespalten: Claroteidae und Austroglanididae. Bis diese Ansicht weitere Verbreitung findet, behalten wir hier die "alte" Einteilung bei (d.h., NELSON 1994).

Das Verbreitungsgebiet der Stachelwelse erstreckt sich von Afrika bis Asien (bis Japan und Borneo) im Süßwasser. Es handelt sich überwiegend um mittlere bis große Arten (2 m für *Chrysichthys grandis* aus dem Tanganjikasee), die als Speisefische wichtig sind, aber einige Arten bleiben klein genug für ein Gesellschaftsaquarium ohne Jungfische bzw. für das Artbecken.

Speisefischzucht größerer Bagridae ist nicht sehr entwickelt, aber mit einigen der mittelgroßen Arten wird in Afrika gearbeitet (BARDACH et.al., 1972): *Auchenoglanis occidentalis, Bagrus docmak* und verschiedene *Chrysichthys*-Arten. Da die meisten Stachelwelse Raubfische sind, wird sich aber eine kostengünstige Ernährung dieser Familie in Speisefischzuchtanstalten als problematisch erweisen. In Aquarien spielt das keine große Rolle, aber es muß beachtet werden, daß keiner der Gesellschafter so klein ist, um als Beute in Frage zu kommen.

In Aquarien haben sich diese Welse weitgehend als scheue, dämmerungs- und nachtaktive Arten erwiesen. Dementsprechend sollte das Bekken nicht sehr hell beleuchtet und versteckreich eingerichtet sein.

Gegenüber den Wasserbedingungen sind Stachelwelse allgemein anpassungsfähig, doch gibt es bei solch einer weitverbreiteten Familie auch Ausnahmen.

Erfolge mit der Fortpflanzung dieser Familie sind bislang eher bescheiden. Bei den bisherigen Beobachtungen der Gattungen *Batasio*, *Mystus*

Hemibagrus wyckioides, der Asiatische Rotflossenwels

und *Pelteobagrus* legen diese Arten adhärente Eier an feinfiedrige Pflanzen und an Pflanzenwurzeln. Bei letzterer Gattung wurde auch ein Verstecklaicher mit männlicher Brutfürsorge beobachtet. FERRARIS (1991) berichtet von den asiatischen Arten *Sperata aor, S. seenghala* und *Mystus gulio*, daß die Ventralzone der Elterntiere schwammig wird und eine milchige Flüssigkeit aussondert. Diese wird wie bei Diskusfischen (siehe Gruppe 8 – Südamerika) von den Jungfischen abgeweidet.

Auchenoglanis cf. *biscutatus* 3/303
Gelber Stachelwels
H: Afrika: Nil, Malawisee.
GU: Nicht beschrieben. **V:** =
Z: Unbekannt. **F:** O
T: 24–26°C, **L:** >35 cm?, **pH:** >7, **SG:** 2

Parauchenoglanis ngamensis 3/304
Großmaul-Stachelwels
H: W-Afrika.
GU: Nicht beschrieben. **V:** =
Z: Unbekannt. **F:** O
T: 22–26°C, **L:** 25 cm, **pH:** 7, **SG:** 2

Auchenoglanis occidentalis 2/448
Augenfleckwels, Giraffenwels
H: Afrika: Weitverbreitet in den Tropen.
GU: Nicht beschrieben. **V:** =
Z: Unbekannt. **F:** O
T: 21–25°C, **L:** 45 cm, **pH:** 7, **SG:** 2

Parauchenoglanis punctatus 4/231

H: Afrika: Zaire-System.
GU: Unbekannt. **V:** =
Z: Unbekannt. **F:** K
T: 24–28°C, **L:** 8 cm, **pH:** 7, **SG:** 2–3

Bagrichthys hypselopterus 3/304
Buckel-Stachelwels
H: SO-Asien: Sum., Borneo, Thai, Myanmar.
GU: Unbekannt. **V:** +
Z: Unbekannt. **F:** O
T: 20–25°C, **L:** 40 cm, **pH:** 7, **SG:** 3

Bagrus bajad 4/232
Bajad-Stachelwels
H: Afrika.
GU: Unbekannt. V: –
Z: Unbekannt. F: O
T: 22–28°C, L: 70 cm, pH: 7, SG: 4

Bagrus docmak 2/448
Nilwels, Schweinewels
H: Afrika: Viktoria-, Stefan-, Kainjisee.
GU: Nicht beschrieben. V: –
Z: Unbekannt. F: K,O
T: 21–25°C, L: 60 cm, pH: 7, SG: 3–4

Bagrus filamentosus 4/232
Schweinewels
H: Afrika: Niger-System.
♀: Leibesfülle bei Reife. V: =
Z: Unbekannt. F: K
T: 20–27°C, L: 15 cm, pH: 7, SG: 3

Leiocassis poecilopterus 3/306
H: Asien: Java
GU: Unbekannt. V: =
Z: An Pflanzenblättern; <1000 E. F: K,O
T: 23–26°C, L: 20 cm, pH: 7, SG: 2–3

Chrysichthys brevibarbis 3/306
Teleskop-Stachelwels
H: W-Afrika: Zaire, Stanley Pool.
GU: Unbekannt. V: –
Z: Unbekannt. F: K
T: 20–25°C, L: 44 cm, pH: 7, SG: 3

Chrysichthys nigrodigitatus 4/234
H: W-Afrika.
GU: Unbekannt. V: –
Z: Unbekannt. F: K,O
T: 22–28°C, L: 70 cm, pH: 7, SG: 4

WELSE

Chrysichthys nigrodigitatus 3/290
Gabelschwanzwels
H: W-Afrika: Weit verbreitet.
♂: Breiterer Kopf wenn erwachsen. V: =
Z: Natur: ♂ gräbt Nestmulde. F: O
T: 23–26°C, L: 65 cm, pH: 7, SG: 3–4

Chrysichthys ornatus 3/308
Marmorierter Stachelwels
H: W-Afrika: Zaire, Kongo, Ubangi.
GU: Unbekannt. V: =
Z: Unbekannt. F: K
T: 20–25°C, L: 19 cm, pH: 7, SG: 2

Chrysichthys walkeri 3/308
Walkers Stachelwels
H: W-Afrika: Goldküste, Ghana.
GU: Keine. V: =,–
Z: Unbekannt. F: K
T: 20–25°C, L: 24 cm, pH: 7, SG: 2

Clarotes laticeps 3/310
Großer Silberstachelwels
H: Afrika: Ägyp., Tschad, Niger, Sen., Sud.
GU: Unbekannt. V: –
Z: Unbekannt. F: K
T: 20–26°C, L: <80 cm, pH: 7, SG: 2

Chrysichthys longipinnis 3/310
Langflossiger Schlankstachelwels
H: Afrika: Zaire, Kongo, Stanley Pool.
♂: Schlanker. V: =
Z: Unbekannt. F: K
T: 20–25°C, L: 14 cm, pH: 7, SG: 2

Chrysichthys sp. 3/312
Kongo-Schlankstachelwels
H: Afrika: Zaire.
♂: Schlank. V: –
Z: Unbekannt. F: K
T: 20–25°C, L: 48 cm, pH: 7, SG: 3

Mystus bocourti 2/450
Königsstachelwels
H: SO-Asien: Thailand.
GU: Unbekannt. V: =
Z: Unbekannt. F: K
T: 22–25°C, L: 18 cm, pH: 7, SG: 3

Bagroides melapterus 1/455
Hummelwels
H: SO-Asien: Sumatra, Borneo.
GU: Unbekannt. V: =
Z: Unbekannt. F: K,O
T: 18–28°C, L: 20 cm, pH: 7, SG: 2–3

Pseudomystus siamensis 2/450
Siamesischer Ringelwels
H: SO-Asien: Thailand, Kambodscha.
GU: Unbekannt. V: =
Z: Unbekannt. F: K
T: 20–26°C, L: 20 cm, pH: 7, SG: 2–3

Leiocassis stenomus 3/314
Sunda-Stachelwels
H: Asien: Sunda-Archipel: Java, Sum., Bor.
GU: Unbekannt. V: =
Z: Unbekannt. F: K
T: 20–26°C, L: 15 cm, pH: 7, SG: 2

Liauchenoglanis maculatus 3/316
Leopardflecken-Stachelwels
H: Afrika: Sierra Leone (selten!).
GU: Unbekannt. V: +
Z: Unbekannt. F: K
T: 22–25°C, L: 8 cm, pH: <7, SG: 2

Lophiobagrus cyclurus 2/452
Tanganjikasee-Stachelwels
H: Afrika: Tanganjikasee. E.
GU: Nicht bekannt. V: =
Z: Höhlenbrüter. F: K
T: 23–26°C, L: 10 cm, pH: >7, SG: 3

Leiocassis argentivittatus 5/244
Schwalbenschwanz-Stachelwels
H: Asien: China.
GU: Unbekannt. **V**: =
Z: Unbekannt. **F**: K,O
T: 20–25°C, **L**: 5 cm, **pH**: 7, **SG**: 3

Mystus nigriceps 3/318
Schwarzkopf-Stachelwels
H: Asien: Indien, Burma, evtl. ganz SO-Asien.
♂: Größer; meist schlanker. **V**: =
Z: 1000 E; oft schlüpfen nur 50%. **F**: K,O
T: 22–25°C, **L**: 15 cm, **pH**: 7, **SG**: 2–3

Mystus nigriceps 2/452
Antennen-Stachelwels
H: Asien: Weit verbreitet (Indien, Burma).
GU: Nicht beschrieben. **V**: =
Z: Unbekannt. **F**: K,O
T: 22–25°C, **L**: 15 cm, **pH**: 7, **SG**: 2–3

Mystus bimaculatus 1/456
Schulterfleck-Stachelwels
H: Asien: Sumatra, Malaysia.
GU: Nicht beschrieben. **V**: =
Z: Unbekannt. **F**: K,O
T: 20–26°C, **L**: 9 cm, **pH**: 7, **SG**: 1

Mystus bleekeri (rechts) 3/318
Bleekers Stachelwels
H: Asien: Pakistan, Nepal, Bang., Birma.
GU: Unbekannt. **V**: =
Z: Unbekannt. **F**: K
T: 18–26°C, **L**: <45 cm, **pH**: 7, **SG**: 3

Pelteobagrus mica 3/320
Zwergstachelwels
H: Asien: GUS-Staaten.
♂: Genitalpapille; Anale kleiner. **V**: =
Z: Nat: zw. Sumpfpflanzenwurzeln. **F**: K
T: 16–24°C, **L**: 6 cm, **pH**: 7, **SG**: 2

Hemibagrus nemurus 2/454
Asiatischer Rotflossenwels
H: Asien: Malay., Thai., Sum., Sing., Java.
GU: Nicht bekannt. V: –
Z: Unbekannt. F: K
T: 22–25°C, L: 60 cm, pH: >7, SG: 4

Mystus vittatus 1/456
Indischer Streifenwels, Kobaltwels
H: Asien: Vorderindien, Burma.
GU: Unbekannt. V: =
Z: Zw. Wurzeln u. niedrigen Pflanzen. F:K
T: 22–28°C, L: 20 cm, pH: 7, SG: 1–2

Hemibagrus wyckii 3/320
H: SO-Asien: Java, Sum., Bor., Malai. Halbi., Sri L, Birma, Thai.
GU: Unbekannt. V: –
Z: Unbekannt. F: K
T: 22–25°C, L: <80 cm, pH: 7, SG: 2

Parauchenoglanis balayi 5/244
H: Afrika: S-Kamerun, Gabun, Zaire.
GU: Unbekannt. V: =
Z: Nicht bekannt. F: K,O
T: 22–28°C, L: 39 cm, pH: 7, SG: 4

Anaspidoglanis macrostoma 1/456
H: Afrika: Nigerdelta, Burkina Faso.
GU: Unbekannt. V: =,–
Z: Unbekannt. F: K,O
T: 23–27°C, L: 24 cm, pH: 7, SG: 2

Pelteobagrus brashnikowi 3/312
Kosatok-Stachelwels
H: Asien: GUS-Staaten.
♂: Kleiner u. vermutlich schlanker. V: =
Z: Zwischen Wasserpflanzenwurzeln. F:K
T: 12–25°C, L: <22 cm, pH: 7, SG: 1

Leiocassis crassilabris 5/246

H: Asien: China.
GU: Unbekannt. V: =
Z: Unbekannt. F: K,O
T: 15–25°C, L: 16 cm, pH: 7, SG: 2–3

Pseudobagrus nudiceps 5/246
Honig-Stachelwels

H: Asien: Japan.
GU: Unbekannt. V: =
Z: Brutpflege ♂; Mulde im Kies. F: K,O
T: 10–24°C, L: 30 cm, pH: >7, SG: 2–3

Leiocassis ussuriensis 3/314
Ussuri-Stachelwels

H: Asien: GUS-Staaten.
♂: Kleiner u. meist schlanker. V: =
Z: Zwischen Wasserpflanzenwurzeln. F:K
T: 12–25°C, L: 20 cm, pH: 7, SG: 2

Pelteobagrus fulvidraco 3/322
Amur-Stachelwels

H: Asien: Amur-Gebiet.
♂: Größer. V: –
Z: Brutpflege ♂; <2000 Eier. F: K
T: 16–25°C, L: <35 cm, pH: 7, SG: 2

Hyalobagrus ornatus 3/322
Zwergstachelflossenwels

H: Asien: Malaysia, Indonesien.
♂: Genitalpap. ♀: Fast transparent. V: +
Z: Die Eier sind grün im Körper. F: K
T: 21–25°C, L: 4 cm, pH: 7, SG: 1

Rita rita 5/248
Ritawels

H: Asien: Indien.
GU: Nicht bekannt. V: =,–
Z: Im Sommer: Eier 7 mm Ø. F: K,O
T: 18–26°C, L: 120 cm, pH: 7, SG: 4

Familie Callichthyidae

Die Familie der Schwielen- und Panzerwelse besteht aus insgesamt etwa 184 Arten in 8 Gattungen. Sie leben in Süßgewässern Panamas, der Insel Trinidad und Südamerikas. Zwei Unterfamilien werden anerkannt. Die kleine Callichthyinae (Schwielenwelse) mit nur 8 Arten und die Corydoradinae, die beliebten Panzerwelse, mit der großen Mehrheit der Arten (etwa 180).

Eine familientypische Eigenschaft ist ihre starke Panzerung mit dachziegelartig überlappenden Knochenplatten. Alle Mitglieder der Familie brauchen runden Kies oder besser Flußsand als Bodengrund, da sonst die empfindlichen Barteln bei der Futtersuche verletzt werden.

Unterfamilie Callichthyinae

Schwielenwelse leben hauptsächlich in sauerstoffarmen Sumpf- und Restgewässern. Zusätzlichen Sauerstoff gewinnen diese Arten, indem sie nach Luft schnappen und diese dann in ihren Darm pressen. Dort erfolgt der Gasaustausch. Die verbrauchte Luft wird durch den After entlassen. Bei hoher Feuchte kriechen die Schwielenwelse, meist nachts, von einem Gewässer ins andere. Daß sie an die im Aquarium herrschenden Bedingungen keine besonderen Ansprüche stellen, liegt auf der Hand. Selbst bei nicht ganz sachgemäßer Haltung sind sie ausdauernde Pfleglinge.

Ihre Fortpflanzung geschieht mit Hilfe eines Schaumnestes, das vom Männchen gebaut und bewacht wird. Andere Fische, auch das Weibchen, werden heftig vertrieben. Man sollte daher nach der Eiablage das Männchen alleine im Becken belassen. Zwischen 200 und 800 Jungfische können pro Nest erwartet werden.

Schwielenwelse sind leider farblich nicht sehr interessant (eine Ausnahme könnte eine als *Hoplosternum magdalenae* beschriebene Art sein, über die allerdings noch Zweifel bestehen). Auch ihre Bewegungsfreudigkeit hält sich in Grenzen, sie führen ein eher bodenorientiertes, verstecktes Leben. Da sie aber völlig friedlich sind und nicht übermäßig groß werden, findet man sie immer wieder im Angebot.

Unterfamilie Corydoradinae

Diese Unterfamilie enthält die Gattungen *Aspidoras* (etwa 19 Arten), *Brochis* (3 Arten) und *Corydoras* (etwa 157 Arten, wahrscheinlich mehr).

Allen Gattungen gemeinsam ist ihre Fähigkeit, Sauerstoff aus der Luft, wie für Schwielenwelse oben beschrieben, zu gewinnen. Oftmals bemerkt man ihre Anwesenheit in der Natur erst dadurch, daß man von ihrem typischen Luftholen an der Oberfläche Zeuge wird. Dieses Luftholen muß nicht unbedingt mit einem direkten Sauerstoffmangel in Verbindung stehen, da wiederholt beobachtet wurde, daß, nachdem ein Wurfnetz zum Einsatz gekommen war, zahlreiche *Corydoras* und *Brochis* sofort danach auftauchten, um nach Luft zu schnappen. Bald darauf kehrt wieder Ruhe ein, wie vor dem Wurf. Es könnte sein, daß die Panzerwelse sich Reserven holen, um besser einer Streßsituation gewachsen zu sein. Nachts sind diese Welse schläfriger und lassen sich einfacher im Scheinwerferlicht im seichten Wasser in einen Käscher treiben, bzw. mit ihm "aufschaufeln".

Aspidoras-Arten sind, oberflächlich betrachtet, kleine *Corydoras* mit auffällig kleinen Augen. In der Aquaristik sind sie kaum verbreitet. FRANKE (1985) berichtet über eine Zufallszucht von *A. poecilus*, einer Art aus dem Rio Xingú, Mato Grosso, Brasilien. Vier Männchen und drei Weibchen waren in einem 20 Liter Artbecken mit dichter Vegetation.

Die Gattung *Brochis* hat vor einigen Jahren in USA Aufmerksamkeit auf sich gelenkt, als *B. britskii* auf den Markt kam und beschrieben wurde. Die drei Arten der Gattung sind sich ähnlich in ihrer metallisch-grünen Färbung, generellen Gestalt (große, hochrückige *Corydoras*) und der vielstrahligen Dorsalflosse (insbesondere *B. multiradiatus*, wie schon der Name sagt). *B. splendens* ist bereits gezüchtet worden. Die Zucht gelingt nicht immer, folgt aber den Normen der Unterfamilie (siehe unten). Interessant ist, daß die Nachkommen erst ab einer Länge von 4–5 cm im Farbkleid ihren Eltern gleichen.

Die Gattung *Corydoras* vereint die größte Anzahl an Arten innerhalb der Callichthyidae. Jeder Bach und jede Lagune des tropischen Südamerika beherbergt mindestens eine, oft sind es drei oder vier, *Corydoras*-Arten. Diese kleinen geselligen, munteren, tagaktiven Friedwelse sind aus keinem Gesellschaftsbecken wegzudenken. Da sie zudem allesfressende "Staubsauger" für Futterreste sind, erfüllen sie sogar eine wichtige Aufgabe im biologischen Kreislauf der "Mikrowelt Aquarium".

Corydoras sind die in der Aquaristik am erfolgreichsten gezüchteten Welse überhaupt. Viele der importierten Arten sind bereits im Aquarium vermehrt worden. Zu einer kommerziell kalkulierbaren Routine ist es allerdings noch ein weiter Weg. Man wird bei der Mehrzahl der Arten noch einige Zeit auf Wildimportsendungen angewiesen sein.

Grundsätzlich braucht man zur Zucht mindestens ein 50 l Becken mit großer, sandbedeckter Bodenfläche und einer breitblättrigen Pflanze als Laichsubstrat. Das Wasser sollte leicht sauer (pH 6–7) und weich (unter 6 °dGH) sein. Die günstigste Temperatur liegt bei 24–28 °C. Der Zuchtansatz erfolgt entweder als Paar oder mit doppelt soviel Männchen wie Weibchen. Die bis zu 500 Eier werden in eine durch die Bauchflossen des Weibchens sich ergebende Tasche gelegt. Je nach Art werden 2–25 Eier pro Laichakt ausgestoßen. Von der Tasche werden sie an Blätter oder an die Aquarienscheiben geheftet. Am 5. oder 6. Tag schlüpfen die Jungen. Alle Arten fressen ihre Eier unmittelbar nach dem Ablaichen. Es müssen also entweder die Elterntiere oder das abzuschneidende eibeladene Blatt bzw. die von der Glasscheibe abzutrennenden Eier rechtzeitig umgesetzt werden, wobei immer das Aufzuchtbekken gut belüftet sein sollte.

Aspidoras albater 2/455

H: S-Amerika: Brasilien: Rio Tocantins.
GU: Nicht beschrieben. V: +
Z: Unbekannt. F: K,O
T: 22–24°C, L: 4 cm, pH: 7, SG: 2

Aspidoras fuscoguttatus 3/324

H: S-Amerika: Brasilien, Peru.
♂: Etwas schlanker. V: +
Z: Unbekannt. F: O
T: 22–25°C, L: 4 cm, pH: <7, SG: 2

Aspidoras menezesi 2/456

H: S-Amerika: Brasilien: Rio Salgado.
♂: Schlanker. V: +
Z: Unbekannt. F: K,O
T: 21–24°C, L: 4,5 cm, pH: <7, SG: 2–3

Aspidoras pauciradiatus 2/456

H: S-Amerika: Brasilien: Rio Araguaia.
GU: Nicht bekannt. V: +
Z: Noch nicht erfolgt. F: L,O
T: 22–25°C, L: 3,5 cm, pH: <7, SG: 3

Aspidoras raimundi 5/250

H: S-Amerika: NO-Brasilien.
♀: Zur Laichzeit dicker. V: +
Z: Haftlaicher, ca. 20 Eier. F: K,O
T: 20–23°C, L: 4 cm, pH: <7, SG: 3

Aspidoras rochai 3/324
Schmerlenpanzerwels

H: S-Amerika: Brasilien.
♀: Zur Laichzeit dicker. V: +
Z: Unbekannt. F: K
T: 21–25°C, L: 4,5 cm, pH: 7, SG: 2

Aspidoras spilotus 5/251
Gefleckter Aspidoras

H: S-Amerika: Brasilien: Staat Ceará.
♀: Zur Laichzeit voller. V: +
Z: ♂♂ sehr aktiv. F: K
T: 22–25°C, L: 4,5 cm, pH: <7, SG: 2

Brochis britskii 3/326
Britzkis Panzerwels
H: S-Amerika: Brasilien: Rio Paraguay.
GU: Nicht beschrieben. V: +
Z: Unbekannt. F: K
T: 20–24°C, L: 8 cm, pH: 7, SG: 2

Brochis multiradiatus 2/458
Spitzmaulpanzerwels
H: S-Amerika: Ecuador: Rio Napo.
GU: Nicht beschrieben. V: +
Z: Gelungen, kein Bericht. F: L,O
T: 21–24°C, L: 8 cm, pH: <7, SG: 2

Brochis splendens adult 1/458
Grüner Panzerwels, Smaragd-Panzerw.
H: S-Amerika: Peru, Brasilien, Ecuador.
♀: Zur Laichzeit dicker. V: +
Z: Erfolgreich; wie Corydoradinae. F: O
T: 22–28°C, L: 7 cm, pH: <7, SG: 1

Brochis splendens juvenil 3/326
Grüner Panzerwels, Smaragd-Panzerw.
H: S-Amerika: Peru, Brasilien, Ecuador.
GU: Unbekannt. V: +
Z: Bis über 1 000 Eier. F: O
T: 22–28°C, L: 7 cm, pH: <7, SG: 1

Callichthys callichthys 1/458
Schwielenwels
H: S-Amerika: Peru, Bras., Bol., Par., Ven.
♂: Farbiger; Pektoralstacheln länger. V: +
Z: Schaumnest; Brutpflege <120 E. F: O
T: 18–28°C, L: <18 cm, pH: 7, SG: 1

Corydoras acutus 1/460
H: S-Amerika: Peru: Rio Ambiyacu.
♂: Schlanker. V: +
Z: Unbekannt. F: O
T: 22–26°C, L: 5,5 cm, pH: 7, SG: 1–2

Corydoras adolfoi 3/328
Adolfos Panzerwels
H: S-Amerika: Brasilien, Rio Negro Uaupés.
GU: Unbekannt. V: +
Z: Adhärente Eier. F: O
T: 22–26°C, L: 6 cm, pH: 7, SG: 2

Corydoras aeneus 1/460, 5/252
Metall-Panzerwels
H: S-Amerika: Trinidad, Ven. bis La Plata.
♂: Schlanker. V: +
Z: Wie Unterfamilie. F: O
T: 22–26°C, L: <7 cm, pH: 7, SG: 1–2

Corydoras aeneus 1/460, 5/252
Metall-Panzerwels
H: S-Amerika: Venezuela bis Argentinien.
♂: Etwas kleiner und schlanker. V: +
Z: An Pflanzenblättern. F: O
T: 22–26°C, L: 6-7 cm, pH: 7, SG: 1–2

Corydoras aeneus 1/460, 5/252
Metall-Panzerwels
(Künstlich gefärbt!)

Corydoras cf. *aeneus* 5/253
Metall-Panzerwels
H: Kolumbien.

Corydoras sp. aff. *aeneus* 5/253
Metall-Panzerwels
H: N-Venezuela.

Corydoras agassizii 1/468
Silberstreifen-Panzerwels
H: S-Amerika: Peru: Iquitos.
♂: Schlanker. V: +
Z: Unbekannt. F: O
T: 22–26°C, L: 6,5 cm, pH: 7, SG: 1–2

Corydoras amapaensis 3/328
Amapa-Panzerwels
H: S-Amerika: Brasilien, Franz. Guyana.
♂: Schlanker. V: +
Z: Wie Unterfamilie. F: O
T: 22–26°C, L: 6,5 cm, pH: 7, SG: 2

Corydoras amandajanea 5/254
Janes Corydoras
H: S-Amerika: Brasilien, Rio Negro.
♂: Etwas schlanker. V: +
Z: Kein Bericht. F: K,O
T: 20–25°C, L: 6,5 cm, pH: <7, SG: 2

Corydoras amandajanea 5/254
Janes Corydoras
(Punktierte Form)

Corydoras ambiacus 2/458

H: S-Amerika: Peru: Rio Ambiyacu.
♂: Schlanker. V: +
Z: Kein Zuchtbericht. F: O
T: 21–24°C, L: 6 cm, pH: <7, SG: 2

Corydoras araguaiaensis (3/289), 4/236
Araguaia-Panzerwels 5/257
H: S-Amerika: Brasilien, Rio Araguaia.
♂: Etwas kleiner u. schlanker. V: +
Z: An Pflanzenblättern; <100 Eier. F: O
T: 23–26°C, L: <6 cm, pH: <7, SG: 2

Corydoras arcuatus 1/460
Stromlinien-Panzerwels
H: S-Amerika: Brasilien: Tefe.
♂: Schlanker. V: +
Z: Unbekannt. F: O
T: 22–26°C, L: <5 cm, pH: 7, SG: 1–2

Corydoras armatus 1/460
H: S-Amerika: O-Bolivien.
♂: Schlanker. V: +
Z: Unbekannt. F: O
T: 22–26°C, L: 4,5 cm, pH: 7, SG: 1–2

Corydoras atropersonatus 2/460
H: S-Amerika: Ecuador.
♂: Zur Laichzeit Schlanker. V: +
Z: Unbekannt. F: O
T: 21–24°C, L: 4,5 cm, pH: <7, SG: 3

Corydoras axelrodi 1/460
Rosafarbener Panzerwels
H: S-Amerika: Kolumbien: Rio Meta.
♂: Schlanker? V: +
Z: Unbekannt. F: O
T: 22–26°C, L: 5 cm, pH: 7, SG: 1–2

Corydoras baderi 1/470
H: S-Amerika: Brasilien.
GU: Unbekannt. V: +
Z: Unbekannt. F: O
T: 22–26°C, L: <4 cm, pH: 7, SG: 1–2

Scleromystax barbatus ♀ 1/460
H: S-Amerika: Brasilien: Rio bis Sao Paulo.
GU: Siehe Fotos V: +
Z: Unbekannt. F: O
T: 22–26°C, L: 12 cm, pH: 7, SG: 1–2

Scleromystax barbatus ♂ 1/460

Corydoras blochi 1/462

H: S-Amerika: Guyana.
♂: Schlanker? V: +
Z: Unbekannt. F: O
T: 22–26°C, L: <6 cm, pH: 7, SG: 1–2

Corydoras vittatus 1/460

H: S-Amerika: Amazonien: Rio Itapecuru.
♂: Schlanker? V: +
Z: Unbekannt. F: O
T: 22–26°C, L: <6 cm, pH: 7, SG: 1–2

Corydoras geryi ♀ 4/238
Bolivianischer Riesenpanzerwels, C5

H: S-Amerika: Bolivien: Rio Mamoré.
GU: Siehe Fotos. V: +
Z: Unbekannt. F: K,O
T: 22–25°C, L: 8 cm, pH: 7, SG: 3

Corydoras geryi ♂ 4/238
Bolivianischer Riesenpanzerwels, C5

Corydoras bondi 1/462

H: S-Amerika: Guyana, Surinam.
♂: Schlanker? V: +
Z: Unbekannt. F: O
T: 22–26°C, L: <5,5 cm, pH: 7, SG: 1–2

Corydoras coppenamensis 3/330
Coppenam-Panzerwels

H: S-Amerika: Surinam: Coppename-Fluß.
GU: Nicht beschrieben. **V:** +
Z: Bereits nachgezüchtet. **F:** K,O
T: 20–24°C, **L:** 5 cm, **pH:** 7, **SG:** 1–2

Corydoras breei ♀ (3/341), 4/236
Brees-Panzerwels

H: S-Amerika: Surinam.
♂: Kleiner u. schlanker. **V:** +
Z: Abdunkeln, stärkere Strömung. **F:** K,O
T: 24–26°C, **L:** 5 cm, **pH:** 7, **SG:** 2–4

Corydoras breei ♂ (3/341), 4/236
Brees-Panzerwels

Corydoras burgessi 4/240

H: S-Amerika: Brasilien, Amazonien.
♂: Schlanker u. etwas kleiner. **V:** +
Z: Adhärente Eier. **F:** O
T: 23–26°C, **L:** 6 cm, **pH:** 7, **SG:** 2–4

Corydoras caudimaculatus 2/460
Schwanzfleck-Panzerwels

H: S-Amerika: Brasilien/Bolivien
GU: Unbekannt. **V:** +
Z: Wenig gezüchtet. **F:** O
T: 22–26°C, **L:** 6 cm, **pH:** 7, **SG:** 2

Corydoras cervinus 5/258

H: S-Amerika: Brasilien: Rio Guaporé.
GU: Unbekannt. **V:** +
Z: Kein spezifischer Bericht. **F:** K,O
T: 21–24°C, **L:** 5 cm, **pH:** 7, **SG:** 3

Corydoras concolor 1/462
Einfarbiger Panzerwels
H: S-Amerika: W-Venezuela.
♂: Schlanker? V: +
Z: Unbekannt. F: O
T: 22–26°C, L: <6 cm, pH: 7, SG: 1–2

Corydoras condiscipulus 5/258
Kameraden-Panzerwels
H: S-Amerika: Französisch Guyana.
GU: Nicht bekannt. V: +
Z: Noch nicht gezüchtet. F: K,O
T: 20–25°C, L: 6,5 cm, pH: <7, SG: 2–3

Corydoras copei 3/330

H: S-Amerika: Peru: Rio Huytoyacu.
GU: Unbekannt. V: +
Z: Unbekannt. F: O
T: 22–25°C, L: 5 cm, pH: 7, SG: 2

Corydoras septentrionalis 4/240

H: S-Amerika: Kolumbien: Rio Arauca.
♂: Kleiner, schlanker. V: +
Z: >100 Eier an *Anubias*-Blätter. F: K,O
T: 23–26°C, L: 5,5 cm, pH: 7, SG: 2–3

Corydoras crypticus 4/242
Messing-Panzerwels, "Grufti"
H: S-Amerika: Brasilien, ob. Rio Negro.
GU: Unbekannt. V: +
Z: Unbekannt. F: K,O
T: 22–28°C, L: 6 cm, pH: 7, SG: 2

Corydoras davidsandsi 3/332
Sands' Panzerwels
H: S-Amerika: Brasilien, Amazonien.
♂: Schlanker. V: +
Z: Gattungstypisch. F: K,O
T: 20–25°C, L: 6,5 cm, pH: 7, SG: 2

Corydoras delphax 2/462
Inirida-Panzerwels
H: S-Amerika: Kolumbien: Rio Inirida.
♂: Schlanker. V: +
Z: Gattungstypisch. F: O
T: 21–24°C, L: 6 cm, pH: 7, SG: 1

Corydoras delphax 3/332
Inirida-Panzerwels
Farbvariante?

Corydoras duplicareus 5/260
Duplikat-Panzerwels, Kupferfleck-Corydoras
H: S-Amerika: Brasilien: ob. Rio Negro.
♀: Zur Laichzeit voller. V: +
Z: Gattungstypisch; <30 Eier. F: K,O
T: 20–24°C, L: 5 cm, pH: 7, SG: 2–3

Corydoras duplicareus links 5/260
Corydoras serratus rechts 5/276

Corydoras ehrhardti 2/462

H: S-Amerika: S-Brasilien.
♂: Schlanker u. gestreckter. V: +
Z: Kein Bericht vorhanden. F: K,O
T: 19–22°C, L: 7 cm, pH: 7, SG: 2–3

Corydoras elegans 1/464
Schraffierter Panzerwels
H: S-Amerika: Brasilien, Amazonien.
♂: Schlanker? V: +
Z: Unbekannt. F: O
T: 22–26°C, L: <6 cm, pH: 7, SG: 1–2

Corydoras ellisae 1/464, 5/260
Langschnäuziger Zweipunk-Panzerwels
H: S-Amerika: Paraguay.
♂: Schlanker u. 1 cm kleiner. V: +
Z: 250–300 Eier. F: O
T: 20–26°C, L: ♀6 cm, pH: 7, SG: 1–2

Corydoras ephippifer 4/242
H: S-Amerika: Brasilien, Rio Amapari.
GU: Unbekannt. V: +
Z: Unbekannt. F: K,O
T: 22–25°C, L: 6 cm, pH: 7, SG: 3

Corydoras eques 1/464
Dreieckspanzerwels
H: S-Amerika: Brasilien, mi. Amazonas.
♂: Schlanker? V: +
Z: Unbekannt. F: O
T: 22–26°C, L: <5,5 cm, pH: 7, SG: 1–2

Corydoras evelynae 1/464
H: S-Amerika: Brasilien, Rio Purus-Gebiet.
♂: Schlanker? V: +
Z: Unbekannt. F: O
T: 22–26°C, L: 4 cm, pH: 7, SG: 1–2

Corydoras flaveolus 4/244
H: S-Amerika: Brasilien, Rio Piracicaba.
♂: Schlanker; Ventralen zugespitzt. V: +
Z: Noch nicht geglückt. F: O
T: 20–23°C, L: 5 cm, pH: 7, SG: 2–3

Corydoras fowleri 3/334
Fowlers Corydoras
H: S-Amerika: Peru: Pebas-Gebiet.
♂: Schlanker. V: +
Z: Unbekannt. F: K,O
T: 21–23°C, L: 8 cm, pH: 7, SG: 2

Corydoras garbei 1/464

H: S-Amerika: Brasilien, Rio Xingú.
♂: Schlanker? V: +
Z: Unbekannt. F: O
T: 22–26°C, L: 4 cm, pH: 7, SG: 1–2

Corydoras gomezi 4/246
Gómez-Panzerwels
H: S-Amerika: Kolumbien: Leticia.
GU: Unbekannt. V: +
Z: Unbekannt. F: K,O
T: 22–26°C, L: 5 cm, pH: 7, SG: 3

Corydoras gossei 5/263
Gosses Panzerwels gefährdet
H: S-Amerika: Brasilien, Rio Mamoré.
♀: Zur Laichzeit voller. V: +
Z: Noch nicht erfolgt. F: K,O
T: 22–26°C, L: 2,5 cm, pH: 7, SG: 2

Corydoras gracilis 1/466
Punktlinien-Zwergpanzerwels
H: S-Amerika: Brasilien, Rio Madiera.
♂: Schlanker? V: +
Z: Unbekannt. F: O
T: 22–26°C, L: 2,5 cm, pH: 7, SG: 1–2

Corydoras griseus 1/466
Grauer Panzerwels
H: S-Amerika: Amazonas: S-Zuflüsse.
♂: Schlanker? V: +
Z: Unbekannt. F: O
T: 22–26°C, L: <3 cm, pH: 7, SG: 1–2

Corydoras guapore 2/464
Guapore Panzerwels
H: S-Amerika: Brasilien, Rio Guaporé.
GU: Unbekannt. V: +
Z: Unbekannt. F: K,O
T: 21–24°C, L: 5 cm, pH: 7, SG: 2–3

WELSE

Corydoras habrosus 1/466

H: S-Amerika: Venezuela: Rio Salinas.
♂: Schlanker? V: +
Z: Unbekannt. F: O
T: 22–26°C, L: <3,5 cm, pH: 7, SG: 1–2

Corydoras haraldschultzi 2/464
Prachtcorydoras

H: S-Amerika: Zentralbrasilien.
♂: Schlanker. V: +
Z: Gattungstypisch. F: K,O
T: 24–26°C, L: 7 cm, pH: <7, SG: 2

Corydoras hastatus 1/466
Sichelfleck-Panzerwels

H: S-Amerika: Brasilien, Rio Guaporé.
♂: Schlanker? V: +
Z: Unbekannt. F: O
T: 22–26°C, L: <3 cm, pH: 7, SG: 1–2

Corydoras imitator 3/334
Imitator-Panzerwels

H: S-Amerika: Brasilien.
♂: Kleiner u. schlanker. V: +
Z: Ca. 20 Eier werden angeheftet. F: O
T: 21–23°C, L: 8 cm, pH: 7, SG: 2

Corydoras incolicana 4/246
Icana-Panzerwels, "C1"

H: S-Amerika: Brasilien, ob. Rio Negro.
♂: Schlanker. V: +
Z: Unbekannt. F: K,O
T: 23–26°C, L: 6 cm, pH: 7, SG: 3

Corydoras julii 2/466
Julipanzerwels

H: S-Amerika: Brasilien, unt. Amazonas.
GU: Nicht erkennbar. V: +
Z: Unbekannt. F: O
T: 23–26°C, L: 5 cm, pH: 7, SG: 1

Corydoras lacerdai ♂ 5/264
Lacerdas-Corydoras, "C15"
H: S-Amerika: Brasilien, SO-Bahia.
♂: Kl., schlanker; Flossen pigmentiert. V: +
Z: Nicht gelungen; paarweise? F: K,O
T: 20–25°C, L: 4,5 cm, pH: ≪7, SG: 3–4

Corydoras lacerdai ♀♀ 5/264
Lacerdas-Corydoras, "C15"

Corydoras latus subadult ♀ 5/267
Hellgrüner Panzerwels
H: S-Amerika: Bolivien.
♂: Schlanker. V: +?
Z: Noch nicht gelungen. F: O
T: 23–27°C, L: 6 cm, pH: 7, SG: 2

Corydoras leopardus 2/466
Leopard-Panzerwels
H: S-Amerika: Brasilien, Peru?.
♂: Schlanker. V: +
Z: Unbekannt. F: K,O
T: 20–25°C, L: 7 cm, pH: 7, SG: 1–2

Corydoras leucomelas 2/468

H: S-Amerika: Kolumbien, Peru.
♂: Ventralen spitzer ausgezogen V: +
Z: Unbekannt. F: L,O
T: 22–26°C, L: 4,5 cm, pH: 7, SG: 1–2

Corydoras loretoensis 3/336
Loreto-Panzerwels
H: S-Amerika: Peru.
GU: Unbekannt. V: +
Z: Unbekannt. F: O
T: 22–25°C, L: 5 cm, pH: 7, SG: 2

Corydoras loxozonus (1/462), 3/336
Deckers Panzerwels
H: S-Amerika: Kolumbien: Rio Meta.
GU: Nicht sichtbar. V: +
Z: Unbekannt. F: O
T: 21–24°C, **L**: 6 cm, **pH**: 7, **SG**: 1–2

Corydoras macropterus ♂ 2/468
Segelpanzerwels
H: S-Amerika: Brasilien: São Paulo.
♂: Gr. Borsten, Dorsale u. Pektoralen. V: +
Z: Bisher nicht gelungen. F: O
T: 18–21°C, **L**: 10 cm, **pH**: 7, **SG**: 1–2

Corydoras maculifer 4/248
H: S-Amerika: Brasilien: Mato Grosso.
♂: Schwer zu erkennen. V: +
Z: An Vallisnerienblättern; 100 Eier. F: O
T: 25–27°C, **L**: 7 cm, **pH**: 7, **SG**: 2–3

Corydoras brevirostris 2/470
H: S-Amerika: Venezuela: Orinoco.
♂: Zur Laichzeit schlanker. V: +
Z: Mehrfach erfolgreich. F: K,O
T: 20–24°C, **L**: 6 cm, **pH**: 7, **SG**: 1

Corydoras melanistius 1/468
Schwarzbinden-Panzerwels
H: S-Amerika: Guyana.
♂: Schlanker? V: +
Z: Unbekannt. F: O
T: 22–26°C, **L**: <6 cm, **pH**: 7, **SG**: 1–2

Corydoras melanotaenia 2/470
Gelbflossen-Panzerwels
H: S-Amerika: Kolumbien: Rio Meta(selten).
♂: Schlanker. V: –
Z: An breiten Pflanzenblättern; <180. F: K,O
T: 20–23°C, **L**: 6,5 cm, **pH**: 7, **SG**: 2

Corydoras melini 1/468
Kopfbinden-Panzerwels, Diagonal-Panzer.
H: S-Amerika: Kolumbien.
♂: Schlanker? **V:** +
Z: Unbekannt. **F:** O
T: 22–26°C, **L:** <6 cm, **pH:** 7, **SG:** 1–2

Corydoras metae 1/468
Schwarzrücken-Panzerwels
H: S-Amerika: Kolumbien: Rio Meta.
♂: Schlanker? **V:** +
Z: Unbekannt. **F:** O
T: 22–26°C, **L:** <5,5 cm, **pH:** 7, **SG:** 1–2

Corydoras sp.aff. *multimaculatus* 4/248
Vielgetupfter Panzerwels
H: S-Amerika: Brasilien, Rio Preto.
GU: Nicht beschrieben. **V:** +
Z: Unbekannt. **F:** K,O
T: 23–26°C, **L:** ca. 5 cm, **pH:** 7, **SG:** 2–3

Corydoras napoensis (1/474), 3/338
Napo-Panzerwels
H: S-Amerika: Ecuador, Peru.
♂: Kräftiger gezeichnet. **V:** +
Z: Unbekannt. **F:** O
T: 22–26°C, **L:** 5 cm, **pH:** 7, **SG:** 2

Corydoras narcissus 4/250
Narziß-Panzerwels
H: S-Amerika: Brasilien, Kolumbien.
♂: Etwas schlanker. **V:** +
Z: Noch nicht gelungen. **F:** O
T: 24–26°C, **L:** 12 cm, **pH:** 7, **SG:** 2–4

Corydoras nattereri 4/250
Blauer Panzerwels
H: S-Amerika: Brasilien.
♂: Schlanker, kleiner. **V:** +
Z: 30–60 Eier. **F:** K,O
T: 20–23°C, **L:** 6,5 cm, **pH:** 7, **SG:** 2–3

Corydoras nijsseni ♀ 4/253
Nijssens Panzerwels
H: S-Amerika: Brasilien, Rio Negro.
♂: Schlanker. V: +
Z: 30–160 Eier. F: K,O
T: 22–26°C, L: 5 cm, pH: <7, SG: 3

Corydoras nijsseni 4/252
Nijssens Panzerwels

Corydoras oiapoquensis 5/269
Ariane Panzerwels, Cumuru-Panzerwels
H: S-Amerika: Französisch Guyana.
GU: Unbekannt. V: +
Z: Nicht beschrieben. F: K,O
T: 23–28°C, L: 5 cm, pH: <7, SG: 2–3

Corydoras oiapoquensis rechts 5/269
Corydoras condiscipulus links 5/258

Corydoras ornatus (1/470), 2/472
Schmuckpanzerwels
H: S-Amerika: Brasilien, Rio Tapajos.
GU: Keine äußeren sichtbar. V: +
Z: Erfolgt. F: O
T: 23–26°C, L: 6 cm, pH: <7, SG: 2

Corydoras orphnopterus 2/472
Rüsselpanzerwels (wenige Punkte)
H: S-Am.: Ecuador/Peru: Rio Pastaza.
GU: Unbekannt. V: +
Z: Unbekannt. F: K,O
T: 20–24°C, L: 5,5 cm, pH: <7, SG: 1–2

Corydoras orphnopterus 3/338
Rüsselpanzerwels (viele Punkte)
H: S-Am.: Ecuador/Peru: Rio Pastaza.
♀: Blasser, feinere Punkte. V: +
Z: Unbekannt. F: K,O
T: 20–24°C, L: 5,5 cm, pH: <7, SG: 1–2

Corydoras osteocarus juv. 3/340

H: S-Amerika: Venezuela, Surinam.
♂: Kleiner u. schlanker. V: +
Z: <300 Eier an Pflanzen geheftet. F: O
T: 22–25°C, L: 5 cm, pH: 7, SG: 2

Corydoras ourastigma 4/254

H: S-Amerika: Brasilien, Rio Iquiri.
♂: Zugespitzte Ventralflossen. V: +
Z: Bis zu 30 Eier. F: K,O
T: 24–26°C, L: 7 cm, pH: 7, SG: 3

Corydoras paleatus 1/470
Marmorierter Panzerwels
H: S-Amerika: SO-Brasilien: La Plata.
♂: Schlanker? V: +
Z: Gattungstypisch. F: O
T: 20–24°C, L: <7 cm, pH: 7, SG: 1–2

Corydoras paleatus Albino 1/470
Marmorierter Panzerwels

Corydoras panda 2/474
Pandapanzerwels
H: S-Amerika: Peru: Ucayali-System.
♂: Etwas kleiner u. schlanker. V: +
Z: Javamoos. F: L,O
T: 20–25°C, L: 4,5 cm, pH: 7, SG: 2–3

WELSE

Corydoras parallelus (1/474), 4/254
Sattelpanzerw., Parallelstreifen-Corydoras
H: S-Amerika: Peru, Bolivien: Amazonien.
♂: Etwas kleiner u. schlanker. V: +
Z: Noch nicht erfolgt. F: O
T: 24–27°C, **L**: <7,5 cm, **pH**: 7, **SG**: 2–4

Corydoras pastazensis 3/342
Tigerpanzerwels
H: S-Amerika: Ecuador, Peru: Rio Tigre.
♂: Schlanker. V: +
Z: Unbekannt. F: K,O
T: 20–24°C, **L**: 6,5 cm, **pH**: 7, **SG**: 2

Corydoras pinheiroi 5/271
"C25"
H: S-Amerika: Brasilien: Rondônia.
♀: Größer, voller. V: +
Z: Kein Erfolg (schwierig). F: O
T: 25–28°C, **L**: 7 cm, **pH**: 7, **SG**: 2–3

Corydoras polystictus 2/474
Savannenpanzerwels
H: S-Amerika: Brasilien: Mato Grosso.
♂: Schlanker, flache Bauchlinie. V: +
Z: Mehrere ♂♂ mit wenigen ♀♀. F: O
T: 22–28°C, **L**: 4 cm, **pH**: 7, **SG**: 1–2

Corydoras polystictus 3/342
Savannenpanzerwels
Älteres Exemplar mit abweichender Färbung.

Corydoras prionotos 3/348
Schlanker Dreistreifen-Panzerwels
H: S-Amerika: S-Brasilien.
♂: Zur Laichzeit schlanker. V: +
Z: Unbekannt. F: O
T: 22–26°C, **L**: 8 cm, **pH**: 7, **SG**: 3

WELSE

Corydoras pulcher 3/344
Weißflossenpanzerwels
H: S-Amerika: W-Brasilien: Rio Purus.
GU: Unbeschrieben. V: +
Z: Unbekannt. F: O
T: 21–24°C, L: 6 cm, pH: <7, SG: 1

Corydoras pygmaeus 1/472
Zwergpanzerwels
H: S-Amerika: Brasilien: Rio Madeira.
♂: Schlanker. V: +
Z: Unbekannt. F: K,O
T: 22–26°C, L: <2,5 cm, pH: <7, SG: 1–2

Corydoras rabauti (1/468), 4/256
Rostpanzerwels
Jungwels nach Ablegen des Jugendkleides, unten erwachsenes ♀.
T: 23–25°C, L: 5,5 cm, pH: <7, SG: 2–4

Corydoras punctatus 1/470
H: S-Amerika: Surinam, S-Zuflüsse Ama.
♂: Schlanker? V: +
Z: Unbekannt. F: O
T: 20–24°C, L: <6 cm, pH: <7, SG: 1–2

Corydoras rabauti juv. (1/468), 4/256
Rostpanzerwels
H: S-Amerika: Peru, Brasilien.
♂: Schlanker. V: +
Z: Schwierig: >100 Eier an feinfiedrigen Pflanzen. F: K,O

Corydoras rabauti (1/468), 4/256
Rostpanzerwels
Etwa 10 Tage alte Jungwelse.

Corydoras reticulatus 1/472
Netz-Panzerwels
H: S-Amerika: Peru: Iquitos.
♂: Schlanker. V: +
Z: Unbekannt. F: O
T: 22–26°C, L: <7 cm, pH: <7, SG: 1–2

Corydoras robineae 2/477
Flaggenschwanz-Panzerwels
H: S-Amerika: Brasilien: oberer Rio Negro.
GU: Unbekannt. V: +
Z: Keine genauen Angaben. F: K,L
T: 23–26°C, L: 4 cm, pH: <7, SG: 2–3

Corydoras robustus 5/272
Robuster Panzerwels
H: S-Amerika: O-Brasilien: Rio Purus.
GU: Unbekannt. V: +
Z: Noch nicht erfolgt. F: K,O
T: 22–26°C, L: 8,5 cm, pH: <7, SG: 3

Corydoras robustus 5/272, (5/292)
Robuster Panzerwels

Corydoras cf. *sanchesi* 4/258
Sanches' Panzerwels
H: S-Amerika: Surinam.
♂: Schlanker? V: +
Z: Noch nicht beschrieben. F: K,O
T: 23–26°C, L: 4–5 cm, pH: 7, SG: 3

Corydoras cf. *saramaccensis* 4/258
Saramacca-Panzerwels
H: S-Amerika: Surinam.
♂: Schlanker? V: +
Z: Unbekannt. F: K,O
T: 23–26°C, L: 6–7 cm, pH: 7, SG: 3

Corydoras sarareensis ♂ 5/272
"C 23"
H: S-Amerika: Brasilien: Rio Sarare.
♂: Pektoralstrahl braun, mit Borsten. V: +
Z: Bis zu 80 Eier. F: O
T: 25–28°C, L: 6 cm, pH: 7, SG: 2–3

Corydoras semiaquilus ♀ 5/274
Flügelpanzerwels
H: S-Amerika: Peru: Rio Ucayali.
♂: Orangene Ventralen; gr. Dorsale. V: +
Z: Noch kein Bericht. F: K,O
T: 22–26°C, L: 6 cm, pH: <7, SG: 3

Corydoras semiaquilus ♂ 5/274
Flügelpanzerwels

Corydoras septentrionalis (1/474), 2/478
Siebenfleck-Panzerwels
H: S-Amerika: Kolumbien: Rio Meta.
♂: Kein auffälliger Unterschied. V: +
Z: Keine Zuchtberichte bekannt. F: O,L
T: 20–23°C, L: 5,5 cm, pH: 7, SG: 2

Corydoras serratus 5/276
Sägepanzerwels
H: S-Amerika: Brasilien: ob. Rio Negro.
GU: Nicht beschrieben. V: +
Z: Noch kein Bericht. F: K,O
T: 22–26°C, L: 6 cm, pH: ≪7, SG: 2

Corydoras seussi 5/278
Seuss' Corydoras, "C 27"
H: S-Amerika: Brasilien: bei Guajara-Mirim.
GU: Nicht beschrieben. V: +
Z: Noch nicht gelungen. F: K,O
T: 20–25°C, L: <7 cm, pH: <7, SG: 2–3

Corydoras similis 4/260
Similis-Panzerwels
H: S-Amerika: Brasilien, Amazonien.
♂: Dorsalstachel länger? V: +
Z: Gattungstypisch. F: O
T: 22–26°C, L: 5 cm, pH: 7, SG: 2

Corydoras simulatus 2/478
Schlichter Schwarzrücken-Panzerwels
H: S-Amerika: Kolumbien: Amazonien.
♂: Wahrscheinlich schlanker. V: +
Z: Bisher nicht gelungen. F: O
T: 20–25°C, L: 5,5 cm, pH: 7, SG: 1–2

Corydoras sodalis (1/474), 3/344

H: S-Amerika: Peru, Brasilien.
GU: Unbekannt. V: +
Z: Unbekannt. F: O
T: 22–27°C, L: 5 cm, pH: <7, SG: 2

Corydoras sp. 5/268
Türkisfarbener Netzpanzerwels, "C5"
H: S-Amerika: Brasilien: Pantanal.
♂: Schlanker, farbintensiver, kleiner. V: +
Z: Noch nicht erfolgt. F: O
T: 24–28°C, L: <9 cm, pH: 7, SG: 2–3

Corydoras sp. subadult 5/268
Türkisfarbener Netzpanzerwels, "C5"

Corydoras sp. 5/284
"C 6"
H: S-Amerika: Brasilien: Rio Guamá.
♂: Schlanker? V: +
Z: Unbekannt. F: O

Corydoras sp. 5/284
"C 7"
H: S-Amerika: Peru.
♂: Lange Dorsale u. Pektoralen. V: +
Z: Daueransatz. F: O

Corydoras sp. 5/284
"C 9"
H: S-Amerika: Peru.
♂: Schlanker? V: +
Z: Unbekannt. F: O

Corydoras sp. 5/256
"C 10"

Corydoras marmore 4/244, (5/286)
"C 11"
H: S-Amerika: Bolivien.
♂: Weniger intensiv gepunktet, kleiner. V: +
Z: Vereinzelt geglückt. F: K,O
T: 23–26°C, L: 4,5 cm, pH: 7, SG: 3

Corydoras sp. 5/256
"C 12"

Corydoras sp. 5/286
"C 16"
H: S-Amerika: Kolumbien.
♂: Schlanker? V: +
Z: Unbekannt. F: O
SG: 3–4

Corydoras sp. 5/286
"C 17"
H: S-Amerika: Peru.
♂: Schlanker? V: +
Z: Unbekannt. F: O

Corydoras sp. 5/292
"C 18", "White Fin"
H: S-Amerika: Brasilien.
GU: Unbekannt. V: +
Z: Noch nicht gelungen. F: O
L: 6 cm

Corydoras sp. 5/270
"C 19"
H: S-Amerika: Peru, W-Brasilien.
♂: Weniger intensiv gepunktet. V: +
Z: Noch nicht gelungen (schwierig). F: O
T: 24–28°C, L: 6 cm, pH: 7, SG: 2–3

Corydoras sp. 5/288
"C 21"
H: S-Amerika: Brasilien: Rio Xingú.
♂: Schlanker? V: +
Z: Gut züchtbar? F: O

Corydoras sp. l. ♀, r. ♂ 5/288
"C 22"
H: S-Amerika: Brasilien: Rio Xingú.
♂: Schlanker? V: +
Z: Laicht spontan. F: O
L: ♀ 3 cm, ♂ 2,5 cm

Corydoras sp. 5/288
"C 24"
H: S-Amerika: Brasilien: Rio Guamá.
♂: Schlanker? V: +
Z: Unbekannt. F: O
L: 6–7 cm

Corydoras sp. 5/290
"C 26"
H: S-Amerika: Bolivien/Brasilien?
♂: Schlanker? V: +
Z: Unbekannt. F: O
L: 5 cm

Corydoras sp. 5/290
"C 28"
H: S-Amerika: Brasilien: Rondônia.
♂: Schlanker? V: +
Z: Ca. 30 Eier; problemlos. F: O
L: 7 cm

Corydoras sp. 5/290
"C 29"
H: S-Amerika: Brasilien: Staat Amapá.
GU: Unbekannt. V: +
Z: Unbekannt. F: O

Corydoras sp. 5/292
"C 30"
H: S-Amerika: Brasilien: Staat Amapá.
♂: Schlanker? V: +
Z: Unbekannt. F: O

Corydoras steindachneri 2/480
Steindachners Panzerwels
H: S-Amerika: S-Brasilien: Paranagua.
♂: Längere Dorsale; schlanker. V: +
Z: Gattungstypisch. F: K,O
T: 22–26°C, L: 6 cm, pH: <7, SG: 1–2

Corydoras stenocephalus 5/276
H: S-Amerika: Peru: Rio Ucayali-Einzug.
♂: Kleiner; Ventralen etwas spitzer. V: +
Z: Noch nicht gelungen. F: K,L
T: 25–27°C, L: 6 cm, pH: 7, SG: 3

Corydoras sterbai 2/480
Sterbas Panzerwels, Orangeflossen Pa.
H: S-Amerika: Brasilien: Rio Guaporé.
♂: Etwas schlanker. V: +
Z: Unbekannt. F: O
T: 21–25°C, L: 8 cm, pH: <7, SG: 1–2

Corydoras surinamensis 3/346
Surinam-Panzerwels
H: S-Amerika: Surinam.
GU: Unbekannt. V: +
Z: Gattungstypisch? F: K,O
T: 22–25°C, L: 6 cm, pH: 7, SG: 1–2

Corydoras sychri 1/474

H: S-Amerika.
♂: Schlanker. V: +
Z: Unbekannt. F: O
T: 22–26°C, L: <4,5 cm, pH: <7, SG: 1–2

Corydoras treitlii 3/346
Treitls Corydoras
H: S-Amerika: Brasilien: Rio Parnaiba.
GU: Unbekannt. V: +
Z: In Schottland gelungen. F: O
T: 20–25°C, L: 7 cm, pH: <7, SG: 2

Corydoras treitlii Kolumbien 5/278
Treitls Corydoras
H: S-Amerika: Brasilien, Kolumbien.
♀: Körperdreieck nur zur Mitte? V: +
Z: Bis zu 70 sehr kleine Eier. F: K,O
T: 20–24°C, L: 7 cm, pH: <7, SG: 2–3

Corydoras trilineatus 1/466
Dreilinien-Panzerwels, Dreigestreifter Pa.
H: S-Amerika: Peru: Rio Ambiyacu,...
♂: Dorsalfleck größ.; Zeichnung kräft. V: +
Z: Unbekannt. F: O
T: 22–26°C, L: 5 cm, pH: <7, SG: 2

Corydoras undulatus 5/280
Gewellter Panzerwels
H: S-Amerika: Argentinien.
♂: Grundfarbe schwarz; schlanker. V: +
Z: Fast aller Laich schlüpft. F: O
T: 23–27°C, L: 4,5 cm, pH: 7, SG: 2

Corydoras virginiae 4/260
Miguelito-Panzerwels, "C4"
H: S-Amerika: Peru: Rio Ucayali.
GU: Unbekannt. V: +
Z: Noch nicht nachgezüchtet. F: K,O
T: 23–26°C, L: 6 cm, pH: 7, SG: 2–3

Corydoras xinguensis 5/280
Xingú-Panzerwels
H: S-Amerika: Brasilien: ob. Rio Xingú.
♀: Etwas voller u. größer. V: +
Z: 30–50 Eier. F: K,O
T: 23–27°C, L: 5 cm, pH: <7, SG: 2

Corydoras zygatus 3/348, 5/282
Zügel-Panzerwels
H: S-Amerika: Peru: Loreto-Region.
♂: Kleiner u. schlanker. V: +
Z: Gattungstypisch. F: K,O
T: 22–25°C, L: 5,5 cm, pH: <7, SG: 1

Corydoras zygatus 3/348, 5/282
Zügel-Panzerwels
21 Tage alt. Vergleiche mit *Corydoras rabauti.*

Corydoras zygatus unten 3/348, 5/282
Zügel-Panzerwels
Corydoras rabauti oben.

Dianema longibarbis 1/476
Schrot-Schwielenwels, Langbärtiger Panzer.
H: S-Amerika: Peru: Rio Ambiyacu.
GU: Nur zur Laichzeit (♂ schlanker). V: +
Z: Selten; Schaumnest. F: O
T: 22–26°C, **L**: 9 cm, **pH**: 7, **SG**: 1–2

Dianema urostriatum ♂ 1/476
Schwanzstreifen-Panzerwels
H: S-Amerika: Brasilien: Rio Negro.
♂: Brustplatten ohne Zwischenraum. V: +
Z: Gelungen (kein Bericht). F: K,O
T: 22–26°C, **L**: 12 cm, **pH**: <7, **SG**: 1–2

Hoplosternum littorale 2/480
Lehmpanzerwels
H: S-Amerika: Weit verbreitet.
♂: Aufgebogener Pektoralstachel. V: +
Z: Schaumnest. F: O
T: 18–26°C, **L**: 23 cm, **pH**: 7, **SG**: 1–3

Lepthoplosternum pectorale 2/482
Pfeffer und Salz-Panzerwels
H: S-Amerika: Brasilien: Rio Magdalena.
♂: Aufgebogener Pektoralstachel. V: =
Z: Schaumnest. F: O
T: 20–22°C, **L**: 12 cm, **pH**: 7, **SG**: 1–2

Megalechis thoracata 1/478
Gemalter Schwielenwels
H: S-Amerika: Weitverbreitet.
♂: Bläuliche Bauchseite (Laichz.). V: =
Z: Schaumnest; Vaterfamilie. F: L,O
T: 18–28°C, **L**: 18 cm, **pH**: 7, **SG**: 1

Megalechis thoracata var. *niger* 3/351
Schwarzer Schwielenwels
H: S-Amerika: Kulturfolger.
♂: Pektoralstrahl dicker + Stacheln V: =
Z: Schaumnest; Vaterfamilie. F: O
T: 18–28°C, **L**: 16 cm, **pH**: 7, **SG**: 1

Ein Walwels aus dem Rio Misahualli, Ost-Ecuador. Möglicherweise *Paracetopsis bleekeri.*

Familie Cetopsidae

Die Familie der Walwelse besteht aus 38 mittelgroßen Arten in 6 Gattungen. Sehr wenig ist über sie bekannt, und sie wird auch selten angeboten. Wegen ihrer extrem räuberischen Lebensweise kommen Walwelse nur für ein Artbecken in Frage, gleichzeitig sind sie farblos und liegen oft stundenlang bewegungslos auf dem Boden.

Diese Welse haben kaum Barteln und ihre Augen sind zurückgebildet. Das Wahrnehmen ihrer Umgebung scheint olfaktorisch zu erfolgen. Vor allem *Cetopsis*- und *Hemicetopsis*-Arten sind in der Weise, wie sie über andere Fische (auch Warmblüter) herfallen, mit den gefährlichsten Piranhas zu vergleichen.

Über ihre Fortpflanzungsbiologie ist nichts bekannt. Die Wasserzusammensetzung scheint für ihre Haltung keine große Rolle zu spielen, jedoch ist zu vemuten, daß Arten aus Bergbächen recht sauerstoffbedürftig sind.

Cetopsis coecutiens 4/269
Walwels
H: S-Amerika: Brasilien, Peru.
GU: Unbekannt. V: –
Z: Noch nicht nachgezogen. F: K
T: 22–28°C, L: <15 cm, pH: 7, SG: 4

Familie Chacidae

Die kleine Familie der Großmaulwelse besteht aus nur einer Gattung mit drei Arten (NELSON, 1994). Unter den Siluriformes sind sie etwas Ausgefallenes.

Sie stellen eine Gefährdung für kleinere Aquarienmitbewohner dar, größere Fische sind allerdings gute Gesellschafter und *Chaca* kann an Futterpellets gewöhnt werden.

Als nachtaktive, einzelgängerische Fische die farblich wenig bieten, sind Großmaulwelse trotzdem wegen ihrer skurrilen Gestalt gesuchte Welse. Sie sind schlechte Schwimmer, die zwischen dem Bodenmaterial der Gewässer liegen. Sie bewegen sich selbst nach leichter Berührung kaum, was Konsequenzen haben kann, denn ein Tritt auf den aufgerichteten Dorsalstachel gehört bestimmt zu den unvergeßlichen Erlebnissen einer touristischen Fangreise.

Die Fortpflanzung ist unbekannt; da aber Fische dieser Arten ihre Reife bei einer "Aquarienlänge" erreichen, erwartet den Aquarianer noch ein interessantes Beobachtungsfeld mit dieser Familie.

Chaca bankanensis 3/352
Indonesischer Großmaulwels
H: Asien: Indonesien, S-Halbi. von Malay.
GU: Unbekannt. **V:** –
Z: Noch nicht nachgezogen. **F:** K
T: 24–28°C, **L:** 15 cm, **pH:** 7, **SG:** 3–4

Chaca chaca 1/479, 3/352
Großmaulwels
H: Asien: Kal., Burma, Indien, Sumatra.
GU: Unbekannt. **V:** –
Z: Unbekannt. **F:** K
T: 22–24°C, **L:** 20 cm, **pH:** 7, **SG:** 3

Chaca chaca, der Großmaulwels, s.Seiten 1/479 und 3/352.

WELSE

Familie Clariidae

Die Familie der Raubwelse besteht aus etwa 14 Gattungen mit insgesamt um die 109 Arten. Sie bewohnt Afrika, Syrien und Südostasien und erreicht ihre größte Vielfalt in Afrika mit 74 Arten in 12 Gattungen.

Sie ist leicht an ihrer saumartig breiten Anal- und stachellosen Dorsalflosse zu erkennen. Raubwelse sind weitgehend große bis sehr große Arten. Selbst die wenigen mittelgroßen können, wegen ihrer räuberischen Lebensweise, sogar als Jungfische nur mit Vorbehalt vergesellschaftet werden. Im Aquarium sind es sehr gefräßige Allesfresser, die so lange alles verschlingen, bis sich ihr Bauch aufgetrieben hat.

Ihre Heimatgewässer sind oft schlammige Wasserlöcher, die auch austrocknen können. In diesen Trockenzeiten verbringen die Welse den Tag in Schlammröhren um nachts auf Futtersuche zu gehen. Diese Familie hat die Fähigkeit, atmosphärischen Sauerstoff zu veratmen, in einem Maß, daß einige Arten selbst in sauerstoffreichem Wasser auf Luftatmung angewiesen sind. Dazu benutzen sie ein reichverzweigtes Organ hinter den Kiemenbögen, welches in einen Atemsack hineinragt. (Daher auch Kiemensackwelse – heute die unabhängige Familie Heteropneustidae.)

Für ihre nächtliche Futtersuche und auch, wenn sie ein neues Gewässer aufsuchen, wandern diese Welse mühelos mit Hilfe ihrer gut entwickelten Pektoralstacheln über Land (Wanderwels). Diese Ausbreitungsmöglichkeit hat sie in Florida (USA) zu unbeliebten Gästen gemacht. Der Import dieser Familie in die USA ist nun verboten, auch bedarf ihre Haltung einer Sondergenehmigung, die normalerweise nur für wissenschaftliche oder erzieherische Programme erteilt wird.

In der Speisefischzucht gewinnen Clariidae vor allem in Afrika und Asien an Beliebtheit. Als Allesfresser, die an die Wasserqualität kaum Bedingungen stellen, sind sie dafür gut geeignet. Das Fleisch von *Clarias macrocephalus* wird dem von *C. batrachus* zwar etwas vorgezogen, letzterer wächst aber schneller und wird daher in größeren Mengen gezüchtet. Auch ihre Fortpflanzung in Teichen ist erfolgreich: 2000–5500 Junge werden pro Nest geerntet. Paare laichen in horizontalen Löchern von 20 bis 35 cm Durchmesser im Damm. Fortpflanzung mit Hilfe von Hormoninjektionen sind erfolgreich. Der Ertrag pro Hektar und Jahr in gefütterten Teichen ist Dank der möglichen Besatzdichten enorm (ca. 100 Tonnen). Ein kleines Gitter um den Teich herum darf jedoch nicht fehlen (alle Angaben nach BARDACH et al., 1972).

Obwohl diese Fische sehr robust sind, wird von einer Aquarienhaltung dieser Familie abgeraten. Lediglich in großen Schauaquarien haben sie einen Platz zusammen mit anderen Großfischen, die sich behaupten können. Farblich hat diese Familie wenig zu bieten, lediglich der Albino von *Clarias batrachus* ist auffällig. Wer dennoch solche Fische halten möchte, sollte ihnen ein möglichst großes Aquarium zur Verfügung stellen. Da es sich um nachtaktive Welse handelt, sollte die Einrichtung des Beckens aus dunklen Materialien bestehen und nur mäßig beleuchtet werden, damit man sie auch tagsüber zu Gesicht bekommt. Trotzdem brauchen sie auch ihrer Größe angemessene Verstecke.

Channallabes apus 2/484
Aalwels
H: Afrika: Zaire, Angola.
GU: Unbekannt. V: –
Z: Noch nicht versucht? F: K
T: 22–25°C, L: 30 cm, pH: 7, SG: 3

Clariallabes longicauda 5/294

H: Afrika: Zentralbereich des Zaireflusses.
GU: Unbekannt. V: =
Z: Unbekannt. F: K
T: 22–28°C, L: <28 cm, pH: 7, SG: 3

Clarias angolensis 2/484
Angolawels
H: W- und Z-Afrika.
♂: Schlanker. V: –
Z: Unbekannt F: K
T: 23–28°C, L: 35 cm, pH: >7, SG: 3–4

Clarias anguillares
Aal-Raubwels
H: N-Afrika: Nil, Tschad, Niger.
♂: Schlanker. V: –
Z: Unbekannt F: K
T: 23–28°C, L: 150 cm, pH: 7, SG: 4

Clarias batrachus 1/480
Froschwels, Wanderwels
H: Asien: Sri Lanka, O-Indien bis Malay.
♂: Gepunktete Dorsale. V: –
Z: In Teichen Floridas . F: O
T: 20–25°C, L: 50 cm, pH: 7, SG: 2–3

Clarias buettikoferi 5/294

H: W-Afrika: Guinea-Bissau bis Elfenbeink.
GU: Unbekannt. V: =
Z: Überschwemmungszonen. F: K
T: 20–27°C, L: 19 cm, pH: 7, SG: 3

Astrodoras asterifrons 2/490
Helmwels
H: S-Amerika: Brasilien, Bolivien.
♂: Längerer Dorsalstachel. V: +
Z: Unbekannt. F: O
T: 20–25°C, L: 10–12 cm, pH: 7, SG: 1

Doras eigenmanni 5/297
Eigenmanns Zwergdornwels
H: S-Amerika: Brasilien, Bolivien, Paraguay.
GU: Unbekannt. V: +
Z: Noch nicht gelungen. F: K
T: 24–28°C, L: 11 cm, pH: 7, SG: 2–4

Hassar affinis 5/298
Rio Poto Hassar
H: S-Amerika: NO-Brasilien: Rio Poto.
♂: Längerer Dorsalstrahl. V: =
Z: Nicht bekannt. F: K,O
T: 22–28°C, L: 25 cm, pH: 7, SG: 3

Hassar orestis 2/490
Zwergdornwels
H: S-Amerika: Guyana-Länder.
♂: Längerer Dorsalstrahl. V: +
Z: Bisher nicht nachgezogen. F: K,O
T: 21–25°C, L: 7,5 cm, pH: <7, SG: 2–3

Hassar ucayalensis 5/298
Gescheckter Hassar
H: S-Amerika: Peru: Rio Ucayali.
♂: Längerer Dorsalstrahl; schlanker. V: +
Z: Bisher nicht nachgezogen. F: K,O
T: 23–27°C, L: 25 cm?, pH: 7, SG: 3

Hassar wilderi 3/355
H: S-Amerika: Brasilien: Rio Tocantins.
GU: Unbekannt. V: +
Z: Bisher nicht nachgezogen. F: O,K
T: 22–25°C, L: 20 cm, pH: <7, SG: 3–4

WELSE

Leptodoras linnelli juv. 2/492

H: S-Amerika: Kolumbien, Brasilien; selten.
♂: Längerer Dorsalstrahl? V: =
Z: Unbekannt. F: L,K
T: 18–22°C, L: 21 cm, pH: <7, SG: 2–3

Liosomadoras oncinus juv. 2/494
Jaguarwels, Onca

H: S-Amerika: Peru, Brasilien.
♂: Urogenitalpapille am Vorderende der Anale; kräftiger gefärbt. V: =
T: 24–28°C, L: 25 cm, pH: <7, SG: 2–3

Liosomadoras oncinus 2/494
Jaguarwels, Onca

Z: Natur: Innere Befruchtung. F: K
T: 20–24°C, L: 25 cm, pH: ≪7, SG: 2–3

Megalodoras uranoscopus 3/356
Schneckendornwels

H: S-Amerika: Brasilien, Guyana.
GU: Unbekannt. V: =
Z: Unbekannt. F: O
T: 22–25°C, L: 60 cm, pH: 7, SG: 4

Megalodoras uranoscopus Iquitos
Schneckendornwels 5/300

H: S-Amerika: Peru, W-Brasilien, Guyana.
GU: Unbekannt. V: =
Z: Laichwanderung zur Regenzeit. F: O
T: 23–28°C, L: 70 cm, pH: 7, SG: 3–4

Lithodoras dorsalis 5/300
Riesendornwels

H: S-Amerika: Brasilien: ob. Amazonas.
GU: Unbekannt. V: =
Z: Unbekannt. F: O
T: 23–28°C, L: <60 cm, pH: 7, SG: 3–4

Nemadoras humeralis 5/302
Schulterfleck-Dornwels
H: S-Amerika: Brasilien: Rio Negro.
♂: Dorsalstrahl länger? V: +
Z: Unbekannt. F: K,O
T: 23–28°C, L: 12 cm, pH: <7, SG: 3–4

Nemadoras leporhinus 2/492

H: S-Amerika: Brasilien, Bolivien, Peru.
GU: Unbekannt. V: =
Z: Unbekannt. F: K
T: 22–25°C, L: 8 cm, pH: <7, SG: 3

Opsodoras stuebelii 2/496

H: S-Amerika: Brasilien: Rio Marañón.
GU: Nicht beschrieben. V: +
Z: Unbekannt. F: O
T: 22–25°C, L: 12 cm, pH: <7, SG: 1–2

Physopyxis lyra 5/302
Lyradornwels
H: S-Amerika: Brasilien: Rio Ambiyacu.
GU: Unbekannt. V: +
Z: Unbekannt. F: K
T: 23–26°C, L: 4 cm, pH: <7, SG: 4

Platydoras costatus 1/484
Liniendornwels
H: S-Amerika: Peru: Amazonasgebiet.
GU: Nicht klar. V: +
Z: Unbekannt. F: O
T: 24–30°C, L: 22 cm, pH: 7, SG: 1–2

Platydoras dentatus 3/356

H: S-Amerika: Surinam.
GU: Unbekannt. V: =
Z: Unbekannt. F: O,K
T: 22–25°C, L: 13 cm, pH: 7, SG: 3

Pseudodoras holdeni 5/304
Holdens Dornwels
H: S-Amerika: Venezuela: Rio Apure.
GU: Nicht bekannt. V: =
Z: Laichwanderung? F: K,O
T: 23–28°C, L: 150 cm, pH: <7, SG: 4

Oxydoras niger 2/496
Schwarzer Dornwels
H: S-Amerika: Brasilien, Peru.
GU: Nicht beschrieben. V: +,=
Z: Unbekannt. F: O
T: 21–24°C, L: 80 cm, pH: 7, SG: 2–4

Pterodoras granulosus 2/498
Gemeiner Bacu
H: S-Amerika: Fast alle größeren Flüsse.
GU: Unbekannt. V: =
Z: Unbekannt. F: O
T: 20–24°C, L: 90 cm, pH: 7, SG: 4

Pterodoras lentiginosus 5/304
Sommersprossen-Dornwels
H: S-Amerika: Brasilien: Amazonas.
GU: Unbekannt. V: =
Z: Überschwemmungsgebiete? F: O
T: 22–28°C, L: 60 cm, pH: 7, SG: 4

Rhinodoras dorbignyi 2/498

H: S-Amerika: S-Brasilien, Paraguay.
GU: Unbekannt. V: +,=
Z: Nicht beschrieben. F: K,O
T: 20–25°C, L: 17 cm, pH: <7, SG: 2

Trachydoras paraguayensis 5/306
Panzerdornwels
H: S-Amerika: Brasilien, Paraguay.
♂: Dorsal- u. Pektoralstacheln größer. V: +
Z: Nicht beschrieben. F: K,O
T: 20–26°C, L: 10 cm, pH: <7, SG: 2–3

Unterfamilie Helogeninae

Die kleine Familie der Fähnchenwelse enthält nur eine Gattung mit vier Arten. Es sind kleine, nachtaktive Fische, die ein dunkles, versteckreiches Aquarium benötigen. Tagsüber können sie auf der Seite liegen, das scheint ihre natürliche Ruhestellung zu sein. Nachts schwimmen sie im offenen Wasser.

Ihre Fortpflanzungsbiologie ist unbekannt.

Helogenes marmoratus 3/358
Fähnchenwels
H: S-Amerika: Peru, Brasilien, Guyana.
GU: Unbekannt. V: =
Z: Unbekannt. F: O
T: 22–26°C, L: 12 cm, pH: <7, SG: 2–3

Heteropneustidae Kiemensackwelse

Familie Heteropneustidae

Die kleine Familie der Kiemensackwelse ist eng mit den Raubwelsen (Clariidae) verwandt. Sie besteht aus nur einer Gattung mit 3 Arten. Wie die Clariidae, so kann auch diese Familie atmosphärischen Sauerstoff atmen. Die Morphologie entspricht dabei der der Clariidae (siehe dort). Bedingt durch ihre giftigen Pektoralstacheln werden sie in ihrem Verbreitungsgebiet als gefährlich für watende Menschen eingestuft.

Diese Welse sind nachtaktive Raubfische, entsprechende Vorkehrungen müssen getroffen werden. Zuchtberichte widersprechen sich; unter anderem ist von feinfiedrigen Pflanzen und von einer Vaterfamilie die Rede.

Heteropneustes fossilis 2/500
Kiemensackwels, Speichenwels
H: Asien: Indien, Sri Lanka, Thai., Burma.
♂: Schlanker. V: –
Z: Eiballen in Kiesgrube; Elternfam. F:O
T: 21–25°C, L: 50 cm, pH: 7, SG: 4

Heteropneustes fossilis 2/500
Kiemensackwels, Speichenwels

Familie Ictaluridae

Die Familie der Katzenwelse besteht aus 7 Gattungen mit insgesamt 50 Arten. Ihr Verbreitungsgebiet erstreckt sich von Nordamerika bis Guatemala in Mittelamerika.

Die Familie beinhaltet kleine (*Noturus* spp.) und große (*Ameiurus* spp. *Ictalurus* spp. und *Pylodictis olivares*) Arten.

Für das Aquarium sind allein wegen der Größe nur *Noturus*-Arten geeignet. Mit 30 cm Länge ist *N. flavus* bei weitem die größte Art. Die anderen Welse der Gattung erreichen nur Längen zwischen 6 und 12 cm, aber Vorsicht – ihre Dorsal- und Pektoralstacheln sind giftig! Die Wirkung des Giftes ist artspezifisch und ähnelt der des Giftes einer Wespe. Die Schmerzen können von einigen Minuten bis zu einer Stunde lang anhalten. Es ist zuvermuten, daß die Wirkung bei Allergikern stärker ist.

Katzenwelse sind nachtaktiv und verbringen den Tag in Verstecken verborgen oder im Boden vergraben. Nachts schwimmen sie dann nahe am Boden entlang und tasten ihn nach Eßbarem ab (im Aquarium sind sie Allesfresser). Die meisten Arten bevorzugen klare, sauerstoffreiche Fließgewässer mit steinigem bis sandigem Boden.

Je nach Größe der Eier (1,5–4,5 mm) werden bis zu 300 bzw. 45 Stück gelegt. Sie werden je nach Art als Klumpen oder als Schnur in ein Versteck gelegt und dort vom Männchen bewacht, das oft auch zum Schlupf verhilft.

Unter den großen Arten sind vor allem die Albinos von *Ictalurus punctatus* beliebte Aquariengäste, wenn sie auch, ebenso wie die pigmentierte Form, bald zu groß werden. Die großen Katzenwelse findet man vor allem in der Speisefischzucht. Die Gattung *Ictalurus* hat wie *Noturus* Giftdrüsen, die mit den Flossenstacheln in Verbindung stehen, aber zum Unterschied zu letzteren schließen sich mit dem Alter die Poren. Es sind also nur Jungtiere, deren Stachel giftig sind. Dennoch ist Vorsicht beim Hantieren mit diesen Fischen geboten.

Die kommerzielle Zucht hauptsächlich von *Ictalurus punctatus* ist in den USA hochentwickelt und nur mit der dortigen Forellenzucht zu vergleichen. Andere gezüchtete Speisefische sind *Ameiurus catus* und in geringerem Maße der fleischfressende *Pylodictis olivaris* und die kleineren *A. melas, A. natalis* und *A. nebulosus.*

Die Zucht von *Ictalurus punctatus* ist dementsprechend kommerziell gelöst. Die Reife wird mit 2 Jahren erreicht, aber mindestens 3 Jahre alte Elterntiere bringen bessere Ergebnisse. Männchen sind im Vergleich dunkler und haben einen kürzeren und breiteren Kopf. Die Genitalpapille der Weibchen ist ein Schlitz, während die der Männchen röhrenförmig ist.

Der Laichvorgang im Teich findet innerhalb eines Verstecks statt (45 l Milchkannen). Das Männchen bewacht den gallertigen Eiklumpen. Im Aquarium laichen die größeren Arten nur mit Hilfe von Hormonbehandlungen.

Drei Arten (*Satan eurystomus*, *Trogloglanis pattersoni* und *Prietella phreatophila*) sind blinde, pigmentlose Höhlenbewohner. Der Außergewöhnlichste in dieser Hinsicht ist wohl *S. eurystomus*, dcr in einer artesischen Quelle in 380 m Tiefe in San Antonio, Texas, USA, entdeckt wurde.

Ameiurus melas 3/359
Schwarzer Katzenwels
H: N-Amerika: USA.
♂: Schlanker zur Laichzeit. V: –
Z: Teiche: Grube an der Böschung. F: O
T: 8–30°C, L: 60 cm, pH: 7, SG: 1–4

Ameiurus natalis 5/308
Gelber Katzenwels
H: N-Amerika: USA: S- u. O-Flüsse.
♂: Schlanker (zur Laichzeit). V: –
Z: Brutpflege ♂; 500 Eier. F: O
T: 5–25°C, L: 45 cm, pH: 7, SG: 4

Ameiurus nebulosus 3/360
Zwergwels, Katzenwels
H: N-Amerika: östliche u. zentrale Region.
♂: Schlanker (zur Laichzeit). V: –
Z: Brutpflege ♂; 500 Eier. F: K,O
T: 4–30°C, L: 40 cm, pH: 7, SG: 1–4

Ictalurus punctatus Albino 1/485
Getüpfelter Gabelwels
H: N-Amerika: S- u. W-USA.
♂: Schlanker (zur Laichzeit). V: –
Z: Teich: Grube im Sand; ♂ bewacht. F: O
T: 12–24°C, L: <70 cm, pH: 7, SG: 2–3

Ictalurus punctatus normal 1/485
Getüpfelter Gabelwels, Kanalwels

Noturus flavus 5/308
Steinwels, "Stonecat"
H: N-Amerika: Kanada, USA.
♂: Schlanker (zur Laichzeit). V: –!
Z: Brutpflege ♂ 500 Eier. F: K,O
T: 5–23°C, L: 31 cm, pH: 7, SG: 2–3

WELSE

Familie Loricariidae

Die Familie der Harnischwelse ist die artenreichste der Siluriformes. Sie besteht aus ungefähr 87 Gattungen mit insgesamt über 710 Arten, und in dem Maße, in dem der Amazonas-Regenwald erschlossen wird, kommen noch immer neue Arten hinzu. Ihr Verbreitungsgebiet ersteckt sich von Panama über das gesamte tropische Südamerika bis Uruguay. Ihre vertikale Verbreitung erstreckt sich von der amazonischen Tiefebene (ein paar Arten halten sich sogar kurzzeitig in Ästuarien auf) bis hinauf zu Andenbächen in 3000 m Höhe. Es gibt Zwerge (*Otocinclus* spp., 4–7 cm) und Riesen (*Liposarcus* spp., *Pterygoplichthys* spp., >50 cm).

Knochenplatten bedecken ihren Körper, aber in manchen Gattungen (*Ancistrus, Hypostomus, Panaque* u.a.) ist die Ventralregion ungepanzert. Ihr Maul ist unterständig, vielfach ohne sichtbare Barteln und ermöglicht das Anheften an glatte Unterlagen (von Nutzen vor allem für Arten, die schnell fließende Gewässer bewohnen, z.B. der Gattungen *Ancistrus* und *Chaetostoma*).

Grundsätzlich sind alle Loricariidae friedliche Fische für das Gesellschaftsaquarium, wenn sie von der Größe her passen. Sie verbringen ihr Dasein auf einer Unterlage angesaugt (Steine am Boden, aber auch Äste und breite Pflanzenblätter) und sind dementsprechend schlechte Schwimmer, die ihren Standort jeweils nur wenige Meter verändern, um sich erneut anzusaugen. Obwohl sie keine Schwarmfische im üblichen Sinne sind, sieht man in der Nacht, mit einem Scheinwerfer in stehenden Gewässern, hunderte ihrer roten Augen wie Rubine an Ästen funkeln. Nähert man sich mit einem Käscher, rutschen sie auf die Rückseite des Astes, um von dort ins Dunkle zu flüchten. Das Auge des Harnischwelses hat einen eigenartigen Mechanismus, um die Menge des in die Pupille einfallenden Lichtes zu regeln: bei starker Beleuchtung verkleinert sich nicht die Pupille, wie sonst üblich, sondern ein Hautlappen vergrößert sich und ragt über die Pupille, wodurch der Lichteinfall partiell abgedeckt wird.

Loricariidae haben zwar meistens einen langen Darm, sie sind auch als algen- bzw. aufwuchsraspelnde Fische bekannt und gesucht, doch wachsen viele Arten mit Futter tierischen Ursprungs am besten (trotzdem müssen immer genug Ballaststoffe zur Verfügung stehen, um Darmproblemen vorzubeugen). Die Futtergaben sollten klein, aber dafür wiederholt verabreicht werden. Vor allem abendliche Fütterung ist wichtig, da Harnischwelse hauptsächlich dämmerungs- und nachtaktiv sind (einige wenige sind tagaktiv). Dies sollte auch bei der Einrichtung des Aquariums berücksichtigt werden (gedämpfte Beleuchtung, dunkler Bodengrund, Holz, usw.). Einige Gattungen (z.B. *Panaque*) scheinen auf einen Holzanteil in ihrer Diät angewiesen zu sein, sie raspeln unentwegt an Dekorationen solcher Art.

In bezug auf die Wasserqualität ist es wichtig zu wissen, in welchem Biotop die Art lebt. Für die Aquaristik kommen Harnischwelse prinzipiell in zwei Biotoptypen vor: Fließgewässer mit Steinbetten und schlammige Tiefebenen flußabwärts. Arten aus ersteren Gebieten sind auf bewegtes, sauerstoffreiches Wasser angewiesen, das etwas kühler sein sollte (20–24 °C) und möglichst ohne Nitrat; pH-Wert und Härte sind nicht so wichtig, solange extreme Werte vermieden werden. Die Arten der Tiefebene sind nicht empfindlich im Hinblick auf Sauerstoffmangel – *Hypostomus* u. *Pterygoplichthys* nehmen atmosphärischen Sauerstoff über den Magen auf, *Otocinclus* mit einem Teil des Darmes. Die Temperaturen können denen eines tropischen Aquariums entsprechen (24–27 °C) und auf Wasserbewegung braucht kein besonderer Wert gelegt zu werden. Auch einer organischen Belastung des Wassers gegenüber sind sie nicht sehr empfindlich, pH und Härte allerdings sollten zu typischen Amazonasgebietswerten tendieren (leicht sauer und weich). Optimale Werte sind vor allem für Zuchtzwecke wichtig.

Geschlechtsunterschiede bei Harnischwelsen sind vielfach sichtbar, aber oftmals nur zur Laichzeit zu beobachten. Längere Odontoden (Stacheln, s. Glossar) über den Körper verteilt oder als "Bart" ("*Hemiloricaria*-Gruppe"), ein größeres "Geweih" (*Ancistrus* u.a.), welches aus weichem Gewebe besteht, oder eine erweiterte Unterlippe (*Loricaria*) sind Eigenschaften sexuell aktiver Männchen. Mit Ende der Laichzeit werden die Unterschiede zwischen den Geschlechtern wieder undeutlicher. Bei der Urogenitalpapille kann ein geübtes Auge oft Unterschiede ausmachen (s. unten).

Loricariidae haben bisher folgende Fortpflanzungsabläufe gezeigt, wobei das Männchen Brutpflege betreibt (selten Elternfamilie oder keine):

- *Ancistrus* u.a. Arten der Flüsse mit Steinbett: Unter Steinen.
- *Hypostomus* u.a. Arten, die Gewässer mit Lehmwänden bewohnen: Die Fische graben eine der Größe der Art angepaßte Höhle (bis zu ca. 20 cm Ø und 70 cm Länge) dicht unter den Hochwasserspiegel. Dort werden die Eier hineingelegt und vom Männchen bis zum Schlupf befächelt und bewacht. Kleinere Arten dieses und des vorangegangenen Typs können oftmals im Aquarium in PVC-Rohren zum Ablaichen gebracht werden.
- *Loricaria*: Der Eiklumpen wird vom Männchen an der Unterlippe ausgebrütet. Viel Ruhe ist zu dieser Zeit um das Aquarium herum nötig, damit sich die Eier nicht durch Schreckbewegungen des Elterntieres lösen.
- *Otocinclus, Sturisoma* u.a.: Substratlaicher ohne und mit Brutpflege.

Es gibt Meinungen, die von der hohen Qualität der Loricariidae-Eier als Kaviar sprechen.

Pseudorinelepis sp. (L 95) ♀ 5/410
Rotbart-Tannenzapfenwels

Man erkennt eine kurze Laichpapille in einer Mulde. Diese Papille wird zur Legeröhre beim Laichvorgang.

Pseudorinelepis sp. (L 95) ♂ 5/410
Rotbart-Tannenzapfenwels

Analöffnung ist wulstartig verdickt und nicht in einer Mulde

Dolichancistrus cf. *setosus* 5/326
Bärtiger Gebirgsharnischwels
Ventralansicht. Siehe Seite 323.

Chaetostoma cf. *tachiraense* 5/328
Kopfpunkt-Gebirgsharnischwels
Ventralansicht. Siehe Seite 323.

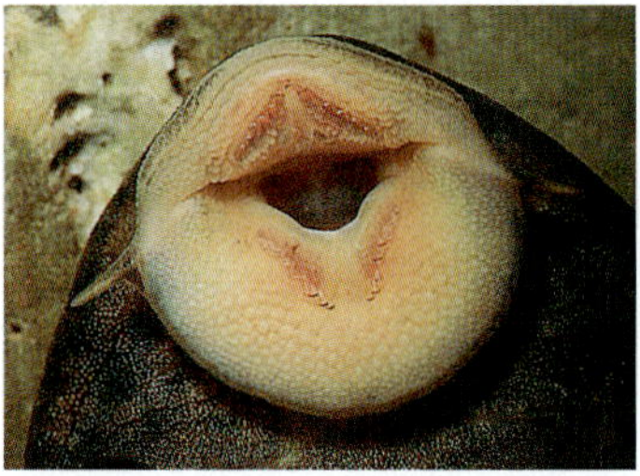

Cochliodon sp. 5/331
L 50
Ventralansicht. Siehe Seite 324.

Hemipsilichthys bahianus ♂ 5/334
LDA 17
Ventralansicht. Siehe Seite 325.

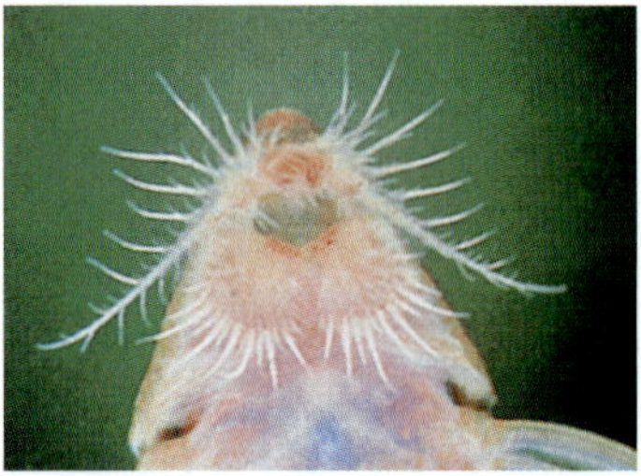

Loricaria nickeriensis 3/374
Fiederbartel-Harnischwels
Ventralansicht

Pseudorinelepis sp. (L 95) 5/410
Rotbart- Tannenzapfenwels
Saugmaul. Siehe Seite 347

In letzter Zeit kommen wiederholt zahlreiche farblich sehr interessante Harnischwelse auf den Markt (man denke nur an *Hypancistrus zebra*, S. 329). Die Familie wird dadurch häufig aus dekorativen Gründen gehalten und nicht nur, "um die Algen im Aquarium loszuwerden".

Hypancistrus sp. L 4/L 5 5/366
L 4, L 5, L 28, L 73
H: S-Amerika: Brasilien: Rio Tocantins.
♂: Breiterer Kopf; kräftig. Odontoden. V:+
Z: L 28 in Tonhöhle; ca. 45 E. F: O
T: 26–29°C, L: <14 cm, pH: 7, SG: 2–3

Hypancistrus sp. 5/366
L 73

Ancistrini sp. 5/368
Opalflecken-Vampirharnischwels, L 82
H: S-Amerika: Brasilien: Rio Xingú.
GU: Unbekannt. V:+
Z: Zu selten vorhanden. F: K
T: 27–30°C, L: 12 cm, pH: 7, SG: 3

Guyanancistrus guahiborum 5/370
L 106, L 122
H: S-Amerika: Venezuela.
GU: Unbekannt. V:+
Z: Noch nicht erfolgt. F: O
T: 27–30°C, L: >15 cm, pH: 7, SG: 3

Hypancistrus sp. 5/314
L136 b
H: S-Amerika: Brasilien: Rio Negro.
GU: Unbekannt. V: +
Z: L 136b gelungen; <35 E. F: O
T: 24–27°C, L: 13 cm, pH: <7, SG: 3

WELSE

Hypancistrus sp. L 136a 5/314
L136a, LDA 5, Kleingeperlter "Peckoltia"

Ancistomus sp. L 12/L 13 5/370

H: S-Amerika: Brasilien: Rio do Pará.
GU: Unbekannt. V: +
Z: Zu selten vorhanden. F: O
T: 26–29°C, L: 20 cm, pH: 7, SG: 3

Hypancistrus sp. 5/374
L 174
H: S-Amerika: Brasilien: Rio Xingú.
♂: Odontoden am Schwanzstiel. V: +
Z: Unbekannt. F: H,L
T: 27–30°C, L: 5–7 cm, pH: 7, SG: 3

Ancistrini sp. 5/352
Una-Hypostomus, L 127
H: S-Amerika: Brasilien: Rio Iara.
♂: Pektoralen stacheliger. V: +
Z: Unbekannt. F: H,O
T: 22–24°C, L: 20 cm, pH: 7, SG: 2

Parotocinclus "jumbo" 5/372
Gründlingsw., Pitbull-Harnischw., LDA 25
H: S-Amerika: Brasilien: Rio Xingú.
GU: Unbekannt. V: +
Z: Regenzeitnachahmung. F: H,O
T: 22–27°C, L: 5 cm, pH: 7, SG: 3

Acanthicus adonis 2/502, 3/361
Elfenwels, Schöner Elfenwels
H: S-Amerika: Brasilien, Peru.
♂: Größer. V: =
Z: Unbekannt. F: H,O
T: 22–27°C, L: <100 cm, pH: <7, SG: 3–4

WELSE

Acanthicus cf. *hystrix* 2/502, 3/361
Ventralansicht
H: S-Amerika: Tocantins.

Acanthicus cf. *hystrix* 3/363
Elfenwels
H: S-Amerika: Peru, Brasilien, Guyana.
♂: Größer u. schlanker. V: =
Z: Zu groß? F: H,O
T: 22–27°C, L: 106 cm, pH: 7, SG: 2–4

Ancistrus sp. 1/486, 3/365
Blauer Antennenharnischw., B. Antennenw.
H: S-Amerika: Amazonaszuflüsse.
♂: "Geweih". V: +
Z: Höhlen u. Mulden; Brutpflege ♂. F: H
T: 23–27°C, L: <13 cm, pH: <7, SG: 1–2

Ancistrus sp. 1/486, 3/365
Blauer Antennenharnischwels, Blauer Antennenwels
Gelege (durch die Bodenscheibe betrachtet).

Ancistrus dolichopterus 1/486
Weißsaum-Antennenwels, L 183
H: S-Amerika: Amazonas-Quellbäche.
♂: Größer; mit Barteln. V: +
Z: Höhlen u. Mulden; Brutpflege ♂. F: H
T: 22–26°C, L: 8 cm, pH: <7, SG: 2–3

Ancistrus sp. L 71, L 181, L 249 5/310
Tüpfelantennenwels
H: S-Amerika: Brasilien.
♂: Odontoden. V: +
Z: Haftlaicher; Brutpflege ♂. F: H
T: 23–26°C, L: 16 cm, pH: <7, SG: 2–3

Ancistrus sp. L 71, L 181, L 249 juv.
Tüpfelantennenwels 5/310
Engelsharnischwels, L 4, L 5, L 73

Scobinancistrus sp. L 48 5/312

Ancistrus sp. "Rio Ucayali" 5/324
Ucayali-Goldpunktantennenwels
H: S-Amerika: Guyana, Peru.
♂: Mehr "Geweih". V: +
Z: Ca. 70 gelbe Eier. F: H,O
T: 25–28°C, L: <16 cm, pH: 7, SG: 2

Hypancistrus sp. L 136a 5/324

Ancistrus sp. "Rio Ucayali" ♂ 5/324
Ucayali-Goldpunktantennenwels

Ancistrus ranunculus 5/316
Kaulquappen-Antennenwels, L 34
H: S-Amerika: Brasilien: Xingú, Tocantins.
♂: Mehr "Geweih". V: +
Z: Bisher nicht gelungen. F: H,O
T: 25–28°C, L: 20 cm, pH: 7, SG: 3–4

Ancistrus sp. "Rio Araguaia" 5/313
Araguaia-Zwergantennenwels
(*Ancistrus hoplogenys* Komplex)
H: S-Amerika: Brasilien: Rio Negro.

Ancistrus sp. 5/320

H: S-Amerika: Venezuela: S von Caicara.
GU: Unbekannt. V: +
Z: Noch nicht gelungen. F: H
T: 20–25°C, L: 10 cm, pH: 7, SG: 2–3

Ancistrus sp. "Puerto Ayacucho" 5/322
Orangesaum-Antennenwels
H: S-Amerika: Venezuela: Puerto Ayacucho.

Ancistrus sp. 5/320

H: S-Amerika: Venezuela: S von Caicara.
GU: Unbekannt. V: +
Z: Noch nicht gelungen. F: H
T: 20–25°C, L: 15 cm, pH: 7, SG: 2–3

Ancistrus sp. (L 120/L 182) 5/324
Goldpunkt-Riesenantennenwels
H: S-Amerika: Brasilien: Rio Negro.

Ancistrus sp. 4/272
Schwarzer Antennenwels, L 88
H: S-Amerika: Brasilien.
♂: Läng. Auswüchse an Schnauze. V: +
Z: Noch nicht beschrieben. F: H
T: 24–28°C, L: 10 cm, pH: 7, SG: 2

WELSE

Ancistrus sp. 5/312
´Brillantantennenwels, L 107, L 184

Ancistrus sp. 5/313
Brillantantennenwels, L 107, L 184

Ancistrus sp. 5/318
Rotpunkt-Antennenwels, L 110, L 157
H: S-Amerika: Brasilien: Rio Negro.
♂: Mehr "Geweih". V: +
Z: Noch nicht gelungen. F: H,O
T: 25–27°C, **L**: 15 cm, **pH**: <7, **SG**: 3

Ancistrus sp. 4/272
"L 156"
H: S-Amerika: Brasilien: Rio Tocantins.
♂: Läng. Auswüchse an Schnauze. V: +
Z: Gattungstypisch. F: H
T: 23–28°C, **L**: 12 cm, **pH**: 7, **SG**: 2–3

Ancistrus dolichopterus 5/316
L 183

Ancistrus sp. 4/271
"LDA 3"
H: S-Amerika: Brasilien.
♂: Läng. Auswüchse an Schnauze. V: +
Z: Noch nicht gelungen. F: H
T: 23–26°C, **L**: 10 cm, **pH**: 7, **SG**: 2–3

Ancistrus claro 5/318
Wurmlinien-Antennenwels, LDA 8
H: S-Amerika: Brasilien: Mato Grosso.
♂: Mehr "Geweih"; 1–2 cm kleiner. V: +
Z: Höhle, 40 Eier; ♂ betreut. F: H,K,L
T: 26–29°C, L: ♀ 9 cm, pH: 7, SG: 2–3

Ancistrus dolichopterus 5/323
L 183

Ancistrus sp. L 120/L 182 ♂ 5/323

Ancistrus sp. L 120/L 182 5/322

Ancistrus sp. 4/274
"L 89", Mosaik-Harnischwels
H: S-Amerika: Peru, Brasilien?.
♂: Großes "Geweih". V: +
Z: In der Höhle des ♂. F: H
T: 23–26°C, L: 10 cm, pH: 7, SG: 2–3

Ancistrus cirrhosus 2/502
Argentinischer Antennenwels
H: S-Amerika: Franz. G., Sur., Bras., Peru?.
♂: Längere Borsten am Kopf. V: +
Z: Unter Holzüberhängen; ♂ pflegt. F: H
T: 21–24°C, L: 12 cm, pH: 7, SG: 1

Ancistrus sp. ♂ 3/366
Hirschgeweih-Antennenwels
H: S-Amerika: Guyana.
♂: Lange, verzweigte Tentakel. V: +
Z: Unter Holzüberhängen; ♂ pflegt. F: O
T: 22–25°C, L: 12 cm, pH: 7, SG: 1

Ancistrus triradiatus 4/274
H: S-Amerika: Kolumbien, Brasilien(?).
♂: Größeres "Geweih". V: +
Z: Noch nicht gelungen. F: H
T: 24–28°C, L: 10 cm, pH: 7, SG: 2

WELSE

Aphanotorulus unicolor ♂ 4/276
Leopard-Schilderharnischwels
H: S-Amerika: Peru: Ucayali-Nebenfluß.
♂: S. Oberkante Kaudale u. -Stiel. V: +
Z: Unbekannt. F: H,K,O
T: 25–28°C, L: <15 cm, pH: 7, SG: 3–4

Aphanotorulus unicolor ♀ 4/276
Leopard-Schilderharnischwels

Aposturisoma myriodon 4/278
Kopfleisten-Störwels
H: S-Amerika: Peru: Ucayali-Nebenfluß.
GU: Unbekannt. V: +
Z: Unbekannt. F: ?
T: 24–28°C, L: <20 cm, pH: 7, SG: 3–4

Baryancistrus sp. 4/280
"L 81", Gelbsaumwels
H: S-Amerika: Brasilien: Rio Xingú u. Iriri.
GU: Unbekannt. V: +
Z: Unbekannt. F: H,O
T: 23–26°C, L: >15 cm, pH: 7, SG: 3–4

Baryancistrus sp. 4/280
L 18, Gelbsaumwels
H: S-Amerika: Brasilien: Rio Xingú u. Iriri.
GU: Unbekannt. V: +
Z: Unbekannt. F: H,O
T: 23–26°C, L: >15 cm, pH: 7, SG: 3–4

Chaetostoma tachiraense 2/506
Kopfpunkt-Gebirgsharnischwels
H: S-Amerika: oberer Amazonasbereich.
GU: Unbekannt V: +
Z: Unbekannt. F: O
T: 20–24°C, L: 25 cm, pH: 7, SG: 2–3

Dolichancistrus cf. *setosus* 5/326
Bärtiger Gebirgsharnischwels
H: N-Südamerika: Voranden.
♂: Schlanker. V: +
Z: Unbekannt. F: O
T: 18–24°C, L: 8 cm, pH: 7, SG: 2–3

Chaetostoma tachiraense 5/328
Kopfpunkt-Gebirgsharnischwels
H: S-Amerika: Kolumbien: ob. Rio Meta.
♂: Größer; breiterer Kopf. V: +
Z: Unter Steinplatten; <60 Eier. F: O
T: 24–26°C, L: <11 cm, pH: 7, SG: 2–3

Chaetostoma sp. 5/328
"Villavicencio I", Punkt. Gebirgsharnischwels
H: S-Amerika: Venezuela.
♂: Größer; breiterer Kopf. V: +
Z: Noch nicht gelungen. F: O
T: 22–26°C, L: <15 cm, pH: 7, SG: 3–4

Chaetostoma sp. 2/504

H: S-Amerika: Kolumbien: Gebirgsbäche.
♂: Tentakel? V: +
Z: Natur: Unter Steinen. F: H,O
T: 20–22°C, L: 10 cm, pH: 7, SG: 2–3

WELSE

Cochliodon sp. 2/504

H: S-Amerika: Paraguay.
GU: Unbekannt. V: +
Z: Nicht erfolgt. F: H
T: 21–24°C, L: 15 cm, pH: <7, SG: 2–3

Cochliodon sp. 5/332
Schoko-Cochliodon

H: S-Amerika: Paraguay.
GU: Unbekannt. V: +
Z: Nicht erfolgt. F: H,O
T: 18–23°C, L: 25 cm, pH: <7, SG: 3

Hypostomus sp. L 37 5/332

H: S-Amerika: Kolumbien, Brasilien.
GU: Lage der Geschlechtspapille. V: +
Z: Regenzeitimitation? F: K,O
T: 18–24°C, L: 20 cm, pH: <7, SG: 2–3

Cochliodon sp. L 50 4/282
Riesen-Cochliodon

H: S-Amerika: Brasilien.
GU: Unbekannt. V: +
Z: Nicht erfolgt. F: O
T: 23–27°C, L: >15 cm, pH: 7, SG: 3

Cochliodon sp. 5/331

H: S-Amerika: Fundort unbekannt.
GU: Unbekannt. V: +
Z: Nicht erfolgt. F: O
T: 23–27°C, L: >15 cm, pH: 7, SG: 2–3

Cochliodon sp. "Paraguay" 4/282
Roter Bruno

H: S-Amerika: Paraguay.
GU: Unbekannt. V: +
Z: Nicht erfolgt. F: O
T: 20–26°C, L: >15 cm, pH: 7, SG: 2

Hemipsilichthys bahianus ♂ 5/334
"LDA 17"

H: S-Amerika: Brasilien: Bahia.
♂: Kopfrand mit Borsten. **V:** +
Z: Noch nicht geglückt. **F:** H,O
T: 23–25°C, **L:** 12 cm, **pH:** 7, **SG:** 2–3

Pseudohemiodon sp. 4/284

H: S-Amerika: Peru: Rio Ucayalibecken.
GU: Unbekannt. **V:** +
Z: Unbekannt. **F:** O,H
T: 25–28°C, **L:** 13 cm?, **pH:** 7, **SG:** 3–4

Crossoloricaria venezuelae 4/284
Foto ist *Pseudohemiodon lamina* (ähnlich)

H: S-Amerika: Venezuela: Rio Palmar.
GU: Unbekannt. **V:** +
Z: Unbekannt. **F:** H
T: 22–26°C, **L:** <18 cm, **pH:** 7, **SG:** 2–3

Dekeyseria scaphirhyncha 3/367
Flachkopf-Zwergharnischwels

H: S-Amerika: Brasilien, Amazonien.
GU: Nicht unterscheidbar. **V:** +
Z: Unbekannt. **F:** H,O
T: 22–26°C, **L:** 20 cm, **pH:** <7, **SG:** 2–3

Dekeyseria scaphirhyncha 3/367
Flachkopf-Zwergharnischwels

Foto auf S. 3/373

Exastilithoxus cf. *fimbriatus* 5/336

H: S-Amerika: Venezuela.
GU: Nicht bekannt. **V:** +
Z: 40-60 Eier; ♂ bewacht. **F:** H,O
T: 25–28°C, **L:** 7 cm, **pH:** 7, **SG:** 2–3

WELSE

Farlowella amazona 1/488
Amazonas Schnabelwels
H: S-Amerika: Brasilien.
♀: rundlicher. V: +
Z: Noch nicht gelungen. F: H
T: 26–30°C, L: 23 cm, pH: <7, SG: 3–4

Farlowella curtirostra 5/336
H: S-Amerika: Venezuela: Maracaibobe.
♂: Schnauzenseiten mit Odontoden. V: +
Z: Unbekannt. F: H,O
T: 23–25°C, L: 15 cm, pH: 7, SG: 3

Farlowella vittata 1/488
H: S-Amerika: Venezuela, Kolumbien.
GU: Unbekannt. V: +
Z: Nicht schwer. F: H,L
T: 24–28°C, L: <15 cm, pH: <7, SG: 3–4

Farlowella knerii 4/286
Kners Schnabelwels
H: S-Amerika: Ecuador: Canelos.
GU: Unbekannt. V: +
Z: Noch nicht beschrieben. F: H
T: 24–27°C, L: >12 cm, pH: <7, SG: 3–4

Glyptoperichthys gibbiceps 1/496
Waben-Schilderwels, Carachamawels
H: S-Amerika: Peru: Rio Pacaya.
GU: Unbekannt. V: +
Z: Unbekannt. F: H,O
T: 23–27°C, L: 50 cm, pH: 7, SG: 1

Glyptoperichthys joselimaianus 4/286
"L 1", "L 22" (Nacht- o. Schreckfärbung)
H: S-Amerika: Brasilien: Rio Aruana.
GU: Unbekannt. V: +
Z: Unbekannt. F: O
T: 24–29°C, L: >15 cm, pH: 7, SG: 2

WELSE

Glyptoperichthys scrophus 3/384
Metall-Riesenharnischwels
H: S-Amerika: Peru: Rio Ucayali.
GU: Unbekannt. V: +
Z: Unbekannt. F: O
T: 24–28°C, L: >40 cm, pH: <7, SG: 3–4

Glyptoperichthys scrophus 2/516
Metall-Riesenharnischwels
H: S-Amerika: Venezuela: Amazonien.
GU: Unbekannt. V: +
Z: Unbekannt. F: H,L
T: 22–26°C, L: 18 cm, pH: 7, SG: 1–2

Harttia kronei 5/338

H: S-Amerika: Brasilien: São Paulo.
♂: Unbekannt. V: +
Z: Unbekannt. F: K,H
T: 22–24°C, L: 12 cm, pH: 7, SG: 3–4

Harttia loricariformis 5/338

H: S-Amerika: Brasilien: Rio Itabapoana.
♂: Pektoralstrahlen länger u. dicker. V: +
Z: Noch nicht gelungen. F: O
T: 24–27°C, L: 20 cm, pH: 7, SG: 2–3

Hemiancistrus annectens 3/368

H: S-Amerika: NW-Ecuador.
GU: Kein Unterschied. V: +
Z: Unbekannt. F: H,O
T: 22–28°C, L: 18 cm, pH: 7, SG: 2

Hemiancistrus landoni 3/369

H: S-Amerika: W-Ecuador: Rio Guayas.
GU: Unbekannt. V: +
Z: Unbekannt. F: H,O
T: 24–28°C, L: >25 cm, pH: 7, SG: 2

Oligancistrus sp. 5/368
L 20

H: S-Amerika: Brasilien: Rio Xingú.
GU: Unbekannt. V: +
Z: Noch nicht vermehrt. F: O
T: 27–30°C, L: >15 cm, pH: 7, SG: 3

Hemiodontichthys acipenserius ♂ 5/340
Nasenharnischwels

H: S-Amerika: Peru, Brasilien, Bolivien.
♂: Maullappen; stumpfe Zähne. V: +
Z: ♂ trägt Eier mit Maullappen. F: K
T: 24–28°C, L: <14 cm, pH: 7, SG: 3–4

Pseudancistrus sp. L 67 5/342

H: S-Amerika: Brasilien: Rio Xingú.
GU: Unbekannt. V: +
Z: Unbekannt. F: H,O
T: 20–24°C, L: 25 cm, pH: <7, SG: 2–3

Pseudancistrus sp. L 67 5/342

Hopliancistrus sp. L 17 5/343

Pseudancistrus sp. L 67 4/308

H: S-Amerika: Brasilien: Rio Xingú.
♂: Größere Odontoden. V: +
Z: Unbekannt. F: H,O
T: 20–24°C, L: 25 cm, pH: <7, SG: 2–3

Hypancistrus zebra ♂ 4/288
Zebra-Harnischwels, L 46

H: S-Amerika: Brasilien: Rio Xingú.
♂: Längere Dornen; Zeichnung ist anders (vgl. Fotos).
V: +, größere Tiere beißen!

Hypancistrus zebra ♀ 4/288
Zebra-Harnischwels, L 46

Z: Wird in Teichen in Florida (USA) nachgezogen. F: H, später auch K
T: 23–26°C, L: 15 cm, pH: 7, SG: 2–4

Oxyropsis carinata 3/370
Kiel-Harnischwels

H: S-Amerika: Peru/Brasilien Gebiet.
♂: Kleiner u. schlanker. V: +
Z: In einer Ecke des Aquariums. F: H
T: 20–25°C, L: 5 cm, pH: <7, SG: 3

Hypoptopoma gulare 5/344

H: S-Amerika: Peru, Brasilien.
♂: Kleiner u. schlanker? V: +
Z: Unbekannt. F: H,L
T: 23–26°C, L: 8 cm, pH: 7, SG: 2–4

Hypoptopoma sp. 5/344

H: S-Amerika: Venezuela: Llanos.
♂: Schwer zu unterscheiden. V: +
Z: Unbekannt. F: H,L
T: 26–28°C, L: 8 cm, pH: 7, SG: 3

Hypoptopoma sp. 5/346

H: S-Amerika.
♂: Schwer zu unterscheiden. V: +
Z: Sehr schwierig. F: H,O
T: 26–28°C, L: 8 cm, pH: 7, SG: 3

Hypoptopoma inexpectatum 1/490

H: S-Amerika: Brasilien, Amazonien.
GU: Unbekannt. V: +
Z: Unbekannt. F: H
T: 23–27°C, L: 8 cm, pH: 7, SG: 2–3

Squaliforma cf. *emarginata* 4/290

H: S-Amerika: Brasilien.
GU: Unbekannt. V: +
Z: Noch nicht beschrieben. F: O
T: 24–27°C, L: >15 cm, pH: 7, SG: 2

Squaliforma cf. *emarginata* 5/346
L 108, L 116, L 133, L 153, L 166

H: S-Amerika: Ecuador, Peru, Bras., Ven.
GU: Unbekannt. V: +
Z: Unbekannt. F: O
T: 25–28°C, L: 50 cm, pH: 7, SG: 4

Hypostomus sp. 4/290

H: S-Amerika: Brasilien: Rio Jaguribé.
GU: Unbekannt. V: +
Z: Unbekannt. F: O
T: 24–27°C, L: >12 cm, pH: 7, SG: 2

Hypostomus margaritifer 4/292

H: S-Amerika: Brasilien: Rio Piracicaba.
GU: Unbekannt. V: +
Z: Unbekannt. F: O
T: 24–27°C, L: >15 cm, pH: 7, SG: 2–3

Hypostomus plecostomus 2/506
Saugmaulwels, "Plecostomus"

H: S-Amerika: nördlicher Teil.
GU: Unbekannt. V: +
Z: In Teichen: Grube am Steilufer. F: H,O
T: 20–28°C, L: 7 cm, pH: 7, SG: 1–2

Hypostomus agna 1/490

H: S-Amerika: S- u. SO-Brasilien.
GU: Unbekannt. V: +
Z: Bisher nicht gelungen. F: H
T: 22–28°C, L: <30 cm, pH: 7, SG: 1

Hypostomus regani 3/370
Regans Schilderwels

H: S-Amerika: Brasilien: Rio Piracicaba.
GU: Unbekannt. V: +
Z: Unbekannt. F: H,O
T: 22–25°C, L: (>?) 30 cm, pH: <7, SG: 4

Cochliodon hemicochliodon 5/348

Cochliodon hemicochliodon 5/349

H: S-Amerika: W-Brasilien.
GU: Lage der Geschlechtsöffnung. V: +
Z: Bisher nicht gelungen. F: O
T: 22–25°C, L: 20 cm, pH: 7, SG: 2

Hypostomus sp. 5/350

H: S-Amerika: Venezuela.
GU: Unbekannt. V: +
Z: Bisher nicht gelungen. F: H,O
T: 25–28°C, L: <30 cm, pH: 7, SG: 3

Hypostomus boulengeri 5/351

H: S-Amerika: Venezuela.

WELSE

Hypostomus sp. 5/351

H: S-Amerika: Brasilien, São Paulo.

Hypostomus sp. 5/352
Lehmbrauner Pleco

H: S-Amerika: Brasilien: Rio Purus.
GU: Lage der Genitalöffnung. V: +
Z: Unbekannt. F: H,O
T: 22–26°C, L: 15 cm, pH: 7, SG: 2–3

Squaliforma villarsi 5/354

H: S-Amerika: Guyana-Länder, Venezuela.
GU: Unbekannt. V: +
Z: Unbekannt. F: H,O
T: 26–29°C, L: >20 cm, pH: 7, SG: 3

Isorineloricaria spinosissima 3/372
Stachelharnischwels

H: S-Amerika: W-Ecuador: Guayasbecken.
♂: Lange dornartige Stacheln. V: +
Z: Unbekannt. F: H,O
T: 24–30°C, L: <60 cm, pH: 7, SG: 2–3

Kronichthys subteres 5/354

H: S-Amerika: Brasilien: Staat São Paulo.
GU: Unbekannt. V: +
Z: Unbekannt. F: K,O
T: 20–24°C, L: 12 cm, pH: 7, SG: 3–4

Lamontichthys filamentosus 5/356
Filament-Störwels

H: S-Amerika: Ecuador, Bras., Peru, Bol.
GU: Lage der Genitalöffnung. V: +
Z: Unbekannt. F: O
T: 24–27°C, L: 16 cm, pH: 7, SG: 2–3

Lamontichthys filamentosus 5/356
Filament-Störwels

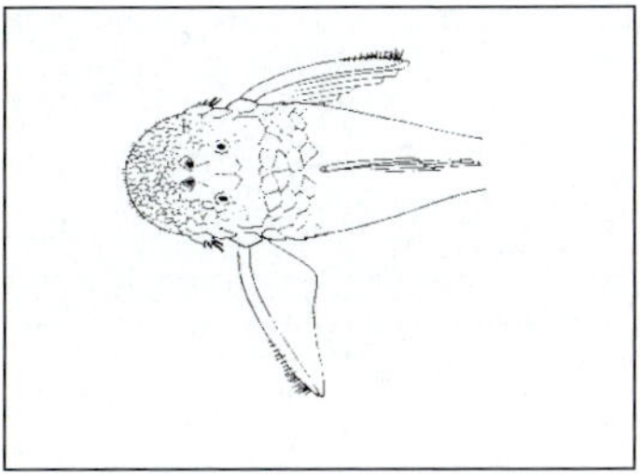

aus: EIGENMANN (1922)
The Fishes of Western South America

Lasiancistrus carnegiei (kein Foto) 3/372
Langkopf-Antennenwels

H: S-Amerika: Kolumbien: Rio Magdalena.
♂: Pektoralstacheln länger. V: +
Z: Unbekannt. F: O
T: 22–26°C, L: 14 cm, pH: <7, SG: 2–3

Lasiancistrus saetiger 5/358
L 322

H: S-Amerika: Brasilien: Rio Guamá.
♂: Odontoden; abgerundete Ventralen. V:+
Z: Unter Steinplatten; <200 E. F: H,O
T: 25–27°C, L: <15 cm, pH: 7, SG: 2–3

Lasiancistrus tentaculatus 5/358
L 92, L 194

H: S-Amerika: Venezuela: Llanos.
GU: Noch unbekannt. V:+
Z: Noch nicht erfolgt. F: O,H
T: 26–28°C, L: 15–20 cm, pH: 7, SG: 3

Lasiancistrus heteracanthus 5/360

H: S-Amerika: O-Peru.
♂: Kräftigere Odontoden. V:+
Z: Noch nicht gelungen. F: K,H
T: 27–30°C, L: 17–20 cm, pH: 7, SG: 3

Leporacanthicus galaxias 3/386, (4/280)
Rüsselzahnwels

H: S-Amerika: Brasilien: Amazonien.
GU: Unbekannt. V: +
Z: Unbekannt. F: H
T: 22–25°C, L: 40 cm?, pH: <7, SG: 3

Leporacanthicus galaxias juv. (4/280)

Text siehe 3/386 und Vorseite.

Liposarcus multiradiatus 1/496

H: S-Amerika: Peru, Bolivien, Paraguay.
GU: Unbekannt. **V**: +
Z: Unbekannt. **F**: H,O
T: 23–27°C, **L**: >50 cm, **pH**: 7, **SG**: 1

Lithoxancistrus orinoco 5/362
L 126

H: S-Amerika: Venezuela: Rio Orinoco.
♂: Kräftigere Odontoden. **V**: +
Z: Noch nicht gelungen. **F**: H,O
T: 25–27°C, **L**: 10 cm, **pH**: 7, **SG**: 3

Liposarcus anisitsi 2/514
Schwarzweißer Segelschilderw., Schneew.

H: S-Amerika: Brasilien, Paraguay.
GU: Unbekannt. **V**: +
Z: Durch Teichzucht in Florida. **F**: H
T: 21–24°C, **L**: 42 cm, **pH**: 7, **SG**: 2

Pterygoplichthys pardalis 5/360
Peru-Riesenschilderwels

H: S-Amerika: Peru: mittlerer Rio Ucayali.
GU: Unbekannt. **V**: +
Z: Unbekannt. **F**: H,O
T: 23–28°C, **L**: >40 cm, **pH**: 7, **SG**: 3–4

Lithoxancistrus orinoco 5/362
L 126

Ancistrini sp. 4/292
"L 127"
H: S-Amerika: Venezuela.
GU: Unbekannt. V: +
Z: Unbekannt. F: H
T: 23–27°C, L: 10 cm, pH: 7, SG: 2

Lithoxus lithoides ♂ 3/374
Stein-Harnischwels
H: S-Amerika: Surinam, Guyana.
GU: S. Fotos (Pektoralstacheln). V: +
Z: Unbekannt. F: H,O
T: 18–22°C, L: 9 cm, pH: 7, SG: 2–3

Lithoxus lithoides ♀ 3/374
Stein-Harnischwels

Loricaria nickeriensis 3/374
Fiederbartel-Harnischwels
H: S-Amerika: Surinam.
♂: Lappen des Saugmauls größer. V: +
Z: Noch nicht gelungen. F: O
T: 20–24°C, L: 15 cm, pH: <7, SG: 2

Loricaria simillima 5/365

H: S-Amerika: Ecuador: Canelos.
GU: Nur durch Laichreife. V: +
Z: ♂ mit "Lippentasche". F: O
T: 24–28°C, L: 25 cm, pH: 7, SG: 3–4

Loricariichthys platymetopon 4/294

H: S-Amerika: S-Bras., Par., Uru., Arg.
♂: Lippe als "Hauttasche" (Laichz.). V: +
Z: ♂ trägt <1000 Eier in "Tasche". F: O
T: 23–26°C, L: 30 cm, pH: 7, SG: 2

Loricariichthys ucayalensis 4/294

H: S-Amerika: Peru: Rio Ucayali.
♂: Lippe als "Hauttasche" (Laichz.). V: +
Z: Noch nicht gelungen. F: O
T: 24–28°C, L: 25 cm, pH: 7, SG: 2

Hisonotus leucofrenatus 5/376

H: S-Amerika: Brasilien: Rio de Janeiro.
♂: Kleiner u. schlanker. V: +
Z: Noch nichts bekannt. F: O
T: 22–26°C, L: 6 cm, pH: 7, SG: 3

Hisonotus notatus 5/376

H: S-Amerika: SO-Brasilien.
♂: Kleiner u. schlanker. V: +
Z: Noch nichts bekannt. F: O,H
T: 22–26°C, L: 5 cm, pH: 7, SG: 2

Pseudorinelepis genibarbis 3/376
Schwarzer Harnischw., Anthrazit-H.
H: S-Amerika: O-Peru.
GU: Unbekannt. V: +
Z: Unbekannt. F: H,O
T: 20–24°C, L: 11 cm, pH: 7, SG: 1–2

Neoplecostomus microps 5/378

H: S-Amerika: Brasilien: Rio de Janeiro.
♂: Kleiner u. schlanker. V: +
Z: Noch nicht gelungen. F: H,O
T: 20–25°C, L: 8 cm, pH: 7, SG: 3–4

Otocinclus affinis 1/492
Gestreifter Ohrgitter-Harnischwels
H: S-Amerika: SO-Brasilien.
♂: Schlanker u. kleiner. V: +
Z: Heften Eier an Pflanzenblätter. F: L,H
T: 20–26°C, L: 4 cm, pH: <7, SG: 2

Macrotocinclus flexilis 2/508

H: S-Amerika: Brasilien: Rio Grande do Sul.
♂: Schlanker. **V**: +
Z: Heften Eier an das Aquarium. **F**: H,L
T: 20–25°C, **L**: 6 cm, **pH**: 7, **SG**: 1

Lampiella gibbosa 5/378
Buckliger Ohrgitter-Harnischwels
H: S-Amerika: Brasilien: Staat São Paulo.
♂: Kleiner, schlanker zur Laichzeit. **V**: +
Z: Unbekannt. **F**: O
T: 22–25°C, **L**: 5 cm, **pH**: 7, **SG**: 3

WELSE

Hisonotus leucofrenatus 3/376

H: S-Amerika: Brasilien.
♂: Schlanker u. kleiner. **V**: +
Z: Unbekannt. **F**: H
T: 20–25°C, **L**: 7 cm, **pH**: <7, **SG**: 3

Hisonotus notatus 2/508
Punktierter Ohrgitter-Harnischwels
H: S-Amerika: SO-Brasilien.
GU: Unbekannt. **V**: +
Z: Unbekannt. **F**: H,L
T: 22–24°C, **L**: 4 cm, **pH**: 7, **SG**: 2

Otocinclus vittatus 3/378
Längsstreifen-Ohrgitter-Harnischwels
H: S-Amerika: Peru, Bolivien, Brasilien.
♂: Schlanker. **V**: +
Z: Eier an Blätter usw. geheftet. **F**: H,O
T: 20–25°C, **L**: 5,5 cm, **pH**: 7, **SG**: 2

Otothyris lophophanes 2/510
Brauner "Otocinclus"
H: S-Amerika: SO-Brasilien.
GU: Nur zur Laichzeit. **V**: +
Z: Eier an Blätter usw. geheftet. **F**: H,O
T: 20–24°C, **L**: 4 cm, **pH**: <7, **SG**: 2

Otothyris lophophanes 5/380
Brauner "Otocinclus"

H: S-Amerika: SO-Brasilien: Bergbäche.
GU: Urogenitalpapille. V: +
Z: Unbekannt. F: H,O
T: 22–26°C, L: 5 cm, pH: 7, SG: 2–3

Panaque nigrolineatus 1/492
Schwarzlinien-Harnischwels

H: S-Amerika: S-Kolumbien.
GU: Unbekannt. V: +
Z: Unbekannt. F: H
T: 22–26°C, L: 25 cm , pH: 7, SG: 3

WELSE

Panaqolus sp. L 2 5/381
Tigerharnischw., "Hairy Tiger Catfish"

H: S-Amerika: Brasilien: Rio Tocantins.
♂: Odontoden am Kaudalstiel. V: =
Z: Kein Bericht. F: K,O,H
T: 26–29°C, L: 12 cm, pH: 7, SG: 4

Panaque sp. adult 4/296
Sichel-Harnischwels, "L 90"

H: S-Amerika: Peru.
♂: Pektoralstachel-Odontoden? V: +
Z: Unbekannt. F: H,O
T: 23–27°C, L: >30 cm, pH: <7, SG: 3

Panaque sp. juvenil 4/296
Sichel-Harnischwels, "L 90"

Panaque cochliodon 2/510

H: S-Amerika: Guyana-L., Kolumbien.
GU: Unbekannt. V: +
Z: Unbekannt. F: H,O
T: 20–24°C, L: 18 cm, pH: 7, SG: 3

Parancistrus aurantiacus 3/378
Goldflossen-Harnischwels
H: S-Amerika: Peru: Rio Ucayali.
GU: Unbekannt. V: +
Z: Unbekannt. F: H,O
T: 22–27°C, **L**: 18 cm, **pH**: 7, **SG**: 2–3

Parancistrus nudiventris 5/382
L 31 getüpfelt
H: Brasilien: Tocantins (L30), Xingú (L31).
♂: Breiterer Kopf, stärkere Odontoden. V: +
Z: Unbekannt. F: O
T: 26–30°C, **L**: 15 cm, **pH**: 7, **SG**: 2–3

Parancistrus aurantiacus 5/382
Goldstachel-Briefkopfharnischwels
gescheckt
Es gibt auch eine völlig gelbe Form.

Baryancistrus niveatus 3/380

H: S-Amerika: Brasilien: Rio Araguaia.
GU: Unbekannt. V: +
Z: Unbekannt. F: H
T: 22–24°C, **L**: 20 cm, **pH**: <7, **SG**: 2–3

Baryancistrus sp. 4/302
Magnum-Orangesaumwels, "L 47"
H: S-Amerika: Brasilien: Rio Xingú.
♂: Kräftigere Strahlen, Odontoden. V: +
Z: Unbekannt. F: H,O
T: 24–30°C, **L**: >25 cm, **pH**: <7, **SG**: 3

Oligancistrus sp. L 30 5/315
LDA 4
Wahrscheinlich auch *P. niveatus*.

WELSE

Oligancistrus sp. L 86 5/383

Parancistrus nudiventris 5/383
L 31

Pareiorhina rudolphi 5/385

H: S-Amerika: Brasilien: São Paulo.
♂: Etwas kleiner u. schlanker. V: +
Z: Unbekannt. F: O
T: 21–25°C, **L**: 4,5 cm, **pH**: 7, **SG**: 3

Hypoptopomatinae sp.

Parotocinclus cf. *britskii* 5/386
Alligator Ohrgitter-Harnischwels

H: S-Amerika: Surinam.
GU: Unbekannt. V: +
Z: Unbekannt. F: H
T: 22–27°C, **L**: 6 cm, **pH**: 7, **SG**: 2–3

Parotocinclus cesarpintoi 5/386

H: Brasilien: Rio Paraiba do Norte.
♀: Robuster u. zur Laichzeit voller. V: +
Z: Noch nicht gelungen. F: H,O
T: 25–30°C, **L**: 4 cm, **pH**: 7, **SG**: 2–3

Parotocinclus cristatus 5/388
Gelbpunkt-Otocinclus, Helm-Ohrgitter-Hw.
H: S-Amerika: Brasilien: Staat Bahia.
♂: Kleiner u. zierlicher. V: +
Z: 20 E im Becken verteilt. F: H,O
T: 22–25°C, L: 4 cm, pH: 7, SG: 2–3

Parotocinclus jimi 5/388

H: S-Amerika: Brasilien: Staat Bahia.
♀: Größer u. robuster. V: +
Z: Reife aber kein Laichen. F: H,O
T: 22–25°C, L: 4 cm, pH: 7, SG: 2–3

Parotocinclus maculicauda ♂ 5/390

H: S-Amerika: Brasilien.
♂: 1.Strahl der Dorsale u.Ventralen rot. V: +
Z: Blattunterseiten; keine Pflege. F: H,O
T: 20–24°C, L: 6 cm, pH: 7, SG: 2–3

Parotocinclus maculicauda 5/390

Parotocinclus sp. "Recife" 5/392
Gefleckter Ohrgitter-Harnischwels, Cascudo
H: S-Amerika: Brasilien: Paraiba.
GU: Bisher nicht beschrieben. V: +
Z: Unbekannt. F: H
T: 22–28°C, L: 6 cm, pH: 7, SG: 2–3

Parotocinclus sp. "Recife" 5/392
Gefleckter Ohrgitter-Harnischwels, Cascudo

WELSE

Parotocinclus sp. "Rio Cristalino" 5/394

H: S-Amerika: Brasilien: Araguaia-Einzug.
♂: Etwas kleiner u. grazil. V: +
Z: Noch nicht geglückt. F: O
T: 24–27°C, L: 2 cm, pH: 7, SG: 3–4

Peckoltia sp. L 9 5/398

H: S-Amerika: Peru: Rio Huallaga.
GU: Unbekannt. V: +
Z: Bisher nicht nachgezüchtet. F: O
T: 22–26°C, L: 10 cm, pH: <7, SG: 2–3

Peckoltia oligospila 2/512
L 6

H: S-Amerika: W-Brasilien: Rio Purus.
♂: Pektoral- u. Dorsal-Odontoden. V: +
Z: Höhlenlaicher; Elternfamilie. F: H,L
T: 22–26°C, L: 9 cm, pH: 7, SG: 2–3

Peckoltia brevis 5/394

H: S-Amerika: Peru: Rio Purus-Zufluß.
♂: Pektoral- u. Dorsal-Odontoden. V: +
Z: Höhlenlaicher; Elternfamilie. F: H,L
T: 22–26°C, L: 9 cm, pH: 7, SG: 2–3

Peckoltia oligospila 5/396
L 6

H: S-Amerika: Brasilien: Rio Guamá, Capin.
GU: Unbekannt. V: +
Z: Noch nicht bekannt. F: O
T: 23–27°C, L: >12 cm, pH: 7, SG: 2–3

Peckoltia sp. (L 135) 5/396

H: S-Amerika: Kol., Guyana?, Bras?.
GU: Unbekannt. V: +
Z: Unbekannt. F: O
T: 23–27°C, L: >12 cm, pH: 7, SG: 2–3

Zonancistrus sp. 1/494
Gebänderter Zwergschilderwels, L 52
H: S-Amerika: Brasilien: Rio Negro.
GU: Unbekannt. V: +
Z: Noch nicht gelungen. F: L,O
T: 24–28°C, L: 6 cm, pH: 7, SG: 1–2

Hypostomus latifrons 5/404
L 51
H: S-Amerika: Brasilien: Rio Negro.
♂: Odontoden; schlanker. V: +
Z: Versteckbrüter (♂); pH ≪7. F: O
T: 22–29°C, L: <15 cm, pH: <7, SG: 2–4

Panaqolus sp. "Peru II" 5/405

H: S-Amerika: Brasilien.

Panaqolus sp. 5/398
L 2
H: S-Amerika: Brasilien: Amazonien.
♂: Odontoden; schlanker. V: +
Z: Noch nicht beschrieben. F: O
T: 24–27°C, L: 12 cm, pH: 7, SG: 2–3

Hypancistrus sp. erwachsenes ♂ 5/400
Königstiger-Harnischwels, L 66
H: Brasilien: Rio Xingú/Tocantins.
♂: Odontoden; dunkler. V: +
Z: Noch nicht gelungen. F: K,O
T: 26–28°C, L: <16 cm, pH: 7, SG: 2–3

Hypancistrus sp. juvenil 5/400
Königstiger-Harnischwels, L 66

Hypancistrus sp. 4/300
"L 102", Schneeballpeckoltia
H: S-Amerika: Brasilien: Rio Negro.
♂: Odontoden. V: +
Z: Noch nicht gelungen. F: O
T: 23–26°C, L: 15 cm, pH: <7, SG: 3

Hypancistrus sp. 5/402
L 102
H: S-Amerika: Venezuela.

Guyanancistrus guahiborum 4/300
L 106, L 122
H: S-Amerika: Venezuela.
GU: Nicht bekannt. V: +
Z: Noch nicht gelungen. F: O
T: 23–28°C, L: 10 cm, pH: 7, SG: 2–3

Hypancistrus sp. 5/403
L 129

Hypancistrus sp. 5/402
Mega Clown, LDA 19, L 340
H: S-Amerika: Venezuela.
GU: Unbekannt. V: +
Z: Bisher nicht nachgezogen. F: H,O
T: 20–25°C, L: 10 cm, pH: 7, SG: 2–3

Ancistomus cf. *sabaji* 5/400
LDA 2
Ähnlich L 75 und L 124.

Peckoltia sp. LDA 1 4/298

Peckoltia sp. LDA 1 4/298

H: S-Amerika: Brasilien: Pará.
GU: Unbekannt. V: +
Z: Noch nicht gelungen. F: O
T: 23–27°C, L: 10 cm, pH: 7, SG: 2–3

Peckoltia sp. LDA 1/L 169 4/298

(Foto 5/399)

Panaqolus cf. *maccus* 1/494
LDA 69

H: S-Amerika: Brasilien: Amazonien.
GU: Unbekannt. V: +
Z: Nicht bekannt. F: H
T: 23–26°C, L: <14 cm, pH: <7, SG: 2

Planiloricaria cryptodon 5/407
Peitschenschwanz-Hexenwels

H: S-Amerika: Peru: Rio Ucayali.
GU: Nicht beschrieben. V: +
Z: Nicht bekannt. F: H,O
T: 22–28°C, L: 15 cm, pH: <7, SG: 3–4

Planiloricaria cryptodon 5/407
Peitschenschwanz-Hexenwels

H: Peru: Rio Nanay

WELSE

Planiloricaria cryptodon 5/407
Peitschenschwanz-Hexenwels

Pseudacanthicus sp. 4/304
Rotflossen-Kaktuswels, "L 25"
H: S-Amerika: Brasilien: Rio Xingú.
♂: Längere Odontoden. V: +
Z: Noch nicht gelungen. F: O
T: 24–27°C, L: >30 cm, pH: 7, SG: 4

Pseudacanthicus sp. 4/304
Rotflossen-Kaktuswels, "L 24"
H: S-Amerika: Brasilien: Rio Tocantins.
♂: Längere Odontoden. V: +
Z: Noch nicht gelungen. F: O
T: 24–27°C, L: >30 cm, pH: 7, SG: 4

Pseudacanthicus spinosus 3/380

H: S-Amerika: Venezuela: Orinoco-System.
♂: Stärkere Odontoden. V: +
Z: Zufallszucht gelungen. F: H,O
T: 20–24°C, L: 12 cm, pH: 7, SG: 3–4

Pseudohemiodon platycephalus 5/408

Pseudohemiodon laticeps 5/408
Plattkopf-Harnischwels
H: S-Amerika: Paraguay.
GU: Unbekannt. V: +
Z: Keine Beobachtungen. F: H,O?
T: 24–28°C, L: >22 cm, pH: 7, SG: 2–3

Pseudorinelepis sp. (L 95) 5/410
Rotbart-Tannenzapfenwels
H: S-Amerika: Peru: ob. Amazonas.
GU: Siehe Seite 313. V: +
Z: Keine Beobachtungen. F: H,O
T: 23–27°C, L: >40 cm, pH: 7, SG: 2–4

Pseudorinelepis sp. (L 95) 5/410
Rotbart-Tannenzapfenwels

Pterosturisoma microps 5/414
Flügelstörwels
H: S-Amerika: Peru: Amazonasgebiet.
GU: Unbekannt. V: +
Z: Unbekannt. F: H,O
T: 24–28°C, L: >15 cm, pH: 7, SG: 3–4

Pterosturisoma microps 5/414
Flügelstörwels

Pterosturisoma sp. 4/296

Sieht ähnlich gefärbt aus wie "L 90".

Pterygoplichthys etentaculatus 2/516
Lehm-Segelschilderwels

H: S-Amerika: Brasilien, Rio São Francisco.
GU: Unbekannt. V: +
Z: Unbekannt. F: O
T: 22–30°C, L: 50 cm, pH: 7, SG: 1

Pterygoplichthys pardalis 3/384

H: S-Amerika: Brasilien, Rio São Francisco.
GU: Unbekannt. V: +
Z: Unbekannt. F: H
T: 22–25°C, L: 40 cm, pH: 7, SG: 2–3

Glyptoperichthys scrophus 2/514

H: S-Amerika: Peru.

Ricola macrops 3/386
Fieder-Hexenwels

H: S-Amerika: Uruguay, Argentinien.
♂: Pektoralstachel etwas dicker. V: +
Z: Offenbrüter. F: O
T: 20–24°C, L: 27 cm, pH: <7, SG: 2–3

Hemiloricaria sp. "Amazonien"
Weißdorn-Harnischwels 3/388 (5/420)

H: S-Amerika.
♂: Mit "Bart". V: +
Z: Höhlenbrüter, Vaterfamilie. F: H,O
T: 20–24°C, L: 14 cm, pH: <7, SG: 2

Hemiloricaria eigenmanni 5/416

H: S-Amerika: Venezuela.
♂: Mit "Bart". V: +
Z: Höhlenbrüter, ♂; Brut empfindlich. F: O
T: 25–29°C, L: 12 cm, pH: 7, SG: 2–3

Hemiloricaria lanceolata
Lanzenharnischwels

H: S-Am: Paraguay: La Plata-Gebiet.
♂: Mit "Bart". V: +
Z: Höhlenb.; ♂ hält mit Mundscheibe. F: H
T: 15–25°C, L: 12 cm, pH: 7, SG: 2

Hemiloricaria eigenmanni 5/416

H: Kolumbien: bei Puerto Inirida.
♂: Mit "Bart"; größere Dorsale. V: +
Z: Höhlenbrüter, ♂; 20–120 E. F: H,O
T: 22–26°C, L: 10 cm, pH: <7, SG: 3

Hemiloricaria sp. 5/418

H: S-Amerika: Brasilien: Rio Guama.
♂: Mit Odontoden? V: =
Z: Noch nicht gelungen. F: H,O
T: 24–27°C, L: >17 cm, pH: 7, SG: 2–4

Leliella heteroptera 3/388

H: S-Amerika: Brasilien: nahe Manaus.
♂: Mit "Bart". V: =
Z: Unbekannt. F: H,O
T: 20–25°C, L: 26 cm, pH: 7, SG: 2–3

Hemiloricaria lanceolata 2/518
Lanzenharnischwels

H: S-Amerika: Rio Paraguay.
♂: Mit "Bart". V: +
Z: Höhlenbrüter. F: K,O
T: 20–24°C, L: 13 cm, pH: 7, SG: 2–3

Rineloricaria latirostris 5/418

H: Brasilien: Hochland um São Paulo.
♂: Mit Odontoden. V: +
Z: Unbekannt. F: O
T: 22–25°C, L: 20 cm, pH: 7, SG: 2

Rineloricaria sp. aff. *latirostris* ♂ 5/420

Rineloricaria sp. aff. *latirostris* ♀ 5/420

H: Brasilien: um Rio de Janeiro.
♂: Mit Odontoden. ♀: Grün-grau. **V:** +
Z: Höhlenbrüter ♂; Eier orangefarb. **F:** O
T: 22–25°C, **L:** 20 cm, **pH:** <7, **SG:** 2–3

Rineloricaria microlepidogaster 1/498
Gebänderter Harnischwels

H: S-Amerika: Mittel- u. SO-Brasilien.
♂: Mit "Bart". **V:** +
Z: Höhlenb.; ♂ hält mit Mundscheibe. **F:** H
T: 22–26°C, **L:** 20 cm, **pH:** <7, **SG:** 2–3

Hemiloricaria morrowi 3/390
Gelber Harnischwels

H: S-Amerika: Peru.
♂: Mit "Bart"? **V:** +
Z: Unbekannt. **F:** H
T: 20–24°C, **L:** 12 cm, **pH:** 7, **SG:** 2–3

Hemiloricaria nigricauda 5/422
Schwarzschwanz-Hexenwels

H: Brasilien: Provinz Rio de Janeiro.
♂: Stumpfere Schnauze. **V:** +
Z: Höhlenbrüter, ♂; 50–200 Eier. **F:** H,O
T: 23–27°C, **L:** 15 cm, **pH:** 7, **SG:** 2

Leliella sp. "Rot" 4/306
Roter Hexenwels

H: S-Amerika: Brasilien, Rio Tocantins,...
♂: Odontoden. **V:** +
Z: In Röhren; ♀ entfernen. **F:** O,H
T: 22–27°C, **L:** 14 cm, **pH:** 7, **SG:** 2–4

Hemiloricaria teffeana 3/390
Augenflecken-Harnischwels
H: S-Amerika: Peru, Brasilien.
♂: Kopf breiter; undeutlich. V: +
Z: Unbekannt. F: H,O
T: 20–25°C, L: 16 cm, pH: <7, SG: 3

Schizolecis guntheri 5/422

H: SO-Brasilien: Küstenregenwald.
♂: Schlanker. V: +
Z: Unbekannt. F: H,O
T: 21–25°C, L: 4,5 cm, pH: 7, SG: 3–4

Scobinancistrus aureatus 4/308
Sonnenwels, "L 14"
H: S-Amerika: Brasilien, Rio Xingú.
♂: Pektoralodontoden. V: +
Z: Unbekannt. F: O
T: 24–30°C, L: 30 cm, pH: 7, SG: 4

Scobinancistrus pariolispos 4/302
Golden Cloud-Plecko, "L 48"
H: S-Amerika: Brasilien, Rio Tocantins,...
♂: Pektoralodontoden. V: +
Z: Unbekannt. F: O
T: 24–30°C, L: >15 cm, pH: 7, SG: 3

Spatuloricaria cf. *caquetae* 4/306

H: S-Amerika: Kolumbien, Ecuador.
♂: Odontoden. V: +
Z: Noch nicht gelungen. F: O,H
T: 22–25°C, L: 25 cm, pH: 7, SG: 2–3

Sturisoma aureum 2/518
Goldbartwels
H: S-Amerika: Brasilien, Amazonien.
♂: Odontoden: siehe Fotos. V: +
Z: Offenlaicher; <100 Eier. F: H,O
T: 22–26°C, L: 22 cm, pH: 7, SG: 2–3

WELSE

Sturisoma aureum 2/518

Sturisoma barbatum 2/523
Gemeiner Bartwels
H: S-Amerika: Paraguay: Rio Cajuba.
♂: Mit "Bart". **V:** +
Z: Noch nicht beschrieben. **F:** H,L
T: 20–22°C, **L:** 25 cm, **pH:** 7, **SG:** 2–3

Sturisoma nigrirostrum 2/524
Nadelstreifen Bartwels, Störwels
H: S-Amerika: Brasilien, mittl. Amazonas.
♂: Mit "Bart". **V:** +
Z: Substratlaicher; ♂ befächelt. **F:** H
T: 25–30°C, **L:** 24 cm, **pH:** <7, **SG:** 2

Sturisoma sp. ♂ 2/524
Panama-Bartwels, Segelflossen-Störwels
H: M-Amerika: Panama.
♂: Mit "Bart". **V:** +
Z: Substratlaicher; ♂ säubert **F:** H
T: 20–22°C, **L:** 17 cm, **pH:** 7, **SG:** 2

Sturisomatichthys leightoni 3/393
Leightons Störwels ♂ mit Gelege
H: S-Amerika: Kolumbien.
♂: 1. Dorsalstrahl stark verlängert. **V:** +
Z: Substratlaicher; ♂ pflegt. **F:** H
T: 20–24°C, **L:** 15 cm, **pH:** 7, **SG:** 2

Sturisomatichthys leightoni ♀ 3/393
Leightons Störwels

Familie Malapteruridae

Die Familie der Elektrischen Welse besteht nur aus zwei Gattungen mit 17 Arten. Diese bewohnen das tropische Afrika und den Nil. An ihrem äußerlichen Erscheinungsbild fällt auf, daß sie keine Dorsale haben.

Es sind die einzigen Siluriformes, die Stromstöße produzieren können. Die Entladung ist eigentlich eine Serie von Kurzentladungen (bis zu 500 pro Sekunde) von über 350 Volt Spannung, die für ca. eine Sekunde aufrecht erhalten werden kann. Die Stärke der Entladung ist proportional zur Länge des Fisches. Die genannten Werte entsprechen einem ausgewachsenen Exemplar und reichen aus, um einen sensiblen Menschen zu betäuben. Auf jeden Fall ist äußerste Vorsicht beim Hantieren mit größeren Individuen geboten. Zahme Fische erteilen normalerweise keinen Stoß, dennoch ist Vorsicht geboten.

Die elektrischen Fähigkeiten werden nur zur Betäubung der Beute eingesetzt, sie spielen keine Rolle als Orientierungshilfe, wie das etwa bei Messerfischen (Gymnotiformes – Gruppe 10) der Fall ist.

Die Geschlechter können anhand der Genitalpapille und der allgemein schlankeren Gestalt der Männchen erkannt werden. Die Zucht ist aber im Aquarium noch nicht gelungen. Berichte aus der Natur sprechen von paarweisem Laichen in Höhlen, die die Fische in Lehmwände graben, (ähnlich einiger Loricariidae), auch wird vermutet, daß Maulbrüten betrieben wird (Burgess, 1989).

Im Aquarium ist diese Familie gut haltbar, solange ihrer elektrischen Eigenheit durch Einzelhaltung im Artbecken Rechnung getragen wird. Für dessen Einrichtung muß berücksichtigt werden, daß es sich um nachtaktive Fische handelt. Wasserwerte sind nebensächlich, mittlere Werte werden bevorzugt. Bei der Fütterung muß Zurückhaltung geübt werden, die Fische verfetten sonst und können dadurch sogar eingehen; ansonsten sind es ausdauernde Pfleglinge, die zahm werden können.

Malapterus electricus 1/500
Zitterwels
H: Zentral-Afrika: N des Sambesiflusses.
GU: Unbekannt. V: –
Z: Unbekannt. F: K
T: 23–30°C, L: 100 cm, pH: >7, SG: 4

Malapterus microstoma 3/394
Kleiner Zitterwels
H: Tropisches Afrika: Zairebecken.
GU: Nicht erkennbar. V: –
Z: Unbekannt. F: K
T: 23–28°C, L: 70 cm, pH: 7, SG: 3

Familie Mochokidae

Die Familie der Fiederbartwelse besteht aus 8 Gattungen mit insgesamt 190 Arten. Das Verbreitungsgebiet beschränkt sich auf afrikanische Süßgewässer.

Obwohl Fische dieser Familie als Rückenschwimmer gelten, sind es doch nur einzelne Arten, bei denen dies die Norm ist. Die meisten schwimmen "normal" und drehen sich nur kurzzeitig um, etwa um Futter von der Oberfläche aufzunehmen. Die "echten" rückenschwimmenden Arten – in erster Linie *Synodontis nigriventris*, S. 363 –, aber auch weniger bekannte, wie etwa *Synodontis batensoda*, S. 355 und *S. nigrita*, S. 362, sind invers gefärbt, d.h. ventral dunkel und dorsal hell. Auch die Ruheposition ist oft merkwürdig: vertikal mit dem Kopf nach oben oder unten, oder auf dem Rükken liegend.

Fast alle Arten verstecken sich tagsüber, wenn, ihrer nächtlichen Lebensweise nicht entsprechend, das Aquarium stark beleuchtet wird und die Dekoration und der Bodengrund hell gewählt wurden.

Die Zwergfiederbartwelse der Gattung *Microsynodontis* (elf Arten) sind wie *Synodontis* zu halten.

Chiloglanis besteht aus mittlerweile 43 Arten. Sie haben ein Saugmaul, welches ihnen erlaubt, sich in der Strömung ihres Gewässers zu behaupten. Es handelt sich um kleine Friedfische, die für ein friedliches Gesellschaftsbecken mit klarem, sauerstoffreichem Wasser geeignet sind. Zucht bisher erfolglos.

Euchilichthys besteht aus nur 5 Arten. Es handelt sich ebenfalls um eine Gattung mit Saugmaul (Sauerstoffbedarf), ansonsten sind ihre Pflege- und Zuchtbedingungen unbekannt.

Synodontis ist eigentlich die einzige Gattung, an die gedacht wird, wenn von der Familie Mochokidae gesprochen wird. Mit ca. 120 Arten ist sie auch die größte. Fiederbartwelse sind generell friedlich, doch können, wenn man die größeren Arten hält, kleinere Gesellschafter zur Beute werden.

Die Wasserbedingungen hängen zumindest anfänglich vom natürlichen Verbreitungsgebiet ab. So brauchen Arten aus den großen Seen hartes, alkalisches Wasser, während die anderen neutrales bis saures vorziehen.

Die Zucht ist vereinzelt gelungen, so mit *S. nigriventris*, welcher ein Versteckläicher ist. Pflanzenlaicher gibt es auch, aber in keinem Fall wurde Brutpflege beobachtet (Ferraris, 1991). *S. multipunctatus* (S. 362) hat eine für Welse einzigartige Fortpflanzungsmethode entwickelt. Dieser Wels aus dem Tanganjikasee mischt sich in das Laichgeschäft maulbrütender Cichliden ein und legt seine Eier zwischen dem Laich des Cichliden ab. Das Buntbarschweibchen brütet dann beide Eiergruppen zusammen aus.

(Nach Bishai u. Gidieri; Sterba, 1987)

Geschlechtsunterschiede bei *Synodontis* spp.

Synodontis batensoda 4/310

H: Afrika: Nil, Tschad, Niger, Sene., Gam.
♂: Schlanker. V: +,=
Z: Noch nicht gelungen. F: O,K
T: 23–27°C, L: 21 cm, pH: >7, SG: 2–4

Chiloglanis batesii 4/316

H: Afrika: Kamerun.
GU: Unbekannt. V: +
Z: Noch nicht gelungen. F: H,O
T: 20–24°C, L: <10 cm?, pH: 7, SG: 2–3

Chiloglanis cameronensis (3/395), 4/312

H: Afrika: Kamerun, Gabun, Äq.-Guinea.
GU: Unbekannt. V: =
Z: Unbekannt. F: O
T: 23–27°C, L: 6 cm, pH: 7, SG: 2–3

Chiloglanis deckenii 3/396
Schwanzfleck-Stromschnellenwels

H: Afrika: Kenia, Tansania.
GU: Unbekannt. V: +
Z: Unbekannt. F: H,O
T: 20–26°C, L: 7 cm, pH: 7, SG: 2–3

Chiloglanis cf. *deckenii* 4/312

H: Afrika: Kenia, Tansania.
GU: Unbekannt. V: +
Z: Noch nicht gelungen. F: H,O
T: 22–26°C, L: 7 cm, pH: 7, SG: 2–3

Chiloglanis cf. *neumanni* 3/396
Ostafrikanischer Stromschnellenwels

H: Afrika: Zaire.
♂: Schlanker. V: +
Z: Unbekannt. F: H,O
T: 20–26°C, L: 5 cm, pH: 7, SG: 2–3

Chiloglanis paratus 2/527
Stromschnellenwels
H: Afrika: vom Nil bis Kamerun.
♂: Schlanker. V: +
Z: Unbekannt. F: H,O
T: 20–24°C, L: 8 cm, pH: 7, SG: 2–3

Chiloglanis somereni 4/314
Migori-Stromschnellenwels
H: Afrika: W-Kenia: Migori-River.
GU: Unbekannt. V: +
Z: Unbekannt. F: H,O
T: 20–24°C, L: <10 cm?, pH: 7, SG: 2–3

Chiloglanis sp. "Kisangani" 4/314
Schwanzstreifen-Stromschnellenwels
H: Afrika: Zaire: Kisangani.
GU: Unbekannt. V: +
Z: Unbekannt. F: O
T: 22–26°C, L: 7 cm, pH: 7, SG: 2–3

Euchilichthys cf. *boulengeri* 4/318

H: Afrika: Zaire: Kasai-Distrikt.
GU: Kaum sichtbar. V: +
Z: Noch nicht gelungen. F: O
T: 23–26°C, L: 13 cm, pH: 7, SG: 3–4

Euchilichthys guentheri 4/318

H: Afrika: Gesamtes Zaire-System.
GU: Kaum sichtbar. V: +
Z: Noch nicht gelungen. F: H,O
T: 23–26°C, L: 7,5 cm, pH: 7, SG: 3

Synodontis membranaceus 2/528
Membran-Fiederbartwels
H: Afrika: Nilbecken, Tschad, Senegal,...
GU: Unbekannt. V: =
Z: Unbekannt. F: K,O
T: 22–25°C, L: 30 cm, pH: 7, SG: 2–3

WELSE

Microsynodontis batesii 5/424
Zwergfiederbartwels
H: Afrika: Kamerun, Zairebecken.
GU: Unbekannt. **V:** +
Z: Nicht nachgezogen. **F:** K
T: 22–26°C, **L:** 12 cm, **pH:** 7, **SG:** 2–3

Microsynodontis cf. *polli* 5/424
Pretty Woman-Zwergfiederbartwels
H: Afrika: Nigeria. selten
GU: Unbekannt. **V:** =
Z: Noch nicht nachgezogen. **F:** K
T: 22–25°C, **L:** 6 cm, **pH:** 7, **SG:** 2–3

Mochokus brevis 5/426
Zwergfiederbartwels
H: Afrika: Weißer Nil, Tschadb., Lake No.
GU: Unbekannt. **V:** +
Z: Unbekannt. **F:** K,O
T: 22–28°C, **L:** 3–4 cm, **pH:** 7, **SG:** 2–3

Mochokus niloticus (kein Foto) 5/426
Nil-Zwergfiederbartwels
H: Afrika: Nil u. Nigerbecken.
GU: Unbekannt. **V:** +
Z: Unbekannt. **F:** K,O
T: 18–28°C, **L:** 6,5 cm, **pH:** 7, **SG:** 3

Mochokiella paynei 2/528
Payne's Fiederbartwels
H: Afrika: Sierra Leone.
♂: Zur Laichzeit schlanker. **V:** +
Z: Unbekannt. **F:** K
T: 22–24°C, **L:** 7 cm, **pH:** 7, **SG:** 1

Synodontis acanthomias 2/530
Gefleckter Riesenfiederbartwels
H: Afrika: Zairebecken.
GU: Unbekannt. **V:** =
Z: Nicht bekannt. **F:** O
T: 22–24°C, **L:** 40 cm, **pH:** 7, **SG:** 2–3

Synodontis afrofisheri 2/530

H: Afrika: Nil- u. Zairebecken.
GU: Unbekannt. V: +
Z: Nicht bekannt. F: K
T: 22–26°C, L: 12 cm, pH: 7, SG: 1–2

Synodontis alberti 1/502

H: Afrika: Zairebecken.
GU: Unbekannt. V: =
Z: Nicht bekannt. F: O
T: 23–27°C, L: 16 cm, pH: 7, SG: 2

Synodontis angelicus 1/502
Perlhuhnwels
H: Afrika: Zaire, Kamerun.
GU: Unbekannt. V: =
Z: Nicht bekannt. F: O
T: 15–25°C, L: 12 cm, pH: 7, SG: 2

Synodontis brichardi juv. 2/532
Brichards Fiederbartwels
H: Afrika: Unterer Zairefluß.
GU: Unbekannt. V: =
Z: Nicht gelungen. F: K,O
T: 22–25°C, L: 15 cm, pH: 7, SG: 2

Synodontis brichardi adult 2/532
Brichards Fiederbartwels

Synodontis budgetti 4/320
Budgetts Fiederbartwels
H: Afrika: Niger, Dahomey, Kamerun.
GU: Unbekannt. V: –
Z: Nicht bekannt. F: K,O
T: 22–27°C, L: 40 cm, pH: 7, SG: 4

WELSE

Synodontis camelopardalis 2/534
Leopard-Fiederbartwels
H: Afrika: Kongobecken, Viktoriasee.
GU: Unbekannt. **V**: +
Z: Nicht bekannt. **F**: K,O
T: 22–26°C, **L**: 15 cm, **pH**: 7, **SG**: 1–2

Synodontis caudovittatus 3/398
Weißflossen-Fiederbartwels
H: Afrika: oberer Nil, Sudan, Uganda.
GU: Unbekannt. **V**: =
Z: Nicht bekannt. **F**: K,O
T: 21–24°C, **L**: 25 cm, **pH**: 7, **SG**: 2

Synodontis clarias 2/534
Rotflossen-Fiederbartwels
H: Afrika: Nil, Tschadb., Sen., Gam. Niger.
GU: Unbekannt. **V**: =
Z: Nicht bekannt. **F**: O
T: 21–24°C, **L**: 20 cm, **pH**: 7, **SG**: 2

Synodontis congicus 2/536
Domino-Fiederbartwels
H: Afrika: Zairebecken.
GU: Unbekannt. **V**: +,=
Z: Nicht bekannt. **F**: K,O
T: 22–25°C, **L**: 22 cm, **pH**: 7, **SG**: 2–3

Synodontis contractus 2/536
David's Rückenschwimmender Kongowels
H: Afrika: Zaire: Stanley Pool.
GU: Unbekannt. **V**: +
Z: Nicht bekannt. **F**: K,O
T: 22–25°C, **L**: 7 cm, **pH**: 7, **SG**: 1–2

Synodontis courteti 2/538
Tüpfelfiederbartwels
H: Afrika: Nigerbecken, Tschadsee.
GU: Unbekannt. **V**: =
Z: Nicht bekannt. **F**: K,O
T: 22–26°C, **L**: >25 cm, **pH**: 7, **SG**: 3

Synodontis decorus juv. 1/501

H: Afrika: Oberer Zaire, Kamerun.
GU: Unbekannt. V: +,–
Z: Nicht bekannt. F: O
T: 23–27°C, L: <24 cm, pH: 7, SG: 2–3

Synodontis decorus 1/501
halberwachsen

WELSE

Synodontis bastiani 2/538
Elfenbein-Fiederbartwels
H: Afrika: Elfenbeinküste.
GU: Unbekannt. V: =
Z: Nicht bekannt. F: O
T: 22–25°C, L: 16 cm, pH: 7, SG: 2

Synodontis eupterus juv. 1/508
Schmuckflossen-Fiederbartwels
H: Afrika: Weißer Nil, Tschadb., Niger.
GU: Unbekannt. V: =
Z: Nicht bekannt. F: O
T: 22–26°C, L: 15 cm, pH: <7, SG: 2

Synodontis eupterus adult 1/508
Schmuckflossen-Fiederbartwels

Synodontis filamentosus 2/540
Langflossen-Fiederbartwels
H: Afrika: Nilb.,Tschad, Niger, Volta.
♂: Lang ausgezogene Flossen? V: –
Z: Nicht bekannt. F: O
T: 21–24°C, L: 17 cm, pH: 7, SG: 2–3

Synodontis flavitaeniatus 1/504
Gelbbinden-Fiederbartwels
H: Afrika: Zaire: Stanley Pool.
GU: Unbekannt. V: +
Z: Nicht bekannt. F: O
T: 23–28°C, L: 20 cm, pH: 7, SG: 1

Synodontis sp. aff. *fuelleborni* 4/320
H: Afrika: Tansania.
GU: Unbekannt. V: =
Z: Nicht bekannt. F: K,O
T: 20–25°C, L: 23 cm, pH: 7, SG: 3

Synodontis gambiensis 4/322
Gambia-Fiederbartwels
H: Afrika: Niger, Tschad, Gambia.
GU: Unbekannt. V: =
Z: Nicht bekannt. F: K,O
T: 22–28°C, L: 35 cm, pH: 7, SG: 4

Synodontis granulosus 3/398
Leuchtbaken Fiederbartwels
H: Afrika: Tanganjikasee. E.
GU: Unbekannt. V: =
Z: Nicht bekannt. F: O
T: 22–26°C, L: 27 cm, pH: >7, SG: 3

Synodontis greshoffi 5/428
Greshoffs Fiederbartwels
H: Afrika: Kongobecken.
♂: Schlanker. V: =
Z: Geglückt; kein Bericht. F: K, O
T: 23–27°C, L: 27 cm, pH: >7, SG: 2–3

Synodontis cf. *khartoumensis* juv. 3/400
Khartoum-Fiederbartwels
H: Afrika: Weißer Nil.
GU: Unbekannt. V: =
Z: Nicht bekannt. F: O
T: 23–26°C, L: 30 cm, pH: 7, SG: 2

WELSE

Synodontis cf. *koensis* 3/400

H: Afrika: Guinea, Elfenbeinküste.
GU: Unbekannt. V: =
Z: Nicht bekannt. F: K,O
T: 22–25°C, L: 15 cm, pH: 7, SG: 2

Synodontis longirostris 2/540
Eierfleck-Fiederbartwels

H: Afrika: Zairefluß.
GU: Unbekannt. V: =
Z: Nicht bekannt. F: K,O
T: 21–24°C, L: 45 cm, pH: 7, SG: 2–4

Synodontis macrops 3/402
Großaugen-Fiederbartwels

H: Afrika: Uganda: oberes Nilbecken.
GU: Unbekannt. V: =
Z: Nicht bekannt. F: K,O
T: 20–24°C, L: 18 cm, pH: 7, SG: 2

Synodontis marmoratus 3/402
Marmor-Fiederbartwels

H: Afrika: Kamerun.
GU: Unbekannt. V: +
Z: Nicht bekannt. F: K,O
T: 22–25°C, L: 6 cm, pH: 7, SG: 2–3

Synodontis multipunctatus 2/542
Vielpunkt-Fiederbartwels

H: Afrika: Tansania, Tanganjikasee.
GU: Unbekannt. V: =
Z: Kuckuckslaichverhalten. F: K,O
T: 21–25°C, L: 12 cm, pH: >7, SG: 2–3

Synodontis nigrita 2/542
Schwarzer Fiederbartwels

H: Afrika: Nilb., Niger, Sen., Gam., Ghana.
GU: Unbekannt. V: +,=
Z: Wahrscheinlich gelungen. F: O
T: 21–26°C, L: 16 cm, pH: 7, SG: 2

Synodontis nigriventris 1/506
Rückenschwimmender Kongowels
H: Afrika: Zaireb.: Kinshasa–Basonga.
♂: Etw. stärkere Farben, schlanker. V: +
Z: Höhlenlaicher; Brutpflege. F: K,O
T: 22–26°C, L: <10 cm, pH: 7, SG: 1

Synodontis nigromaculatus juv. 3/404
Schwarzgefleckter Fiederbartwels
H: Afrika: Zaire, Sambesi, Tanganjikasee,...
GU: Unbekannt. V: =
Z: Nicht bekannt. F: K,O
T: 22–26°C, L: 40 cm, pH: 7, SG: 2

Synodontis njassae 2/544
Njassa-Fiederbartwels
H: Afrika: Malawisee.
GU: Unbekannt. V: =
Z: Nicht bekannt. F: O
T: 20–23°C, L: 12 cm, pH: >7, SG: 2

Synodontis notatus 1/506
Einpunkt-Fiederbartwels
H: Afrika: Zaire: Stanley Pool-Mousembe.
GU: Unbekannt. V: +
Z: Nicht bekannt. F: O
T: 22–26°C, L: 14 cm, pH: 7, SG: 2–3

Synodontis nummifer 2/544
Pfennig-Fiederbartwels
H: Afrika: untere Zairefluß, Stanley Pool.
GU: Unbekannt. V: =
Z: Nicht bekannt. F: K,O
T: 22–25°C, L: 20 cm, pH: 7, SG: 2–3

Synodontis obesus 3/404
Küsten-Fiederbartwels
H: W-Afrika: Guinea: Küstennahe Gewä.
GU: Unbekannt. V: =
Z: Nicht bekannt. F: K,O
T: 24–28°C, L: 40 cm, pH: 7, SG: 2

WELSE

Synodontis ocellifer 4/322
Augenflecken-Fiederbartwels
H: Afrika: Senegal bis Tschad.
GU: Unbekannt. V: +,?
Z: Nicht bekannt. F: K,O
T: 23–27°C, L: 26 cm, pH: 7, SG: 2–3

Synodontis ornatipinnis 2/546
Prachtfiederbartwels
H: Afrika: Zairefluß.
GU: Unbekannt. V: –
Z: Nicht bekannt. F: K,O
T: 22–25°C, L: 22 cm, pH: 7, SG: 2–3

Synodontis petricola 2/546, 3/406
Kuckucks-Fiederbartwels
H: Afrika: N-Tanganjikasee. E.
GU: Unbekannt. V: =
Z: Kuckuckslaichverhalten. F: K,O
T: 22–25°C, L: 11 cm, pH: 7, SG: 2

Synodontis pleurops 2/548
Gabelschwanz-Fiederbartwels
H: Afrika: Oberer Zairefluß.
GU: Unbekannt. V: +
Z: Nicht bekannt. F: K,O
T: 22–26°C, L: 20 cm, pH: <7, SG: 1–2

Synodontis polli 3/406
Poll's Fiederbartwels
H: Afrika: Tanganjikasee. E.
GU: Unbekannt. V: +
Z: Kuckuckslaichverhalten. F: O
T: 22–26°C, L: 23 cm, pH: >7, SG: 1–2

Synodontis polli 3/406
Poll's Fiederbartwels
Unterwasseraufnahme.

Synodontis sp.aff. *pulcher* 5/428

Synodontis sp.aff. *pulcher* 5/428

H: Afrika: unterer Zaire.
♂: Analöffnung verschieden. V: =
Z: Nicht bekannt. F: K,O
T: 22–28°C, L: 3–4 cm, pH: 7, SG: 2–3

Synodontis rebeli 3/410
Kamerun-Fiederbartwels
H: Afrika: Kamerun, Sanaga-Fluß.
♂: Schlanker. V: =
Z: Nicht bekannt. F: K,O
T: 22–25°C, L: 27 cm, pH: 7, SG: 2–3

Synodontis robbianus 2/548
Rostbrauner Fiederbartwels
H: Afrika: Goldküste, Nigerdelta.
GU: Unbekannt. V: +
Z: Nicht bekannt. F: K,O
T: 21–24°C, L: 13 cm, pH: 7, SG: 1

Synodontis robertsi 5/430
Roberts Fiederbartwels
H: Afrika: zentrales Zaire.
♀: Zur Laichzeit voller. V: =
Z: Noch nicht gelungen. F: K,O
T: 23–27°C, L: 16 cm, pH: 7, SG: 3

Synodontis schall 2/550
Schalls Fiederbartwels
H: Afrika: Weit verbreitet.
GU: Unbekannt. V: –
Z: Nicht bekannt. F: K,O
T: 22–26°C, L: <41 cm, pH: 7, SG: 3

WELSE

Synodontis schoutedeni 1/504, 2/550
Marmorierter Fiederbartwels
H: Afrika: mittleres Zairegebiet.
GU: Unbekannt. V: =
Z: Nicht bekannt. F: O
T: 22–26°C, L: 14 cm, pH: 7, SG: 2–3

Synodontis soloni 3/409
Scherenschwanz-Fiederbartwels
H: Afrika: Zairebecken.
GU: Unbekannt. V: =
Z: Nicht bekannt. F: K,O
T: 23–25°C, L: 16 cm, pH: <7, SG: 3

Synodontis victoriae 5/432
Viktoriasee-Fiederbartwels
H: Afrika: Viktoriasee, -nil, Malagarasisee.
GU: Unbekannt. V: ?
Z: "Kuckuck-Methode"? F: K,O
T: 23–27°C, L: 30 cm, pH: >7, SG: 3–4

Synodontis smiti 5/432
H: Afrika: Zaire-, Ubangi- u. Malaba-River.
GU: Unbekannt. V: =
Z: Nicht bekannt. F: K,O
T: 23–25°C, L: 22 cm, pH: <7, SG: 3

Synodontis sp. 4/311
H: Afrika: Zaire.

Synodontis waterloti 3/410
Waterlots Fiederbartwels
H: Afrika: Ghana, Elfenbeink., Liberia,...
GU: Unbekannt. V: =
Z: Nicht bekannt. F: K,O
T: 22–25°C, L: 18 cm, pH: 7, SG: 2–3

Familie Olyridae

Die Familie der Olyrawelse besteht aus nur einer Gattung mit fünf Arten. Nach anderem Verständnis ist diese Gattung Teil der Bagridae. Ihr Verbreitungsgebiet erstreckt sich in den Süßgewässern Asiens von Indien über Myanmar bis Westthailand.

Eine aquaristisch noch unbekannte Familie, die in der Natur recht selten ist. Ihre Dorsale hat keinen Stachel. Diese Welse haben zwar kein Saugmaul, leben aber dennoch in schnellfließenden Gewässern versteckt unter Steinen.

Olyra longicaudata 5/434
Olyrawels
H: Asien: Indien, Myanmar.
GU: Unbekannt. V: =
Z: Unbekannt. F: K!
T: 16–22°C, L: 10–13 cm, pH: 7, SG: 3–4

Pangasiidae Haiwelse

Familie Pangasiidae

Die Familie der Haiwelse besteht aus drei Gattungen mit insgesamt 30 Arten. Haiwelse sind in Süßgewässern des südlichen Asien verbreitet. Eine der größten Welsarten überhaupt, *Pangasius gigas*, erreicht über 2,5 m Länge. Nur als Jungtiere können sie mit Gesellschaftern angemessener Größe gehalten werden.

Pangasius hypophthalmus (*Pangasius sutchi*) ist ein tagaktiver und lebhafter Schwarmfisch. Er ist beliebt, braucht aber viel Raum. In Asien wird diese Art, wie auch andere dieser Familie, als Speisefisch gezüchtet.

Pangasius hypophthalmus 1/509
Haiwels (Syn.: *P. sutchi*)
H: Asien: Thailand: Bangkok.
GU: Unbekannt. V: =
Z: Durch Abstreifen? F: O
T: 22–26°C, L: <100 cm?, pH: 7, SG: 3

Pangasius pangasius 3/412
Schwarzflossen-Haiwels
H: Asien: Pakistan bis Indonesien.
GU: Unbekannt. V: =
Z: Nicht bekannt. F: O
T: 23–28°C, L: <130 cm, pH: 7, SG: 4

WELSE

Familie Pimelodidae

Die Familie der Antennenwelse ist artenreich unter den Siluriformes: etwa 33 Gattungen enthalten insgesamt ca. 86 Arten. Diese verteilen sich vom Süden Mexikos aus bis in das nördliche tropische Argentinien. In allen Süßwassertypen sind sie zu finden: in kleinen Bächen, großen Flüssen, stillen Lagunen. Entsprechend variiert ihre Sauerstoffempfindlichkeit.

Die Familie schließt viele große Welse, aber auch einige mit "Gesellschaftsaquariumlänge" ein. Beim Erwerb von Jungfischen darf nicht vergessen werden, daß die meisten Arten schnell wachsende Raubfische sind, die daher nicht mit zu kleinen Fischen vergesellschaftet werden können. Zuchterfolge im Aquarium sind bisher ausgeblieben, verständlich bei großen Arten, nicht so bei den kleineren (FERRARIS, 1991). FRANKE (1985) berichtet als Ausnahme über eine erfolgreiche Zucht von *Microglanis iheringi* durch GRUNDMAN und JOB nach Hormonbehandlung: fast 1000 Eier wurden gelegt, bei für die Familie normalen Wasserwerten (leicht sauer, 8–12 °dGH).

Diese Schwierigkeiten in der Vermehrung verhindern auch ihre Verbreitung in der Speisefischzucht, obwohl alle großen Arten zusammen mit den *Colossoma*-Arten, den *Cichla*-Arten und *Arapaima gigas* die wichtigsten Speisefische Amazoniens stellen. Erfolge konnten bisher bei der Gattung *Rhamdia* (jetzt Fam.: Heptapteridae) gleichfalls lediglich mit Hormongaben erzielt werden.

Antennenwelse sind dämmerungs- und nachtaktiv, was bei der Einrichtung des Aquariums berücksichtigt werden muß. Zu beachten sind auch die langen Barteln ("Antennen") der Mehrzahl der Arten. Das Becken muß daher auch in seiner Breite groß genug sein, um zu verhindern, daß es der Wels gleichzeitig vorn und hinten berührt. Der Fisch würde sonst in Panik geraten. Die Dekoration muß zwar Verstecke aufweisen, aber genauso wichtig ist ein freier Schwimmraum. Mehrere große Arten werden in letzter Zeit als Jungfische angeboten: schön gezeichnet und lebhaft, sind sie für den Aquarianer reizvoll, man sollte jedoch ihre Endgröße und den damit verbundenen Futter- und Platzbedarf bedenken.

Aguarunichthys torosus 5/435
Stier-Antennenwels
H: S-Amerika: Peru: Dept. Amazonas.
GU: Bisher nicht beschrieben. **V:** =
Z: Nicht bekannt. **F:** K
T: 22–27°C, **L:** 40 cm, **pH:** <7, **SG:** 4

Brachyplatystoma juruense adult 4/324
Goldbinden-Zebraantennenwels
H: S-Amerika: Peru, Brasilien.
GU: Unbekannt. **V:** –
Z: Nicht bekannt. **F:** K
T: 22–27°C, **L:** <200 cm, **pH:** 7, **SG:** 4

Brachyplatystoma juruense juv. 4/324
Goldbinden-Zebraantennenwels

Brachyrhamdia imitator 2/552
Imitatorwels

H: S-Amerika: Venezuela, Kolumbien?.
GU: Unbekannt. V: =
Z: Nicht bekannt. F: K,O
T: 21–25°C, L: 7,5 cm, pH: 7, SG: 1–2

Brachyrhamdia marthae 3/413, 5/436
Blauer Imitatorwels

H: S-Amerika: Peru: ob. Amazonas.
GU: Unbekannt. V: =
Z: Nicht bekannt. F: K,O
T: 24–26°C, L: 9 cm, pH: <7, SG: 2

Brachyrhamdia meesi 3/414
Mees' Antennenwels

H: S-Amerika: Brasilien: Belém?.
GU: Unbekannt. V: =
Z: Nicht bekannt. F: K,O
T: 24–26°C, L: 8 cm, pH: <7, SG: 2

Brachyrhamdia sp. 5/441

Unbeschriebene Art.

Platysilurus malarmo 3/414
Malarmowels

H: S-Amerika: Venezuela.
GU: Unbekannt. V: =
Z: Nicht bekannt. F: K
T: 24–28°C, L: <65 cm, pH: <7, SG: 2–3

Hemisorubim platyrhynchos 2/552
Unterständiges Schaufelmaul
H: S-Amerika: Sur., Ven., Bras., Par.
GU: Unbekannt. V: =
Z: Nicht bekannt. F: K
T: 20–22°C, L: 35 cm, pH: 7, SG: 3–4

Heptapterus mustelinus 5/436
Brauner Siebenflossenwels
H: S-Amerika: SO-Brasilien, (Surinam?).
GU: Nicht bekannt. V: +
Z: Nicht bekannt. F: K
T: 18–24°C, L: 9 cm, pH: ≪7, SG: 3

Imparfinis longicaudus 3/416

H: S-Amerika: Ecuador, Peru.
GU: Unbekannt. V: =
Z: Nicht bekannt. F: K,O
T: 20–24°C, L: 15 cm, pH: <7, SG: 2

Imparfinis minutus 3/416
Grundel-Antennenwels
H: S-Amerika: W-Brasilien, Guyana-Staaten.
GU: Unbekannt. V: =
Z: Nicht bekannt. F: K,O
T: 24–28°C, L: 12 cm, pH: <7, SG: 2

Leiarius marmoratus ♂ 4/326
Marmor-Prachtantennenwels
H: S-Amerika: Peru, Brasilien.
♂: Schlanker. V: =
Z: Nicht bekannt. F: K
T: 24–26°C, L: <60 cm, pH: <7, SG: 3–4

Lophiosilurus alexandri 5/438
Alexanders Breitmaulfisch
H: S-Amerika: Brasilien: Amazonien.
GU: Unbekannt. V: –
Z: Nicht bekannt. F: K!
T: 22–27°C, L: >20 cm, pH: <7, SG: 4

Lophiosilurus alexandri 5/438
Alexanders Breitmaulfisch
Kopfstudie

Merodontotus tigrinus 4/326
Zebra Spatelmaul
H: S-Amerika: Brasilien: Rio Madeira.
GU: Unbekannt. V: =
Z: Nicht bekannt. F: K
T: 22–26°C, L: >50 cm, pH: 7, SG: 4

Microglanis iheringi 2/554
Kleiner Marmor-Antennenw., Kl. Harlekinw.
H: S-Amerika: Venezuela, Kolumbien.
GU: Nicht beschrieben. V: +
Z: Nicht bekannt. F: K,O
T: 21–25°C, L: 6 cm, pH: 7, SG: 1–2

Microglanis parahybae 3/418
Großer Marmor-Antennenw., Gr. Harlekinw.
H: S-Amerika: SO-Brasilien, Arg., Par.
GU: Unbekannt. V: =
Z: Nicht bekannt. F: K,O
T: 21–26°C, L: 9 cm, pH: 7, SG: 1–2

Perrunichthys perruno 2/556
Leopard-Antennenwels
H: S-Amerika: Venezuela, Brasilien.
GU: Unbekannt. V: =
Z: Bisher nicht beschrieben. F: K
T: 21–25°C, L: 60 cm, pH: <7, SG: 3–4

Phractocephalus hemioliopterus 2/556
Rotflossen-Antennenwels
H: S-Amerika: Venezuela, Guyana, Brasilien.
GU: Unbekannt. V: =
Z: Im Aquarium nicht möglich. F: O
T: 20–26°C, L: <60 cm, pH: <7, SG: 4

WELSE

Pimelodella chagresi 5/440
Einbinden Fadenwels
H: M-Amerika: Costa Rica, Panama.
GU: Unbekannt. V: =
Z: Bisher nicht gelungen. F: K,O
T: 23–26°C, L: >10 cm, pH: 7, SG: 2–3

Pimelodella gracilis 2/558
Schlanker Fadenwels
H: S-Amerika: Brasilien, Venezuela.
GU: Unbekannt. V: =
Z: Bisher nicht gelungen. F: K,O
T: 20–24°C, L: 30 cm, pH: 7, SG: 2–3

Pimelodella lateristriga 2/558
Gestreifter Antennenw., Gestreifter "Fadenw."
H: S-Amerika: O-Amazonasbecken.
GU: Unbekannt. V: =
Z: Nicht bekannt. F: K,O
T: 20–24°C, L: 20 cm, pH: 7, SG: 2–3

Brachyrhamdia rambarrani 3/418
Masken-Imitatorwels
H: S-Amerika: Brasilien: Rio Unini.
♂: Schlanker. V: =
Z: Unbekannt. F: K,O
T: 24–26°C, L: 7 cm, pH: <7, SG: 2

Pimelodella sp. 5/440

Pimelodella steindachneri (?) 5/442
Steindachners Antennenwels
H: S-Amerika: Brasilien: Rio Madeira.
GU: Unbekannt. V: =
Z: Unbekannt. F: K
T: 20–26°C, L: 15 cm, pH: 7, SG: 3

Pimelodus albofasciatus 2/560
Weißstreifen-Antennenwels
H: S-Amerika: Surinam, Guyana.
GU: Unbekannt. **V**: =
Z: Nicht bekannt. **F**: K
T: 22–25°C, **L**: 25 cm, **pH**: <7, **SG**: 3

Pimelodus blochii 1/510
Fettwels, Gemeiner Antennenw., Langbart
H: S-Amerika: Panama bis Brasilien.
GU: Unbekannt. **V**: =
Z: Nicht bekannt. **F**: K,O
T: 20–26°C, **L**: <30 cm, **pH**: 7, **SG**: 1–2

Pimelodus cf. *blochii* 5/442

H: Nördliches S-Amerika.
GU: Unbekannt. **V**: =
Z: Nicht bekannt. **F**: K,O
T: 18–26°C, **L**: 15–30 cm, **pH**: 7, **SG**: 3

Pimelodus maculatus 2/560
Fleckenantennenwels
H: S-Amerika: Brasilien, Paraguay.
GU: Unbekannt. **V**: =
Z: Nicht bekannt. **F**: K
T: 20–24°C, **L**: 26 cm, **pH**: 7, **SG**: 2–3

Pimelodus ornatus 2/562
Schmuckantennenwels
H: S-Amerika: Weit verbreitet.
GU: Unbekannt. **V**: =
Z: Nicht bekannt. **F**: K,O
T: 24–25°C, **L**: 28 cm, **pH**: 7, **SG**: 3

Pimelodus pictus 2/562
Engelantennenwels
H: S-Amerika: Kolumbien.
GU: Unbekannt. **V**: +
Z: Nicht bekannt. **F**: O
T: 22–25°C, **L**: >11 cm, **pH**: <7, **SG**: 2

WELSE

Pimelodus sp. "grün" 5/445
Grüner Antennenwels
H: S-Amerika: Peru: Distrikt Requena.
GU: Unbekannt. V: ?
Z: Nicht bekannt. F: K
T: 23–28°C, L: 20–25 cm, pH: 7, SG: 3–4

Pinirampus pirinampu 3/420
Zander-Antennenwels
H: S-Amerika: Venezuela bis Paraguay.
GU: Unbekannt. V: =
Z: Unbekannt. F: K
T: 22–28°C, L: <120 cm, pH: 7, SG: 4

Platystomatichthys sturio 2/564
Störspatelwels
H: S-Amerika: Gesamtes Amazonasbecken.
GU: Unbekannt. V: =
Z: Nicht bekannt. F: K
T: 21–25°C, L: 40 cm, pH: 7, SG: 3–4

Cephalosilurus nigricaudus 4/328
H: S-Amerika: Surinam: Sipaliwini-Gebiet.
GU: Unbekannt. V: –
Z: Nicht bekannt. F: K!
T: 20–25°C, L: 35 cm, pH: 7, SG: 4

Batrochoglanis raninus 2/564
Frosch-Fettwels
H: S-Amerika: Weit verbreitet.
GU: Nicht beschrieben. V: =
Z: Nicht nachgezogen. F: K
T: 21–25°C, L: 10 cm, pH: <7, SG: 1–2

Pseudopimelodus bufonius 2/566
Zungarowels
H: S-Amerika: Ven., Kol., Guy., Sur., Bra.
GU: Unbekannt. V: =
Z: Nicht bekannt. F: K
T: 20–24°C, L: 18 cm, pH: 7, SG: 2–3

Pseudoplatystoma fasciatum 1/510
Tigerspatelwels, Schaufelmaul
H: S-Amerika: Venezuela, Peru, Paraguay.
GU: Unbekannt. V: –
Z: Nicht bekannt. F: K
T: 24–28°C, L: <100 cm, pH: 7, SG: 3

Pseudoplatystoma tigrinum 4/328
Tigerspatelwels
H: S-Amerika: Amazonasbecken.
GU: Unbekannt. V: =
Z: Nicht bekannt. F: O
T: 22–26°C, L: 60 cm, pH: 7, SG: 4

Rhamdia guatemalensis 2/566
Guatemala-Antennenwels
H: M-, S-Amerika: S-Mexiko–Kolumbien.
GU: Unbekannt. V: =
Z: Nicht bekannt. F: O
T: 22–28°C, L: 28 cm, pH: 7, SG: 2

Rhamdia laticauda 3/420
Langflossen-Antennenwels
H: M-, S-Amerika.
GU: Unbekannt. V: +
Z: Nicht bekannt. F: O
T: 24–28°C, L: 12 cm, pH: >7, SG: 1

Leiarius pictus 2/554
Segelantennenwels
H: S-Amerika: Amazonasgebiet.
GU: Unbekannt. V: =
Z: Nicht bekannt. F: K
T: 22–26°C, L: 60 cm, pH: 7, SG: 4

Sorubim lima 1/512
Spatelwels
H: S-Amerika: Amazonien.
GU: Unbekannt. V: =
Z: Nicht bekannt. F: K
T: 23–30°C, L: <60 cm, pH: 7, SG: 4

Familie Plotosidae

Die Familie der Aal- oder Korallenwelse besteht aus etwa 36 Arten in 10 Gattungen im Meer-, Brack- und Süßwasser des Indischen Ozeans und des Westpazifiks von Japan bis Australien und Fidschi. Laut NELSON (1994) sind etwa die Hälfte der Arten im Süßwasser Australiens und Neuguineas zu finden.

Die strahlenreiche Anale bildet mit der Kaudale einen Flossensaum, der sich bei manchen Arten auch am Rücken fortsetzt.

Die Gattung *Plotosus* sowie einige andere haben Giftdrüsen, die mit den Pektoralstacheln und dem Dorsalstachel in Verbindung stehen. Vorsicht, die Giftigkeit ist hier besonders hoch, es gibt Meldungen von Todesfällen!

Meerwasserarten sind Versteckl aicher. Die Jungfische bilden dichte Knäuel, um sich so vor Raubfischen zu schützen. Mit fortschreitendem Alter lösen sich diese Ballen langsam in halberwachsene Einzelgänger auf. Süßwasserarten bauen Nester aus Kies, in welche die Eier hineingelegt werden. Brutpflege wird betrieben.

Alle größeren Arten finden als Speisefische Verwendung, sie werden jedoch nicht zu diesem Zweck gezielt gezüchtet. *Plotosus anguillaris* und *P. canius* sind Meerwasserarten, die oft in *Chanos chanos*-Teichen in Indonesien als Beifische mitgeerntet werden.

Unter den Süßwasserarten wird vor allem *Tandanus tandanus* in Australien in Betracht gezogen. Die Art wurde experimentell in Teichen bereits mit guten Ergebnissen gezüchtet. Andererseits hat laut BURGESS (1989) *Anodontoiglanis dahli*, eine endemische Art Australiens, rosa Fleisch, das besonders geschätzt wird. Arten der Familie Plotosidae sind auf dem Gebiet der Speisefischzucht noch recht zukunftsträchtig.

Eine Aquariumhaltung ist zur Zeit schwierig, da die meisten Arten kaum im Angebot zu finden sind. Ansonsten sind es problemlose Allesfresser, die immer in einer kleinen Gruppe gehalten werden sollten. Im allgemeinen handelt es sich um Arten, die ein dunkel eingerichtetes, versteckreiches Aquarium mit mittleren bis brackigen Wasserwerten bevorzugen.

Neosilurus argenteus 2/568
Silberaalwels

H: Australien: Landesinnere. Z: Nicht bekannt. F: K,O
GU: Unbekannt. V: = T: 5–30°C, L: 20 cm, pH: >7, SG: 2–3

Neosilurus ater juv. 2/568
Schwarzer Aalwels
H: Neu-Guinea, N-Australien: in Flüssen.
GU: Unbekannt. **V:** +,=
Z: Nicht bekannt. **F:** K,O
T: 22–30°C, **L:** 50 cm, **pH:** 7, **SG:** 2

Neosilurus hyrtlii 2/570
Gelbflossensaumwels
H: NW- bis NO-Australien. Sw
GU: Unbekannt. **V:** =
Z: Nicht bekannt. **F:** K,O
T: 22–28°C, **L:** 20 cm, **pH:** 7, **SG:** 1–2

Neosilurus hyrtlii juv. 2/570
Gelbflossensaumwels
Das Gelb des Flossensaums verblaßt im Alter.

Tandanus bostocki 5/446

H: Australien. 1 El Salz auf 10 l Wasser.
♀: Zur Laichzeit voller. **V:** =?
Z: Nicht bekannt. **F:** K,O
T: 24–26°C, **L:** >12 cm?, **pH:** 7, **SG:** 2–3

Neosilurus rendahli 5/446

H: Neuguinea, Australien.
♀: Zur Laichzeit voller. **V:** =?
Z: Nicht bekannt. **F:** K
T: 18–20°C, **L:** >12 cm, **pH:** >7, **SG:** 1–4

Tandanus tandanus 2/570
Tauwels, Kenaru
H: Australien: Tweedfluß, Murray-Darling.
♂: Dreieckige Urogenitalpapille. **V:** =
Z: Nichtadhärente E in Kiesmulde. **F:** K,O
T: 5–25°C, **L:** 90 cm, **pH:** 7, **SG:** 4

WELSE

Schilbe brevianalis, siehe Seite 380.

Familie Schilbeidae

Die Familie der Glaswelse besteht aus etwa 14 Gattungen mit insgesamt um die 61 Arten. Ihr Verbreitungsgebiet ist Afrika und das südliche Asien, mit etwa drei Viertel der Arten in Afrika.

Wie ihr Umgangsname bereits andeutet, sind diese Welse vor allem dadurch bekannt, daß einige Arten einen durchsichtigen Körper haben. Die Gattung *Kryptopterus* sieht diesen Welsen sehr ähnlich, hat aber nur ein Paar Barteln (zum Unterschied zu 4 Paaren) und gehört zur Familie Siluridae.

Die kleineren Arten der Schilbeidae sind bestens für Aquarien geeignet. Es sind tagaktive Schwarmwelse, die sich leicht an Trockenfutter gewöhnen lassen und die mit anderen kleinen Arten in einem Gesellschaftsbecken gut gehalten werden können. Obwohl farblich nicht sehr ausgefallen, gibt es Arten mit interessanten Kontrast-/Linien-Zeichnungen. Andererseits sind sie gerade wegen ihrer Transparenz beliebt. Als Schwarmfische sollten sie für ihr größtes Wohlbefinden immer in Gruppen von mindestens 6 Fischen gehalten werden. *Schilbe mystus* ist da etwas die Ausnahme. Diese Art tendiert eher zum alleinigen, bodenorientierten Dasein.

Leider ist die Zucht dieser Arten, mit Ausnahme von *Pareutropius buffei*, die ihre Eier wahllos zwischen feinfiedrigen Pflanzen verstreut und dann umgesetzt werden muß, kaum ohne Hormonbehandlung gelungen.

Fütterung ist kein Problem, denn es sind vorwiegend Allesfresser mit überwiegend Lebendfutter- oder Fischfleischanteil. Jedes gute Flokkenfutter wird akzeptiert, was die Fütterung zwar wesentlich erleichtert, aber nicht zur Gewohnheit werden sollte: ein paar Mal pro Woche sollte feines Lebendfutter gegeben werden.

Pareutropius buffei 1/513, 2/572
Schwalbenschwanz-Glaswels
H: Afrika: Nigeria, Kamerun, Gabun? Zaire?
♂: Schlanker. V: +
Z: Zwischen Pflanzen; <100 Eier. F: K,O
T: 22–27°C, L: 8 cm, pH: 7, SG: 2–3

Horabagrus brachysoma 5/448
Mondfinsternis-Stachelwels
H: Asien: S-Indien: Kerala State.
GU: Noch nicht beschrieben. V: =
Z: Nicht bekannt. F: K,O
T: 23–25°C, L: 13 cm, pH: 7, SG: 2

Parailia congica 2/572
Afrikanischer Glaswels
H: Afrika: Zaire: Stanley Pool.
GU: Unbekannt. V: +
Z: Bisher nicht gelungen. F: K,O
T: 23–26°C, L: 9 cm, pH: 7, SG: 2

Parailia pellucida 2/574
Nilglaswels, Afrikanischer Glaswels
H: Afrika: Quellgebiet des Nils.
GU: Unbekannt. V: +
Z: Nicht bekannt. F: K
T: 25–28°C, L: 15 cm, pH: 7, SG: 3

Pareutropius longifilis 4/330

H: Afrika: Tansania.
♂: Sehr schlank, etwas kleiner. V: ?
Z: Nicht bekannt. F: O
T: 23–27°C, L: 10 cm, pH: 7, SG: 2–3

Platytropius siamensis 2/574

H: Asien: Thailand.
♂: Fleischige Auswölbung vor After. V: =
Z: Nicht bekannt. F: O
T: 21–25°C, L: 20 cm, pH: 7, SG: 2

Schilbe brevianalis 4/331
Gewölkter Glaswels

H: Afrika: Nigeria, Kamerun: Küstenflüsse.
♂: Schlanker. V: +
Z: Hormonbehandlung; 3000 Eier. F: K
T: 24–27°C, L: <13 cm, pH: 7, SG: 2–3

Schilbe grenfelli 4/332

H: Afrika: Zairebecken.
GU: Unbekannt. V: ?
Z: Nicht bekannt. F: K,O
T: 23–26°C, L: 50 cm, pH: 7, SG: 3

Schilbe intermedius 1/514
Silberwels

H: W-Afrika: Nil, Niger, Viktoria-, Tschadsee.
GU: Unbekannt. V: =
Z: Gelungen (mit Hormongabe?). F: O
T: 23–27°C, L: 35 cm, pH: 7, SG: 2

Schilbe marmoratus 3/422
Marmorierter Glaswels

H: Afrika: Zaire.
♂: Schlanker zur Laichzeit. V: =
Z: Nicht bekannt. F: K,O
T: 24–26°C, L: >15 cm, pH: 7, SG: 2–3

Silonia silondia 5/449

H: Asien: Indien: unterer Ganges.
GU: Nicht bekannt. V: ?
Z: Wanderung zu Quellgebieten. F: K,O
T: 23–26°C, L: 180 cm, pH: 7, SG: 4

Kryptopterus bircirrhis. Zeichnung aus Cuvier & Valenciennes, 1839, Bd. 14.

Familie Siluridae

Die Familie der Echten Welse enthält an die 100 Arten in etwa 12 Gattungen. Diese Welse sind in Asien weit verbreitet, nur 2 Arten (*Silurus* spp.) kommen in Europa vor. Eine der Arten, *Siluris glanis*, ist die größte aller Siluriformes mit einem belegten Rekord von 330 kg Gewicht bei einer Länge von 5 m. Es handelt sich überwiegend um Süßwasserarten, wobei einige in Brackwasser vordringen.

Die in Aquarienkreisen mit Abstand beliebtesten Echten Welse sind Arten der Gattungen *Kryptopterus* und *Ompok*, als Glaswelse bekannte Arten; weitere sind in der Familie Schilbeidae zu finden. Glaswelse der Siluridae haben weder eine Adipose noch nasale Barteln.

In einem Heimaquarium sollten nicht weniger als 6 Glaswelse einen Schwarm bilden können, was von vornherein größere Arten (sie erreichen bis zu 80 cm Länge) ausschließt. In kleineren Gruppen bleiben die Fische scheu und leben versteckt in Bodennähe, anstatt wie sonst im Schwarm tagsüber durch das offene Wasser zu ziehen.

Sie sind auch gute Gesellschafter, weil sie genügsam mit Trockenfutter zufrieden sind. Allerdings sollte ihre Ernährung nicht ausschließlich auf diesem beruhen.

Leider ist mit Ausnahme von *Kryptopterus minor* die Zucht dieser Gattung noch nicht gelungen. Selbst bei dieser Art handelt es sich bisher eher um Zufallszuchten, aber das Nachahmen der Jahreszyklen scheint einen entscheidenden Einfluß zu haben.

Die größeren Fische der anderen Gattungen sind eher einzelgängerische Bodenbewohner, die schwer vergesellschaftet werden können, da ihre Tendenz zum Raubfisch stärker ausgeprägt ist.

In der Speisefischzucht sind einige Arten der Siluridae in geringem Maße in Asien vertreten. So z.B. *Ompok bimaculatus*, der mit Hormoninjektionen zum Laichen gebracht wird. Ansonsten wird mit *Silurus glanis* vor allem in Osteuropa gearbeitet. Welse (Waller) sind sehr schmackhafte Speisefische.

Kryptopterus cryptopterus 2/576

H: SO-Asien: Thailand, Sumatra, Borneo.
GU: Unbekannt. **V**: =
Z: Natur: Juni/Juli. **F**: K
T: 22–25°C, **L**: 20 cm, **pH**: 7, **SG**: 3

Kryptopterus macrocephalus 2/576
Gestreifter Glaswels

H: SO-Asien: Borneo, Sumatra.
GU: Unbekannt. **V**: =
Z: Nicht bekannt. **F**: K,O
T: 22–26°C, **L**: 11 cm, **pH**: 7, **SG**: 1–2

Kryptopterus minor 1/515
Indischer Glaswels, fälschlich *K. bicirrhis*

H: SO-Asien: Thailand, Malaysia, Indonesien.
GU: Unbekannt. **V**: +
Z: Feinfiedrige Pflanzen. **F**: K,O
T: 21–26°C, **L**: 8 cm, **pH**: 7, **SG**: 3

Ompok bimaculatus 1/516
Doppelfleck-Glaswels

H: SO-Asien: Nepal, Thai., Indonesien,...
GU: Nicht beschrieben. **V**: =
Z: In Teichen. **F**: O
T: 20–26°C, **L**: <45 cm, **pH**: 7, **SG**: 2

Ompok eugeneiatus 2/578
Borneo-Glaswels

H: SO-Asien: Sumatra, Borneo.
♂: Längere Dorsale? **V**: =
Z: Nicht bekannt. **F**: K
T: 20–24°C, **L**: 18 cm, **pH**: <7, **SG**: 3

Ompok sabanus 4/334

H: SO-Asien: Indonesien, Malay., Borneo.
♂: Häkchen am Pektoralstachel? V: =
Z: Nicht bekannt. F: K,O
T: 23–27°C, L: 18 cm, pH: 7, SG: 3–4

Parasilurus asotus 5/450
Amurwels

H: Asien: Amur-Gebiet.
GU: Nicht bekannt. V: –
Z: Laichgrube zw. Wurzeln; ♂ pflegt. F: K,O
T: 5–25°C, L: 100 cm, pH: 7, SG: 4

Silurus glanis 3/423
Wels, Waller

H: Afrika: Nigerdelta.
♂: Bauch schlanker (Laichzeit). V: –
Z: Nat: Mai–Juli; Nestmulde. F: K
T: 4–20°C, L: <250 cm, pH: 7, SG: 4

Silurus soldatovi 5/450
Russischer Waller

H: Asien: Amur von Sibirien bis China.
GU: Unbekannt. V: –
Z: Künstl. Befruchtung f. Speisezw. F: K,O
T: 5–25°C, L: <400 cm, pH: 7, SG: 4

Wallago attu (falsches Foto bis 7.A.) 2/578
"Hubschrauber"-Wels

H: Asien: Java, Sum., Thai., Indien, Bur.,...
GU: Unbekannt. V: =
Z: Nicht bekannt. F: O
T: 22–25°C, L: 90 cm, pH: 7, SG: 4

Wallago leeri

H: Asien: Borneo, Sumatra.
GU: Unbekannt. V: –
Z: Nicht bekannt. F: K
T: 22–27°C, L: > 50 cm, pH: 7, SG: 4

WELSE

Familie Sisoridae

Die Familie der Gebirgswelse besteht aus ca. 20 Gattungen mit um die 139 Arten und ist im Süßwasser des südlichen Asien beheimatet. Es handelt sich weitgehend um mittlere bis kleine Arten, mit Ausnahme der Gattung *Bagarius,* welche große bis sehr große Arten (2 Meter und mehr) beinhaltet.

Wie ihr Umgangsname bereits vermuten läßt, sind diese Fische an das Leben in schnell fließenden Gewässern angepaßt. Viele der Arten haben zwar kein Saugmaul, aber ihr Maul ist meistens unterständig, um algenbewachsene Steine abraspeln zu können. (Auch hier ist die Gattung *Bagarius* eine Ausnahme, da deren Arten Raubfische sind.) Um sich gegen die vorherrschende Strömung besser behaupten zu können, dient den Gebirgswelsen ein abgeflachter Kopf, der durch das fließende Wasser an den Untergrund gedrückt wird, und charakteristische, ventrale Hautfalten, die einen Saugnapfeffekt erzeugen können.

Die Arten der Familie werden selten angeboten, weshalb aquaristisch bisher wenig bekannt ist. Da es sich aber weitgehend um Bewohner bewegter, sauerstoffreicher Gewässer handelt, sind Wasserbewegung und hoher Sauerstoffgehalt die wichtigsten Eigenschaften des Milieus im Aquarium; Wasserhärte und pH-Wert kommen erst an zweiter Stelle. Was die Temperatur anbelangt, so haben sich die Gebirgsarten – vor allem solche, die in höheren Lagen vorkommen (bis zu 1500 m ü.d.M.) – als empfindlich erwiesen: sie brauchen unbedingt kühles Wasser.

Bisherige Erfahrungen zeigen, daß die kleineren Arten friedlich sind. Unter ihnen gibt es sowohl Einzelgänger als auch Schwarmfische, die entweder tag- oder nachtaktiv sein können. Ihre Zucht ist derzeit unbekannt.

Zeichnung aus CUVIER & VALENCIENNES, 1840

Bagarius bagarius 2/580
Teufelswels

H: Asien: Indien, Bur., Thai., Viet., Sum., Bor.
GU: Unbekannt. V: –

Z: Nicht bekannt. F: K
T: 18–25°C, L: <200 cm, pH: 7, SG: 3–4

Bagarius yarrelli 2/580
Teufelswels

H: Asien: Indien, Bur., Thai., Viet., Sum., Bor.
GU: Unbekannt. V: –
Z: Nicht bekannt. F: K
T: 18–25°C, L: <200 cm, pH: 7, SG: 3–4

Erethistes pusillus 4/336

H: Asien: Indien: Assam.
GU: Unbekannt. V: +
Z: Nicht bekannt. F: K
T: 22–24°C, L: 6 cm, pH: 7, SG: 2

Gagata cenia 2/580
Clownwels

H: Asien: Sumatra.
GU: Unbekannt. V: +
Z: Nicht bekannt. F: K
T: 20–22°C, L: 7 cm, pH: 7, SG: 1–2

Conta conta ♂ 3/424

H: Asien: Indien, Bangladesch.
♂: Ob. Kaudalstrahl länger; Farbe. V: =
Z: Unbekannt. F: O
T: 18–28°C, L: 12 cm, pH: 7, SG: 2

Gogangra viridescens 3/426
Assam-Clownwels

H: Asien: Pak., Indien, Bang., Myanmar, Nepal.
GU: Unbekannt. V: =
Z: Nicht bekannt. F: K
T: 20–24°C, L: 12 cm, pH: <7, SG: 2–3

Glyptosternum reticulatum 3/426

H: Asien: Afg., Pak., China, S-GUS-Staaten.
GU: Unbekannt. V: +
Z: Nicht bekannt. F: O
T: 12–24°C, L: 15 cm, pH: 7, SG: 3

WELSE

Glyptothorax cf. *lampris* 5/452
Lampen-Gebirgswels
H: Asien: Thailand.
GU: Unbekannt. V: =
Z: Nicht bekannt. F: K,O
T: 20–24°C, L: 15 cm, pH: 7, SG: 3

Glyptothorax cf. *laosensis* 5/452
Pfeilgebirgswels
H: Asien: Thailand, Laos: Mekong.
GU: Unbekannt. V: +
Z: Noch nicht gelungen. F: H,O
T: 18–23°C, L: 15 cm, pH: 7, SG: 3

Glyptothorax platypogon 3/428
Brauner Gebirgswels
H: Asien: Java, Sumatra, Borneo, Malaysia.
GU: Unbekannt. V: +
Z: Nicht bekannt. F: O
T: 18–22°C, L: 10 cm, pH: <7, SG: 2–3

Glyptothorax trilineatus 3/428
Dreistreifen-Gebirgswels
H: Asien: Thail, Bur., Indien, Pak., Bang.
GU: Unbekannt. V: +
Z: Nicht bekannt. F: O
T: 10–20°C, L: <30 cm, pH: <7, SG: 4

Hara hara 3/430
H: Asien: Indien, Nepal, Bangladesch.
GU: Unbekannt. V: +
Z: Nicht bekannt. F: O
T: 12–28°C, L: 7 cm, pH: 7, SG: 2–3

Hara jerdoni 4/335
Deltaflügel-Zwergwels
H: Asien: Bangladesch.
♂: Kleiner, schlanker. V: +
Z: Noch nicht gelungen. F: O
T: 18–24°C, L: <3,5 cm, pH: 7, SG: 3–4

WELSE

Familie Trichomycteridae

Die Familie der Schmerlenwelse enthält 8 Unterfamilien mit 155 Arten in 36 Gattungen. Zwei ihrer Unterfamilien – Stegophilinae und Vandelliinae – enthalten parasitische Arten, die dieser Familie ihren Bekanntheitsgrad auch unter vielen Laien sichert (ähnlich den Piranhas bei Salmlern). Das Verbreitungsgebiet dieser Familie erstreckt sich im Süßwasser von Costa Rica bis zu weiten Teilen Südamerikas.

Die etwa 30 Arten in der Unterfamilie Stegophilinae ernähren sich vom Schleim und den Schuppen anderer Fische. Die ca. 18 Arten in der Unterfamilie Vandelliinae hingegen leben vom Blut anderer Fische. Sie gewinnen dieses hauptsächlich, indem sie einen Beutefisch verletzen. Einige Arten haben sich sogar darauf spezialisiert, in den Kiemenraum großer Fische zu schwimmen, um sich dort vom Blut der Kiemenblätter zu ernähren. Es sind diese letzteren Arten – lokal als "candiru" und "canero" bekannt –, die soviel Aufsehen erregen. Durch diese Ernährungsweise bedingt, schwimmen sie Harnausscheidungen und lokalen Strömungen entgegen, in der Hoffnung, letztlich eine Kiemenhöhle zu erreichen. Ist eine gefunden, ankern sie sich mit gespreizten Operkularstacheln fest – Arten dieser Familie haben keine Flossenstacheln –, um nicht von der Atemströmung wieder herausgespült zu werden. Säugetieren, wie auch dem Menschen, können diese Fische insofern gefährlich werden, als sie in deren Harnwege eindringen können; einmal dort, spreizen sie instinktiv ihre Stacheln und können nicht mehr zurück. Sie verenden dort bald und diese extrem schmerzhafte Situation muß dringend operativ gelöst werden. Eine enganliegende Badehose ist ein wirksamer Schutz, auch sollte in verdächtigen Gewässern nicht unter Wasser uriniert werden. Für das Aquarium sind diese parasitischen Arten aufgrund ihrer Ernährungsweise ungeeignet.

Die große Mehrzahl der Arten in dieser Familie aber sind als "normale" Welse kleiner Länge für Aquarien gut geeignet mit einer Diät aus aquatischen Insekten und deren Larven, Würmern und Krebsen. Der Boden im Aquarium sollte aus Sand bestehen, da sich viele Schmerlenwelse zeitweise eingraben. Manche Arten sind auch tagaktiv und schätzen Wärme, während die aus höheren Lagen kühleres, sauerstoffreiches Wasser benötigen (ersichtlich unter "T:" bei den einzelnen Arten).

WELSE

Bullockia maldonadoi 3/431
Chilenischer Schmerlenwels
H: S-Amerika: Zentralchile.
GU: Unbekannt. V: +
Z: Nicht bekannt. F: O
T: 16–26°C, L: 5 cm, pH: <7, SG: 2–3

Eremophilus mutisii 4/337

H: S-Amerika: Kolumbien.
♂: Vermutlich schlanker. V: +
Z: Nicht bekannt. F: K
T: 22–28°C, **L**: 15 cm, **pH**: 7, **SG**: 3

Ochmacanthus alternus 5/454
Quiribana-Schmerlenwels

H: S-Amerika: Kolumbien, Venezuela.
GU: Unbekannt. V: –
Z: Nicht bekannt. F: K,P
T: 22–26°C, **L**: 7 cm, **pH**: <7, **SG**: 3–4

Ochmacanthus orinoco 4/338
Orinoco-Schmerlenwels unbekannt

H: S-Amerika: Venezuela: Orinoco.
GU: Unbekannt. V: ?
Z: Nicht bekannt. F: K
T: 23–26°C, **L**: 5 cm, **pH**: 7, **SG**: 3–4

Pseudostegophilus nemurus 4/338
Blaugelber Urinwels

H: S-Amerika: Brasilien: Rio Mamoré.
GU: Unbekannt. V: –
Z: Nicht bekannt. F: P!
T: 26–28°C, **L**: 15 cm, **pH**: <7, **SG**: 4

Trichomycterus cf. *stellatus* 3/432
Gefleckter Schmerlenwels (n. parasitär)

H: S-Amerika: Brasilien: Puerto Barrios.
GU: Unbekannt. V: +
Z: Nicht bekannt. F: K,O
T: 22–24°C, **L**: 4 cm, **pH**: 7, **SG**: 2–3

Trichogenes longipinnis 5/454
Langflossen-Schmerlenwels (n.p)

H: Brasilien: Rio de Janeiro, São Paulo.
♀: Etwas dicker u. blasser. V: =
Z: Noch nicht gelungen. F: K
T: 20–24°C, **L**: <12 cm, **pH**: 7, **SG**: 2–3

Trichomycterus maracaiboensis 5/456

H: S-Amerika: Venezuela: Rio San Juan.
GU: Unbekannt. V: +
Z: Nicht bekannt. F: K,O
T: 22–25°C, L: 6 cm, pH: 7, SG: 3

Trichomycterus alternatus 5/456
Samba-Schmerlenwels

H: S-Amerika: Kolumbien, Peru.
♂: Schlanker. V: ?
Z: Nicht bekannt. F: K,(P?)
T: 22–26°C, L: 10 cm, pH: <7, SG: 2–3

Trichomycterus cf. *vermiculatus* 5/458
Marmorierter Schmerlenwels

H: S-Amerika: Rio Paraguay u. Zuflüsse.
♂: Schlanker. V: +
Z: Nicht bekannt. F: O
T: 20–24°C, L: 10 cm, pH: 7, SG: 2–3

Tridensimilis brevis 1/517
"Harnröhrenwels" parasitär?

H: S-Amerika: Amazonasgebiet.
GU: Unbekannt. V: +
Z: Nicht bekannt. F: K,L (P?)
T: 20–30°C, L: 3 cm, pH: <7, SG: 2

Tridensimilis venezuelae 5/458
Venezuela-Harnröhrenwels

H: S-Amerika: Venezuela, Brasilien.
GU: Unbekannt. V: +
Z: Nicht bekannt. F: P (!)
T: 22–28°C, L: 2,5 cm, pH: <7, SG: 3–4

Vandellia (?) sp. 5/460
Leuchtband-Schmerlenwels

H: S-Amerika: Brasilien.
GU: Unbekannt. V: +
Z: Nicht bekannt. F: P!
T: 23–28°C, L: 4 cm, pH: <7, SG: 3–4

WELSE

Nothobranchius melanospilus (s.S. 434) beim Bodentauchen zur Eiablage (♂ rot).

Ursprung/Taxonomie

Die taxonomische Einteilung innerhalb der Ordnung Cyprinodontiformes ist immer wieder neuen Funden und Beurteilungen ausgesetzt. Das hier Verwendung findende Schema beruht auf NELSON (1994), wonach die Ordnung aus 8 Familien mit etwa 807 Arten in 88 Gattungen besteht.

Im Zeitlauf der Entstehungsgeschichte der AQUARIEN-ATLAS-Reihe hat sich manches in der Systematik geändert. Band 2 (dort S. 583) und Band 3 (dort S. 434) zeigen die jeweils zu jener Zeit meist verbreiteten Einteilungen. Wir haben uns entschlossen, im INDEX noch weitgehend der Zusammenfassung von NELSON zu folgen. Die Arbeit von COSTA (1996) konnte hier noch nicht berücksichtigt werden.

Um einen gewissen Bezug auf den AQUARIEN ATLAS in seinen verschiedenen Auflagen zu ermöglichen, wurde diese Gruppe 5 auch nach Unterfamilien innerhalb der verschiedenen Familien alphabetisch geordnet. Aquaristisch etwas verwirrend könnte vor allem die Tatsache sein, daß die Familien Anablepidae, Goodeidae und Poeciliidae nun in beiden Gruppen der Cyprinodontiformes (Gruppen 5 u. 6) zu finden sind. Die Eigenschaften, eierlegend oder lebendgebärend, reichen in der Systematik (nach jetziger Auffassung) nur bis zur Stufe einer Unterfamilie. Die nun als Unterfamilie eingestuften Reisfische (Oryziinae, Familie Adrianichthyidae, Ordnung Beloniformes) sind in Gruppe 10 zu finden.

Nachstehend die Systematik aller Cyprinodontiformes (inklusive Lebendgebärende Zahnkarpfen – Gruppe 6).

Geographische Verbreitung

Eierlegende Zahnkarpfen bewohnen hauptsächlich Süßwasser, man findet sie aber auch in Brackwasser und manche Arten sogar in küstennahem Meerwasser. Da es sich weitgehend um kleine Arten handelt, sind kleine Gewässer und Randzonen ihr Biotop. Bekannt sind Killifische vor allem durch ihre besondere Eientwicklung, die es vielen der Arten ermöglicht, im Eistadium in ausgetrockneten Saisongewässern bis zur nächsten Regenzeit zu überdauern.

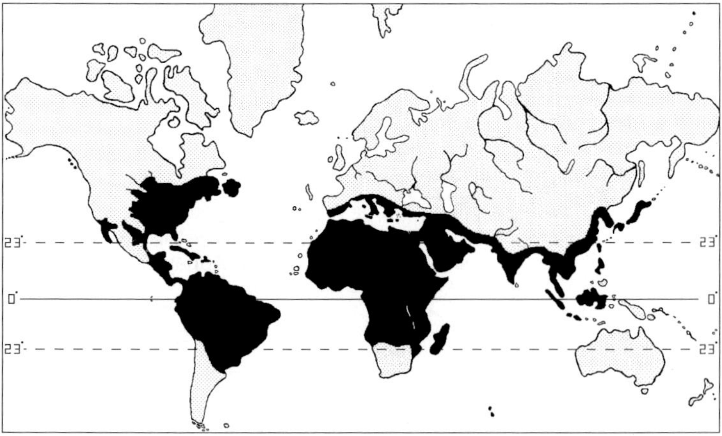

Verbreitungsgebiet der eierlegenden Cyprinodontiformes.

Allgemeines

Mit wenigen Ausnahmen sind Killifische kleine, bis zu 10 cm lange Fische. Die Farbenpracht der Männchen kompensiert die Eigenheiten in ihrer Haltung und Zucht. Innerartlich, aber auch zwischen ähnlichen Arten, sind Männchen mitunter extrem aggressiv. Dementsprechend sollte bei diesen Arten (Näheres unter den Familien-/Unterfamilien-Beschreibungen) nur ein Männchen mit einer kleinen Gruppe Weibchen in einem mittelgroßen, versteckreichen Aquarium gehalten werden. Dies muß auch unbedingt beim Transport dieser Arten berücksichtigt werden: jedes Männchen sollte in seinem eigenen Plastikbeutel verpackt werden. Mit wenigen Ausnahmen (z.B. Leuchtaugenfische) sind es keine Schwarmfische. Eine Vergesellschaftung mit Friedfischen ähnlicher Größe ist meistens möglich, da anders aussehende Fische normalerweise ignoriert werden.

Küstenbewohnende Arten profitieren von einer Haltung in Brackwasser, bzw. in hartem Süßwasser mit 1–3% Salzzusatz; die Auswahl der Gesellschafter sowie der Dekoration wird dadurch allerdings eingeschränkt. Inlandarten kommen oftmals aus extrem saurem und weichem Wasser, aber leicht sauer und weich sind die üblichsten Durchschnittswerte.

Bei der Ernährung von Killifischen ist man weitgehend auf Lebendfutter und Gefrierfutter angewiesen; Flockenfutter ist für die meisten Arten nur eine Notlösung. Einige Arten fressen zusätzlich Algen und überbrühten Salat, aber grundsätzlich sind sie alle Fleischfresser (Karnivoren).

Für die Fortpflanzung sind die jahreszeitlichen Eigenschaften des Heimatgewässers ausschlaggebend. Hierbei ist vor allem interessant, ob es zeitweilig austrocknet; dadurch ergeben sich unterschiedliche Lagerzeiten (ab ein paar Wochen bis zu mehreren Monaten) und Lagertemperaturen der Eier in feuchtem Torf. Arten, die Dauergewässer bewohnen, legen "normale" Eier.

Saisonfische – Arten, welche die Trockenzeit als Eier in der oberen Bodenschicht der ausgetrockneten Gewässer überstehen – legen ihre Eier in eine Torffaserschicht, die den Boden des Zuchtaquariums auskleidet. Sogenannte "Bodentaucher" (z.B. *Cynolebias* spp.) verschwinden sogar ganz im Torf, um dort ihre Eier abzulegen. Dieser Torf wird nach der Eiablage herausgeholt, vorsichtig ausgedrückt und dann abgetupft, bis er nur noch feucht ist. Er kommt dann in einen beschrifteten Plastikbeutel, der für einen artspezifischen Zeitraum dunkel gelagert wird (der vorgeschlagene Zeitraum wird bei den einzelnen Arten als "Wochen Lagerung" – WL – angegeben). Ist dieser abgelaufen, wird der Torf aufgegossen und die Jungfische "geerntet". Wird vermutet, daß viele Jungfische noch nicht geschlüpft sind, sollte der Torf nochmals feucht gelagert werden, um ihn nach weiteren 2 Wochen wieder zu hydrieren. Dieser Vorgang kann mehrmals wiederholt werden, bis eine bessere Schlupfrate erzielt worden ist. Die Entwicklungsrate der Eier ist nicht einförmig, sondern durch Diapausen (eine Entwicklungspause während der der Stoffwechsel auf ein Minimum abfällt) unterbrochen. Diese Phase wird durch ein sauerstoffarmes Milieu eingeleitet. Mit steigender Sauerstoffkonzentration beschleunigt sich der Stoffwechsel wieder und das Ei entwickelt sich weiter. Bei afrikanischen Arten kann sich vor dem Schlupf eine zweite Diapause einschieben, welche nicht umweltbedingt ist. Es schlüpfen fertig entwickelte, dottersacklose Jungfische, die sofort auf Nahrungssuche gehen (*Artemia* usw.). Da in der Natur die Fortpflanzung vor der nächsten Trockenzeit stattfinden muß, erreichen diese Arten bald ihre Reife. Im Aquarium sind viele – aber bei weitem nicht alle – Killifische kurzlebig, obwohl durch das Ausbleiben der Trockenzeit das Lebensalter sich verdoppeln kann.

Nichtannuelle Arten, d.h., solche, die nicht einem Austrocknen ihrer Heimatgewässer ausgesetzt sind, legen im Aquarium ihre Eier normalerweise in Javamoosbüschel oder künstliche Ablaichmops. Wurden die Eier bzw. Jungfische nicht nach ihrem Erscheinen einzeln aufgesammelt bzw. abgeschöpft, werden nach Beendigung der Ablaichphase entweder die Elterntiere oder das Ablaichsubstrat mit seinen Eiern umgesetzt. Dem Brutwasser kann Trypaflavin (Acriflavin) zugesetzt werden, um einem Verpilzen der Eier vorzubeugen. Jungfische brauchen ein bis zwei Wochen zum Schlüpfen; sie sind voll entwickelt und gehen sofort auf Futtersuche.

Echte Brutpflege hat bisher unter den Eierlegenden Zahnkarpfen nicht beobachtet werden können.

Einige Arten unter den Cyprinodontiformes – eierlegende und lebendgebärende – werden in den Tropen zur Stechmückenbekämpfung eingesetzt.

Familie	Habitat/Wasser	Futter	Fortpflanzung	Besonderheiten
Anablepidae				
Oxyzygonectinae	M-Am.; Bw	K	Ablaichmop	Monotypisch.
Aplocheilidae	Af., S-As; Sw, (Bw)	K	Saisonfische u. nichtannuelle Arten	♂♂ sehr farbenprächtig und oft untereinander und zu ♀♀ aggressiv.
Cyprinodontidae				
Cubanichthyinae	Karibik; Sw	K,O	nichtannuelle Arten	Nur 2 Arten.
Cyprinodontinae	Eu, N-, M-, S-Am.; Sw, Bw, (Mw)	O,K	*Orestias* 4 WL	Wärmste "Normaltemperatur" (43,8°C). Einige Arten vom Aussterben bedroht.
Fundulidae	N-, M-Am., Karibik; Sw, Bw, (Mw)	K,O	nichtannuelle Haftlaicher	Zucht über mehrere Generationen ist problematisch; überwintern.
Goodeidae				
Empetrichthynae	N-Am. (S-Nevada); Sw	O,K	Haftlaicher u. zw. Kies	Kleines Verbreitungsgebiet, eine Art ausgestorben. Mineralreiches Wasser.
Poeciliidae				
Aplocheilichthyinae	Af.; Sw	K	Substratlaicher u. Spaltlaicher	♂ sehr farbenprächtig. Mehrere Arten sind Dauerlaicher. Gruppenbildung.
Fluviphylacinae	S-Am.; Sw	K	nichtannuell; sonst unbekannt	Monotypisch. Kleine empfindliche Art.
Profundulidae	M-Am.; Sw	K,O	nichtannuelle Arten	Laichfärbung. Eine Gattung mit 5 Arten.
Rivulidae	S-Am.; Sw, (Bw)	K	Saisonfische u. *nichtannuelle Arten.*	Keine ♀♀ bei *Rivulus ocellatus*
Valenciidae	Eu; Sw	K,O	nichtannuelle Arten	Nur 2 Arten. Im Sommer im Gartenteich.

Anablepidae (Oxyzygonectinae)

Unterfamilie Oxyzygonectinae

Diese Unterfamilie besteht nur aus der unten aufgeführten Art. Zahlreiche Meinungen ordnen diese Art auch den Fundulidae zu.
Sie ist eine der großen Arten unter den Cypriniformes. In der Natur Schwarmfische, ist das im Aquarium nicht mehr der Fall. Meersalzzusatz erleichtert ihre Haltung und Zucht, welche keinen Saisoncharakter hat.

Oxyzygonectes dovii ♂ 3/435

Oxyzygonectes dovii ♀ 3/435

H: M-Amerika: Pazifikküste. Bw,(Sw,Mw)
♂: Längere Flossen; gelblicher. **V**: =
Z: Kunstwollmop; 40 Eier. **F**: K
T: 22–28°C, **L**: <35 cm, **pH**: >7, **SG**: 2–3

KILLIFISCHE

Aplocheilidae (früher Cyprinodontidae) Hechtlinge

Familie Aplocheilidae

Die Unterfamilie enthält 13 Gattungen mit insgesamt um die 232 Arten. Diese sind in Afrika und im südlichen Asien zu finden.

Einige Gattungen lassen sich in bezug auf ihre Fortpflanzungsbiologie folgendermaßen klassifizieren (SEEGERS, 1980):

Z.B.: *Adamas*: nichtannuell. *Aphyosemion*: größtenteils nichtannuelle Arten, aber auch einige Saisonfische und solche, die sich auf beide Weisen züchten lassen. *Aplocheilus*: nichtannuell. *Diapteron*: nichtannuell. *Epiplatys*: nichtannuell. *Nothobranchius*: Saisonfische. *Pachypanchax*: Saisonfische.

Für die Mehrzahl der Arten wird ein Artbecken vorgeschlagen. Der Grund liegt nicht in einer räuberischen Lebensweise, sondern in der Empfindlichkeit und geringen Größe und Scheu der Fische. Gegenüber nichtverwandten Aquarienmitbewohnern sind sie vollkommen friedlich und in dieser Hinsicht gut für ein Gesellschaftsaquarium geeignet; innerartlich jedoch können vor allem die Männchen sehr aggressiv sein.

Ein weiterer Vorteil eines Artbeckens wird beim Füttern dieser Kärpflinge deutlich: die meisten sind auf Lebendfutter angewiesen. Ihre Ernährung würde sich in dem Maße aufwendiger gestalten, in dem etwa weitere, gar größere und "frechere" Gesellschafter, diesen Killifischen Konkurrenz machen würden.

Adamas formosus ♂ 2/584

H: W-Afrika: Kongo.
♂: Viel farbiger. V: =
Z: Torffasern, Perlonwolle. F: K
T: 22–24°C, L: <3 cm, pH: <7, SG: 4

Aphyoplatys duboisi ♂ 3/456
Kongohechtling

H: Afrika: O-Kongo, W-Zaire.
♂: Viel farbiger; Flossen länger. V: +
Z: Ablaichmop, Torffasern. F: K
T: 22–26°C, L: 3,5 cm, pH: <7, SG: 4

Aphyoplatys duboisi ♂ 3/456
Kongohechtling

Aphyosemion ahli ♂ 4/364
Ahls Prachtkärpfling

H: W-Afrika: Kamerun bis Ä-Guinea.
♂: Viel farbiger; Flossen länger. V: +
Z: Bodenlaicher u. Haftlaicher. F: K
T: 22–26°C, L: 5 cm, pH: 7, SG: 2

Fundulopanchax amieti ♂ 3/458
Amiets Prachtkärpfling

H: Afrika: W-Kamerun.
GU: Siehe Fotos. V: +
Z: Bodenlaicher. F: K
T: 22–28°C, L: 7 cm, pH: 7, SG: 2–3

Fundulopanchax amieti ♀ 3/458
Amiets Prachtkärpfling

Aphyosemion amoenum ♂ 3/460

H: W-Afrika: Kamerun.
♂: Viel farbiger; Flossen länger. V: +
Z: Haftlaicher. F: K
T: 20–24°C, L: 5 cm, pH: <7, SG: 3–4

Fundulopanchax arnoldi ♂ 2/588
Arnolds Prachtkärpfling
H: W-Afrika: Nigeria.
♂: Viel farbiger; Flossen länger. V: +
Z: Bodenlaicher: 8–13 WL. F: K
T: 22–25°C, L: 5 cm, pH: <7, SG: 3–4

Aphyosemion aureum ♂ 2/588
Gold-Prachtkärpfling
H: W-Afrika: S-Gabun.
♂: Viel farbiger; Flossen länger. V: +
Z: Bodenlaicher u. Haftlaicher. F: K
T: 18–22°C, L: 5 cm, pH: <7, SG: 2–3

Aphyosemion australe u.♂, o.♀ 1/524
Bunter Prachtkärpfling, "Kap Lopez"
H: W-Afrika.
♂: Viel farbiger; Flossen länger. V: +
Z: Pflanzen oder Perlongespinst. F: K,O
T: 21–24°C, L: 6 cm, pH: <7, SG: 2

Aphyosemion bamilekorum ♂ 2/590
Bamileke-Prachtkärpfling
H: W-Afrika: W-Westkamerun.
♂: Farbiger; Flossen ausgezogen. V: –
Z: Bodenlaicher: 3–4 WL. F: K
T: 18–22°C, L: 4 cm, pH: <7, SG: 2–3

Scriptaphyosemion banforense ♂ 3/460

H: W-Afrika: Guinea, Mali, Elfenbeinküste.
♂: Viel farbiger; Flossen länger. V: +
Z: Bodenlaicher o. Haftlaicher. F: K
T: 22–26°C, L: 5 cm, pH: 7, SG: 3

KILLIFISCHE

Scriptaphyosemion banforense ♂ 3/460

Fundulopanchax batesii ♂ 3/462
Bates' Prachtkärpfling Z 86/9

H: W-Afrika: SO-Kamerun, N-Gabun, N-Zaire.
♂: Viel farbiger; Flossen länger. **V**: +
Z: Bodenlaicher: 6 WL. **F**: K
T: 22–26°C, **L**: 7,5 cm, **pH**: <7, **SG**: 3

Scriptaphyosemion bertholdi 1/580
Bertholds Prachtkärpfling

H: W-Afrika: Sierra Leone, Guinea, Liberia.
♂: Viel farbiger; Flossen länger. **V**: +
Z: Pseudobodenlaicher (<30 Eier). **F**: K
T: 22–24°C, **L**: 5 cm, **pH**: <7, **SG**: 3

Chromaphyosemion bitaeniatum ♂
Vielfarbiger Prachtkärpfling 2/610 (1/525)

H: W-Afrika: Togo, Benin, Nigeria.
♂: Viel farbiger; Flossen länger. **V**: +
Z: Haftlaicher. **F**: K
T: 22–24°C, **L**: 5 cm, **pH**: <7, **SG**: 2–3

Chromaphyosemion bitaeniatum ♂
Vielfarbiger Prachtkärpfling 2/610 (1/525)

Chromaphyosemion bivittatum 1/524
Gebänderter Prachtkärpfling (gr. Foto)

H: W-Afrika: SO-Nigeria/SW-Kamerun.
♂: Viel farbiger; Flossen länger. **V**: +
Z: Javamoos, Perlongespinst. **F**: K!
T: 22–24°C, **L**: 5 cm, **pH**: <7, **SG**: 2

Aphyosemion bualanum ♂
Kekem-Prachtkärpfling 3/462
H: Afrika: W-Kamerun.
♂: Farbiger; Flossen länger. V: +
Z: Haftlaicher o. Bodenlaicher: 3WL. F: K
T: 20–24°C, L: 5 cm, pH: <7, SG: 3–4

Aphyosemion buytaerti ♂ 3/464
Buytaerts Prachtkärpfling
H: Afrika: SW-Kongo.
♂: Farbiger. V: +
Z: Sehr schwer. F: K
T: 17–21°C, L: 5 cm, pH: 7, SG: 4

Aphyosemion calliurum ♂ 2/590
Rotsaumprachtkärpfling
H: W-Afrika: S-Benin, S-Nigeria, SW-Kam.
♂: Viel farbiger; Flossen länger. V: +
Z: Bodenlaicher (4 WL) u. Haftlaicher. F: K
T: 24–26°C, L: 5 cm, pH: <7, SG: 2

Aphyosemion cameronense ♂ 2/592
Kamerun-Prachtkärpfling
H: W-Afrika: Kamerun, Ä-Guinea.
♂: Viel farbiger; Flossen länger. V: +
Z: Haftlaicher. F: K
T: 18–22°C, L: 5 cm, pH: <7, SG: 4

Aphyosemion cameronense "SAM " ♂
Kamerun-Prachtkärpfling 4/401

Aphyosemion cameronense haasi 4/364
Haas' Prachtkärpfling
H: W-Afrika: N-Gabun.
♂: Viel farbiger; Flossen länger. V: +
Z: Bodenlaicher u. Haftlaicher. F: K
T: 20–23°C, L: 6,5 cm, pH: 7, SG: 3–4

KILLIFISCHE

Aphyosemion cameronense halleri 4/366
Hallers Prachtkärpfling ♂
H: W-Afrika: S-Kamerun/Gabun.
♂: Viel farbiger; Flossen länger. V: =
Z: Haftlaicher: 2 WL. F: K
T: 23–25°C, L: ♂ 5 cm, pH: <7, SG: 3

Aphyosemion cameronense halleri 4/366
Hallers Prachtkärpfling ♂

Aphyosemion cameronense halleri 4/366
Hallers Prachtkärpfling ♂

Aphyosemion cameronense obscurum
Gepunkteter Kamerun-Prachtk. ♂ 4/366
H: W-Afrika: SW-Zentralkamerun.
♂: Viel farbiger; Flossen länger. V: (–)
Z: Haftlaicher. F: K
T: 22–26°C, L: 4,5 cm, pH: <7, SG: 3–4

Aphyosemion cameronense obscurum
Gepunkteter Kamerun-Prachtk. ♂ 4/366

Aphyosemion caudofasciatum ♂ 2/592
Schwanzstreifen Prachtkärpfling
H: W-Afrika: S-Kongo.
♂: Viel farbiger. V: +
Z: Haftlaicher. F: K
T: 18–22°C, L: 5 cm, pH: <7, SG: 2–3

Aphyosemion celiae ♂ 3/464
Celias Prachtkärpfling Loc. 26
H: Afrika: W-Kamerun.
♂: Viel farbiger; Flossen länger. V: +
Z: Bodenlaicher. F: K
T: 22–26°C, L: 4,5 cm, pH: <7, SG: 3

Aphyosemion chauchei ♂ 4/370
Chauches Prachtkärpfling
H: Afrika: N-Kongo, Zaire.
♂: Viel farbiger; Flossen länger. V: +
Z: Bodenlaicher (4 WL) u. Haftlaicher. F: K
T: 22–26°C, L: 4,5 cm, pH: <7, SG: 3

Scriptaphyosemion chaytori 1/582
Chaytons Prachtkärpfling
H: Afrika: Sierra Leone.
♂: Viel farbiger. V: +
Z: Haftlaicher. F: K
T: 22–24°C, L: 5 cm, pH: <7, SG: 2

Aphyosemion christyi ♂ 2/594
Christys Prachtkärpfling
H: Afrika: gesamtes Kongobecken.
♂: Viel farbiger; Flossen länger. V: +
Z: Bodenlaicher u. Haftlaicher: 3 WL. F: K
T: 20–24°C, L: 5 cm, pH: <7, SG: 3

Fundulopanchax cinnamomeum ♂ 2/594
Zimtprachtkärpfling
H: W-Afrika: W-Kamerun.
♂: Viel farbiger. V: =
Z: Bodenlaicher u. Haftlaicher. F: K
T: 22–24°C, L: 5 cm, pH: <7, SG: 2–3

Aphyosemion citrineipinnis ♂ 3/466
Zitronenflossiger Prachtkärpfling
H: W-Afrika: Zentralgabun.
♂: Viel farbiger. V: +
Z: Bodenlaicher u. Haftlaicher. F: K
T: 18–22°C, L: 5 cm, pH: <7, SG: 4

KILLIFISCHE

Aphyosemion coeleste ♂ 2/596
Himmelsblauer Prachtkärpfling
H: W-Afrika: SO-Gabun, Kongo.
♂: Viel farbiger; Flossen länger. V: =
Z: Bodenlaicher, Haftlaicher (4 WL). F: K
T: 18–22°C, L: 5 cm, pH: <7, SG: 3

Aphyosemion cognatum 1/526
Roter Prachtkärpfling
H: W-Afrika: Zaire: Stanley Pool.
♂: Viel farbiger; Flossen länger. V: +
Z: Haftlaicher (<250 Eier). F: K
T: 22–24°C, L: 5,5 cm, pH: <7, SG: 2

Aphyosemion cognatum ♂ 2/596
Roter Prachtkärpfling
H: W-Afrika: SW–Zaire: Kinshasa.
♂: Viel farbiger; Flossen länger. V: +
Z: Bodenlaicher u. Haftlaicher: 3 WL. F: K
T: 20–24°C, L: 5 cm, pH: <7, SG: 3

Aphyosemion congicum ♂ 2/598
Schwarzflossiger Prachtkärpfling
H: W-Afrika: SW-Zaire.
♂: Viel farbiger; Flossen länger. V: +
Z: Bodenlaicher u. Haftlaicher. F: K
T: 20–24°C, L: 4,5 cm, pH: <7, SG: 2–3

Aphyosemion dargei ♂ 4/370
Mbam-Prachtkärpfling
H: Afrika: zentrales S-Kamerun.
♂: Viel farbiger; Flossen länger. V: +
Z: Bodenlaicher: 4 WL. Haftlaicher. F: K
T: 20–24°C, L: 4,5 cm, pH: <7, SG: 2

Aphyosemion deltaense 1/528
Delta-Prachtkärpfling
H: W-Afrika: Nigeria: W-Nigerdelta.
♂: Viel farbiger; Flossen länger. V: +
Z: Bodenlaicher: 13 WL. F: K
T: 22–26°C, L: 10 cm, pH: <7, SG: 2

Aphyosemion edeanum ♂ 4/372
Edea-Prachtkärpfling
H: W-Afrika: Kamerun: Küstenbereich.
♂: Viel farbiger; Flossen länger. V: +
Z: Bodenlaicher: 4 WL. Haftlaicher. F: K
T: 22–26°C, **L**: 5 cm, **pH**: 7, **SG**: 2

Aphyosemion bualanum 1/526
H: Afr.: Kamerun (W=o., O=u.), Z-Af. Rep.
♂: Viel farbiger; Flossen länger. V: +
Z: Haftlaicher. F: K
T: 21–25°C, **L**: 5 cm, **pH**: <7, **SG**: 1–2

Aphyosemion elegans ♂ 2/598
Eleganter Prachtkärpfling
H: W-Afrika: Zaire, Kongo.
♂: Viel farbiger; Flossen länger. V: =
Z: Dichter Ablaichmop. F: K
T: 20–24°C, **L**: 4,5 cm, **pH**: <7, **SG**: 4

Aphyosemion escherichi ♂ 2/608
H: W-Afrika: N-Gabun bis Kongo.
♂: Farbiger; Flossen länger. V: +
Z: Pflanzen- o. Bodenlaicher: 3 WL. F: K
T: 22–24°C, **L**: 5 cm, **pH**: <7, **SG**: 2–3

KILLIFISCHE

Scriptaphyosemion etzeli ♂ 2/692
Etzels Prachtkärpfling
H: W-Afrika: Sierra Leone.
♂: Viel farbiger; Flossen länger. V: =
Z: Bodenlaicher. F: K
T: 22–28°C, **L**: 5 cm, **pH**: <7, **SG**: 2–3

Aphyosemion exigoideum 1/528
H: Afrika: Gabun.
♂: Viel farbiger. V: ?
Z: Haftlaicher. F: K
T: 22–24°C, **L**: 3,5 cm, **pH**: >7, **SG**: 2–3

Aphyosemion exiguum 1/530
Kamerun-Kärpfling
H: W-Afrika: O-Kamerun, N-Gabun.
♂: Viel farbiger; Dorsale zugespitzt. V: +
Z: Haftlaicher. F: K
T: 21–24°C, L: 4 cm, pH: 7, SG: 2

Fundulopanchax fallax ♂ 2/602, 3/466
Kribi-Prachtkärpfling
H: Afrika: SW-Kamerun.
♂: Viel farbiger; Flossen länger. V: +
Z: Bodenlaicher. F: K
T: 22–26°C, L: 9 cm, pH: <7, SG: 3–4

Fundulopanchax fallax ♂ 2/602, 3/466
Schwalbenschwanz-Prachtkärpfling
H: Afrika: W-Kamerun: Küsteneinzug.

Fundulopanchax fallax ♀ 2/602, 3/466
Schwalbenschwanz-Prachtkärpfling
H: Afrika: Kamerun: Malende.

Fundulopanchax fallax ♂ 2/602, 3/466
Schwalbenschwanz-Prachtkärpfling
H: Afrika: Kamerun: Movanke.

Fundulopanchax filamentosus 1/530
Fadenprachtkärpfling
H: W-Afrika: W-Nigeria, Togo.
♂: Farbiger; Flossen länger. V: =
Z: Bodenlaicher: 4–12 WL. F: K,O
T: 21–23°C, L: 5,5 cm, pH: <7, SG: 3

Scriptaphyosemion fredrodi o.♂, u.♀ 5/468

H: W-Afrika: Sierra Leone.
♂: Viel farbiger; Flossen länger. V: =
Z: Haftlaicher. F: K
T: 23–27°C, L: 4 cm, pH: 7, SG: 2

Aphyosemion franzwerneri ♂ 3/469
Werners Prachtkärpfling, Grundel-Prachtk.

H: W-Afrika: Kamerun.
♂: Etwas farbiger; Flossen länger. V: +
Z: Haftlaicher. F: K
T: 22–26°C, L: 5 cm, pH: ≪7, SG: 4

Aphyosemion gabunense boehmi ♂
Böhms Prachtkärpfling 2/600

H: W-Afrika: NW-Gabun.
♂: Viel farbiger; Flossen länger. V: +
Z: Bodenlaicher u. Haftlaicher. F: K
T: 22–25°C, L: 4,5 cm, pH: 7, SG: 2

Aphyosemion gabunense gabunense o.♂
Gabun-Prachtkärpfling 2/600

H: W-Afrika: NW-Gabun.
♂: Viel farbiger; Flossen länger. V: +
Z: Bodenlaicher u. Haftlaicher. F: K
T: 22–25°C, L: 5 cm, pH: 7, SG: 2–3

Aphyosemion gabunense marginatum ♂ 2/600

H: W-Afrika: NW-Gabun.
♂: Viel farbiger; Flossen länger. V: +
Z: Bodenlaicher u. Haftlaicher. F: K
T: 22–25°C, L: 4,5 cm, pH: 7, SG: 2

Fundulopanchax gardneri gardneri ♂
Gardners Prachtkärpfling 3/470

H: W-Afrika: Nigeria.
♂: Viel farbiger. V: +
Z: Bodenlaicher: 3 WL. Haftlaicher. F: K
T: 22–26°C, L: 6 cm, pH: 7, SG: 2

Fundulopanchax gardneri lacustre ♂ 3/472

H: W-Afrika: Nigeria, W-Kamerun.
♂: Viel farbiger. V: +
Z: Bodenlaicher. F: K
T: 22–26°C, L: 6 cm, pH: 7, SG: 2–3

Fundulopanchax gardneri lacustre ♂ 3/472

Fundulopanchax gardneri mamfensis
Mamfe-Prachtkärpfling 3/472

H: W-Afrika: W-Kamerun.
♂: Viel farbiger; Flossen länger. V: +
Z: Bodenlaicher; eher Haftlaicher. F: K
T: 22–24°C, L: 6 cm, pH: 7, SG: 2–3

Fundulopanchax gardneri nigerianus
Stahlblauer Prachtkärpfling 1/532

H: W-Afrika: Nigeria, W-Kamerun.
♂: Viel farbiger; Flossen länger. V: =
Z: Haftlaicher. F: K
T: 22–26°C, L: 6 cm, pH: <7, SG: 2

Fundulopanchax gardneri nigerianuw ♂
Nigeria Prachtkärpfling 3/472

H: W-Afrika: Nigeria, W-Kamerun.
♂: Viel farbiger; Flossen länger. V: =
Z: Bodenlaicher. F: K
T: 22–26°C, L: 6 cm, pH: 7, SG: 2

Scriptaphyosemion geryi o.♂, u.♀ 2/692
Zickzack-Prachtkärpfling

H: W-Afrika: Gambia bis Sierra Leone.
♂: Viel farbiger; Flossen länger. V: +
Z: Bodenlaicher oder Haftlaicher. F: K
T: 22–26°C, L: 5 cm, pH: <7, SG: 2–3

Scriptaphyosemion guignardi ♂ 4/372
Guignards Prachtkärpfling
H: Afrika: Guinea. Burkina Faso?
♂: Viel farbiger; Flossen länger. V: +
Z: Bodenlaicher: 4 WL. Haftlaicher. F: K
T: 22–26°C, **L**: 5 cm, **pH**: 7, **SG**: 2

Scriptaphyosemion guignardi ♀ 4/372
Guignards Prachtkärpfling

Aphyosemion guineense ♂ 2/694
Guinea-Prachtkärpfling
H: W-Afrika: Guinea, S.Leone, Mali, Elfenb.,...
♂: Viel farbiger; Flossen länger. V: +
Z: Haftlaicher. F: K
T: 18–23°C, **L**: 9 cm, **pH**: <7, **SG**: 3

Fundulopanchax gularis 1/532
Gelber Prachtkärpfling
H: W-Afrika: S-Nigeria.
♂: Viel farbiger; Flossen länger. V: –
Z: Bodenlaicher: 13 WL. F: K
T: 20–22°C, **L**: 8 cm, **pH**: 7, **SG**: 2

Aphyosemion h. hanneloreae ♀ 3/474
Hannelores Prachtkärpfling
H: W-Afrika: Gabun. Kongo?
♂: Viel farbiger; Flossen länger. V: +
Z: Wie *A. punctatum*? F: K
T: 19–21°C, **L**: 4 cm, **pH**: <7, **SG**: 4

Aphyosemion heinemanni ♂ 4/374
Heinemanns Prachtkärpfling
H: W-Afrika: W-Kamerun.
♂: Viel farbiger; Flossen länger. V: +
Z: Bodenlaicher u. Haftlaicher. F: K
T: 22–26°C, **L**: 4,5 cm, **pH**: 7, **SG**: 2

Aphyosemion herzogi ♂ 2/602
Herzogs Prachtkärpfling
H: W-Afrika: N-Gabun.
♂: Viel farbiger; Flossen länger. V: +
Z: Haftlaicher. F: K
T: 18–22°C, **L**: 5 cm, **pH**: <7, **SG**: 4

Aphyosemion herzogi ♂ 5/472
Herzogs Prachtkärpfling
Text siehe 2/602.

Aphyosemion hofmanni ♂ 3/474
Hofmanns Prachtkärpfling
H: Afrika: SW-Gabun.
♂: Viel farbiger; Flossen länger. V: ?
Z: Unbekannt F: K
T: 19–22°C, **L**: 4 cm, **pH**: <7, **SG**: 3–4?

Aphyosemion jeanpoli ♂ 2/694

H: W-Afrika: N-Liberia.
♂: Viel farbiger; Flossen länger. V: (–)
Z: Pflanzenlaicher. F: K
T: 22–28°C, **L**: 5 cm, **pH**: <7, **SG**: 3

Aphyosemion joergenscheeli ♂ 3/476

H: Afrika: Gabun.
♂: Viel farbiger. V: +
Z: Noch nicht gelungen. F: K
T: 18–20°C, **L**: 5 cm, **pH**: <7, **SG**: 4

Aphyosemion labarrei ♂ 2/604

H: W-Afrika: SW-Kongo, Zaire.
♂: Viel farbiger; Flossen länger. V: +
Z: Haftlaicher o. Bodenlaicher. F: K
T: 22–24°C, **L**: 5 cm, **pH**: <7, **SG**: 2–3

Aphyosemion lamberti ♂ 2/604
Lamberts Prachtkärpfling
H: W-Afrika: Zentralgabun.
♂: Viel farbiger; Flossen länger. V: +
Z: Haftlaicher o. Bodenlaicher. F: K
T: 18–22°C, **L**: 5 cm, **pH**: <7, **SG**: 2–3

Aphyosemion lefiniense ♂ 3/476
Lefini-Prachtkärpfling
H: W-Afrika: S-Kongo.
♂: Viel farbiger; Flossen länger. V: +
Z: Bodenlaicher o. Haftlaicher: 3 WL. F: K
T: 22–26°C, **L**: 4,5 cm, **pH**: <7, **SG**: 3

Scriptaphyosemion liberiense 1/582
Liberia-Prachtkärpfling, Kalabar Prachtk.
H: W-Afrika: W-Liberia. Nigeria?
♂: Viel farbiger; Flossen länger. V: +
Z: Bodenlaicher o. Haftlaicher. F: K
T: 22–24°C, **L**: 6 cm, **pH**: <7, **SG**: 1–2

Chromaphyosemion loennbergii ♂ 3/478
Lönnbergs Prachtkärpfling CCMP 85/12
H: W-Afrika: SW-Kamerun.
♂: Viel farbiger; Flossen länger. V: +
Z: Haftlaicher o. Bodenlaicher: 3WL. F: K
T: 22–26°C, **L**: 7 cm, **pH**: 7, **SG**: 3

Aphyosemion louessense ♂ 2/606
Louesse Prachtkärpfling "RPC 24"
H: W-Afrika: S-Kongo.
♂: Viel farbiger; Flossen länger. V: +
Z: Haftlaicher o. Bodenlaicher. F: K
T: 18–22°C, **L**: 5 cm, **pH**: <7, **SG**: 2–3

Aphyosemion louessense ♂ 2/606
Louesse Prachtkärpfling "RPC 31"

KILLIFISCHE

Aphyosemion maculatum ♂ 2/608
Gefleckter Prachtkärpfling
H: W-Afrika: N-Gabun.
♂: Viel farbiger; Flossen länger. V: =
Z: Haftlaicher od. Bodenlaicher. F: K
T: 18–22°C, L: 5 cm, pH: <7, SG: 4

Aphyosemion maeseni ♂ 2/696
Maeseni-Prachtkärpfling
H: W-Afrika: W-Elf., NW-Lib., SO-Gui.
♂: Viel farbiger. V: +
Z: Bodenlaicher od. Haftlaicher. F: K
T: 20–24°C, L: 5 cm, pH: 7, SG: 2–3

Fundulopanchax marmoratus 1/534
Marmorierter Prachtkärpfling
H: W-Afrika: Kamerun.
♂: Viel farbiger. V: +
Z: Haftlaicher: 30 Eier. F: K
T: 20–22°C, L: 8 cm, pH: <7, SG: 2

Aphyosemion mimbon ♂ 2/610
H: W-Afrika: N-Gabun.
♂: Viel farbiger; Flossen länger. V: –
Z: Haftlaicher (schwierig). F: K
T: 18–22°C, L: 5 cm, pH: <7, SG: 4

Fundulopanchax mirabilis 1/536
Lasur-Wunderkärpfling
H: W-Afrika: W-Kamerun.
♂: Viel farbiger; Flossen länger. V: +
Z: Javamoos oder Perlongespinst. F: K
T: 22–25°C, L: 7 cm, pH: <7, SG: 2

Fundulopanchax mirabilis intermittens ♂
Halbgebänderter Wunderkärpfling 4/374
H: W-Afrika: Kamerun.
♂: Viel farbiger; Flossen länger. V: +
Z: Bodenlaicher: 4 WL. F: K
T: 20–24°C, L: 6,5 cm, pH: 7, SG: 2

KILLIFISCHE

Fundulopanchax mirabilis intermittens ♂
Halbgebänderter Wunderkärpfling 4/374

Fundulopanchax mirabilis moense ♀
Berg-Wunderkärpfling 4/376
H: Afrika: W-Kamerun.
♂: Viel farbiger; Flossen länger. V: +
Z: Bodenlaicher: 4 WL. F: K
T: 22–26°C, **L**: 6,5 cm, **pH**: 7, **SG**: 2

Fundulopanchax mirabilis traudeae ♂
Traudes Prachtkärpfling 3/478
H: W-Afrika: W-Kamerun.
♂: Viel farbiger; Flossen länger. V: +
Z: Bodenlaicher: 3 WL. F: K
T: 22–26°C, **L**: 5 cm, **pH**: <7, **SG**: 2–3

Fundulopanchax ndianus ♂ 3/482
Ndian-Prachtkärpfling
H: W-Afrika: SO-Nigeria/SW-Kamerun.
♂: Viel farbiger; Flossen länger. V: +
Z: Bodenlaicher: 8 WL; Haftlaicher. F: K
T: 22–25°C, **L**: 7 cm, **pH**: 7, **SG**: 3–4

Aphyosemion ocellatum ♂ 2/612
Schulterfleck-Prachtkärpfling
H: W-Afrika: S-Gabun.
♂: Viel farbiger; Flossen länger. V: +
Z: Bodenlaicher: 8–12 WL. F: K
T: 18–22°C, **L**: 5 cm, **pH**: <7, **SG**: 3–4

Fundulopanchax oeseri ♂ 3/482
Oesers Prachtkärpfling
H: W-Afrika: Äquatorial-Guinea.
♂: Viel farbiger; Flossen länger. V: +
Z: Haftlaicher: 4 WL. F: K
T: 22–26°C, **L**: 7 cm, **pH**: 7, **SG**: 3

KILLIFISCHE

Aphyosemion ogoense ogoense ♂ 2/612
Ogowe-Prachtkärpfling "Malinga"
H: W-Afrika: S-Gabun, S-Kongo.
♂: Viel farbiger; Flossen länger. **V:** +
Z: Haftlaicher. **F:** K
T: 18–22°C, **L:** 5 cm, **pH:** <7, **SG:** 2–3

Aphyosemion ogoense ogoense ♂ 2/612
Ogowe-Prachtkärpfling

Aphyosemion ogoense ottogartneri ♂
Gartners Prachtkärpfling 4/376
H: W-Afrika: S-Kongo.
♂: Viel farbiger; Flossen länger. **V:** +
Z: Haftlaicher. **F:** K
T: 18–24°C, **L:** 4,5 cm, **pH:** <7, **SG:** 2

Aphyosemion ogoense pyrophore o.♂
Rotpunkt-Prachtkärpfling "RPC 18" 2/614
H: W-Afrika: S-Gabun, S-Kongo.
♂: Viel farbiger; Flossen länger. **V:** +
Z: Pflanzenlaicher. **F:** K
T: 18–22°C, **L:** 5 cm, **pH:** <7, **SG:** 2–3

Aphyosemion ogoense pyrophore ♂
Rotpunkt-Prachtk. "GHP 23/80" 2/614
H: W-Afrika: S-Gabun, S-Kongo.
♂: Viel farbiger; Flossen länger. **V:** +
Z: Pflanzenlaicher. **F:** K
T: 18–22°C, **L:** 5 cm, **pH:** <7, **SG:** 2–3

Aphyosemion pascheni ♂ 2/616
Grauer Prachtkärpfling
H: W-Afrika: S-Kamerun.
♂: Viel farbiger; Flossen länger. **V:** +
Z: Bodenlaicher: 3–4 WL. **F:** K
T: 22–25°C, **L:** 5 cm, **pH:** <7, **SG:** 3

Aphyosemion petersi ♂ 2/696, 4/378
Peters Prachtkärpfling
H: W-Afrika: SW-Ghana, S-Elfenbeinküste.
♂: Viel farbiger; Flossen länger. V: =
Z: Haftlaicher. F: K
T: 22–26°C, L: <5,5 cm, pH: <7, SG: 2–3

Chromaphyosemion poliaki ♂ 4/380
Poliaks Prachtkärpfling
H: Afrika: Kamerun.
♂: Viel farbiger; Flossen länger. V: +
Z: Bodenlaicher (3 WL) o. Haftlaicher. F: K
T: 20–24°C, L: 5,5 cm, pH: 7, SG: 2

Aphyosemion primigenium ♂ 2/616

H: W-Afrika: SW-Gabun.
♂: Viel farbiger; Flossen länger. V: +
Z: Haftlaicher, auch Bodenlaicher. F: K
T: 18–22°C, L: 5 cm, pH: <7, SG: 2–3

Fundulopanchax puerzli 1/536

H: W-Afrika: W-Kamerun.
♂: Viel farbiger; Flossen länger. V: +
Z: Bodenlaicher (8 WL), Haftlaicher. F: K
T: 21–24°C, L: 6 cm, pH: 7, SG: 2

Aphyosemion punctatum ♂ 3/484
Punktierter Prachtkärpfling
H: Afrika: NO-Gabun bis Kongo.
♂: Viel farbiger; Flossen länger. V: +
Z: Bodenlaicher (3 WL), Haftlaicher. F: K
T: 20–22°C, L: 4,5 cm, pH: <7, SG: 3–4

Aphyosemion raddai ♂ 3/484
Raddas Prachtkärpfling
H: Afrika: S-Kamerun.
♂: Viel farbiger; Flossen länger. V: +
Z: Haftlaicher; nicht produktiv. F: K
T: 22–26°C, L: 5 cm, pH: <7, SG: 3–4

KILLIFISCHE

Aphyosemion rectogoense u.♀, o.♂ 2/618

H: W-Afrika: SO-Gabun.
♂: Viel farbiger; Flossen länger. V: +
Z: Auch Bodenlaicher; Mop besser. F: K
T: 23–26°C, L: 5 cm, pH: <7, SG: 2–3

Chromaphyosemion riggenbachi 1/538

H: W-Afrika: SW-Kamerun.
♂: Viel farbiger; Flossen länger. V: +
Z: Javamoos. F: K
T: 20–23°C, L: 10 cm, pH: ≪7, SG: 2

Fundulopanchax robertsoni ♂ 2/618
Robertsons Prachtkärpfling
H: W-Afrika: W-Kamerun.
♂: Viel farbiger; Flossen länger. V: +
Z: Bodenlaicher: 8–10 WL. F: K
T: 21–24°C, L: 6 cm, pH: <7, SG: 2–3

Scriptaphyosemion roloffi ♂ 1/580, 5/468
Brünings Prachtkärpfling, Roloffs Prachtk.
H: W-Afrika: Sierra Leone.
♂: Viel farbiger. V: +
Z: Bodenlaicher. F: K
T: 22–24°C, L: 5 cm, pH: <7, SG: 2–3

Scriptaphyosemion roloffi 1/580, 5/468
Brünings Prachtkärpfling, Roloffs Prachtk.
"Brama Junction"

Fundulopanchax rubrolabialis ♂ 2/620
Rotmaul-Prachtkärpfling
H: W-Afrika: SW-Kamerun.
♂: Viel farbiger; Flossen länger. V: +
Z: Bodenlaicher: 8–10 WL. F: K
T: 21–24°C, L: 6 cm, pH: <7, SG: 2–3

Fundulopanchax scheeli ♂ 3/486
Scheels Prachtkärpfling
H: Afrika: SO-Nigeria.
♂: Viel farbiger; Flossen länger. V: +
Z: Bodenlaicher: 4 WL; a. Haftlaicher. F: K
T: 22–26°C, L: 5 cm, pH: 7, SG: 2–3

Aphyosemion schioetzi ♂ 4/380
Schioetz' Prachtkärpfling
H: Afrika: Zentral u. O-Kongo, W-Zaire.
♂: Viel farbiger; Flossen länger. V: +
Z: Bodenlaicher; besser Haftlaicher. F: K
T: 22–26°C, L: 4,5 cm, pH: <7, SG: 2

Aphyosemion schluppi ♂ 2/620
Schlupps Prachtkärpfling
H: W-Afrika: Kongo.
♂: Etwas farbiger; Flossen länger. V: +
Z: Bodenlaicher u. Haftlaicher. F: K
T: 18–22°C, L: 4 cm, pH: <7, SG: 2

Scriptaphyosemion schmitti ♂ 2/698
Schmitt's Prachtkärpfling
H: W-Afrika: O-Liberia.
♂: Viel farbiger; Flossen länger. V: +
Z: Bodenlaicher od. Haftlaicher. F: K
T: 22–24°C, L: 6 cm, pH: <7, SG: 2–3

Fundulopanchax sjostedti 1/538
Blauer Prachtkärpfling
H: W-Afrika: S-Nigeria, W-Kam. bis Ghana.
♂: Viel farbiger; Flossen länger. V: +
Z: Bodenlaicher: 4–6 WL. F: K
T: 23–26°C, L: 12 cm, pH: <7, SG: 3

Chromaphyosemion splendopleure ♂
Glanzflossen-Prachtkärpfling 3/486
H: Afrika: SO-Nig., Kam., Ä-Guinea, Gab.
♂: Viel farbiger; Flossen länger. V: +
Z: Haftlaicher: 3 WL. F: K
T: 22–26°C, L: 6 cm, pH: 7, SG: 3

KILLIFISCHE

Fundulopanchax spoorenbergi ♂ 2/622
Spoorenbergs Prachtkärpfling
H: W-Afrika: SO-Nigeria/W-Kamerun?
♂: Viel farbiger; Flossen länger. V: +
Z: Bodenlaicher u. Haftlaicher. F: K
T: 20–24°C, L: 8 cm, pH: 7, SG: 2–3

Aphyosemion striatum 1/540
Gestreifter Prachtkärpfling
H: Afrika: N-Gabun.
♂: Viel farbiger. V: +
Z: Javamoos; ca. 30 Eier. F: K
T: um 22°C, L: 5 cm, pH: <7, SG: 2–3

Aphyosemion thysi ♂ 2/622
Thys' Prachtkärpfling "RPC 20"
H: W-Afrika: Kongo.
♂: Viel farbiger; Flossen länger. V: +
Z: Haftlaicher (< 3 WL). F: K
T: 18–22°C, L: 4 cm, pH: <7, SG: 3

Aphyosemion thysi ♂ 2/622
Thys' Prachtkärpfling "RPC 9"

Aphyosemion viride ♂ 2/698
Grüner Prachtkärpfling
H: W-Afrika: SO-Guinea, NW-Liberia.
♂: Viel farbiger; Flossen länger. V: –
Z: Bodenlaicher. F: K
T: 20–24°C, L: 6 cm, pH: 7, SG: 3–4

Aphyosemion volcanum 1/534
Vulkan-Prachtkärpfling
H: W-Afrika: W-Kamerun.
♂: Viel farbiger; Flossen länger. V: +
Z: Haftlaicher: 2–3 WL. F: K
T: 23–26°C, L: 4,5 cm, pH: <7, SG: 2–3

Aphyosemion wachtersi ♂ 2/624
Wachters' Prachtkärpfling "RPC 19"
H: W-Afrika: Kongo.
♂: Viel farbiger; Flossen länger. V: +
Z: Haftlaicher: 3 WL. F: K
T: 18–22°C, L: 4 cm, pH: <7, SG: 3

Aphyosemion wachtersi ♂ 3/488
Wachters' Prachtkärpfling "RPC 78/30"
H: W-Afrika: S-Kongo.
♂: Viel farbiger; Flossen länger. V: +
Z: Haftlaicher. F: K
T: 17–22°C, L: 5 cm, pH: ≪7, SG: 3–4

Fundulopanchax walkeri 1/542
Walkers Prachtkärpfling, Ghana Prachtk.
H: W-Afrika: SW-Ghana, SO-Elfenbeinküste.
♂: Viel farbiger; Flossen länger. V: +
Z: Bodenlaicher u. Haftlaicher:5 WL. F: K
T: 20–23°C, L: 6,5 cm, pH: <7, SG: 2

Aphyosemion wildekampi ♂ 3/488
Wildekamps Prachtkärpfling
H: W-Afrika: SO-Kamerun, Z-Af.Rep.
♂: Viel farbiger; Flossen länger. V: +
Z: Torffasern: 3 WL. F: K
T: 20–24°C, L: 4,5 cm, pH: <7, SG: 3–4

Aphyosemion zygaima ♂ 3/490
Mindouli-Prachtkärpfling
H: W-Afrika: Kongo.
♂: Viel farbiger; Flossen länger. V: +
Z: Torffasern: 3 WL. F: K
T: 18–22°C, L: 5 cm, pH: <7, SG: 3–4

Aplocheilus blockii 1/546
Madrashechtling, Zwergpanchax
H: Asien: S-Indien. Sri Lanka?
♂: Viel farbiger; größer. V: +
Z: Haftlaicher. F: K,O
T: 22–26°C, L: 5 cm, pH: <7, SG: 2

Aplocheilus dayi 1/546
Grüner Streifenhechtling

H: Asien: S-Indien, Sri Lanka.
♂: Etwas farbiger; Flossen länger. **V:** =
Z: Moosrasen, feinblättrige Pflanzen. **F:** K
T: 20–25°C, **L:** 10 cm, **pH:** <7, **SG:** 2

Aplocheilus werneri ♂ 3/492
Werners Streifenhechtling

H: Asien: S-Sri Lanka.
♂: Etwas farbiger; Flossen länger. **V:** +
Z: Pflanzen- u. Dauerlaicher. **F:** K
T: 22–26°C, **L:** 9 cm, **pH:** <7, **SG:** 2

Aplocheilus werneri ♀ 3/492
Werners Streifenhechtling

Aplocheilus werneri ♂ 3/492
Werners Streifenhechtling

Aplocheilus lineatus 1/548, 5/472
Streifenhechtling, Piku

H: Asien: Vorderindien.
♂: Viel farbiger; Flossen länger. **V:** –
Z: Haftlaicher. **F:** K,O
T: 22–25°C, **L:** 10 cm, **pH:** <7, **SG:** 2

Aplocheilus lineatus gold ♂ 1/548, 5/472
Streifenhechtling, Piku

Aplocheilus lineatus Indien ♂ 1/548, 5/472
Streifenhechtling, Piku

Aplocheilus panchax 1/548
Gemeiner Hechtling, Panchax

H: Asien: Vorderindien, Burma, Thailand,...
♂: Geringer Unterschied. V: =
Z: Moosrasen, feinblättrige Pflanzen. F: K
T: 20–25°C, L: 8 cm, pH: <7, SG: 1–2

Callopanchax monroviae ♂ 3/480
Monrovia-Prachtkärpfling "blau"

H: W-Afrika: S-Liberia.
♂: Viel farbiger; Flossen länger. V: +
Z: Bodenlaicher: 6–8 WL. F: K
T: 22–26°C, L: 9 cm, pH: <7, SG: 3

Callopanchax monroviae ♂ 3/480
Monrovia-Prachtkärpfling "rot"

Callopanchax occidentalis 1/584
Goldfasan-Prachtkärpfling

H: W-Afrika: Sierra Leone.
♂: Viel farbiger; Flossen länger. V: +
Z: Bodenlaicher: einige Monate L. F: K
T: 20–24°C, L: 9 cm, pH: <7, SG: 2–3

Callopanchax toddi 1/540

H: W-Afrika: Sierra Leone.
♂: Viel farbiger; Flossen länger. V: +
Z: Bodenlaicher: 21 WL. F: K
T: 22–24°C, L: 8 cm, pH: <7, SG: 3

KILLIFISCHE

Aphyosemion abacinum ♂ 2/640

H: Afrika: O-Gabun, Volksrepublik Kongo.
♂: Viel farbiger; Flossen länger. V: (–)
Z: Haftlaicher. F: K!
T: 18–22°C, L: 4 cm, pH: <7, SG: 3–4

Aphyosemion cyanostictum 1/556

H: Afrika: Gabun.
♂: Viel farbiger; Flossen länger. V: +
Z: Haftlaicher. F: K
T: 25–35°C, L: 6,5 cm, pH: <7, SG: 3

Aphyosemion fulgens ♂ 3/496

H: Afrika: NO-Gabun.
♂: Viel farbiger; Flossen länger. V: +
Z: Haftlaicher. F: K!
T: 18–22°C, L: 3,5 cm, pH: <7, SG: 4

Aphyosemion georgiae ♂ 3/496
Georgies Prachtkärpfling

H: Afrika: Zentral-Gabun.
♂: Viel farbiger; Flossen länger. V: +
Z: Bodenlaicher (3–4 WL); a. Haftl. F: K!
T: 18–22°C, L: 3,5 cm, pH: <7, SG: 4

Epiplatys ansorgii ♀ 5/474
Ansorges Hechtling

H: W-Afrika: Gabun.
♂: Viel farbiger; Flossen länger. V: +
Z: Haftlaicher; mäßig schwierig. F: K
T: 22–24°C, L: 7,5 cm, pH: <7, SG: 3

Epiplatys ansorgii ♂ 5/474
Ansorges Hechtling

Epiplatys ansorgii ♂ 5/474
Ansorges Hechtling
H: W-Afrika: SW-Gabun: Gamba.

Epiplatys ansorgii ♂ 5/474
Ansorges Hechtling
H: W-Afrika: Gabun: Sindara.

Epiplatys ansorgii ♂ 5/474
Ansorges Hechtling
H: W-Afrika: Gabun: Lambarene.

Epiplatys barmoiensis ♂ 2/642
Barmoi-Hechtling
H: Afrika: Sierra Leone, Liberia, Nigeria.
♂: Etwas farbiger; Flossen länger. V: +
Z: Haftlaicher. F: K
T: 24–27°C, L: 7 cm, pH: <7, SG: 3

Epiplatys berkenkampi ♂ 2/642
Berkenkamps Hechtling
H: W-Afrika: Zentralgabun.
♂: Farbiger; Flossen länger. V: +
Z: Haftlaicher; nicht einfach. F: K
T: 20–24°C, L: 6 cm, pH: <7, SG: 3–4

Epiplatys biafranus ♂ 4/384
Biafra-Hechtling
H: Afrika: SO-Nigeria.
♂: Farbiger; Flossen länger. V: (–)
Z: Haftlaicher. F: K!
T: 21–25°C, L: 5 cm, pH: <7, SG: 3

KILLIFISCHE

Epiplatys biafranus ♀ 4/384
Biafra-Hechtling

Epiplatys bifasciatus ♂ 2/644
Zweibandhechtling
H: W- u. Zentralafrika.
♂: Etwas farbiger; Flossen länger. V: (–)
Z: Haftlaicher. F: K!
T: 23–27°C, L: 5 cm, pH: 7, SG: 2–3

Epiplatys boulengeri ♂ 4/384
Boulengers Hechtling, "CHP82/16"
H: Afrika: W-Zaire, SO-Gabun.
♂: Farbiger; Flossen länger. V: +
Z: Haftlaicher. F: K!
T: 24–28°C, L: 5,5 cm, pH: <7, SG: 3

Epiplatys sp. aff. *boulengeri* ♂ 4/384
Boulengers Hechtling
Foto s.S. 4/382

Epiplatys chaperi ♂ 4/386
Goldküsten-Hechtling
H: Afrika: Elfenbeinküste, Togo, Ghana.
♂: Farbiger; Flossen länger. V: +
Z: Haftlaicher; nicht schwierig. F: K!
T: 24–28°C, L: 6,5 cm, pH: <7, SG: 2

Epiplatys chaperi ♂ 2/644
Spillmanns-Hechtling
H: W-Afrika: Elfenbeinküste.
♂: Farbiger; Flossen länger. V: +
Z: Haftlaicher; nicht schwierig. F: K!
T: 23–27°C, L: 7 cm, pH: <7, SG: 2–3

KILLIFISCHE

Epiplatys chevalieri 1/558
Zierhechtling, Chevaliers Hechtling
H: Afrika: Zaire: Umgebung Stanley Pool.
♂: Viel farbiger; Flossen länger. V: +
Z: Haftlaicher. F: K
T: 24–26°C, L:6 cm, pH: <7, SG: 2

Epiplatys coccinatus ♂ 3/498
RL 46
H: Afrika: Zentralliberia.
♂: Farbiger; Flossen länger. V: +
Z: Haftlaicher. F: K!
T: 22–26°C, L: 5 cm, pH: <7, SG: 2–3

Epiplatys dageti 1/560
Querbandhechtling
H: Afrika: Sierra L., Lib., Elfenbk. Ghana.
♂: Farbiger; Flossen länger. V: =
Z: Haftlaicher; sehr leicht, <300 E. F: K,O
T: 21–23°C, L: 7 cm, pH: <7, SG: 2

Epiplatys esekanus ♂ 3/498
Eseka-Hechtling
H: Afrika: Kamerun.
♂: Viel farbiger; Flossen länger. V: (–)
Z: Haftlaicher; nicht einfach. F: K!
T: 22–26°C, L: 7 cm, pH: <7, SG: 4

Epiplatys etzeli ♂ 2/646
Etzels Hechtling
H: W-Afrika: S-Elfenbeinküste.
♂: Farbiger; Flossen länger. V: =
Z: Haft- u. Bodenlaicher (3 WL) F: K!
T: 23–27°C, L: 5 cm, pH: <7, SG: 3

Epiplatys fasciolatus fasciolatus ♂ 4/386
Querstreifen-Hechtling
H: Afrika: Guinea-Bissau bis S-Liberia.
♂: Viel farbiger; Flossen länger. V: +
Z: Haftlaicher. F: K!
T: 24–28°C, L: 9,5 cm, pH: <7, SG: 2

Epiplatys olbrechtsi ♂ 3/500

H: Afrika: Liberia: 20 N von Buchanan.
♂: Viel farbiger; Flossen länger. V: +
Z: Haftlaicher. F: K!
T: 22–28°C, **L**: 8 cm, **pH**: ≪7, **SG**: 2–3

Epiplatys fasciolatus ♂ 3/500
Totota-Hechtling

H: Afrika: SW-Liberia.
♂: Viel farbiger; Flossen länger. V: +
Z: Haftlaicher. F: K!
T: 22–28°C, **L**: 8 cm, **pH**: <7, **SG**: 2–3

Epiplatys fasciolatus ♂ 4/388
Zimi-Hechtling

H: Afrika: SO-Sierra Leone.
♂: Viel farbiger; Flossen länger. V: +
Z: Haftlaicher. F: K!
T: 24–28°C, **L**: 7 cm, **pH**: <7, **SG**: 2

Epiplatys grahami ♂ 2/646
Grahams Hechtling

H: Afrika: S-Benin, Nigeria, Kamerun.
♂: Farbiger; Flossen länger. V: +
Z: Haftlaicher; unkompliziert. F: K,O
T: 23–28°C, **L**: 6 cm, **pH**: 7, **SG**: 2–3

Epiplatys guineensis ♂ 5/477
Guinea-Hechtling

H: Afrika: Guinea.
♂: Flossen farbiger. V: +
Z: Haftlaicher; leicht. F: K,O
T: 22–26°C, **L**: 6 cm, **pH**: 7, **SG**: 2

Epiplatys guineensis ♀ 5/477
Guinea-Hechtling

Epiplatys hildegardae ♂ 4/388
Hildegards Hechtling

H: Afrika: SO-Guinea/NO-Liberia.
♂: Viel farbiger; Flossen länger. V: +
Z: Haftlaicher; etwas schwierig. F: K
T: 22–26°C, L: 9 cm, pH: <7, SG: 3

Epiplatys huberi ♂ 2/648
Hubers Hechtling

H: Afrika: S-Gabun, S-Volksrep. Kongo.
♂: Viel farbiger; Flossen länger. V: +
Z: Haftlaicher (Torf, 3 WL). F: K!
T: 18–22°C, L: 5,5 cm, pH: <7, SG: 2–3

Epiplatys lamottei 1/560

H: Afrika: Liberia, Guinea.
♂: Viel farbiger; Ventralen länger. V: +
Z: Haftlaicher; 70 Eier. F: K
T: 21–23°C, L: 5,5 cm, pH: 7, SG: 4

Epiplatys longiventralis ♂ 4/390

H: Afrika: Nigeria, O-Togo.
♂: Farbiger; Flossen länger. V: (–)
Z: Haftlaicher. F: K!
T: 22–28°C, L: 6 cm, pH: <7, SG: 3

Epiplatys mesogramma ♂ 2/648

H: Afrika: Zentralafrikanische Republik.
♂: Viel farbiger; Flossen länger. V: +
Z: Haftlaicher. F: K!
T: 20–24°C, L: 5,5 cm, pH: <7, SG: 3–4

Epiplatys multifasciatus ♂ 4/390
Vielstreifen-Hechtling

H: Afrika: zentrales Zaire.
♂: Farbiger; Flossen länger. V: (–)
Z: Haftlaicher. F: K
T: 22–26°C, L: 5 cm, pH: <7, SG: 2–3

Epiplatys neumanni ♂ 5/479
Neumanns Hechtling
H: W-Afrika: NO-Gabun.
♂: Farbiger; Flossen länger. V: +
Z: Haftlaicher; leicht. F: K
T: 22–24°C, L: 7 cm, pH: <7, SG: 2

Epiplatys neumanni ♀ 5/479
Neumanns Hechtling

Epiplatys chevalieri ♂ 3/502

H: Afrika: Gesamtes Kongobecken?
♂: Etwas farbiger; Flossen länger. V: +
Z: Haftlaicher. F: K!
T: 20–26°C, L: 5,5 cm, pH: <7, SG: 3

Epiplatys njalaensis ♂ 3/502
Njala-Hechtling
H: Afrika: SW-Sierra Leone/Guinea.
♂: Viel farbiger; Flossen länger. V: +
Z: Haftlaicher. F: K!
T: 22–28°C, L: 6 cm, pH: <7, SG: 3

Epiplatys azureus ♂ 4/392
Blauer Olbrechts-Hechtling RL 56
H: Afrika: Zentralliberia.
♂: Farbiger; Flossen länger. V: +
Z: Haftlaicher. F: K
T: 22–28°C, L: 8 cm, pH: <7, SG: 2

Epiplatys olbrechtsi kassiapleuensis ♂
Kassiapleu-Hechtling 4/394
H: Afrika: Zentralliberia.
♂: Farbiger; Flossen länger. V: =
Z: Haftlaicher. F: K!
T: 22–25°C, L: 8 cm, pH: <7, SG: 2

Epiplatys olbrechtsi olbrechtsi ♂ 4/392
Olbrechts-Hechtling
H: Afrika: Zentral- u. O-Liberia, Elfenbeink.
♂: Farbiger; Flossen länger. V: +
Z: Haftlaicher. F: K!
T: 22–28°C, L: 8 cm, pH: <7, SG: 2

Epiplatys phoeniceps ♂ 4/394
Schönkopf-Hechtling
H: Afrika: O-Kongo.
♂: Farbiger; Flossen länger. V: (–)
Z: Haftlaicher. F: K!
T: 22–28°C, L: 6 cm, pH: <7, SG: 2–3

Epiplatys phoeniceps ♀ 4/394
Schönkopf-Hechtling

Epiplatys roloffi ♂ 2/650
Roloffs Hechtling
H: W-Afrika: Liberia: St. Paul River.
♂: Etwas farbiger; Flossen länger. V: +
Z: Haftlaicher (a. Aufguß, 3 WL). F: K!
T: 22–25°C, L: 7 cm, pH: 7, SG: 2–3

Epiplatys ruhkopfi ♂ 2/650
Ruhkopf-Hechtling
H: Afrika: Liberia: Kaningali-Town.
♂: Farbiger; Flossen länger. V: +
Z: Haftlaicher. F: K
T: 22–26°C, L: 8 cm, pH: 7, SG: 2–3

Epiplatys sangmelinensis ♂ 2/652
Sangmelima-Hechtling
H: Afrika: S-Kamerun, N-Gabun.
♂: Farbiger; Flossen länger. V: =
Z: Haftlaicher; sehr schwierig. F: K!
T: 20–24°C, L: 5 cm, pH: <7, SG: 4

Epiplatys sexfasciatus ♂ 3/504
Roter Sechsbandhechtling
H: W-Afrika: SW-Kamerun.
♂: Farbiger; Flossen länger. V: +
Z: Haftlaicher. F: K,O
T: 22–26°C, **L**: 7 cm, **pH**: 7, **SG**: 2–3

Epiplatys sexfasciatus rathkei ♂ 3/504
Rathkes Sechsbandhechtling
H: W-Afrika: W-Kamerun.
♂: Farbiger; Flossen länger. V: =
Z: Haftlaicher. F: K,O
T: 22–26°C, **L**: 8 cm, **pH**: 7, **SG**: 2–3

Epiplatys sexfasciatus
Sechsbandhechtling o.♀,u.♂ 1/562, 2/652
H: W-Afrika: von S-Togo bis NW-Gabun.
♂: Farbiger; Flossen länger. V: +
Z: Haftlaicher; einfach. F: K,O
T: 22–26°C, **L**: 8 cm, **pH**: 7, **SG**: 2–3

Epiplatys sexfasciatus togolensis ♂ 4/396
Togo-Sechsbandhechtling
H: W-Afrika: von Togo bis S-Nigeria.
♂: Farbiger; Flossen länger. V: +
Z: Haftlaicher. F: K!
T: 22–28°C, **L**: 8 cm, **pH**: 7, **SG**: 2

Epiplatys chaperi ♂ 4/396
Sheljuzhkos Hechtling
H: Afrika: Zentral- u. O-Kongo.
♂: Viel farbiger; Flossen länger. V: =
Z: Haftlaicher. F: K!
T: 24–28°C, **L**: 6 cm, **pH**: <7, **SG**: 2

Epiplatys singa ♂ 1/562
H: Afrika: unterer Zaire.
♂: Farbiger; Flossen länger. V: –
Z: Haftlaicher; 80–100 Eier. F: K!
T: 23–25°C, **L**: 5,5 cm, **pH**: <7, **SG**: 4

Epiplatys sp. "Lac Fwa" ♂ 4/398
Fwa-Hechtling

H: Afrika: Zaire: Lac Fwa-Einzug.
♂: Viel farbiger; Flossen länger. V: (–)
Z: Haftlaicher; nicht sehr schwierig. F: K
T: 22–28°C, L: 5 cm, pH: <7, SG: 2

Epiplatys spilargyreius ♂ 4/398

H: Senegal- bis Nil- und Zairebecken.
♂: Etwas farbiger; Flossen länger. V: +
Z: Haftlaicher. F: K!
T: 24–30°C, L: 5 cm, pH: 7, SG: 2

Epiplatys spilargyreius ♀ 4/398

Epiplatys spilargyreius ♂ 4/398

H: O-Nigeria.

Episemion callipteron ♂ 4/402
Schönflossen-Hechtling

H: Afrika: Äquatorial-Guinea?, N-Gabun.
♂: Farbiger; Flossen länger. V: (–)
Z: Haftlaicher; schwierig. F: K!
T: 20–24°C, L: 4 cm, pH: ≪7, SG: 3

Episemion callipteron ♀ 4/402
Schönflossen-Hechtling

KILLIFISCHE

Foerschichthys flavipinnis u.♂, o.♀ 4/404
Gelbflossiger Prachtkärpfling
H: Afrika: SO-Ghana bis zum Nigerdelta.
♂: Flossen farbiger. V: +
Z: Haftlaicher; nicht ganz einfach. F: K
T: 23–28°C, L: 3,5 cm, pH: <7, SG: 3

Foerschichthys flavipinnis ♂ 4/404
Gelbflossiger Prachtkärpfling

Callopanchax huwaldi ♂ 5/542

H: Afrika: Sierra Leone.
♂: Viel farbiger; Flossen länger. V: +
Z: Bodenlaicher, 20 WL; nicht leicht. F:K
T: 24–30°C, L: 12 cm, pH: 7, SG: 3

Callopanchax huwaldi ♂ 5/542

H: Afrika: Sierra Leone: Fullaba.

Callopanchax sp. "Lago" ♂ 5/542

Nothobranchius thierryi 1/564

H: Afrika: Guinea bis SW-Niger.
♂: Viel farbiger. V: –
Z: Bodenlaicher, 16 WL; sehr leicht. F:K
T: ca. 22°C, L: 3,5 cm, pH: 7, SG: 1–2

KILLIFISCHE

Nothobranchius cyaneus ♂ 2/662
Blauer Prachtgrundkärpfling
H: O-Afrika: S-Somalia, NO-Kenia.
♂: Viel farbiger; Flossen länger. V: –
Z: Bodenlaicher; 12 WL. F: K
T: 24–26°C, L: 5 cm, pH: 7, SG: 2–3

Nothobranchius eggersi ♂ 3/506
Orchideen-Prachtgrundkärpfling "blau"
H: Afrika: O-Tansania.
♂: Viel farbiger; Flossen länger. V: =
Z: Bodenlaicher; 6 WL. F: K
T: 24–28°C, L: 5 cm, pH: <7, SG: 3

Nothobranchius eggersi ♂ 3/506
Orchideen-Prachtgrundkärpfling
Kreuzung rot × blau

Nothobranchius eggersi ♂ 3/506
Orchideen-Prachtgrundkärpfling
Wildform, rot.

Nothobranchius elongatus ♂ 3/510
Gestreckter Prachtgrundkärpfling
H: Afrika: SO-Kenia.
♂: Viel farbiger; Flossen länger. V: =
Z: Bodenlaicher; 6 WL. F: K
T: 24–28°C, L: 6 cm, pH: <7, SG: 3

Nothobranchius elongatus ♂ 3/510
Gestreckter Prachtgrundkärpfling
Wildform, Kenia

Nothobranchius fasciatus ♂ 4/406
Gestreifter Prachtgrundkärpfling
H: Afrika: S-Somalia.
♂: Hinterkörper hat dunkle Streifen. V: =
Z: Bodenlaicher; 6–8 WL. F: K
T: 24–30°C, L: 7 cm, pH: >7, SG: 3

Nothobranchius foerschi ♂ 3/512
Foerschs Prachtgrundkärpfling
H: Afrika: O-Tansania.
♂: Viel farbiger. V: =
Z: Bodenlaicher; 6 WL. F: K!
T: 22–26°C, L: 5 cm, pH: 7, SG: 3

Nothobranchius furzeri ♂ 2/662
Furzers Prachtgrundkärpfling
H: Afrika: O-Simbabwe/Mozambique.
♂: Viel farbiger. V: =
Z: Bodenlaicher; 12 WL. F: K,O
T: 22–26°C, L: 8 cm, pH: <7, SG: 2–3

Nothobranchius guentheri 1/568
Günthers Prachtgrundkärpfling
H: Afrika: Insel Sansibar.
♂: Viel farbiger; Flossen länger. V: (–)
Z: Bodenlaicher; 12–16 WL. F: K
T: 22–25°C, L: 4,5 cm, pH: <7, SG: 3

Nothobranchius interruptus ♂ 3/512
Kikambala-Prachtgrundkärpfling
H: Afrika: SO-Kenia.
♂: Viel farbiger; Flossen länger. V: =
Z: Bodenlaicher; 6 WL. F: K
T: 22–26°C, L: 6,5 cm, pH: <7, SG: 3

Nothobranchius janpapi ♂ 2/664
Jan Paps Prachtgrundkärpfling WF
H: Afrika: Tansania.
♂: Viel farbiger; Flossen länger. V: (–)
Z: Bodenlaicher; 8–12 WL. F: K
T: 23–30°C, L: 3,5 cm, pH: 7, SG: 3–4

KILLIFISCHE

Nothobranchius jubbi ♂ 2/664
Jubbs Prachtgrundkärpfling
H: O-Afrika: S-Kenia/Somalia.
♂: Viel farbiger; Flossen länger. V: +
Z: Bodenlaicher. F: K
T: 24–26°C, L: 5 cm, pH: <7, SG: 2–3

Nothobranchius kafuensis u. ♀, o. ♂ 3/522
WF
H: Afrika: Sambia.
♂: Viel farbiger; Flossen länger. V: +
Z: Bodenlaicher; 6 WL. F: K
T: 22–28°C, L: 5 cm, pH: <7, SG: 3

Nothobranchius kirki 1/568
Kirks Prachtfundulus
H: Afrika: .
♂: Viel farbiger; Flossen länger. V: –
Z: Bodenlaicher. F: K
T: 20–23°C, L: 5 cm, pH: <7, SG: 3

Nothobranchius korthausae 1/568
Korthaus' Prachtfundulus
H: Afrika: Tansania (Insel Mafia).
♂: Viel farbiger; Flossen länger. V: (–)
Z: Bodenlaicher. F: K
T: 23–26°C, L: 6 cm, pH: <7, SG: 3

Nothobranchius kuhntae ♂ 4/406
Kuhnts Prachtgrundkärpfling
H: Afrika: Mosambik, Malawi.
♂: Farbiger; Flossen länger. V: (–)
Z: Dauer-Bodenlaicher; 6–8 WL. F: K
T: 24–28°C, L: 6,5 cm, pH: 7, SG: 2

Nothobranchius lourensi ♂ 3/514
Grüner Prachtgrundkärpfling
H: Afrika: Tansania.
♂: Farbiger. V: +
Z: Bodenlaicher; 6 WL. F: K!
T: 24–28°C, L: 5 cm, pH: <7, SG: 3

Nothobranchius luekei ♂ 3/514
Lükes Prachtgrundkärpfling
H: Afrika: O-Tansania: Küstentiefland.
♂: Farbiger. V: (–)
Z: Bodenlaicher; 6 WL. F: K!
T: 24–30°C, L: 4 cm, pH: 7, SG: 4

Nothobranchius melanospilus ♂ 3/516
Schwarzfleckiger Prachtgrundkärpfling
H: Afrika: SO-Kenia, O-Tansania.
♂: Viel farbiger. V: +
Z: Bodenlaicher; 6 WL. F: K
T: 22–28°C, L: 7 cm, pH: <7, SG: 2–3

Nothobranchius microlepis ♂ 2/666

H: Afrika: O-Kenia, SO-Somalia.
♂: Bullig; Flossen farbig. V: –
Z: Bodenlaicher; 12 WL. F: K
T: 23–30°C, L: 6 cm, pH: <7, SG: 3

Nothobranchius neumanni ♂ WF 3/516
Neumanns Prachtgrundkärpfling
H: Afrika: zentrales Tansania.
♂: Viel farbiger. V: =
Z: Bodenlaicher. F: K!
T: 24–28°C, L: 6 cm, pH: <7, SG: 3

Nothobranchius ocellatus ♂ 4/408
Augenfleck-Prachtgrundkärpfling
H: Afrika: O-Tansania.
♂: Viel farbiger. V: –
Z: Bodenl.,Weißtorf,Kurzans.; 12 WL. F:K!
T: 24–30°C, L: <10 cm, pH: <7, SG: 2–3

Nothobranchius orthonotus ♂ 2/666

H: Afrika: Südafrika, Mosambik, Malawi.
♂: Farbiger. V: (–)
Z: Bodenlaicher, Kurzansatz; 12 WL. F: K
T: 23–30°C, L: 9 cm, pH: 7, SG: 2–3

KILLIFISCHE

Nothobranchius palmqvisti 1/570
Palmqvists Prachtgrundkärpfling
H: Afrika: S-Kenia, Tansania.
♂: Viel farbiger; Flossen länger. V: –
Z: Dauer-Bodenl.; 12 WL, 200 E. F: K
T: 18–22°C, **L**: 5 cm, **pH**: <7, **SG**: 3

Nothobranchius patrizii u.♀, o.♂ 2/668

H: Afrika: O-Kenia/SO-Somalia.
♂: Viel farbiger; Flossen länger. V: =
Z: Bodenlaicher; 8–12 WL. F: K!
T: 23–30°C, **L**: 5 cm, **pH**: <7, **SG**: 2–3

Nothobranchius polli ♂♂ 3/518
Polls Prachtgrundkärpfling
H: Afrika: SO-Zaire/Sambia.
♂: Viel farbiger; Flossen länger. V: =
Z: Bodenlaicher; 6 WL. F: K!
T: 22–28°C, **L**: 5 cm, **pH**: <7, **SG**: 3

Nothobranchius rachovii 1/570
Rachovs Prachtfundulus
H: Afrika: Mosambik bis Südafrika.
♂: Viel farbiger; Flossen länger. V: (–)
Z: Bodenlaicher. F: K
T: 20–24°C, **L**: 5 cm, **pH**: <7, **SG**: 3

Nothobranchius robustus ♂ 3/518
K 86/13
H: Afrika: Viktoriasee-Einzug.
♂: Viel farbiger; Flossen länger. V: (–)
Z: Bodenlaicher; 6 WL. F: K
T: 24–28°C, **L**: 5,5 cm, **pH**: <7, **SG**: 3

Nothobranchius rubripinnis ♂ 3/520
Rotflossen-Prachtgrundkärpfling
H: Tansania: Mbemkuru-River; KTZ85/28.
♂: Viel farbiger; Flossen länger. V: (–)
Z: Bodenlaicher; 6 WL. F: K!
T: 22–28°C, **L**: 5 cm, **pH**: <7, **SG**: 3–4

KILLIFISCHE

Nothobranchius rubripinnis 3/520
Rotflossen-Prachtgrundkärpfling u.♀,o.♂
H: Tansania: Mbezi-River; Tz 83/5.

Nothobranchius sp. "K 86/9" ♂ 5/482

H: Afrika: Kenia: "Lake Victoria".

Nothobranchius sp. "Lake Victoria" ♂
Viktoria-Prachtgrundkärpfling 4/410
H: Afrika: Kenia, Tansania.
♂: Viel farbiger; Flossen länger. V: (–)
Z: Bodenlaicher. F: K!
T: 24–28°C, L: 4 cm, pH: 7, SG: 2–3

Nothobranchius sp. "Ruvuma" o.♂ 5/480
Ruvuma-Prachtgrundkärpfling
H: Afrika: Tansania; Mosambik?.
♂: Viel farbiger; Flossen länger. V: (–)
Z: Bodenlaicher; 6 WL. F: K
T: 22–28°C, L: 5 cm, pH: 7, SG: 2

Nothobranchius sp. "Uganda" ♂ 4/412
Uganda-Prachtgrundkärpfling
H: Afrika: Uganda.
♂: Viel farbiger; Flossen länger. V: =
Z: Bodenlaicher. F: K
T: 24–28°C, L: 5 cm, pH: 7, SG: 2

Nothobranchius steinforti ♂ 4/408
Steinforts Prachtgrundkärpfling
H: Afrika: Tansania.
♂: Viel farbiger; Flossen länger. V: (–)
Z: Bodenlaicher; 6–8 WL. F: K!
T: 24–28°C, L: 5 cm, pH: 7, SG: 2–3

Nothobranchius steinforti ♀ 4/408
Steinforts Prachtgrundkärpfling

Nothobranchius symoensi ♂ 4/412
Symoens Prachtgrundkärpfling
H: Afrika: Zaire.
♂: Farbiger; Flossen länger. **V:** =
Z: Bodenlaicher. **F:** K
T: 24–28°C, **L:** 4,5 cm, **pH:** 7, **SG:** 2

Nothobranchius taeniopygus ♂ 3/522
Streifenflossiger Prachtgrundkärpfling
H: Afrika: Zentral-Tansania. (KTZ 85/9)
♂: Farbiger; Flossen länger. **V:** =
Z: Bodenlaicher; 6 WL. **F:** K
T: 18–24°C, **L:** 6 cm, **pH:** >7, **SG:** 3

Nothobranchius ugandensis ♂ 5/480
Uganda-Prachtgrundkärpfling
H: Afrika: Uganda.
♂: Viel farbiger; Flossen länger. **V:** (–)
Z: Bodenlaicher; 2+8 WL. **F:** K!
T: 24–30°C, **L:** ♂ 5 cm, **pH:** 7, **SG:** 2

Nothobranchius vosseleri ♂ 5/482
Vosselers Prachtgrundkärpfling
H: Afrika: Tansania.
♂: Viel farbiger; Flossen länger. **V:** (–)
Z: Bodenlaicher; nach 2 W, 8 WL. **F:** K!
T: 24–28°C, **L:** ♂ 4,5 cm, **pH:** 7, **SG:** 2

Nothobranchius vosseleri ♀ 5/482
Vosselers Prachtgrundkärpfling

Nothobranchius willerti ♂ 4/410
Mnanzini-Prachtgrundkärpfling
H: Afrika: Kenia.
♂: Viel farbiger; Flossen länger. V: (–)
Z: Bodenlaicher; 6–8 WL. F: K!
T: 24–28°C, L: 4 cm, pH: <7, SG: 3

Pachypanchax omalonotus l. ♀, r. ♂ 3/524
Madagaskar-Hechtling
H: W- u. N-Madagaskar.
♂: Flossen spitz; schlanker. V: +
Z: Haftlaicher. F: K
T: 22–28°C, L: 8 cm, pH: 7, SG: 2

Pachypanchax playfairii 1/574
Tüpfelhechtling
H: Seychellen, Sansibar, Madagaskar.
♂: Flossen farbiger; schlanker. V: –
Z: Haftlaicher; <200 E. F: K
T: 22–24°C, L: 10 cm, pH: <7, SG: 1

Nothobranchius ocellatus ♀ 3/524
WF
H: Afrika: O-Tansania.
♂: Farbiger; 2 Augenflecken?. V: ?
Z: Unbekannt. F: K
T: 22–26°C, L: 6 cm, pH: <7, SG: 3?

Nothobranchius kiyawensis u. ♀, o. ♂ 3/526
H: Afrika: Gambia, Ghana, N-Nigeria.
♂: Farbiger; Flossen länger. V: =
Z: Bodenlaicher; 6 WL; schwierig. F: K
T: 22–26°C, L: 6 cm, pH: <7, SG: 4

Pseudepiplatys annulatus 1/558
Ringelhechtling, Zwerghechtling
H: Afrika: von Guinea bis Niger.
♂: Farbiger; Flossen länger. V: +
Z: Haftlaicher; sehr schwierig. F: K
T: 23–25°C, L: 4 cm, pH: <7, SG: 4

Familie Rivulidae

Die Familie Rivulidae der Bachlinge besteht aus 26 Gattungen mit ca. 282 Arten. Diese bewohnen Nordamerika von Südflorida über Mittelamerika bis Uruguay in Südamerika. Die große Mehrzahl bewohnt Süßwasser, einige Arten sind auch in starkem Brackwasser zu finden.

Unter den Rivulidae gibt es alle für Killifische bekannten Fortpflanzungsarten. Für die artenreichen Gattungen lassen sich folgendermaßen Beispiele geben: *Austrofundulus*: Saisonfische. *Campellolebias*: siehe unten. *Cynolebias*: bodentauchende Saisonfische. *Leptolebias*: Saisonfische und nichtannuelle Arten. *Pterolebias* und *Rachovia*: Saisonfische mit teilweise extrem langer Lagerzeit. *Rivulus*: Haftlaicher und Bodenlaicher; einige mit kurzer Lagerung. *Trigonectes*: Saisonfische mit langer Lagerung.

Kryptolebias ocellatus, S. 464, ist eine Besonderheit, da bisher nur Männchen und Zwitter gefunden wurden. Die Eier dieser eierlegenden Art können intern auch selbstbefruchtet werden. Die Männchen von *Campellolebias brucei* und *C. dorsimaculatus*, beide S. 440, haben ein Gonopodium. Die Befruchtung ist intern wie bei Lebendgebärenden Zahnkarpfen, aber die befruchteten Eier werden dann in normaler Bodenlaichermanier gelegt. Man kann sie als Zwischenglieder zu den in Gruppe 6 vorgestellten Lebendgebärenden Zahnkarpfen betrachten.

Die meisten Arten in der Familie brauchen eine extrem dicht passende Aquarienabdeckung. *Rivulus* kleben oftmals an den Scheiben oberhalb der Wasserlinie. Sie sind geschickte Springer, wie man auch gleich im Transportbeutel vom Aquarienladen nach Hause oder im Fangeimer in der Natur beobachten kann, wo meistens alle *Rivulus* an den Seiten kleben und andere Arten unten im Wasser schwimmen. Vergißt man auch nur kurzzeitig,

Rivulus sp. WF ♂ (5 cm Länge) aus dem Rio Payamino/Rio Napo Einzugsgebiet, Ecuador.

den Deckel zu schließen, kann es vorkommen, daß kein Bachling mehr im Eimer geblieben ist. Die Heimatgewässer der Bachlinge sind kleine und kleinste Rinnsale und Randgewässer im Schatten des Urwalds, wo sie von einer Pfütze in die andere springen. Es gibt entsprechend viele Arten mit kleinen Verbreitungsgebieten.

Austrofundulus limnaeus o.♀, u.♂ 2/630
Venezolanischer Kärpfling
H: S-Am.: Guyana, Venezuela, Kolumbien.
♂: Farbiger; Flossen größer. **V**: +
Z: Bodenlaicher; 12–26 WL. **F**: K!
T: 22–26°C, **L**: 8 cm, **pH**: <7, **SG**: 3

Austrofundulus limnaeus ♂ 2/630
Venezolanischer Kärpfling "myersi Typ"

Campellolebias brucei ♂ 5/504

H: S-Amerika: SO-Brasilien: Santa Catarina.
♂: Flossen länger, farbig; Gonopodium. **V**:–
Z: Innere Befrucht., Bodenl.; 8 WL. **F**: K!
T: 20–24°C, **L**: 4,5 cm, **pH**: <7, **SG**: 3–4

Campellolebias dorsimaculatus ♂ 5/504

H: S-Amerika: SO-Brasilien: São Paulo.
♂: Flossen länger, farbig; Gonopodium. **V**:–
Z: Innere Befruchtung, Bodenl.; 8 WL. **F**: K!
T: 22–28°C, **L**: 3,5 cm, **pH**: <7, **SG**: 4

Austrolebias adloffi ♂ 2/634
Adloffs Fächerfisch, Gebänderter Fächerf.
H: S-Amerika: N-Uruguay/SO-Brasilien.
♂: Farbiger; Flossen länger. **V**: (–)
Z: Bodenlaicher; 6–8 WL. **F**: K
T: 20–28°C, **L**: 4 cm, **pH**: 7, **SG**: 2–3

KILLIFISCHE

Austrolebias affinis ♂ 5/506
Fächerkärpfling
H: S-Amerika: Uruguay.
♂: Farbiger; Flossen größer. V: =
Z: Bodenlaicher. F: K
T: 18–24°C, **L**: 5 cm, **pH**: <7, **SG**: 2–3

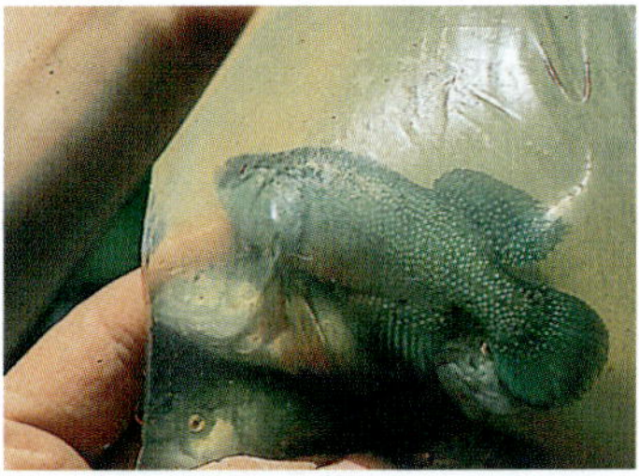

Cynolebias albipunctatus 5/506
Weißpunkt-Fächerfisch, blaue Wildmorphe
H: S-Amerika: Brasilien: Pernambuco.
♂: 3 cm größer; Flossen länger. V: (–)
Z: Bodenlaicher; 16–24 WL; 20% J. F: K
T: 26–30°C, **L**: ♂ 12 cm, **pH**: 7, **SG**: 3

Austrolebias bellottii I 1/550
Blauer Fächerfisch
H: S-Amerika: Rio de la Plata-Becken.
♂: Farbiger; größer. V: (–)
Z: Bodenlaicher; 12–16 WL. F: K,O
T: 18–22°C, **L**: 7 cm, **pH**: <7, **SG**: 3

Simpsonichthys boitonei ♂ 2/636
Brasilianischer Leierflosser
H: S-Amerika: Brasilien: bei Brasilia.
♂: Viel farbiger; Flossen länger. V: (–)
Z: Bodenlaicher; 8 WL. F: K!
T: 20–24°C, **L**: 4 cm, **pH**: 7, **SG**: 3

Simpsonichthys bokermanni ♂ 5/508
Bahia-Fächerfisch
H: S-Amerika: Brasilien: Bahia.
♂: Viel farbiger; Flossen länger. V: (–)
Z: Bodenlaicher; 12–20 WL. F: K
T: 22–28°C, **L**: 5 cm, **pH**: <7, **SG**: 2

Simpsonichthys bokermanni ♀ 5/508
Bahia-Fächerfisch

Simpsonichthys chacoensis ♂ 5/510
Chaco-Fächerfisch

H: S-Amerika: Paraguay: La Serena.
♂: Farbiger; 1 cm größer. V: +
Z: Bodenlaicher; 8 WL. F: K
T: 22–28°C, **L**: ♂ 5 cm, **pH**: 7, **SG**: 2

Simpsonichthys chacoensis ♂ 5/510
Chaco-Fächerfisch

H: S-Amerika: Paraguay: San Juan.

Megalebias cheradophilus o. ♂, u. ♀ 2/636
Grundfächerfisch

H: S-Amerika: O-Uruguay.
♂: Etwas farbiger; größer. V: +
Z: Bodenlaicher; 12 WL. F: K
T: 18–25°C, **L**: 8 cm, **pH**: >7, **SG**: 3

Austrolebias robustus ♂ 5/508
Grüner Fächerkärpfling

H: S-Amerika: Uruguay: Colonia.
♂: Grünlich; Flossen länger. V: +
Z: Bodenlaicher; 12–16 WL. F: K
T: 18–24°C, **L**: 6 cm, **pH**: <7, **SG**: 2–3

Simpsonichthys constanciae ♂ 5/512
Constanzes Fächerkärpfling

H: S-Amerika: SO-Brasilien.
♂: Farbiger; ausgezogene Flossen. V: =
Z: Bodenlaicher; 12–16 WL. F: K
T: 22–25°C, **L**: 5 cm, **pH**: 7, **SG**: 2–3

Simpsonichthys costai ♂ 5/512
Costas Fächerfisch

H: S-Amerika: Brasilien: Goias.
♂: Viel farbiger. V: (–)
Z: Bodenlaicher; 12–20 WL. F: K!
T: 24–30°C, **L**: 4 cm, **pH**: <7, **SG**: 4

Simpsonichthys costai ♀ 5/512
Costas Fächerfisch

Austrolebias cyaneus ♂ 5/515
Cyanblauer Fächerfisch
H: S-Amerika: Brasilien: Rio Grande so Sul.
♂: Farbiger. V: (–)
Z: Bodenlaicher; 12–20 WL. F: K
T: 22–28°C, L: 4cm, pH: <7, SG: 2–3

Megalebias elongatus ♂ 3/491
Gestreckter Fächerkärpfling
H: S-Amerika: S-Uruguay, Argentinien.
♂: Etwas farbiger; Flossen breiter. V: =
Z: Bodenlaicher; 12–16 WL. F: K!
T: 16–25°C, L: 14cm, pH: 7, SG: 3

Simpsonichthys flammeus ♂ 5/516
H: S-Amerika: Brasilien: Rio Paraná.
♂: Viel farbiger; Flossen länger. V: (–)
Z: Bodenlaicher; 12–16 WL; leicht. F: K!
T: 22–26°C, L: 3,5 cm, pH: <7, SG: 2

Simpsonichthys flavicaudatus ♂ 5/516
Gelbflossiger Fächerfisch
H: S-Amerika: Brasilien: Pernambuco.
♂: Farbiger; Flossen größer. V: +
Z: Bodenlaicher. F: K
T: 22–26°C, L: 5,5 cm, pH: >7, SG: 2

Simpsonichthys flavicaudatus ♀ 5/516
Gelbflossiger Fächerfisch

KILLIFISCHE

Simpsonichthys sp. aff. *flavicaudatus* ♂
Gelbflossiger Fächerfisch 5/528
H: S-Amerika: Brasilien: Minas Gerais.

Simpsonichthys fulminantis ♂ 5/518
Juwelen-Fächerfisch
H: S-Amerika: Brasilien: Minas Gerais.
♂: Viel farbiger. V: +
Z: Bodenlaicher; leicht. F: K
T: 18–24°C, L: 4 cm, pH: <7, SG: 2

Cynolebias griseus ♀ 5/518

H: S-Amerika: Brasilien: N-Goiás.
♂: Geringer Unterschied: heller. V: =
Z: Bodenlaicher; 12 WL. F: K
T: 22–26°C, L: 7,5 cm, pH: 7, SG: 3

Simpsonichthys hellneri ♂ 5/520
Hellners Fächerfisch
H: S-Amerika: Brasilien: Minas Gerais.
♂: Viel farbiger; Flossen länger. V: =
Z: Bodenlaicher; Sand/Lehm/Torf. F: K
T: 22–26°C, L: ♂ 5,5 cm, pH: >7, SG: 2

Simpsonichthys hellneri ♀ 5/520
Hellners Fächerfisch

Simpsonichthys antenori ♂ 2/638

H: S-Amerika: O-Brasilien.
♂: Farbiger; Flossen länger. V: +
Z: Bodenlaicher; 12 WL (30°C). F: K
T: 25–30°C, L: 5 cm, pH: 7, SG: 3

KILLIFISCHE

Cynolebias leptocephalus ♂ 5/522
Kleinköpfiger Fächerfisch
H: S-Amerika: Brasilien: Minas Gerais.
♂: Farbiger; Flossen länger. V: –
Z: Bodenlaicher. F: K
T: 15–25°C, L: ♂ 15 cm, pH: <7, SG: 3

Simpsonichthys magnificus ♂ 5/522
H: Brasilien: mittlerer São Francisco.
♂: Viel farbiger; Flossen länger. V: (–)
Z: Bodenlaicher. F: K!
T: 22–26°C, L: 4 cm, pH: >7, SG: 2

Megalebias monstrosus ♂ 5/524
Monster-Fächerfisch
H: S-Amerika: Paraguay: La Serena.
♂: Größer, robuster; farblich ähnlich. V: –
Z: Bodenlaicher. F: K!
T: 25–30°C, L: >13 cm, pH: 7, SG: 4

Megalebias monstrosus ♂ 5/524
Monster-Fächerfisch
H: S-Amerika: Paraguay: Faro Maro.

Simpsonichthys myersi ♂ 5/526
Myers Fächerfisch
H: S-Amerika: Brasilien: Espirito Santo.
♂: Viel farbiger; Flossen länger. V: (–)
Z: Bodenlaicher; 12–20 WL. F: K!
T: 23–28°C, L: ♂ 5,5 cm, pH: <7, SG: 3

Simpsonichthys myersi ♀ 5/526
Myers Fächerfisch

KILLIFISCHE

Austrolebias alexandri 1/550

H: S-Amerika: Argentinien: Entre Rios.
♂: Farbiger. V: +
Z: Bodenlaicher; 12 WL. F: K!
T: 22–28°C, L: 9 cm, pH: <7, SG: 3

Austrolebias nigripinnis 1/552
Schwarzer Fächerfisch

H: S-Amerika: Argentinien: Paraná.
♂: Farbiger. V: –
Z: Bodenlaicher; mindestens 12 WL. F: K
T: 20–22°C, L: 4,5 cm, pH: <7, SG: 3

Austrolebias robustus ♂ WF 3/494
Riesenfächerfisch

H: Argentinien: Provinz Buenos Aires.
♂: Flossen größer. V: =
Z: Bodenlaicher; 16–20 WL. F: K!
T: 15–25°C, L: 10 cm, pH: <7, SG: 3–4

Simpsonichthys notatus ♂ 5/529

H: S-Amerika: Brasilien Goias.
♂: Farbiger; Flossen länger. V: (–)
Z: Bodenlaicher; Sand/Lehm/Torf. F: K
T: 22–26°C, L: 4 cm, pH: >7, SG: 2

Simpsonichthys notatus ♀ 5/529

Cynolebias perforatus ♂ 5/531

H: S-Amerika: Brasilien: Minas Gerais.
♂: Farbiger; Flossen länger. V: –
Z: Bodenlaicher; 16 WL. F: K
T: 22–26°C, L: ♂ >18 cm, pH: 7, SG: 4

KILLIFISCHE

Cynolebias perforatus ♂ 5/531

H: S-Amerika: Brasilien: Itacarambi.

Cynolebias perforatus ♀ 5/531

H: Brasilien: Minas Gerais.

Cynolebias porosus ♂ 5/532
Pernambuco-Fächerfisch

H: S-Amerika: NO-Brasilien: Pernambuco.
♂: Farbiger; Flossen länger. V: –
Z: Bodenlaicher. F: K!
T: 22–26°C, L: >16 cm, pH: 7, SG: 4

Megalebias prognathus ♂ 5/532
Wulstlippenfächerfisch

H: S-Amerika: Uruguay.
♂: D 17–18, A 23–25 Strahlen. ♀: Weniger.
Z: Bodenlaicher; 12 WL. V: – F: K!
T: 22–26°C, L: >18 cm, pH: 7, SG: 4

Megalebias prognathus ♀ 5/532
Wulstlippenfächerfisch

Simpsonichthys stellatus ♂ 5/535
Sternenfächerfisch

H: S-Amerika: Brasilien: Minas Gerais.
♂: Farbiger; Flossen länger. V: +
Z: Bodenlaicher; Sand/Lehm/Torf. F: K
T: 22–26°C, L: 4 cm, pH: >7, SG: 3

KILLIFISCHE

Austrolebias vandenbergi ♂ 5/537
Vandenbergs Fächerfisch
H: S-Amerika: Paraguay.
♂: Größer, farbiger. V: +
Z: Bodenlaicher; 8–12 WL. F: K
T: 25–30°C, L: 7 cm, pH: 7, SG: 3

Austrolebias vandenbergi ♂ 5/537
Vandenbergs Fächerfisch
H: S-Amerika: Paraguay: Caracol.

Austrolebias vandenbergi ♂ 5/537
Vandenbergs Fächerfisch
H: S-Amerika: Paraguay: Faro Moro.

Austrolebias vazferreirai ♂ 5/538
Vazferreiras Fächerfisch
H: S-Amerika: Uruguay: Cerro Largo.
♀: Dunkle Flecken; Flossen kleiner. V: –
Z: Bodenlaicher; 12–16 WL; leicht. F: K
T: 15–25°C, L: ♂ 10 cm, pH: 7, SG: 3

Austrolebias vazferreirai ♀ 5/538
Vazferreiras Fächerfisch

Austrolebias viarius l. ♂, r. ♀ 2/638

H: S-Amerika: Uruguay: Küstenebene.
♂: Streifen; ♀: Punkte. V: +
Z: Bodenlaicher; 12 WL. F: K!
T: 18–23°C, L: 6 cm, pH: 7, SG: 2–3

KILLIFISCHE

Nematolebias whitei 1/552
Whites Fächerfisch, Smaragd-Fächerfisch
H: S-Amerika: Brasilien: um Rio de Janeiro.
♂: Farbiger; Flossen länger. V: (–)
Z: Bodenlaicher; 12–16 WL. F: K!
T: 20–23°C, L: ♂ 8 cm, pH: <7, SG: 3

Megalebias wolterstorffi ♂ 5/540
H: S-Amerika: S-Brasilien/N-Uruguay.
♂: Farbiger; Flossen länger. V: –
Z: Bodenlaicher; 12–32 WL. F: K
T: 20–25°C, L: ♂ 10 cm, pH: 7, SG: 2

Megalebias wolterstorffi ♀ 5/540

Simpsonichthys zonatus ♂ 5/540
Gestreifter Fächerfisch
H: S-Amerika: Brasilien: Minas Gerais.
♂: Farbiger. V: –
Z: Bodenlaicher; 6 WL (>30°C). F: K
T: 20–24°C, L: 4,5 cm, pH: 7, SG: 3

Leptolebias minimus 1/554
Ladiges' Fächerfisch
H: S-Am.: Brasilien: um Rio de Janeiro.
♂: Viel farbiger; Flossen länger. V: +
Z: Bodenlaicher: 8–12 WL. F: K
T: 20–22°C, L: 4 cm, pH: <7, SG: 3

Cynopoecilus melanotaenia ♂ 3/494
Schwarzband-Fächerkärpfling, Hundskärpf.
H: S-Amerika: SO-Brasilien, N-Uruguay.
♂: Farbiger; Flossen länger. V: =
Z: Bodenlaicher; 8–12 WL. F: K!
T: 18–24°C, L: 5,5 cm, pH: <7, SG: 3–4

Leptolebias aureoguttatus ♂ 5/544
Goldpunktfächerfisch
H: S-Am.: Brasilien: Santos-Niederung.
♂: Viel farbiger. V: –
Z: Bodenlaicher; 34–42 WL. F: K
T: 23–26°C, L: 4 cm, pH: 7, SG: 4

Leptolebias opalescens ♂ 5/544
Fluminense-Zwergfächerfisch
H: S-Amerika: Brasilien: Rio de Janeiro.
♂: Viel farbiger. V: –
Z: Bodenlaicher: 8 WL. F: K
T: 22–27°C, L: 3 cm, pH: ≪7, SG: 1

Leptolebias leitaoi ♂ 5/546
Leitaos Zwergfächerfisch
H: S-Amerika: Brasilien: Bahia.
♂: Viel farbiger. V: +
Z: Bodenlaicher; 8 WL. F: K
T: 22–26°C, L: 3,5 cm, pH: ≪7, SG: 3

Leptolebias minimus ♂ 5/546
Zwergfächerfisch
H: S-Amerika: Brasilien: Rio de Janeiro.
♂: Viel farbiger. V: =
Z: Bodenlaicher u. Haftlaicher. F: K
T: 22–26°C, L: 3 cm, pH: ≪7, SG: 1

Leptolebias minimus ♂ 5/546
Zwergfächerfisch

Leptolebias minimus ♂ 5/546
Zwergfächerfisch

Maratecoara lacortei ♂ 5/549
Blauer Segelflossenkärpfling
H: S-Amerika: Brasilien: Goias.
♂: Viel farbiger; Flossen länger. V: +
Z: Bodenlaicher; 11–17 WL. F: K
T: 22–26°C, **L**: ♂ 4 cm, **pH**: <7, **SG**: 4

Moema piriana ♂ 5/552

H: S-Amerika: Brasilien: Pará.
♂: Farbiger; Flossen größer. V: (–)
Z: Bodenlaicher; 6 WL (<30°C). F: K
T: 24–32°C, **L**: 16 cm, **pH**: <7, **SG**: 3

Moema piriana ♀ 5/552

Neofundulus ornatipinnis ♂ 5/554

H: S-Amerika: Brasilien.
♂: Viel farbiger; Flossen länger. V: =
Z: Bodenlaicher: 4–6 WL. F: K
T: 24–30°C, **L**: 7 cm, **pH**: 7, **SG**: 3

Neofundulus paraguayensis ♂ 5/554

H: S-Amerika: Brasilien, Paraguay.
♂: Farbiger; 1,5 cm größer. V: =
Z: Bodenlaicher; 4–8 WL. F: K
T: 22–26°C, **L**: ♂ 7 cm, **pH**: 7, **SG**: 2

Neofundulus parvipinnis ♂ 5/556

H: S-Amerika: Brasilien: Mato Grosso.
♂: Farbiger. V: –
Z: Bodenlaicher; 4–8 WL. F: K
T: 22–26°C, **L**: 6 cm, **pH**: 7, **SG**: 3

KILLIFISCHE

Pituna compacta ♂ 5/556
Mopskopf-Kärpfling
H: S-Amerika: Brasilien: Goiás.
♂: Farbiger. V: +
Z: Bodenlaicher; 6–20 WL. F: K
T: 24–30°C, L: 6 cm, pH: <7, SG: 2

Pituna compacta ♀ 5/556
Mopskopf-Kärpfling

Plesiolebias aruana ♂ 5/558
Aruana-Fächerkärpfling
H: S-Amerika: Brasilien: Goiás.
♂: Etwas farbiger; Flossen länger. V: (–)
Z: Bodenlaicher; 21 WL. F: K!
T: 24–26°C, L: 3 cm, pH: 7, SG: 3–4

Papiliolebias bitteri ♂ 5/558
Bitters Fächerkärpfling
H: S-Amerika: Paraguay?
♂: Viel farbiger; Flossen länger. V: +
Z: Bodenlaicher 12–21 WL. F: K!
T: 22–26°C, L: 4,5 cm, pH: 7, SG: 2–3

Papiliolebias bitteri ♀ 5/558
Bitters Fächerkärpfling

Plesiolebias glaucopterus ♂ 5/560
Pantanal-Fächerfisch
H: S-Amerika: Brasilien: Mato Grosso.
♂: Etwas farbiger; Flossen länger. V: (–)
Z: Bodenlaicher; 21 WL. F: K!
T: 22–26°C, L: 3 cm, pH: 7, SG: 3–4

Gnatholebias hoignei ♂ 5/562

H: S-Amerika: Venezuela: Orinoco-Llanos.
♂: Farbiger; Flossen länger; 6 cm gr. V: =
Z: Bodenlaicher; 10 WL (35°C!). F: K
T: 19–30°C, **L**: ♂ 15 cm, **pH**: <7, **SG**: 4

Pterolebias longipinnis 1/576, 5/562
Langfloss. Schleierkärpfling, Schleierrivulus

H: S-Amerika: Brasilien, Para., Bol., Arg.
♂: Farbiger; Flossen länger; 6 cm gr. V: –
Z: Bodenlaicher; 10–12 WL. F: K
T: 24–30°C, **L**: ♂ 15 cm, **pH**: <7, **SG**: 2

Pterolebias longipinnis ♂ 1/576, 5/562
Langfloss. Schleierkärpfling, Schleierrivulus

Pterolebias phasianus ♂ 5/564
Fasan-Schleierkärpfling

H: S-Amerika: Brasilien: Mato Grosso.
♂: Farbiger; Flossen länger. V: +
Z: Bodenlaicher; 10–12 WL. F: K
T: 22–28°C, **L**: ♂ 8 cm, **pH**: 7, **SG**: 3

Pterolebias phasianus ♀ 5/564
Fasan-Schleierkärpfling

Aphyolebias peruensis o.♀, u.♂ 5/566
Peru-Schleierkärpfling

H: S-Amerika: Peru: Provinz Loreto.
♂: Viel farbiger; Flossen länger. V: =
Z: Bodenlaicher; 21 WL. F: K
T: 22–26°C, **L**: 7 cm, **pH**: 7, **SG**: 2

Moema staecki ♂ WF 3/527
Staecks Schleierkärpfling

H: S-Amerika: Brasilien: Lago Janauacá.
♂: Viel farbiger; Flossen länger. V: (–)
Z: Bodenlaicher; 26 WL. F: K!
T: 24–28°C, L: 10 cm, pH: 7, SG: 4

Aphyolebias wischmanni ♂ 3/528
Wischmanns Schleierkärpfling

H: S-Am.: Peru: 120 km S von Pucallpa.
♂: Viel farbiger; Flossen länger. V: =
Z: Bodenlaicher; 26 WL. F: K
T: 24–26°C, L: ♂ 14 cm, pH: 7, SG: 3–4

Micromoema xiphophora ♂ 5/566
Schwertschwanz-Schleierhechtling

H: S-Am.: Venezuela: Puerto Ayacucho.
♂: Viel farbiger; Flossen länger. V: (–)
Z: Bodenlaicher; 34–52 WL!. F: K
T: 24–28°C, L: ♂ 5 cm, pH: <7, SG: 4

Micromoema xiphophora ♀ 5/566
Schwertschwanz-Schleierhechtling

Gnatholebias zonatus 1/576
Gestreifter Schleierkärpfling

H: S-Amerika: Venezuela.
♂: Größer; Flossen länger. V: –
Z: Bodenl.; 12–16 WL; schwierig. F: K
T: 18–23°C, L: 9 cm, pH: <7, SG: 3–4

Rachovia brevis vorn ♂ 2/672

H: S-Am.: N-Kolumbien, NW-Venezuela.
♂: Farbiger; Flossen länger. V: =
Z: Bodenlaicher; 23 WL. F: K!
T: 22–26°C, L: ♂ 8 cm, pH: <7, SG: 3–4

Rachovia hummelincki ♂ 3/528

H: S-Amerika: Kolumbien, Venezuela.
♂: Viel farbiger; Flossen länger. V: (–)
Z: Bodenlaicher; 26 WL. F: K!
T: 22–26°C, **L**: 6 cm, **pH**: 7, **SG**: 3–4

Rachovia maculipinnis ♂ 2/672

H: S-Am.: Venezuela: Rio Apure-Becken.
♂: Farbiger; Flossen länger. V: =
Z: Bodenlaicher; 26–30 WL. F: K
T: 22–27°C, **L**: <8 cm, **pH**: 7, **SG**: 3–4

Rachovia pyropunctata ♂ 3/530
Rotpunkt-Rachovia

H: Venezuela: Maracaibosee-Einzug.
♂: Farbiger; Flossen länger. V: (–)
Z: Bodenlaicher; 26 WL. F: K!
T: 22–28°C, **L**: 6 cm, **pH**: <7, **SG**: 4

Rachovia stellifer l. ♂, r. ♀ 2/674

H: S-Amerika: Venezuela: Cojedes.
♂: Größer; Flossen länger. V: –
Z: Bodenlaicher; Kurzansatz. F: K!
T: 22–27°C, **L**: <7 cm, **pH**: 7, **SG**: 4

Austrofundulus transilis ♂ 5/568

H: S-Am.: Venezuela: Orinoco-Llanos.
♂: Farbiger. V: (–)
Z: Bodenlaicher; problematisch. F: K
T: 24–32°C, **L**: 5 cm, **pH**: <7, **SG**: 2–3

Rivulus agilae ♂ 2/674
Agila-Bachling

H: S-Amerika: Guyana-Länder.
♂: Farbiger; ♀: Runde Flossen. V: =
Z: Haftlaicher, 3–4 WL; schwierig. F: K!
T: 22–27°C, **L**: 5 cm, **pH**: <7, **SG**: 3–4

KILLIFISCHE

Rivulus agilae ♂ 2/674
Agila-Bachling
Foto 5/574

Rivulus amphoreus ♂ 2/676

H: S-Amerika: Surinam; bis 1000 m Höhe.
♂: Farbiger; ♀: Kaudalfleck. **V**: =
Z: Haftlaicher; schwierig. **F**: K!
T: 20–26°C, **L**: 7 cm, **pH**: 7, **SG**: 3–4

Rivulus atratus ♂ WF 3/530

H: S-Amerika: Peru: Rio Ucayali.
♂: Kaudale länger. **V**: +
Z: Haftlaicher; sehr schwierig. **F**: K
T: 22–26°C, **L**: <5 cm, **pH**: <7, **SG**: 4

Rivulus hartii ♂ 5/570
Bonds Bachling
H: S-Am.: Venezuela: Caracas ostwärts.
♂: Farbiger; ♀: Kaudalfleck. **V**: +
Z: Haftlaicher; einfach. **F**: K!
T: 22–26°C, **L**: 11,5 cm, **pH**: 7, **SG**: 2

Rivulus hartii ♀ 5/570
Bonds Bachling
H: S-Amerika: Venezuela: Guatire.

Rivulus cf. *hartii* ♂ 5/570
Bonds Bachling
H: S-Amerika: Venezuela: Caracas.

Kryptolebias brasiliensis ♂ 2/676
Brauner Bachling

H: S-Am.: SO-Brasilien: Rio de Janeiro.
♂: Farbiger; ♀: Kein Kaudalfleck. V: =
Z: Haftl.; 3–4 WL; sehr schwierig. F: K
T: 20–24°C, L: 6 cm, pH: 7, SG: 4

Rivulus breviceps ♂ 5/572
Kurzkopf-Bachling

H: S-Amerika: Venezuela?, Guyana.
♂: Farbiger; ♀: Kein Kaudalfleck. V: (–)
Z: Haftlaicher. F: K!
T: 24–28°C, L: 5,5 cm, pH: <7, SG: 3–4

Rivulus breviceps ♀ 5/572
Kurzkopf-Bachling

Rivulus cf. *brunneus* ♂ 3/532

H: M-Amerika: Panama, Costa Rica.
♂: Farbiger; ♀: Flossen transparent. V: =
Z: Haftlaicher. F: K!
T: 20–26°C, L: <7 cm, pH: 7, SG: 3

Kryptolebias caudomarginatus o.♂, u.♀ 2/679

H: S-Am.: SO-Brasilien: Rio de Janeiro.
♀: Ohne Saum an der Kaudale. V: (–)
Z: Haftlaicher; 3–4 WL. F: K!
T: 20–24°C, L: 6 cm, pH: <7, SG: 4

Rivulus christinae ♂ 5/572
Christinas Bachling

H: S-Amerika: Peru: Puerto Maldonado.
♂: Farbiger. V: =
Z: Haftlaicher. F: K
T: 22–26°C, L: 6 cm, pH: 7, SG: 2

Rivulus chucunaque ♂ 3/532, (5/574)

Rivulus chucunaque ♂ 3/532, (5/574)

H: M-Amerika: Panama.
♂: Farbiger; ♀: Kaudalfleck. V: (–)
Z: Haftlaicher. F: K
T: 22–26°C, **L**: 7 cm, **pH**: 7, **SG**: 3

Rivulus cladophorus 5/575

H: S-Amerika: Französisch Guyana.
♂: Etwas schlanker u. farbiger. V: (–)
Z: Haftlaicher; nicht leicht. F: K!
T: 22–26°C, **L**: 5 cm, **pH**: <7, **SG**: 3

Rivulus cryptocallus ♂ 2/680
Martinique-Bachling

H: M-Amerika: Kleine Antillen.
♂: Farbiger; ♀: *Rivulus*-Fleck(en). V: (–)
Z: Haftlaicher; sehr schwierig. F: K!
T: 24–28°C, **L**: 5 cm, **pH**: <7, **SG**: 4

Rivulus cylindraceus 1/578
Kuba-Bachling

H: M-Amerika: Kuba.
♂: Farbiger; ♀: Kaudalfleck. V: =
Z: Haftlaicher; Schlupf in 2 W. F: K,O
T: 22–24°C, **L**: 5,5 cm, **pH**: 7, **SG**: 1–2

Rivulus deltaphilus ♂ 5/576
Orinoco-Bachling

H: S-Amerika: O- u.SO-Venezuela.
♂: Etwas farbiger; ♀: Kaudalfleck. V: (–)
Z: Haftlaicher; nicht einfach. F: K!
T: 22–26°C, **L**: 6 cm, **pH**: 7, **SG**: 3

KILLIFISCHE

Rivulus derhami ♂ 3/534

H: S-Amerika: Peru: bei Tingo María.
♂: Farbiger; ♀: Kaudalfleck. V: =
Z: Haftlaicher; leicht. F: K!
T: 22–26°C, **L**: 5 cm, **pH**: 7, **SG**: 3

Rivulus dibaphus ♂ 3/534

H: S-Amerika: NO-Brasilien.
♂: Farbiger, größer. V: =
Z: Haftlaicher. F: K!
T: 24–28°C, **L**: 5 cm, **pH**: <7, **SG**: 4

Rivulus elegans ♂ 5/576
Eleganter Bachling

H: S-Amerika: NW-Kolumbien.
♀: Transparente Flossen. V: +
Z: Haftlaicher, 2 WL; schwierig. F: K!
T: 22–26°C, **L**: 6 cm, **pH**: 7, **SG**: 3

Rivulus elongatus ♂ 5/578
Gestreckter Bachling

H: S-Amerika: Peru, Ecuador, Brasilien.
♂: Farbiger; ♀: Kaudalfleck. V: =
Z: Haftlaicher; Entwicklung 2 1/2 W. F: K
T: 22–26°C, **L**: 7,5 cm, **pH**: 7, **SG**: 3

Rivulus erberi ♂ 5/578
Coca-Bachling

H: S-Amerika: O-Ecuador: Coca.
♂: Farbiger; ♀: Kaudalfleck. V: +
Z: Haftlaicher; einfach. F: K
T: 22–26°C, **L**: 6 cm, **pH**: 7, **SG**: 2–3

Rivulus frenatus ♂ 5/580
Rotschwanz-Bachling

H: S-Amerika: Guyana.
♂: Farbiger; ♀: Flossen transparent. V:(–)
Z: Haftlaicher; nicht schwierig. F: K!
T: 22–26°C, **L**: 4,5 cm, **pH**: <7, **SG**: 4

KILLIFISCHE

Rivulus fuscolineatus u. ♀, o. ♂ 3/536

H: M-Amerika: Costa Rica.
♂: Etwas farbiger; ♀: Kaudalfleck. V: =
Z: Haftlaicher; Schlupf nach 2–3 W. F:K!
T: 20–26°C, L: 7 cm, pH: 7, SG: 2–3

Rivulus geayi ♂ 2/680
Guyana-Bachling

H: Sur., Franz. Guy., Amazonasmündung.
♂: Farbiger. V: (–)
Z: Haftlaicher; sehr schwierig. F: K!
T: 24–28°C, L: 5 cm, pH: 7, SG: 4

Rivulus gransabanae ♂ 5/580
Gran Sabana-Bachling

H: S-Amerika: SO-Venezuela, Guyana?.
♂: Farbiger, mit blauer Kaudale. V: (–)
Z: Haftlaicher; Entwicklung 2 W. F: K!
T: 22–25°C, L: 4,5 cm, pH: <7, SG: 3

Rivulus haraldsiolii ♂ 5/582

H: S-Amerika: SO-Brasilien: Küsteneinzug.
♂: Farbiger; ♀: Kaudalfleck. V: =
Z: Haftlaicher; extrem schwierig. F: K!
T: 20–24°C, L: 4,5 cm, pH: <7, SG: 3

Rivulus haraldsiolii ♂ 5/582

Rivulus hartii ♂ 3/536
Riesenbachling

H: S-Am: Trinidad, Tobago, Venezuela?.
♂: Farbiger. V: (–)
Z: Haftlaicher; als Bodenl. 3 WL. F: K!
T: 22–26°C, L: 9 cm, pH: 7, SG: 3

KILLIFISCHE

Rivulus hildebrandi ♂ 3/538
Panama-Bachling
H: M-Amerika: W-Panama.
♂: Etwas farbiger; ♀: Kaudalfleck. V: (–)
Z: Haftlaicher; nicht sehr produktiv. F: K
T: 20–22°C, L: 8 cm, pH: 7, SG: 3

Rivulus sp. aff. *holmiae* ♂ 2/685

Rivulus igneus ♂ 5/584
Roter Riesenbachling
H: S-Amerika: Französisch Guyana.
♂: Farbiger, 2 cm kleiner. V: (–)
Z: Bodenlaicher im 2. Jahr; 4 WL. F: K
T: 22–28°C, L: ♀16 cm, pH: 7, SG: 2

Rivulus igneus ♀ 5/584
Roter Riesenbachling

Rivulus immaculatus ♂ 5/586
Schwarzsaum-Bachling
H: S-Amerika: Venezuela: Rio Essequibo.
♂: Farbiger; ♀: Körperflecken. V: (–)
Z: Haftl.; 3 WL auf feuchtem Torf. F: K
T: 20–24°C, L: 7 cm, pH: <7, SG: 3

Rivulus immaculatus ♀ 5/586
Schwarzsaum-Bachling

KILLIFISCHE

Rivulus iridescens ♂ 3/538

H: S-Amerika: Peru: um Jenaro Herrera.
♂: Farbiger; ♀: Kaudalfleck. V: =
Z: Haftlaicher; 2–3 W bis Schlupf. F: K
T: 22–26°C, **L**: 7 cm, **pH**: <7, **SG**: 3

Rivulus janeiroensis ♂ 5/588

H: S-Amerika: Brasilien: Rio de Janeiro.
♂: Farbiger; ♀: Kaudalfleck. V: =
Z: Haftlaicher. F: K
T: 22–26°C, **L**: 6,5 cm, **pH**: 7, **SG**: 2–3

Rivulus sp. aff. *jucundus* ♂ 5/588
Puyo-Bachling

H: S-Am.: Ecuador: Puyo, Rio Upano.
♂: Farbiger; ♀: Ohne Flossensäume. V: =
Z: Haftlaicher; nicht schwierig. F: K
T: 22–24°C, **L**: 4,5 cm, **pH**: 7, **SG**: 2

Rivulus limoncochae o.♂, u.♀ 5/590
Limoncocha-Bachling

H: S-Amerika: Ecuador: Napo.
♂: Farbiger; ♀: Kaudalfleck. V: +
Z: Haftlaicher. F: K!
T: 24–28°C, **L**: 6 cm, **pH**: <7, **SG**: 3

Rivulus luelingi ♂ WF 3/540
Lülings Bachling

H: S-Amerika: S-Brasilien: um Joinville.
♂: Farbiger; ♀: Kaudalfleck. V: (–)
Z: Haftlaicher; schwierig. F: K!
T: 18–24°C, **L**: 4,5 cm, **pH**: <7, **SG**: 4

Rivulus luelingi ♀ WF 3/540
Lülings Bachling

Rivulus lyricauda ♂ 5/590
Leierschwanzbachling

H: S-Amerika.
♂: Farbiger; ♀: Flossen rund. V: –
Z: Haftlaicher; Kurzansatz. F: K
T: 20–24°C, L: ♂ 5 cm, pH: <7, SG: 3

Rivulus lyricauda ♀ 5/590
Leierschwanzbachling

Rivulus magdalenae ♂ 5/592
Magdalena-Bachling

H: S-Am: Kolumbien: ob. Magdalena-Be.
♂: Farbiger; ♀: Kaudalfleck. V: +
Z: Haftlaicher. oder Bodenl. 3 WL. F: K
T: 20–26°C, L: 8 cm, pH: 7, SG: 2–3

Rivulus micropus ♂ 5/594
Kleinflossen-Bachling

H: S-Amerika: Brasilien: Manaus.
♂: Farbiger; ♀: Meist Kaudalfleck. V: (–)
Z: Haftlaicher; wenig produktiv. F: K!
T: 24–28°C, L: 7 cm, pH: 7, SG: 3–4

Rivulus micropus ♂ 5/594
Kleinflossen-Bachling

Rivulus micropus ♀ 5/594
Kleinflossen-Bachling

KILLIFISCHE

Rivulus modestus ♂ 5/595

H: S-Amerika: Brasilien: Mato Grosso.
♂: Farbiger. V: (–)
Z: Haftlaicher; extrem schwierig. F: K
T: 25–28°C, L: 5 cm, pH: <7, SG: 4

Rivulus obscurus ♂ 5/596

H: S-Am.: Brasilien: Amazonas, Rio Negro.
♂: Farbiger; ♀: Transp. Kaudale. V: (–)
Z: Haftl.; 3 WL, 75% verpilzen. F: K!
T: 24–30°C, L: 4 cm, pH: <7, SG: 3–4

Rivulus obscurus ♀ 5/596

Kryptolebias ocellatus 2/682
Marmorierter Bachling

H: Amerika: Florida bis Brasilien: Küsten.
GU: Nur Hermaphroditen u. ♂♂. V: =
Z: Haftlaicher. F: K,O
T: 18–24°C, L: 5 cm, pH: 7, SG: 3–4

Rivulus ornatus ♂ 2/682
Bunter Bachling

H: Brasilien, Peru: Amazonas-Becken.
♂: Farbiger. V: (–)
Z: Haftlaicher; recht problemlos. F: K,O
T: 24–28°C, L: 3 cm, pH: 7, SG: 2–3

Rivulus peruanus ♂ WF 3/542
Peru-Bachling

H: S-Amerika: Peru: Ucayali.
♂: Farbiger; ♀: Auch kein K-Fleck. V: =
Z: Haftlaicher; unverträglich. F: K!
T: 22–26°C, L: 7 cm, pH: 7, SG: 3

Rivulus pictus 5/596
Gemalter Bachling
H: S-Amerika: S-Brasilien: Rio Santana.
GU: Kaum verschieden. V: (–)
Z: Haftlaicher; je nach Population. F: K
T: 22–26°C, L: 4,5 cm, pH: <7, SG: 2–4

Rivulus pictus 5/596
Gemalter Bachling
H: S-Amerika: S-Brasilien: Goias.

Rivulus punctatus ♂ WF 2/684, 3/542
Punktierter Bachling

Rivulus pictus 5/596
Gemalter Bachling
H: S-Amerika: S-Brasilien: Bataguassu.

Rivulus punctatus ♂ 2/684, 3/542
Punktierter Bachling
H: N-Arg., Paraguay, Bolivien.
♂: Farbiger; ♀: Oft Kaudalfleck. V: =
Z: Haftlaicher; Brasilien schwierig. F: K
T: 22–26°C, L: 6 cm, pH: 7, SG: 3–4

Rivulus rectocaudatus o. ♂, u. ♀ 3/544
Spatelschwanz-Bachling
H: S-Amerika: Peru: Umgebung v. Iquitos.
♂: Farbiger; ♀: Runde Flossen. V: (–)
Z: Haftlaicher. F: K!
T: 22–25°C, L: 8 cm, pH: <7, SG: 3–4

Rivulus roloffi ♂ 2/686
Roloffs Bachling
H: M-Amerika: Hispaniola.
♂: Farbiger; ♀: Auch kein K-Fleck. V:(–)
Z: Haftlaicher; nicht sehr produktiv. F: K
T: 20–26°C, **L**: 5 cm, **pH**: 7, **SG**: 3–4

Rivulus rubrolineatus ♂ 3/544

H: S-Amerika: Peru: unterer Ucayali.
♂: Farbiger; ♀: Kaudalfleck. V: =
Z: Haftlaicher; auch Bodenl. 3 WL. F: K
T: 22–28°C, **L**: 7 cm, **pH**: 7, **SG**: 3

Rivulus santensis o.♂, u.♀ 2/686
Santos-Bachling
H: S-Amerika: SO-Brasilien.
♂: Farbiger; ♀: Meist Kaudalfleck. V: =
Z: Haftl.; verschieden schwierig. F: K
T: 20–26°C, **L**: 5 cm, **pH**: 7, **SG**: 3–4

Rivulus sp. ♂ 5/599

H: S-Amerika: Kolumbien.

Rivulus speciosus 5/602

Rivulus tenuis ♂ 2/688
Mexiko-Bachling
H: M-Am.: S-Mex., Belize, Guatemala, Hon.
♂: Farbiger; ♀: Kaudalfleck. V: =
Z: Haftlaicher. F: K!
T: 22–28°C, **L**: ♂ 6 cm, **pH**: <7, **SG**: 2–3

Rivulus uroflammeus ♂ 2/690

H: M-Amerika: SW-Costa Rica.
♂: Farbiger; ♀: Kaudalfleck. V: =
Z: Haftlaicher; 3–4 WL. F: !
T: 22–26°C, **L**: 6 cm, **pH**: <7, **SG**: 2–3

Rivulus urophthalmus ♂ WF 3/546

H: S-Amerika: O-Guyana bis Brasilien.
♂: Farbiger; ♀: Meistens Kaudalfleck. V: (–)
Z: Haftl.; Bodenlaicher; 3–4 WL. F: K!
T: 22–26°C, **L**: 6 cm, **pH**: <7, **SG**: 3

Rivulus violaceus ♂ 5/600

H: S-Am.: Brasilien: Mato Grosso, Goias.
♂: Farbiger; ♀: Farblose Flossen. V: (–)
Z: Haftlaicher; Eier täglich ablesen. F: K!
T: 24–28°C, **L**: 4,5 cm, **pH**: 7, **SG**: 3

Rivulus waimacui ♂ 5/600

H: S-Amerika: Guyana: Potaro River.
♂: Farbiger; ♀: Flossen kleiner. V: (–)
Z: Haftlaicher; wenig Erfahrung. F: K
T: 24–28°C, **L**: 9 cm, **pH**: <7, **SG**: 3

Rivulus waimacui vorn ♂ 5/600

Rivulus weberi ♂ 5/603
Webers Bachling

H: M-Amerika: Panama: Pazifikküste.
♂: Farbiger; ♀: Farblose Flossen. V: =
Z: Haftlaicher; einfach. F: K
T: 20–24°C, **L**: 9 cm, **pH**: 7, **SG**: 2

Rivulus xanthonotus o.♂, u.♀ 1/578
Gelber Bachling
H: S-Amerika: Amazonas?.
♂: Farbiger; ♀: Kaudalfleck. V: =
Z: Haftlaicher; nicht schwierig. F: K
T: 22–25°C, L: 7 cm, pH: <7, SG: 2

Rivulus xiphidius ♂ 2/690
Blaustreifenbachling
H: S-Am.: Surinam u. Franz. Guy.: Küste.
♂: Farbiger; ♀: Kleiner. V: (–)
Z: Dauer-Haftlaicher; auch 3 WL. F: K!
T: 22–25°C, L: ♂ 4 cm, pH: <7, SG: 4

Terranatos dolichopterus 1/584
Säbelkärpfling, Flügelflosser
H: S-Amerika: Venezuela.
♂: Farb., lang ausgezogene Flossen. V: (–)
Z: Bodenlaicher; 21–26 WL. F: K!
T: 20–25°C, L: ♂ 5 cm, pH: <7, SG: 3

Trigonectes balzanii ♂ 5/604
Paraguay-Schleierkärpfling
H: S-Am.: Brasilien, Paraguay, Argentinien.
♂: Farbiger, längere Flossen. V: (–)
Z: Bodenlaicher; 26 WL. F: K
T: 22–28°C, L: 10 cm, pH: 7, SG: 3

Trigonectes balzanii ♀ 5/604
Paraguay-Schleierkärpfling

Trigonectes rubromarginatus ♂ 5/606

H: S-Amerika: Zentralbrasilien: Goias.
♂: Farbiger; Kaudale mit rotem Saum. V: (–)
Z: Bodenlaicher; 26 WL. F: K
T: 23–27°C, L: 11 cm, pH: 7, SG: 3

Unterfamilie Cubanichthinae

Diese Unterfamilie besteht nur aus der unten vorgestellten Art.

Trotz ihrer karibischen Verbreitung braucht das Aquariumwasser keine Salzzugabe, lediglich eine mittlere Härte sollte nicht unterschritten werden. Es sind kleine friedliche Fische, die nur mit anderen kleinen Friedfischen vergesellschaftet werden sollten, da sie sonst scheu bleiben. Ein Artenbecken wird empfohlen, damit ihr natürliches Verhalten deutlicher hervortritt.

Ein helles Aquarium bringt die Farben besser zur Geltung. Bei dichter Bepflanzung kommen immer einige Jungfische ohne weiteres Zutun des Aquarianers hoch.

Cubanichthys pengelleyi ♂ 2/633
Jamaika-Großschuppenkärpfling
H: M-Amerika: Jamaika.
♂: Größer, farbiger. V: (–)
Z: Haftlaicher (Pflanzen, Steine). F: K,O
T: 23–25°C, L: 6 cm, pH: >7, SG: 2

Cubanichthys cubensis l. ♂, r. ♀ 2/634
Kubakärpfling
H: M-Amerika: W-Kuba.
♂: Farbiger. V: (–)
Z: Haftlaicher. F: K,O
T: 23–28°C, L: 4 cm, pH: 7, SG: 2–3

KILLIFISCHE

Cyprinodontidae (Cyprinodontinae) Eierleg. Zahnkarpfen

Unterfamilie Cyprinodontinae

Diese Unterfamilie besteht 100 Arten in 9 Gattungen. Ihre Arten bewohnen Süßwasser, Brackwasser und küstennahes Meerwasser. Geographisch gesehen sind die einzelnen Gattungen weit verteilt, zum Beispiel (nach NELSON, 1994):

Aphanius: etwa 18 Arten in Brack- und Süßwasser des Mittelmeerbereichs. *Cyprinodon*: etwa 36 Arten im trockenen Süden der USA (Texas,

Titicacasee, Peru/Bolivien. Fischer in einem für den See typischen Schilfkanu.

Nevada, Arizona, Kalifornien, Oklahoma) und in Mexiko. *Orestias*: 43 Arten in Hochlandseen der Anden Perus, Boliviens und Nordchiles (vor allem im Titicacasee).

Vor allem die Gattung *Cyprinodon* (Wüstenkärpflinge) enthält viele Arten mit extrem kleinen Verbreitungsgebieten, so etwa ein einzelnes Wasserloch in der Wüste. Es ist deshalb nicht ungewöhnlich, daß die eine oder andere Art vom Aussterben bedroht ist; es stehen mehrere Arten dieser interessanten Gattung unter Naturschutz. *C. pachycephalus* (S. 479) lebt und vermehrt sich in Wasser bis zu einer Temperatur von 43,8 °C. Das ist der höchste Wert, in der ein Knochenfisch lebt (manche Tilapien halten zwar höhere Temperaturen aus, leben aber nicht ununterbrochen in ihnen).

In der Aquaristik ist die Mehrzahl dieser Fische selten im Angebot. Ihre bescheidenen Farben zusammen mit ihren begrenzten und abgelegenen Verbreitungsgebieten mit oftmals salzhaltigem, hartem Wasser und eine nicht immer ganz einfache Haltung sprechen dafür, daß sich auch in näherer Zukunft wenig daran ändern wird. *Jordanella floridae* (S. 481) stellt eine Ausnahme dar, diese Art wird in USA regelmäßig angeboten ("American flagfish").

Praktisch alle Arten dieser Unterfamilie sind bereits im Aquarium gezüchtet worden. Es gibt unter ihnen keine Saisonfische, lediglich in der Gattung *Orestias* dauert die Embrionalentwicklung um die 4 Wochen. Diese Zeitspanne sollte man nicht versuchen, durch erhöhte Temperaturen zu verkürzen; vorzeitig geschlüpfte Jungfische sind nicht lebensfähig. Diese Gattung ist übrigens eine wichtige Eiweißquelle der Andenbewohner innerhalb ihres Verbreitungsgebietes.

Die meisten Cyprinodontinae legen ihre Eier in einen Ablaichmop oder in Javamoos. Viele brauchen eine Salzzugabe in das Zuchtwasser, auch wenn diese für ihre Haltung nicht unbedingt nötig wäre. *Jordanella floridae* legt ihre Eier entweder in feinfiedrige Pflanzen oder in Gruben. Das Männchen bewacht die Eier, das Weibchen sollte bald herausgefangen werden.

Aphanius anatoliae ♂ WF 3/547
Anatolienkärpfling
H: Europa: zentrales Kleinasien.
♀: Größer; Flossen transparent. V: +
Z: Pflanzenlaicher. F: O
T: 10–25°C, L: <5 cm, pH: >7, SG: 3

Aphanius anatoliae ♂ 3/547
Anatolienkärpfling

Lebias splendens ♂ 4/414
Glänzender Anatolienkärpfling
H: Asien: SW-Türkei.
♂: Dunkle vertikale Streifen. V: +
Z: Pflanzenlaicher; schwierig. F: O
T: 15–24°C, L: 5,5 cm, pH: 7, SG: 4

Aphanius sureyanus ♂ 4/414
Burdur Anatolienkärpfling
H: Asien: SW-Türkei: Burdursee.
♂: Dunkle vertikale Streifen. V: +
Z: Pflanzenlaicher. F: O
T: 16–24°C, L: 5,5 cm, pH: 7, SG: 4

Aphanius sureyanus ♀ 4/414
Burdur Anatolienkärpfling

KILLIFISCHE

Lebias transgrediens ♂
Acigöl-Anatolienkärpfling 4/416
H: Asien: SW-Türkei: Aci-See. Bedroht.
♂: Dunkle vertikale Streifen. V: +
Z: Pflanzenlaicher. F: O
T: 16–24°C, L: 5 cm, pH: >7, SG: 4

Lebias transgrediens ♂
Acigöl-Anatolienkärpfling 4/416

Aphanius apodus 3/549, (4/420)

H: N-Afrika: NW-Algerien.
♂: Farbiger; Flossen farbig. V: (–)
Z: Pflanzenlaicher; 2 W bis Schlupf. F: O
T: 18–28°C, L: 4,5 cm, pH: >7, SG: 4

Aphanius apodus ♂ 3/549, (4/420)

Aphanius asquamatus ♂ 2/585
Nacktschuppenkärpfling
H: Asien: Türkei: O-Anatolien: Hazersee.
♂: Farbiger; etwas schlanker. V: (–)
Z: Pflanzenlaicher; einfach. F: K,O
T: 10–25°C, L: 4 cm, pH: ≫7, SG: 2–3

Aphanius chantrei ♂ 4/418
Östlicher Anatolienkärpfling
H: Asien: Türkei: Zentralanatolien.
♂: Senkrechte Bänder. V: =
Z: Pflanzenlaicher; gut möglich. F: O
T: 16–24°C, L: 6,5 cm, pH: >7, SG: 2

Aphanius chantrei ♀ 4/418
Östlicher Anatolienkärpfling

Aphanius dispar ♂ 2/586
Perlmutterkärpfling

H: Küsten Ind.Oz., R. Meer, Totes M., O-Sah.
♂: Flossen größer u. farbiger. V: +
Z: Pflanzenlaicher. Bis Meerwasser. F: O
T: 16–26°C, L: 7 cm, pH: >7, SG: 3–4

Aphanius dispar richardsoni ♂ 4/418
Jordan-Perlmutterkärpfling

H: Nahost: Israel, Jordanien.
♂: Deutlichere Zeichnung. V: –
Z: Pflanzenlaicher. F: O
T: 15–24°C, L: 6 cm, pH: >7, SG: 3

Aphanius dispar richardsoni ♀ 4/418
Jordan-Perlmutterkärpfling

Aphanius fasciatus 1/522
Zebrakärpfling, Mittelmeerkärpfling

H: Europa, Asien, Afrika: Mittelmeergebiet.
♂: Flossen farbig; Querbinden. V: +
Z: Pflanzenlaicher. Brackwasser F: K
T: 10–24°C, L: 7 cm, pH: >7, SG: 1–2

Aphanius iberus ♂ 1/522
Spanienkärpfling

H: Europa, Afrika: Spa., Marokko, Algerien.
♂: Farbiger. V: +
Z: Pflanzenlaicher. F: K
T: 10–32°C, L: 5 cm, pH: 7, SG: 1–2

Aphanius iberus ♀ 1/522
Spanienkärpfling

Aphanius mento ♂ 2/586
Orientkärpfling

H: Nahost: S-Türkei, Israel, Persischer Golf.
♀: Dunkle Flecken auf hellem Grund **V**: =
Z: Pflanzenlaicher. **F**: O
T: 10–25°C, **L**: 5 cm, **pH**: >7, **SG**: 2–3

Aphanius sirhani ♂ 3/550
Sirhan-Kärpfling

H: Asien: Jordanien: Azraq-Oase.
♂: Dunkle Querbänder. ♀: Punkte. **V**: +
Z: Pflanzenlaicher. **F**: O
T: 20–25°C, **L**: 4,5 cm, **pH**: >7, **SG**: 3

Aphanius sirhani ♀ 3/550
Sirhan-Kärpfling

Aphanius sophiae ♂ 5/484
Perserkärpfling

H: Nahost: W-Iran, SW-Irak. Brackwasser.
♂: Farbiger. **V**: –
Z: Pflanzenlaicher; nicht einfach. **F**: O
T: 20–30°C, **L**: 4 cm, **pH**: >7, **SG**: 3

Cualac tessellatus ♂ WF 3/554

H: M-Am.: Mexiko: Rio Verde
♂: Intensiver gefärbt. **V**: +
Z: Eier starben in der Entwicklung. **F**: O
T: 28–30°C, **L**: 5,5 cm, **pH**: ≫7, **SG**: 4

Cualac tessellatus ♀ WF 3/554

Cyprinodon alvarezi ♂ 4/422
El Potosi-Wüstenkärpfling
H: M-Am.: Mexiko: El Potosí. Geschützt.
♂: Farbiger; ♀: Dorsalflossenfleck. V: –
Z: Wollmop; Salzzugabe. F: O
T: 18–22°C, L: 6,5 cm, pH: >7, SG: 3

Cyprinodon atrorus o.♂, u.♀ 3/556

H: M-Amerika: Mexiko: Cuatro Cienegas.
♂: Farbiger; ♀: Dorsalflossenfleck. V:+
Z: In Mulden; Salzzugabe. F: H
T: 25–35°C, L: 5 cm, pH: >7, SG: 3

Cyprinodon beltrani ♂ 4/422
Chichancanab-Kärpfling geschützt
H: M-Am.: Mexiko: Laguna Chichancanb. E
♂: Farbiger; ♀: Dunkle Flecken. V: –
Z: Unbekannt. F: O
T: 27–32°C, L: 4,5 cm, pH: >7, SG: 3

Cyprinodon bondi ♂ 4/424

H: M-Amerika: Westindische Inseln: Haiti.
♂: Farbiger; ♀: Dorsalflossenfleck. V: –
Z: Wollmop; Salzzugabe. F: O
T: 20–28°C, L: 8 cm, pH: >7, SG: 3

Cyprinodon bondi ♀ 4/424

KILLIFISCHE

Cyprinodon bovinus ♂ 4/424
Leon Creek-Wüstenkärpfling
H: N-Amerika: USA: Texas: Rio Pecos.
♂: Farbiger; ♀: Stärker gefleckt. V: –
Z: Wollmop; Salzzugabe. F: O
T: 10–28°C, **L**: 5 cm, **pH**: >7, **SG**: 3

Cyprinodon elegans ♂ 5/486
Eleganter-Wüstenfisch
H: N-Amerika: USA: W-Texas.
♂: Tüpfel; ♀: Fleckenband. V: –
Z: Wollmop; Salzzugabe. F: O,H
T: 18–26°C, **L**: 5 cm, **pH**: >7, **SG**: 3

Cyprinodon elegans ♀ 5/486
Eleganter-Wüstenfisch

Cyprinodon eximius ♂ 4/428
Conchos-Wüstenkärpfling
H: N-Amerika: USA: Texas; N-Mexiko.
♂: Farbiger; ♀: Dorsalflossenfleck. V: –
Z: Wollmop; Salzzugabe. F: O
T: 15–25°C, **L**: 4,5 cm, **pH**: >7, **SG**: 3

Cyprinodon eximius ♀ 4/428
Conchos-Wüstenkärpfling

Cyprinodon fontinalis ♂ 4/428
Guzmán-Wüstenkärpfling
H: M-Amerika: Mexiko: Chihuahua.
♂: Farbiger; ♀: Dorsalflossenfleck. V: –
Z: Wollmop; Salzzugabe. F: O
T: 24–28°C, **L**: 5,5 cm, **pH**: >7, **SG**: 2–3

KILLIFISCHE

Cyprinodon labiosus ♂ 5/488
Dicklippen-Wüstenfisch
H: M-Am.: Mexiko: Chichancanab-See.
♂: Farbiger. ♀: Dorsalflossenfleck. V: =
Z: Wollmop; nicht einfach. F: K
T: 22–26°C, L: 4 cm, pH: 7, SG: 3

Cyprinodon labiosus ♀ 5/488
Dicklippen-Wüstenfisch

Cyprinodon macrolepis ♂ 3/556
Dolores-Wüstenkärpfling bedroht
H: M-Amerika: Mexiko: Chihuahua.
♂: Flossen farbiger. V: =
Z: Wollmop, einfach; Salzzugabe. F: H,O
T: 26–32°C, L: 5 cm, pH: >7, SG: 3

Cyprinodon macrolepis ♀ 3/556
Dolores-Wüstenkärpfling

Cyprinodon macularius 1/554
Stahlblauer Wüstenfisch
H: N- u. M-Amerika: S-USA, N-Mexiko.
♂: Farbiger; ♀: Gefleckt. V: =
Z: Wollmop, einfach; Salzzugabe. F: K
T: 25–35°C, L: 6,5 cm, pH: >7, SG: 3

Cyprinodon eremus ♂ 4/430
Quitobaquito-Wüstenkärpfling
H: N-Amerika: USA: Arizona.
♂: Farbiger; ♀: Gefleckt. V: =
Z: Wollmop; Salzzugabe. F: O
T: 18–24°C, L: 5,5 cm, pH: >7, SG: 2–3

KILLIFISCHE

Cyprinodon maya ♂ 5/490
Maya-Wüstenfisch
H: M-Am.: Mexiko: Chichancanabsee.
♂: Farbiger. ♀: Dorsalflossenfleck. V: –
Z: Noch nicht erfolgt. F: K
T: 22–26°C, L: 8 cm, pH: 7, SG: 4

Cyprinodon maya ♀ 5/490
Maya-Wüstenfisch

Cyprinodon nevadensis amargosae ♂
Amargosa-Wüstenkärpfling 4/430
H: N-Amerika: USA: Kalifornien.
♂: Blauglanz; ♀: Gefleckt. V: =
Z: Wollmop. F: O
T: 10–26°C, L: 4,5 cm, pH: >7, SG: 2–3

Cyprinodon nevadensis mionectes ♂
Ash Meadows-Wk., Nevada-Wf. 4/432
H: N-Amerika: USA: Nevada. (1/556)
♂: Farbiger; ♀: Dorsalfleck. V: –
Z: Wollmop; Salzzugabe. F: O
T: 24–30°C, L: 5,5 cm, pH: >7, SG: 2–3

Cyprinodon nevadensis pectoralis ♂
Warm Springs-Wüstenkärpfling 4/432
H: N-Amerika: USA: Nevada: Nye County.
♂: Farbiger; ♀: Dorsalfleck. V: –
Z: Wollmop; Salzzugabe. F: O
T: 25–30°C, L: 5,5 cm, pH: >7, SG: 2–3

Cyprinodon nevadensis shoshone l. ♂, r. ♀
Shoshone-Wüstenkärpfling 5/484
H: N-Am.: USA: Kalifornien: Inyo County.
♂: Farbiger; ♀: Dorsalfleck. V: –
Z: Wollmop; Salzzugabe. F: O
T: 18–24°C, L: 5,5 cm, pH: >7, SG: 2–3

Cyprinodon pachycephalus ♂ 4/435
San Diego-Wüstenkärpfling
H: M-Amerika: N-Mexiko: Chihuahua.
♂: Farbiger; ♀: Dorsalflossenfleck. V: –
Z: Wollmop; Salzzugabe. F: O
T: 24–28 °C, L: 5,5 cm, pH: >7, SG: 2–3

Cyprinodon pachycephalus ♂ 4/435
San Diego-Wüstenkärpfling

Cyprinodon pecosensis ♂ 4/436
Pecos River-Wüstenkärpfling
H: N-Amerika: USA: Texas, New Mexiko.
♂: Farbiger; ♀: Dorsalflossenfleck. V: –
Z: Wollmop. F: O
T: 10–28°C, L: 5,5 cm, pH: >7, SG: 2–3

Cyprinodon pecosensis ♀ 4/436
Pecos River-Wüstenkärpfling

Cyprinodon radiosus ♂ 5/492
Owens-Wüstenfisch
H: N-Am.: USA: Kalifornien. Geschützt.
♂: Farbiger; ♀: Gefleckt. V: –
Z: Gerollter Kunstrasen. F: O
T: 22–30°C, L: 4 cm, pH: >7, SG: 4

Cyprinodon radiosus ♀ 5/492
Owens-Wüstenfisch

Cyprinodon rubrofluviatilis ♂ 4/436
Red River-Wüstenkärpfling
H: N-Am.: USA: Oklahoma, Texas.
♂: Bläulichbraun; ♀: Dorsalfleck. V: –
Z: Wollmop; Salzzugabe. F: O
T: 10–30°C, L: 5 cm, pH: >7, SG: 2–3

Cyprinodon salinus salinus ♂ 4/438
Salt Creek Wüstenfisch
H: N-Amerika: USA: Kalifornien.
♂: Farbiger; ♀: Fleckig. V: –
Z: Wollmop; Salzzugabe. F: K
T: 15–30°C, L: 4,5 cm, pH: >7, SG: 2–3

Cyprinodon tularosa ♂ 5/494
Tularosa-Wüstenfisch geschützt
H: USA: New Mexiko: Tularosabecken. E
♂: Farbiger; ♀: Dorsalflossenfleck. V: –
Z: Gerollter Kunstrasen. F: O
T: 26–30°C, L: 5 cm, pH: >7, SG: 3

Cyprinodon dearborni ♂
3/558
H: S-Am.: Curaçao, Aruba, Bonaire, Venez.
♂: Farbiger; ♀: Dorsalflossenfleck. V: –
Z: Wollmop; Salzzugabe. F: O
T: 20–27°C, L: 4,5 cm, pH: >7, SG: 3

Cyprinodon variegatus ovinus ♂ 4/438
Nördlicher Edelsteinkärpfling
H: N-Am.: USA: O-Küste.
♂: Farbiger; ♀: Dorsalflossenfleck. V: –
Z: Wollmop; Salzzugabe. F: O
T: 10–22°C, L: 6 cm, pH: >7, SG: 2–3

Cyprinodon variegatus ovinus ♀ 4/438
Nördlicher Edelsteinkärpfling

KILLIFISCHE

Cyprinodon variegatus variegatus ♂
Edelsteinkärpfling 3/558

H: O-Küste USA (Carolina) bis N-Mexiko.
♂: Farbiger; ♀: Dorsalflossenfleck. V: –
Z: Wollmop; Salzzugabe. F: O
T: 15–25°C, **L**: 6 cm, **pH**: >7, **SG**: 3

Floridichthys polyommus ♂ 3/574

H: M-Am.: Mexiko: Yucatán. Bw,(Mw)
♂: Farbiger; ♀: Flossen rund, farblos. V: =
Z: Wollmop; Salzzugabe. F: O
T: 22–28°C, **L**: 9 cm, **pH**: >7, **SG**: 4

Garmanella pulchra l. ♀, r. ♂ 2/660
Schönflossenkärpfling

H: M-Am.: Mexiko: Yucatán. Bis Mw
♂: Farbiger; ♀: Flossen rund, farblos. V: =
Z: Wollmop; Salzzugabe. F: O
T: 22–28°C, **L**: 5–6 cm, **pH**: >7, **SG**: 3

Jordanella floridae 1/564
Floridakärpfling

H: N-Amerika: Florida bis Yucatán.
♂: Farbiger; ♀: Dorsalflossenfleck. V: –
Z: Vaterfam.; Pflanzen/Gruben; 70 E. F: O
T: um 20°C, **L**: 6 cm, **pH**: 7, **SG**: 1–2

Megupsilon aporus ♂ WF 3/576
El Potosi-Kärpfling

H: N-Amerika: Mexiko: Nuevo León.
♂: Viel farbiger. ♀: Graubraun. V: =
Z: Wollmop? F: O
T: 18–22°C, **L**: 4,5 cm, **pH**: >7, **SG**: 3–4

Orestias agassii ♂ 5/495
Großer Andenkärpfling

H: S-Am.: Peru, Bol., Chile, Titicaca-See.
♂: Gelblich. ♀: Befruchtungstasche. V: +
Z: 4 W Embrionalentwicklung. F: K
T: 10–15°C, **L**: <15 cm, **pH**: >7, **SG**: 4

Orestias tschudii ♂ 5/498
Tschuds Andenkärpfling
H: S-Am.: Peru, Bol., Chile, Titicaca-See.
♂: Gelblich. ♀: Befruchtungstasche. V: +
Z: 4 W Embrionalentwicklung. F: K
T: 10–15°C, L: 15 cm, pH: >7, SG: 4

Orestias tschudii ♀ 5/498
Tschuds Andenkärpfling

Orestias agassii × *O. tschudii* Naturkreuzung (5/498)
H: S-Am.: Titicaca-See.

Orestias luteus ♂ 5/500
Gelber Andenkärpfling
H: S-Am.: Peru, Bol., Chile, Titicaca-See.
♂: Gelblich. ♀: Befruchtungstasche. V: +
Z: 4 W Embrionalentwicklung. F: K
T: 5–15°C, L: <15 cm, pH: >7, SG: 4

Orestias luteus ♀ 5/500
Gelber Andenkärpfling

Orestias mulleri ♂ 5/503
Müllers Andenkärpfling
H: S-Am.: Peru, Bol., Chile, Titicaca-See.
♂: Gelblich. ♀: Befruchtungstasche. V: +
Z: 4 W Embrionalentwicklung. F: K
T: 10–15°C, L: 6–8 cm, pH: >7, SG: 4

Familie Fundulidae

Diese Familie besteht aus 4 Gattungen mit insgesamt 46 Arten; 41 davon gehören zur Gattung *Fundulus*. Die Gattungen verteilen sich von Nordamerika (Südostkanada) bis Mittelamerika (Yucatán) einschließlich Bermuda und Kuba. Mehrere Arten sind einem Salzgehalt ihrer Gewässer gegenüber recht flexibel und sind sowohl in Süßwasser als auch in litoralem Meerwasser zu finden.

Ihren Dauergewässern entsprechend enthält diese Familie keine Saisonfische. Meistens Haftlaicher an feinfiedrigen Pflanzen oder am Ablaichmop, hängt es von der jeweiligen Art ab, ob Salz dem Zuchtbeckenwasser zugegeben werden muß (Vorsicht mit den Pflanzen). Obwohl die Mehrheit der Arten im Aquarium bereits gezüchtet worden ist, hat sich vielmals eine Zucht über mehrere Generationen hinweg als problematisch erwiesen. Einen gewissen Vorteil schafft ein kühles Überwintern der Fische – bei nördlichen Arten um so wichtiger – eventuell im ungeheizten Keller.

Adinia xenica 1/521
Diamant-Killifisch
H: S-USA: Texas bis W-Florida.
♂: Perlfarbene Bänder. **V**: =
Z: Haftlaicher; Brackwasser. **F**: O
T: 20–23°C, **L**: 5 cm, **pH**: >7, **SG**: 2

Fundulus catenatus ♂ 3/560
Ketten-Fundulus
H: N-Amerika: USA: Mississippi-Einzug.
♂: Viel farbiger. **V**: +
Z: Ablaichmop: Winter kühl halten. **F**: K!
T: 15–25°C, **L**: <20 cm, **pH**: 7, **SG**: 3–4

Fundulus chrysotus ♂ WF 2/654
Goldohr, Goldauge
H: N-Amerika: SO-USA.
♂: Farbiger. **V**: (–)
Z: Dauerl.; feinfiedrigen Pflanzen. **F**:K,O
T: 18–25°C, **L**: 7 cm, **pH**: 7, **SG**: 3

Fundulus cingulatus o.♂, u.♀ 2/654
Gürtelkärpfling
H: N-Amerika: SO-USA.
♂: Viel farbiger; Flossen länger. **V**: (–)
Z: Dauerl.; feinfiedrigen Pflanzen. **F**:K,O
T: 20–25°C, **L**: 7 cm, **pH**: <7, **SG**: 3

KILLIFISCHE

Fundulus confluentus ♂ 3/560

H: N-Amerika: SO-USA: Küsteneinzug.
♂: Viel farbiger; Flossen länger. V: +
Z: Substratlaicher; Salzzusatz. F: K
T: 15–26°C, **L**: 6 cm, **pH**: 7, **SG**: 3

Fundulus diaphanus o.♂, u.♀ 2/656

H: N-Amerika: S-Kanada bis Carolina.
♂: Streifen breiter; oliv bis blaugrau. V: (–)
Z: Dichte Vegetation, a. Gartenteich. F: K,O
T: 10–25°C, **L**: 10 cm, **pH**: 7, **SG**: 4

Fundulus dispar 3/562
Maskenkärpfling

H: N-Amerika: USA: mittlerer Westen.
♀: Ausgewachsen keine Streifen. V: +
Z: Pflanzenlaicher. F: K
T: 15–25°C, **L**: 7 cm, **pH**: 7, **SG**: 3–4

Fundulus dispar WF, Ohio River 3/562
Maskenkärpfling

Fundulus escambiae o.♂, u.♀ 4/440
Escambia River-Fundulus

H: N-Amerika: S-USA.
♂: Vertikale Bänder hinten. V: +?
Z: Unbekannt. F: K
T: 15–25°C, **L**: 6 cm, **pH**: 7, **SG**: 3

Fundulus grandis l.♂, r.♀ 2/656
Golf Killifisch

H: N- u.M-Am.: USA, Mexiko, Kuba. Bw,Sw
♂: Metallische Flecken. V: +
Z: Torffasern, Wollmop. F: K,O
T: 22–26°C, **L**: <15 cm, **pH**: >7, **SG**: 2

Fundulus grandissimus 4/440
Großer Yucatán-Fundulus
H: M-Am.: Mexiko: Yucatán Halbinsel.
♂: Intensivere Glanzpunkte; kleiner. V: –?
Z: Noch nicht erfolgt. F: K
T: 25–35°C, L: 18 cm, pH: >7, SG: 3–4

Fundulus heteroclitus ♂ 4/442
Killifisch
H: N-Amerika: Kanada, USA.
♂: Farbiger; ♀: Dorsalflossenfleck. V: =
Z: Wollmop; starke Laichräuber. F: K,O
T: 10–24°C, L: 13 cm, pH: >7, SG: 3

Fundulus jenkinsi ♂ 3/564
H: N-Amerika: SO-USA.
♂: Farbiger. V: +
Z: Haftlaicher. F: K
T: 18–25°C, L: 7 cm, pH: >7, SG: 4

Fundulus julisiae ♂ 3/564
vom Aussterben bedroht
H: N-Am: USA: Tennessee: Coffee County.
♂: Viel farbiger. V: (–)
Z: Haftlaicher; 25 E.; nicht einfach. F: O
T: 10–25°C, L: 9 cm, pH: 7, SG: 4

Fundulus lineolatus ♂ 2/658
Linienkärpfling
H: N-Am.: USA: North Carolina bis Florida.
♂: Ausgeprägte Querstreifen. V: (–)
Z: Pflanzenl.; Eier lichtempfindlich. F: K,O
T: 18–24°C, L: 7 cm, pH: 7, SG: 3–4

Fundulus luciae 3/566
H: USA: Long Island bis Georgia. Sw, Bw
♂: Farbiger; kleiner. V: (–)
Z: Noch nicht erfolgt. F: K
T: 10–25°C, L: 4,5 cm, pH: >7, SG: 4

KILLIFISCHE

Fundulus majalis o.♂, u.♀ 3/566
Amerikanischer Maifisch
H: N-Am.: O-Küste bis NO-Mexiko. Bw
♂: Senkrechte Streifen; kleiner. V: (–)
Z: Kaum möglich; Gartenteich. F: K
T: 10–25°C, **L**: 14 cm, **pH**: >7, **SG**: 4

Fundulus notatus ♂ WF 3/568
Längsbandkärpfling
H: N-Amerika: USA: Mississippi-Einzug.
♂: Horizont. Band; Flossen länger. V: +
Z: Haftlaicher; kühl überwintern. F: K
T: 15–26°C, **L**: 7,5 cm, **pH**: 7, **SG**: 3–4

Fundulus olivaceus ♂ 3/568
Schwarzfleckenkärpfling
H: N-Amerika: USA: Mississippi-Einzug.
♂: Flossen länger; schlanker. V: +
Z: Haftlaicher; kühl überwintern. F: K!
T: 15–25°C, **L**: 8 cm, **pH**: 7, **SG**: 3–4

Fundulus olivaceus ♀ 3/568
Schwarzfleckenkärpfling

Fundulus pulvereus ♂ 3/571

H: N-Amerika: Alabama bis Texas. a. Bw
♂: Helle Punkte; vertikale Streifen. V: +
Z: Haftlaicher; im Winter kühl halten. F: K
T: 15–26°C, **L**: 7 cm, **pH**: 7, **SG**: 3

Fundulus sciadicus ♂ 4/442
Rückenstrich-Fundulus
H: N-Am.: USA: Nebraska, S-Missouri.
♂: Farbiger, insb. die Flossen. V: =
Z: Haftlaicher; kein Salzzusatz. F: K!
T: 5–22°C, **L**: 7 cm, **pH**: 7, **SG**: 2–3

Fundulus seminolis o.♂, u.♀ 4/444
Seminolen-Fundulus
H: N-Amerika: USA: Florida.
♂: Farbiger. V: +
Z: Natur: hauptsächlich April/Mai. F: K!
T: 5–24°C, L: 15 cm, pH: 7, SG: 3

Fundulus zebrinus ♂ 2/658
Zebrafundulus
H: N-Amerika: SO-USA.
♂: Bänder; Flossen farbig. V: +
Z: Pflanzenlaicher; einfach. F: K,O
T: 20–25°C, L: 6 cm, pH: >7, SG: 2–3

Leptolucania ommata ♂ WF 3/572
Wichtelkärpfling
H: N-Am.: USA: S-Georgia, N-Florida.
♂: Größer; Flossen ausgezogen. V: (–)
Z: Pflanzenlaicher. F: K!
T: 18–24°C, L: 4 cm, pH: <7, SG: 4

Leptolucania ommata ♀ 3/572
Wichtelkärpfling

KILLIFISCHE

Lucania goodei 1/566
Rotschwanzkärpfling
H: N-Amerika: USA: S-Georgia, Florida.
♂: Farbiger; Flossen etwas größer. V: =
Z: Feinfiedrige Pflanzen; 200 E. F: K
T: 16–22°C, L: 6 cm, pH: <7, SG: 1–2

Lucania parva ♂ 3/574
H: N-Amerika: USA: O-Küste u. Einzug.
♀: Matter; Flossen durchsichtig. V: =
Z: Feinfied. Pflanzen; etwas Salz. F: K,O
T: 10–25°C, L: 5 cm, pH: >7, SG: 2–3

Familie Goodeidae – Unterfamilie Empetrichthyinae

Innerhalb der Familie Goodeidae befinden sich sowohl die lebendgebärenden Hochlandkärpflinge der Unterfamilie Goodeinae (werden in Gruppe 6 behandelt – siehe ab Seite 505) als auch die eierlegenden Quellkärpflinge der Unterfamilie Empetrichthyinae.

Letztere Unterfamilie besteht aus 2 Gattungen mit insgesamt 6 Arten, von denen eine vermutlich bereits ausgestorben ist. Ihr Verbreitungsgebiet ist auf das südliche Nevada (USA) beschränkt.

Es handelt sich um farblich wenig interessante Fische, die zudem auch sehr aggressiv sein können; es ist daher kaum mit einer Verbreitung in der Aquaristik außerhalb der Spezialistenbecken zu rechnen. Ihre Zucht im Artbecken hat sich jedoch als nicht schwierig herausgestellt. Schlupfzeit beträgt etwa 10 Tage bei 25 °C und, wie bei Cyprinodontiformes üblich, gehen die Jungfische sofort auf Futtersuche (Salinenkrebs-Nauplien).

Crenichthys baileyi albivallis l. ♀, r. ♂ 3/552

H: N-Amerika: USA: Nevada.
♂: Farbiger; kleiner u. schlanker. V: –
Z: Bodenlaicher. F: O
T: 20–25°C, L: 5,5 cm, pH: 7, SG: 3

Crenichthys baileyi baileyi ♂ 4/444
White River-Quellkärpfling

H: N-Amerika: USA: Nevada.
♂: Flossen farbiger; goldenes Band.
V: –
Z: Wollmop u. auch zw. Kies. F: O
T: 26–30°C, L: 5,5 cm, pH: >7, SG: 2–3

Crenichthys baileyi baileyi ♀ 4/444
White River-Quellkärpfling
(Foto s. S. 4/426)

Crenichthys baileyi grandis 4/446
Großer Quellkärpfling
H: N-Amerika: USA: Nevada.
♂: Flossen farbiger; goldenes Band. V: –
Z: Wollmop u. auch zw. Kies. F: O
T: 26–30°C, L: 7,5 cm, pH: >7, SG: 2–3

Crenichthys baileyi moapae ♂ 4/446
Moapa-Quellkärpfling
H: N-Amerika: USA: Nevada.
♂: Flossen farbiger; goldenes Band. V: –
Z: Wollmop u. auch zw. Kies. F: O
T: 26–30°C, L: 5,5 cm, pH: >7, SG: 2–3

Crenichthys baileyi thermophilus 4/448
Mormonen-Quellkärpfling
H: N-Amerika: USA: Nevada.
♂: Flossen farbiger; goldenes Band. V: –
Z: Wollmop u. auch zw. Kies. F: O
T: 26–30°C, L: 5,5 cm, pH: >7, SG: 2–3

Crenichthys nevadae ♂ 4/448
Nevada-Quellkärpfling
H: N-Amerika: USA: Nevada.
♂: Flossen schwarzer. V: –
Z: Wollmop u. auch zw. Kies. F: O
T: 26–30°C, L: 6 cm, pH: >7, SG: 2–3

Empetrichthys latos latos 4/462
Pahrump-Hochlandkärpfling
H: N-Amerika: USA: Nevada.
♂: Zur Laichzeit dunkler, schlanker. V: (–)
Z: Dichtes Algenpolster; paarweise. F: K!
T: 20–25°C, L: <3,5 cm, pH: >7, SG: 2

Familie Poeciliidae

Innerhalb der Familie Poeciliidae befinden sich sowohl die lebendgebärenden Zahnkarpfen der Unterfamilie Poeciliinae (sie werden in Gruppe 6 behandelt – siehe ab Seite 514), als auch die eierlegenden Leuchtaugenfische der Unterfamilien Aplocheilichthyinae und Fluviphylacinae.

Diese Fische sind zwar Schwarmfische, doch sucht jedes Individuum innerhalb der Gruppe einen gewissen "Sicherheitsabstand".

Unterfamilie Aplocheilichthyinae

Die Unterfamilie der Leuchtaugenfische besteht aus ca. 7 Gattungen mit insgesamt mindestens 100 Arten. Sie bewohnen Zentral- und Ostafrika, einschließlich der Großen Seen und Madagaskar.

Die Fortpflanzung innerhalb der Gattungen kann folgendermaßen zusammengefaßt werden: *Aplocheilichthys* und *Hypsopanchax*: weitgehend Haftlaicher an feinfiedrigen Pflanzen. Eine Kurzlagerung (14 Tage) in Torf ist bei *A. schioetzi* möglich. *Lamprichthys*: *L. tanganicanus* ist der größte Killifisch Afrikas und lebt endemisch in den steinigen Uferzonen des Tanganjikasees. Es handelt sich um einen Substratlaicher. *Plataplochilus*- und *Procatopus*-Arten sind Spaltlaicher; d.h., es sind Haftlaicher, die ihre Eier in Ritzen und Spalten der Aquariendekoration (Wurzeln, Steine) und Aquarientechnik (Schaumstoff, Filtereinlaßschlitze) hineinpressen. Mehrere Arten sind Dauerlaicher.

Die Arten dieser Unterfamilie sind weitgehend friedliche Schwarmfische, wenn auch manchmal die Mitglieder der Gruppe untereinander einen kleinen Individualabstand einhalten. Da viele Arten recht klein sind, sollten diese mit besonders friedlichen und ruhigen Fischen vergesellschaftet werden. Bei den etwas größeren ist die Auswahl der möglichen Gesellschafter größer.

Unterfamilie Fluviphylacinae

Diese Unterfamilie besteht wahrscheinlich nur aus der einen Art, *Fluviphylax pygmaeus* (s.S. 499), welche im brasilianischen Amazonasbecken lebt.

Dieser Leuchtaugenfisch ist noch nicht im Aquarium fortgepflanzt worden; er ist nicht im Handel erhältlich. Es handelt sich außerdem um einen extrem kleinen und empfindlichen Fisch, der nicht sehr farbenfroh ist.

Er sollte Spezialisten vorbehalten bleiben, und ein Artbecken wird zum Schutz dieser Art unbedingt empfohlen.

Aplocheilichthys antinorii 2/626
Schwarzer Leuchtaugenfisch
H: NO-Afrika: Äthiopien.
♂: Etwas schlanker; kleiner. **V:** +
Z: Javamoos. **F:** K
T: 18–22°C, **L:** 4 cm, **pH:** 7, **SG:** 4

KILLIFISCHE

Aplocheilichthys camerunensis ♂ 3/436
Kamerun-Leuchtaugenfisch
H: W-Afrika: S-Kamerun, N-Gabun.
♂: Farbiger; Flossen länger. V: +
Z: Wollmop. F: K
T: 20–24°C, L: 3 cm, pH: <7, SG: 4

Aplocheilichthys hutereaui ♂ 4/346
Hutereaus Leuchtaugenfisch
H: Afrika: SW-Sudan, Tschad, Zaire,...
♂: Viel farbiger; Netzmuster. V: +
Z: Dichtes Ablaichsubstrat. F: K
T: 22–30°C, L: 4 cm, pH: 7, SG: 3

Aplocheilichthys hutereaui ♂ 4/346
Hutereaus Leuchtaugenfisch
Südliche Population: Sambia: Mansa.

Micropanchax johnstoni ♂ 2/626
Johnstons Leuchtaugenfisch
H: S-Afrika: Malawi, Tan. bis Südafrika.
♂: Farbiger; Flossen größer. V: +
Z: Perlongespinst. F: K
T: 18–26°C, L: 5,5 cm, pH: 7, SG: 2–3

Micropanchax loati ♂ 4/346
Albertsee Leuchtaugenfisch 5/470
H: Afrika: Albertsee.
♂: Viel farbiger. V: +
Z: Daueransatz, Schwarm; Javamoos. F:K
T: 22–26°C, L: 4,5 cm, pH: 7, SG: 3

Micropanchax loati ♂ 4/346
Lake Albert-Leuchtaugenfisch 5/470
H: Afrika: Uganda: Paraa.

Micropanchax loati ♀ 4/346
Lake Albert-Leuchtaugenfisch 5/470
H: Afrika: Uganda: Paraa.

Aplocheilichthys katangae ♂ 2/628
Katanga-Leuchtaugenfisch
H: Afrika: S-Zentral- bis S-Afrika.
♂: Farbiger; gelbe Flossen. **V**: +
Z: Ablaichmop: Haftlaicher. **F**: K
T: 20–28°C, **L**: 4 cm, **pH**: 7, **SG**: 3–4

Aplocheilichthys kongoranensis 3/436
WF
H: Afrika: O-Tansania: Flüsse Rufiji, Ruvu.
♂: Farbiger; Flossen etwas länger. **V**: +
Z: Javamoos; Haftlaicher. **F**: K
T: 22–26°C, **L**: 4 cm, **pH**: <7, **SG**: 3–4

Aplocheilichthys lacustris ♂ 3/438
WF
H: Afrika: tansanischer Küsteneinzug.
♂: größer; farbige Flossen. **V**: +
Z: Javamoos; Haftlaicher. **F**: K
T: 22–26°C, **L**: 3,5 cm, **pH**: <7, **SG**: 2–3

Procatopus lamberti ♂ 4/350
Lamberts Leuchtaugenfisch
H: Afrika: Oberguinea, Senegal, Gambia.
♂: Viel farbiger; Flossen länger. **V**: +
Z: Wollmop. **F**: K
T: 22–28°C, **L**: 4,5 cm, **pH**: 7, **SG**: 2–3

Procatopus sp.aff. *lamberti* ♂ 4/350
Lamberts Leuchtaugenfisch

Micropanchax macrophthalmus 1/542
Roter Leuchtaugenfisch
H: W-Afrika: S-Dahomey–Nigerdelta.
♂: Viel farbiger; Flossen länger. V: +
Z: Adhärente Eier in Pflanzen. F: K
T: 22–26°C, L: 4 cm, pH: >7, SG: 3

Poropanchax hannerzi 4/350
Orangesaum-Leuchtaugenfisch ♀
H: W-Afrika: Nigeria.
♂: Farbiger; Kaudale lanzettförmig. V: +
Z: Dichtes Ablaichsubstrat. F: K
T: 23–28°C, L: 3,5 cm, pH: <7, SG: 3–4

Poropanchax hannerzi
Orangesaum-Leuchtaugenfisch ♂ 4/350

Aplocheilichthys maculatus 3/438
Gelber Leuchtaugenfisch
H: Afrika: Tansania, Kenia (Baringosee).
♂: Viel farbiger; Flossen länger. V: +
Z: Haftlaicher. F: K
T: 22–26°C, L: 3,5 cm, pH: 7, SG: 2–3

Aplocheilichthys meyburgi ♂ 2/628
Meyburgs Leuchtaugenfisch
H: Afrika: Umgebung des Viktoriasees.
♂: Etwas farbiger; Flossen größer. V: +
Z: Pflanzen-/Haftlaicher. F: K
T: 22–26°C, L: 3 cm, pH: 7, SG: 3–4

Aplocheilichthys moeruensis 3/440
Moeru-Leuchtaugenfisch
H: Afrika: S-Zaire, N-Sambia.
♂: Farbiger; kleiner. V: +
Z: Feinfiedriges Laichsubstrat. F: K
T: 20–26°C, L: 4 cm, pH: <7, SG: 3

KILLIFISCHE

Aplocheilichthys myaposae 3/440

H: S-Afrika: Angola, Sambia, Simbabwe,...
♂: Viel farbiger; Flossen länger. V: +
Z: Haftlaicher. F: K
T: 20–26°C, L: 4 cm, pH: <7, SG: 3

Poropanchax myersi ♂ 4/352

H: Afrika: W-Zaire, S-Kongo.
♂: Viel farbiger; Flossen länger. V: +
Z: Laichmop; Wachstum langsam. F: K
T: 21–24°C, L: 2,5 cm, pH: <7, SG: 3

Procatopus nimbaensis ♂ 4/352
Nimba-Leuchtaugenfisch

H: Afrika: SO-Oberguinea, NO-Liberia.
♂: Netzzeichnung; Flossen länger. V: +
Z: Dichtes Ablaichsubstrat. F: K
T: 21–24°C, L: 4,5 cm, pH: >7, SG: 3

Procatopus nimbaensis ♀ 4/352
Nimba-Leuchtaugenfisch

Aplocheilichthys normani ♂ WF 3/442
Normans Leuchtaugenfisch, Blauer Leucht.

H: Afr.: Senegal, Tschad, Sudan, Nigeria.
♂: Farbiger; Flossen länger. V: +
Z: Feinfiedrige Pflanzen. F: K
T: 22–26°C, L: 4 cm, pH: 7, SG: 3

Aplocheilichthys omoculatus ♂ 3/444
WF

H: Afrika: Tansania.
♂: Farbiger; etwas größer. V: +
Z: Haftlaicher. F: K
T: 16–22°C, L: 3,5 cm, pH: <7, SG: 3

KILLIFISCHE

Aplocheilichthys pfaffi 3/444
Pfaffs Leuchtaugenfisch
H: Afrika: südlich des Sahelgürtels.
♂: Etwas farbiger; Flossen länger. V: +
Z: Noch nicht erfolgt. F: K
T: 22–26°C, L: 3 cm, pH: <7, SG: 3–4

Lacustricola pumilus 1/544
H: O-Afrika: Kraterseen.
♂: Flossen farbiger; (s. Foto). V: +
Z: Feinblättrige Pflanzen; Haftlaicher. F: K
T: 24–26°C, L: 5,5 cm, pH: 7, SG: 2–3

Aplocheilichthys rancureli ♂ 3/446
H: Afrika: SW-Ghana, S-Elfenbeinküste.
♂: Etwas farbiger; Flossen länger. V: +
Z: Haftlaicher; wenig produktiv. F: K
T: 24–26°C, L: 3,5 cm, pH: <7, SG: 4

Micropanchax scheeli ♂ 4/354
Scheels Leuchtaugenfisch
H: Afrika: SO-Nigeria bis Ä-Guinea.
♂: Ventralen länger. V: –
Z: Noch nicht erfolgt. F: K
T: 24–28°C, L: 3,5 cm, pH: ≪7, SG: 3–4

Micropanchax scheeli ♀ 4/354
Scheels Leuchtaugenfisch

Procatopus schioetzi 4/354
Schioetz' Leuchtaugenfisch
H: Afrika: O-Lib., SO-Guinea, Elf., Ghana.
♂: Größer; farbiger; Flossen länger. V: +
Z: Torffasern; auch 2 WL. F: K
T: 24–28°C, L: 4 cm, pH: 7, SG: 3

KILLIFISCHE

Aplocheilichthys sp. "Uvinza" 4/358
Uvinza-Leuchtaugenfisch
H: Afrika: Tansania.
♂: Farbiger; Flossen länger. V: +
Z: Haftlaicher. F: K
T: 22–28°C, **L**: 4,5 cm, **pH**: 7, **SG**: 2–3

Aplocheilichthys spilauchen 1/544
Nackenfleckkärpfling
H: W-Afrika: Senegal bis unterer Zaire.
♂: Größer, höher; Flossen farbiger. V: +
Z: Haftlaicher; <15% Seewasser. F: K
T: 24–32°C, **L**: 7 cm, **pH**: >7, **SG**: 2

Aplocheilichthys usanguensis ♂ 3/446
Usangu-Leuchtaugenfisch
H: Afrika: SW-Tansania.
♂: Flossen gelb. V: +
Z: Javamoos. F: K
T: 17–22°C, **L**: 3 cm, **pH**: <7, **SG**: 3–4

Aplocheilichthys vitschumbaensis 4/358
Vitschumba-Leuchtaugenfisch ♀
H: Afrika: NO-Zaire, W-Uganda.
♂: Viel farbiger; größer. V: +
Z: Dichtes Ablaichsubstrat. F: K
T: 24–30°C, **L**: 6 cm, **pH**: ≫7, **SG**: 3

Aplocheilichthys vitschumbaensis 4/358
Vitschumba-Leuchtaugenfisch ♂

Hylopanchax stictopleuron ♂ 2/660

H: W-Afrika: Gabun, Kongo, Zaire.
♂: Viel farbiger. V: +
Z: Noch nicht erfolgt. F: K
T: 20–24°C, L: 3,5 cm, pH: ≪7, SG: 4

Hypsopanchax catenatus ♂ WF 3/448
Ketten-Leuchtaugenfisch

H: Afrika: SO-Gabun.
♂: Farbiger; Flossen länger. V: +
Z: Noch nicht erfolgt. F: K
T: 22–26°C, L: 6 cm, pH: 7, SG: 4

Hypsopanchax modestus o. ♀, u. ♂ 4/360
Ruwenzori-Leuchtaugenfisch

H: Afrika: ob. Nil., NO-Zaire, W-Uganda.
♂: Viel farbiger; höher gebaut. V: +
Z: Ablaichmop; Haftlaicher. F: K
T: 18–24°C, L: 5,5 cm, pH: 7, SG: 3

Hypsopanchax platysternus ♂ 4/360

H: Afrika: Zaire.
♂: Farbiger; siehe Fotos. V: +
Z: Ablaichmop; Haftlaicher. F: K
T: 22–25°C, L: 6 cm, pH: 7, SG: 3–4

KILLIFISCHE

Hypsopanchax platysternus ♀ 4/360

Hypsopanchax zebra 4/362
Zebra-Leuchtaugenfisch

H: Afrika: Gabun u. Kongo.
♂: Farbiger; Körper höher. V: +
Z: Haftlaicher. F: K
T: 20–22°C, L: 5,5 cm, pH: >7, SG: 3

Lamprichthys tanganicanus 1/566

H: Afrika: Tanganjikasee. E.
♂: Blaue Punkte; größer. V: +
Z: Substratlaicher. F: K
T: 23–25°C, **L**: <15 cm, **pH**: ≫7, **SG**: 3

Pantanodon stuhlmanni ♂ WF 3/450

H: Afrika: Kenia-Tansania: Küste.
♂: Viel farbiger; Flossen länger. V: +
Z: Noch nicht erfolgt. F: K
T: 24–28°C, **L**: 5 cm, **pH**: 7, **SG**: 4

Plataplochilus cabindae ♂ 4/362
Cabinda-Leuchtaugenfisch

H: Afrika: SW-Gabun, Kongo, Cabinda, Zaire.
♀: Flossen rund u. transparent. V: =
Z: Haftlaicher. F: K
T: 22–25°C, **L**: 4,5 cm, **pH**: 7, **SG**: 3–4

Plataplochilus ngaensis ♂ 3/450

H: W-Afrika: Gabun.
♀: Kleiner, schwächere Farben. V: +
Z: Javamoos u. Spalten. F: K
T: 22–26°C, **L**: 5 cm, **pH**: 7, **SG**: 3

Plataplochilus loemensis 3/452

H: Afrika: Zaire, Angola, Kongo, SW-Gabun.
♂: Etwas farbiger; Anale rechtwinkelig. V: +
Z: Haftlaicher: Pflanzen, Mop. F: K
T: 22–24°C, **L**: 6 cm, **pH**: <7, **SG**: 3–4

Plataplochilus miltotaenia ♂ 3/452

H: W-Afrika: Gabun.
♂: Farbiger; Flossen länger. V: +
Z: An Javamoos u. in Spalten. F: K
T: 22–26°C, **L**: 5 cm, **pH**: 7, **SG**: 3

Plataplochilus ngaensis ♂ WF 3/454

H: Afrika: NW-Gabun, SW-Ä-Guinea.
♂: Farbiger; Flossen länger. V: +
Z: An Javamoos u. in Spalten F: K
T: 20–26°C, **L**: 5 cm, **pH**: 7, **SG**: 3

Procatopus aberrans o.♂, u.♀ 2/668

H: W-Afrika: Nigeria, W-Kamerun.
♂: Farbiger; Flossen länger. V: =
Z: Spaltlaicher, Dauerlaicher. F: K
T: 24–26°C, **L**: 6 cm, **pH**: 7, **SG**: 2–3

Procatopus nototaenia 1/574
Rotrückiger Procatopus

H: W-Afrika: S-Kamerun.
♂: Siehe Foto. V: +
Z: Spaltlaicher. F: K
T: 20–25°C, **L**: 5 cm, **pH**: <7, **SG**: 2–3

Procatopus similis o.♂, u.♀ 2/670

H: W-Afrika: SO-Nigeria, W-Kamerun.
♂: Siehe Foto. V: =
Z: Spaltlaicher, Dauerlaicher. F: K
T: 24–26°C, **L**: 7 cm, **pH**: 7, **SG**: 3

Fluviphylax pygmaeus ♂ 3/448
Südamerikanischer Leuchtaugenfisch

H: S-Amerika: Amazonien.
♂: Flossen größer u. gelblich. V: (–)
Z: Unbekannt. F: K
T: 24–26°C, **L**: 2 cm, **pH**: <7, **SG**: 4

Fluviphylax pygmaeus ♀ 3/448
Südamerikanischer Leuchtaugenfisch

KILLIFISCHE

Familie Profundulidae

Diese Familie besteht nur aus der Gattung *Profundulus* mit 5 Arten und ist in Zentralamerika in den Ländern Mexiko, Guatemala und Honduras beheimatet (NELSON, 1994).

Profundulus labialis ♂ 3/577

H: M-Amerika: SO-Mexiko, W-Guatemala.
♂: Farbiger; Flossenränder gelblich. V: +
Z: Unbekannt. F: K,O
T: 18–26°C, **L**: <10 cm, **pH**: >7, **SG**: 2

Profundulus punctatus ♂ 2/670

H: M-Amerika: SO-Mexiko, S-Guatemala.
♂: Farbiger; gelb (zur Laichzeit). V: +
Z: Javamoos; Laichräuber. F: K,O
T: 22–26°C, **L**: 8 cm, **pH**: >7, **SG**: 2

Valenciidae

Familie Valenciidae

Diese Familie enthält nur die zwei unten aufgeführten Arten, die die Süßgewässer in Südostspanien, Italien und Westgriechenland bewohnen. Es handelt sich um weitgehend friedliche Fische, die in Trupps leben. Männchen können untereinander zänkisch sein.

Valencia hispanica ♂ 3/578
Valenciakärpfling

H: Europa: O-Spanien: Mittelmeerküste.
♂: Farbiger, auch Flossen. V: =
Z: Zw. feinf. Pflanzen; Gartenteich. F: K,O
T: 10–28°C, **L**: 8 cm, **pH**: 7, **SG**: 2–3

Valencia letourneuxi ♂ 2/700
Korfu-Kärpfling

H: SO-Europa: Korfu, Albanien, Griechenl.
♂: Farbiger, auch Flossen. V: +
Z: Zw. feinf. Pflanzen; Gartenteich. F: K,O
T: 15–24°C, **L**: 6 cm, **pH**: >7, **SG**: 2

Xiphophorus variatus ♂, Zuchtform Hawaii-Pinselhochflosser (s.S. 563/564).

Ursprung/Taxonomie

Die Eierlegenden Zahnkarpfen wurden bereits in Gruppe 5 (S. 391 ff.) vorgestellt, hier befassen wir uns mit den Lebendgebärenden Zahnkarpfen. Daraus ergibt sich, daß die drei Familien der Gruppe 5, welche lebendgebärende Arten mit einschließen, hier wiederholt werden: allerdings nur im Rahmen der lebendgebärenden Unterfamilien (Anablepinae, Goodeinae und Poeciliinae). Weitere lebengebärende Fische sind in Gruppe 1 (Klasse Chondrichthys – Knorpelfische), S. 33 ff., und in Gruppe 10 (Beloniformes – Hemiramphidae – Halbschnäbler), S. 870 ff., zu finden.

Geographische Verbreitung

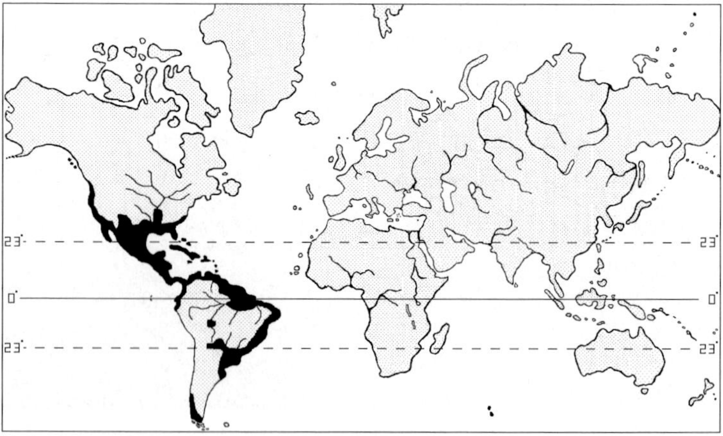

Verbreitungsgebiet der Lebendgebärenden Zahnkarpfen. Das Verbreitungsgebiet der Unterfamilie Goodeinae beschränkt sich auf das mexikanische Hochland (nördliches Mittelamerika). Anablepinae besiedeln die Küsteneinzüge Südmexikos bis Honduras (Atlantikseite) und bis zum nördichen Südamerika (Pazifikseite) sowie das Tiefland Brasiliens, Paraguays, Uruguays und Argentiniens (*Jenynsia*).

Die Arten der Gruppe leben hauptsächlich in Süßwasser, aber es gibt auch Brackwasserbewohner und einige Arten, die im küstennahen Meer leben. Die Weltkarte zeigt das natürliche Verbreitungsgebiet dieser Gruppe 6. Die heutigen Zuchtformen bezieht der Handel größtenteils aus Südostasien (z. B. Singapur) und den USA (Florida).

Allgemeines

Die auffälligste Eigenschaft dieser Gruppe ist das Vorhandensein eines Begattungsorgans (Andropodium oder Gonopodium) bei den Männchen. Dieses Organ wird durch die vorderen Strahlen der Anale gebildet. Mehrere weitere Strukturen sind auch Teil des Gonopodiums, so daß dessen Morphologie gattungs- und mehrheitlich auch artspezifischen Charakter erhält.

Dieses Begattungsorgan wird etwa 1 mm in die weibliche Genitalpapille eingeführt (Poeciliinae und Anablepinae = Gonopodium) oder es ist eine einfachere Struktur und wird nur an die Papille gedrückt (Goodeinae = Andropodium).

Im allgemeinen sind alle Mitglieder der Gruppe friedliche Fische, die für das Gesellschaftsbecken gut geeignet sind, solange der Chemismus ihrer Ursprungsgewässer berücksichtigt wird. Lediglich die Zart- und Seltenheit mehrerer (oftmals vom Aussterben bedrohter) Arten empfehlen eine Haltung in Artbecken.

Bei der Vergesellschaftung verschiedener Goodeinen oder Poeciliinen untereinander besteht bei manchen Kombinationen Kreuzungsgefahr; die Möglichkeit einer Artenverfälschung sollte vemieden werden.

Für eine gezielte Zucht ist es Problem und Vorteil zugleich, daß die Reife bei vielen Arten schon sehr früh eintritt, eventuell sogar vor der Auslese der Elterntiere. Weibchen können bald (oft schon ab einem Alter von nur 4 Wochen) an ihrem Trächtigkeitsfleck erkannt werden, das Schwert der Schwertträger entwickelt sich erst später. Auch eine Vorratsbefruchtung kann sich ergeben (nicht so bei Goodeinae), manchmal sogar für das ganze Leben, wodurch ein "falsch befruchtetes" Weibchen züchterisch wertlos werden kann.

Die Fische schwimmen meistens direkt unter der Wasseroberfläche und suchen sie nach Freßbarem ab. In weiten Teilen der tropischen Welt werden verschiedene dieser Arten daher in der Stechmückenbekämpfung zur Malaria- und Gelbfieberkontrolle eingesetzt. Wie auch ihre "eierlegenden Verwandten" der Gruppe 5 bewohnen sie flache, unübersichtliche Randruhezonen verschiedenster Gewässer, und die kleineren Arten sind selbst in kleinsten Rinnsalen und Pfützen zu finden, den "Mückenparadiesen".

Bei den Steckbriefen der einzelnen Arten gibt es für diese Gruppe ein paar Besonderheiten:

- Längenangaben der erwachsenen Fische beziehen sich immer auf das größere Geschlecht (ohne Schwert bei Schwertträgern).
- Unter Zucht werden TT = Tage Tragzeit, J = Anzahl der Junge, die geworfen werden, und mm = Länge (in mm) dieser Jungen zur Zeit der Geburt angegeben.

Unterfamilie Anablepinae

Die Unterfamilie der Vieraugen besteht aus nur zwei Gattungen: *Anableps* mit drei Arten und *Jenynsia* mit etwa elf.

Das Gonopodium ist nur nach einer Seite beweglich und Weibchen haben ihre Genitalöffnung entweder in die eine oder andere Richtung. Damit müssen sich immer entsprechende Paare finden, um zu einer erfolgreichen Besamung zu kommen. Rechte und linke Typen sind in der Natur zu etwa gleichen Teilen vertreten.

Wegen der Salzabhängigkeit der Arten ist eine Bepflanzung der Aquarien nicht möglich. Eine Vergesellschaftung kann gleichfalls nur mit anderen Brackwasser- bzw. salztoleranten Arten geschehen.

Die Gattung *Anableps* bewohnt Mittelamerika und das nördliche Südamerika. Sie fällt sofort durch die eigenartige Augenmorphologie auf (Name): Eine horizontale Bindehaut unterteilt jedes Auge in eine Über- und eine Unterwasserhälfte. Es erlaubt diesen Fischen der oberen Wasserschichten, gleichzeitig Luftraum und Wasser zu beobachten. Eine dichte Abdeckung des Aquariums ist unbedingt erforderlich, die Fische springen gut. Für die Zucht brauchen diese Brackwasserarten reines Meerwasser.

Jenynsia-Arten bewohnen das südöstliche Südamerika. Sie sind weniger an Brack- bzw. Meerwasser gebunden als *Anableps* spp., jedoch hat die rechts aufgeführte Art sich in reinem Süßwasser als sehr krankheitsanfällig und empfindlich erwiesen.

Anableps anableps 1/820
Vierauge
H: M- u. NS-Amerika: Brack- u. Süßwasser.
♂: Anale als Gonopodium. **V**: =
Z: Meerwasser; 3–4 cm **F**: K
T: 24–28°C, **L**: ♀ 30 cm, **pH**: >7, **SG**: 3

Anableps dowi ♂ 3/583
Dows Vierauge
H: M-Amerika: Westküste. Bw, a. Mw.
♂: Anale als Gonopodium; kleiner. **V**: =
Z: 20 WT, 5–6 cm **F**: K
T: 24–28°C, **L**: ♀ 34 cm, **pH**: >7, **SG**: 3

Jenynsia lineata l. ♀, r. ♂ 2/702
Linienkärpfling 0,1% Salzzusatz
H: S-Amerika: SO-Bras., N-Arg; Küste.
♂: Anale als Gonopodium; kleiner. **V**: –
Z: 42 TT: 10–40 J, 10 mm. **F**: O
T: 18–23°C, **L**: ♀ 10 cm, **pH**: 7, **SG**: 3

LEBENDGEB.

Rio Colima-System, mexilkanisches Hochland

Unterfamilie Goodeinae

Die Unterfamilie der Hochlandkärpflinge besteht aus 17 Gattungen mit insgesamt Arten. Ihr Verbreitungsgebiet ist sehr begrenzt, man findet diese Fische nur in der Mesa Central (zentrales Hochland) von Mexiko, Mittelamerika, mit einem besonders starken Vorkommen im Rio Lerma-Becken.

Ihr Begattungsorgan ist primitiver als das der beiden anderen Unterfamilien und wird Andropodium genannt. Es besteht aus dem gesamten Vorderteil der Analflosse und ist vom Rest durch einen Einschnitt getrennt. Weder eine Vorratsbefruchtung noch ein Einführen in die weibliche Genitalpapille (wie z.B. bei Poeciliidae) finden statt. Obwohl viele Arten bis zu zehn Jahre alt werden, endet ihre Fortpflanzungsaktivität bei etwa der Hälfte. Das Zuchtbecken sollte dicht bepflanzt sein, obwohl der Kannibalismus der Elterntiere wenig ausgeprägt zu sein scheint.

Viele Arten dieser Unterfamilie brauchen eine jährliche Senkung der Temperatur (auf 18-20 °C), um die Robustheit und Größe der Nachkommen über mehrere Generationen hinweg zu erhalten.
Mit wenigen Ausnahmen sind diese Fische für ein Gesellschaftsbecken geeignet; manche unter ihnen allerdings sind sehr aggressiv und können als Gruppe Beckeninsassen angreifen. Andere wiederum sind vom Aussterben bedroht und sollten in einem Artbecken gepflegt werden, um ihre Zucht zu fördern.

Im Handel sind diese Arten selten anzutreffen, da ihr Verbreitungsgebiet klein ist und sie größtenteils eher bescheiden gefärbt sind. Das ist schade, denn hier können Aquarianer bei der Erhaltung von bedrohten Arten entscheidend beitragen.

Allodontichthys hubbsi ♂ 4/452
Hubbs Hochlandkärpfling

H: M-Amerika: Mexiko: Rio Tuxpan.
♂: Anale als Andropodium; farbiger. **V**: –
Z: 60 TT: 10 J, 20 mm. **F**: O,K
T: 21–25°C, **L**: 6 cm, **pH**: >7, **SG**: 3

Allodontichthys polylepis ♂ 4/452
Vielschuppen-Hochlandkärpfling

H: M-Amerika: Mexiko: Rio Ameca.
♂: Anale als Andropodium; farbiger. **V**: –
Z: 60 TT, 10 J, 20 mm. **F**: O,K
T: 21–25°C, **L**: 7 cm, **pH**: >7, **SG**: 3

Allodontichthys polylepis ♀ 4/452
Vielschuppen-Hochlandkärpfling

Allodontichthys zonistius ♂ 4/454
Colima-Hochlandkärpfling

H: M-Amerika: Mexiko: Rio Colima.
♂: Anale als Andropodium; farbiger. **V**: –
Z: 60 TT, 15 J, 20 mm. **F**: K,O
T: 21–25°C, **L**: 7 cm, **pH**: >7, **SG**: 2

Allodontichthys zonistius ♀ 4/454, (4/474)
Colima-Hochlandkärpfling

Neoophorus regalis ♂ 4/456
Zwerg-Hochlandkärpfling
H: M-Amerika: Mexiko. Bedroht.
♂: Anale als Andropodium; farbiger. **V**: =
Z: Noch nicht gelungen. **F**: O,K
T: 21–25°C, **L**: 8 cm, **pH**: >7, **SG**: 2

Alloophorus robustus ♀ 4/456
Bulldoggen-Hochlandkärpfling
H: M-Amerika: Mexiko. Sehr selten.
♂: Andropodium; farbiger. **V**: =
Z: 60 TT, <25 J, <20 mm. **F**: O,K
T: 21–25°C, **L**: 12 cm, **pH**: >7, **SG**: 2

Allotoca diazi ♀ 4/458
Diaz' Hochlandkärpfling
H: M-Amerika: Mexiko: Michoacán.
♂: Andropodium; farbiger. **V**: +
Z: 55 TT, 20 J, 10 mm. **F**: O
T: 23–27°C, **L**: 10 cm, **pH**: 7, **SG**: 3

Allotoca goslinei ♂ 4/458
Goslines Hochlandkärpfling
H: M-Amerika: Mexiko. Bedroht.
♂: Andropodium; farbiger. **V**: (–)
Z: 55 TT, 20 J, 10 mm. **F**: K,O
T: 24–28°C, **L**: 6 cm, **pH**: >7, **SG**: 3

Allotoca maculata ♂ 4/460
Magdalena-Hochlandkärpfling
H: M-Amerika: Mexiko. Bedroht.
♂: Andropodium; größere Dorsale. **V**: =
Z: 55 TT, 25 J, 10 mm. **F**: O,K
T: 22–26°C, **L**: 4 cm, **pH**: >7, **SG**: 3

Allotoca maculata ♀ 4/460
Magdalena-Hochlandkärpfling

Ameca splendens o.♀, u.♂ 2/703
Ameca-Hochlandkärpfling, Flitterkärpfling
H: M-Amerika: Mexiko: Jalisco.
♂: Andropodium; Kaudale mit Binde. V: =
Z: <60 TT, 5–30 J, 20 mm. F: H,O
T: 26–32°C, L: ♀12 cm, pH: 7, SG: 1

Ataeniobius toweri ♂ 3/584
Towers Hochlandkärpfling
H: M-Amerika: Mexiko: Rio Verde.
♂: Andropodium; kleiner. V: +
Z: 10–15 J, 10–15 mm. F: K,O
T: 22–30°C, L: ♀10 cm, pH: >7, SG: 3

Ataeniobius toweri ♀ 3/584
Towers Hochlandkärpfling

Chapalichthys encaustus ♂ 2/704
Seitentupfen-Hochlandkärpfling
H: M-Amerika: Mexiko: Jalisco.
♂: Andropodium; etwas farbiger. V: –
Z: 10 J, 15 mm. F: K,O
T: 20–28°C, L: ♀8 cm, pH: >7, SG: 2

Chapalichthys pardalis ♂ 3/587
Pantherkärpfling
H: M-Amerika: Mexiko: Tocumbo.
♂: Andropodium; gelber Flossenrand. V: =
Z: 12 J, 15 mm. F: K,O
T: 18–24°C, L: ♀7 cm, pH: >7, SG: 3

Characodon lateralis ♂ 2/706
Regenbogen-Goodeide
H: M-Amerika: Mexiko: Durango.
♂: Andropodium; farbiger. V: +
Z: 55 TT, 5–20 J, 10 mm. F: H,O
T: 18–27°C, L: ♀5 cm, pH: 7, SG: 3

LEBENDGEB.

Girardinichthys multiradiatus 2/706
Großflossen-Hochlandkärpfling
H: M-Amerika: Mexiko: Rio Lerma.
♂: Geringes Andropodium; kleiner. V: ?
Z: 55 TT, 10–30 J, 10 mm. F: K
T: 12–20°C, **L**: ♀5 cm, **pH**: 7, **SG**: 3

Goodea atripinnis ♂ 3/588
Schwarzflossen-Hochlandkärpfling
H: M-Amerika: Mexiko.
♂: Andropodium; kleiner. V: =
Z: 55 TT, 15–50 J, 20 mm. F: O
T: 18–24°C, **L**: ♀12 cm, **pH**: >7, **SG**: 2

Goodea atripinnis ♀ 3/588
Schwarzflossen-Hochlandkärpfling

Goodea altripinnis ♂ 5/608

H: M-Amerika: Mexiko: Michoacán.
♂: Andropodium; 2 cm kleiner. V: =
Z: 55 TT, 15-50 J, 15-18 mm. F: K, O
T: 21–27°C, **L**: ♀9 cm, **pH**: 7, **SG**: 1–2

Goodea luitpoldi ♀ 5/608

H: M-Amerika: Z-Mexiko: Pazifik-Seite.
♂: Andropodium; 2 cm kleiner. V: +
Z: 42 TT, <60 J, 12–18 mm. F: O
T: 21–27°C, **L**: ♀9 cm, **pH**: 7, **SG**: 1–2

Goodea gracilis ♂ 4/464
Schlanker Schwarzflossen-Hochlandkärpfling
H: M-Amerika: Mexiko.
♂: Andropodium; kleiner. V: +
Z: 55 TT, <50 J, 15 mm. F: O
T: 21–27°C, **L**: ♀12 cm, **pH**: >7, **SG**: 1–2

LEBENDGEB.

Goodea gracilis 4/464, (4/475)
Schlanker Schwarzflossen-Hochlandkärpfling

Hubbsina turneri ♀ 4/464
Turners Hochlandkärpfling
H: M-Amerika: Mexiko. Bedroht
♂: Andropodium; dunkler. V: (–)
Z: 55 TT, 15 J, 7 mm. F: O
T: 23–26°C, **L**: 6 cm, **pH**: >7, **SG**: 3

Ilyodon furcidens ♂ 3/590
Leopardkärpfling
H: M-Amerika: Mexiko: küstennah.
♂: Andropodium; kleiner. V: –
Z: 60 TT, 15–40 J, 10 mm. F: O
T: 24–27°C, **L**: ♀9 cm, **pH**: >7, **SG**: 2

Ilyodon furcidens ♀ 3/590
Leopardkärpfling

Ilyodon furcidens "amecae" ♂ 4/466
Ameca-Leopard-Hochlandkärpfling
H: M-Amerika: Mexiko: Amecabecken.
♂: Andropodium; farbiger. V: =
Z: 55 TT, <50 J, 10 mm. F: O
T: 24–28°C, **L**: ♀10 cm, **pH**: >7, **SG**: 1

Ilyodon furcidens "amecae" ♀ 4/466
Ameca-Leopard-Hochlandkärpfling

Ilyodon lennoni ♂ 2/708
Lennons Hochlandkärpfling
H: M-Amerika: Mexiko. Bedroht
♂: Andropodium; farbiger. V: (–)
Z: 60 TT, 15–40 J, 10 mm F: H,O
T: 24–30°C, L: ♀8 cm, pH: >7, SG: 2–3

Ilyodon whitei ♂ 2/708
Balsas Hochlandkärpfling
H: M-Amerika: Mexiko: Rio Balsas.
♂: Andropodium; farbiger. V: –
Z: 60 TT, 15–40 J, 10 mm F: O
T: 20–26°C, L: ♀7 cm, pH: >7, SG: 2

Skiffia bilineata ♂ 3/592
Zweistreifenkärpfling
H: M-Amerika: Mexiko.
♂: Andro.; dunkle Anale u. Dorsale. V: =
Z: 55 TT, 7–20 J, 10 mm F: O
T: 22–28°C, L: ♀6 cm, pH: >7, SG: 2

Skiffia bilineata ♀ 3/592
Zweistreifenkärpfling

Skiffia francesae o.♀, u.♂ 4/468
Frances' Hochlandkärpfling
H: M-Amerika: Mexiko. Bedroht.
♂: Andropodium; große Dorsale. V: –
Z: 40–55 TT, <25 J, 10 mm F: O
T: 21–27°C, L: 6 cm, pH: >7, SG: 3

Skiffia lermae r.♀, l.♂ 4/468
Lerma-Hochlandkärpfling
H: M-Amerika: Mexiko: Michoacán.
♂: Andropodium; Flossen gelblich. V: –
Z: 50–60 TT, 25 J, 10 mm F: O
T: 21–28°C, L: 5 cm, pH: >7, SG: 3

Skiffia lermae ♂ 4/468
Lerma-Hochlandkärpfling
(ungefleckt)

Skiffia multipunctata ♂ 3/594, 4/470
Vielpunkt-Kärpfling, Vielpunkt-Hochlandk.

H: M-Amerika: Mexiko. Bedroht
♂: Andropodium; kleiner. V: –
Z: 50–55 TT, 30 J, 12 mm. F: O
T: 21–28°C, L: ♀6 cm, pH: 7, SG: 2–3

Skiffia multipunctata ♂ 3/594, 4/470
Vielpunkt-Kärpfling ungefleckt

Skiffia multipunctata ♂ 3/594, 4/470
Vielpunkt-Kärpfling gefleckt

LEBENDGEB.

Xenoophorus captivus o.♀, u.♂ 2/710
Ritterkärpfling

H: M-Amerika: Mexiko. Bedroht.
♂: Androp.; Anale u. Dorsale größer. V: +
Z: 55 TT, 10–30 J, 18 mm. F: H,O
T: 18–26°C, L: ♀6 cm, pH: >7, SG: 2

Xenotaenia resolanae 2/710
Resolana-Hochlandkärpfling

H: M-Amerika: Mexiko: Rio Resolana.
♂: Andropodium; leuchtender gelb. V: =
Z: 60 TT, 10–30 J, 12 mm. F: H,O
T: 22–25°C, L: ♀5 cm, pH: >7, SG: 2

Xenotoca eiseni ♂ 2/712
Eisens-Kärpfling
H: M-Amerika: Mexiko.
♂: Kaudalstiel orange; schlanker. V: +
Z: 60 TT, 10–50 J, 15 mm. F: O
T: 15–32°C, **L**: ♀7 cm, **pH**: >7, **SG**: 1–2

Xenotoca variata o.♂, u.♀ 2/712
Nymphen-Hochlandkärpfling
H: M-Amerika: Mexiko: Rio Lermabecken.
♂: Andropodium; Kaudale farbiger. V: +
Z: 60 TT, 20–40 J, 15 mm. F: H,O
T: 20–27°C, **L**: ♀7 cm, **pH**: 7, **SG**: 2–3

Zoogoneticus quitzeoensis ♂ 2/714
Goldsaum-Hochlandkärpfling
H: M-Amerika: Mexiko: Michoacán.
♂: Dorsale u. Anale mit Goldsaum. V: +
Z: 55 TT, 15 J, 10 mm. F: K,O
T: 25–28°C, **L**: ♀4,5 cm, **pH**: 7, **SG**: 3

Zoogoneticus quitzeoensis ♂ 4/472
Goldsaum-Hochlandkärpfling
Nominatform (Text s. S. 2/714).

Zoogoneticus tequila ♂ 4/472
Weißsaum-Hochlandkärpfling
H: Mexiko: Lago Chapala. Bedroht?
♂: Dorsale u. Anale mit weißem Rand. V: +
Z: 55–60 TT, 25 J, 10 mm. F: O
T: 25–28°C, **L**: 6 cm, **pH**: 7, **SG**: 2

Zoogoneticus tequila ♀ 4/472
Weißsaum-Hochlandkärpfling

Mexiko: Rio de la Palma. Typusfundort von *Priapella olmecae*.

Unterfamilie Poeciliinae

Die Unterfamilie der Lebendgebärenden besteht aus etwa 22 Gattungen mit insgesamt mindestens 192 Arten (NELSON, 1994). Ihr Verbreitungsgebiet erstreckt sich von Nordamerika (Ost-USA) und der Karibik bis Südamerika (Nordostargentinien und Uruguay). Ein paar wenige Arten erreichen 20 cm Länge, aber die große Mehrheit ist mit 4–8 cm Länge bestens für Aquarien aller Dimensionen geeignet. Wenige Ausnahmen gehen in Brack- und litorales Meerwasser, in der Karibik sind sie ein wesentlicher Bestandteil der Süßwasserfischbevölkerung der dortigen Inseln.

Guppies, Platies und Schwertträger bilden die Grundlage der Aquaristik schlechthin. Sie werden massenweise in Singapur und Florida (USA) in Teichen, Zementtanks und Aquarien gezüchtet. Es gibt kaum einen Aquarianer, der nicht mindestens eine dieser Arten in einer ihrer schier endlosen Zuchtformen gehalten hat.

Aber nicht nur "Anfängerfische" sind in Gruppe 6 vertreten, auch für fortgeschrittene und spezialisierte Aquarianer ist ihr viel abzugewinnen. Allein die Genetik, die in den Zuchtformen ihren farben- und formreichen Ausdruck findet, ist halb Wissenschaft und halb Kunst des seriösen Züchters. Man denke nur an die Guppies mit ihrer fahnenartigen Kaudale oder den Lyra-Faktor bei Schwertträgern; beides herausgezüchtete Eigenschaften, die in der Natur nicht zum Tragen kommen.

Es gibt sowohl widerstandsfähige Gesellschaftsarten als auch anspruchsvolle Pfleglinge, die ein Artaquarium benötigen. Abgesehen von ihrer Präsenz in unseren Aquarien, sind es innerhalb dieser Unterfamilie vor allem *Gambusia affinis* und *G. holbrooki,* welche zur Stechmückenbekämpfung eingesetzt werden ("mosquitofishes"). Mit einer Ernährungsweise, die ihren Schwerpunkt bei Insekten und deren Larven hat, einem obenständigen Maul und oberflächenorientierter Lebensweise sowie dem Vordringen in die "letzten Ecken" der Gewässer, sind sie dieser Aufgabe bestens gewachsen.

Zwei Gattungen unter den Poeciliinae unterscheiden sich deutlich von den anderen: Die monotypische Gattung *Tomeurus* mit ihrem einzigen Vertreter, *T. gracilis* (S. 550), ist nicht lebendgebärend, sondern haftet Eier an feinfiedrige Pflanzen ein paar Tage nach einer inneren Befruchtung. Leider haben sich Aquarienhaltung und -vermehrung dieser empfindlichen Art als schwierig erwiesen.

Eine andere monotypische Gattung, *Xenodexia*, mit ihrer Art *X. ctenolepis* (S. 550), hat an der rechten Pektoralflosse eine handähnliche Modifikation, welche vermutlich während der Kopulation eine Rolle spielt.

Lebendgebärende Zahnkarpfen sind zwar weitgehend widerstandsfähig (die Hochzuchtformen weniger), doch sollte das nicht zu einer lässigen Aquarienwartung verleiten. Sie bevorzugen sonnige, alteingerichtete, dicht bepflanzte Becken, die gleichzeitig vor allem in den oberen Wasserschichten freien Schwimmraum bieten, wobei eine bescheidene Anzahl Schwimmpflanzen für scheue Arten einen willkommenen Unterstand bieten.

Die Wasserchemismus ist nicht ausschlaggebend, doch wird härteres und etwas alkalisches Wasser saurem und weichem vorgezogen. Küstennahe Arten profitieren zudem von kleinen Seesalzbeimischungen.

Die Jungfische werden "fertig" geboren. Sie schwimmen alsbald zur Wasseroberfläche, um ihre Schwimmblase mit Luft zu füllen, und gehen dann gleich auf Futtersuche (*Artemia*, pulverisiertes Flockenfutter). In versteckreich eingerichteten Becken überleben immer einige Jungfische. Um aber die Zucht zu rationalisieren, indem man die Jungen vor den kannibalischen Eltern schützt, empfiehlt sich ein Laichkasten, der in das Aufzuchtbecken eingehängt wird. Die neugeborenen Jungen fallen durch die Gitterstäbe aus dem Kasten und können so nicht mehr vom eingesperrten Mutterfisch gefressen werden. Vorsicht, manche Arten tolerieren solche Manipulationen während der Trächtigkeitsphase nicht, was zu nicht lebensfähigen Frühgeburten führen kann. Die Geschlechter sollten so bald wie möglich getrennt werden, und für die weitere Auslese von Zuchttieren der neuen Generation sind Vitalität und Färbung rigoros zu werten.

Für Gesellschaftsbecken mit mehreren Lebendgebärenden Zahnkarpfenarten ist zu beachten, daß sich Arten mit ähnlichem Gonopodium oft fruchtbar kreuzen und so die Arten verfälscht bzw. verloren gehen können. Insbesondere bei den bedrohten Arten, für die engagierte Aquarianer einen bedeutenden Beitrag zur Artenerhaltung leisten können, wäre dies ein großer Schaden.

Micropoecilia bifurca ♂ 4/510
Kleiner Amazonen-Kärpfling

H: S-Amerika: Brasilien: Para. Selten.
♂: Gonopodium; kleiner, bunter. V: –
Z: 3–4 TT, 1–3 J. F: O
T: 24–29°C, L: ♀ 4 cm, pH: >7, SG: 3

Micropoecilia bifurca ♀ 4/510
Kleiner Amazonen-Kärpfling

Micropoecilia bifurca ♂ 4/510
Kleiner Amazonen-Kärpfling

Micropoecilia bifurca ♀ 4/510
Kleiner Amazonen-Kärpfling

Alfaro cultratus ♂ 2/715
Messerkärpfling

H: M-Amerika: Nicaragua bis W-Panama.
♂: Gonopodium; längere Ventralen. V: =
Z: 24 TT, 10–30 J, 8 mm. F: K
T: 24–28°C, L: ♀8 cm, pH: 7, SG: 2–3

Alfaro huberi 2/716
Netzkärpfling

H: M-Am.: S-Gua., Hon., Nic: Atlantikseite.
♂: Gonopodium; Färbung gleich. V: =
Z: Noch nicht gelungen. F: K
T: 26–32°C, L: ♀20 cm, pH: >7, SG: 3

Belonesox belizanus 1/590
Hechtkärpfling
H: M-Amerika: S-Mexiko bis Honduras.
♂: Viel kleiner. V: =,–
Z: 100 J, 20–30 mm. F: K
T: 26–32°C, L: ♀20 cm, pH: >7, SG: 3

Belonesox belizanus 4/476
Gelber Hechtkärpfling o.♀, u.♂
H: M-Amerika: S-Mexiko bis Honduras.
♂: Gonop.;Gelbe Brust (Balzzeit). V: =
Z: 60 TT, 20–100 J, 30 mm. F: K
T: 24–28°C, L: ♀20 cm, pH: >7, SG: 2–3

Brachyrhaphis parismina ♂ 4/476
Cascajal-Kärpfling
H: M-Amerika: S-Costa Rica bis Panama.
♂: Gonopodium; farbiger. V: =
Z: 28 TT, 15–40 J, 7 mm. F: O,K
T: 24–28°C, L: ♀7 cm, pH: 7, SG: 2

Brachyrhaphis parismina ♀ 4/476
Cascajal-Kärpfling

Brachyrhaphis episcopi u.♂, o.♀ 2/716
Bischofskärpfling, Colonkärpfling
H: M-Amerika: Panama: Kanalzone.
♂: Gonopodium; farbiger. V: =
Z: 28 TT, 10–20 J. F: K
T: 25–30°C, L: ♀5 cm, pH: >7, SG: 3–4

Brachyrhaphis cf. *episcopi* ♂ 4/478
Falscher Bischofskärpfling
H: M-Amerika: Panama: Altantik u. Pazifik.
♂: Gonopodium; viel kleiner. V: =
Z: Krankheitsanfällig: steriles Becken. F:K,O
T: 23–27°C, L: ♀7 cm, pH: >7, SG: 2

Brachyrhaphis cf. *episcopi* ♀ 4/478
Falscher Bischofskärpfling

Brachyrhaphis hartwegi o. ♀, u. ♂ 2/718
Hartwegs Kärpfling
H: M-Amerika: Mexiko, S-Guatemala.
♂: Gonopodium; kleiner. V: –
Z: 28 TT, 10–20 J. F: K
T: 25–28°C, L: ♀5 cm, pH: >7, SG: 3–4

Brachyrhaphis parismina ♂ 3/595
Parismina-Kärpfling
H: M-Amerika: Costa Rica: Atlantikseite.
♂: Gonopodium; kleiner. V: +
Z: 42 TT, 10–20 J, 6–7 mm. F: K
T: 25–28°C, L: ♀5 cm, pH: >7, SG: 3–4

Brachyrhaphis parismina ♀ 3/595
Parismina-Kärpfling

Brachyrhaphis rhabdophora ♂ 2/718
Bullenkärpfling
H: M-Amerika: Costa Rica.
♂: Gonopodium. ♀: gedrungen. V: –
Z: 28 TT, 10–30 J, 7 mm. F: K,O
T: 25–28°C, L: ♀6 cm, pH: ≫7, SG: 2

Brachyrhaphis roseni ♂ 3/596
Rosenkärpfling
H: M-Amerika: S-Costa Rica: Pazifikseite.
♂: Gonopodium; schlank. V: –
Z: 42 TT. F: K,O
T: 25–28°C, L: ♀6 cm, pH: >7, SG: 2

LEBENDGEB.

Brachyrhaphis roseni ♀ 3/596
Rosenkärpfling

Brachyrhaphis terrabensis ♂ 3/598
Térraba-Kärpfling

H: M-Amerika: S-Costa Rica, W. Panama.
♂: Gonopodium; kleiner. V: (–)
Z: 42 TT, 10–30 J, 8–9 mm. F: K
T: 23–26°C, **L**: ♀6 cm, **pH**: >7, **SG**: 3

Carlhubbsia kidderi ♂ 2/720
Nadelkärpfling

H: M-Amerika: Mexiko, Guatemala.
♂: Langes Gonopod.; Farbe gleich. V: +
Z: 24 TT, 15–60 J. F: K
T: 27–30°C, **L**: ♀5 cm, **pH**: >7, **SG**: 3

Carlhubbsia stuarti o.♀, u.♂ 4/480
Stuarts Kärpfling

H: M-Amerika: Guatemala.
♂: Langes Gonopodium. V: +
Z: 28 TT, 10–50 J, 6–8 mm. F: O
T: 23–27°C, **L**: ♀5 cm, **pH**: 7, **SG**: 2

Cnesterodon raddai o.♂, u.♀ 2/720

H: S-Amerika: Brasilien, Uruguay, Arg.
♂: Gonopodium; kleiner. V: +
Z: 24 TT, 5–15 J, 2,5 mm. F: O
T: 18–26°C, **L**: ♀3,5 cm, **pH**: 7, **SG**: 1–2

Cnesterodon decemmaculatus ♀ 5/610
Carnegie-Kärpfling

H: S-Amerika: S-Brasilien, Uruguay.
♂: Gonopodium; kleiner. V: (–)
Z: 3–4 mm. F: K
T: 20–26°C, **L**: ♀5 cm, **pH**: 7, **SG**: 1–2

Cnesterodon decemmaculatus ♀ 5/610

H: S-Bras., Bolivien, Argentinien, Uruguay.
♂: Gonopodium; kleiner, dunkler. V: (–)
Z: 3–4 mm. F: K
T: 17–21°C, **L**: ♀4,5 cm, **pH**: >7, **SG**: 1–2

Gambusia vittata l.♀, r.♂ 2/722
Schwarzsaum-Kärpfling

H: M-Amerika: Mexiko: Rio Panuco-Becken.
♂: Gonopodium; farbiger. V: +
Z: 28 TT, 10–30 J, 10 mm. F: K,O
T: 24–28°C, **L**: ♀6 cm, **pH**: 7, **SG**: 2

Gambusia affinis u.♀, o.♂ 2/722
Silberkärpfling, Texaskärpfling

H: N-Amerika: Texas.
♂: Gonopodium; kleiner. V: +
Z: 24 TT, 10–60 J. F: K,O
T: 18–24°C, **L**: ♀6,5 cm, **pH**: 7, **SG**: 1

Gambusia alvarezi ♂ 4/480
Alvarezkärpfling

H: M-Amerika: Mexiko. Bedroht.
♂: Gonopodium; schlanker. V: =
Z: 38 TT, 20–25 J. F: O,K
T: 24–28°C, **L**: ♀4 cm, **pH**: >7, **SG**: 3

Gambusia alvarezi ♀ 4/480
Alvarezkärpfling

Gambusia atrora o.♀, u.♂ 3/598
Schwarzkanten-Gambuse

H: M-Amerika: Mexiko.
♂: Gonopodium; kleiner, farbiger. V: –
Z: 35 TT, 10–20 J. F: O
T: 24–28°C, **L**: ♀4 cm, **pH**: >7, **SG**: 3–4

LEBENDGEB.

Gambusia aurata ♂ 4/482
Limonen-Kärpfling

H: M-Amerika: Mexiko. Bedroht.
♂: Gonopodium; kleiner. V: –
Z: 28–35 TT, 15–30 J, 6–8 mm. F: O,K
T: 24–28°C, **L**: ♀4 cm, **pH**: 7, **SG**: 3

Gambusia aurata ♀ 4/482
Limonen-Kärpfling

Gambusia echeagarayi ♂ 5/618

H: M-Amerika: Mexiko: Chiapas.
♂: Gonopodium; ca. 1 cm kleiner. V: (–)
Z: 27 TT, 4–20 J, 6 mm. F: K,O
T: 27–29°C, **L**: ♀4,5 cm, **pH**: >7, **SG**: 1–2

Gambusia echeagarayi ♂ 5/618

Gambusia eurystoma ♂ 4/482
Breitmaul-Kärpfling

H: M-Amerika: Mexiko. Bedroht.
♂: Gonopodium; schlanker. V: (–)
Z: 35 TT, 4 J, 8 mm. F: O,K
T: 24–29°C, **L**: ♀3,5 cm, **pH**: >7, **SG**: 3

Gambusia hispaniolae ♂ 4/484
Rotflossen-Kärpfling

H: Karibik: Haiti, Dominikanische Rep.
♂: Gonop.; rote unpaarige Flossen. V: –
Z: 35 TT, 10–40 J, 7–10 mm. F: K,O
T: 23–27°C, **L**: ♀6 cm, **pH**: >7, **SG**: 2

LEBENDGEB.

Gambusia hispaniolae ♀ 4/484
Rotflossen-Kärpfling

Gambusia holbrooki 1/590

H: N- u. M-Amerika: S-USA, N-Mexiko.
♂: Gonopodium; farbiger. V: =
Z: 35–56 TT, 40–60 J. F: K,O
T: 15–35°C, L: ♀8 cm, pH: 7, SG: 1

Gambusia hurtadoi ♂ 4/486
Dolores-Kärpfling

H: M-Amerika: Mexiko. Bedroht.
♂: Gonopodium; kleiner. V: –
Z: 38 TT, 20 J, 6–8 mm. F: O,K
T: 24–28°C, L: ♀3,5 cm, pH: >7, SG: 3

Gambusia hurtadoi ♀ 4/486
Dolores-Kärpfling

Gambusia krumholzi ♂ 5/612

H: S-Amerika: Mexiko: Coahuila. Selten.
♂: Gonopodium; farbiger (Kaudale). V: –
Z: 48 TT, 30 J, 7–8 mm. F: K
T: 26–29°C, L: ♀6 cm, pH: >7, SG: 2–3

Gambusia krumholzi ♀ 5/612

Gambusia lemaitrei ♂ 3/600
Totuma Kärpfling
H: S-Amerika: Kolumbien: Totuma-See.
♂: Gonopodium; farbiger. V: –
Z: 25–28 TT. F: O
T: 24–28°C, **L**: ♀ 4 cm, **pH**: >7, **SG**: 3

Gambusia lemaitrei ♀ 3/600
Totuma Kärpfling

Gambusia longispinis ♂ 4/486
Cuatro-Cienegas-Kärpfling
H: M-Amerika: Mexiko. Bedroht.
♂: Gonopodium; kleiner. V: –
Z: 35 TT, 10–30 J, 7 mm. F: O,K
T: 23–28°C, **L**: ♀4 cm, **pH**: >7, **SG**: 2

Gambusia longispinis ♀ 4/486
Cuatro-Cienegas-Kärpfling

Gambusia luma ♂ 4/490
Blauspiegel-Kärpfling
H: M-Amerika: Belize, Honduras, Guatemala.
♂: Gonopodium; farbiger zur Balz. V: =
Z: 34 TT, 10–25 J, 6–8 mm. F: O,K
T: 22–27°C, **L**: ♀6 cm, **pH**: >7, **SG**: 3

Gambusia luma ♀ 4/490
Blauspiegel-Kärpfling

LEBENDGEB.

Gambusia marshi ♂ 2/724
Salado-Kärpfling
H: M-Amerika: NO-Mexiko.
♂: Gonopodium; langgestreckt. V: +
Z: 28 TT, 5–60 J, 6–7 mm. F: O
T: 22–26°C, **L**: ♀ 6 cm, **pH**: 7, **SG**: 2

Gambusia nobilis ♂ 5/614

H: N-Amerika: USA: Texas, New Mexiko.
♂: Gonopodium; schlank. V: –
Z: 40 TT, ca. 25 J, 8 mm. F: K
T: 24–28°C, **L**: ♀ 6 cm, **pH**: >7, **SG**: 2–3

Gambusia nobilis ♀ 5/614

Gambusia panuco ♂ 3/602
Panuco-Kärpfling
H: M-Amerika: Mexiko: Panuco-Becken.
♂: Gonopodium; deutlich kleiner. V: –
Z: 35–42 TT, 10–40 J, 6–7 mm. F: O
T: 22–28°C, **L**: ♀ 5,5 cm, **pH**: 7, **SG**: 3

Gambusia punctata ♂ 5/616

Gambusia punctata ♀ 5/616

H: M-Amerika: Kuba, Isle of Pines.
♂: Gonopodium; schlank. V: =
Z: 28 TT. F: K
T: 24–28°C, **L**: ♀ 8 cm, **pH**: >7, **SG**: 1–2

Gambusia puncticulata ♂ 2/724
Yucatán-Kärpfling
H: M-Amerika: Mexiko bis Panama.
♂: Gonopodium; kleiner. V: –
Z: 24 TT, 10–30 J, 10 mm. F: K,O
T: 22–28°C, L: ♀8 cm, pH: >7, SG: 3

Gambusia yucatana ♀ 2/724
Yucatán-Kärpfling

Heterophallus rachowii ♂ 3/608
Seidenkärpfling, Rachow-Kärpfling
H: M-Amerika: Mexiko: Veracruz.
♂: Gonopodium; etwas kleiner. V: +
Z: 35 TT, 5–20 J, 6–7 mm. F: K,O
T: 22–26°C, L: ♀3,5 cm, pH: 7, SG: 2

Gambusia regani ♂ 2/726
Regans Kärpfling
H: M-Amerika: Mexiko.
♂: Gonopodium; Färbung gleich. V: +
Z: 24 TT, 10–20 J. F: L,O
T: 21–28°C, L: ♀4 cm, pH: 7, SG: 3

Gambusia rhizophorae ♂ 3/602
Mangroven-Kärpfling
H: Karibik, N-Amerika: Kuba, S-Florida.
♂: Gonopodium; kleiner. V: –
Z: 42 TT, 30 J. Brackwasser. F: O
T: 22–28°C, L: ♀5 cm, pH: >7, SG: 3

Gambusia senilis ♂ 4/492
Conchos-Kärpfling
H: M- u. N-Amerika: Mexiko, Texas.
♂: Go.; Dorsale u. Kaudale gelbl. V: –
Z: 38 TT, 10–30 J, 7 mm. F: O,K
T: 21–25°C, L: ♀5,5 cm, pH: >7, SG: 2

LEBENDGEB.

Gambusia senilis ♀ 4/492
Conchos-Kärpfling

Gambusia sexradiata ♀ 2/726

H: M-Amerika: Mexiko, Guatemala, Belize.
♂: Gonopodium; kleiner. V: +
Z: 28 TT, 10–35 J, 5 mm. F: O
T: 22–26°C, L: ♀6,5 cm, pH: 7, SG: 2

Gambusia speciosa ♂ 4/492
Blaugelber-Kärpfling

H: M- u. N-Amerika: N-Mexiko, S-Texas.
♂: Gonopodium; schlanker. V: =
Z: 28–35 TT, 10–50 J, 7 mm. F: K,O
T: 23–28°C, L: ♀5 cm, pH: 7, SG: 1

Gambusia speciosa ♀ 4/492
Blaugelber-Kärpfling

Gambusia wrayi o.♀, u.♂ 4/494
Jamaika-Kärpfling

H: Karibik: Jamaika.
♂: Gonopodium; kleiner. V: =
Z: 35 TT, 10–40 J, 6–9 mm. F: O,K
T: 23–28°C, L: ♀6 cm, pH: >7, SG: 2

Girardinus creolus ♀ 3/604
Kreolen-Kärpfling

H: Karibik: Kuba. Selten
♂: Gonopodium; kleiner. V: +
Z: 30 TT. F: K,O
T: 22–26°C, L: ♀7 cm, pH: >7, SG: 2

Girardinus creolus ♂ 3/604
Kreolen-Kärpfling

Girardinus denticulatus ♂ 4/496
Graublauer Kärpfling
H: Karibik: Kuba.
♂: Gonopodium; kleiner. V: +
Z: 28 TT, 12–30 J, 8 mm. F: O
T: 22–28°C, L: ♀6 cm, pH: 7, SG: 2

Girardinus falcatus ♂ 2/728
Sichelkärpfling
H: Karibik: Kuba.
♂: Gonopodium; kleiner. V: +
Z: 25 TT, 10–40 J, 8 mm. F: O
T: 24–30°C, L: ♀7 cm, pH: 7, SG: 2

Girardinus metallicus o.♀, u.♂ 1/592
Metallkärpfling
H: Karibik: Kuba. Endemisch.
♂: Gonopodium; kleiner, farbiger. V: +
Z: 28–30 TT, 10–100 J, 6–7 mm. F: K,O
T: 22–25°C, L: ♀9 cm, pH: 7, SG: 1–2

Girardinus microdactylus ♂ 3/606
Fingerkärpfling
H: Karibik: Kuba, Isle of Pines.
♂: Gonopodium; kleiner. V: +
Z: 28 TT, 10–50 J, 6–9 mm. F: O
T: 22–26°C, L: ♀6 cm, pH: 7, SG: 3

Girardinus uninotatus l.♀, r.♂ 3/606
Einfleck-Kärpfling
H: Karibik: Kuba. Selten
♂: Gonopodium; kleiner. V: +
Z: 28 TT, 10–40 J, 8 mm. F: O
T: 24–28°C, L: ♀8 cm, pH: >7, SG: 2

LEBENDGEB.

Pseudoxiphophorus anzuetoi ♀ 4/496
Variabler heterandria
H: M-Amerika: Guatemala, Honduras.
♂: Gonopodium; kleiner. V: =
Z: 42? TT, <20 J, 10 mm. F: O,K
T: 21–26°C, L: ♀7 cm, pH: >7, SG: 2

Pseudoxiph. bimaculata o.♀, u.♂ 2/728
Zweifleck-Kärpfling
H: M- u. N-Amerika: Golf v. Mex. bis Hon.
♂: Langes Gonopodium. V: =
Z: 42–56 TT, 20–110 J, 15 mm. F: K
T: 20–28°C, L: ♀15 cm, pH: 7, SG: 3–4

Heterandria formosa o.♂, u.♀♀ 1/592
Zwergkärpfling
H: N-Amerika: USA: Südkarolina, Florida.
♂: Gonopodium; viel kleiner. V: +
Z: 10–77 TT. F: K,O
T: 22–26°C, L: ♀4,5 cm, pH: 7, SG: 1

Pseudoxiphophorus jonesii ♂ 3/608
Netzzahnkärpfling
H: M-Amerika: Mexiko.
♂: Gonopodium; etwas kleiner. V: +
Z: 60 TT, 20–50 J, 11–14 mm. F: K
T: 20–28°C, L: ♀9 cm, pH: 7, SG: 2

Heterophallus milleri ♂ 4/498
Millers Kärpfling
H: M-Amerika: Mexiko.
♂: Gonopodium; kleiner. V: +
Z: 19–21 TT, 4–25 J, 6 mm. F: O,K
T: 23–28°C, L: ♀5 cm, pH: >7, SG: 3

Heterophallus milleri ♀ 4/498
Millers Kärpfling

LEBENDGEB.

Poecilia reticulata ♀ 1/598
Guppy, Millionenfisch
H: M-Amerika bis S-Amerika (Brasilien).
♂: Gonopodium; farbiger, kleiner. V: +
Z: 20–40 J. F: O
T: 18–28°C, L: ♀6 cm, pH: 7, SG: 1

Poecilia reticulata ♂ 1/598
Guppy, Millionenfisch
Fächerschwanzguppy.
Heute meist Nachzuchten aus Asien (z. B. Singapur).

Poecilia reticulata ♂ 1/598
Guppy, Millionenfisch
Fächerschwanzguppy.
Heute meist Nachzuchten aus Asien (z. B. Singapur).

Poecilia reticulata ♂ 2/742
Wildguppy Population Mexiko
H: M-Amerika: Mexiko.
♂: Gonopodium; farbiger, kleiner. V: +
Z: 20–40 J. F: O
T: 22–28°C, L: ♀6 cm, pH: 7, SG: 2

Poecilia reticulata ♂ 2/742
Wildguppy, Population Peru
H: S-Amerika: Peru.

T: 22–28°C, L: ♀5–6 cm, pH: >7, SG: 2

Poecilia reticulata ♂ 2/742
Wilder Riesenguppy
H: M-Amerika: Mexiko.

T: 22–28°C, L: ♀6–8 cm, pH: 7, SG: 2

Rundschwanz ♂

Wildguppy o. ♂

Nadelschwanz ♂

Spitzschwanz ♂

Untenschwert ♂

Obenschwert ♂

Wiener Fächerschwanz ♂

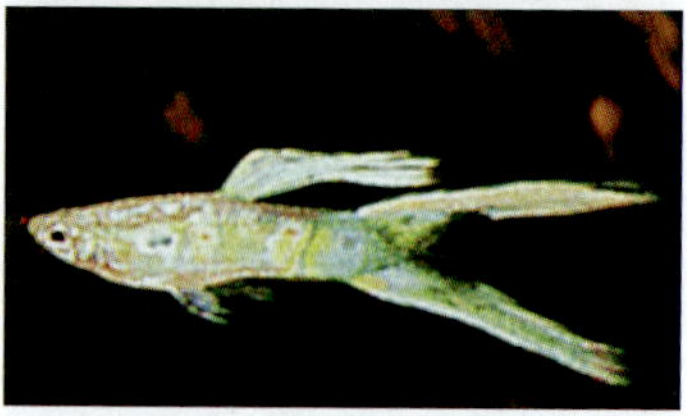
Doppelschwert ♂

Wer sich näher mit der Genetik der Hochzuchten, aber auch intensiver mit den anderen lebendgebärenden Arten beschäftigen möchte, dem sei das Fortgeschrittenen-Buch "Lebendgebärende Zierfische - Arten der Welt" (Meyer et.al., 1985) aus diesem Verlag empfohlen.
Das Buch ist leider vergriffen. Dafür erscheint voraussichtlich 2007 der Zahnkarpfen Atlas.

Limia tridens 2/730, (4/500)
Santo Domingo-Kärpfling l.♂, r.♀
H: Karibik: Hispaniola.
♂: Gonop.; längere Ventralen. V: +
Z: 24 TT, 15–50 J, 6 mm. F: O
T: 22–26°C, L: ♀4,5 cm, pH: 7, SG: 1–2

Limia tridens ♂ (2/730), 4/500
Haiti-Limia
H: Karibik: Haiti.
♂: Gonopopium; farbiger. V: +
Z: 42 TT, 15–40 J, 8 mm. F: O
T: 24–29°C, L: ♀5 cm, pH: 7, SG: 2

Limia tridens ♀ (2/730), 4/500
Haiti-Limia

Limia grossidens ♂ 4/500
Breitzahn-Limia
H: Karibik: Haiti.
♂: Gonopodium; farbiger. V: +
Z: 42 TT, 10–40 J, 10 mm. F: O
T: 24–29°C, L: ♀6 cm, pH: >7, SG: 2

Limia melanogaster 1/596
Dreifarbiger Jamaika-Kärpfling
H: Karibik: Jamaika, Haiti.
♂: Gonopodium; farbiger. V: +
Z: Selten. F: H,O
T: 22–28°C, L: ♀6,5 cm, pH: ≫7, SG: 2

LEBENDGEB.

Limia nigrofasciata ♂ 4/502
Schwarzbinden-Kärpfling

H: Karibik: Haiti. Sw,Bw
♂: Gonopodium; Buckel. V: +
Z: 42 TT, 10–60 J, 8 mm. F: O
T: 24–29°C, **L**: ♀8 cm, **pH**: >7, **SG**: 2

Limia nigrofasciata ♂ 4/502
Schwarzbinden-Kärpfling

Limia nigrofasciata × *L. dominicensis*
Schwarzbandkärpfling o.♂, u.♀ 1/596

Limia pauciradiata ♂ 4/504
Puerto Plata-Limia

H: Karibik: Hispaniola.
♂: Gonopodium; kleiner. V: +
Z: 42 TT, 10–60 J, 8 mm. F: O
T: 23–28°C, **L**: ♀6 cm, **pH**: >7, **SG**: 2

Limia pauciradiata ♀ 4/504
Puerto Plata-Limia

Limia perugiae ♂ 2/730
Perugiakärpfling

H: Karibik: Hispaniola.
♂: Gonopodium; Brust orange. V: +
Z: 24 TT, 10–100 J, 7 mm. F: O
T: 24–28°C, **L**: 7 cm, **pH**: 7, **SG**: 1–2

Limia sulphurophila ♂ 4/506
Schwefelquellen-Limia
H: Karibik: Dominikanische Republik.
♂: Gonopodium; kleiner. V: +
Z: 42 TT, 10–30 J, 8 mm. F: O
T: 23–28°C, L: ♀5 cm, pH: >7, SG: 2

Limia dominicensis u.♂, o.♀ 4/506
Tiburon-Limia
H: M-Amerika: Haiti.
♂: Gonopodium; farbiger. V: +
Z: 42 TT. F: O
T: 24–29°C, L: ♀4 cm, pH: 7, SG: 2

Limia versicolor ♂ 4/508
Bunte Limia
H: Karibik: Dominikanische Republik.
♂: Gonopodium; kleiner. V: +
Z: 42 TT, 10–35 J, 8 mm. F: O
T: 22–27°C, L: ♀5 cm, pH: >7, SG: 2

Limia cf. *versicolor* ♀ 4/508
Bunte Limia

Limia vittata (gescheckte Form) 1/604
Kubakärpfling, Bänderkärpfling
H: Karibik: Kuba.
♂: Gonopodium; farbiger. V: +
Z: 21–35 TT, 20–50 J. F: H,O
T: 18–24°C, L: ♀12 cm, pH: >7, SG: 2

Limia vittata ♂ (Normalfärbung) 4/508
Kuba-Limia
H: Karibik: Kuba.
♂: Gonopodium; kleiner. V: +
Z: 42 TT, 10–60 J, 8 mm. F: O
T: 22–28°C, L: ♀10 cm, pH: >7, SG: 1

LEBENDGEB.

Limia vittata ♀ (Normalfärbung) 4/508
Kuba-Limia

Limia zonata ♂ 2/732
Zonatakärpfling
H: Karibik: Dominikanische Republik.
♂: Gonopodium; kleiner. V: +
Z: 30–40 TT, 12–30 J, 7 mm. F: O
T: 22–25°C, L: ♀4,5 cm, pH: 7, SG: 2

Pamphorichthys minor o. ♀, u. ♂ 4/530
Mini-Molly
H: S-Amerika: Brasilien; Amazonasbecken.
♂: Gonopodium; kleiner. V: +
Z: Nur bis zur 2. Generation. F: O
T: 23–28°C, L: ♀ 2,5 cm, pH: 7, SG: 3

Micropoecilia parae ♂ 3/618, 4/530
Para-Molly
H: S-Amerika: Guyana bis Brasilien.
♂: Gonopodium; kleiner. V: +
Z: 5–16 J, 7 mm; über 2. Gen. schwer. F: O
T: 24–28°C, L: ♀ 5 cm, pH: 7, SG: 3

Micropoecilia parae ♀ 3/618, 4/530
Para-Molly

Micropoecilia picta l. ♀, r. ♂ 2/740, 5/620
Pfauenaugenkärpfling (Wildfarben)
H: S-Amerika: Guyana, Trinidad, Brasilien.
♂: Gonopodium; farbiger. V: +
Z: 25 TT, 15–30 J, 7 mm. F: K
T: 25–29°C, L: ♀ 4 cm, pH: >7, SG: 2

LEBENDGEB.

Micropoecilia picta ♂ 2/740, 5/620
Pfauenaugenkärpfling (Aquarienstamm)

Micropoecilia picta ♂ 2/740, 5/620

Micropoecilia picta ♂ 2/740, 5/620
Roter Picta

Micropoecilia picta ♂ 2/740, 5/620
Schwarzer Picta

Neoheterandria elegans o.♂, u.♀ 4/514
Elegant-Kärpfling

H: S-Amerika: Kolumbien. Sehr selten.
♂: Gonopodium; kleiner, farbiger. **V**: –
Z: 3–4 TT, 1–4 J, 2–3 mm. **F**: O,K
T: 22–26°C, **L**: ♀ 3,5 cm, **pH**: >7, **SG**: 2

Phallichthys amates 1/594
Guatemalakärpfling

H: M-Am.: Guatemala, Panama bis Hondu.
♂: Gonopodium; kleiner. **V**: +
Z: 28 TT, 10–80 J. **F**: O,H
T: 22–28°C, **L**: ♀ 6 cm, **pH**: 7, **SG**: 2

Phallichthys amates o. ♀, u. ♂ 2/732
Pittier-Kärpfling
H: M-Amerika: Costa Rica, N-Panama.
♂: Gonopodium; schlanker. V: +
Z: 28 TT, 10–50 J. F: O,H
T: 20–24°C, L: ♀ 8 cm, pH: 7, SG: 2

Phallichthys fairweatheri ♂ 2/734
Fairweather-Kärpfling
H: M-Amerika: Mexiko.
♂: Gonopodium; kleiner. V: +
Z: 24 TT, 15–30 J, 5 mm. F: O
T: 22–29°C, L: ♀ 4 cm, pH: >7, SG: 2

Phallichthys quadripunctatus ♂ 2/734
Vierpunktkärpfling
H: M-Amerika: O-Costa Rica.
♂: Gonopodium; kleiner. V: +
Z: Leicht. F: O
T: 20–20°C, L: ♀ 3,5 cm, pH: 7, SG: 2

Phallichthys tico ♂ 4/514
Schwarzfleck-Kärpfling
H: M-Amerika: Costa Rica.
♂: Gonopodium; kleiner, flacher. V: +
Z: 28 TT, 10–25 J, 6 mm. F: O
T: 24–29°C, L: ♀ 4 cm, pH: >7, SG: 3

Phallichthys tico ♀ 4/514
Schwarzfleck-Kärpfling

Phallocerus caudimaculatus ♂ 3/610
Fleckenloser Kaudi (fleckenlos)
H: M-Amerika: S-Bras., Par., Uruguay.
♂: Gonopodium; kleiner. V: +
Z: 24 TT, 10–50 J, 5–6 mm. F: O
T: 18–24°C, L: ♀ 4,5 cm, pH: >7, SG: 1

LEBENDGEB.

Phallocerus caudimaculatus ♀ 3/610
Gefleckter Kaudi (gefleckt)

Phallocerus caudimaculatus 1/594
Gefleckter Kaudi, Vielfleckkärpf. (Goldf.)
H: S-Am.: S-Brasilien, Paraguay, Uruguay.
♂: Gonopodium; kleiner. V: +
Z: 10–40 J, 7 mm. F: K,O
T: 20–24°C, L: ♀ 4,5 cm, pH: >7, SG: 1

Phalloptychus januarius o.♂, u.♀ 2/736
Januarkärpfling
H: S-Amerika: Brasilien, Arg., Par., Uru.
♂: Gonopodium; schlanker. V: +
Z: 24 TT, 10–30 J. F: O
T: 20–25°C, L: ♀ 4,5 cm, pH: >7, SG: 1

Phallotorynus jucundus o.♂, u.♀ 4/516
Paraná-Kärpfling
H: S-Amerika: Brasilien, Paraguay.
♂: Gonopodium; schlanker. V: +
Z: 30 TT, 6–10 J, 8 mm. F: K
T: 20–25°C, L: ♀ 2 cm, pH: >7, SG: 2

Micropoecilia branneri ♂ 3/612
Zitronenkärpfling, Pfauenaugenmolly
H: S-Amerika: Brasilien: Pará.
♂: Kaudale mit Querzeichnung. V: –
Z: 3–5 J alle paar Tage. F: K
T: 26–28°C, L: ♀ 4 cm, pH: <7, SG: 3

Poecilia butleri ♂ 3/612
Butler-Molly
H: M-Amerika: W-Mexiko bis W-Panama.
♂: Gonopodium; etwas kleiner. V: +
Z: 28 TT, 20–60 J, 8 mm. F: H
T: 23–27°C, L: ♀ 8 cm, pH: >7, SG: 2

Poecilia catemaconis ♂ 3/614
Zitronenmolly
H: M-Amerika: Mexiko: Catemaco-See. E
♂: Gonopodium; kleiner. V: –
Z: 200 l Becken; Aufzucht leicht. F: H,O
T: 24–28°C, **L**: ♀ 10,5 cm, **pH**: >7, **SG**: 2–3

Poecilia catemaconis ♀ 3/614
Zitronenmolly

Poecilia caucana ♂ 3/614
Cauca-Molly
H: M- u. S-Amerika: Panama, Kol., Ven.
♂: Gonopodium; bunter. V: +
Z: 28 TT, 8–25 J, 7 mm. F: H,O
T: 26–30°C, **L**: ♀ 6 cm, **pH**: >7, **SG**: 2

Poecilia chica o.♂, u.♀ 2/736
Zwergmolly
H: M-Amerika: Mexiko.
♂: Gonop.; farbiger bis fast schwarz V: +
Z: 30 TT, 30–50 J, 6 mm. F: H,O
T: 23–26°C, **L**: ♀ 5 cm, **pH**: 7, **SG**: 1–2

Poecilia elegans ♂ 4/520
Blauband-Molly
H: Karibik: Dominikanische Republik.
♂: Gonopodium; kleiner. V: –
Z: 45 TT, 10 J, 10 mm; selten F: O,K
T: 21–24°C, **L**: ♀ 6 cm, **pH**: >7, **SG**: 3

Poecilia gillii ♂ 4/520
Costa Rica-Molly, Gills Molly
H: M- u. S-Amerika: Guatemala bis Kol.
♂: Gonopodium; intensivere Farben. V: +
Z: 24 TT, 10–40 J, 8 mm. F: O,H
T: 22–26°C, **L**: ♀ 5 cm, **pH**: >7, **SG**: 2–3

Poecilia gillii ♀ 4/520
Costa Rica-Molly, Gills Molly

Limia heterandria ♂ 4/522
Venezuela-Molly

H: S-Amerika: Küste Zentralvenezuelas.
♂: Gonopodium; kleiner, farbiger. V: +
Z: 28–35 TT, 15–40 J, 7 mm. F: O
T: 23–27°C, L: ♀ 4 cm, pH: 7, SG: 2

Limia heterandria ♀ 4/522
Venezuela-Molly

Poecilia hispaniolana ♂ 4/524
Hispaniola-Molly

H: Karibik: Zentral-Hispaniola.
♂: Gonopodium; farbiger. V: +
Z: 35 TT, 10–30 J, 8 mm. F: O
T: 22–25°C, L: ♀ 6,5 cm, pH: >7, SG: 3

Pamphorichthys hollandi o. ♂, u. ♀ 5/622

H: S-Am.: Brasilien: Rio São Francisco.
♂: Gono.; farbiger; 1,5 cm kleiner. V: =
Z: Junge sind empfindlich. F: K,O
T: 23–28°C, L: ♀ 4 cm, pH: >7, SG: 2

Poecilia latipinna ♂ 2/738
Breitflossenkärpfling

H: N-Am: S-Virginia.,Carolina, Florida, Texas.
♂: Gonopodium; größere Dorsale. V: +
Z: 60–70 TT, 10–60 J, 12 mm. F: H,O
T: 20–28°C, L: ♀ 12 cm, pH: >7, SG: 2

Poecilia latipinna 1/602, (2/738)
Schwarze Form

Poecilia latipinna × *P. sphenops* ♂ 2/740
Zuchtform Lyratail

Poecilia latipunctata 2 ♂♂ WF 3/617
Nahtmolly
H: M-Amerika: Mexiko.
♂: Gonopodium; farbiger. V: =
Z: 28 TT, 10–30 J, 7 mm. F: H,O
T: 25–29°C, **L**: ♀ 6 cm, **pH**: 7, **SG**: 3

Poecilia latipunctata ♀ 3/617
Nahtmolly
Population: Mexiko: Mante.

Poecilia maylandi ♂ 4/524
Vielstreifen-Molly, Maylands Molly
H: M-Amerika: Mexiko: Rio Balsas-System.
♂: Gonopodium; farbiger. V: +
Z: 42 TT, 25–60 J, 8–10 mm. F: O
T: 24–29°C, **L**: ♀ 12 cm, **pH**: >7, **SG**: 2

Poecilia maylandi ♀ 4/524
Vielstreifen-Molly, Maylands Molly

LEBENDGEB.

Poecilia cf. *mexicana* ♂ 4/526
Höhlenmolly
H: M-Amerika: Mexiko: Höhle von Tapijulapa.
♂: Gonopodium; kleiner. V: –
Z: 35 TT, 10–25 J, 8 mm. F: O
T: 22–28°C, L: ♀ 5 cm, pH: >7, SG: 2

Poecilia cf. *mexicana* ♀ 4/526
Höhlenmolly

Poecilia mexicana ♂ 2/738
Mexikomolly
H: M-u, S-Amerika (Kol.), Karibik.
♂: Gonopodium; farbiger. V: +
Z: 28 TT, 30–80 J, 8 mm. Salzzugabe F: H
T: 23–28°C, L: ♀ 8,5 cm, pH: >7, SG: 1–2

Limia dominicensis ♂ 4/518
Dominika-Molly
H: Karibik: Hispaniola.
♂: Gonopodium; kleiner. V: –
Z: 35 TT, 10–40 J, 8 mm; 2.Gen.probl. F: O
T: 21–25°C, L: ♀ 5 cm, pH: >7, SG: 3

Poecilia petenensis ♂ 3/618
Petén-Molly, Schwertschwanz-Molly
H: M-Amerika: Mexiko, Guatemala, Belize.
♂: Gonop.; schönere Flossen. V: +
Z: 45–60 TT, 10–60 J, 8–12 mm. F: H,O
T: 22–28°C, L: ♀ 12 cm, pH: >7, SG: 2

Pamphorichthys scalpridens ♀ 4/532
Meißelzahn-Kärpfling
H: S-Amerika: Brasilien: Amazonas.
♂: Gonopodium; kleiner. V: +
Z: 28–35 TT, 5–12 J, 6–7 mm. F: O
T: 23–28°C, L: ♀ 3 cm, pH: 7, SG: 3

Poecilia sphenops 1/602
Spitzmaulkärpfling, Wildmolly
H: M- u. S-Amerika: Mexiko bis Kolumbien?
♂: Gonopodium; kleiner. V: =
Z: Sehr vermehrungsfreudig. F: H
T: 18–28°C, L: ♀ 6 cm, pH: >7, SG: 1–2

Poecilia sphenops 1/602
Black Molly

Poecilia sulphuraria ♂ 4/534
Schwefel-Molly
H: M-Amerika: Mexiko: Baños del Azufre.
♂: Gonopodium; kleiner. V: +
Z: 28–35 TT, 10–25 J, 7 mm. F: O
T: 24–28°C, L: ♀ 3,5 cm, pH: >7, SG: 3

Poecilia vandepolli ♂ 5/624
Gescheckt
H: Kol., Ven., Aruba, Curaçao, Bonaire.
♂: Gonopodium; farbiger. V: +
Z: 28 TT, 30 J. F: O
T: 26–29°C, L: ♀ 6 cm, pH: >7, SG: 1–2

Poecilia vandepolli ♂ 5/624
Normalfärbung

Poecilia velifera 1/604
Segelkärpfling
H: M-Amerika: Mexiko: Yucatán.
♂: Gonopodium; hohe Dorsale. V: +
Z: Schwierig. F: H,O
T: 25–28°C, L: ♀ 18 cm, pH: >7, SG: 2–3

Poecilia velifera ♂ 1/604
Segelkärpfling Albino

Poecilia vivipara l.♂, r.♀ 2/744
Augenfleckkärpfling
H: S-Amerika: W-Venezuela bis Argentinien.
♂: Gonopodium; kleiner. V: +
Z: 28 TT, 100 J, 6 mm. F: K,O
T: 26–28°C, L: ♀ 7 cm, pH: >7, SG: 1

Poecilia cf. *vivipara* ♂ 4/534
Hochrückenkärpfling
H: S-Amerika: Venezuela: Küstengewässer.
♂: Gonopodium; Dorsale farbiger. V: +
Z: 35 TT, 5–10 J, 7 mm. F: O
T: 23–27°C, L: ♀ 6 cm, pH: 7, SG: 2

Poecilia cf. *vivipara* ♀ 4/534
Hochrückenkärpfling

Lebendgeb.

Poeciliopsis baenschi ♂ 2/744
Baenschs Zahnkärpfling
H: M-Amerika: Mexiko.
♂: Gonopodium; kleiner. V: +
Z: 28 TT, 8–25 J. F: K,O
T: 18–24°C, L: ♀ 3 cm, pH: <7, SG: 3

Poeciliopsis baenschi o.♀, u.♂ 2/744
Baenschs Zahnkärpfling

Poeciliopsis balsas ♂ 4/536
Balsas-Kärpfling
H: M-Amerika: Mexiko: Rio Balsas-Becken.
♂: Gonopodium; farbiger. V: +
Z: 5 J; selten mehrere Generationen. F: O
T: 23–27°C, L: ♀ 6 cm, **pH**: >7, **SG**: 3

Poeciliopsis balsas ♀ 4/536
Balsas-Kärpfling

Poeciliopsis catemaco ♀ 3/620
Catemaco-Kärpfling
H: M-Amerika: Mexiko: Catemaco-See. E
♂: Gonopodium; viel kleiner. V: +
Z: Mehrere Gen. problematisch F: O
T: 24–28°C, L: ♀ 8 cm, **pH**: >7, **SG**: 2

Poeciliopsis elongata ♂ 4/538
Grüner Kärpfling
H: M-Amerika: Costa Rica bis S-Panama.
♂: Gonopodium; kleiner. V: +
Z: Nur 1. Generation. F: O
T: 24–28°C, L: ♀ 8 cm, **pH**: >7, **SG**: 3

Poeciliopsis fasciata ♀ 3/620
Querstreifen-Kärpfling
H: M-Amerika: Mexiko.
♂: Gonopodium; kleiner. V: +
Z: 30 TT, 15–30 J, 8 mm. F: O
T: 24–28°C, L: ♀ 5 cm, **pH**: >7, **SG**: 3

Poeciliopsis gracilis o.♂, u.♀ 2/746
Seitenfleckkärpfling (s. auch 4/538)
H: M-Amerika: S-Mex., Gua., Honduras.
♂: Gonopodium; kleiner. V: +
Z: 30 TT, 10–50 J, 7–8 mm. F: O
T: 24–28°C, L: ♀ 6 cm, **pH**: 7, **SG**: 1–2

Poeciliopsis hnilickai ♂ 2/746
Chiapas Kärpfling
H: M-Amerika: Mexiko: Chiapas.
♂: Gonopodium; kleiner. V: +
Z: 28–35 TT. F: O
T: 24–28°C, L: ♀ 5 cm, pH: 7, SG: 2

Poeciliopsis infans ♂ 4/540
Hochland-Poeciliopsis
H: M-Amerika: Mexiko.
♂: Gonopodium; schwarz zur Balz. V: +
Z: 28 TT, 10–25 J, 7 mm. F: O
T: 20–27°C, L: ♀ 5 cm, pH: 7, SG: 1–2

Poeciliopsis infans ♀ 4/540
Hochland-Poeciliopsis

Poeciliopsis latidens o.♂, u.♀ 2/749
Breitstreifenkärpfling
H: M-Amerika: Mexiko.
♂: Gonopodium; kleiner. V: –
Z: 28 TT, 8–25 J; selten. F: H,O
T: 23–26°C, L: ♀ 5 cm, pH: >7, SG: 3

Poeciliopsis lutzi ♂ 4/542
Schwarzstrich-Kärpfling, Lutz' Kärpfling
H: M-Amerika: Mexiko.
♂: Gonopodium; kleiner. V: +
Z: 13 TT, 4–14 J, 7 mm. F: O
T: 24–28°C, L: ♀ 6 cm, pH: >7, SG: 2

Poeciliopsis lutzi ♀ 4/542
Schwarzstrich-Kärpfling, Lutz' Kärpfling

Poeciliopsis occidentalis
Arizonakärpfling l. ♀, r. ♂ 3/622
H: N-Amerika: USA: Arizona.
♂: Gonopodium; kleiner. V: +
Z: Unbekannt. F: K,O
T: 25–28°C, L: ♀ 5 cm, pH: 7, SG: 3

Poeciliopsis paucimaculata ♂ 4/542
Gefleckter Poeciliopsis
H: M-Amerika: Costa Rica.
♂: Gonopodium; kleiner. V: +
Z: 4 J; schwierig. F: O
T: 24–27°C, L: ♀ 7 cm, pH: 7, SG: 3

Poeciliopsis paucimaculata ♀ 4/542
Gefleckter Poeciliopsis

Poeciliopsis prolifica o. ♂, u. ♀ 3/622
Sonnenkärpfling
H: M-Amerika: Mexiko.
♂: Gonopodium; kleiner. V: +
Z: Nicht über 4 Generationen. F: H,O
T: 24–28°C, L: ♀ 3,5 cm, pH: >7, SG: 2

Poeciliopsis retropinna ♂ 3/624
Kleinflossen-Kärpfling
H: M-Amerika: Costa Rica, W-Panama.
♂: Gonopodium; kleiner. V: +
Z: 35 TT, 5–15 J, 7 mm. F: O
T: 25–28°C, L: ♀ 8 cm, pH: >7, SG: 3

Poeciliopsis scarlli ♂ 3/624
Scarlls Kärpfling
H: M-Amerika: Mexiko.
♂: Gonopodium; kleiner. V: +
Z: 28–42 TT, 10 J; schwierig. F: O,K
T: 23–30°C, L: ♀ 4 cm, pH: 7, SG: 2–3

Poeciliopsis turneri ♀ 4/544
Apamila-Kärpfling
H: M-Amerika: Mexiko: Jalisco.
♂: Gonopodium; kleiner. V: +
Z: 2–3 J, 15 mm; nur 1. Generation. F: O
T: 24–28°C, L: ♀ 6 cm, pH: >7, SG: 3

Poeciliopsis turrubarensis ♂ 3/626
Turrubarés-Kärpfling
H: M-Amerika: Mexiko, Costa Rica, Gua.
♂: Gonopodium; kleiner. V: +
Z: 30 TT, 10–60 J, 8 mm; schwer. F: H,O
T: 23–28°C, L: ♀ 8 cm, pH: >7, SG: 3

Poeciliopsis turrubarensis ♀ 3/626
Turrubarés-Kärpfling

Poeciliopsis viriosa ♂ 2/750
Viriosakärpfling
H: M-Amerika: Mexiko.
♂: Langes Gonopodium; kleiner. V: =
Z: 10 TT, 6–15 J, 7 mm. F: K,O
T: 24–26°C, L: ♀ 6 cm, pH: 7, SG: 2–3

Priapella compressa o.♂, u.♀♀ 2/750
Gedrungener Blauaugen-Kärpfling
H: M-Amerika: Mexiko.
♂: Gonopodium; kleiner. V: +
Z: Nur wenn gut ernährt. F: K
T: 24–28°C, L: ♀ 5 cm, pH: 7, SG: 3

Priapella intermedia 1/606
Leuchtaugen-Kärpfling, Blauaugen-Kärpfl.
H: M-Amerika: Mexiko.
♂: Gonopodium ab 5. Monat. V: +
Z: 28–42 TT, 6–20 J, 10 mm. F: K,O
T: 24–26°C, L: ♀ 7 cm, pH: >7, SG: 3

Priapella olmecae ♂ 4/546
Olmeken-Kärpfling
H: M-Amerika: Mexiko. Selten
♂: Gonopodium; kleiner. V: –
Z: 35–42 TT, 8–25 J, 8 mm. F: O,K
T: 21–26°C, L: ♀ 6 cm, pH: 7, SG: 3

Priapella olmecae ♀ 4/546
Olmeken-Kärpfling

Priapichthys annectens ♂ 5/624

H: M-Amerika: Costa Rica, Panama.
♂: Gonopodium; kleiner, schlank. V: –
Z: Schwierig; krankheitsanfällig. F: K
T: 23–26°C, L: ♀ 7 cm, pH: 7, SG: 2–3

Pseudopoecilia austrocolumbiana ♂
Nariño-Kärpfling 4/548
H: S-Amerika: Kolumbien: Nariño.
♂: Gonopodium; kleiner, farbiger. V: +
Z: 12–15 TT, 2–6 J, 6 mm. F: O
T: 23–27°C, L: ♀ 3,5 cm, pH: >7, SG: 2

Priapichthys chocoensis ♂ 3/628
Chocó-Kärpfling
H: S-Amerika: Kolumbien.
♀: Gelbe Anale. V: +
Z: 14 TT, 3–15 J, 5–7 mm. F: K
T: 23–28°C, L: ♀ 4,5 cm, pH: >7, SG: 3

Priapichthys chocoensis ♀ 3/628
Chocó-Kärpfling

Priapichthys darienensis ♂ 4/548
Darien-Kärpfling
H: M-Amerika: O-Panama.
♂: Gonopodium; kleiner, farbiger. V: +
Z: Bis 1. Generation. F: O
T: 24–28°C, **L**: ♀ 4 cm, **pH**: >7, **SG**: 3

Pseudopoecilia festae ♂ 2/752
Festakärpfling
H: S-Amerika: Ecuador.
♂: Gonopodium; kleiner, farbiger. V: +
Z: 28 TT, 3–7 J, 5 mm. F: K
T: 21–30°C, **L**: ♀ 4,5 cm, **pH**: >7, **SG**: 1–2

Priapichthys nigroventralis ♂ 3/630
Schwarzflossen-Kärpfling
H: S-Amerika: Kolumbien.
♂: Gonopodium; kleiner. V: +
Z: 14 TT, 3–15 J, 5–7 mm. F: K
T: 23–28°C, **L**: ♀ 3 cm, **pH**: >7, **SG**: 2–3

Priapichthys nigroventralis ♀ 3/630
Schwarzflossen-Kärpfling

Quintana atrizona o.♀, u.♂ 2/752
Glaskärpfling
H: Karibik: Kuba. E
♂: Gonopodium; kleiner. V: +
Z: 28–45 TT, <35 J. Immer schwerer. F: O
T: 24–28°C, **L**: ♀ 4 cm, **pH**: <7, **SG**: 4

Scolichthys greenwayi o.♂, u.♀ 2/754
Greenways Kärpfling
H: M-Amerika: Guatemala.
♂: Gonopodium; kleiner, farbiger V: +
Z: 30 TT, 10–30 J. F: O
T: 22–26°C, **L**: ♀ 5 cm, **pH**: >7, **SG**: 2

LEBENDGEB.

Tomeurus gracilis o.♂, u.♀ 5/626

H: O-Venez., Guyana, Surinam, Brasilien.
♂: Gonopodium; ♀: Große Anale. V: (–)
Z: Hafteier 3 T nach Befruchtung. F: K
T: 26–29°C, **L**: ♀ 4 cm, **pH**: >7, **SG**: 3

Xenodexia ctenolepis ♂ 4/550, 5/628
Kammschuppen-Kärpfling

H: M-Amerika: Guatemala.
♂: Gonop.; rechte P handähnlich. V:(–)
Z: Nur bis 2. Gen.; 1–6 J, 15 mm. F:K,O
T: 15–22°C, **L**: ♀ 4,5 cm, **pH**: 7, **SG**: 2–3

Xenodexia ctenolepis ♂ 4/550, 5/628
Kammschuppen-Kärpfling

Siehe rechte, handähnlich strukturierte Pektoralflosse.

Xenophallus umbratilis ♂ 2/754
Regenschirmkärpfling, Schattenkärpfling

H: M-Amerika: Costa Rica.
♂: Gonopodium; Dorsale größer. V: +
Z: 30 TT, 10–50 J, 8 mm. F: K,O
T: 22–26°C, **L**: ♀ 6 cm, **pH**: 7, **SG**: 2–3

Xiphophorus alvarezi o.♀, u.♂ 2/756
Blauer Schwertträger

H: M-Amerika: S-Mexiko.
♂: Gonopodium; Schwert. V: +
Z: 20–50 J. F: O
T: 25–28°C, **L**: ♀ 8 cm, **pH**: >7, **SG**: 2

Xiphophorus alvarezi o.♀, u.♂ 4/550
Blauer Schwertträger

H: M-Amerika: Mexiko, Guatemala.
♂: Gonopodium; Schwert. V: +
Z: 28 TT, 10–20 J, 8 mm. F: O
T: 23–27°C, **L**: ♀ 10 cm, **pH**: >7, **SG**: 2

Xiphophorus andersi l.♂, r.♀ 2/756
Atoyac-Schwertplaty
H: M-Amerika: Mexiko: Rio Atoyac. E
♂: Gonopodium; kurze Sichel. V: +
Z: Schwierig; 10–40 J. F: H,O
T: 24–28°C, L: 4,5 cm, pH: >7, SG: 3

Xiphophorus birchmanni ♂ 3/633
Schwertloser Helleri
H: M-Amerika: Mexiko.
♂: Gonopodium; große Dorsale. V: +
Z: 28 TT, 15–25 J. F: K,O
T: 24–28°C, L: ♀ 7 cm, pH: >7, SG: 2–3

Xiphophorus birchmanni ♀ 3/633
Schwertloser Helleri

Xiphophorus clemenciae ♂ 2/758
Gelber Schwertträger
H: M-Amerika: Mexiko: Coatzacoalcos-B.
♂: Gonopodium; Schwert. V: +
Z: 24–28TT, 10–25 J; sehr schwierig. F:K,O
T: 22–26°C, L: ♀ 5 cm, pH: >7, SG: 4

Xiphophorus continens ♂ 4/552
El Quince-Schwertträger
H: M-Amerika: Mexiko.
♂: Gonopodium; 1 mm Fortsatz. V: +
Z: 28 TT; schwierig. F: O
T: 22–26°C, L: ♀ 5 cm, pH: >7, SG: 3

Xiphophorus cortezi ♂ 2/758
Cortez-Schwertträger (kurzes Schwert)
H: M-Amerika: Mexiko.
♂: Gonopodium; Schwert. V: +
Z: 28–35 TT, 10–30 J. F: O
T: 24–28°C, L: ♀ 6 cm, pH: >7, SG: 2

LEBENDGEB.

Xiphophorus cortezi ♂ 2/758
Cortez-Schwertträger (langes Schwert)

Xiphophorus couchianus o.♂, u.♀ 2/760
Monterrey-Platy
H: M-Amerika: Mexiko: Rio Grande-Becken.
♂: Gonopodium; Farblich gleich. V: +
Z: Sehr schwierig. F: K,O
T: 27–30°C, L: ♀ 6 cm, pH: >7, SG: 4

Xiphophorus couchianus o.♂, u.♀ 2/761
Monterrey-Platy "Apodoca"

Xiphophorus evelynae ♂ 2/762
Puebla-Platy, Hochland-Platy
H: M-Amerika: Mexiko.
♂: Gonopodium; farbenprächtiger. V: +
Z: Nicht schwierig. F: O
T: 22–27°C, L: ♀ 6 cm, pH: >7, SG: 2

Xiphophorus gordoni ♂ 2/762
Nord-Platy
H: M-Amerika: Mexiko. Bedroht.
♂: Gonopodium; farbiger. V: –
Z: 5–25 J, 6 mm. F: O
T: 28–32°C, L: ♀ 4 cm, pH: >7, SG: 4

Xiphophorus helleri 1/606
Schwertträger, Helleri (o. Neon, u. Rot)
H: M-Amerika: Zwischen 12° N u. 26° N.
♂: Gonopodium; Schwert. V: +
Z: <80 J. F: K,O
T: 18–28°C, L: ♀ 12 cm, pH: >7, SG: 1

LEBENDGEB.

Xiphophorus helleri 1/606
Roter Simpson Schwertträger

Xiphophorus helleri 1/606
Roter Lyratail Schwertträger

Xiphophorus helleri o.♂, u.♀ 1/609
Gefleckter Schwertträger
H: M-Amerika: S-Mexiko bis Guatemala.
♂: Gonopodium; Schwert. **V**: +
Z: <80 J. **F**: K,O
T: 20–28°C, **L**: ♀ 10 cm, **pH**: >7, **SG**: 1–2

Xiphophorus helleri ♂ 2/765, 3/631
Gelber Schwertträger, Catemaco-Schw.
H: M-Amerika: Mexiko: Catemacosee.
♂: Gonopodium; Schwert. **V**: +
Z: 25–28 TT, 20–60 J, 8 mm. **F**: O
T: 24–28°C, **L**: <12 cm, **pH**: >7, **SG**: 3

Xiphophorus helleri r.♂, l.♀ 2/768
Grüner Schwertträger
H: M-Amerika: Mexiko, Belize, Honduras.
♂: Gonopodium; Schwert. **V**: –
Z: 20–100 J; leicht bis schwierig. **F**: O
T: 22–28°C, **L**: ♀ <14 cm, **pH**: >7, **SG**: 1–4

Xiphophorus helleri ♂ roter Albino 5/632
Wild- u. Zuchtformen
H: M-Am.: Zentral-Mexiko bis Honduras.
♂: Gonopodium; Schwert. **V**: +
Z: 20–100 J; leicht bis schwierig. **F**: O
T: 22–27°C, **L**: ♀ <8 cm, **pH**: 7, **SG**: 1–2

Xiphophorus helleri ♂ 5/632
Rotstreifen Helleri
H: M-Amerika: S-Mexiko; Veracruz: Jalapa.

Xiphophorus helleri ♀ 5/632
H: M-Amerika: S-Mexiko; Veracruz: Jalapa.

Xiphophorus helleri ♂ 5/632
Golden Helleri

Xiphophorus helleri ♂ 5/632
Schwarzer Albino

Xiphophorus helleri ♂ 5/632
Blauschwarzer Albino

Xiphophorus helleri ♂ 5/632
Schwarzer Helleri

Xiphophorus helleri ♂ 2/764
Belize-Schwertträger (1)
H: M-Amerika: Belize: Rio Belize.
♂: Gonopodium; Schwert. **V**: +
Z: Relativ problemlos. **F**: O
T: 24–28°C, **L**: <5 cm, **pH**: >7, **SG**: 3

Xiphophorus helleri ♂ 2/764
Atoyac-Schwertträger (2,3,4)
H: M-Amerika: Mexiko: Rio Atoyac.
♂: Gonopodium; Schwert. **V**: +
Z: Problemlos. **F**: O
T: 24–28°C, **L**: ♀ 8–10 cm, **pH**: >7, **SG**:1–2

Xiphophorus helleri ♂ 2/764
Fünfstreifen-Schwertträger (1)
H: M-Amerika: Mexiko: Rio Sontecomapan.
♂: Gonopodium; Schwert. V: +
Z: Nicht schwierig. F: O
T: 24–28°C, L: ♀ 12 cm, pH: >7, SG: 2

Xiphophorus helleri ♂ 2/765
Yucatán-Schwertträger (2)
H: M-Amerika: Mexiko: Yucatán, Campeche.
♂: Gonopodium; Schwert. V: +
Z: Mitunter schwierig. F: O
T: 24–28°C, L: ♀ 9 cm, pH: >7, SG: 4

Xiphophorus helleri ♂ 2/765
Streifenschwertträger, Oaxaca-Schw. (3)
H: M-Amerika: Mexiko: Rio del Reyon.
♂: Gonopodium; Schwert. V: +
Z: Problemlos. F: O
T: 24–28°C, L: 5–7 cm, pH: >7, SG: 1–2

Xiphophorus helleri o. ♀, u. ♂ 2/765
Messingschwertträger, Catemaco-Schw. (4)
H: M-Amerika: Mexiko: Catemacosee. E
♂: Gonopodium; Schwert. V: =
Z: Schwierig; 15 Monate bis Reife. F: O
T: 24–28°C, L: 8–10 cm, pH: >7, SG: 3

Biotop verschiedener *Xiphophorus*-Arten: Catemaco-See, Mexiko.

Xiphophorus maculatus o.♂, u.♀ 1/610
Platy, Spiegelkärpfling: Korallenplaty
H: M-Amerika: Mex., Gua., N-Hon.
♂: Gonopodium; farbiger (Wildf.). V:+
Z: Mit 3–4 Monaten zuchtfähig. F: O
T: 18–25°C, L: ♀ <6 cm, pH: >7, SG: 1

Xiphophorus maculatus 1/610
Gold Berliner

Xiphophorus maculatus ♂ 1/610
Wagtail-Platy

Xiphophorus maculatus 1/610
Mary Gold

Xiphophorus maculatus 1/610
Tuxedoplaty

Xiphophorus maculatus 1/610
Simpson-Korallenplaty

Xiphophorus maculatus l.♀, r.♂ 2/770
Grauer Platy

H: M-Amerika: Mexiko: Rio San Juan.
♂: Gono.; stärkere schwarze Flecken. V: +
Z: 3–4 Monate zur Reife. F: O
T: 24–28°C, L: ♀ <6 cm, pH: >7, SG: 1

Xiphophorus maculatus o.♀, u.♂ 2/770
Jamapa-Platy, Bunter Platy

H: M-Amerika: Mexiko: Veracruz.
♂: Gonopodium. V: +
Z: Wie Nominatform. F: O
T: 24–28°C, L: ♀ <6 cm, pH: >7, SG: 2

Xiphophorus maculatus o.♂, u.♀ 2/772
Schwarzer Platy
H: M-Amerika: Mexiko: Veracruz.
♂: Gonopodium: kleiner. V: +
Z: Anfällig gegen Pilze. F: O
T: 24–30°C, L: ♀ 5 cm, pH: >7, SG: 3

Xiphophorus maculatus l.♀, r.♂ 2/772
Belize-Platy
H: M-Amerika: Belize: Rio Belize.
♂: Gonopodium; kleiner. V: +
Z: Leicht. F: O
T: 24–30°C, L: ♀ 6 cm, pH: >7, SG: 1

Xiphophorus maculatus ♂ 2/772
Rotaugenplaty (Foto S. 4/556)
H: M-Amerika: Belize: Rio Belize Mündung.
♂: Gonopodium. V: +
Z: Weiches, nitratfreies Wasser. F: H,O
T: 24–30°C, L: ♀ 4 cm, pH: 7, SG: 4

Xiphophorus maculatus ♂ 4/554
Platy (Rio Jamapa, Mexiko)
H: M-Amerika: Mex., Gua., Belize, Hon.
♂: Gonopodium. V: +
Z: 24 TT, 10–80 J, 7 mm. F: O
T: 24–28°C, L: ♀ 5 cm, pH: 7, SG: 1

Xiphophorus maculatus ♀ 4/554
Platy
H: M-Amerika: Mexiko: Rio Jamapa.

Xiphophorus maculatus ♂ 4/554
Platy
H: M-Amerika: Mexiko: Rio Papaloapán.

LEBENDGEB.

Xiphophorus maculatus ♂ WF 4/554
Platy
H: M-Amerika: Belize.

Xiphophorus malinche ♂ 5/634

H: M-Amerika: Mexiko: Hidalgo.
♂: Gonopodium; kurzes Schwert. V: =
Z: <15 J. F: K,O
T: 15–21°C, L: ♀ 6 cm, pH: 7, SG: 2–3

Xiphophorus meyeri u.♀, o.♂ 4/557
Muzquiz-Platy
H: M-Amerika: Mexiko: Coahuila.
♂: Gonopodium; kleiner. V: +
Z: 24 TT, 10–35 J, 7 mm. F: O
T: 23–28°C, L: ♀ 4 cm, pH: >7, SG: 2

Xiphophorus milleri l.♀, r.♂ 2/774
Catemaco-Platy
H: M-Amerika: Mexiko: Catemaco-See. E
♂: Gonopodium; kleiner. V: +
Z: 3–10 J; sehr schwierig. F: O
T: 24–28°C, L: ♀ 4,5 cm, pH: >7, SG: 4

LEBENDGEB.

Xiphophorus montezumae ♂ 1/612
Montezuma-Schwertträger
H: M-Amerika: O-Mittelmexiko.
♂: Gonopodium; Schwert. V: +
Z: Kreuzt mit *X. helleri*. F: O
T: 20–26°C, L: ♀ 6,5 cm, pH: >7, SG: 2

Xiphophorus montezumae ♂ 2/774
Montezuma-Schwert. (Schwanzfleckvariante)
H: M-Amerika: Mexiko: Rio Panuco.
♂: Gonopodium; Schwert. V: +
Z: 28–35 TT, 15–30 J, 8 mm. F: O
T: 22–26°C, L: ♀ 7 cm, pH: >7, SG: 3

Xiphophorus multilineatus ♀ 4/558
Gebänderter Schwertträger
H: M-Amerika: Mexiko.
♂: Gonop.; Schwert; Querstreifen. V: =
Z: 28 TT, <15 J; nicht einfach. F: O
T: 22–26°C, L: ♀ 6 cm, pH: 7, SG: 3

Xiphophorus multilineatus ♂ 4/558
Gebänderter Schwertträger
Langes Schwert, blau.

Xiphophorus multilineatus ♂ 4/558
Gebänderter Schwertträger
Kurzes Schwert, gelb.

Xiphophorus nezahualcoyotl o. ♂, u. ♀
Neza-Schwertträger 3/634
H: M-Amerika: Mexiko.
♂: Gonopodium; Schwert. V: +
Z: 28 TT, 15–35 J. F: O
T: 24–28°C, L: 6 cm, pH: 7, SG: 2–3

Xiphophorus nezahualcoyotl ♂ 4/560
Nördlicher Berg-Schwertträger
H: M-Amerika: Mexiko.
♂: Gonopodium; Schwert. V: +
Z: 28 TT, 10–40 J, 7 mm. F: O
T: 21–26°C, L: ♀ 7 cm, pH: >7, SG: 2

Xiphophorus nezahualcoyotl ♀ 4/560
Nördlicher Berg-Schwertträger

Xiphophorus nigrensis o. ♀, u. ♂ 2/776
Kleinschwertträger
H: M-Amerika: Mexiko.
♂: Gonopodium; Schwert; bläulich. V: +
Z: 28 TT, 15 J. F: K,O
T: 24–25°C, **L**: ♀ 5,5 cm, **pH**: >7, **SG**: 3

Xiphophorus nigrensis ♂ 2/776
Kleinschwertträger

Xiphophorus nigrensis ♀ 2/776
Kleinschwertträger

Xiphophorus pygmaeus 1/612
Zwergschwertträger
H: M-Amerika: Mexiko.
♂: Gonopodium; schlanker. V: +
Z: Ablaichkasten; nicht ergiebig. F: K,O
T: 24–28°C, **L**: 4 cm, **pH**: >7, **SG**: 2

Xiphophorus pygmaeus 2/778
Zwergschwertträger (o. gelbe Var. ♂)
H: M-Amerika: Mexiko.
♂: Gonopodium; schlanker. V: +
Z: Dichte Vegetation. F: K
T: 24–26°C, **L**: 4 cm, **pH**: >7, **SG**: 3–4

Xiphophorus pygmaeus l. ♀, r. ♂ 2/778
Zwergschwertträger (Nomalfärbung)

Xiphophorus signum o.♀, u.♂ 2/780
Komma-Schwertträger
H: M-Amerika: Guatemala.
♂: Gonopodium; schlanker. V: =
Z: 28–35 TT, 20–40 J; schwierig. F: K,O
T: 24–28°C, **L**: 8 cm, **pH**: >7, **SG**: 4

Xiphophorus variatus o.♂, u.♀ 2/782
Veränderlicher Spiegelkärpfling
H: M-Amerika: Mexiko (Rio Nautla).
♂: Gonopod. ♀: Trächtigkeitsfleck. V: +
Z: Ablaichkasten. F: O
T: 22–28°C, **L**: ♀ <7 cm, **pH**: >7, **SG**: 1–2

Xiphophorus variatus o.♂, u.♀ 2/782
Veränderlicher Spiegelkärpfling
(Rio Axtla)

Xiphophorus variatus ♂ 2/782
Veränderlicher Spiegelkärpfling
(Rio Axtla)

Xiphophorus variatus 1/614
Papageienplaty
H: M-Amerika: S-Mexiko.
♂: Gonopod. ♀: Trächtigkeitsfleck. V: +
Z: Ablaichkasten. F: H,O
T: 15–25°C, **L**: ♀ 7 cm, **pH**: >7, **SG**: 1

Xiphophorus variatus ♂ 4/562
Hawaii-Hochflosser-Variatus
H: Zuchtform.
♂: Gonopodium; hohe Dorsale. V: +
Z: <10 Junge. F: O
T: 21–28°C, **L**: 6 cm, **pH**: 7, **SG**: 2

Xiphophorus variatus ♂ 4/562
Hawaii-Pinselschwanzhochflosser

Xiphophorus variatus ♂ 4/560
Marygold-Pinselschwanz-Platy
(Text 4/562)

Xiphophorus variatus × couchianus
Gelber Platy 2/780
H: M-Amerika: Mexiko: Nuevo León.
♂: Gonopodium. **V**: +
Z: 20–40 J; nicht schwierig. **F**: K,O
T: 24–30°C, **L**: ♀ 5 cm, **pH**: >7, **SG**: 1

Xiphophorus xiphidium 1/615
Schwertplaty (Rio Purificación)
H: M-Amerika: Mexiko.
♂: Gonopodium; kurzes Schwert. **V**: +
Z: 24 J; nicht sehr ergiebig. **F**: K,O
T: 18–25°C, **L**: ♀ 5 cm, **pH**: >7, **SG**: 2–3

Xiphophorus xiphidium o.♀, u.♂ 2/785
Schwertplaty (Rio Purificación)
H: M-Amerika: Mexiko.
♂: Gonopodium; kurzes Schwert. **V**: +
Z: Weiches Wasser <10° Härte. **F**: K
T: 22–26°C, **L**: ♀ 5 cm, **pH**: >7, **SG**: 3

Xiphophorus xiphidium × variatus 2/784
Naturhybride aus dem Rio Soto la Marina. Wurde als *Xiphophorus kosszanderi* beschrieben.

Betta coccina (s.S. 578) bei der Paarung

Ursprung/Taxonomie

Entwicklungsgeschichtlich gesehen sind die Kletterfische (auch Labyrinthfische genannt) relativ jung: ihr Alter wird auf etwa 50–60 Millionen Jahre geschätzt, d.h., sie haben ihre Wurzeln im Tertiär.

Heute enthält die Unterordnung Anabantoidei laut NELSON (1994) 5 Familien mit 81 Arten in 18 Gattungen. Verschiedene Meinungen in der Systematik bestehen vor allem über die Plazierung der Luciocephalidae (1 Art) und der Channidae (etwa 21 Arten). Der INDEX folgt der unten dargestellten Klassifizierung.

PERCIFORMES (BARSCHÄHNLICHE FISCHE)

Diese Gruppe umfaßt Fische, welche ein zusätzliches Atmungsorgan in ihrer Kiemenhöhle besitzen. Schlangenkopffische (Channidae) haben ebenfalls ein solches Suprabranchialorgan (Labyrinth), gehören aber nicht in die Unterordnung Anabantoidei, sondern in ihre eigene, die Channoidei. Sie haben also weniger mit Kletterfischen gemeinsam als die Hechtköpfe (Luciocephalidae), obwohl beide in Aussehen und Habitus von "unseren Standard-Kletterfischen" deutlich abweichen.

Geographische Verbreitung

Kletterfische besiedeln Afrika, mit Ausnahme des östlichsten Teils, und den südostasiatischen Raum. Die asiatischen Arten stellen, mit Ausnahme von *Anabas*, die beliebten kleinen, farbenfrohen Gesellschaftsfische unserer Aquarien. Die Buschfische aus Afrika (*Ctenopoma, Microctenopoma* und *Sandelia*), zusammen mit dem asiatischen *Anabas*, können allerdings nur mit Aquariengenossen angemessener Größe vergesellschaftet werden, da es sich bei ihnen um Raubfische handelt.

Das Labyrinth befähigt alle diese Arten, in sauerstoffarmen bzw. -losen Gewässern zu leben. Auch andere qualitative Eigenschaften des Wassers sind eher nebensächlich, obwohl die wenigen Arten, die in Fließgewässern leben, diesbezüglich empfindlicher sind. Reisfelder, Straßengräben, trübe Wasseransammlungen und verkrautete Kanäle sind Biotope, in denen man vielen dieser Arten begegnen kann. Einige können auch über feuchtes Land weite Strecken bis zum nächsten Wasserloch zurücklegen. *Anabas testudinus* wird sogar nachgesagt, er könne auf Bäume klettern (daher: Kletterfisch).

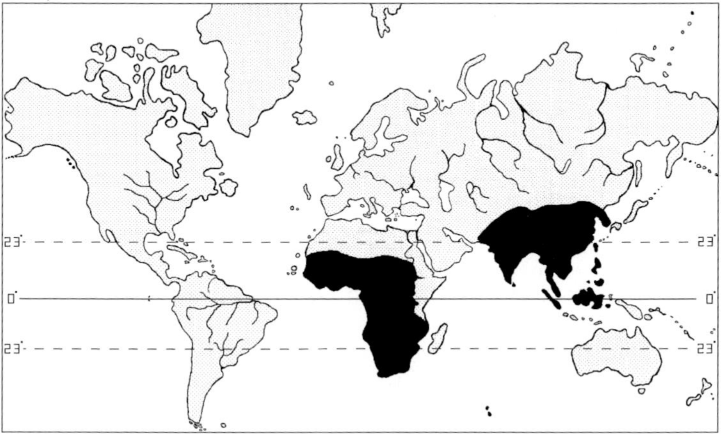

Verbreitungsgebiet der Anabantoidei.

Allgemeines

Die Unterordnung Anabantoidei enthält mehrheitlich kleine, farbenfrohe Aquarienfische, aber auch den Speisegurami, der mit seinen 70 cm Länge ein geschätzter Speisefisch ist.

Da alle Arten Luftatmer sind, ist es – insbesondere für Jungfische – wichtig, daß die Luft über dem Wasser die gleiche Temperatur wie das Wasser selbst aufweist und feucht ist. Die Labyrinth-Atmung ist bei den meisten der Arten so weit entwickelt, daß derartige Fische, am Luftholen gehindert, selbst in sauerstoffreichen Gewässern ertrinken würden.

Unter den Fortpflanzungsstrategien der asiatischen Arten ist vor allem das Schaumnest zu erwähnen, welches viele Arten bauen. Klein, groß, solide, vergänglich, frei oder zwischen Pflanzen verankert, alle Variationen sind vertreten. Dort werden sinkende oder schwimmende Eier hineingelegt (hineingespuckt). Brutpflege ist Angelegenheit des Männchens. Auch sind Maulbrüter (im männlichen Geschlecht) und Höhlenbrüter (mit Schaumnest an der Decke und wieder pflegt das Männchen) vertreten. Inzwischen werden von mehreren Arten farbenfrohe Zuchtformen angeboten.

Unter den afrikanischen Arten gibt es schaumnestbauende, brutpflegende Arten (jetzt in der neuen Gattung *Microctenopoma*) und Freilaicher, die zahlreiche Schwimmeier legen, die nicht gepflegt werden.

Die meisten Arten sind empfindlich gegenüber Salzzusatz.

Familie Anabantidae

Die Familie der Kletterfische mit ihren 4 Gattungen (mit der neuen Gattung *Microctenopoma* für schaumnestbauende Arten) und etwa 36 Arten besiedelt Süßwasser, selten Brackwasser in Afrika und von Indien bis zu den Philippinen in Asien (nur *Anabas*). Einige Mitglieder können die Trockenzeit ihrer Heimatgewässer im schlammigen Boden überdauern – völliges Austrocknen hingegen überleben sie nicht. Es sind diese Fische, die der Unterordnung ihren Namen gegeben haben. Sie sind in der Lage, sich mit Hilfe ihrer Operkular- und Flossenstachlen über Land überraschend schnell fortzubewegen, um die nächste Wasseransammlung zu erreichen.

Diese Familie enthält die weniger beliebten Fische der Unterordnung, obwohl einige farblich doch sehr ansprechend sind. Es handelt sich weitgehend um Raubfische, die sich im Aquarium bei der kleinsten Störung verstecken. Größere Arten sind aggressive Raufbolde, während das Verhalten der kleineren – insbesondere das der Schaumnestbauer der Gattung *Microctenopoma* – noch am ehesten mit dem der rein asiatischen Familien verglichen werden kann.

Geschlechtsunterschiede drücken sich bei Männchen in intensiveren Farben, verlängerten und größeren Flossen sowie in der Präsenz der Dornenfelder (s. unten) aus. Letztere sind zwar nicht immer leicht zu erkennen, aber wenn der Fisch mit einem Netz gefangen wird, verfangen sich die Männchen eher darin.

Ctenopoma multispine ♂. Man beachte die Dornenfelder hinter dem Auge und auf dem Kiemendeckel.

Anabas cobojius 3/637
Hochrückiger Kletterfisch
H: Asien: NO-Indien, Bangladesh.
♂: Anale länger. V: =
Z: Nicht erfolgt. F: O
T: 22–28°C, L: <18 cm, pH: 7, SG: 1

Anabas testudineus 1/618
Kletterfisch
H: Indien, S-China, Indon., Malai. Archipel.
♂: Anale ausgezogen. V: –
Z: Schwimmeier. F: O
T: 22–30°C, L: 10 –23 cm, pH: 7, SG: 1

Ctenopoma acutirostre 1/619
Leopard-Buschfisch
H: Afrika: Zaire.
♂: Dornenfelder am Körper. V: =
Z: Keine Brutpflege; schwierig. F: K
T: 20–25°C, L: 12–18 cm, pH: 7, SG: 3

Ctenopoma kingsleyae 1/622
Schwarzfleck Buschfisch
H: Westafrika: Zaire bis Gambia.
♂: Stärkere Dornenfelder. V: =
Z: <20 000 Schwimmeier, Brutpfl. F: K,O
T: 25–28°C, L: 19 cm, pH: 7, SG: 3

Ctenopoma maculatum 1/622
Gefleckter Buschfisch
H: Afrika: S-Kamerun, oberer Zaire.
♂: Dornenfeld. V: =
Z: Keine Brutpflege. F: K,O
T: 22–28°C, L: 20 cm, pH: 7, SG: 3

Ctenopoma multispine 2/790
Vielstacheliger Buschfisch
H: Afrika: SO-Kongogebiet.
♂: Dornenfeld. V: =
Z: Eier schwimmen. F: K,O
T: 24–27°C, L: 16 cm, pH: 7, SG: 2–3

Ctenopoma multispine ♂ 3/638
Vielstacheliger Buschfisch

Ctenopoma muriei 1/623
Nilbuschfisch
H: Afrika: Nil, Albert-, Edwardsee, Tschadb.
♂: Dornenschuppen. V: =
Z: Freilaicher, keine Brutpflege. F: K,O
T: 23–28°C, L: 8,5 cm, pH: 7, SG: 2

Ctenopoma nebulosum 5/636

H: W-Afrika: Niger u.a.
♂: Kleiner, schlanker. V: =
Z: Freilaicher ohne Brutpflege. F: K
T: 24°C, L: 20 cm, pH: 7, SG: 3

Ctenopoma nigropannosum 2/790
Zweifleck-Buschfisch
H: Zentralafrika.
♂: Dornenfeld. V: –
Z: Nicht erfolgt. F: K,O
T: 24–27°C, L: 17 cm, pH: 7, SG: 4

Ctenopoma ocellatum 1/624
Schokoladen-Buschfisch
H: Afrika: Zaire.
♂: Dornenfeld. V: =
Z: Laichräuber. F: K
T: 24–28°C, L: 15 cm, pH: 7, SG: 2

Ctenopoma weeksi 1/624
Pfauenaugen-Buschfisch
H: Afrika: Zaire.
♂: Intensivere Farben. V: =
Z: Freilaicher. F: K
T: 24–28°C, L: 10 cm, pH: 7, SG: 2–3

Ctenopoma pellegrini 3/640
Pellegrins Buschfisch
H: Tropisches Afrika.
♂: Dornenfelder. V: =
Z: Freilaicher. F: K,O
T: 22–27°C, L: 15 cm, pH: 7, SG: 3

Microctenopoma ansorgii 1/620
Orange-Buschfisch
H: Afrika: Zaire.
♂: Etwas farbiger. V: =
Z: Schaumnest; ♂ pflegt. F: K
T: 26–28°C, L: 8 cm, pH: 7, SG: 2–3

Microctenopoma congicum 2/788
Kongobuschfisch
H: Afrika: unterer Zaire.
♂: Spitz ausgezogene Flossen. V: =
Z: Schaumnest; ♂ pflegt. F: K,O
T: 23–27°C, L: 8,5 cm, pH: 7, SG: 2

Ctenopoma petherici 3/640
Pethericks Buschfisch
H: Zentralafrika.
♂: Dornenfelder. V: =
Z: Nicht erfolgt; Freilaicher. F: K
T: 22–26°C, L: 16 cm, pH: <7, SG: 3

Ctenopoma argentoventer 1/620
Silberner Buschfisch (bis 14. Aufl.)
H: Westafrika: Niger.
♂: 2 gelbliche Binden. V: =
Z: Schaumnest; ♂ pflegt. F: K
T: 22–27°C, L: <15 cm, pH: <7, SG: 3

Microctenopoma congicum 5/638
Kongobuschfisch
H: W-Afrika: Kongo: Stanley Pool.
♂: Größere Flossen; farbiger. V: =
Z: Schaumnest; ♂ pflegt. F: K
T: 22°C, L: 8 cm, pH: <7, SG: 2–3

Microctenopoma damasi 2/788
Perlbuschfisch
H: Afrika: O-Uganda.
♂: Ventralen verlängert, größer. V: (–)
Z: Schaumnest; ♂ pflegt. F: K
T: 26–30°C, L: 7 cm, pH: 7, SG: 3

Microctenopoma fasciolatum 1/620
Gebänderter Buschfisch
H: Afrika: Zaire.
♂: Verlängerte Dorsale u. Anale. V: =
Z: Unbekannt. F: O
T: 24–28°C, L: 8 cm, pH: <7, SG: 2

Microctenopoma intermedium 5/638

H: W-Afrika.
♂: Größere Flossen; farbiger. V: =
Z: Schaumnest; ♂ pflegt. F: K
T: 24°C, L: 8 cm, pH: <7, SG: 2

Microctenopoma nanum 1/623
Zwergbuschfisch
H: Afrika: Kamerun bis Zaire.
♂: Längere Anale u. Dor.; farbiger. V: =
Z: Schaumnest; ♂ pflegt. F: K
T: 18–24°C, L: 7,5 cm, pH: 7, SG: 2–3

Sandelia bainsii 2/792
Westlicher Kaplabyrinthfisch
H: Südafrika. Geschützt.
GU: Unbekannt. V: –
Z: Natur: Freilaicher. F: K
T: 18–22°C, L: 25 cm, pH: 7, SG: 2–3

Sandelia capensis 2/792
Östlicher Kaplabyrinthf., Kap-Buschfisch
H: Südafrika.
GU: Unbekannt. V: –
Z: Freilaicher, ♂ bewacht. F: K,O
T: 18–22°C, L: <22 cm, pH: 7, SG: 2–3

KLETTERF.

Familie Osphronemidae

Die Familie der Kampf- und Fadenfische besteht aus 13 Gattungen mit etwa 49 Arten. Diese besiedeln Süßwasser von Indien bis zur Malaiischen Halbinsel und Korea.

Fünf Unterfamilien werden anerkannt: Belontiinae, Macropodinae mit den Kampffischen, Trichogastrinae mit den Fadenfischen, Luciocephalinae mit dem Hechtkopf und Osphroneminae mit den Speiseguramis.

Unterfamilie Belontiinae

Diese Unterfamilie beinhaltet nur eine Gattung mit zwei Arten. Sie lassen sich vor allem durch das Vorhandensein eines Musters in den unpaarigen Flossen (*Belontia hasselti*) unterscheiden. In der Natur ist es einfacher: *B. signata* ist auf Sri Lanka endemisch, und *B. hasselti* ist dort nicht zu finden.

Als Jungfische friedlich, können sie mit zunehmendem Alter nur noch für ein Gesellschaftsbecken mit Arten empfohlen werden, die sich behaupten können. Die Luft über der Wasseroberfläche muß warm und feucht sein. Das Zuchtbecken darf 100 cm Länge nicht unterschreiten und ist so für Fische dieser Familie relativ groß. Bei *B. signata* wurde eine Elternfamilie beobachtet (Linke, 1980), was unter Kletterfischen sehr außergewöhnlich ist.

Unterfamilie Macropodinae

Die Unterfamilie der Kampffische besteht aus 7 Gattungen mit etwa 32 Arten (Nelson, 1994). Heute gehören mindestens 30 Arten allein zur Gattung *Betta*. Der Makropode (*Macropodus opercularis*, S. 586) war der erste nach Deutschland importierte tropische Aquarienfisch (1876).

Betta splendens (s.S. 584). Zwei erwachsene Männchen, das geht nicht lange gut. Gleich nach der Aufnahme die Fische wieder trennen!

Der bekannteste Vertreter der Anabantoidei, *Betta splendens* – der Siamesische Kampffisch, ist Teil der Macropodinae (s.S. 584). Aus ihm sind mehrere Zuchtformen entwickelt worden, die sich in verschiedenen Farbenspielen und Beflossungen präsentieren. Bei der Zucht mit der dominanten Eigenschaft "Spaltschwanz" ist zu beachten, daß sie homozygot letal ist, d.h., wenn beide Elterntiere diese geteilte Schwanzflosse (zusammen mit einer vielstrahligen Dorsalflosse) haben, sterben ein Viertel der Eier, und ein weiteres Viertel der Nachkommen wird diese Eigenschaft nicht zeigen (diese zeigen eine einteilige Kaudale und eine normal schmale Dorsale). Es ist daher günstiger, ein normales Elterntier mit einem Doppelschwanz-Elterntier zu kreuzen. Dadurch erhält man die gleiche Anzahl an Doppelschwanz-Nachkommen, aber doppelt so viele normalbeflosste Tiere als sonst (da es zu keinen genetisch bedingten Sterbefällen kommt).

Unter den Macropodinae sind schaumnestbauende und maulbrütende Arten vertreten. Brutpflege und Maulbrüten ist hier immer Angelegenheit des Männchens. Das Weibchen sollte bald nach der Eiablage herausgefangen werden. Männchen sind auch sehr ruppig gegenüber nicht laichbereiten Weibchen. Das Zuchtbecken braucht daher Verstecke, in denen sich das Weibchen verbergen kann. Für eine erfolgreiche Zucht sind einige Arten auf extrem saures und weiches Wasser angewiesen.

- Schaumnestbauer bauen je nach Art ihr Nest (welches wiederum lose oder dicht sein kann) frei auf der Wasseroberfläche oder an Pflanzen verankert (z.B. *Betta* und *Trichopsis*). Andere wiederum bauen es unter Wasser in Höhlen an der Decke oder unter breite Pflanzenblätter (z.B. *Parosphromenus*). Die Eizahl kann hoch sein (bis zu etwa 500 in dieser Unterfamilie), doch ist sie bei "Unterwassernestern" gering (ca. 50), auch sind es kleinere Arten, die sich so fortpflanzen.
- Maulbrüter sind in der Gattung *Betta* zu finden. Nach der Befruchtung der Eier spuckt das Weibchen diese dem Männchen vor das Maul. Die Eizahl ist gering (bis zu 20 Stück, etwa 10 bis 14 Tage Brutzeit; bis zu 70 Stück und 28 Tage für *B. macrophthalma*).

Bettas sind für ihre innerartliche männliche Aggressivität bekannt, artfremden Individuen gegenüber sind sie friedlich. In Thailand werden mit der Wildform der ähnlichen Arten *B. splendens* und *B. smaragdina* öffentliche Wettkämpfe veranstaltet – diese enden oftmals mit dem (Erschöpfungs-) Tod des Besiegten. *B. imbellis* – zutreffend "Friedlicher Kampffisch" genannt – ist friedlich und kann, mit Vorsicht während der Laichzeit, sogar zu mehreren Paaren in einem Aquarium gehalten werden; aber auch ein einzelnes Männchen oder ein Paar der beiden anderen Arten haben durchaus ihren Platz in gut eingerichteten "normalen" Gesellschaftsaquarien.

Trichogastrinae

Die Unterfamilie der Fadenfische besteht aus 4 Gattungen mit etwa 12 Arten. Allesamt sind friedliche Gesellschaftsfische, die zudem als Anfängerfische bekannt und geschätzt sind, da ihre Haltung einfach ist.

Colisa: Fische herrlicher Farben, die auch bereits in verschiedenen Zuchtformen angeboten werden.

Trichogaster: Ihre fadenartig verlängerten Bauchflossen dienen der chemischen Wahrnehmung (ähnlich der Barteln der Siluriformes). Bei ihrer Vergesellschaftung mit *Barbus*-Arten ist darauf zu achten, daß diese nicht daran zupfen.

Diese Schaumnestbauer können sehr fruchtbar sein (600–1000 Eier, aber auch nur ca. 50). Die größeren Arten werden in Asien auch als Speisefische geschätzt.

Sphaerichthys: Die Schokoladenguramis sind Maulbrüter und die empfindlichsten Fische dieser Unterfamilie. Keine Anfängerfische.

Belontia hasselti 1/626
Wabenschwanz-Makropode, W.-Gurami
H: Java, Sum., Borneo, Singapur, Malakka.
♂: Kräftigere Flossen, ♀ blasser. V: +,–
Z: Lockeres Schaumnest; <700J. F: K,O
T: 25–30°C, L: 19 cm, pH: 7, SG: 3

Belontia signata 1/626
Ceylon-Makropode, Ceylon-Stachelflosser
H: Sri Lanka.
♂: Etwas längere Dorsale. V: +,=
Z: Unter Pflanzenblatt. F: O
T: 24–28°C, L: 13 cm, pH: 7, SG: 2

Betta akarensis 5/640
Leiterflossen-Kampffisch
H: SO-Asien: W- u. N-Borneo.
♂: Längere flossen, farbiger. V: =
Z: Maulbrüter, ♂; 13–15 TB. F: K
T: 22–25°C, L: 14 cm, pH: <7, SG: 2–3

Betta akarensis juv. 5/640
Leiterflossen-Kampffisch

Betta anabatoides 2/794
Großer Borneo-Kampffisch
H: SO-Borneo.
♂: Längere Flossen, farbiger. V: =
Z: Maulbrüter, ♂,10 TB. F: K,O
T: 27–30°C, L: 12 cm, pH: ≪7, SG: 3

KLETTERF.

Betta balunga ♂ 5/642
Balung-Kampffisch
H: SO-Asien: N-Borneo: Balung River.
♂: Größere Flossen, farbiger. **V**: =
Z: Maulbrüter, ♂; 12–14 TB. **F**: K
T: 21–27°C, **L**: 14 cm, **pH**: <7, **SG**: 2–3

Betta balunga ♀ 5/642
Balung-Kampffisch

Betta bellica 1/628, 3/642
Streifenkampff., Schlanker Streitbarer K.
H: SO-Asien: Thailand, Malaysia, Sumatra.
♂: Farbiger, längere Flossen. **V**: =
Z: Schaumnest. **F**: K
T: 24–30°C, **L**: ♂ 13 cm, **pH**: <7, **SG**: 2

Betta bellica ♂ 1/628, 3/642
Streifenkampff., Schlanker Streitbarer K.

Betta bellica ♀ 1/628, 3/642
Streifenkampff., Schlanker Streitbarer K.

Betta sp. 3/642

H: SO-Asien: W- u. N-Borneo.
♂: Größere Flossen. **V**: =
Z: Maulbrüter ♂, 12–14 TB, 7 mm. **F**: K
T: 23–28°C, **L**: 11 cm, **pH**: <7, **SG**: 2–3

KLETTERF.

Betta brownorum 4/566

H: SO-Asien: Sarawak, Borneo.
♂: Seitenfleck stärker. V: =
Z: Schaumnest. F: K
T: 22–26°C, L: 5 cm, pH: <7, SG: 3

Betta burdigala ♂ 5/644
Rotwein-Kampffisch

H: SO-Asien: NW-Borneo, Sumatra.
♂: Größere Flossen, farbiger. V: +
Z: Schaumnest, ♂ pflegt. F: K,O
T: 24°C, L: 5 cm, pH: ≪7, SG: 2–3

Betta akarensis 3/644
Leiterflossen-Kampffisch

H: SO-Asien: W- u. N-Borneo.
♂: Größer, größere Flossen. V: =
Z: Maulb. ♂; Aufzucht erfolglos. F: K
T: 21–27°C, L: 14 cm, pH: <7, SG: 3

Betta akarensis "Matang" 3/644
Leiterflossen-Kampffisch

Betta akarensis "Spitzkopf" 3/644
Leiterflossen-Kampffisch

Betta akarensis "Spitzkopf" 3/644
Leiterflossen-Kampffisch

Betta coccina 1/628, 3/646, (5/645)
Roter Kampffisch, Weinroter Kampffisch
H: SO-Asien.
♂: Größere Flossen, Kaudale spitz. V: =
Z: Kleines Schaumnest. F: K
T: 22–28°C, L: 6 cm, pH: ≪7, SG: 3

Betta coccina ♂ 1/628, 3/646, (5/645)
Roter Kampffisch, Weinroter Kampffisch

Betta coccina ♀ 1/628, 3/646, (5/645)
Roter Kampffisch, Weinroter Kampffisch

Betta coccina 1/628, 3/646, (5/645)
Roter Kampffisch, Weinroter Kampffisch

KLETTERF.

Betta edithae 2/794
Ediths Kampffisch
H: SO-Asien: S-Borneo.
♂: Glanzpunkte, etwas größer. V: =
Z: Maulbrüter, ♂, 10 TB. F: K,O
T: 24–28°C, L: 7,5 cm, pH: 7, SG: 3

Betta enisae ♂ 5/648
Langflossen-Kampffisch
H: SO-Asien: NW-Borneo.
GU: Unbekannt; Flossen größer? V: +
Z: Maulbrüter, ♂. F: K
T: 24°C, L: 11 cm, pH: <7, SG: 3

Betta enisae juv. 5/648
Langflossen-Kampffisch

Betta foerschi ♂ 2/796
Foerschs Kampffisch, Chameleon-Kampff.
H: SO-Asien: S-Borneo.
♂: Dorsale, Anale breiter u. spitzer. V: =
Z: Maulbrüter, ♂, 10 TB F: K
T: 24–26°C, L: 6,5 cm, pH: <7, SG: 3–4

Betta foerschi "Nataisedawak" ♂ 4/570

H: SW-Zentralkalimantan.
♂: Farbiger, ♀ senkrechte Bänder. V: =
Z: ♂ Maulbrüter, 6–12 TB. F: K
T: 22–26°C, L: 6 cm, pH: ≪7, SG: 3

Betta foerschi "Tarantag" ♀ 4/570

H: SW-Zentralkalimantan.
♂: Farbiger (?). V: =
Z: ♂ Maulbrüter (?). F: K
T: 22–26°C, L: 6 cm, pH: ≪7, SG: 4

Betta fusca ♂ 3/648
Dunkler Kampffisch
H: SO-A.: Sumatra, S-Malaiische Halbinsel.
♂: Größere Flossen. V: =
Z: Maulbrüter. F: K
T: 22–26°C, L: 8 cm, pH: <7, SG: 3

Betta fusca 3/648
Dunkler Kampffisch
H: Sumatra

Betta fusca ♀ 3/648
Dunkler Kampffisch
Sumatra

Betta fusca ♂ 3/648
Dunkler Kampffisch
Foto s. S. 5/646

Betta imbellis ♀, Penang 3/650
Friedlicher Kampffisch
H: SO-Asien: Insel Penang.
♂: Größere Flossen, farbiger. **V**: =
Z: Schaumnest. **F**: K
T: 22–26°C , **L**: 5 cm, **pH**: <7, **SG**: 2

Betta imbellis ♂, Phuket 3/650
Friedlicher Kampffisch
H: SO-Asien: Insel Phuket.
♂: Größere Flossen, farbiger. **V**: =
Z: Schaumnest. **F**: K
T: 25–30°C , **L**: 5 cm, **pH**: <7, **SG**: 3

Betta waseri 3/653
Großer Maulbrütender Kampffisch
H: SO-Asien.
♂: Größere Flossen, nicht leicht. **V**: +
Z: Maulbrüter, ♂; 28 TB, 70 Eier. **F**: K
T: 20–26°C , **L**: 14 cm, **pH**: 7, **SG**: 2–3

Betta pugnax 5/647
Großer Maulbrütender Kampffisch

Betta patoti 3/654
Schwarzer Kampffisch
H: SO-Asien.
♀: Unscheinbar. V: (–)
Z: Maulbrüter, ♂. F: K
T: 23–28°C , L: 13 cm, pH: 7, SG: 2

Betta macrostoma ♂ 2/796
Augenfleck-Kampffisch, Großmaul-Kampff.
H: SW-Borneo.
♀: Unscheinbar. V: (–)
Z: Maulbrüter, ♂. F: K,O
T: 24–26°C , L: 11 cm, pH: 7, SG: 3–4

Betta sp. aff. *unimaculata* ♂ 3/654

H: SO-Asien.
♂: Intensivere Farben. V: =
Z: Maulbrüter? F: K
T: 23–28°C , L: 9 cm, pH: <7, SG: 2

Betta patoti ohne Ventralflossen 3/654
Schwarzer Kampffisch

Betta persephone ♂ 3/656
Laub-Kampffisch
H: SO-Asien: S-Malaysia.
♂: Etwas größere Flossen. V: –
Z: Schaumnest. F: K,O
T: 23–28°C , L: 3,2 cm, pH: <7, SG: 3

Betta persephone Laichfärbung ♂ 3/656
Laub-Kampffisch

KLETTERF.

Betta persephone Normalfärbung ♂
Laub-Kampffisch 3/656

Betta persephone 3/656
Laub-Kampffisch
Riau-Archipel
Foto 5/645.

Betta picta 2/798
Javakampffisch
H: Indonesien.
♂: Afterflossensaum breiter. V: +
Z: Maulbrüter, ♂, 10–14 TB F: K,O
T: 22–24°C, **L**: 5,5 cm, **pH**: 7, **SG**: 1

Betta prima 5/651

H: SO-Asien: Thailand/Vietnam?
♂: Größere Flossen, farbiger. V: +
Z: Maulbrüter, ♂, 10–16 TB. F: K,O
T: 24°C, **L**: 6 cm, **pH**: 7, **SG**: 2

Betta pugnax 1/630
Kriegerischer Kampff., Maulbrütender K.
H: SO-Asien: Malaysia.
♂: Größere Flossen, farbiger. V: =
Z: Schaumnest. F: K,O
T: 22–28°C , **L**: 12 cm, **pH**: 7, **SG**: 3

Betta pugnax 1/630
Kriegerischer Kampff., Maulbrütender K.
Foto s. S. 5/648.

Betta rubra ♂♂ 1/630
Friedlicher Kämpfer, Kleiner Kampffisch
H: S-Malaysia, Kuala Lumpur.
♂: Größere Flossen, farbiger. V: +
Z: Schaumnest. F: K,O
T: 24–28°C , L: 5,5 cm, pH: 7, SG: 2

Betta rutilans 4/566
H: W-Kalimantan, Borneo: Anjungan.
♀: Laichansatz. V: =
Z: Schaumnest. F: K
T: 22–26°C, L: 5 cm, pH: ≪7, SG: 3

Betta simplex ♂ 4/568

H: SO-Asien: S-Thailand.
♂: Farbiger, größerer Kopf. V: =
Z: ♂ Maulbrüter, ca. 12 TB F: K
T: 22–26°C, L: 6 cm, pH: 7, SG: 2

Betta simplex ♂ 4/568

Betta simplex ♀ 4/568

Betta smaragdina 1/632
Smaragdbetta, Smaragd-Kampffisch
H: SO-Asien: NO-Thailand.
♂: Ventralen länger. V: +
Z: Schaumnest, auch in Höhlen. F: K
T: 24–27°C, L: 7 cm, pH: 7, SG: 2–3

Betta splendens 1/632
Siamesischer Kampffisch
H: Thailand, Kambodscha, Laos?.
♂: Farbiger, größerer Flossen. V: =
Z: Schaumnest. F: K
T: 24–30°C, L: 6–7 cm, pH: 7, SG: 2

Betta splendens ♂ 1/632
Siamesischer Kampffisch
Wildform.
Foto 4/565.

Betta splendens ♂ 1/632
Siamesischer Kampffisch
Zuchtform.
Foto 4/565.

Betta splendens ♂ 1/632
Siamesischer Kampffisch
Zuchtform.
Foto 4/565.

KLETTERF.

Betta splendens ♂ 1/632
Siamesischer Kampffisch
Zuchtform.
Foto 4/565.

Betta splendens ♂ 1/632
Siamesischer Kampffisch
Zuchtform.
Foto 4/565.

Betta taeniata 2/798
Gebänderter Kampffisch
H: SO-Asien: NW-Borneo.
♂: Flossenstrahlen verlängert. V: =
Z: Maulbrüter, ♂. F: K,O
T: 23–26°C, **L**: 8 cm, **pH**: 7, **SG**: 3–4

Betta tussyae ♂♂ 3/658
Schlanker Kleiner Kampffisch
H: SO-Asien: Malaysia.
♂: Größere Flossen. V: (–)
Z: Kleines Schaumnest. F: K,O
T: 21–24°C , **L**: 5,5 cm, **pH**: ≪7, **SG**: 3

Betta tussyae ♀ 3/658
Schlanker Kleiner Kampffisch

Betta unimaculata 2/800
Großer Kampffisch
H: SO-Asien: N-Borneo.
♂: Farbiger, einzelne Glanzschuppe. V: =
Z: Maulbrüter, ♂, 9 TB (25°C) F: K,O
T: 21–25°C, **L**: 12 cm, **pH**: 7, **SG**: 2–3

Ctenops nobilis ♂ 3/660
Spitzkopfgurami
H: Indien: Bramaputra u. Bangladesh.
♂: Roter Saum an Anale u. Kaudale. V: –
Z: Maulbrüter ♂. F: K
T: 20–24°C, **L**: 10 cm, **pH**: <7, **SG**: 2–4

Ctenops nobilis ♀ 3/660
Spitzkopfgurami

Macropodus ocellatus × M. opercularis
Roter Makropode 3/636
H: Kreuzung.
♂: Farbiger, längere Flossen. V: +
Z: Meist steril. F: O
T: 18–28°C, **L**: 10 cm, **pH**: 7, **SG**: 1

Macropodus spechti 1/638
Schwarzer Makropode
H: Asien: S-China, Vietnam.
♂: Spitze Dorsale u. Anale. V: +
Z: Schaumnest. F: K,O
T: 20–26°C, **L**: 12 cm, **pH**: 7, **SG**: 1

Macropodus ocellatus ♀ hell 2/803
Rundschwanzmakropode
H: Korea, O-China, Vietnam.
♂: Farbiger, etwas größer. V: =
Z: Schaumnest. F: K,O
T: 15–22°C, **L**: 8 cm, **pH**: 7, **SG**: 2–3

Macropodus opercularis 1/638
Makropode, Großflosser, Paradiesfisch
H: O-Asien: China, Korea, Taiwan.
♂: Farbiger, längere Flossen. V: +,–
Z: Schaumnest; <500 Eier. F: O
T: 16–26°C, **L**: 10 cm, **pH**: 7, **SG**: 1

Macropodus opercularis ♂ 1/638
Roter Makropode
Albinoform. Foto s. S. 3/638.

Malpulutta kretseri 1/640
Gefleckter Spitzschwanzmakropode
H: Sri Lanka.
♂: Größer, farbiger, lange K u. D. V: =
Z: Höhlenlaicher. F: K
T: 24–28°C, **L**: 9 (♀4) cm, **pH**: 7, **SG**: 4

KLETTERF.

Parosphromenus allani 3/662
Allans Prachtgurami
H: SO-Asien: W-Borneo, Sarawak.
♂: Bunter zur Balz. V: –
Z: Nicht erfolgt. Höhlenlaicher ? F: K
T: 20–24°C, L: 3,5 cm, pH: ≪7, SG: 4

Pseudosphromenus dayi 1/642
Roter Spitzschwanzmakropode
H: W-Vorderindien.
♂: Längere Kaudalflossenstrahlen. V: +
Z: Schaumnest, manchmal Höhlen. F: O
T: 25–28°C, L: 7,5 cm, pH: 7, SG: 2

Parosphromenus bintan 1/640
Deissners Prachtgurami
H: Borneo.
Foto s. S. 5/652.

Parosphromenus anjunganensis ♂ 4/572
H: W-Kalimantan, Borneo.
♂: Farbiger; ♀: Unscheinbar. V: =
Z: Schaumnest mit Pflanzenteilen. F: K
T: 20–24°C, L: 4 cm, pH: ≪7, SG: 3–4

Parosphromenus bintan 1/640
Deissners Prachtgurami (5/652)
H: SO-Asien: Malaysia (Foto), Singapur.
♂: Farbenprächtiger. V: (–)
Z: Höhlenlaicher; ♂ pflegt. F: K
T: 24–28°C, L: 3,5 cm, pH: <7, SG: 4

Parosphromenus sp.aff. *bintan* 1/640
Deissners Prachtgurami (5/652)
H: Sumatra.
Foto s. S. 5/652.

KLETTERF.

Parosphromenus filamentosus 2/807
Faden-Prachtgurami
H: Südostborneo.
♂: Längere Kaudale u. Dorsale. V: =
Z: Höhlenlaicher; 50 E. F: K,O
T: 21–28°C, **L**: 4 cm, **pH**: 7, **SG**: 3

Parosphromenus harveyi ♂ 3/664
Harveys Prachtgurami
H: SO-Asien: Malaiische Halbinsel.
♂: Farbiger. V: =
Z: Höhlenlaicher. F: K
T: 20–24°C, **L**: 3,5 cm, **pH**: ≪7, **SG**: 4

Parosphromenus harveyi ♀ 3/664
Harveys Prachtgurami

Parosphromenus linkei ♂ 4/572
Linkes Prachtgurami
H: SW Zentralkalimantan, Borneo.
♂: Dunkler, Flossen farbiger. V: =
Z: Schaumnest; 40–50 Jungfische. F: K
T: 20–24°C, **L**: 4 cm, **pH**: ≪7, **SG**: 3–4

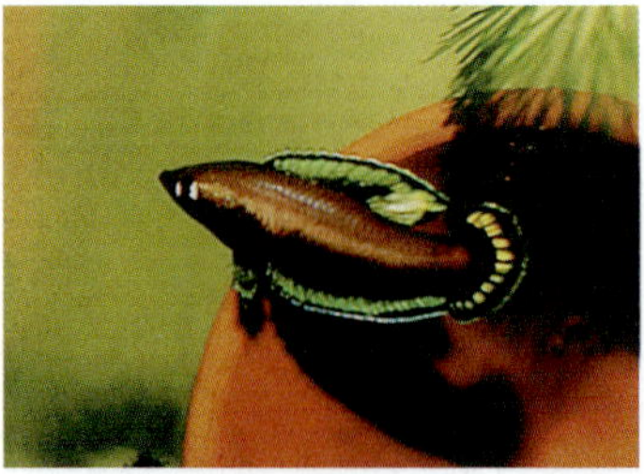

Parosphromenus nagyi ♂ 3/666
Nagys Prachtgurami
H: SO-Asien: O-Malaysia.
♂: Farbiger. V: (–)
Z: Höhlenlaicher; 10–40 Eier. F: K
T: 20–24°C, **L**: 4 cm, **pH**: ≪7, **SG**: 3–4

Parosphromenus nagyi ♀ 3/666
Nagys Prachtgurami

KLETTERF.

Parosphromenus ornaticauda 4/574

H: W-Kalimantan, Borneo.
♂: Etwas farbiger. V: =
Z: Höhlenbrüter; 20–40 Eier. F: K!
T: 20–25°C, L: 2,5 cm, pH: ≪7, SG: 4

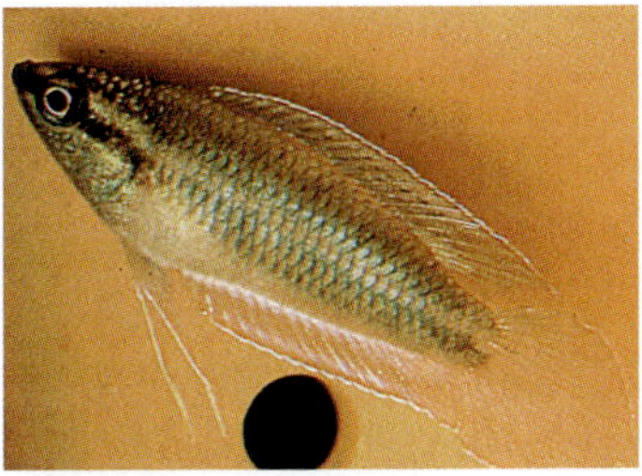

Parosphromenus paludicola 2/808
Tweedies Prachtgurami

H: Malaiische Halbinsel, S-Thailand.
♂: Etwas längere Ventralen. V: (–)
Z: Höhlenbrüter. F: K,O
T: 25–27°C, L: 3,7 cm, pH: ≪7, SG: 4

Parosphromenus parvulus 2/808
Kleiner Pracht-Zwerggurami

H: Südliches Borneo.
♀: Flossen farblos. V: (–)
Z: Nicht erfolgt. F: K,O
T: 23–26°C, L: 2,7 cm, pH: ≪7, SG: 4

Pseudophromenus cupanus ♂ 1/642
"Schwarzer" Spitzschwanzmakropode

H: S-Indien, Sri Lanka.
♂: Spitze Dorsale, schwierig. V: +
Z: Schaumnest. F: K
T: 24–27°C, L: 6 cm, pH: 7, SG: 1–2

Trichopsis pumila 1/650
Knurrender Zwerggurami

H: Vietnam, Thailand, Sumatra.
♂: Spitzere Dorsale. V: +
Z: Lockeres Schaumnest; <170E. F:K,O
T: 25–28°C, L: 3,5 cm, pH: <7, SG: 2

Trichopsis schalleri 3/668
Schallers Knurrender Gurami

H: SO-Asien: Thailand.
♂: Längere Flossen. V: +
Z: Schaumnest; <300 Eier. F: K,O
T: 22–28°C, L: 6 cm, pH: <7, SG: 2–3

Trichopsis vittata 1/650
Knurrender Gurami
H: Hinterindien, Thai., S-Viet., Malay., Indo.
♂: Roter Saum an spitzer Anale. V: +
Z: Schaumnest. F: O
T: 22–28°C, L: 6,5 cm, pH: 7, SG: 2–3

Trichogater chuna 1/634
Honiggurami
H: NO-Indien u. Assam, Bangladesh.
♂: Honigfarben. V: +
Z: Lockeres Schaumnest. F: K,O
T: 22–28°C, L: 5 cm, pH: 7, SG: 2–3

Polyacanthus fasciatus 1/634
Gestreifter Fadenfisch
H: Indien, Bengalen, Assam, Burma.
♂: Dunkler, Dorsale spitz. V: +
Z: Großes Schaumnest; 20–50 E. F: O
T: 22–28°C, L: 10 cm, pH: <7, SG: 2

Trichogaster labiosus 1/636
Wulstlippiger Fadenfisch
H: Indien.
♂: Farbiger, spitze Dorsale. V: +
Z: Festes Schaumnest; <600 E. F: O
T: 22–28°C, L: 9 cm, pH: 7, SG: 1

Colisa lalia 1/636
Zwergfadenfisch
H: Indien, Borneo.
♂: Farbiger. V: +
Z: Hohes, festes Schaumnest; 600 E. F: O
T: 22–28°C, L: 5 cm, pH: <7, SG: 2

Colisa lalia 2/800
Roter Zwergfadenfisch
H: Zuchtform.
♂: Farbiger. V: +
Z: Lockeres Schaumnest; 500 E. F: K,O
T: 25–28°C, L: 5 cm, pH: <7, SG: 2

Parasphaerichthys ocellatus 3/662
Burmanesischer Schokoladengurami
H: SO-Asien: Burma.
GU: Unbekannt. V: =
Z: Unbekannt. F: K
T: 24–26°C, L: 4 cm, pH: <7, SG: 3–4

Sphaerichthys acrostoma ♂ 2/804
Spitzmäuliger Schokoladengurami
H: Südliches, zentrales Borneo.
♂: Heller. V: +
Z: Unbekannt; Maulbrüter (?). F: K
T: 24–26°C, L: 9 cm, pH: 7, SG: 3–4

Sphaerichthys acrostoma ♂ 2/804
Spitzmäuliger Schokoladengurami
(melanistische Färbung)

Sphaerichthys osphromenoides 1/644
Schokoladengurami, Malaiischer Gurami
H: Malakka, Malaysia, Sumatra, Borneo.
♂: A u. K mit gelbem Rand. V: +
Z: Maulbrüter, ♀; 20–40 Eier. F: K
T: 25–30°C, L: 5 cm, pH: <7, SG: 3–4

Sphaerichthys selatanensis
Kreuzstreifen-Schokoladengurami 2/806
H: Südöstliches Borneo.
♂: Anale mit weißem Saum. V: +
Z: Maulbrüter; ♂. F: K
T: 25–30°C, L: 5 cm, pH: <7, SG: 3–4

Sphaerichthys vaillanti 5/653
H: SO-Asien: Borneo.
♂: Farbiger, Flossen größer. V: ?
Z: Noch nicht erfolgt; Maulbrüter. F: K
T: 22–28°C, L: 8 cm, pH: ≪7, SG: 2–3

KLETTERF.

Trichogaster leeri 1/644
Mosaikfadenfisch
H: Malaysia, Borneo, Sumatra.
♂: Roter, längere Dorsale u. Anale. V: +
Z: Schaumnest, ♂ bewacht. F: O,K
T: 24–28°C, **L**: 12 cm, **pH**: 7, **SG**: 1

Trichogaster microlepis 1/646
Mondschein-Gurami, Monds.-Fadenfisch
H: Thailand, Kambodscha.
♂: V-Fäden orange/rot; ♀: gelblich. V: +
Z: Schaumnest; 500–1 000 Eier. F: O
T: 26–30°C, **L**: 15 cm, **pH**: <7, **SG**: 2

Trichogaster pectoralis 1/646
Schaufelfadenfisch, Schlangenhautfadenf.
H: Thail., Kambodscha, Malaiische Halbi.
♂: Ventralfäden orange/rot; ♀: gelblich. V: +
Z: Schaumnest. F: O
T: 23–28°C, **L**: 20 cm, **pH**: 7, **SG**: 1

Trichogaster trichopterus 1/648
Blauer Gurami, Blauer Fadenfisch
H: Malay., Thai., Burma, Viet., Indoaustral.
♂: Spitze, ausgezogene Anale. V: +
Z: Schaumnest. F: O
T: 26–28°C, **L**: 10 cm, **pH**: 7, **SG**: 1

KLETTERF.

Trichogaster trichopterus 1/648
Blauer Gurami, Blauer Fadenfisch
Albinotische Form

Trichogaster trichopterus (Zuchtform)
Blauer Gurami, Blauer Fadenfisch 3/668
H: SO-Asien: Sumatra.
♂: Spitze, längere Dorsale, Anale. V: +
Z: Schaumnest. F: O
T: 22–28°C, **L**: 12 cm, **pH**: <7, **SG**: 1

Familie Helostomatidae

Die Familie der Küssenden Guramis ist monotypisch, d.h., sie besteht nur aus der aufgeführten Art. Es gibt eine grünliche Wildform, doch die rosa Zuchtform ist bei weitem mehr verbreitet.

Salatblätter sind ein gutes Laichsubstrat, da sie auch Nahrung für Bakterien und Infusorien bieten. Diese sind dann das beste Anfangsfutter für die Jungfische.

In Asien wird die Art als Speisefisch gezüchtet. Sie erreicht in dortigen Teichen ihre Reife mit 20 cm Länge, was einem Alter von 12 bis 18 Monaten entspricht. Der Jahresertrag ist mit 500 kg/ha nicht hoch.

Die Art kann über ihre Kiemen Plankton herausfiltern, sonst braucht sie Pflanzenkost. Im Aquarium sollte die Rückscheibe nicht gesäubert werden, damit sie die Algen abschaben kann.

Das "Küssen" wird als Rivalitätskampf zwischen zwei Männchen gedeutet.

Helostoma temminckii 1/652
Küssender Gurami
H: Thailand, Java.
♀: Fülliger. V: +
Z: Kein Schaumnest; Schwimmeier. F:O,H
T: 22–28°C, L: 15–30 cm, pH: 7, SG: 3

Helostoma temminckii 5/654
Küssender Gurami Marmorfärbung

Osphronemidae (Luciocephalinae) Hechtköpfe

Unterfamilie Luciocephalinae

Der einzige Vertreter der Unterfamilie Luciocephalinae ist *Luciocephalus pulcher*, der Hechtkopf. Ein Raubfisch, der das am weitesten vorstülpbare Maul unter den Teleostei hat (33% des Kopfes). Die Beute wird allerdings nicht eingesaugt, sondern mit dem Maul "umzingelt", während der Fisch sich als Stoßräuber auf sie stürzt (Nelson, 1994). Gegenüber Fischen, die als Beute nicht in Frage kommen, ist die Art friedlich, aber Lebendfutter ist unumgänglich.

Luciocephalus pulcher 1/845
Hechtkopf
H: Malaiische Halbinsel, Indonesien.
♀: Fülliger. V: =
Z: ♂Mb 28 T <90 J; 12–13 mm . F: K!
T: 22–26°C, L: 18 cm, pH: <7, SG: 4

Unterfamilie Osphroneminae

Die Unterfamilie der Speiseguramis besteht aus einer Gattung mit 4 Arten. Unter diesen ist *Osphronemus goramy* bei weitem die bekannteste. Dank ihrer Größe – es ist die größte Art innerhalb der Anabantoidei – findet man sie in der Speisefischzucht fast zirkumtropisch, obwohl der Schwerpunkt in Asien liegt.

Jungtiere sind aggressiv, als Erwachsene werden die Fische zwar ruhiger, sind dann aber mit ihren bis zu 70 cm Länge für das Heimaquarium zu groß. Als Jungtiere sind sie ähnlich wie Schokoladenguramis gefärbt (S. 591) und könnten mit diesen verwechselt werden. Jungtiere brauchen gut bepflanzte Aquarien mit starker Filterung; Wasserwerte sind nicht ausschlaggebend.

Als Speisefisch hingegen ist *O. goramy* eine in Asien sehr geschätzte Art. Als Labyrinthfische, die Luft atmen und schlechtes Wasser gewohnt sind, ist ihre Zucht in Teichen ohne größeren Wasserqualitätsaufwand möglich.

Der Gurami wird in Teichen vermehrt. Die Geschlechter können an den dikken Lippen der Männchen gegen den vollen Bauch und die rötlichen Flossen der Weibchen unterschieden werden. Das kugelförmige Unterwassernest wird aus Pflanzenmaterial gebaut und zwischen Pflanzen verankert. Dort werden 3000–4000 Eier hineingelegt. Diese haben das spezifische Gewicht des Wassers (es wird auch gesagt, es seien Schwimmeier) und einen Durchmesser von etwa 2,8 mm. Das Nest und die Eier werden bewacht, nach etwa zweieinhalb Wochen verlassen die Jungfische das Nest. Obwohl vermutet wird, daß Guramis mit eineinhalb Jahren ihre Reife erreichen (man spricht sogar von 6 Monaten), werden 4–8 Jahre alte Zuchttiere vorgezogen.

In 3 Monaten sind die Jungfische etwa 3 cm lang, mit einem Alter von 5 Monaten (5–8 cm Länge) sind sie aber widerstandsfähiger und können besser transportiert werden.

Das Wachstum wird als langsam berichtet (für einen tropischen Speisefisch), so daß eine Marktgröße erst in etwa 18 Monaten erzielt wird. Da aber das Fleisch als sehr schmackhaft gilt, erzielt der Fisch einen hohen Marktpreis.

Osphronemus goramy adult 3/670
Speisegurami, Gurami

H: SO-Asien: China, Malay., Java, Indien.
♂: D u. A zugespitzt, undeutlich. **V:** –,=
Z: Schaumnest. **F:** O
T: 20–30°C, **L:** 70 cm, **pH:** 7, **SG:** 4

Osphronemus goramy 1/652
Speisegurami, Gurami

Haplochromis sp. "Thick Skin Like" (S. 680), Viktoriasee; vom Aussterben bedroht.

Taeniacara candidi, einer der Zwergbuntbarsche aus Amazonien (S. 778).

Ursprung/Taxonomie

Die Familie Cichlidae – Buntbarsche – ist Teil der Ordnung Perciformes, Unterordnung Labroidei (vorher der Percoidei), was bedeutet, daß nach neuesten Meinungen Buntbarsche heutzutage als nähere Verwandte der marinen Lippfische, Riffbarsche und Papageifische angesehen werden.

Cichliden werden hier in ihrer eigenen Gruppe gebracht (weitere Perciformes sind in Gruppe 7 – Kletterfische – und in Gruppe 9 – Barschartige – zu finden), da sie einerseits sehr zahlreich sind und andererseits zu den beliebtesten Bewohnern unserer Aquarien gehören.

Die ältesten bekannten Fossilienfunde stammen aus dem Eozän (vor etwa 55 Millionen Jahren). Schätzungen im Sinne der heutigen Anzahl an Gattungen und Arten sind sehr variabel, aber als Anhaltspunkt werden 105 Gattungen und 1300 Arten angegeben (NELSON, 1994).

Die Taxonomie innerhalb der Cichlidae ist vielen Ansichten unterworfen. So z.B. die Problematik der großen afrikanischen Seen (Malawi, Tanganjika und Viktoria), wo Hunderte von endemischen Arten in Arten-Gruppen als jeweils eine Art oder als viele Arten – je nach Interpretation – zusammenleben. Die Sammelgattung *Haplochromis* wurde zum Teil in *Cyrtocara* umbenannt und dann wieder in zahlreiche Gattungen aufgespalten. In Amerika ist die Lage mit *Cichlasoma* und *Heros* ähnlich.

Die Umbenennungen der einzelnen Arten werden aber durch die Erfassung der sich ergebenden Synonyme im Register festgehalten. Dem Leser wird dadurch der Zugriff zu jeder Art – sei es über den gültigen wissenschaftlichen Namen oder den Umgangsnamen, sei es über ein Synonym – weiterhin gewährleistet.

Geographische Verbreitung

Verbreitungsgebiet der Familie Cichlidae.

Cichliden kommen hauptsächlich in Süßwasser vor, es gibt aber auch Arten, die in Brackwasser vordringen. Ebenso leben einige Arten in extrem warmen und mineralhaltigen Gewässern Afrikas (z.B. *Alcolapia grahami* im Magadisee bei einer zeitweiligen Temperatur von über 40 °C und einem pH-Wert um 10,5). Ihre vertikale Verbreitung ist nicht sehr groß: im amerikanischen Amazonasbeckenrand werden sie bei 700 m Höhe bereits selten, im afrikanischen Viktoriasee mit etwas über 1100 m ü.d.M. sind sie allerdings noch zahlreich vertreten. Obwohl Buntbarsche in allen Gewässertypen vorkommen, ist ihr Artenreichtum in stehenden am größten.

Geschlechtsunterschiede

Die fast generell anwendbare Methode (auch bei Jungtieren), das Geschlecht dieser Fische zu bestimmen, besteht im Erkennen der unterschiedlichen Morphologie der Genitalpapille (siehe Zeichnung rechts). Der dunkle Strich der Weibchen läßt sich mit Hilfe eines kleinen Pinsels mit leicht verdünnter schwarzer Tusche verdeutlichen. Nachteil dieser Methode ist das dazu notwendige Fangen und Hantieren des Fisches.

Die Beurteilung leichter zu ersehender Eigenschaften (s. Tabelle) ist "fischfreundlicher", aber auf gewisse Gruppen innerhalb der Cichlidae beschränkt und oft ungenau, z.B. Größe. "Normalerweise" tragen Weibchen und Jungtiere das gleiche Farbkleid.

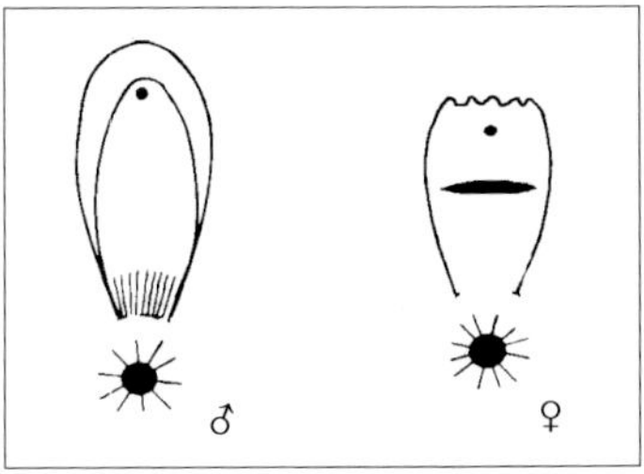

Verändert nach BARDACH et al., 1972

Unterschiede in der geschlechtsbedingten Morphologie der Urogenitalpapille bei Buntbarschen. Bei kleineren Exemplaren kann eine Lupe helfen. Auch bei anderen Fischgruppen kann oft ein ähnlicher Unterschied erkannt werden.

Äußerlich erkennbare Geschlechtsunterschiede bei Cichliden		
Merkmal	Sex	Fischgruppe
(Stärkere) Stirnbeule	♂	Amerika, a. Afrika
Dunkler Fleck an Dorsalflosse	♀	Tilapien
Ausgezogene Flossen (Dorsale, Anale, u.a.)	♂	Amerika
Eiattrappen (Eiflecken) an der Analflosse	♂	Seen Afrikas
Farbiger	♂	Zwergbuntbarsche, "*Haplochromis*",...
Farbiger	♀	*Pelvicachromis, Crenicichla,...*
Extremer farblicher Unterschied	♀♂	*Melanochromis,...*

Allgemeines

Cichliden kommen in allen Größen vor: ab Längen von 5 cm der Zwergbuntbarsche, bis zu 80 cm, die *Boulengerochromis microlepis* im Tanganjikasee erreicht. Es gibt Schwarmfische und Einzelgänger; Bewohner reißender Flüsse und verschlafener Seen; Limnovoren und Schuppenfresser; grüngraue "Mäuse" und farbige "Feuerwerke"; scheibenartige hohe und zigarrenförmige Körper. Alles ist unter den Cichliden zu finden, nur zusätzliche atmosphärische Atmung und elektrische Fische findet man unter ihnen nicht.

Durch ihre Anzahl bedingt und um ähnliche Arten gruppieren zu können, unterteilt der INDEX die Gruppe 8 nach geographischen Gesichtspunkten wie folgt:

- AFRIKA – MALAWISEE: Die Endemiten des Malawisees.
- AFRIKA – TANGANJIKASEE: Die Endemiten des Tanganjikasees.
- AFRIKA – VERSCHIEDENE SEEN: Die Buntbarsche anderer großer Seen Afrikas (Viktoria, Edward usw.), auch des Malawi- und Tanganjikasees, aber dort nicht endemisch.
- AFRIKA – FLIESSGEWÄSSER: Flußbewohner und solche, deren Verbreitungsgebiet größtenteils auf Fließgewässer beschränkt ist. Madagaskar-Endemiten finden sich in der Untergruppe "Übrige Welt".
- NORD- U. MITTELAMERIKA: Buntbarsche, deren Verbreitungsgebiet sich auf Nord- u. Mittelamerika beschränkt oder dort seinen Schwerpunkt hat.
- SÜDAMERIKA: Buntbarsche, deren Verbreitungsgebiet sich auf Südamerika beschränkt oder dort seinen Schwerpunkt hat.
- ÜBRIGE WELT: Alle Buntbarsche, deren Verbreitungsgebiet nicht mit einer der obigen Regionen übereinstimmt. Zur Zeit sind dies Arten aus der Karibik, Madagaskar und Indien.

Schon aus Gründen des Wasserchemismus, aber vor allem wegen einer unterschiedlichen "sozialen Ausdrucksweise", sollten Buntbarsche aus verschiedenen geographischen Bereichen (vor allem Amerika vs. Afrika) nur mit größter Vorsicht und genauer Artenauswahl gemeinsam gehalten werden. Es ist vorzuziehen, Cichliden im geographischen Sinne "unter sich" zu halten, was bei dem schier endlosen Angebot an farbenfrohen geeigneten Arten sicher nicht besonders schwer ist.

CICHLIDEN

Gebräuchliche Abkürzungen in Gruppe 8 unter Zucht:	
Eif.: Eifleckmethode	Ob: Offenbrüter
LMb: Larvophiler Maulbrüter	Mb: Ovophiler Maulbrüter
T: Tage Maulbrüten	Hb: Höhlenbrüter
Mfam: Mutterfamilie	Vfam: Vaterfamilie
Efam: Elternfamilie	MMFam: Mann-Mutter-Familie
VMFam: Vater-Mutter-Familie	

Zum Beispiel:
Z: ♀ Mb, 21 T, <30 E; Eif., agam, Mfam.
Zucht: Weiblicher Maulbrüter für etwa 21 Tage. Bis zu 30 Eier. Befruchtung der Eier erfolgt nach der "Eifleckmethode". Die Fische sind agam (ohne dauerhafte Bindung der Geschlechter), Mutterfamilie.

Physikalische Eigenschaften (PITCHER U. HART, 1995; KONINGS, 1988)

474 m über dem Meeresspiegel gelegen, ist der Malawisee der drittgrößte See Afrikas mit einer Oberfläche von 30800 km²; 550 km lang und stellenweise 80 km breit, ist er auch der neuntgrößte See der Welt. Er ist Teil des Grabensystems Afrikas mit einem geschätzten Alter zwischen 1 und 2 Millionen Jahren (neuesten Schätzungen zufolge sollen es zwischen 3 und 20 Millionen Jahre sein). Im Laufe seiner Entwicklungsgeschichte war der See wiederholt extremen Wasserstandsschwankungen ausgesetzt. So war z.B. vor 25 000 Jahren der Wasserstand 400 m unter dem heutigen Niveau. Die größte Tiefe wird derzeit mit 756 m angegeben (also fast 300 m unter dem Meeresspiegel).

Weitere Werte:
- pH-Wert: 7,7–8,6
- Leitfähigkeit: 200–260 µS/cm
- Temperatur: 23–28 °C

Anrainerstaaten:

Der Malawisee ist von Malawi im Westen und Süden, von Mosambik im mittleren und südlichen Osten und von Tansania im Norden und nördlichen Osten umgeben.

Wichtigste Orte

Boadzulu	1
Chinyamwezi	2
Chipoka	3
Chisumulu Island	4
Chitendi Island	5
Domwe Islands	6
Likoma Island	7
Makakola	8
Maleri	9
Mankanjila	10
Mbenji Island	11
Monkey Bay	12
Mumbo	13
Namalenji Island	14
Nhkata Bay	15
Ruarwe	16
Thumbi Island	17
Usisya	18

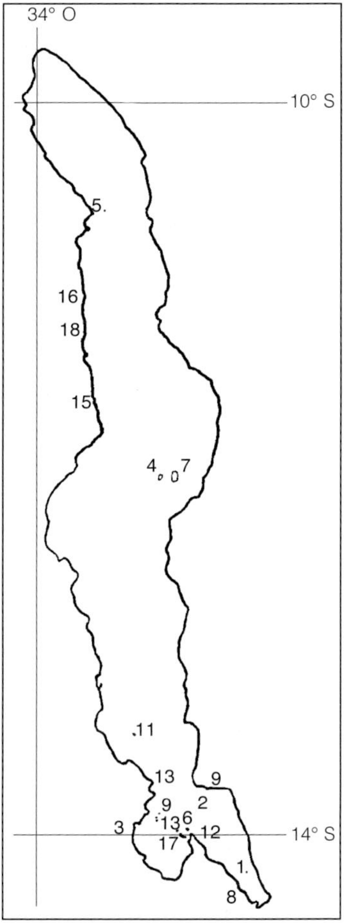

Der Malawi- oder Njassasee.

Ichthyologische Eigenschaften

Im Malawisee sind 11 Fischfamilien mit insgesamt 545 Arten in 42 Gattungen vertreten (PITCHER u. HART, 1995).
• Nicht-Cichliden: 19 Gattungen (1 endemisch) mit 45 Arten (28 endemisch).
• Cichliden: 23 Gattungen (20 endemisch) mit 500 Arten (495 endemisch).
Diese Einteilung der Fischfauna ist häufigem Wechsel unterworfen. Die taxonomische Aufspaltung z.B. der Sammelgattung *Haplochromis* sowie die laufende Entdeckung neuer Arten in dem Maße, in dem die politische Lage die weitere Erforschung des Sees zuläßt, werden manches ändern; man rechnet mit über 200 weiteren Buntbarsch-Arten.

Buntbarsche bilden bei weitem die erfolgreichste Fischgruppe des Malawisees, und die Gemeinschaft im See hatte bis heute wenig genetischen Austausch mit Fischen anderer Wassersysteme. Heute gibt es eine chemische Barriere, welche sich durch den Mineralkonzentrationsunterschied zwischen dem Wasser im See und dem der einmündenden Flüsse ergibt: keine der Arten des einen Biotops pflanzt sich im anderen fort.

Die Mehrheit der Arten wird einem der beiden Typen, Mbuna und Utaka, zugerechnet. Diese Einteilung bezieht sich auf das Verhalten der betroffenen Arten. (Interessant übrigens, daß in der Sprache der Einheimischen im ostandinen Ecuador, Südamerika, die Bezeichnung "mbuni" lokal für Buntbarsche allgemein gebraucht wird.)

• Mbuna: hauptsächlich in bezug auf die Gattungen *Labidochromis, Pseudotropheus* und *Melanochromis.* Diese Arten werden in Gefangenschaft größer als im See. Bei einigen Arten (z.B. *Melanochromis* spp.) treten zur Geschlechtsreife erstaunliche Farbwechsel auf: das Männchen wird zum farblichen Negativ des Weibchens und der Jungfische.
  Mbuna führen ein stark an Steine gebundenes Leben und "lutschen" den Aufwuchs von sonnengebadeten Oberflächen. Im Aquarium ist es daher wichtig, sie immer mit ballaststoffreicher Kost zu füttern und die Einrichtung in Anlehnung an die natürlichen Gegebenheiten (viele Steinhöhlen und starke Beleuchtung für Algenwuchs) zu gestalten. Höhere Pflanzen brauchen sie nicht und im allgemeinen können sie auch nicht mit in der Einrichtung verwendet werden: sie sind in der Natur auch nicht vorhanden und würden nur gefressen werden. Nur ganz sporadisch und dann in kleinen Mengen darf konzentriertes Futter wie etwa Enchyträen oder gar *Tubifex* verabreicht werden (am besten gar nicht). Darmentzündungen und aufgetriebene Bäuche mit oftmals folgendem Tod können das Ergebnis sein. Allerdings befinden sich auch einige Raubfische und Schuppenfresser in dieser Gruppe, was bei einer Vergesellschaftung mit unterlegenen Fischen zu Problemen führen kann.
• Utaka: die Gattungen *Aulonocara, Haplochromis* und *Cyrtocara* (und deren abgeleitete neuen Gattungen) stellen die zweite Gruppe. Die Weibchen der verschiedenen Arten sind sich alle sehr ähnlich und viele hybridisieren auch. Bei der Vergesellschaftung verschiedener Arten sollte diese Möglichkeit ausgeschlossen sein.
  Utaka leben eher pelagisch, d.h. im offenen Wasser und fressen Plank-

ton. Im Aquarium sind sie hauptsächlich leicht zu ernährende Allesfresser, die jedoch nicht an den Pflanzen knabbern. Junge (und unterlegene ältere) Männchen und Weibchen sind oft nicht leicht voneinander zu unterscheiden (Genitalpapille untersuchen). Mehrere Buntbarsche sind Raubfische, wobei sich einige sogar totstellen (z.B. *Nimbochromis livingstoni*, S. 623), um die Beute an sich heranzulocken.

Die hauptsächliche (einzige ?) Fortpflanzungsmethode der Cichliden im Malawisee ist die des agamen weiblichen Maulbrüters. Es empfiehlt sich daher, pro Männchen 3–5 Weibchen zu halten, damit sich die Aggressionen des Männchens besser verteilen. Auch die Vergesellschaftung mit anderen Mbuna und Utaka hilft (Kreuzungsgefahr beachten!).

Der Anblick eines "Durcheinanders" (und es sollte immer eine kleine Gruppe pro Art gehalten werden) dieser farbigen Fische erinnert an ein Meerwasseraquarium und erklärt die Beliebtheit der Fische des Malawisees.

Bei einer Vergesellschaftung mit Nicht-Malawisee-Arten ist große Vorsicht geboten, da diese lebhaften Fische ungeeignete Mitbewohner bald zu Tode terrorisieren können. Auch die Buntbarsche des Tanganjikasees sind nicht unbedingt als Gefährten geeignet. Cichliden aus Amerika, insbesondere Südamerika, sind schon aus Gründen der Wasserzusammensetzung ungeeignet, aber auch im Temperament passen sie normalerweise nicht zueinander.

Aristochromis christyi ♂ 2/834, 5/728
Christys Buntbarsch

H: Nördlicher Teil.
♂: Blaues Balzkleid. V: –
Z: MB?, Mutterfamilie? F: K
T: 24–26°C, L: 25 cm, pH: >7, SG: 3

Aristochromis christyi ♀ 5/728
Christys Buntbarsch

H: Monkey Bay, SW-Seebereich.
♂: Blaues Balzkleid. V: –
Z: MB?, Mutterfamilie? F: K
T: 23–27°C, L: 20 cm, pH: >7, SG: 2–3

Aulonocara baenschi ♂ 2/836
Baenschs Malawibuntb., "Yellow Regal"-Bunt.

H: Endemisch.
♂: Blau/gelb. V: =
Z: Eifleckmethode. F: K,O
T: 22–26°C, L: 10 cm, pH: >7, SG: 1–2

CICHLIDEN

Aulonocara baenschi ♀ 2/836
Baenschs Malawibuntbarsch, "Yellow Regal"-Buntbarsch

Aulonocara baenschi ♂ 2/836
Baenschs Malawibuntbarsch, "Yellow Regal"-Buntbarsch
Maleri-Variante

Aulonocara baenschi ♂ 2/836
Baenschs Malawibuntbarsch, "Yellow Regal"-Buntbarsch
Blau-gelbe Variante, Chipoka

Aulonocara baenschi ♂ 2/836
Baenschs Malawibuntbarsch, "Yellow Regal"-Buntbarsch
Usisya-Variante (Foto S. 2/847)

Aulonocara baenschi ♀ 2/836
Baenschs Malawibuntbarsch, "Yellow Regal"-Buntbarsch
Usisya-Variante (Foto S. 2/847)

Aulonocara ethelwynnae ♂ 3/698
Northern Aulonocara, Mitternacht-Buntbarsch
H: Chitendi Island; ab 3 m Tiefe.
♂: Blauschwarze unpaarige Flossen. **V**: =
Z: ♀ Mb 21 T, 10 mm. **F**: K,O
T: 22–26°C, **L**: 8 cm, **pH**: >7, **SG**: 3

Aulonocara gertrudae ♂ 5/734

H: O-Küste; Seeweit (?).
♂: Viel farbenprächtiger; größer. V: =
Z: ♀ Mb; Eifleckmethode; agam. F: K,O
T: 24–27°C, L: 13 cm, pH: >7, SG: 2–3

Aulonocara hansbaenschi ♂ 1/682
Kaiserbuntbarsch

H: Übergang zwischen Fels- u. Sandzone.
♂: Viel farbenprächtiger. V: =
Z: ♀ Mb, <60 E; Eifleckmethode. F: K,O
T: 24–26°C, L: 20 cm, pH: >7, SG: 2–3

Aulonocara hansbaenschi ♂ 3/700
Kaiserbuntbarsch, Aulonocara "Red Flush"

H: O-Küste: Masinje.
♂: Viel farbenprächtiger. V: =
Z: ♀ Mb 21 T. F: K,O
T: 23–27°C, L: 10 cm, pH: >7, SG: 2–3

Aulonocara hansbaenschi ♀ 1/682
Kaiserbuntbarsch

Aulonocara hansbaenschi ♂ 3/700
Kaiserbuntbarsch, Aulonocara "Red Flush"
Makanjila-Point.

Aulonocara hansbaenschi ♀ 3/700
Kaiserbuntbarsch, Aulonocara "Red Flush"

CICHLIDEN

Aulonocara hueseri 2/845, 3/702
Kondensstreifen-Buntbarsch, "White Top"
H: Likoma Island; ab 12 m Wassertiefe.
♂: Viel farbenprächtiger. V: =
Z: ♀ Mb 21 T, 10 mm. F: K,O
T: 24–26°C, L: 9,5 cm, pH: >7, SG: 2–3

Aulonocara hueseri ♂ 3/702
Kondensstreifen-Buntbarsch, "White Top"

Aulonocara jacobfreibergi ♂ 1/780
Feenbuntbarsch
H: Felslitoral: Höhlenbewohner.
♀: Roter Saum an Dorsale. V: =
Z: ♀ Mb, <50 E. F: K
T: 24–26°C, L: 15 cm, pH: >7, SG: 2

Aulonocara korneliae ♂ 2/845, 3/704
"Blue-gold"-Aulonocara, Blaugoldener Buntb.
H: Chisumulu Island; 9–12 m.
♂: Viel farbenprächtiger. V: =
Z: ♀ Mb 21 T, 10 mm. F: K,O
T: 23–27°C, L: 9 cm, pH: >7, SG: 2–3

Aulonocara maylandi ♂ 2/838
Goldkopf-Kaiserbuntbarsch, Schwefelkopf-K.
H: Mankanjila Point.
♂: Viel farbenprächtiger; Eiflecken. V: =
Z: ♀ Mb, <50 E; Eifleckmethode. F: K,O
T: 22–26°C, L: 12 cm, pH: >7, SG: 1–2

Aulonocara maylandi (?) ♀ 2/838
Goldkopf-Kaiserbuntbarsch, Schwefelkopf-K.

Aulonocara maylandi kandeensis ♂ 4/578
Blaue Orchideen-Aulo., Blaustirn-Kaiserbuntb.
H: Kande -Insel: Litoral-Zone.
♂: Viel farbenprächtiger. **V**: =
Z: ♀ Mb 21 T, <40 J; 10 mm, Eif. **F**: K,O
T: 24–26°C, **L**: <15 cm, **pH**: >7, **SG**: 3

Aulonocara maylandi kandeensis ♂ 4/578
Blaue Orchideen-Aulo., Blaustirn-Kaiserbuntb.
(Foto S. 2/839)

Aulonocara rostratum ♂ 4/580
Sandfarbener Kaiserbuntbarsch
H: Weit verbreitet; Sand u. S./Fels Biotope.
♂: Viel farbenprächtiger. **V**: =
Z: ♀ Mb 21 T, >100 J; 10 mm. **F**: K,O
T: 24–26°C, **L**: <25 cm, **pH**: >7, **SG**: 3–4

Aulonocara rostratum ♀ 4/580
Sandfarbener Kaiserbuntbarsch

Aulonocara saulosi ♂ 3/704
Negro-Buntbarsch
H: O-Küste: Masinje; 6–15 m.
♂: Viel farbenprächtiger. **V**: =
Z: ♀ Mb, <60 J; Eifleckmethode. **F**: K,O
T: 22–26°C, **L**: 11 cm, **pH**: >7, **SG**: 2–3

Fischfang in den afrikanischen Seen.

CICHLIDEN

Aulonocara sp. "walteri" ♂ 5/736

Aulonocara sp. "walteri" ♀ 5/736

H: Likoma-Insel; 3–5 (10) m Tiefe.
♂: Viel farbenprächtiger; größer. V: =
Z: ♀ Mb, 20–25 T; Eifleckm.. F: O,L
T: 24–26°C, L: <15 cm, pH: >7, SG: 2–3

Aulonocara stuartgranti ♂ 2/842
Grants Malawibuntbarsch
H: Endemisch.
♂: Viel farbenprächtiger. V: =
Z: ♀ Mb; Eifleckmethode. F: K,O
T: 22–26°C, L: 10 cm, pH: >7, SG: 1–2

Aulonocara stuartgranti ♂ 2/842
Grants Malawibuntbarsch
Blue Regal, Mbenji-Island

Aulonocara stuartgranti ♀ 2/842
Grants Malawibuntbarsch

Buccochromis heterotaenia ♂ 4/582
Mehrfachstreifen-Buntbarsch
H: Seeweit verbreitet; felsiger Untergrund.
♂: Viel farbenprächtiger. V: –
Z: ♀ Mb 21 T, 100 J, 10–12 mm. F: K,O
T: 24–27°C, L: <35 cm, pH: >7, SG: 4

Buccochromis heterotaenia ♀ 4/582
Mehrfachstreifen-Buntbarsch

Buccochromis lepturus ♂ 3/772

H: Über Sandgrund weit verbreitet.
♂: Viel farbenprächtiger. V: =
Z: ♀ Mb, Eifleckmethode. F: O
T: 24–26°C, L: <40 cm, pH: >7, SG: 2–3

Buccochromis rhoadesii ♂ 5/740
Gelber Lepturus-Buntbarsch
H: Seeweit verbreitet: Sandboden.
♂: Viel farbenprächtiger. ♀: Gelb. V: –
Z: ♀ Mb. F: K
T: 23–27°C, L: 35 cm, pH: >7, SG: 3

Champsochromis caeruleus ♂ 5/742
Forellen-Cichlide ("trout cichlid")
H: Seeweit.
♂: Farbiger, siehe Fotos. V: –
Z: ♀ Mb, 21 T, >100 J; agam. F: K
T: 24–26°C, L: <30 cm, pH: >7, SG: 3–4

Champsochromis caeruleus ♀ 5/742
Forellen-Cichlide ("trout cichlid")

Champsochromis spilorhynchus ♂ 2/904
Gestreckter Raubmaulbrüter
H: Verschiedene Biotope.
♂: Siehe Fotos. V: –
Z: Natur: ♀ Mb, 100 J; agam. F: K!
T: 24–26°C, L: 30 cm, pH: >7, SG: 4

Champsochromis spilorhynchus ♀ 2/904
Gestreckter Raubmaulbrüter

Cheilochromis euchilus ♂ 1/712
Sauglippenbuntb., Großlippenmaulbrüter

H: Felslitoral.
♂: Viel farbenprächtiger. V: =
Z: ♀ Mb, 150 E; Eifleckmethode. F: L,O
T: 24–26°C, L: <35 cm, pH: ≫7, SG: 3

Chilotilapia rhoadesii ♂ 2/854

H: Hauptsächlich über Sandgrund.
♂: Viel farbenprächtiger. V: =
Z: ♀ Mb 21 T. F: K,O
T: 23–28°C, L: 23 cm, pH: >7, SG: 3

Copadichromis sp. aff. *azureus* ♂ 3/778

H: Mbenji-Island; ca. 20 m Tiefe.
♂: Viel farbenprächtiger. V: =
Z: Laicht auf Sandboden, ♀ Mb. F: K,O
T: 22–28°C, L: 16 cm, pH: ≫7, SG: 2

Copadichromis borleyi o.♀, u.♂ 2/894

H: Felslitoral.
♂: Viel farbenprächtiger, Eiflecken. V: =
Z: ♀ Mb 20 T, <60 E; Eif. F: K
T: 24–26°C, L: 15 cm, pH: ≫7, SG: 2–3

Speisefischfang; "unsere" Zierfische als wichtigste Eiweißquelle der Lokalbevölkerung.

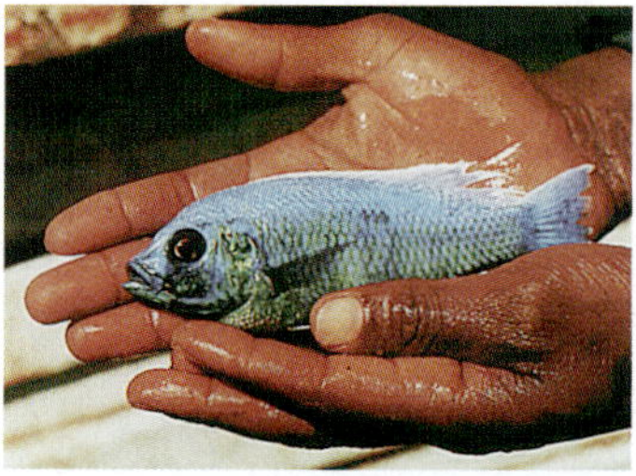

Copadichromis chrysonotus 1/710

H: Nkata Bay u. Monkey Bay.
♂: Viel farbenprächtiger, Eiflecken. V: =
Z: ♀ Mb; Laichgrube im Sand. F: K,O
T: 23–26°C, L: 15 cm, pH: ≫7, SG: 2–3

Copadichromis cyaneus ♂ 5/756
Blauweißer Utaka-Malawisee-Buntbarsch
H: Im Süden verbreitet.
♂: Viel farbenprächtiger. V: =
Z: ♀ Mb, 21–28 T. F: K
T: 23–27°C, L: 17 cm, pH: >7, SG: 2

Copadichromis cyaneus ♀ 5/756
Blauweißer Utaka-Malawisee-Buntbarsch

Copadichromis jacksoni ♂ 4/592

H: Vor allem Nkhata u. Monkey Bay.
♀: Silber mit zwei Flecken. V: =
Z: ♀ Mb 21 T, ca. 100 J. F: K
T: 23–27°C, L: 21 cm, pH: >7, SG: 2

Copadichromis "Kadango" ♂ 3/770

H: SO-Küste (Kadango): 2–10 m.
GU: Siehe Fotos. V: =
Z: ♀ Mb 21 T, 20–60 J; Eif., agam. F: O
T: 24–26°C, L: <15 cm, pH: >7, SG: 2–3

Copadichromis "Kadango" ♀ 3/770

CICHLIDEN

Copadichromis mbenjii ♂ 4/592

H: Mbenjii-Inselgruppe.
♂: Viel farbenprächtiger. V: =
Z: ♀ Mb 21 T; Laichgrube im Sand. F: K,O
T: 24–27°C, L: 15 cm, pH: >7, SG: 2–3

Copadichromis pleurostigma 5/758
Silberglanz-Buntbarsch

H: Chilumba: Übergang Fels/Sand.
♂: Körper u. Dorsale blau. ♀: Fleck. V: =
Z: Noch nicht bekannt. F: K
T: 23–27°C, L: 21 cm, pH: >7, SG: 2

Copadichromis sp. ♂

Copadichromis trimaculatus ♂ 5/758
Dreifleck-Buntbarsch

H: Likoma Island: Nkhata Bay.
♂: Farbiger. ♀: 3 Flecken. V: =
Z: ♀ Mb, Eifleckmethode; agam. F: K
T: 23–27°C, L: 21 cm, pH: >7, SG: 2

Copadichromis trimaculatus ♀ 5/763
Dreifleck-Buntbarsch

Copadichromis verduyni ♂ 4/594

H: O-Küste: Makanjila.
GU: Siehe Fotos. V: =
Z: ♀ Mb 21 T, Eifleckm., agam. F: K,O
T: 24–27°C, L: 15 cm, pH: >7, SG: 2–3

CICHLIDEN

Copadichromis verduyni ♀ 4/594

Corematodus taeniatus ♂ 5/760
Blauer Corematodus
H: Weit verbreitet; relativ selten.
♂: Grün; Dorsale u. Anale spitzer. V: =
Z: ♀ Mb 21 T; auf Steinplatte. F: P,K
T: 24–26°C, L: <20 cm, pH: >7, SG: 4

Corematodus taeniatus ♀ 5/760
Blauer Corematodus

Ctenopharynx pictus 2/902

H: Felsboden, 2–30 m Tiefe.
♂: Farbenprächtiger. V: =
Z: Noch nicht erfolgt. F: K,O
T: 24–26°C, L: 13 cm, pH: >7, SG: 2–3

Cynotilapia afra ♂ 2/890

H: Felsküste.
♂: Hell- bis türkisblau; 7 Querstreifen. V: =
Z: ♀ Mb 20 T, agam. F: K
T: 23–27°C, L: 12 cm, pH: ≫7, SG: 2

Cyrtocara moorii ♂ oben 1/718
Beulenkopfmaulbrüter
H: Sandige Küstenzonen.
♂: Undeutlich: Oft größer u. heller. V: =
Z: ♀ Mb, 20–90 J. F: K
T: 24–26°C, L: 25 cm, pH: >7, SG: 3

CICHLIDEN

Dimidiochromis compressiceps 1/710
Messerbuntbarsch
H: Übergang zwischen Fels- u. Sandzone.
♂: Viel farbenprächtiger; Eiflecken. V: –
Z: ♀ Mb; Eifleckmethode. F: K,O
T: 22–28°C, L: <25 cm, pH: >7, SG: 3

Docimodus evelynae ♂ 4/616
Evelyns Buntbarsch
H: Wahrscheinlich weit verbreitet.
♀: Ohne vertikale Bänderzeichnung. V: –
Z: ? F: K!
T: 23–27°C, L: 30 cm, pH: >7, SG: 4

Eclectochromis ornatus ♂ 5/812
Wulstlippen-Malawisee-B., "Flavimanus"
H: Anscheinend seeweit.
♂: Viel farbenprächtiger. V: =
Z: ♀ Mb 21–28 T, 30–70 E; Eifl. F: K
T: 23–27°C, L: 20 cm, pH: >7, SG: 2

Eclectochromis ornatus ♀ 5/812
Wulstlippen-Malawisee-B., "Flavimanus"

Exochochromis anagenys ♂ 4/616
Malawisee-Hechtbuntbarsch
H: Weit verbreitet: Übergang Fels/Sand.
♀: Silbrig gelb. V: –
Z: ♀ Mb? F: K
T: 23–27°C, L: 30 cm, pH: >7, SG: 3–4

Fossorochromis rostratus ♂ 1/720
Fünffleckmaulbrüter
H: Sandige Uferzonen.
♂: Intensiver gefärbt. V: –
Z: ♀ Mb; Eifleckmethode? F: K,O
T: 24–28°C, L: 25 cm, pH: >7, SG: 2–3

CICHLIDEN

Fossorochromis rostratus ♂ 3/778

H: Sandboden. Felsen zum Laichen.
♀: Längsreihe als 5 schwarze Punkte. V: =
Z: ♀ Mb 21 T, 50–100 J. F: O
T: 24–28°C, L: <25 cm, pH: >7, SG: 2

Genyochromis mento ♂ 4/618
Malawisee-Schuppenfresser

H: Seeweit an Felsküsten u. im Geröllbereich.
♂: Etwas intensiver gefärbt. V: –
Z: ♀ Mb, agam. Noch nicht erfolgt. F: P
T: 24–28°C, L: 12 cm, pH: >7, SG: 3–4

Gephyrochromis sp. aff. *lawsi* 4/620

H: Übergang Sand/Geröllabschnitte.
♂: Etwas kräftigere Farben. V: =
Z: ♀ Mb 21 T; agam. F: K,O
T: 24–28°C, L: 12 cm, pH: >7, SG: 2

Gephyrochromis moorii o.♀, u.♂ 2/908

H: Nördlicher Teil: Über Sandboden.
♂: Eiflecken? V: ?
Z: ♀ Mb?; Eifleckmethode? F: K,O
T: 24–26°C, L: 12 cm, pH: >7, SG: 2

Tanzania: Mmamba Bay im Malawisee.

Eclectochromis lobochilus ♂ 3/772 (2/950)

H: Sand/Steinboden, 2–10 m Tiefe.
♀: Silbrig hell, dunklen Querstreifen. V: =
Z: ♀ Mb 21 T, 20–60 J, Eif., agam. F: O
T: 24–26°C, L: 17 cm, pH: >7, SG: 2–3

"Haplochromis" sp. ♂ 2/950

Haplochromis sp., Jaro, ♂ 2/846

Aulonocara steveni "Eastern" ♂ 3/784

Aulonocara steveni "Maleri" ♂ 3/784

H: O-Küste: Makanjila.
♂: Intensiver gefärbt, blau. **V**: =
Z: ♀ Mb 21 T, 20–40 E. **F**: O
T: 24–26°C, **L**: 15 cm, **pH**: >7, **SG**: 3

Hemitaeniochromis urotaenia ♂ 5/838

H: Seeweit: Übergang Sandboden.
♂: Farbenprächtiger. ♀: Silberfarben. **V**: =
Z: ♀ Mb 21 T; Eifl.; Laichgruben. **F**: K,O
T: 23–27°C, **L**: 23 cm, **pH**: >7, **SG**: 2–3

Hemitilapia oxyrhyncha ♂ 2/918

H: Sandlitoral mit Vallisnerien.
♂: Sehr farbenprächtig. **V**: =
Z: ♀ Mb 18–21 T; agam. **F**: K
T: 24–26°C, **L**: 20 cm, **pH**: >7, **SG**: 3

CICHLIDEN

Hemitilapia oxyrhyncha ♀ 2/918

Iodotropheus sprengerae ♂ 2/918

H: Boadzulu u. Mumbo Insel: Felslitoral.
♂: Farbiger. V: =
Z: ♀ Mb, Eifleckmethode; agam. F: O
T: 24–26°C, L: 10 cm, pH: >7, SG: 2

Labeotropheus fuelleborni ♂ 1/730
Schabemundbuntbarsch

H: Geröll- u. Felslitoral.
♂: Eiflecken. V: –
Z: ♀ Mb; Eifleckmethode. F: K,O
T: 22–25°C, L: 15 cm, pH: >7, SG: 2

Labeotropheus fuelleborni ♀ 1/730
Schabemundbuntbarsch

♀♀ treten in mehreren Farbvarianten auf. Die Normalform ähnelt sehr dem ♂. Ansonsten hauptsächlich gescheckt (Foto).

Labeotropheus trewavasae ♂ 1/730
Gestreckter Schabemundmaulbrüter

H: Geröll- u. Felslitoral.
♂: Intensivere Eiflecken. V: –
Z: ♀ Mb, <40 E; Eifleckmethode. F: K,O
T: 21–24°C, L: 12 cm, pH: >7, SG: 2

Labidochromis caeruleus 2/920

H: Nhkata Bay: Felsbod., Vallisneria; 2–40 m.
♂: Farbiger; etwas größer. V: =
Z: ♀ Mb 25–40 T. F: O
T: 23–26°C, L: 8 cm, pH: >7, SG: 2–3

Labidochromis chisumulae ♂ 5/848

Labidochromis chisumulae ♀ 5/848

H: Insel Chisumulu.
♂: Blaues Muster. ♀: Rein weiß. V: +
Z: ♀ Mb 21 T, Eifleckmethode. F: K,O
T: 24–26°C, **L**: 8 cm, **pH**: >7, **SG**: 1–2

Labidochromis flavigulis ♂ 5/850

Labidochromis flavigulis ♀ 5/850

H: Inseln Likoma u. Chisumulu.
♂: Deutlichere Eiflecken. ♀: Gelblich. V: =
Z: ♀ Mb 21 T 15–25 E, Eifl. F: O
T: 24–26°C, **L**: 6–7 cm, **pH**: >7, **SG**: 1–2

Labidochromis freibergi ♂ 4/628

H: Insel Likoma.
♀: Eher grau; ältere jedoch blau. V: –
Z: ♀ Mb 21 T, 20–30 J; Eif., agam. F: K,O
T: 24–26°C, **L**: 8 cm, **pH**: >7, **SG**: 1–2

Labidochromis gigas ♂ 5/852

H: Inseln Likoma u. Chisumulu: Litoral.
♂: Farbiger. ♀: Bräunlich. V: =
Z: ♀ Mb 21 T 20–30 E, Eifl.; agam. F: O
T: 24–26°C, **L**: 8–9 cm, **pH**: >7, **SG**: 2

Labidochromis gigas ♀ 5/852

Labidochromis ianthinus ♂ 2/920

H: Mbenji I.: Felsen des flachen Wassers.
♂: Farbiger, dunkler. V: =
Z: Kein Bericht. F: O
T: 23–26°C, L: 9 cm, pH: >7, SG: 2–3

Labidochromis lividus 1/714

H: Likoma Island: N- u. W-Felslitoral; <6 m.
♂: Viel farbenprächtiger. V: =
Z: ♀ Mb 21 T; agam. F: L,O
T: 24–26°C, L: 7 cm, pH: >7, SG: 2

Labidochromis maculicauda 5/854

H: Bei Nkhata Bay: Chirombo Point.
♂: Mehr blau; deutlichere Eiflecken. V: =
Z: ♀ Mb 21 T 20–30 E, Eifl.; agam. F: O
T: 24–26°C, L: 8 cm, pH: >7, SG: 1–2

Labidochromis mbenjii ♂ 5/856

Labidochromis mbenjii ♀ 5/856

H: Mbenji-Inselgruppe.
♂: Bläulich; deutlichere Eiflecken. V: =
Z: ♀ Mb 21 T 20–30 E, Eifl.; agam. F: O
T: 24–26°C, L: <10 cm, pH: >7, SG: 1–2

Labidochromis pallidus ♂ 3/794

H: Maleri Inselgruppe: Felslitoral; <25 m.
♂: Undeutlich; deutlichere Eiflecken. V: –
Z: ♀ Mb 21 T; agam. F: O
T: 24–26°C, L: 8 cm, pH: ≫7, SG: 2

Labidochromis sp. aff. *caeruleus* "Gelb" 3/792

H: Zwischen Charo u. Mbowe Island.
♀: Etwas blasser. V: =
Z: ♀ Mb 18 T; agam. F: K,O
T: 23–28°C, L: 10 cm, pH: >7, SG: 1–2

Labidochromis sp. "Hongi" ♂ 5/858
auch *Labidochromis* sp. "Puulu"

H: NO-Küste: Inseln Hongi u. Puulu.
♂: Bläulich; kräftigere Eiflecken. V: =
Z: ♀Mb 21 T 20–30 E, Eifl.; agam. F:K,O
T: 24–26°C, L: 8–9 cm, pH: >7, SG: 2

Labidochromis sp. "Hongi" ♀ 5/858
auch *Labidochromis* sp. "Puulu"

Labidochromis vellicans ♂ 2/922
Spitzkopfmaulbrüter

H: Felslitoral.
♂: Metallisch-blau, orangegelb. V: =
Z: ♀ Mb <21 T, 30 E; agam. F: O
T: 23–26°C, L: 10 cm, pH: >7, SG: 2–3

Labidochromis zebroides ♂ 5/860
Iceblue-Labidochromis-Buntbarsch

H: S von Likoma: Insel Masimbwe.
♂: Blau mit schwarzen Querstreifen. V: =
Z: ♀ Mb; Eifleckmethode; agam. F: K
T: 24–26°C, L: 8–9 cm, pH: >7, SG: 2?

Lethrinops sp. "yellow collar" ♂ 5/864

Lethrinops sp. "yellow collar" ♀ 5/864

H: Monkey Bay, Likoma, NO-Küste.
♂: Viel farbiger. V: +
Z: ♀ Mb 21 T; Eifleckm.; agam. F: K,O
T: 24–27°C, L: 11 cm, pH: >7, SG: 2–3

Maravichromis epichorialis ♂ 1/712

H: Endemisch.
♂: Viel farbenprächtiger; Eiflecken. V: ?
Z: ♀ Mb? F: K,O
T: 24–26°C, L: 20 cm, pH: >7, SG: 2

Maravichromis formosus ♂ 3/777

H: Felslitoral; selten.
♂: Golden. ♀: Silber V: ?
Z: ♀ Mb? F: K,O
T: 24–26°C, L: 12,5 cm, pH: >7, SG: 2

Maravichromis formosus ♀ 3/777

Maravichromis mola ♂ 3/774

H: Weit verbreitet: Sand- u. Mischboden.
♂: Viel farbenprächtiger; Eiflecken. V: =
Z: ♀ Mb? F: O
T: 24–26°C, L: 17 cm, pH: >7, SG: 2–3

Maravichromis mola ♀ 3/774

Melanochromis auratus o.♂, u.♀ 1/738
Türkisgoldbarsch
H: Felsige Uferzone.
♂: Weniger gelb: das Negativ. V: –
Z: ♀ Mb, 30 E; Eifleckmethode. F: L,O
T: 22–26°C, L: ♂ 11 cm, pH: >7, SG: 2–3

Melanochromis chipokae ♂ 2/951

H: Nahe Chipoka: Felslitoral.
♂: Eiflecken. ♀: das Negativ (gelb). V: –
Z: ♀ Mb 20 T, 20–40 E; Eif., agam. F: K
T: 24–26°C, L: 15 cm, pH: >7, SG: 2–3

Melanochromis joanjohnsonae ♀ 1/740
"Perle von Likoma"
H: Likoma-Insel: Geröll-Litoral.
♂: Eiflecken; Dorsale mit schw. Binde. V: –
Z: ♀ Mb, 30 E; Eifleckmethode. F: L,O
T: 24–26°C, L: 10 cm, pH: >7, SG: 2

Melanochromis joanjohnsonae ♂ 1/740
"Perle von Likoma"

Melanochromis johannii ♂ 1/740
Kobaltorangebarsch
H: Felslitoral.
♂: Eiflecken; meist größer. V: –
Z: ♀ Mb, <35 E; Eifleckmethode. F: L,O
T: 22–25°C, L: 12 cm, pH: >7, SG: 2

Melanochromis labrosus 1/714
Wulstlippenbuntbarsch (schwarze Form)

H: Felslitoral.
♂: Intensivere Eiflecken. V: ?
Z: ♀ Mb, ca. 35 E; Eif. F: O
T: 23–26°C, L: 13 cm, pH: >7, SG: 2

Melanochromis ledidiadaptes ♂ 3/800

H: O-Küste: Makanjila Point: Felszone.
♂: Eiflecken. ♀: Silbern. V: =
Z: ♀ Mb, <25 T; Eif., agam. F: O
T: 24–26°C, L: 12 cm, pH: >7, SG: 2–3

Melanochromis ledidiadaptes ♀ 3/800

Melanochromis melanopterus ♂ 2/952

H: SW-Teil: Geröll- u. Felszone.
♂: Eiflecken. ♀: Das Negativ. V: –
Z: ♀ Mb, 21 T, <60 E; Eif., agam. F: K
T: 24–26°C, L: 13 cm, pH: >7, SG: 2–3

Melanochromis parallelus ♂ 2/952

H: Nkata Bay: Oberes Felslitoral.
♂: Eiflecken. ♀: Das Negativ. V: –
Z: ♀ Mb, 21 T, <30 E; Eif., agam. F: O
T: 24–26°C, L: 12 cm, pH: >7, SG: 2–3

Melanochromis parallelus ♀ 2/952

CICHLIDEN

Melanochromis simulans ♂ 5/868

H: O-Küste: Bei Makanjila/Fort Maguire.
♂: Eiflecken. ♀: Das Negativ. V: –
Z: ♀ Mb 21 T, 20–40 E; Eif., agam. F: O
T: 24–26°C, L: 12 cm, pH: >7, SG: 3

Melanochromis simulans ♀ 5/868

Melanochromis vermivorus 1/742
Stahlblauer Maulbrüter

H: Likoma-Insel: Geröll-Litoral.
♂: Eiflecken. V: =
Z: ♀ Mb, 30 E; Eifleckmethode. F: K,O
T: 22–26°C, L: 15 cm, pH: >7, SG: 2

Maravichromis anaphyrmus ♂ 4/640

H: Südlicher Teil: Sandboden.
♂: Wesentlich farbenprächtiger. V: –
Z: ♀ Mb; Eifleckmethode. F: K
T: 23–27°C, L: 23 cm, pH: >7, SG: 2–3

Maravichromis lateristriga ♂ 5/872
"Flame *Oxyrhynchus*"

H: Monkey u. Senga Bay, Maleri Island.
♂: Wesentlich farbenprächtiger. V: =
Z: ♀ Mb 21 T <60 J; Eifleckm. F: K
T: 23–27°C, L: 23 cm, pH: >7, SG: 2–3

Maravichromis lateristriga ♀ 5/872
"Flame *Oxyrhynchus*"

CICHLIDEN

Naevochromis chrysogaster ♂♂ 5/874

H: Weit verbreitet; nirgends häufig.
♀: Wie oben, aber ohne Eiflecken. V: =
Z: ♀ MB?; unbekannt. F: O
T: 24–26°C, **L**: <25 cm, **pH**: >7, **SG**: 3

Nimbochromis fuscotaeniatus ♂ 2/898
Blauer Leopardmaulbrüter

H: Im Süden: Geröll- u. Felslitoral, Sand.
♂: Wesentlich farbenprächtiger. V: –
Z: ♀ Mb, agam. Kein Bericht. F: K
T: 24–26°C, **L**: 25 cm, **pH**: >7, **SG**: 3

Nimbochromis linni ♂ 1/716
Rüssel-Polystigma

H: Felslitoral.
♂: Dorsale rot-gelb-weiß; Eiflecken. V: –
Z: ♀ Mb, <20 E; Eifleckmethode. F: K,O
T: 23–25°C, **L**: 25 cm, **pH**: >7, **SG**: 2

Nimbochromis linni ♀ 1/716
Rüssel-Polystigma

Nimbochromis livingstonii 1/716
Schläfer

H: Uferregionen mit Sand und Vallisnerien.
♂: Farbenprächtiger; Eiflecken. V: –
Z: ♀ Mb, <100 E; Eifleckmethode. F: K,O
T: 24–26°C, **L**: 20 cm, **pH**: >7, **SG**: 2

Nimbochromis polystigma ♂ 1/718
Vielfleckmaulbrüter

H: Felslitoral.
♂: Eiflecken. V: =
Z: ♀ Mb, <20 E; Eifleckmethode. F: K
T: 23–25°C, **L**: <23 cm, **pH**: >7, **SG**: 2–3

Nimbochromis polystigma ♀ 1/718
Vielfleckmaulbrüter

Copadichromis eucinostomus ♂ 5/896
Blauschwarzer Utaka
H: Chilumba, Mwaya, Vua, Malawi.
♂: Viel farbiger. V: =
Z: ♀ Mb 21 T 15–30 E; Eifleckm. F: K
T: 23–27°C, L: 12 cm, pH: >7, SG: 2

Nyassachromis microcephalus ♂ 5/896
Grüner Utaka-Buntbarsch
H: Nördlicher u. südlicher See.
♂: Viel farbiger. V: =
Z: ♀ Mb 21–28 T 25–40 Eier; Eifl. F: K
T: 23–27°C, L: 16 cm, pH: >7, SG: 2

Nimbochromis venustus ♂ 1/720
Pfauenmaulbrüter
H: Sandige Uferzonen.
♂: Viel farbiger; etwas größer. V: –
Z: ♀ Mb, 120 Eier. F: K,O
T: 25–27°C, L: <25 cm, pH: >7, SG: 3

Otopharynx heterodon ♂ 5/898
Blaugelber Otopharynx
H: Monkey u. Nkhata Bay, Chilumba, Lik. I.
♂: Viel farbenprächtiger. V: =
Z: Eifleckmethode; sonst unbekannt. F: K
T: 23–27°C, L: 13 cm, pH: >7, SG: 2–3

Otopharynx heterodon ♀ 5/898
Blaugelber Otopharynx

Otopharynx lithobates ♂ 4/662
Haplochromis "Sulphur Head"
H: Süden: Cape Maclear, Chinyamwezi-I.
♂: Blaufärbung. V: =
Z: ♀ Mb 21 T, 30–60 J; agam. F: K
T: 24–27°C, L: 15 cm, pH: >7, SG: 2

Otopharynx lithobates ♀ 4/662
Haplochromis "Sulphur Head"

Otopharynx ovatus ♂ 2/902, 5/900
Blaugelber Otopharynx
H: Süden: Mittlere Tiefen in Küstennähe.
♂: Blaufärbung. V: =
Z: Noch nicht erfolgt. F: K
T: 23–27°C, L: 20 cm, pH: >7, SG: 2–3

Otopharynx tetraspilus 5/900
Vierfleck-Otopharynx
H: Nkhudzi, Monkey Bay, Malombe, Malawi.
♂: Gelbblau; Eiflecken. V: ?
Z: Noch nicht erfolgt. F: K
T: 23–27°C, L: 15 cm, pH: >7, SG: 2

Petrotilapia genalutea ♂ 4/672
Gelbbrauner Petrotilapia
H: W: Chinyamwezi–Ruarwe; O: Makanjila.
♂: Farbiger; siehe Fotos. V: –
Z: ♀ Mb <28 T, 50 E; Eif. in Höhle. F: K
T: 23–27°C, L: 16 cm, pH: >7, SG: 3

Petrotilapia genalutea ♀ 4/672
Gelbbrauner Petrotilapia

Petrotilapia cf. *genalutea* ♀ 4/657
Gelbbrauner Petrotilapia (Brutfärbung)

Petrotilapia tridentiger ♂ (1/752), 5/908
Dicklippenmaulbrüter

H: Felszone.
♂: Deutlichere Eiflecken. V: –
Z: ♀ Mb, 35 E; Eifleckmethode. F: L,O
T: 24–26°C, L: <25 cm, pH: >7, SG: 3–4

Petrotilapia tridentiger ♀ (1/752), 5/908
Dicklippenmaulbrüter

Placidochromis electra ♂ 2/896

H: Likoma Insel: Sandboden.
♂: Farbiger; größer. V: =
Z: ♀ Mb 18 T, 50 Eier, agam. F: O
T: 24–26°C, L: ♂ 16 cm, pH: >7, SG: 2

Placidochromis electra ♀ 2/896

Placidochromis johnstonii ♂ 2/900
Sechsstreifenmaulbrüter

H: Sandlitoral mit Vallisnerienwiesen.
♂: Farbiger; Eiflecken. V: =
Z: ♀ Mb 18 Tage, 120 Eier. F: O
T: 24–26°C, L: <17 cm, pH: >7, SG: 2–3

Placidochromis milomo ♂ 2/900
Milomobuntbarsch, Super VC 10
H: Mbenji- Inseln: Felslitoral.
♂: Farbiger. V: =
Z: ♀ Mb 20 Tage. F: O
T: 23–26°C, L: 15 cm, pH: ≫7, SG: 2

Placidochromis milomo juv. 2/900
Milomobuntbarsch, Super VC 10

Platygnathochromis melanonotus ♂ 3/774
H: Weit verbreitet.
♂: Farbiger. V: =
Z: ? F: K
T: 24–26°C, L: 26 cm, pH: >7, SG: 3

Platygnathochromis melanonotus ♀ 3/774

Protomelas annectens ♂ 2/892

H: Mittlere Tiefe am Ufer. Relativ selten.
♂: Farbiger; Flossen ausgezogen. V: =
Z: ♀ Mb, agam; noch nicht erfolgt. F: L,O
T: 24–26°C, L: 20 cm, pH: >7, SG: 2

Protomelas fenestratus o.♂, u.♀ 2/898

H: Maleri Inselgruppe: Felslitoral, 3–6 m.
♂: Farbiger. V: =
Z: ♀ Mb 20 Tage, agam. F: K
T: 22–26°C, L: 14 cm, pH: >7, SG: 2

Protomelas similis ♂ 3/780

H: Weit verbreitet: Sandlitoral; ca. 10 m.
♀: Silbrig. V: =
Z: ♀ Mb, agam, Eifleckmethode. F: O
T: 24–26°C, L: 12 cm, pH: >7, SG: 2–3

Protomelas spilopterus ♂ 5/910

H: Seeweit verbreitet.
♂: Farbiger. V: =
Z: ♀ Mb, agam, Eifleckmethode. F: O
T: 24–26°C, L: <25 cm, pH: >7, SG: 3–4

Protomelas spilopterus ♀ 5/910

Protomelas taeniolatus ♂ 3/782, (2/895)

H: Weit verbreitet: Felsiger Untergrund.
♂: Farbiger. V: =
Z: ♀ Mb 21 T, 20–40 J, agam. F: O
T: 24–26°C, L: 12 cm, pH: >7, SG: 2–3

Protomelas taeniolatus ♀ 3/782, (2/895)

Protomelas taeniolatus var. ♂ 3/782, (2/895)

Pseudotropheus aurora ♂ 1/756

Pseudotropheus aurora ♀ 1/756

H: Likoma-Insel: Sand/Fels Übergangszone.
♂: Farbenprächtiger; Eiflecken. V: –
Z: ♀ Mb <21 T, <70 E; Eifleckm. **F**: K,O
T: 24–26°C, **L**: 11 cm, **pH**: >7, **SG**: 1–2

Pseudotropheus barlowi ♂ 4/676

H: S-Teil: Mbenji-Inseln, Maleri-Inseln,...
♀: Einfarbig graubraun. V: –
Z: ♀ Mb <28 T, 20–40 J; Eif., agam. **F**: K,O
T: 24–26°C, **L**: 15 cm, **pH**: >7, **SG**: 3

Maylandia callainos ♂ 5/914
Kobalt-Zebra

H: NW-Küste weit verbreitet.
♂: Deutlichere Eiflecken. V: =
Z: ♀ Mb 21 T, 20–40 J; Eifl., agam. **F**: O
T: 24–26°C, **L**: 10 cm, **pH**: >7, **SG**: 2

Maylandia callainos ♂ 5/914
Kobalt-Zebra
Weiße Morphe

Pseudotropheus crabro ♀? 3/852
Pseudotropheus "chameleo"

H: Mbenji-Inseln: Fels- u. Misch-Boden.
♂: Mehr Eiflecken; schwarz. V: –
Z: ♀ Mb <24 T, 20–60 J; Eifl., agam. **F**: O
T: 24–26°C, **L**: 15 cm, **pH**: >7, **SG**: 2–3

CICHLIDEN

Pseudotropheus elegans ♂ 5/916

Pseudotropheus elegans ♀ 5/916

H: Seeweit verbreitet; auch über Sand.
♂: Erwachsen längere D u. A. V: =
Z: ♀ Mb 21 T, 20–40 J; Eifl., agam. F: O
T: 24–26°C, L: 10–15 cm, pH: >7, SG: 2

Pseudotropheus elongatus 1/756
Schmalbarsch

H: Felsenzone.
♂: Eiflecken; größer. V: –
Z: ♀ Mb, <37 E; Eifleckmethode. F: L,O
T: 22–25°C, L: 13 cm, pH: ≫7, SG: 2–3

Pseudotropheus estherae o.♂ (1/763)
Roter Malawisee-Zebrabuntb. 5/918

H: Mosambikanische Küste: Metangula.
♂: Blau. ♀: Bräunlich. V: =
Z: ♀ Mb 21 T, 20–40 J; Eifl. F: O
T: 24–27°C, L: <14 cm, pH: >7, SG: 2–3

Pseudotropheus estherae ♂ (1/763)
Roter Malawisee-Zebrabuntb. 5/918
Orangeblauer Maulbrüter

Pseudotropheus estherae ♀ (1/763)
Roter Malawisee-Zebrabuntb. 5/918
Orangeblauer Maulbrüter

CICHLIDEN

Pseudotropheus estherae ♂ (1/763)
Roter Zebra 5/918

Pseudotropheus estherae ♂ 1/763

Pseudotropheus estherae ♀ 1/763

Pseudotropheus fainzilberi 1/758

H: NO-Küste: Ortschaft Makonde.
♂: Farbenprächtiger; Eiflecken. V: –
Z: ♀ Mb, <60 E; Eifleckmethode. F: K,O
T: 22–26°C, L: 13 cm, pH: >7, SG: 2

Pseudotropheus flavus ♂ 4/676

H: Chinyankwazi Island: Felszone.
♂: Intensiver gefärbt. V: =
Z: ♀ Mb, 20–30 J; Eif., agam. F: K
T: 23–27°C, L: 9 cm, pH: >7, SG: 2

Maylandia greshakei ♂ 3/855
"Red Top Ice Blue"

H: Makokola (S-Arm des Sees).
♀: Einfarbig rötlich braun. V: –
Z: ♀ Mb, Eifleckmethode, agam. F: K,O
T: 24–26°C, L: >10 cm, pH: >7, SG: 2

CICHLIDEN

Maylandia hajomaylandi ♂ 3/856

H: Chisumulu Insel: Sandboden: 10–30 m.
♀: Grau-bläulich, dunkle Querstr. V: –
Z: ♀ Mb <25 T, agam. F: O
T: 24–26°C, **L**: <15 cm, **pH**: >7, **SG**: 2–3

Metriaclima heteropictus ♂ (2/972) 5/921

H: Chisumulu Island. Nicht Tumbi Island.
♀: Gelborange. V: –
Z: ♀ Mb 14 T, 25–30 E. F: O
T: 24–27°C, **L**: 10 cm, **pH**: >7, **SG**: 2–3

Pseudotropheus lanisticola 1/758
Kleiner Schneckenbarsch

H: Sandboden.
♂: Eiflecken. V: =
Z: ♀ Mb, <60 E; Eifleckmethode. F: O
T: 23–25°C, **L**: 7 cm, **pH**: ≫7, **SG**: 2

Pseudotropheus livingstonii ♂ 2/972
Livingstons Schneckenbuntbarsch

H: Sand Regionen der Küste.
♂: Farbintensiver; Eiflecken. V: =
Z: ♀ Mb <21 T, <60 E; Eif., agam. F: O
T: 22–26°C, **L**: 15 cm, **pH**: ≫7, **SG**: 2

Pseudotropheus lombardoi ♂ 2/974

Pseudotropheus lombardoi ♀ 2/974

H: Mbenji-Inseln: Geröll- u. Felslitoral.
♂: Eiflecken; siehe Fotos. V: –
Z: ♀ Mb <24 T, <50 E; Eif., agam. F: O
T: 24–26°C, **L**: 15 cm, **pH**: >7, **SG**: 2–3

Pseudotropheus macrophthalmus 1/760
Großaugenmaulbrüter

H: Felslitoral.
♂: Eiflecken deutlicher. V: =
Z: ♀ Mb, 40–70 E; Eifleckm. F: L,O
T: 23–25°C, L: 15 cm, pH: ≫7, SG: 2

Pseudotropheus microstoma ♂ 2/974

H: Geröll- u. Felslitoral.
♂: Farbintensiver; Eiflecken. V: –
Z: ♀ Mb <20 T; Eifleckm., agam. F: O
T: 24–26°C, L: 13 cm, pH: ≫7, SG: 2

Pseudotropheus saulosi ♂ 4/678

Pseudotropheus saulosi ♀ 4/678

H: Chisumulu Island.
GU: Siehe Fotos. V: –
Z: ♀ Mb, 30 J; Eif., agam. F: K
T: 23–27°C, L: <10 cm, pH: >7, SG: 2

Pseudotropheus socolofi ♂ 2/976

H: O-Küste: Oberes Geröll- u. Felslitoral.
♂: Eiflecken; längere Ventralen. V: =
Z: ♀ Mb 21 T, 20–50 E; Eifleckm. F: K,O
T: 24–26°C, L: 12 cm, pH: >7, SG: 2–3

Pseudotropheus sp. "Tropheops Chilumba" ♂ 5/922

Pseudotropheus sp. "Tropheops Chilumba"
♀ 5/922

Pseudotropheus tropheops ♂ (1/760)
Gelber Maulbrüter 5/924

H: Süden: Felslitoral.
♂: Blau/gelb. ♂: Grau/braun. V: =
Z: ♀ Mb, 40 J; Eifleckmethode. F: O
T: 24–27°C, L: 20 cm, pH: >7, SG: 2–3

Pseudotropheus "Tropheops Lilac Mumbo"
(1/760) 5/925

Pseudotropheus "Tropheops Mauve"
(1/760) 5/924

Pseudotropheus "Tropheops Red Fin"
(1/760) 5/924

Pseudotropheus tropheops gracilior ♂
Graziler Pseudotropheus 5/923

H: Thumbi West u. Domwe Island.
♀: Auffallend gelborange. V: =
Z: ♀ Mb; Eif.; etwas schwieriger. F: K
T: 23–27°C, L: 10 cm, pH: >7, SG: 2

CICHLIDEN

Pseudotropheus williamsi ♂ 3/856

H: Felslitoral.
♀: Unscheinbar grau. V: =
Z: ♀ Mb, Eifleckmethode, agam. F: K,O
T: 24–26°C, L: 11 cm, pH: >7, SG: 2–3

Maylandia xanstomachus ♂ 5/926
"Zebra Yellow Throat Maleri"

H: Westküste: Maleri Inselgruppe.
♂: Blau. ♀: Bräunlich. V: =
Z: ♀ Mb 21 T 20–40 J; Eifleckm. F: L,O
T: 24–26°C, L: 13 cm, pH: >7, SG: 2

Maylandia xanstomachus 5/926
"Yellow Chin"

Maylandia xanstomachus 5/926
"Zebra Yellow Throat Maleri" h.♂, v.♀

Maylandia zebra ♂ 1/762
Blauer Malawisee-Buntbarsch

H: Felslitoral.
♂: Eiflecken. V: –
Z: ♀ Mb, <60 E; Eifleckmethode. F: L,O
T: 23–25°C, L: 13 cm, pH: ≫7, SG: 1–2

Rhamphochromis esox 5/934
Malawisee-Hechtbuntbarsch

H: Seeweit verbreitet.
GU: Unbekannt. V: =
Z: ♀ Mb; noch nicht erfolgt. F: K
T: 24–27°C, L: 30–40 cm, pH: >7, SG: 4

Rhamphochromis leptosoma juv. 5/936
Schlanker Malawisee-Hechtbuntbarsch

H: Seeweit verbreitet.
♂: Bläulich. ♂: Silbergrau. V: –
Z: ♀ Mb; noch nicht erfolgt. F: K!
T: 23–27°C, L: 40 cm, pH: >7, SG: 4

Rhamphochromis macrophthalmus 5/936

H: Südteil des Sees.
♂: Etwas farbiger? V: –
Z: ♀ Mb; noch nicht erfolgt. F: K
T: 20–25°C, L: 27 cm, pH: >7, SG: 4

Sciaenochromis ahli ♂ 3/768

H: Verschiedene Felsküsten.
♂: Sexuell aktive leuchtend blau. V: =
Z: ♀ Mb. F: K
T: 24–26°C, L: 20 cm, pH: >7, SG: 3

Sciaenochromis fryeri ♂ 5/944
Azur-Cichlide

H: Likoma Insel: 5–10 m Tiefe.
♂: Sexuell aktive leuchtend blau. V: =
Z: ♀ Mb 21 T 20–50 J; Eifleckm. F: O
T: 24–26°C, L: <15 cm, pH: >7, SG: 2–3

Mylochromis gracilis ♂ 5/946

Mylochromis gracilis ♀ 5/946

H: Südlicher Teil.
♂: Leuchtend blau; Eiflecken. V: =
Z: ♀ Mb? agam; noch nicht erfolgt. F: K
T: 24–26°C, L: 20 cm, pH: >7, SG: 3

Sciaenochromis psammophilis ♂ 5/946

H: NW-Küste u. Kande Island.
♂: Leuchtend blau; Eiflecken. V: =
Z: ♀ Mb 21 T 20–50 J; agam. F: O
T: 24–26°C, L: 15 cm, pH: >7, SG: 3

Stigmatochromis modestus ♂ 5/950

H: Weit verbreitet.
♂: Farbenprächtiger. V: =
Z: ♀ Mb 21 T 30–60 J; Eif., agam. F: K
T: 24–26°C, L: 16 cm, pH: >7, SG: 2–3

Stigmatochromis modestus ♀ 5/950

Stigmatochromis pholidophorus 5/952

H: Weit verbreitet.
♂: Farbenprächtiger; (Eifl. beide). V: =
Z: ♀ Mb 21 T 30–60 J; Eif., agam. F: K
T: 24–26°C, L: 17 cm, pH: >7, SG: 3

Stigmatochromis pholidophorus 5/952

Trematocranus placodon ♂ 2/904

H: Sandboden und Vallisnerienfelder.
♂: Farbenprächtiger; etwas größer. V: =
Z: ♀ Mb, <100 J, agam. F: O
T: 24–26°C, L: 25 cm, pH: >7, SG: 2

CICHLIDEN

Trematocromis microstoma ♂ 5/970

H: Süden des Sees: Namalenji Insel.
♂: Farbenprächtiger; Eiflecken. V: =
Z: ♀ Mb, agam. Kein Bericht. F: K
T: 24–26°C, L: 20–25 cm, pH: >7, SG: 3

Tyrannochromis macrostoma ♂ 4/700
Schwarzbauch Malawisee-Buntbarsch

H: Weit verbreitet: Monkey Bay: Felszone.
♂: Viel farbenprächtiger; s. Fotos. V: =
Z: ♀ Mb; nachher lange Brutpflege. F: K
T: 23–27°C, L: 30 cm, pH: >7, SG: 3

Tyrannochromis macrostoma ♀ 4/700
Schwarzbauch Malawisee-Buntbarsch

Tyrannochromis nigriventer ♂ 5/972

H: Weit verbreitet: Felsen, Vallisnerien.
♂: Blau; Eiflecken; s. Fotos. V: =
Z: ♀ Mb 21 T >100 J. F: K
T: 24–26°C, L: <30 cm, pH: >7, SG: 3–4

Tyrannochromis nigriventer ♂ 5/972

Tyrannochromis nigriventer ♀ 5/972

Physikalische Eigenschaften

773 m über dem Meeresspiegel gelegen, ist der Tanganjikasee der zweitgrößte See Afrikas mit einer Oberfläche von 33000 km²; 650 km lang und stellenweise bis zu 80 km breit, ist er der sechsgrößte See der Welt. Er ist Teil des Grabensystems Afrikas und hat ein geschätztes Alter von 2 bis 4 Millionen Jahre (PITCHER u. HART, 1995), aber er wird sogar auf 11 bis 30 Millionen Jahre (KONINGS, 1988) geschätzt. Wie auch der Malawisee, so war der Tanganjikasee im Laufe seiner Entwicklungsgeschichte extremen Wasserstandsschwankungen ausgesetzt. Z.B. gab es Perioden, während derer der See in drei kleinere Seen aufgeteilt war. Die größte Tiefe des Sees wird derzeit mit 1470 m (570 m im Durchschnitt) angegeben. Die Unterwassersichtweite kann bis zu über 20 m betragen, womit dieser See einer der klarsten Süßgewässer der Welt ist.

Weitere Werte:
- pH-Wert: 8,6–9,2
- Leitfähigkeit: 550–600 µS/cm
- Temperatur: 23,5–27 °C

Anrainerstaaten

Der Tanganjikasee ist von Zaire im Westen, Sambia im Süden, von Tansania im Osten und von Burundi im nördlichen Osten umgeben.

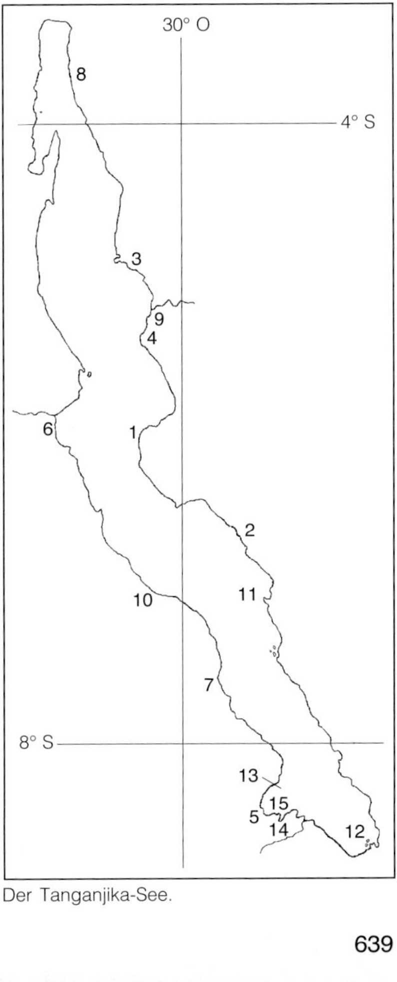

Der Tanganjika-See.

Wichtige Orte

Bulu Island	1
Ikola	2
Kigoma	3
Kabogo	4
Kachese	5
Kalemie	6
Kapampa	7
Magara	8
Maswa	9
Moba	10
Cape Mpimbwe	11
Mutondwe Island	12
Ndole Bay	13
Nkamba Bay	14
Sumbu Bay	15

Ichthyologische Eigenschaften

Im See sind 14 Fischfamilien mit insgesamt 240 Arten in 79 Gattungen vertreten (PITCHER u. HART, 1995).
- Nicht-Cichliden: 42 Gattungen (8 endemisch) mit 75 Arten (52 endemisch).
- Cichliden: 37 Gattungen (33 endemisch) mit 165 Arten (164 endemisch).

Wie im Malawisee veranschaulicht diese Statistik die dominante Anwesenheit der Buntbarsche im Tanganjikasee. Die hohe Mineralkonzentration des Sees begünstigt indirekt sekundäre Süßwasserfische wie Cichliden, da diese am ehesten salztolerant sind. Gleichfalls hat sich eine ökologische Barriere zu den relativ mineralarmen Biotopen außerhalb des Sees ergeben, wodurch kein Genaustausch zu Bevölkerungen außerhalb des Sees mehr stattfindet. Das Ergebnis ist ein hoher Anteil an endemischen Arten und Gattungen.
Unter 200 m Tiefe beginnt das Hypolimnion, die sauerstofflose Zone des Sees. Sie hat eine relativ konstante Temperatur von 23,3 °C, aber da das Wasser anaerob ist, leben dort keine Fische. Durch die Lage nahe am Äquator gibt es kaum jahreszeitlich bedingte Temperaturschwankungen, und die Wasserschichten vermischen sich nicht.

Die Gattungen *Lamprologus* und *Neolamprologus* haben die meisten Arten im See, während die meisten Farbvarianten innerhalb der Gattung *Tropheus* zu finden sind (s.S. 667 ff.).

Die Fortpflanzungsstrategien sind sehr vielfältig, und die sekundären Geschlechtsunterschiede sind gering: oftmals bringt nur eine genaue Untersuchung der Genitalpapille Aufschluß über das Geschlecht.
Die Fortpflanzungsmethoden im einzelnen:
- Maulbrüter: Unter den Maulbrütern finden sich größtenteils Arten, bei denen die Weibchen alleine brüten, es gibt aber auch mehrere Arten (z.B. unter den *Xenotilapia*), bei denen beide Geschlechter teilnehmen. Oft fehlen den Arten die Eiattrappen an der Analflosse, wie sie im Malawisee weit verbreitet sind, aber bei den Gattungen *Cyathopharynx* und *Ophthalmotilapia* findet eine modifizierte Eifleckmethode statt: Männchen haben extrem lang ausgezogene Ventralen, deren Spitzen Eiattrappen darstellen. Ihre Funktion ist die gleiche – das Weibchen schnappt nach den vermeintlichen Eiern nahe der Genitalpapillenregion des Männchens und befruchtet dadurch die sich bereits in ihrem Maul befindenden Eier.
- Verstecklaicher: Unter den Verstecklaichern finden wir "normale" Höhlenlaicher und solche, die sich auf Schneckenhäuser als Ablaichsubstrat spezialisiert haben. Nur das Weibchen paßt hinein, um seine Eier zu legen. Das Männchen entläßt seine Spermien "vor der Tür". Alsbald kommt das Weibchen aus der Schneckenschale, und das eindringende Wasser spült die Spermien zu den angehefteten Eiern.
- Offenlaicher: Diese Form der Fortpflanzung wurde bisher nur selten beobachtet. Ihr bekanntester Vertreter ist *Boulengerochromis microlepis*, der größte Buntbarsch der Welt.

Tanganjikasee-Buntbarsche lassen keine Ernährungsnische ungeachtet. *Altolamprologus*-Arten sind sogar besonders schmal und hoch gebaut, um Felsspalten besser auskundschaften zu können.

Altolamprologus calvus 2/926

Altolamprologus calvus juv. 2/926

H: Sumbu Nationalpark: Geröll/Felslitoral.
♂:Spitze Ventralen, Dorsale, Anale. V: =
Z: Höhlenlaicher, >200 E, VMFam. F: K
T: 23–25°C, L: 15 cm, pH: 7, SG: 3

Altolamprologus compressiceps 1/732
Nanderbuntbarsch

H: Steiniger/felsiger Untergrund.
GU: Unbekannt. V: =
Z: Höhlenlaicher, <300 E, MMFam? F: K
T: 23–25°C, L: 15 cm, pH: 7, SG: 3

Xenotilapia leptura 3/690
Leptura-Buntbarsch

H: S-Teil: Felsenzone.
GU: Unbekannt. V: =
Z: ♀♂ Mb 13 T (sehr kurz), Efam. F: O
T: 24–26°C, L: 11 cm, pH: >7, SG: 2–3

Aulonocranus dewindti 3/707
Uferbuntbarsch

H: Verbreitet: Übergang Sand- /Felslitoral.
♂: Blaue u. gelbe horizontale Reihen. V:=
Z: ♀ Mb; noch nicht gelungen. F: K
T: 24–26°C, L: 11 cm, pH: >7, SG: 3–4

Benthochromis tricoti ♂ 4/584

H: Riesige Schwärme im offenen Wasser.
♂: Lange Flossen; farbiger. V: =
Z: ♀ Mb, 2–15 J; kein Bericht. F: K
T: 23–25°C, L: 20 cm, pH: >7, SG: 4

CICHLIDEN

Boulengerochromis microlepis 3/710
Riesenbuntbarsch
H: Überall.
♂: Größer, farbiger. V: –
Z: Substratl, 10000 E; nicht im Aq. F: K
T: 24–26°C, **L**: 80 cm, **pH**: ≫7, **SG**: 3

Callochromis macrops ♂ 3/712
Südlicher Großaugen-Maulbrüter
H: S-Teil: sandig-felsig, Flachwasser.
♂: Farbiger. V: =
Z: ♀ Mb 20 T; agam. F: O
T: 24–26°C, **L**: 15 cm, **pH**: >7, **SG**: 2–3

Callochromis melanostigma ♂ 3/712
Nördlicher Großaugen-Maulbrüter
H: Nur im nördlichsten Teil.
♂: Farbiger. V: =
Z: ♀ Mb 19 T; agam. F: O
T: 24–26°C, **L**: 15 cm, **pH**: >7, **SG**: 3

Callochromis pleurospilus ♂ 3/714
Glanzmaulbrüter
H: Sandlitoral u. Übergang Felslitoral.
♂: Farbiger Saum an Anale. V: –
Z: ♀Mb 21 T, 20–30 J; agam, Mfam. F: O
T: 23–28°C, **L**: 15 cm, **pH**: >7, **SG**: 2–3

Cardiopharynx schoutedeni 4/584

H: Sand u. Sand/Felslitoral: 3–60 m.
♂: Farbiger. V: =
Z: Mb; nichts Genaues bekannt. F: K
T: 23–28°C, **L**: 16 cm, **pH**: >7, **SG**: 3

Chalinochromis brichardi ♂ 2/852
Maskenbuntbarsch
H: Nicht zentrale O-Küste: Felslitoral: 2–10 m.
♂: Dorsalfleck scharf; Stirnbuckel. V: =
Z: Selten: Hb, <120 E; Efam. F: K
T: 24–27°C, **L**: <15 cm, **pH**: >7, **SG**: 2–3

Chalinochromis popelini 3/716
Gestreifter Zügelbuntbarsch (Ikola)
H: Felslitoral.
♂: Größer; Stirnbuckel. V: =
Z: Hb, 4–50 E; enge Efam. F: K
T: 24–28°C, L: 11 cm, pH: ≫7, SG: 2–3

Schwetzochromis neodon 5/806

H: Afrika: Kasai-System, Zaire.
♂: Stärker ausgezogene Flossen. V: –
Z: Maternaler Maulbrüter. F:O
T: 25–26°C, L: 11 cm, pH: >7, SG: 3

Ctenochromis horei ♀ 3/758
Rotpunktmaulbrüter
H: Flachwasser: Sand- u. Pflanzengrund.
♀: Eher grau. V: –
Z: Nicht schwierig? ♀ Mb. F: O
T: 24–26°C, L: 18 cm, pH: >7, SG: 3–4

Cunningtonia longiventralis ♂ 5/806

H: Südteil in mehreren Varianten.
♂: Farbiger, längere Ventralen. V: =
Z: ♀ Mb; Sandnest. F: O
T: 24–28°C, L: 15 cm, pH: >7, SG: 3

Cyathopharynx furcifer ♂ 2/888
Großer Fadenmaulbrüter
H: Sandlitoral u. Übergang zum Felslitoral.
♂: Farbiger; sehr lange Ventralen. V: =
Z: ♀ Mb 21 T, 25 E; Mfam. F: O
T: 24–26°C, L: 20 cm, pH: ≫7, SG: 3

Cyathopharynx furcifer ♂ 3/760
Großer Fadenmaulbrüter "Karilani"
H: Variante aus Tansania.
♂: Farbiger; sehr lange Ventralen. V: =
Z: ♀ Mb 21 T, 25 E; Mfam. F: K,O
T: 24–26°C, L: 20 cm, pH: ≫7, SG: 3

Cyathopharynx furcifer ♂ 3/760
Großer Fadenmaulbrüter
Brutfärbung (Foto s. S. 3/781)

Cyphotilapia frontosa 1/700
Tanganjikasee-Beulenkopf
H: Sublitorales Benthal: Steinb., 20–30 m.
♂: Beule etwas größer; etwas länger. **V**: =
Z: ♀ Mb, 50E, <6 Wochen Pflege. **F**: K
T: 24–26°C, **L**: 35 cm, **pH**: >7, **SG**: 4

Cyprichromis leptosoma 1/700

H: S-Ende: Kigoma.
♂: Viel farbiger. **V**: =
Z: ♀ Mb 21 T. **F**: K,O
T: 23–25°C, **L**: 14 cm, **pH**: >7, **SG**: 2–3

Cyprichromis microlepidotus 2/890
Kleinschuppiger Kärpflingsbuntbarsch
H: Felsenzone mit vielen vertik. Spalten.
♂: Dunkler; z.Laichzeit dunkel Kehle. **V**: =
Z: ♀ Mb <29 T, 25 E, Mfam. **F**: K
T: 23–25°C, **L**: 14 cm, **pH**: >7, **SG**: 3

Cyprichromis microlepidotus ♂ 3/760
Kleinschuppiger Kärpflingsbuntb. (Var.)
H: Freies Wasser des Felslitorals.
♀: Dunkler; Kaudale farbiger. **V**: =
Z: ♀ Mb <21 T, 5–10 J, agam, Mfam. **F**: K
T: 23–28°C, **L**: 11 cm, **pH**: >7, **SG**: 4

Paracyprichromis nigripinnis ♂ 2/892
Schwarzflossiger Kärpflingsbuntbarsch
H: Einz. in Schwärmen von *C. microlepidotus*.
♀: Anale gelb; ohne Nadelstreifen. **V**: =
Z: ♀ Mb, Mfam. **F**: K
T: 23–25°C, **L**: 10 cm, **pH**: >7, **SG**: 3

Cyprichromis pavo ♂ 4/614

Cyprichromis pavo ♀ 4/614

H: SW-Teil: nahe Felsen; >20 m Tiefe.
♂: Farbintensiver; s. Fotos. V: =
Z: ♀ Mb <30 T, agam, Mfam. F: O
T: 24–28°C, **L**: 12 cm, **pH**: ≫7, **SG**: 3

Ectodus descampsii ♂ 3/762

H: Sandlitoral: im freien Wasser.
♀: Dorsalfleck nicht so groß? V: =
Z: ♀ Mb, nur vereinzelt. F: O
T: 24–26°C, **L**: 10 cm, **pH**: >7, **SG**: 2

Xenotilapia melanogenys 3/762

H: Sandlitoral bis in 40 m Tiefe.
♂: Farbenprächtiger. V: =
Z: ♀ Mb 20 T; Mutterfamilie, agam. F: O
T: 24–26°C, **L**: 16 cm, **pH**: >7, **SG**: 4

Xenotilapia ochrogenys 3/765

H: Sandlitoral.
♂: Farbiger; Dorsale länger. V: =
Z: ♀ Mb; Mutterfamilie. F: O
T: 24–26°C, **L**: 11 cm, **pH**: >7, **SG**: 3–4

Eretmodus cyanostictus 1/702
Tanganjikas.-Clown, Gestreifter Grundelb.

H: Obere Bereiche des Geröll-Litorals.
♂: Etwas längere Ventralen. V: –
Z: ♀ u. ♂ Mb, 25 E.; Elternfamilie. F: K
T: 24–26°C, **L**: 8 cm, **pH**: ≫7, **SG**: 3

CICHLIDEN

Gnathochromis pfefferi WF 3/768

H: Sambia: Ndole Bay.
♂: Farbiger. V: –
Z: ♀ Mb 21 T; Mutterfamilie. F: K,O
T: 24–26°C, L: 12 cm, pH: >7, SG: 2–3

Gnathochromis permaxillaris ♂ 5/818
"Staubsauger"-Cichlide

H: 15–215 m Tiefe. Mind. 2 Farbrassen.
♂: Fast gleich; etwas größer. V: +
Z: ♀♂ Mb in Höhle; 12 T 60 J. F: K,O
T: 24–26°C, L: 20–25 cm, pH: >7, SG: 3

Grammatotria lemairii 5/820
Lemaire-Tanganjikasee-Buntbarsch

H: Gesamter See: Sandzone.
♂: Zur Balz mit Fleckenmuster. V: =
Z: ♀ Mb 26 T 40 E. F: K
T: 23–27°C, L: 25 cm, pH: >7, SG: 2

Haplotaxodon microlepis 3/786

H: Felslitoral.
♂: Größer; längere Flossenenden. V: =
Z: Mb? F: K
T: 23–28°C, L: 25 cm, pH: >7, SG: 3

Julidochromis dickfeldi 1/726
Dickfelds Schlankcichlide

H: Sambia: Geröll-/Felslitoral Übergang.
♂: Wahrscheinlich kleiner? V: =
Z: Höhlenbrüter, 300 E., Elternf. F: K,O
T: 22–25°C, L: 8 cm, pH: ≫7, SG: 2

Julidochromis marlieri 1/726
Schachbrett Schlankcichlide

H: Felslitoral.
♂: Meist kleiner, Nackenbuckel. V: =
Z: Höhlenbrüter, 100 E., Elternf. F: K,O
T: 22–25°C, L: <15 cm, pH: ≫7, SG: 2

Julidochromis ornatus 1/726
Gelber Schlankcichlide
H: Felslitoral.
♂: Meist kleiner V: –
Z: Höhlenbrüter, <100 E., Efam. F: K,O
T: 22–24°C, L: 8 cm, pH: ≫7, SG: 2

Julidochromis regani 1/728
Vierstreifen-Schlankcichlide
H: Felslitoral.
♂: Kleiner; Genitalpapille spitzer. V: =
Z: Höhlenbrüter, 300 E., Elternf. F: K,O
T: 22–25°C, L: <30 cm, pH: ≫7, SG: 2

Julidochromis transcriptus 1/728
Schwarzweißer Schlankcichlide
H: Felslitoral.
♂: Genitalpapille länger. V: –
Z: Höhlenbrüter, 30 E., Elternf. F: K,O
T: 22–25°C, L: 7 cm, pH: ≫7, SG: 2

Lamprologus callipterus ♂ 3/796
Lamprologus "Tembo"
H: Geröll- u. Felslitoral u. Übergangszonen zum Sandlitoral. Schneckenhäuser.

Lamprologus callipterus ♀ 3/796
Lamprologus "Tembo"

♂: Um 150% größer. V: –
Z: Hb, Schneckenhaus. F: K
T: 23–26°C, L: ♂ 15 cm, pH: >7, SG: 2

Lamprologus lemairii ♂ 2/934

H: Seeweit im Litoral.
GU: Nicht unterscheidbar. V: –
Z: Hb, MMFam? Nicht erfolgt. F: K!
T: 23–26°C, L: 24 cm, pH: >7, SG: 3

Lamprologus meleagris 5/862

H: Nahe Bwasse südlich von Moba.
GU: Nicht sichtbar. V: =
Z: Hb, Schneckenhaus, <20 E; Mfam. F: O
T: 24–28°C, **L**: 7 cm, **pH**: >7, **SG**: 3

Lamprologus ocellatus ♂ 2/942

H: Weit verbreitet: Sand, 5–30 m.
♂: Längere Ventralen? V: –
Z: Hb, Schneckenhaus, VMFam. F: K
T: 23–25°C, **L**: ♂ 6 cm, **pH**: >7, **SG**: 3–4

Lamprologus ornatipinnis 2/944

H: Weit verbreitet: Sandlitoral, Ufer–100 m.
♂: 3 cm größer. V: =
Z: Hb, Schneckenhaus, MMFam?. F: O
T: 24–26°C, **L**: ♂ 8 cm, **pH**: >7, **SG**: 4

Lamprologus signatus ♂ 4/632
Vielfachgebänderter Tanganjikasee-Buntb.

H: Moba (Zaire), Camerone Bay (Sambia).
♂: 2 cm größer; Streifenzeichnung. V: =
Z: Hb, Schneckenhaus. F: O
T: 24–28°C, **L**: ♂ 6 cm, **pH**: >7, **SG**: 3

Lamprologus signatus ♀ 4/632
Vielfachgebänderter Tanganjikasee-Buntb.

Lamprologus speciosus ♂ 4/630
Weißgebänderter Tanganjikasee-Buntb.

H: Zaire: Sandboden: Schneckenhäuser.
♂: Etwas größer. V: +
Z: Hb, Schneckenhaus. F: K
T: 23–27°C, **L**: 5 cm, **pH**: >7, **SG**: 2

Lamprologus speciosus ♀ 4/630
Weißgebänderter Tanganjikasee-Buntb.

Lepidiolamprologus attenuatus 4/634
Einfleck-Tanganjikasee-Buntbarsch

H: Übergangszone Geröll-/Sandboden.
♂: Etwas größer u. schlanker. **V**: –
Z: Hb, 40 E, Elternfamilie. **F**: K
T: 23–27°C, **L**: 14 cm, **pH**: >7, **SG**: 2

Lepidiolamprologus cunningtoni 2/928
Cunningtons Tanganjikasee-Buntbarsch

H: Einer der häufigsten Arten des Litorals.
♂: Längere Ventralen? **V**: –
Z: Hb?, Vater-Mutter-Familie? **F**: K,O
T: 23–26°C, **L**: 15 cm, **pH**: >7, **SG**: 3

Lepidiolamprologus cunningtoni 3/811
Cunnigtons Tanganjikasee-Buntbarsch

H: Sandflächen.
♂: Größer um 15 cm. **V**: –
Z: Nat.: Zwischen u. unter Steinen. **F**: O
T: 24–27°C, **L**: ♂25 cm, **pH**: >7, **SG**: 2–3

Lepidiolamprologus elongatus juv. 2/928

H: Weit verbreitet: Felslitoral.
♂: Längere Ventralen? **V**: –
Z: Hb, >500 E, Elternfamilie. **F**: K!
T: 23–25°C, **L**: 20 cm, **pH**: ≫7, **SG**: 3–4

Lepidiolamprologus elongatus 4/636
adult

H: Weit verbreitet: Felslitoral.
♂: Größer. **V**: –
Z: Hb, >500 E, Elternfamilie. **F**: K!
T: 23–27°C, **L**: 30 cm, **pH**: >7, **SG**: 2

CICHLIDEN

Lepidiolamprologus kendalli ♂ 4/634
Kendalls Tanganjikasee-Buntbarsch
H: Sambia: Mutondwe Island: Felslitoral.
♂: Etwas länger. V: =
Z: Hb, >40 E, Elternfamilie. F: K
T: 23–27°C, L: 16 cm, pH: >7, SG: 2

Lepidiolamprologus nkambae 2/942

H: Nkamba Bay: Felslitoral.
GU: Nicht feststellbar. V: –
Z: Keine Angaben. F: K!
T: 23–25°C, L: 14 cm, pH: ≫7, SG: 3–4

Lepidiolamprologus profundicola 3/820

H: Fels- u. Geröllzone.
GU: Nicht beschrieben. V: –
Z: Keine Angaben. F: K
T: 24–26°C, L: 30 cm, pH: >7, SG: 3

Lestradea perspicax 3/800

H: Litoralzone.
♂: Dorsale mit 2 Längslinien. V: =
Z: Noch nicht gelungen; Mb. F: O
T: 25°C, L: 12 cm, pH: >7, SG: 2

Limnochromis auritus 2/948

H: Sublitorales sandiges Benthal; 30–50 m.
♂: Ventralen länger? V: =
Z: ♀♂Mb, <300 E. F: K,O
T: 24–26°C, L: 14 cm, pH: >7, SG: 2

Lobochilotes labiatus 1/738
Tanganjikasee-Zebrab., Zebra-Wulstlippenb.
H: Felslitoral.
♂: Eiflecken. V: –
Z: Unbekannt. Mb?, Mutterfam.? F: K,O
T: 24–27°C, L: 37 cm, pH: >7, SG: 2–3

CICHLIDEN

Xenotilapia tenuidentata 4/638

H: Westküste: Zaire.
GU: Unbekannt. V: ?
Z: Noch nicht gelungen; Mb? F: O
T: 24–28°C, L: 8 cm, pH: >7, SG: 3

Neolamprologus bifasciatus ♂ 4/642

H: Felshabitate >30 m; nahe Kleinhöhlen.
♂: Größer. V: =
Z: Hb, <40 E, VMFam. F: O
T: 24–28°C, L: 10 cm, pH: ≫7, SG: 3

Neolamprologus bifasciatus ♀ 4/642

Neolamprologus boulengeri 3/808
Boulengers Schneckenbuntbarsch

H: Sandlitoral mit Schneckenhäusern.
♂: 2 cm größer. V: =
Z: Hb, 60 E, Schneckenh., VMFam. F: O
T: 24–26°C, L: ♂7 cm, pH: >7, SG: 3

Neolamprologus brevis o.♂, u.♀ 2/922
Schneckenbuntbarsch

H: Schlamm/Sandböden; Schneckenhäuser.
♂: Größer; etwas farbiger; s. Foto. V: =
Z: Schneckenh., <30 E., MMFa./Mfa. F:K
T: 23–25°C, L: ♂6 cm, pH: >7, SG: 3–4

Neolamprologus brevis ♂ 2/922
Schneckenbuntbarsch

Neolamprologus brichardi 1/732
Gabelschwanzbuntbarsch, Feenbarsch
H: Felslitoral.
♂: Dorsal- u. Kaudalspitzen länger. **V**: =
Z: Hb, 200 E., Elternfamilie. **F**: K,O
T: 22–25°C, **L**: 10 cm, **pH**: >7, **SG**: 2

Neolamprologus buescheri 3/808
Spindelbuntbarsch
H: Bisher nur im S-Teil gefunden.
GU: Keine zu erkennen. **V**: =
Z: Hb, 200 E., VMFamilie. **F**: O
T: 24–28°C, **L**: 7 cm, **pH**: >7, **SG**: 3

Neolamprologus caudopunctatus 3/812

H: S-Teil.
♂: 1 cm größer. **V**: =
Z: Hb; noch nicht gelungen. **F**: K,O
T: 23–25°C, **L**: ♂ 7 cm, **pH**: >7, **SG**: 3

Neolamprologus christyi 3/812

H: Über Sandflächen.
GU: Unbekannt. **V**: –
Z: Hb, <150 E, Efam. **F**: K
T: 23–28°C, **L**: 12 cm, **pH**: >7, **SG**: 2–3

Neolamprologus cylindricus 3/814

H: SÖ-Küste: Felslitoral.
♂: Etwas größer. **V**: –
Z: Hb, 50–200 E., Elternfamilie. **F**: K
T: 23–28°C, **L**: 12 cm, **pH**: >7, **SG**: 2

Neolamprologus falcicula juv. 5/888

H: N-Küste: Fels/Sand ab 10 m Tiefe.
GU: Nur durch Genitalpapille. **V**: –
Z: Hb mit intensiver Verteidigung. **F**: O
T: 23–27°C, **L**: 8 cm, **pH**: ≫7, **SG**: 2

CICHLIDEN

Neolamprologus falcicula adult 5/888

Neolamprologus furcifer 2/932
H: Seeweit: Geröll- u. Felslitoral; sehr an Spalten u. Höhlen gebunden.
♂: Im Alter Nackenfetthöcker. V: –
Z: Hb, 50 E, Efam. F: K
T: 23–25°C, L: 15 cm, pH: >7, SG: 3

Neolamprologus fasciatus 2/930

H: Geröll- u. Felslitoral: 2–5 m.
GU: Nicht unterscheidbar. V: =
Z: Hb, Efam. o. Mann-Mutter-Fam? F: K
T: 23–25°C, L: 14 cm, pH: >7, SG: 2–3

Neolamprologus gracilis 5/891

H: SW-Küste: Bei Moba: 3–40 m Tiefe.
GU: Nur Genitalpapille. V: +
Z: Höhlenbrüter. F: O
T: 24–28°C, L: 9 cm, pH: ≫7, SG: 2

Neolamprologus hecqui ♂ 5/892
Hecq's Tanganjikasee-Buntbarsch
H: Ndole Bay: Sandzone.
♂: Größer. V: +
Z: Schneckenhaus; Vater-Mutterfam. F: O
T: 23–27°C, L: 8 cm, pH: >7, SG: 2

Lamprologus kungweensis ♂ 3/814

H: Maswa.
♂: 3 cm größer. V: =
Z: Schneckenhaus? Kein Bericht. F:K,O
T: 24–26°C, L: ♂ 7 cm, pH: >7, SG: 2–3

CICHLIDEN

Lamprologus kungweensis ♀ 3/814

Neolamprologus leleupi 1/734
Tanganjikasee-Goldcichlide
H: Felslitoral.
♂: Kopf massiger, etwas größer. V: =
Z: Hb, <150 E., Elternfamilie. F: K
T: 24–26°C, L: 10 cm, pH: >7, SG: 3–4

Neolamprologus leloupi ♂ 4/644
Leloup Tanganjikasee-Buntbarsch
H: Zaire, Sambia, Tansania: Geröllzone.
♂: Etwas schlanker. V: +
Z: Hb, <30 E., enge Elternfamilie. F: K
T: 23–27°C, L: 6 cm, pH: >7, SG: 2

Neolamprologus longior 2/932
Langgestreckter Tanganjikasee-Goldcichlide
H: O-Ufer: Mittleres bis unteres Felslitoral.
♂: Flossen verlängert. V: =
Z: Hb, <200 E, VMFam. F: K
T: 24–26°C, L: 10 cm, pH: >7, SG: 3

Neolamprologus marunguensis 3/822

H: Fels- u. Geröll-Litoral.
♂: Schwer zu unterscheiden. V: =
Z: Hb, 10 E (kurzer Zyklus), Efam. F: K
T: 24–26°C, L: 30 cm, pH: >7, SG: 3

Neolamprologus marunguensis ♂ 4/644
Blauaugen-Tanganjikasee-Buntbarsch
H: Zaire: S von Kapampa: Geröll-Litoral.
♂: Länger u. schlanker. V: =
Z: Hb, 40 E, feste Paare, Elternfam. F: K
T: 23–27°C, L: 7 cm, pH: >7, SG: 2

Neolamprologus meeli ♂ 2/934

H: In Zonen mit Schneckenhäusern.
♂: Fast doppelt so groß. V: =
Z: Hb, Vater-Mutter-Familie. F: K
T: 23–25°C, L: ♂ 7 cm, **pH**: >7, **SG**: 3

Neolamprologus modestus 2/938
(Variante aus Nkamba Bay, Sambia)

H: Obere Geröll- u. Felsenzone.
♂: Etwas spitzere Dorsale u. Anale. V: –
Z: Hb, 50–100 E, Elternfamilie. F: K,O
T: 23–25°C, L: ♂ 12 cm, **pH**: >7, **SG**: 2–3

Neolamprologus modestus 2/938

Neolamprologus mondabu 4/646
Mondabu-Tanganjikasee-Buntbarsch

H: Geröll- u. Sandzone.
♂: Etwas größer. V: =
Z: Höhlenbrüter, Elternfamilie. F: K
T: 23–27°C, L: 8 cm, **pH**: >7, **SG**: 2

Neolamprologus multifasciatus ♂ 3/817
Schneckenbuntbarsch

H: 10m Tiefe mit leeren Schneckenhäusern.
♂: 1cm größer; rötlicher Dorsalsaum. V:=
Z: Schneckenhaus. F:K
T: 24–26°C, L: ♂ 4,5 cm, **pH**: >7, **SG**: 3

Neolamprologus mustax 2/941

H: Weit verbreitet im SW-Teil.
♂: Größer, im Alter Kopfbuckel. V: +
Z: Hb, <80 E, VMFam. F: K,O
T: 24–26°C, L: ♂ 10 cm, **pH**: >7, **SG**: 2–3

Neolamprologus niger ♂ 4/648

H: Zaire, Tansania, Sambia.
♂: Etwas größer. V: +
Z: Hb, Elternfamilie. F: O
T: 24–28°C, L: 9 cm, pH: >7, SG: 3

Neolamprologus nigriventris ♂ 4/648

H: Kapampa: Sand mit Felsen, >15 m.
♂: 2 cm größer. V: +
Z: Hb, 100 E, Vater-Mutter-Familie. F: O
T: 24–28°C, L: ♂ 12 cm, pH: ≫7, SG: 3

Neolamprologus nigriventris ♀ 4/648

Neolamprologus obscurus 3/819

H: Fels- u. Geröll-Litoral.
♂: Etwas größer. V: =
Z: Hb, <50 E, Elternfamilie. F: K
T: 23–28°C, L: 9 cm, pH: >7, SG: 2

Neolamprologus pectoralis 4/650

H: SW-Teil: Sand mit Felsen, >15 m.
♂: 2 cm größer. V: =
Z: Hb, <40 E, VM Tendenz Efam. F: O
T: 24–28°C, L: ♂ 14 cm, pH: ≫7, SG: 3

Neolamprologus pectoralis 4/650
Dorsalansicht: man beachte die schwarzen Brustflossen.

Neolamprologus pleuromaculatus 3/820
Bauchfleck-Tanganjikaseebuntbarsch

H: N-Teil: Schlammige u. Sandige Böden.
♂: Etwas größer? V: =
Z: Hb, <300 E, Elternfamilie. F: K
T: 23–25°C, L: 12 cm, pH: >7, SG: 3

Neolamprologus pulcher 3/822

H: Felslitoral.
♂: Dorsal u. Anale länger? V: =
Z: Hb, <100 E, Elternfamilie. F: K,O
T: 24–26°C, L: 10 cm, pH: >7, SG: 1

Neolamprologus savoryi 2/944

H: Versteckt im Geröll-Litoral.
♂: Dorsale u. Anale spitzer? V: =
Z: Höhlenbrüter, Elternfamilie. F: O
T: 23–26°C, L: 9 cm, pH: >7, SG: 2

Neolamprologus sexfasciatus 2/946

H: S-Teil: Geröll- u. Felslitoral, 2–5 m.
♂: Größer. V: =
Z: Höhlenbrüter, Elternfamilie. F: K
T: 23–26°C, L: 15 cm, pH: >7, SG: 2–3

Neolamprologus sexfasciatus 4/653
Gelbe Form

H: S-Hälfte der tansanischen Küste.
♂: Größer. V: =
Z: Höhlenbrüter, Elternfamilie. F: O
T: 24–28°C, L: 15 cm, pH: >7, SG: 3

Neolamprologus similis ♀ 4/654
Breitstreifen-Tanganjikasee-Buntbarsch

H: Zaire, Sam., Tan.: Felszone >30 m tief.
♂: Etwas größer. V: =
Z: Natur: Höhlenbrüter, Elternfam. F: K
T: 23–28°C, L: 5 cm, pH: >7, SG: 2

Neolamprologus sp. *"daffodil"* 2/925
Daffodil Schneckenbarsch

H: Felslitoral.
♂: Etwas farbiger, spitzere Flossen. V: +
Z: Hb, 200 E., Elternfamilie. F: K,O
T: 22–27°C, L: 7 cm, pH: >7, SG: 1

Neolamprologus sp. *"magarae"* ♂ 2/936

H: Magara: Sandlitoral mit Schneckenh.
♂: 2 cm größer. V: =
Z: Hb, Schneckenhaus, MMFam. F: O
T: 24–26°C, L: ♂ 7 cm, pH: ≫7, SG: 3

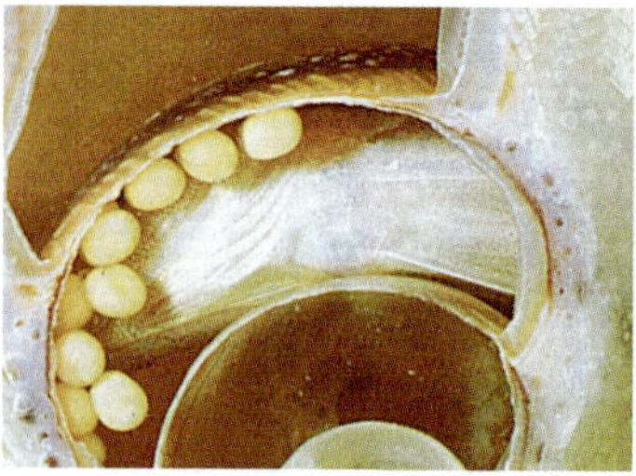

Neolamprologus sp. *"magarae"* 2/936

Gelege im Schneckenhaus. Vom ♀ sieht man die Kopfunterseite und Kehle.

Neolamprologus splendens 4/654

H: SO von Moba; Fels/Sand; 2-40 m.
♂: Etwas größer. V: =
Z: Höhlenbrüter. F: O
T: 24–28°C, L: 8 cm, pH: ≫7, SG: 2

Neolamprologus tetracanthus 1/734

H: Häufiger Buntbarsch der Uferzone.
♂: Größer, Stirnbuckel im Alter. V: =
Z: Hb, 200 E., Elternfamilie. F: K
T: 23–25°C, L: 19 cm, pH: >7, SG: 2–3

Neolamprologus tretocephalus 1/736
Fünfstreifen-Tanganjikaseebuntbarsch

H: Geröll- u. Felslitoral.
♂: Dunklere Flossen? V: =
Z: Hb, <400 E., Elternfamilie. F: L,O
T: 24–26°C, L: 15 cm, pH: >7, SG: 2–3

Neolamprologus variostigma 5/894

H: 40 km SO von Moba; Felsen in 45 m.
♂: Deutlich größer. V: =
Z: Schneckenhaus; Elternfamilie. F: K
T: 23–27°C, L: ♂ 8 cm, pH: >7, SG: 2

Neolamprologus ventralis 5/894

H: 40 km SO von Moba; 20 bis >60 m.
♂: Größer; Genitalpapille. V: =
Z: Hb. mit intensiver Verteidigung. F: O
T: 23–27°C, L: 8 cm, pH: ≫7, SG: 2

Neolamprologus wauthioni 2/946

H: Sandlitoral: Schneckenhäuser; 35 m.
♂: 2,5 cm größer. V: =
Z: Hb, Schneckenh. auf Sandberg. F: O
T: 24–26°C, L: ♂ 7 cm, pH: >7, SG: 3

Ophthalmotilapia boops ♂ 3/826

H: Im Süden Tansanias.
♂: Ventralen viel länger; farbiger. V: =
Z: ♀ Mb; modif. Eif., agam, Mfam. F: O
T: 22–26°C, L: 15 cm, pH: >7, SG: 3

Ophthalmotilapia heterodonta ♂ 3/826
Hellblauer Fadenmaulbrüter

H: Felszone im Übergang zum Sand.
♂: Ventralen viel länger; farbiger. V: =
Z: ♀ Mb; modif. Eif., agam, Mfam. F: O
T: 24–26°C, L: 15 cm, pH: >7, SG: 3

Ophthalmotilapia nasuta ♂ 2/960
Nasenbuntbarsch

H: Fast überall: Felslitoral; 2–5 m.
♂: Ventralen viel länger; dunkler. V: =
Z: ♀ Mb; modif. Eif., agam, Mfam. F: O
T: 24–26°C, L: 18 cm, pH: >7, SG: 3–4

Ophthalmotilapia ventralis 1/746
Blauer Fadenmaulbrüter

H: Felszone am Übergang zum Sand.
♂: Ventralen viel länger; farbiger. **V**: =
Z: ♀ Mb, <60 E; modifizierte Eif. **F**: K,O
T: 23–25°C, **L**: 15 cm, **pH**: >7, **SG**: 2–3

Ophthalmotilapia ventralis ♂ 3/824
Winkerbuntbarsch (Farbform Mpimbwe)

H: Felszone am Übergang zum Sand.
♂: Ventralen viel länger; farbiger. **V**: =
Z: ♀ Mb, <60 E; modifizierte Eif. **F**: K,O
T: 24–26°C, **L**: ♂ 14 cm, **pH**: >7, **SG**: 3

Ophthalmotilapia ventralis ♂ 4/658
Fadenmaulbrüter Farbform "Gold"

H: SW-K.: Kapampa bis Lunangwa 1–8 m.
♂: Ventralen viel länger; farbiger. **V**: =
Z: ♀ Mb; modifizierte Eifleckm. **F**: O
T: 24–28°C, **L**: ♂ 12 cm, **pH**: ≫7, **SG**: 3

Ophthalmotilapia ventralis ♂ 1/746
Blauer Fadenmaulbrüter Chimba

Ophthalmotilapia ventralis ♂ 3/824
Winkerbuntbarsch
Nominatform

Ophthalmotilapia ventralis ♂ 3/824
Winkerbuntbarsch
Kabogog white cap

Ophthalmotilapia ventralis ♂ 3/824
Winkerbuntbarsch
Kachese

Ophthalmotilapia ventralis ♂ 3/824
Winkerbuntbarsch
Kapembe

Ophthalmotilapia ventralis ♂ 3/824
Winkerbuntbarsch
Maxa

Oreochromis tanganicae ♂ 3/832

H: Flaches Sand- u. Felslitoral.
♂: Farbenprächtiger, Eiflecken. V: =
Z: ♀ Mb, Mfam.; noch nicht erfolgt. F: O
T: 24–26°C, L: 40 cm, pH: >7, SG: 2–3

Oreochromis tanganicae ♀ 3/832

Neolamprologus toae 3/836

H: Fels- u. Geröll-Litoral.
♂: Hautlappen über Genitalpapille. V: –
Z: ♀ Hb, VMFam. F: K
T: 24–26°C, L: 11 cm, pH: >7, SG: 2–3

Paracyprichromis brieni ♂ 3/838

Paracyprichromis brieni ♀ 3/838

H: Freies Wasser des Felslitorals.
♂: Dunkler gefärbt, etwas größer. **V**: =
Z: ♀Mb 21 T, 5–10 J; agam, Mfam. **F**: K
T: 23–28°C, **L**: 11 cm, **pH**: >7, **SG**: 3

Perissodus microlepis 3/846

H: Kigoma.
GU: Unbekannt. **V**: –
Z: ♀ Mb, <350 E; Elternfamilie. **F**: P!
T: 24–28°C, **L**: 11 cm, **pH**: >7, **SG**: 4

Petrochromis famula ♂ 2/968

H: Kigoma u. NW-Küste: Geröll-Litoral.
♂: Intensiver gefärbt, Eiflecken. **V**: –
Z: ♀ Mb, <60 E; agam, Mfam. **F**: O,H
T: 23–26°C, **L**: 15 cm, **pH**: >7, **SG**: 3

Petrochromis famula 2/968

Petrochromis fasciolatus ♂ 3/845

Petrochromis fasciolatus ♂ 4/670
Gebänderter Petrochromis-Buntbarsch
H: Weit verbreitet: Geröll- u. Felszone.
♂: Etwas farbiger zur Balz. **V**: =
Z: ♀ Mb, <30 E; ♀ u. ♂ pflegen. **F**: O,H
T: 23–27°C, **L**: 16 cm, **pH**: >7, **SG**: 3

Petrochromis macrognathus 3/846

H: NW-Teil, Kalemie: Geröll-Litoral.
♀: Vertikale helle Körperlinien; kleiner. **V**:–
Z: ♀Mb, agam, Mfam? Nicht erfolgt. **F**:O
T: 24–26°C, **L**: 20 cm, **pH**: >7, **SG**: 4

Petrochromis orthognathus ♂ 3/848

H: Geröll- u. Felslitoral.
♀: Körperseiten mit vertikalen Linien. **V**: –
Z: ♀ Mb <35 T; agam, Mfam. **F**: O,H
T: 24–26°C, **L**: 12 cm, **pH**: >7, **SG**: 3

Petrochromis orthognathus ♂ 4/672

H: Zentrale W-Küste (Zaire): Felslitoral.
♂: Einige Eiflecken. **V**: –
Z: ♀ Mb <30 T. **F**: O,H
T: 23–27°C, **L**: 14 cm, **pH**: ≫7, **SG**: 3

Petrochromis polyodon ♂ 2/968

H: Weit verbreitet: flaches Geröll-Litoral.
♂: Eiflecken. **V**: –
Z: ♀ Mb, <15 E; agam, Mfam. **F**: O,H
T: 23–26°C, **L**: 21 cm, **pH**: >7, **SG**: 3

Petrochromis sp. 3/845

Petrochromis trewavasae 2/970

H: SW-Küste: Oberes Geröll- u. Felslitoral.
GU: Undeutlich; ♂ Eiflecken. V: –
Z: ♀ Mb, <15 E; agam, Mfam. F: O
T: 23–25°C, L: 18 cm, pH: >7, SG: 2–3

Plecodus straeleni 3/848

H: Nicht häufig.
GU: Unbekannt. V: –
Z: Noch nicht gelungen. F: P!
T: 24–28°C, L: 16 cm, pH: >7, SG: 4

Pseudosimochromis curvifrons ♂ 2/970

H: Geröllzone.
♀: Intensive Bänderung, kleiner. V: –
Z: ♀ Mb, Mutter-Familie. F: O,H
T: 24–26°C, L: 14 cm, pH: >7, SG: 3

Pseudosimochromis curvifrons ♂ 3/852

H: Geröll- u. Felslitoral.
♀: Intensive Bänderung. V: –
Z: ♀ Mb 25 T, agam, Mutterfam. F: O,H
T: 24–26°C, L: 12 cm, pH: >7, SG: 2

Reganochromis calliurus 3/862

H: In größeren Wassertiefen.
GU: Nicht festzustellen. V: =
Z: ♀♂ Mb, intensive Elternfamilie. F: K
T: 23–28°C, L: 15 cm, pH: >7, SG: 2–3

Simochromis babaulti ♂ 2/984
Babaults Maulbrüter

H: Felslitoral.
♂: Schwarzes Dorsalband; Eiflecken. V: –
Z: ♀ Mb, <50 E, Mfam., Eifleckm. F: O
T: 24–26°C, L: 11 cm, pH: >7, SG: 2–3

CICHLIDEN

Limnochromis dardennii ♂ 2/986
Stirnstreifenbuntbarsch

H: Weit verbreitet: Litoralbewohner.
♂: Eiflecken. V: –
Z: Noch nicht erfolgt. ♀Mb, Mfam. F: O
T: 23–26°C, L: 26 cm, pH: >7, SG: 3

Simochromis diagramma ♂ 3/868

H: Felslitoral.
♂: 2 cm größer; Flossen farbiger. V: –
Z: ♀Mb 25 T, agam, Mutterfamilie. F: O
T: 25°C, L: 18 cm, pH: >7, SG: 2

Simochromis marginatus 5/948

H: Kigoma, Nyanza-Lac: Sandboden
♂: Etwas dunkler. V: =
Z: ♀Mb? agam? Mutterfamilie? F: O,H
T: 24–28°C, L: 11 cm, pH: >7, SG: 2–3

Simochromis pleurospilus ♂ 3/868

H: Felslitoral u. Übergang zum Sandlitoral.
♂: Lachsrote Farbtupfer. V: –
Z: ♀Mb 25 T; agam, Mutterfamilie. F: O
T: 25°C, L: 9–12 cm, pH: >7, SG: 2

Spathodus erythrodon 2/986
Blaupunkt-Grundelbuntbarsch

H: Geröll-Litoral: 30–50 cm.
♂: Größer; Flossen länger. V: –
Z: ♀♂Mb, <25 E, enge Elternfam. F: O
T: 25–27°C, L: 8 cm, pH: >7, SG: 2–3

Spathodus marlieri 2/989
Marliers-Grundelbuntbarsch

H: Im Norden des Sees.
♂: Größer; Flossen länger; Kopfbuckel. V: –
Z: ♀Mb, <25 E, Mutterfamilie. F: O
T: 25–27°C, L: ♂<9 cm, pH: >7, SG: 3

Tanganicodus irsacae 2/997

H: Norden: Geröll-Litoral; <1 m.
♂: Ventralen etwas länger? V: –
Z: ♀Mb, ♂Mb?, Elternfamilie? F: O
T: 24–28°C, **L**: 7 cm, **pH**: >7, **SG**: 3

Telmatochromis bifrenatus 1/774
Zweibandcichlide

H: Bei Kigoma: Felslitoral.
♂: Größer, verlängerte Flossen. V: +
Z: Hb, <80 E., Vater-Mutter-Fam. F: K,O
T: 24–26°C, **L**: 6 cm, **pH**: ≫7, **SG**: 2–3

Telmatochromis burgeoni 5/966

H: Südhälfte.
♂: Größer; kleine Stirnbeule. V: =
Z: Schneckenhaus, Elternfamilie. F: O
T: 24–28°C, **L**: 7 cm, **pH**: >7, **SG**: 2–3

Telmatochromis dhonti 1/776

H: Litoralzone.
♂: Größer, stärker gewölbte Stirn. V: –
Z: Hb, <500 E, Mann-Mutter-Fa. F:K,O
T: 24–26°C, **L**: 12 cm, **pH**: ≫7, **SG**: 2–3

Telmatochromis temporalis 2/998

H: Geröll- u. Felslitoral.
♂: Größer, stärker gewölbte Stirn. V: =
Z: Hb, <60 E., Elternfamilie. F: O
T: 25–27°C, **L**: 10 cm, **pH**: ≫7, **SG**: 2–3

Telmatochromis vittatus 1/776
Schneckenbarsch

H: Mbity Rocks.
♂: Größer, schlanker. V: =
Z: Hb, <80 E., Vater-Mutter-Fam. F: K,O
T: 24–26°C, **L**: 4 cm, **pH**: ≫7, **SG**: 2–3

Triglachromis otostigma 1/780
Tanganjikasee-Knurrhahn
H: Schlamm/Sand Sublitoral (20–60 m).
GU: Unbekannt. **V**: =
Z: Mb. Einzelheiten unbekannt **F**: K,O
T: 24–26°C, **L**: 12 cm, **pH**: ≫7, **SG**: 2

Tropheus brichardi 2/1004
Schoko-Moori, Sattelfleck-Moori
H: N-Ufer: Geröll- u. Felslit., 2–5 m Tiefe.
GU: Nicht zu erkennen. **V**: =
Z: Freilaichende Mb, 10 J . **F**: K,H
T: 24–26°C, **L**: 12 cm, **pH**: >7, **SG**: 3–4

Tropheus brichardi 2/1004
Schoko-Moori, Sattelfleck-Moori
Kipili (Foto 3/897)

Tropheus duboisi ♂ 1/782
Weißpunkt-Brabantbuntbarsch
H: Felsboden, 3–15 m Tiefe.
♂: Größer; längere Ventralen. **V**: =
Z: ♀ Mb, 5–15 E. Mutterfamilie. **F**: L,O
T: 24–26°C, **L**: 12 cm, **pH**: ≫7, **SG**: 3

Tropheus duboisi juv. 1/782
Weißpunkt-Brabantbuntbarsch

Tropheus moorii 1/782
Brabantbuntbarsch
H: Felslitoral.
♂: Längere Ventralen. **V**: =
Z: ♀ Mb, 5–17 E. **F**: O, H
T: 24–26°C, **L**: 15 cm, **pH**: >7, **SG**: 4

Tropheus moorii 1/782
Brabantbuntbarsch
(Foto 2/1005)

Tropheus moorii 1/782
Brabantbuntbarsch
Regenbogenvariante (Foto 2/1005)

Tropheus moorii 1/782
Brabantbuntbarsch
Gestreifte Variante (Foto 2/1005)

Tropheus moorii 1/782
Brabantbuntbarsch
Orange Variante (Foto 2/1005)

Tropheus moorii 1/782
Brabantbuntbarsch
Grüne Variante (Foto 2/1005)

Tropheus moorii 1/782
Brabantbuntbarsch
Doppelfleck-Variante (Foto 2/1005)

Tropheus moorii 1/782
Brabantbuntbarsch
Schwarzstreifenvariante (Foto 2/1005)

Tropheus moorii 1/782
Brabantbuntbarsch
Murango (Foto 3/896)

Tropheus moorii 1/782
Brabantbuntbarsch, Kaiser-Moorii
(Foto 2/1005)

Tropheus moorii 1/782
Brabantbuntbarsch
Kachese (Foto 3/897)

Tropheus moorii 1/782
Brabantbuntbarsch
Kalambo (Foto 3/897)

Tropheus moorii 1/782
Brabantbuntbarsch
Chipimbi, Katete (Foto 3/897)

Tropheus moorii 1/782
Brabantbuntbarsch
Mkombe (Foto 3/897)

Tropheus polli 1/784
Gabelschwanz-Brabantbuntbarsch
H: Bulu-Insel: S-Küste u- Bulu Point.
♂: Mehr "Gabelschwanz". V: =
Z: ♀ Mb, 5–15 E. Mfam. F: O,H
T: 24–26°C, L: 16 cm, pH: >7, SG: 3–4

Tropheus polli 1/784
Gabelschwanz-Brabantbuntbarsch
Gelbe Regenbogen-Variante
(Foto 2/1006)

Tropheus polli 1/784
Gabelschwanz-Brabantbuntbarsch
Wimpelvariante (Foto 2/1006)

Tropheus polli 1/784
Gabelschwanz-Brabantbuntbarsch
Stirnstreifenvariante (Foto 2/1006)

Tropheus polli 1/784
Gabelschwanz-Brabantbuntbarsch
Grünrote Variante (Foto 2/1006)

Tropheus polli juv. 1/784
Gabelschwanz-Brabantbuntbarsch
Ikola Island (Foto 3/896)

Tropheus polli 1/784
Gabelschwanz-Brabantbuntbarsch
Mpimbwe (Foto 3/897)

Tropheus polli 1/784
Gabelschwanz-Brabantbuntbarsch
Karilani (Foto 3/897)

Variabilichromis moorii juv. 2/938

H: S-Hälfte: Geröll- u. Felslitoral; <3 m.
♂: Im Alter Flossen spitzer. **V**: +
Z: Hb, <100 E, enge Elternfam. **F**: K,O
T: 24–26°C, **L**: 10 cm, **pH**: >7, **SG**: 2–3

Variabilichromis moorii subadult 2/938

Variabilichromis moorii adult 2/938

CICHLIDEN

Xenotilapia boulengeri 2/1007

H: Sandboden: 1–60 m Tiefe.
♂: Anale mit Zeichnung; farbiger. V: +
Z: ♀♂ Mb, 20–30 E, Elternfam. F: O
T: 23–26°C, L: 15 cm, pH: >7, SG: 3

Xenotilapia flavipinnis 3/898

H: N-Teil.
♂: Gelbtöne stärker, auch Ventralen. V: =
Z: ♀♂ Mb <16 T; Elternfamilie. F: O
T: 24–27°C, L: 8 cm, pH: >7, SG: 3

Xenotilapia papilio 4/706

H: SO von Moba: Sandflächen; 3–50 m.
♂: Nur durch Genitalpapille. V: =
Z: ♀♂ Mb >32 T; Elternfamilie. F: O
T: 24–26°C, L: 16 cm, pH: ≫7, SG: 3

Xenotilapia papilio 4/706

(Unterwasseraufnahme)

Xenotilapia sima 3/900

H: Große Schwärme im Sandlitoral.
♂: Größer, farbiger, Flossen spitzer. V: +
Z: ♀ Mb 21 T; agam. F: O
T: 24–26°C, L: 16 cm, pH: >7, SG: 3

Xenotilapia spiloptera 3/900

H: S-Teil: Felsenz. u. Felsen/Geröll/Sand.
♂: Kein Unterschied. V: =
Z: ♀♂ Mb, Elternfamilie. F: K
T: 26–27°C, L: 8 cm, pH: >7, SG: 4

Einfuhrung

Diese Untergruppe bringt Buntbarsche der folgenden Seen: Albert, Baringo (Kenia), Barombi (Westkamerun), Bemini (Westkamerun), Bosumtwe (Ghana), Chilwa (Malawi), Edward, Fwae (Zaire) Georg, Guinas (Nordnamibia), Kachira, Kafue (Südsambia), Kariba, Kioga, Kivu, Kwania, Magadi (Kenia), Malombe, Mawampasa (Uganda), Nakavali, Nubugabo, Otjikoto (Nordnamibia), Salisbury (Simbabwe), Viktoria; sowie alle nicht-endemischen Buntbarsche des Malawi- und Tanganjikasees.

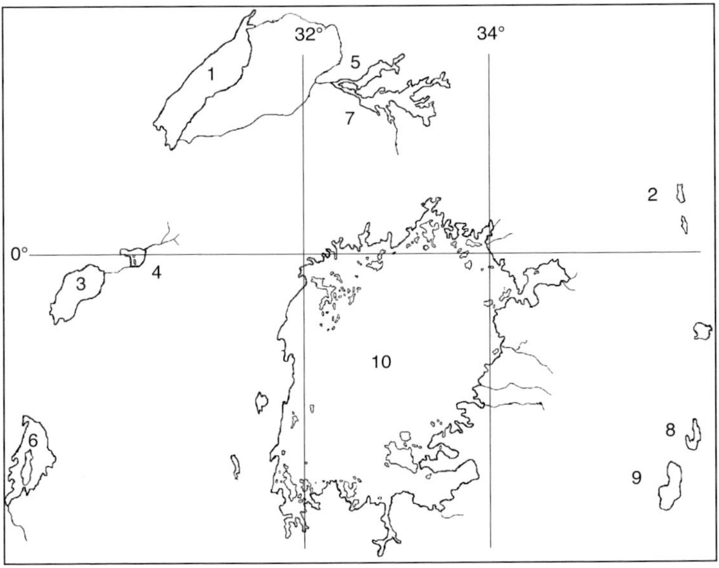

Albertsee	1
Baringosee	2
Edwardsee	3
Georgsee	4
Kwaniasee	5
Kivusee	6
Kiogasee	7
Magadisee	8
Natronsee	9
Viktoriasee	10

Physikalische Eigenschaften des Viktoriasees

1134 m über dem Meeresspiegel gelegen, ist der Viktoriasee der größte See Afrikas und der zweitgrößte See der Welt mit einer Oberfläche von 68000 km² und einem Durchmesser von etwa 300 km. Es handelt sich um eine überschwemmte Senke – das Ufer ist sehr unregelmäßig – mit ei-

CICHLIDEN

nem geschätzten Alter von "nur" 250000 bis 750000 Jahren (im Vergleich zum Tanganjika- oder Malawisee). Das Hypolimnion kann neuerdings jahreszeitlich bedingt anaerob werden und wirft somit Probleme für die Fischfauna auf. Die größte Tiefe des Sees beträgt 85 m (20 m im Durchschnitt).
Weitere für die Aquaristik interessante Wasserwerte: pH-Wert: 7,1–9,0; Leitfähigkeit: 96 µS/cm; Temperatur: 23,8–26 °C.

Kurzbeschreibungen weiterer Seen

Albertsee:
618 m ü.d.M., 5347 km², 150 km lang, 40 km breit, bis zu 48 m tief (s. Karte).

Chilwasee:
600 m ü.d.M., 1600 km², 50 km lang, 25 km breit; durch Wasserstandsschwankungen bedingt, hat er versumpfte Ufer (15°12' S, 35°50' W).

Edwardsee:
913 m ü.d.M., 2200 km², bis zu 113 m tief (s. Karte).

Kafuesee:
Ein 75 km langer und 20 km breiter Stausee in Südsambia.

Kyogasee:
130 km lang (s. Karte).

Kivusee:
1460 m ü.d.M., 2650 km², über 80 m tief; fischarm (s. Karte).

Mayi-Ndombe (Leopold II):
Ca. 130 km lang mit einer Oberfläche von 1300 km². Schwankender Wasserstand (Zaire: 2° S, 18°15' W).

Bosumtwi:
Mit ca. 7 km Durchmesser und 70 m Tiefe ist der Bosumtwi der größte See Ghanas; es handelt sich um die Einschlagstelle eines Meteoriten (6°30' N, 1°25' W).

Ichthyologische Eigenschaften des Viktoriasees

Im See sind 12 Fischfamilien mit insgesamt 288 Arten in 28 Gattungen vertreten.

- Nicht Cichliden: 20 Gattungen (1 endemisch) mit 38 Arten (16 endemisch).
- Cichliden: 8 Gattungen (4 endemisch) mit 250 Arten (247 endemisch).

Die Fischfauna des Viktoriasees ist, wie in den Seen Malawi und Tanganjika, stark lokal beschränkt. In den sechziger Jahren wurde der räuberische Nilbarsch *Lates niloticus* im Viktoriasee ausgesetzt. Ziel war eine Verbesserung der Ernährung der Uferbevölkerung. Nach einem anfänglichen Anstieg der Fanggewichte, ist die Artenvielfalt des Sees inzwischen stark bedroht. Viele Arten werden bereits als ausgestorben betrachtet. Auch wurden 4 tilapine Arten (*Oreochromis leucostictus*, *O. niloticus*, *Tilapia rendalli* und *T. zillii*) im See ausgesetzt. Die einheimischen *Oreochromis variabilis* und *O. esculentus* wurden verdrängt; außerdem gibt es möglicherweise eine Hybridisierung zwischen *O. niloticus* und *O. variabilis* (PITCHER u. HART, 1995).

Allgemeines

Bei den meisten Cichliden dieser Untergruppe sind die Männchen – vor allem untereinander – aggressiv, lassen sich aber problemlos mit anderen Arten vergesellschaften, insbesondere mit Salmlern und Welsen. Auch ein Cichliden-Gesellschaftsbecken ist möglich, solange die Arten im Temperament zueinander passen und das Aquarium unübersichtlich mit Verstecken und optischen Barrieren eingerichtet wird. Vor allem die Buntbarsche der anderen afrikanischen Seen (Malawi und Tanganjika) bieten sich als Gesellschafter an, da deren Wasser ähnliche chemische Werte aufweist.

Die am weitesten verbreitete Art der Fortpflanzung unter diesen Buntbarschen ist die des agamen weiblichen Maulbrüters. Es empfiehlt sich für solche Arten, Weibchen in einer 3–4 fachen Überzahl zu halten (bei besonders aggressiven Arten noch mehr), damit sich die Aggressionen besser verteilen; auch die Vergesellschaftung mit anderen Arten ist eine Lösung.

Abweichende Fortpflanzungsmethoden finden sich z.B. unter *Konia eisentrauti* (S. 680) und *Sarotherodon lohbergeri* (S. 684), wo beide Eltern maulbrüten, unter *Nanochromis transvestitus* (S.681), welcher Höhlenbrüter ist, und unter *Tilapia* spp. (S.685), welche Offen- bzw. Höhlenbrüter sind.

Der Sexualdichromatismus ist bei den meisten Arten stark ausgeprägt: während die Männchen oftmals alle Farben des Regenbogens zeigen, sind Weibchen meistens nur silbern/grau (Weibchen farbiger bei *N. transvestitus*) und vielfach bei konstitutionsmäßig ähnlichen Arten kaum auseinanderzuhalten. Jungfische sehen alle wie Weibchen aus (Ausnahme *N. transvestitus*). Unterwürfige Männchen innerhalb einer Gruppe können oftmals auch nicht als solche erkannt werden, sind aber normalerweise etwas größer und geringfügig farbiger als die Weibchen. Wird ein dominantes Männchen entfernt, färbt sich binnen weniger Tage das nächst ranghöchste Männchen aus (gleiches gilt übrigens auch für die Utaka-Arten des Malawisees).

Die Fische dieser Untergruppe sind allgemein Allesfresser, wobei tilapine Arten eine Tendenz zu Pflanzen und haplochromine eine zu Fleisch haben.

Da das neue ökologische Gleichgewicht im Viktoriasee nach dem Aussetzen von *Lates niloticus* noch nicht erreicht ist, ist es schwer abzusehen, wieviele der endemischen Arten am Ende ausgestorben sein werden. Öffentliche Aquarien, aber auch wir als private Aquarianer, können hier einen bedeutenden Beitrag zur Erhaltung der Arten leisten. Farbenprächtig und mit Umweltbedürfnissen, wie sie leicht in Aquarien nachgeahmt werden können, lag das hauptsächliche Problem dieser Fische in der Schwierigkeit, sie im Handel zu finden; heute sind sie mehr und mehr im Angebot, und sie haben sich als robuste, relativ leicht zu vermehrende Fische herausgestellt. Mit wenigen Ausnahmen handelt es sich um Arten mittlerer Größe, wodurch ein Aquarium mittlerer Dimensionen (ab 1 m Länge) bei entsprechender Dekoration vollkommen ausreicht.

Astatoreochromis alluaudi ♂ WF 3/690
Alluaudi Buntbarsch
H: Vikt., Edward, Georg, Nakavali, Kachira.
♂: Eiflecken; Ventralen schwarz. V: =
Z: ♀ Mb, <40 E., Mfam. F: K,O
T: 24–28°C, L: 15 cm, pH: >7, SG: 2–3

Astatoreochromis straeleni ♂ 3/692
Straelens Buntbarsch
H: Tanganjikasee Zuflüsse u. See selbst.
♂: Eiflecken; kräftigere Farben. V: =
Z: Keine Angaben. F: K,O
T: 24–28°C, L: 12 cm, pH: >7, SG: 2–3

Haplochromis aeneocolor ♂ 5/730
Papyrus Maulbruter
H: Georg-See u. Kazingaland.
♂: Viel farbiger, Eiflecken. V: =
Z: ♀ Mb. F: K,O
T: 22°C, L: 8,5 cm, pH: 7, SG: 2

Haplochromis brownae ♂ 3/694
Browns Maulbruter
H: Viktoriasee E.
♂: Farbiger, Eiflecken. V: =
Z: ♀ Mb 14 T, <40 E., Mfam. F: K,O
T: 22–28°C, L: 12 cm, pH: ≫7, SG: 2

Haplochromis burtoni 1/680
Burtons Maulbruter
H: Tanganjikasee, Kivusee.
♂: Farbiger, Eiflecken; 5 cm größer. V: =
Z: ♀ Mb, 35 E., Mfam., Eifleckm. F: K,O
T: 20–25°C, L: ♂ 20 cm, pH: ≫7, SG: 2

Astatotilapia calliptera ♂ 3/694
Calliptera Maulbruter
H: Malawisee, Chilwasee (a. Küstenflüsse).
♂: Farbiger, Eiflecken. V: =
Z: Kein Bericht. F: K,O
T: 24–28°C, L: 14 cm, pH: ≫7, SG: 2–3

Haplochromis lacrimosus ♂ 5/732

H: Viktoriasee. E.
♂: Spitzere Dorsale u. Anale; Eifleck. V: =
Z: ♀ Mb. F: K,O
T: 23–26°C, **L**: 11 cm, **pH**: 7, **SG**: 2–3

Haplochromis limax ♂ 4/622, 5/732
Roter Lake-Edward-Maulbruter

H: Edward- u. Georgsee. E.
♂: Viel farbenprächtiger, Eiflecken. V: –
Z: ♀ Mb, Mfam., agam. F: O,K
T: 24–28°C, **L**: 12 cm, **pH**: >7, **SG**: 3

Haplochromis limax ♂ 4/622, 5/732
Roter Lake-Edward-Maulbruter, Viktoria Feuerbuntbarsch

Haplochromis martini ♂ 2/834

H: Viktoriasee; Sand- u. Schlammboden.E.
♂: Farbiger, Eiflecken. V: =
Z: Natur: ♀ Mb, Mfam., agam. F: O
T: 24–26°C, **L**: 13 cm, **pH**: >7, **SG**: 2

Haplochromis nubilus ♂ 3/696
Gluhkohlen-Maulbruter (K86/12 Nzaiu-R.)

H: Vik., Ed., Ge., Kioga, Kachira, Nakavali...
♂: Farbiger, Eiflecken. V: –
Z: ♀ Mb 14 T, 40 E., Mfam., agam. F: K,O
T: 21–30°C, **L**: <13 cm, **pH**: >7, **SG**: 2–3

Astatotilapia sp. ♂ 3/697

H: Wembere River, Tansania.

CICHLIDEN

Chromidotilapia guentheri 4/586
Gunthers Prachtbarsch
H: Ghana: Bosumtwesee-Zuläufe u. See.
♀: Dorsale mit glänzendem Band. V: –
Z: ♂ Mb. F: K
T: 24–26°C, L: 15 cm, pH: >7, SG: 2–3

Dimidiochromis kiwinge ♂ 5/810
H: Malawisee, Lake Malombe. E.
♂: Farbenprächtiger. V: =
Z: ♀ Mb, agam. Noch nicht erfolgt F: K
T: 24–26°C, L: <30 cm, pH: >7, SG: 3–4

Dimidiochromis kiwinge ♀ 5/810

Brütend

Haplochromis chilotes ♂ 5/826
Viktoria-Wulstlippen-Mb., Haplochromis CH38
H: Viktoriasee; bis 17 m Tiefe. Selten. E.
♂: Farbenprächtiger, Eiflecken. V: =
Z: ♀ Mb 21 T. F: K,O
T: 18–24°C, L: 15 cm, pH: >7, SG: 3

Haplochromis ishmaeli ♂ 5/828
H: Viktoriasee, Edwardsee(?). Bedroht!
♂: Farbenprächtiger; größer. V: =
Z: ♀ Mb; Eiablage in großem Krater. F: K
T: 25°C, L: 14 cm, pH: >7, SG: 3

Pundamilia nyererei ♂ 4/622
Nyereres Viktoriabuntbarsch (Mwanza Bay)
H: Viktoriasee, E.
♂: Viel farbenprächtiger, Eiflecken. V: –
Z: ♀ Mb, Mfam., agam. F: O,K
T: 22–28°C, L: 10 cm, pH: >7, SG: 3

Haplochromis obliquidens ♂ 2/913

H: Viktoriasee; Felslitoral aber a.Sand. E
♂: Viel farbenprächtiger, Eiflecken. V: –
Z: ♀ Mb 21 T, Mfam., agam. F: O
T: 24–26°C, L: 12 cm, pH: >7, SG: 2

Haplochromis sp. "Blue Red Fin" ♂
CH34 5/830

H: Viktoriasee: kenianische Küste. E
♂: Viel farbenprächtiger, größer. V: –
Z: ♀ Mb 16 T, Mfam., agam. F: O
T: 23–26°C, L: 10 cm, pH: 7, SG: 2

Haplochromis sp. "Fire" ♂ 5/834
Feuer-Maulbruter

H: Uganda: Viktoriasee (?).
♂: Viel farbenprächtiger; größer. V: =
Z: ♀ Mb; <120 J. F: O
T: 23–26°C, L: 18 cm, pH: 7, SG: 2–3

Haplochromis sp. "Kenia-Gold" ♂ 5/830

H: Viktoriasee: kenianische Küste. E.
♂: Farbenprächtiger; Eiflecken. V: =
Z: ♀ Mb 16 T, Mfam., agam. F: K
T: 23–26°C, L: 10 cm, pH: 7, SG: 2

Haplochromis sp. "Rock Kribensis" ♂
5/832

H: Viktoriasee; weit verbreitet.
♂: Viel farbenprächtiger, Eiflecken. V: =
Z: ♀ Mb; unproblematisch. F: K
T: 23–26°C, L: 12 cm, pH: >7, SG: 2

Haplochromis sp. "Rock Kribensis" ♂
5/832

CICHLIDEN

Haplochromis sp. "Rock Kribensis" ♀ 5/832

Haplochromis sp. "Thick Skin Like" ♂ 5/828

H: Viktoriasee. E.
♂: Viel farbenprächtiger, größer. V: =
Z: ♀ Mb 16 T. F: O
T: 23–26°C, L: 15 cm, pH: >7, SG: 2–3

Haplochromis sp. "Zebra-Obliquidens" ♂ 5/834

H: Uganda: Nawampasasee.
♂: Farbenprächtiger; größer. V: –
Z: ♀ Mb 20 T <100 J. F: K,O
T: 23–26°C, L: 13 cm, pH: 7, SG: 2

Hemichromis frempongi 4/624

H: Ghana: Bosumtwe-See; E.
GU: Unbekannt. V: –
Z: Unbekannt. F: K,O
T: 24–27°C, L: 20 cm, pH: 7, SG: 4

Hoplotilapia retrodens ♀ 3/790

H: Viktoriasee, E.
♂: Farbiger. V: =(?)
Z: ♀ Mb?, Mutterfamilie? F: K
T: 24–27°C, L: 15 cm, pH: >7, SG: 3

Konia eisentrauti 5/846

H: W-Kamerun: Barombi-Ma-Mbu-See. E
♂: Gesichtsmaske intensiver; größer. V:+
Z: ♀♂ Maulbrüten. F: O (a. Eierfresser)
T: 25–27°C, L: 10 cm, pH: 7, SG: 2–3

Nanochromis transvestitus ♂ 2/956

H: Zaire: Mayi-Ndombe (Leopold II) See.
♀: Kleiner u. farbiger (s. Fotos). V: +
Z: Hb., MMFam? Kein Bericht. F: O
T: 24–26°C, L: ♂ 4 cm, pH: <7, SG: 2–3

Nanochromis transvestitus ♀ 2/956

Neochromis nigricans ♂ 2/960

H: Viktoriasee, Viktoria-Nil: Felslitoral. E
♂: Anale dunkelrot u. mit Eiflecken. V: ?
Z: ♀ Mb?, Mfam?, Eifleckm.? F: O
T: 24–26°C, L: 12 cm, pH: >7, SG: 2–3

Alcolapia grahami ♂ 2/978
Magadi-Maulbruter, Grahams Soda-Maulb.

H: Magadisee. pH 10,5! E
♂: Größer, farbiger. V: =
Z: ♀ Mb 23 T, >20 E., Mfam. F: O
T: 24–32°C, L: 12 cm, pH: ≫7, SG: 2–3

Oreochromis esculentus 4/660

H: Viktoria, Kioga, Kwania, Nubugabo.
♂: Lange Genitalpapille. V: =
Z: ♀ Mb 21 T, Mfam., agam. F: O
T: 24–26°C, L: 40 cm, pH: 7, SG: 2–3

Oreochromis leucostictus ♂ 2/982
Weißfleckmaulbruter

H: Albert-, Eduard- und Georgsee. E
♂: Dunkler; balzend: schwarz. V: =
Z: ♀ Mb 23 T, 100 E., Mfam. F: O,H
T: 26–28°C, L: 28 cm, pH: >7, SG: 2

Oreochromis leucostictus ♀ 2/982
Weißfleckmaulbruter

Oreochromis niloticus baringoensis
Baringo-Nilbuntbarsch 3/828
H: Kenia: Baringosee.
♂: Dunkler. V: –
Z: Im Aquarium noch nicht erfolgt. F: O
T: 24–28°C, L: 36 cm, pH: 7, SG: 2

Oreochromis niloticus eduardianus 4/660
Lake Eduard-Nilbuntbarsch
H: Tanganjikasee bis Albertsee.
♂: Größere Flossen; nicht leicht. V: –
Z: ♀ Mb <28 T, Mutterfamilie. F: O
T: 24–28°C, L: 30 cm, pH: >7, SG: 2

Oreochromis variabilis ♂ 3/836

H: Vikt.u.Zufl., Kioga, Kwania, Salisbury.
♂: Iris schw.; ♀ rot; Genitalp. lang. V: –
Z: ♀ Mb, 500 E., Mutterfamilie. F: O
T: 24–28°C, L: 28 cm, pH: >7, SG: 2–3

Platytaeniodus degeni ♂ 4/674

Platytaeniodus degeni ♀ 4/674

H: Viktoriasee, E.
GU: Siehe Fotos. V: –
Z: ♀ Mb Mfam. Schwierig!? F: K
T: 24–26°C, L: 15 cm, pH: >7, SG: 3–4

CICHLIDEN

Pseudocrenilabrus philander philander ♂ 3/850

H: Kariba, Kafue, Mal., Tan., u. Flüsse.
♂: Wesentlich farbenprächtiger. **V**: –
Z: ♀ Mb, 70 E., Mutterfamilie. **F**: K
T: 22–25°C, **L**: 9 cm, **pH**: 7, **SG**: 2–3

Haplochromis sauvagei ♂ 3/858

H: Viktoriasee, E.
♂: Eiflecken; erwachsen blau. **V**: =
Z: ♀ Mb, Mfam., Eifleckm. **F**: K
T: 24–27°C, **L**: 13 cm, **pH**: >7, **SG**: 2–3

Haplochromis sauvagei ♀ 3/858

Haplochromis xenognathus ♂ 3/861

H: Viktoriasee, E.
♂: Eiflecken; farbiger. **V**: +
Z: ♀ Mb, Mfam., Eifleckmethode. **F**: K
T: 24–27°C, **L**: 15 cm, **pH**: >7, **SG**: 2–3

Pungu maclareni 5/930

H: W-Kamerun: Barombisee. Selten.
♂: Spitze Dorsale u. Anale. **V**: =
Z: Mb; wenig bekannt. **F**: K,O
T: 20–28°C, **L**: 9 cm, **pH**: >7, **SG**: 2–3

Pyxichromis orthostoma ♂ 5/930
Uganda-Großmaul-Cichlide

H: Seen Kioga, Salisbury u. Nawampasa.
♂: Etwas farbiger; Eiflecken. **V**: =
Z: ♀ Mb 16 T; keine Mulde. **F**: K
T: 23–27°C, **L**: >15 cm, **pH**: 7, **SG**: 3

Sarotherodon linnellii 5/938

H: W-Kamerun: Barombisee.
♂: Zur Balz dunkler. V: –
Z: ♀(♂) Mb, agam. F: O
T: 24–26°C, L: 25 cm, pH: 7, SG: 2–3

Sarotherodon lohbergeri 4/682

H: W-Kam.: Barombisee u. Kumbabach.
♂: Etwas größer u. farbiger. V: =
Z: ♀♂ Mb, Elternfamilie. F: H,O
T: 25–27°C, L: 18 cm, pH: 7, SG: 2–3

Sarotherodon steinbachi 5/940

H: W-Kamerun: Barombisee.
GU: Genitalpapille. V: =
Z: ♀ Mb, agam. F: O
T: 24–26°C, L: 15 cm, pH: 7, SG: 2–3

Schwetzochromis neodon ♂ 4/686

H: Zaire: ob. Fwae-See und Quellgebiet.
♂: Deutliche Eiflecken. V: =
Z: ♀ Mb 21 T; Mfam., agam. F: K,O
T: 24–26°C, L: 12 cm, pH: 7, SG: 3

Serranochromis robustus robustus 3/866

H: Malawisee u. Upper Shire River: Sand.
♂: Bläulich-grün zur Balz. V: –
Z: Natur: ♀ Mb; Mfam., agam. F: K,O
T: 24–26°C, L: <50 cm, pH: 7, SG: 2–4

Stomatepia mariae 5/954

H: W-Kamerun: Barombisee.
♂: Größer, längere Schnauze. V: =
Z: ♀ Mb, geringe Paarbildung. F: O
T: 25–27°C, L: 12 cm, pH: 7, SG: 2–3

Cichliden

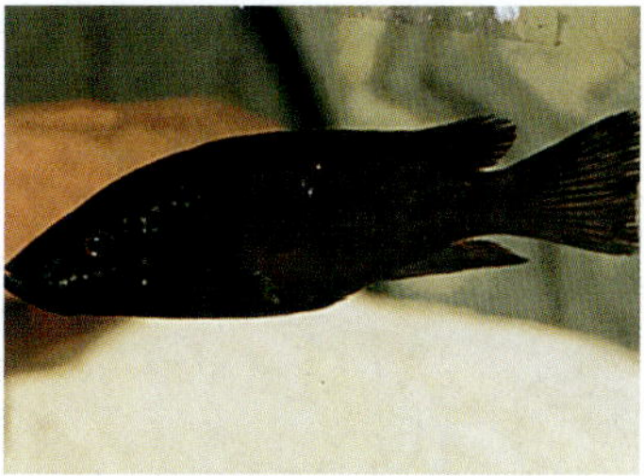

Stomatepia pindu ♂ 5/954

H: W-Kamerun: Barombisee.
♂: Größer, intensiver schwarz. V: =
Z: ♀ Mb; agam. F: O
T: 25–27°C, L: 10 cm, pH: 7, SG: 4

Thoracochromis brauschi ♂ 5/968

H: Fwae-Fluß, auch Fwae-See genannt. E
♂: Farbiger; größer. V: =
Z: ♀ Mb. F: O
T: 25–27°C, L: ca.10 cm, pH: 7, SG: 2-3

Haplochromis wingatii ♂ 2/998

H: Albert-Eduardsee; auch Flüsse.
♂: Farbiger, Eiflecken. V: =
Z: ♀ Mb. F: K,O
T: 24–26°C, L: 12 cm, pH: 7, SG: 2

Tilapia bemini 4/690

H: W-Kamerun: Beminisee; E?
♂: Größer; sonst gleich. V: =
Z: Natur: Hb, 200 E., Efam. F: H
T: 27°C, L: 20 cm, pH: 7, SG: 2–3

Tilapia guinasana ♀♀ 3/890
Guinas-Buntbarsch

H: N-Namibia: Guinas- u. Otjikotosee.
♂: Nur durch spitze Genitalpapille. V: =
Z: Ob, 200 E., VMfam. F: O,H
T: 22–26°C, L: 15 cm, pH: >7, SG: 2

Tilapia kottae ♂ 4/694

H: W-Kamerun: Lake Barombi Kotto; E.
♂: Größer, schlanker. V: –
Z: Offenbrüter; leicht. F: O,H
T: 24–26°C, L: 25 cm, pH: >7, SG: 2

Einführung

In dieser Untergruppe sind die Buntbarsche der Flüsse Afrikas einschließlich Vorderasiens (Israel, Jordanien und Syrien, da das Verbreitungsgebiet v.a. von Tilapien oftmals diese Region mit einschließt) zu finden. Cichliden aus Madagaskar (X) sind unter der Kategorie "Übrige Welt" aufgeführt.

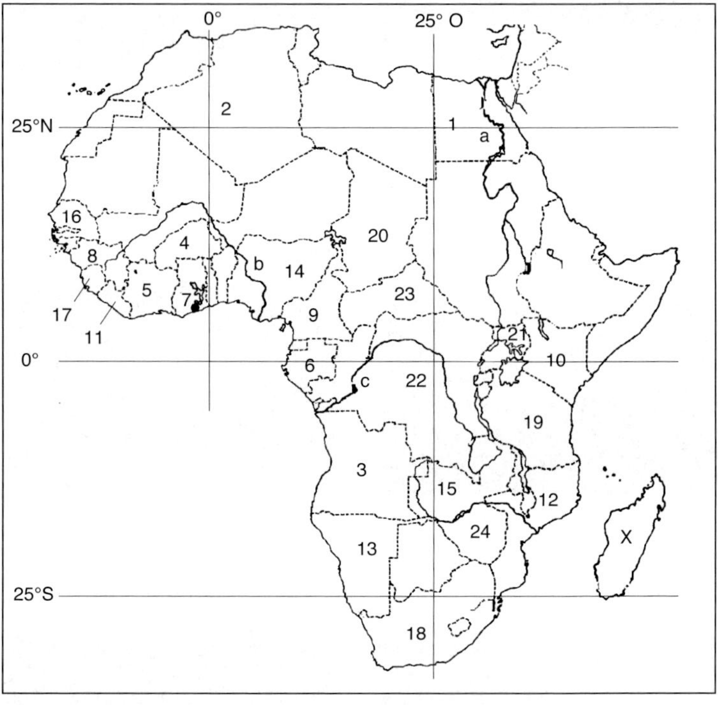

Ägypten (Ägy.)	1	Sambia (Sam.)	15
Algerien (Alg.)	2	Senegal (Sen.)	16
Angola (Ang.)	3	Sierra Leone (Sierra L.)	17
Burkina Faso (= Obervolta)	4	Südafrika (Saf.)	18
Elfenbeinküste (Ebk.)	5	Tansania (Tan.)	19
Gabun (Gab.)	6	Tschad	20
Ghana	7	Uganda	21
Guinea (Gui.)	8	Zaire	22
Kamerun (Kam.)	9	Zentralafrikanische Republik	23
Kenia	10	Zimbabwe (Zim.)	24
Liberia (Lib.)	11		
Mosambik (Mos.)	12	Nil	a
Namibia (Na.)	13	Niger	b
Nigeria (Nig.)	14	Zaire-Fluß (=Kongo)	c

Allgemeines

Die Biotope der in dieser Untergruppe gebrachten Arten können von mineralreich (vor allem in Wüsten- und Brackwassergebieten) bis zu extrem weich und sauer (in Urwaldgebieten) reichen. Man kann daher für diese Arten keine generellen Angaben machen, sondern muß vielmehr auf die entsprechenden Einzelbeschreibungen zurückgreifen.

Tilapine Buntbarsche

Cichliden in den Gattungen *Oreochromis*, *Sarotherodon* und *Tilapia* sind mittlere bis große Arten, von denen einige (z.B. *O. niloticus*, *O. mossambicus* und *O. aureus*) eine wichtige Stellung in der Speisefischzucht, nicht nur in Afrika, sondern auch in Asien und Amerika haben. Es handelt sich um robuste, allesfressende Arten mit schmackhaftem Fleisch. Die meisten Arten sind Maulbrüter. Das Hauptproblem ihrer Zucht liegt darin, daß ihre Reife vor dem angestrebten Verkaufsgewicht eintritt und sie sich sehr effektiv in Teichen fortpflanzen. Das Ergebnis ist eine Überbevölkerung mit verkümmerten Exemplaren. Dieses Problem wird auf verschiedene Weise gelöst:

- Kreuzungen verschiedener Arten, bzw. Populationen ergeben 100 % männliche Nachkommen (es gibt auch 100% weibliche Kombinationen, diese sind aber wirtschaftlich uninteressant).
- Fütterung der Jungfische bis zu einer Länge von 12 mm mit testosteronhaltigem Futter, wodurch die Weibchen "vermännlicht" werden.
- Handauslese der Jungfische bei einem Gewicht von ca. 20 g.

Eine rote Form wird vor allem für den US-amerikanischen Mark oftmals in Brackwasser gezüchtet. Eine Besonderheit unter den Cichliden allgemein ist *S. melanotheron*, bei dem die Männchen maulbrüten und eine Vaterfamilie die soziale Struktur ist.

Pelvicachromis-Arten

Diese Cichliden kommen in vielen Farbvarianten vor. Klein, farbintensiv und friedlich, sind sie auch für Gesellschaftsaquarien gern gesehene Fische. Leider sind sie, mit Ausnahme von *P. pulcher*, nicht immer leicht im Handel zu finden. Ihr Biotop erstreckt sich entlang der Westküste, und so sind einige Arten auch in Brackwasser zu finden. Dennoch bevorzugen sie mittelhartes Wasser mit einem leicht sauren pH-Wert. Für Neuimporte solcher Arten empfiehlt sich allerdings die Zugabe von einem Teelöffel Salz pro 5 Liter Wasser. Andere kommen aus Bächen mit extrem weichem und saurem Wasser (*P. roloffi, P. subocellatus* u.a.) und sollten im Aquarium kein Salz erhalten. Es handelt sich um Höhlenbrüter mit Vater-Mutter-Familie. Jungfische sollten erst später von den Eltern getrennt werden, da es sonst vorkommen kann, daß das Weibchen vom Männchen heftig angegriffen wird.

Nanochromis-Arten

Diese Gattung bewohnt bewegte, sauerstoffreiche Gewässer. Sie bevorzugen weiches, leicht saures Wasser. Als Ausnahme wird *N. transvestitus* im Mayi-Ndombe(Leopold II)-See gefunden und ist daher in der Untergruppe "Afrika – Verschiedene Seen" aufgeführt (S. 681).

Gute Filterung ist wichtig, da die Arten sonst krankheitsanfällig sind. Männchen sind aggressiv untereinander und auch gegenüber nicht laichbereiten Weibchen; das Aquarium sollte daher unübersichtlich und versteckreich eingerichtet werden.

Hemichromis-Arten
Diese Gattung braucht, um nicht sehr aggressiv zu sein, geräumige, versteckreich eingerichtete Aquarien; trotzdem kann es während der Laichzeit Probleme geben. Weiches, leicht saures Wasser wird bevorzugt.

Steatocranus-Arten
Als bodenorientierte Bewohner der Stromschnellen haben diese Arten eine zurückgebildete Schwimmblase. Das Wasser von guter Qualität sollte mittelhart sein mit einem pH-Wert um neutral, eine starke Wasserbewegung ist nicht immer erforderlich.

Anomalochromis thomasi 1/748
Af.Schmetterlingsb., Thomas Prachtbarsch
H: Sierra Leone, SO-Guinea, W-Liberia.
♀: Schwarze Zeichnung; 3 cm kl. V: +
Z: Ob., <500 E, Elternfamilie. F: K,O
T: 23–27°C, L: ♂ 10 cm, pH: <7, SG: 1

Haplochromis bloyeti ♂ 3/692
Bloyets Maulbrüter
H: Tansania: Wami-Flußsystem.
♂: Bunter; Eiflecken. V: =
Z: ♀Mb., Mutterfamilie. F: K,O
T: 24–28°C, L: 14 cm, pH: ≫7, SG: 2

Haplochromis desfontainii ♂ 5/730
Nordafrikanischer Maulbrüter
H: Algerien, Tunesien.
♂: Farbiger, Eiflecken. V: =
Z: ♀ Mb. F: K,O
T: 18–28°C, L: 15 cm, pH: 7, SG: 2

Benitochromis batesii 2/854
Bates Prachtbuntbarsch
H: Äquatorial-Guinea u. SW-Kamerun.
♂: Größer. ♀: Bauch weinrot. V: =
Z: ♀ LMb., 100 E.; VMFam. F: K,O
T: 24–26°C, L: 12 cm, pH: <7, SG: 2–3

CICHLIDEN

Benitochromis batesii ♂ "Eseka" 4/586

H: Kamerun: Nahe der Stadt Eseka.
♀: Kleiner; silberne Dorsalflo.-Basis. V: =
Z: ♀♂ LMb. F: K
T: 24–26°C, L: ♂ 12 cm, pH: <7, SG: 3–4

Limbochromis cavalliensis 4/638

H: Elfenbeinküste: Cavally-Fluß.
♀: Dorsale mit silberner Basis. V: +
Z: ♂ Mb; einmal gelungen. F: K
T: 24–26°C, L: 12 cm, pH: 7, SG: 4

Benitochromis finleyi ♂ 1/684

H: SW-Kamerun: Campo Reservation.
♂: Dorsale roter Saum. ♀: Bauch rot. V: =
Z: ♀♂ Mb., Rollentausch; Efam. F: K,O
T: 23–25°C, L: 12 cm, pH: ≪7, SG: 2

Chromidotilapia guentheri ♂ 1/686
Günthers Prachtbuntbarsch

H: Sierra Leone bis Kamerun, Gabun.
♀: Dorsale mit glänzendem Band. V: =
Z: ♂♀ Mb., <15 E., Efam. F: K,O
T: 23–25°C, L: <20 cm, pH: 7, SG: 2–3

Chromidotilapia kingsleyae ♂ 5/744

Chromidotilapia kingsleyae ♀ 5/744

H: VR Kongo?, Gabun: Oogoue River.
GU: Siehe Fotos. V: =
Z: ♀ Mb; evtl. Polygamie. F:O
T: 23–26°C, L: <15 cm, pH: 7, SG: 2–3

Chromidotilapia linkei ♀ 2/856
Linkes Prachtbuntbarsch
H: W-Kamerun: Mungo River.
♂: Ohne glänzendes Längsband. V: +
Z: ♀♂ Mb., enge Bindung, VMfam. F:K,O
T: 24–27°C, L: 10 cm, pH: >7, SG: 2–3

Haplochromis polli ♂ 3/758
Rotkehlmaulbrüter
H: Kongo bei Kinshasa.
♂: Einzelner Eifleck; größer. V: =
Z: ♀ Mb 30 T, Mutterfamilie. F:K
T: 24–26°C, L: 11,5 cm, pH: 7, SG: 2

Hemichromis bimaculatus 1/722
Roter Buntbarsch
H: S-Guinea bis Zentral-Liberia.
GU: Genitalpapille. V: =
Z: Ob, 200–500 E, Elternfamilie. F: K,O
T: 21–23°C, L: <15 cm, pH: 7, SG: 3

Hemichromis cerasogaster 3/786
H: Mayi-Ndombe-See, Zairefluß.
♂: 2 cm größer; mehr Glanzflecken. V: –
Z: Ob, Elternfamilie. F: K,O
T: 22–26°C, L: ♂ 10 cm, pH: 7, SG: 2–3

Hemichromis bimaculatus 2/914
Wald-Juwelenbarsch
H: Guinea, Ghana u. Nigeria.
♂: Etwas größer. V: =
Z: Ob, 200–500 E, Elternfamilie. F: K,O
T: 23–26°C, L: 9 cm, pH: <7, SG: 3

Hemichromis elongatus 2/914
H: Guinea bis Zaire, Angola u. Sambia.
GU: Nicht zu unterscheiden. V: –
Z: Ob, 800 E, Elternfamilie. F: O
T: 23–25°C, L: 15 cm, pH: 7, SG: 4

Hemichromis bimaculatus 4/624

H: Senegal, Ghana u. Nigeria, Kamerun.
♂: Etwas größer; längere Flossen. V: =
Z: Ob, intensive Elternfamilie. F: K,O
T: 23–27°C, **L**: 10 cm, **pH**: 7, **SG**: 3

Hemichromis letourneuxi 2/916
Letourneaux' Roter Cichlide

H: Ägy., Alg., Sud., Gui., Sen., Tschad,...
GU: Sehr schwierig. V: =
Z: Ob., Efam; noch nicht erfolgt? F: K,O
T: 22–25°C, **L**: 15 cm, **pH**: <7, **SG**: 3

Hemichromis lifalili 1/722
Lifalilis Buntbarsch

H: Zairesystem u. Republik Zentralafrika.
♂: Laichfärbung s. Foto. V: =
Z: Ob., Elternfamilie. F: K,O
T: 22–24°C, **L**: <10 cm, **pH**: 7, **SG**: 3

Hemichromis paynei 2/916
Payne's Roter Cichlide

H: Guinea, Sierra Leone u. Liberia.
♂: Zur Laichzeit farbiger. V: =
Z: Ob., Efam.; kein Bericht. F: K,O
T: 23–25°C, **L**: 10 cm, **pH**: <7, **SG**: 3

Hemichromis sp. "Guinea II" 5/836

H: Nigeria: Nigerdelta.
♂: Etwas größer; größere Ventralen. V: =
Z: Ob., Elternfamilie. F: O
T: 24–26°C, **L**: <10 cm, **pH**: 7, **SG**: 2

Hemichromis sp. "Guinea I" 5/837

Hemichromis stellifer 3/788

H: Gabun bis Zaire.
♂: Etwas größer u. gestreckter. V: =
Z: Ob. F: K,O
T: 22–26°C, L: <11 cm, pH: 7, SG: 1–2

Lamprologus congoensis ♂ 2/926
Kongo-Grundcichlide

H: Stromschnellen des Zaire.
♂: Größer; Glanzschuppen, Stirnb. V: –
Z: Hb., 80 E., Mann-Mutter-Fam. F: O
T: 23–25°C, L: 15 cm, pH: <7, SG: 2

Lamprologus werneri 1/736
Werners Grundcichlide

H: Stromschnellen des Zaire, Stanley Pool.
GU: Unbekannt. V: –
Z: Hb., Mann-Mutter-Familie? F: K,O
T: 22–25°C, L: 12 cm, pH: 7, SG: 2–3

Parananochromis caudifasciatus ♂ 2/954

H: S-Kamerun: Nyong River Zuflüsse.
♂: Glänzendes Dorsalband; 3 cm gr. V: =
Z: Hb., >100 E, Vater-Mutter-Fam. F: O
T: 23–25°C, L: ♂ 11 cm, pH: <7, SG: 3–4

Nanochromis dimidiatus 1/744
Roter Kongocichlide

H: Nebenfluß des Zaire: Banghi-Gebiet.
♀: Violettfärbung; 2 cm kleiner. V: =
Z: Hb., 60 E, Elternfamilie. F: K,O
T: 23–25°C, L: ♂ 8 cm, pH: <7, SG: 3

Nanochromis dimidiatus ♂ 5/884
Roter Kongocichlide

Nanochromis nudiceps ♂ 5/886

H: Zaire: Stanley Pool, Kasai-Stromgebiet.
♂: Kaudale mit 7 vert. Punkreihen. V: =
Z: Hb., 60 E, Elternfamilie. F: K,O
T: 24–26°C, L: 8 cm, pH: <7, SG: 3

Nanochromis parilus vorne ♀ 1/746
Blauer Kongocichlide

H: Zaire-System, Stanley Pool.
♀: Farbiger, 1 cm kleiner. V: =
Z: Hb, <250 E., Mann-Mutter-Fam. F: K
T: 22–25°C, L: ♂ 8 cm, pH: <7, SG: 2–3

Limbochromis robertsi 2/956

H: W-Zentralghana.
♂: 3 cm gr.; gelbere Flossen. V: =
Z: Hb., MMFam? Kein Bericht. F: K
T: 22–25°C, L: ♂ 11 cm, pH: <7, SG: 2–3

Nanochromis squamiceps ♂ 3/806
Silberfleck-Nanochromis

H: Zaire: Kisangani-Gebiet.
♀: Silberfleck; 1,5 cm kleiner. V: +
Z: Hb, <50 E., Mann-Mutter-Fam. F: K
T: 23–26°C, L: ♂ 6 cm, pH: ≪7, SG: 3–4

Nanochromis squamiceps ♀ 3/806
Silberfleck-Nanochromis

Nanochromis squamiceps ♂ 5/886

H: Zaire.
♂: K mit Punktreihen; schlanker. V: =
Z: Hb; Elternfamilie. F: K
T: 23–26°C, L: ♂ 6 cm, pH: <7, SG: 3

Oreochromis aureus ♂ 2/978
"Goldtilapia"

H: Sen., Niger, Tschad, Benue, Nil, Jordan.
♂: Farbiger, größer. **V**: =
Z: ♀Mb, Mutterfamilie? **F**: O
T: 17–24°C, **L**: 40 cm, **pH**: 7, **SG**: 2

Oreochromis karomo ♂ 2/980

H: Tansania: Malagarasi-Sümpfe.
♂: Farbiger, gr.; 15 mm Genitalpap. **V**: –
Z: ♀Mb., 250 E, agam, Mutterfam. **F**: O
T: 22–28°C, **L**: 30 cm, **pH**: 7, **SG**: 2–3

Oreochromis mossambicus ♂ 1/768
Mosambik-Maulbrüter, Weißkehlbarsch

H: O-Afrika.
♂: Farbiger, größer. **V**: =
Z: ♀Mb., 300 E, agam, Mutterfam. **F**: O
T: 20–24°C, **L**: 40 cm, **pH**: 7, **SG**: 3–4

Oreochromis niloticus niloticus 3/828
Nilbuntbarsch

H: Weitverbreitet; auch Syrien u. Israel.
♂: Dorsale u. Anale spitz. **V**: =
Z: ♀Mb., 200 E, agam, Mutterfam. **F**: O
T: 14–26°C, **L**: 35 cm, **pH**: 7, **SG**: 1–2

Oreochromis pangani pangani ♂ 3/830

H: Tansania: Pangani-Fluß.
♂: Dunkler, 15 cm größer. **V**: –
Z: Natur: ♀Mb., <1000 E, Mutterf. **F**: O
T: 24–28°C, **L**: ♂ 47 cm, **pH**: 7, **SG**: 2–3

Oreochromis spilurus niger 3/830

H: Kenia.
♂: Hochzeitskleid. **V**: =
Z: Natur: ♀Mb., Mutterfamilie. **F**: O
T: 24–28°C, **L**: 33 cm, **pH**: 7, **SG**: 2–3

CICHLIDEN

Oreochromis spilurus spilurus WF 3/832

H: Kenia, N-Tansania.
♂: Hochzeitskleid. V: =
Z: Natur: ♀Mb., Mutterfamilie. F: O
T: 24–28°C, L: <40 cm, pH: 7, SG: 2–3

Oreochromis urolepis hornorum 2/980

H: Tansania: Wami-Fluß Einzugsgebiet.
♂: Dunkler, farbintensiver. V: =
Z: ♀Mb., Mutterfamilie? F: O
T: 22–26°C, L: 17 cm, pH: 7, SG: 2

Oreochromis urolepis urolepis 3/835

H: Tansania: Rifigi, Kingani u. Mbemkuru.
♂: Dunkler, größer. V: =
Z: ♀Mb., <500 E., Mutterfamilie? F: O
T: 22–28°C, L: 38 cm, pH: >7, SG: 2–3

Orthochromis stormsi 2/962

H: Zairefluß, Mwerusee.
GU: Unbekannt. V: =
Z: ♀Mb, agam, Mutterfamilie F: O
T: 22–25°C, L: 6,5cm, pH: 7, SG: 2–3

Parananochromis gabonicus 4/662

H: Abanga-, Okano-, Ntem-System.
♀: Kleiner; silbriges Dorsalband. V: +
Z: Hb; paarbildend. F: K
T: 24–26°C, L: 12 cm, pH: <7, SG: 3

Parananochromis longirostris ♂ 3/840

H: S-Kamerun, N-Gabun.
♂: Flossen länger; mehr Glanzflecken. V: +
Z: ♀Mb; selten erfolgt. F: O
T: 22–26°C, L: ♂ 12cm, pH: <7, SG: 2–3

CICHLIDEN

Parananochromis sp. "Belinga" ♂ 4/664
♀ 6/925

Parananochromis sp. "Belinga" ♀ 4/664

H: Gabun, S-Kamerun?
♂: Größer; gebänderte Kaudale. V: +
Z: Hb; paarbildend. F: K
T: 24–25°C, L: 12 cm, pH: ≪7, SG: 3–4

Pelmatochromis buettikoferi 5/906

H: Küstenflüsse: Port Guinea bis Liberia.
GU: Genitalpapille. V: =
Z: Offenbrüter; Elternfamilie. F: O
T: 24–26°C, L: 25 cm, pH: 7, SG: 2–3

Pelmatochromis ocellifer 5/906

H: Mittleres u. unteres Zaire-System.
♂: Etwas längere Flossen. V: =
Z: Offenbrüter? F: O
T: 25–28°C, L: 20 cm, pH: 7, SG: 3

Pelvicachromis humilis ♂ 2/964
Farbform Kasewe

H: Liberia, SO-Guinea, Sierra Leone.
♂: Dorsale, Anale, Ventrale spitzer. V: +
Z: Hb, Vater-Mutterfamilie. F: K,O
T: 24–26°C, L: ♂ 12,5cm, pH:<7, SG:2–3

Pelvicachromis humilis ♂ 2/964
Farbform Kenema

CICHLIDEN

Pelvicachromis pulcher 1/750
Purpurprachtbarsch, Königscichlide
H: S-Nigeria. Sw, (Bw)
♂: Dorsale u. Anale spitzer. V: +
Z: Hb.,<300 E.,Vater-Mutter-Fam. F:K,O
T: 24–25°C, L: 10 cm, pH: <7, SG: 1

Pelvicachromis roloffi v.♂, h.♀ 2/966
Roloffs Prachtbarsch
H: O-Guinea, Sierra Leone, W-Liberia.
♂: Dorsale, Anale, Ventrale spitzer. V: +
Z: Hb, Vater-Mutter-Familie. F: K,O
T: 24–26°C, L: ♂ 8,5cm, pH: <7, SG: 3

Pelvicachromis subocellatus u.♀ 1/750
Augenfleck-Prachtb., Rotvioletter Prachtb.
H: Gabun–Zaire-Mündung. Sw, (Bw).
♂: Dorsale u. Anale spitzer. V: +
Z: Hb.,<200 E.,Vater-Mutter-Fam. F:K,O
T: 22–26°C, L: 10 cm, pH: <7, SG: 2

Pelvicachromis taeniatus 1/752
Streifenprachtbarsch, Smaragdprachtb.
H: S-Nigeria, Kamerun. Sw, (Bw)
♂: Dorsale u. Anale spitzer; 2cm gr. V: +
Z: Hb.,<60 E.,Vater-Mutter-Fam. F:K,O
T: 22–25°C, L: ♂ 9 cm, pH: <7, SG: 1

Pseudocrenilabrus multicolor 1/754
Vielfarbiger Maulbrüter, Kleiner Maulbr.
H: Untere Nil bis Uganda u. Tansania.
♀: Blasser. V: =
Z: ♀Mb 10T, 30–80E, Mutterfam. F:K,O
T: 20–24°C, L: 8 cm, pH: 7, SG: 2

Pseudocrenilabrus multicolor victoriae ♂ 5/913
H: Uganda und Tansania.
♂: Farbiger; A mit orangener Spitze. V: =
Z: ♀Mb; Mutterf; agam. F: O
T: 24–26°C, L: 11 cm, pH: 7, SG: 2–3

CICHLIDEN

Pseudocrenilabrus nicholsi ♂ WF 3/850
Nichols Maulbrüter
H: Zaire-Becken.
♀: Blasser. V: –
Z: ♀Mb, Mutterfamilie. F: K
T: 22–25°C, L: 7 cm, pH: 7, SG: 2–3

Pseudocrenilabrus philander dispersus
Messingmaulbrüter, Kupfermaulb. 1/754
H: Saf., Na., Sam., Mos., Zim., Ang., S-Zaire.
♂: Wesentlich farbenprächtiger. V: –
Z: ♀Mb, <100 E, Mutterfamilie. F: K,O
T: 20–24°C, L: 11 cm, pH: 7, SG: 2–3

Sarotherodon caudomarginatus 4/680
Prachtmaulbrüter 5/938
H: Guinea bis Liberia: Küstenflüsse.
GU: Schwer festzustellen. V: =
Z: ♀Mb: ohne feste Paarbindung. F: O
T: 24–26°C, L: 30 cm, pH: 7, SG: 2–3

Sarotherodon galilaeus 3/864
Prachtmaulbrüter
H: Jordanien, O- u. Zentralafrika bis Liberia.
GU: Schwer festzustellen. V: =
Z: ♀♂Mb, <1500 E, Elternfamilie. F: O
T: 22–28°C, L: 40 cm, pH: 7, SG: 2

Sarotherodon galilaeus sanagaensis
4/680
H: Kamerun: Sanaga-Fluß.
GU: Schwer festzustellen. V: =
Z: Mb. F: O
T: 24–26°C, L: 25 cm, pH: 7, SG: 2

Sarotherodon melanotheron ♂ 2/984
Schwarzkinnmaulbrüter
H: Elfenbeinküste bis Kamerun.
♂: Größer. V: =
Z: ♂Mb 21 T, <150 E, Vaterfamilie. F: O
T: 23–25°C, L: 20 cm, pH: 7, SG: 2–3

Sarotherodon melanotheron heudelotii 4/682

H: Senegal bis Guinea: Sw, (Bw)
♂: Genitalpapille spitz. V: =
Z: ♂Mb 14 T; Vaterfamilie, agam. F: O
T: 24–26°C, **L**: 20 cm, **pH**: >7, **SG**: 2

Sarotherodon melanotheron leonensis 4/684

H: Guinea bis Liberia: In Bw. häufig.
♂: Genitalpapille spitz. V: =
Z: ♂Mb 14 T; Vaterfamilie; agam. F: O
T: 24–26°C, **L**: 20 cm, **pH**: >7, **SG**: 2

Sarotherodon occidentalis 5/940

H: Guinea bis Liberia.
GU: Nicht bekannt. V: ?
Z: Mb? ohne Paarbildung? F: O?
T: 24–26°C, **L**: 25 cm, **pH**: 7, **SG**: 2–3

Sarotherodon tournieri tournieri 4/684

H: Elfenbeinküste: Cavally-Fluß.
GU: Nicht bekannt. V: ?
Z: Mb? ohne Paarbildung? F: O?
T: 24–26°C, **L**: 25 cm, **pH**: 7, **SG**: 3

Orthochromis stormsi ♂ 4/686

H: Oberer u. mittlerer Zaire.
♂: Kräftiger; massigerer Kopf. V: –
Z: ♀Mb. F: H!
T: 25–26°C, **L**: 15 cm, **pH**: 7, **SG**: 4

Steatocranus casuarius v. ♀, h. ♂ 1/768
Buckelkopfbuntbarsch, Helmcichlide

H: Unterer u. mittlerer Zaire.
♂: 3 cm größer; gr. Fettpolster. V: =
Z: Hb., 60 E., VMFamilie, Einehe. F: O
T: 24–28°C, **L**: ♂ 11 cm, **pH**: <7, **SG**: 2

Steatocranus gibbiceps ♂ 3/870

Steatocranus gibbiceps ♀ juv. 3/870

H: Unterer Zaire.
GU: In der Jugend problematisch. V: +
Z: Hb., <100 E., feste Paarbindung. F: O
T: 24–27°C, L: 11 cm, pH: 7, SG: 1–2

Steatocranus sp. cf. *mpozoensis* 2/990

H: Stromschnellen des Zaire.
♂: Größer. V: +
Z: Höhlenbrüter. F: O
T: 23–27°C, L: 6 cm, pH: 7, SG: 2

Steatocranus irvinei ♂ 3/872

H: Ghana, Burkina Faso.
♂: Etwas größer. V: =
Z: Hb., 200 E. F: O
T: 24–27°C, L: ca.15 cm, pH: 7, SG: 1–2

Steatocranus irvinei ♀ 3/872

Steatocranus tinanti ♂ 2/990

H: Zaire Fluß: Kinshasa.
♂: Ausgezogene Dorsale u. Anale. V: =
Z: Hb., 100 E., VMFamilie. F: O
T: 25–27°C, L: 15 cm, pH: 7, SG: 2–3

CICHLIDEN

Steatocranus ubanguiensis 3/874

H: W-Afrika: Ubangi-Nebenfluß.
♂: Zugespitzte Dorsale u. Anale. V: +
Z: Hb., <25 E. ♂ Gelegebetreuung. F: O
T: 25–27°C, L: 6–7 cm, pH: 7, SG: 1–2

Teleogramma brichardi ♀ 1/774
Quappenbuntbarsch

H: Zaire-Unterlauf zw. Kinshasa u. Matadi.
♀: Breiter Dorsalsaum, farbiger. V: =
Z: Hb.,<30 E., Mann-Mutter-Fam. F: K,O
T: 20–23°C, L: ♂ 12 cm, pH: <7, SG: 2–3

Haplochromis demeusii ♂ 4/688

H: Unterer Zaire.
♂: Eiflecken; gr. Fettpolster. V: –
Z: ♀Mb. F: K
T: 24–28°C, L: 12 cm, pH: 7, SG: 3

Thysochromis ansorgii ♀ 2/1000
Fünffleckbuntbarsch

H: Nigeria, Elfenbeink., Ghana, Kamerun.
♀: Kl., runde Flossen, weißer Fleck. V: +
Z: Ob–Hb, 500 E., MMFam.–Efam. F: O
T: 24–26°C, L: 13 cm, pH: <7, SG: 2

Tilapia brevimanus 4/690

H: Guinea-Bissau bis O-Liberia.
♂: Größer; längere Flossen. V: –
Z: Hb; Elternfamilie. F: H,O
T: 24–26°C, L: 25 cm, pH: 7, SG: 2–3

Tilapia busumana 2/1000

H: S-Ghana: Kumasi-Areal, Voltastausee,...
♂: Heller; erwachsen ohne Fleck. V: =
Z: Ob, 400 E., Elternfamilie. F: O
T: 23–25°C, L: 20 cm, pH: <7, SG: 2

CICHLIDEN

Tilapia buttikoferi 2/1002
Zebratilapie

H: Guinea Bissau bis W-Liberia.
♂: Größer. V: +,–
Z: Ob, intensive Elternfamilie. F: O
T: 23–25°C, L: 25 cm, pH: <7, SG: 2

Tilapia cessiana 4/692

H: Liberia/Elfenbeinküste: Cess-Fluß.
♂: Etwas massiger größer. V: +,–
Z: Ob; intensive Elternfamilie. F: H,O
T: 24–26°C, L: 35 cm, pH: 7, SG: 2

Tilapia dageti 4/692

H: Niger-, Bene-, Tschad-, Volta-,... Einzug.
♂: Meistens größer u. schlanker. V: =
Z: Ob; intensive Elternfamilie. F: H,O
T: 24–28°C, L: 30 cm, pH: 7, SG: 2

Tilapia guineensis 3/892
Guineabuntbarsch

H: Senegal bis Angola: Küstenzone.
♂: Meistens größer u. schlanker. V: –
Z: Ob, <1000 E., intensive Efam. F: O
T: 22–26°C, L: 25 cm, pH: 7, SG: 2

Tilapia joka 2/1002

H: Sierra Leone.
GU: Unbekannt. V: +
Z: Hb, <200 E., Vater-Mutter-Fam. F: O
T: 23–25°C, L: 13 cm, pH: <7, SG: 2

Tilapia louka ♂ 4/694

H: Sierra Leone, Guinea, Elfenbeinküste.
♀: Kehle kräftiger rot. V: –
Z: Ob; intensive Elternfamilie. F: O,H
T: 26–30°C, L: ca. 25 cm, pH: 7, SG: 1–2

Tilapia mariae ♂ 1/778
Marienbuntbarsch, Fünfflecktilapie
H: Elfenbeinküste bis Kamerun: Niger.
♂: Dorsale u. Anale lang, Stirn steil. V: –
Z: Ob–Hb, <2000 E., VMFamilie. F: L,O
T: 20–25°C, L: <35 cm, pH: <7, SG: 3–4

Tilapia mariae juv. 1/778
Marienbuntbarsch, Fünfflecktilapie

Tilapia nyongana 4/696

H: S-Kamerun: Nyong- u. Dja-Fluß.
♂: Etwas größer? V: –?
Z: Ob?; Elternfamilie? F: O?
T: 24–26°C, L: 30 cm, pH: ≪7, SG: 4

Tilapia rendalli 3/892
Rendalls Tilapie, Rotbrüstige Tilapie
H: Zaire, Sambesi u. Limpopo, Tan., Mal,...
♂: Dorsale u. Anale spitzer. V: –
Z: Natur: Ob, VM- bis E-Familie. F: O,H
T: 24–28°C, L: 30 cm, pH: >7, SG: 2

Tilapia sparrmanii 3/894
Sparrmans Tilapia
H: Angola bis Zaire u. Südafrika.
GU: Sehr schwer festzustellen. V: =
Z: Ob, <500 E., Elternfamilie. F: O
T: 22–25°C, L: 20 cm, pH: 7, SG: 1–2

Tilapia tholloni 4/696

H: Gabun bis Zaire.
♂: Genitalpapille spitz. V: –
Z: Ob; Elternfamilie. F: H,O
T: 24–26°C, L: 30 cm, pH: 7, SG: 2

CICHLIDEN

Tilapia walteri 4/698

H: W-Afrika: Cavally- u. Cess-Fluß
♂: Dorsale u. Anale spitzer; größer. V: =
Z: Natur: Ob, Elternfamilie. F: H,O
T: 24–26°C, L: 30 cm, pH: 7, SG: 2

Tilapia zillii 1/778
Zills Buntbarsch

H: Jordanien, Syrien; Sahara. Sw, (Bw)
GU: Relativ schwer; Genitalpapille. V: –
Z: Ob, <1000 E., Elternfamilie. F: O
T: 20–24°C, L: <30 cm, pH: 7, SG: 4

Tilapia zillii ♀, adult 3/894
Zills Buntbarsch (anderes Farbkleid)

H: Jordanien, Syrien; Sahara. Sw,(Bw)
GU: Relativ schwer; Genitalpapille. V: –
Z: Ob, >1000 E., Elternfamilie. F: O,H
T: 18–24°C, L: 30 cm, pH: 7, SG: 1

Tylochromis intermedius 3/898

H: Sierra Leone.
GU: Unbekannt. V: ?
Z: Unbekannt. F: K?,O?
T: 24–28°C, L: 15 cm, pH: 7, SG: 3

Tylochromis lateralis 5/970

H: Unterer Zaire.
GU: Unbekannt; (Genitalpapille?). V: =?
Z: Mb?; Weiteres unbekannt. F: K
T: 24–26°C, L: 25 cm, pH: 7, SG: 3

Tylochromis leonensis 4/700

H: Sierra Leone, W-Liberia: Küstenflüsse.
GU: Unbekannt; (Genitalpapille?). V: =
Z: Mb; Weiteres unbekannt. F: K
T: 24–26°C, L: 30 cm, pH: 7, SG: 3

CICHLIDEN

Einführung

Die Untergruppe Nord- und Mittelamerika behandelt die Cichliden der südlichen USA (*Herichthys cyanoguttatus*) südwärts bis einschließlich Panama. Das Verbreitungsgebiet einiger Cichliden dieser Region (*Cichlasoma atromaculatum* und *Caquetaia umbrifera*) schließt noch das nördliche Kolumbien mit ein, hat aber seinen Schwerpunkt in dem hier behandelten Gebiet. Arten, welche hauptsächlich in Regionen ab Kolumbien südwärts auftreten, auch wenn noch Teile Panamas mit eingeschlossen sein sollten, werden in der Untergruppe "Südamerika" behandelt. Dies ist z.B. der Fall mit *Aequidens coeruleopunctatus*, welcher vom Süden Costa Ricas bis Nordwestecuador zu finden ist. Die Endemiten der Karibik – Kuba, Hispaniola – werden in der Untergruppe "Übrige Welt" vorgestellt.

Mit ein wenig Übung ist es nicht sonderlich schwer, die Heimatregion eines Buntbarsches zu bestimmen.

Geographische Verbreitung

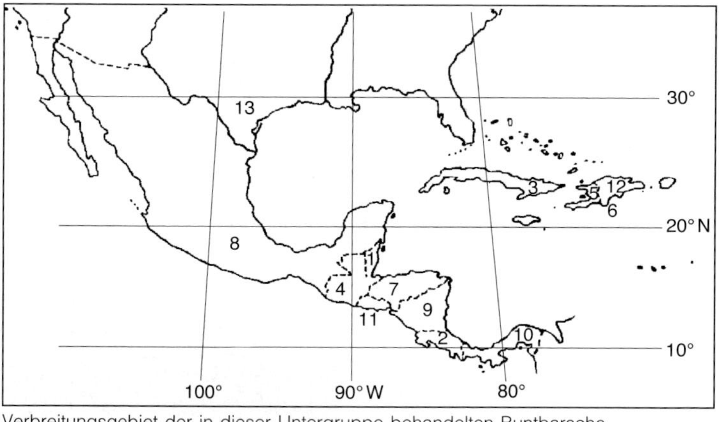

Verbreitungsgebiet der in dieser Untergruppe behandelten Buntbarsche.

Belize (Bel.)	1	Mexiko (Mex.)	8
Costa Rica (C.R.)	2	Nicaragua (Nic.)	9
Guatemala (Gua.)	4	Panama (Pan.)	10
Haiti	5	El Salvador (Sal.)	11
Hispaniola	6	Santo Domingo	12
Honduras (Hon.)	7	Texas, USA	13
Kuba	3		

Kuba, Haiti und Santo Domingo (Hispaniola) werden zusammen mit Madagaskar und Indien in der Untergruppe "Übrige Welt" behandelt.

Einer der größten Buntbarsche der Welt – *Parachromis dovii* mit 70 cm Länge für Männchen und 50 cm für Weibchen – gehört zu dieser Untergruppe, die ansonsten mit wenigen Ausnahmen (z.B. Feuermaulbuntbarsch und Verwandte) aus mittelgroßen bis großen Arten (20–35 cm) besteht.

Die größeren Arten sind geschätzte Speisefische, haben aber wenig Verbreitung in der Speisefischzucht gefunden, da afrikanische Tilapien (vor allem der Gattung *Oreochromis*), gründlich erforscht, sich als schneller wachsend und widerstandsfähiger herausgestellt haben. Trotzdem erscheint es möglich, daß nach entsprechender Forschungsarbeit die eine oder andere mittelamerikanische Art doch noch als eine einheimische Alternative identifiziert wird.

Die Buntbarsche dieser Untergruppe bevorzugen neutrale bis alkalische, mittelharte Gewässer. Im Aquarium brauchen sie vor allem viel Raum. Auch sind sie unentwegt damit beschäftigt, die Dekoration ihrem "persönlichen Geschmack" anzupassen. Es müssen einige Gegenmaßnahmen getroffen werden, wie etwa die Benutzung von schützenden (großen) Steinen und der Gebrauch eines feinmaschigen Netzes, auf halber Tiefe im Kiesboden des Aquariums begraben, um der Wühltätigkeit wenigstens in der Tiefe entgegenzuwirken, bevor der Boden – oder gar der Unterbodenfilter – des Aquariums bloßgelegt wird.

Die Fortpflanzungsweise dieser meist fruchtbaren Cichliden beschränkt sich hauptsächlich auf die des Offenbrüters mit Elternfamilie (ein paar sind Höhlenbrüter, nur *"Geophagus" crassilabris* ist bisher als Maulbrüter erkannt worden). Sexualunterschiede drücken sich vor allem in farbigeren und deutlich größeren Männchen mit spitz ausgezogenen Flossen aus.

Diese Buntbarsche sind hauptsächlich Allesfresser, deren Nahrung jedoch eher eiweißreich sein sollte. Allerdings fressen einige auch die zarten Triebe von Wasserpflanzen und einige durchwühlen den Boden nach Freßbarem. Etwaige Dekoration mit Pflanzen verlangt dementsprechend für erstere eine Fütterung, die Pflanzenmaterial mit einschließt, und für letztere einen Schutz der Pflanzenwurzeln (etwa Pflanzen in Töpfen halten, Steine um ihre Stengel herumlegen usw.).

Dank ihrer Farbenpracht und ihrem interessanten Sozialverhalten haben Cichliden aus Mittelamerika viele Anhänger. Ihre Haltung ist nicht übermäßig schwierig, solange sie in einem großzügig dimensionierten Aquarium mit leistungsstarker Filterung stattfindet und bei der Dekoration ihr natürliches Verhalten beachtet wird (Aufbauten auf festen Boden im Aquarium aufsetzen, da sonst Einsturzgefahr). Die meisten *Thorichthys*-Arten sind außerhalb der Laichzeit auch für "normale" Gesellschaftsbecken geeignet.

Archocentrus spinosissimus ♂ 4/590
5/726

H: Guatemala.
♂: Längere Flossen. V: =
Z: Hb, Ob? Nur einmal erfolgt. F: K,O
T: 25–30°C, L: ♂ 12 cm, pH: >7, SG: 3

CICHLIDEN

Archocentrus spinosissimus ♂ 4/590 5/726

Vieja godmanni ♂ 3/726, 5/746
Godmann-Cichlide

H: Guatemala, Belize.
♂: Rote Kehle u. Schulter; hinten blau. V: =
Z: Ob, Elternfamilie. F: O
T: 26°C, L: ♂ 25 cm, pH: >7, SG: 1

Vieja intermedia 3/732
Winkelcichlide Rio Chamata

H: S-Mexiko, Guatemala.
♂: Größer, farbiger. ♀: Dunkle Kehle. V: =
Z: Ob. F: O,H
T: 25–27°C, L: ♂ 30 cm, pH: >7, SG: 1–2

Vieja intermedia 3/732
Winkelcichlide Rio Nototum

Vieja microphthalma 3/738
Maschenbuntbarsch

H: Guatemala u. Honduras.
♂: Größer; farbiger; gewölbte Stirn. V: =
Z: Ob. F: O
T: 22–28°C, L: 25 cm, pH: >7, SG: 2

Vieja microphthalma ♂ 5/746

H: Guatemala: Motagua-Becken,...
♂: Rote Tüpfel, metallisch blau. V: –
Z: Ob, Elternfamilie. F: O
T: 25–30°C, L: ♂ 25 cm, pH: >7, SG: 3

Tomocichla asfraci 5/748

H: Panama: Rio Guarumo-Einzug.
♂: Flossen brauner; etwas größer. V: =
Z: Noch nicht erfolgt; Ob? F: O
T: 26°C, L: ♂ 35 cm, pH: >7, SG: 1

Amphilophus alfari o.♂, u.♀ 2/860
Pastellbuntbarsch

H: Nicaragua, Costa Rica, Panama.
♂: Größer; Stirn kantiger. V: –
Z: Ob, Elternfamilie. F: O
T: 23–27°C, L: 22 cm, pH: 7, SG: 2–3

Amphilophus altifrons 2/859
Steilstirnbuntbarsch

H: Costa Rica, Panama, Kolumbien.
♂: Größer; farbiger. V: –
Z: Ob, Elternfamilie. F: O
T: 23–27°C, L: 22 cm, pH: 7, SG: 2

Cichlasoma atromaculatum ♂ 2/860
Schwarzflecken-Buntbarsch

H: Panama (Pazifik), W-Kolumbien.
♂: Größer. V: –
Z: Ob, >1000 E, Elternfamilie. F: O
T: 23–25°C, L: 25 cm, pH: >7, SG: 3

Cichlasoma atromaculatum ♀ 2/860
Schwarzflecken-Buntbarsch

Herichthys bartoni ♂ 3/718
Bartoni Cichlide

H: M-Mexiko: Rio Panuco, E.
♂: Größer. Im Alter mit Stirnbuckel. V: –
Z: Ob, <300 E, Elternfamilie. F: K, O
T: 21–27°C, L: 18 cm, pH: >7, SG: 2

CICHLIDEN

Herichthys bartoni ♀ 3/718
Bartoni Cichlide

Cichlasoma beani 3/720
Beans Buntbarsch
H: N-Mexiko.
GU: Unbekannt. V: –
Z: Ob? Elternfamilie? F: O
T: 23–25°C, L: 30 cm, pH: >7, SG: 1–2

Vieja bifasciata 2/862

H: Mexiko, Guatemala.
♀: Etwas kleiner; zur Brutzeit dunkler. V: –
Z: Ob, 500 E, Elternfamilie. F: H,O
T: 22–27°C, L: 25 cm, pH: >7, SG: 2

Amphilophus calobrensis 3/722
Rotpunktbuntbarsch
H: Panama.
♂: Größer; farbiger. V: –
Z: Ob, <500 E, Efam. oder MMFam. F: O
T: 22–27°C, L: <25 cm, pH: >7, SG: 2

Archocentrus centrarchus 3/722
Centrarchus-Buntbarsch
H: Nicaragua bis Costa Rica.
♂: Größer. V: =
Z: Ob, <500 E, Elternfamilie. F: O
T: 25–27°C, L: 15 cm, pH: 7, SG: 1–2

Amphilophus citrinellus 2/864
Zitronenbuntbarsch
H: S-Mex., Nicaragua, Costa Rica, Hon.
♂: Längere Flossen, Stirnpolster. V: –
Z: Ob, >1000 E, Elternfamilie. F: O
T: 22–25°C, L: 30 cm, pH: 7, SG: 1–2

CICHLIDEN

Herichthys cyanoguttatus ♂ 1/724
Perlcichlide
H: NO-Mexiko, Texas.
♂: Größer, farbiger. V: –
Z: Ob, <500 E, Elternfamilie. F: K,O
T: 20–24°C, L: <30 cm, pH: 7, SG: 3

Herichthys cyanoguttatus ♀ 1/724
Perlcichlide

Amphilophus diquis 3/724
Boruca-Buntbarsch, Diquis Buntbarsch
H: Costa Rica: Pazifik-Seite.
♀: Dorsale oft mit dunkler Zone. V: –
Z: Ob? Elternfamilie? F: O
T: 25–28°C, L: 20 cm, pH: >7, SG: 2–3

Parachromis dovii ♂ 2/866
Leopardenbuntbarsch, "Lagunero"
H: O-Honduras, Nicaragua, Costa Rica.
♂: 20 cm größer; farbiger V: –
Z: Ob, >1000 E, Elternfamilie. F: K
T: 22–28°C, L: ♂ 70 cm, pH: 7, SG: 3–4

Vieja fenestrata 3/726
Fensterbuntbarsch
H: S-Mexiko.
♀: Dunkler; Dorsale mit Zeichnung. V: =
Z: Ob, >1000 J, Elternfamilie. F: O
T: 25–28°C, L: 30 cm, pH: >7, SG: 1–2

Parachromis friedrichsthalii ♂ 2/869
Friedrichsthal's Buntbarsch
H: Mex., Gua., Hon., Bel., Nic., C.R.
♂: Weniger gelb; größer, dunkler. V: =
Z: Ob, Elternfamilie. F: K,O
T: 22–28°C, L: <25 cm, pH: 7, SG: 1–2

Cichlasoma geddesi 4/588

H: S-Mexiko.
Ungenügend definierte Art.

Cichlasoma grammodes ♂ 3/728
Siebbuntbarsch

H: S-Mexiko.
♂: Flecken bilden Längsreihen. V: –
Z: Höhlenbrüter. F: O
T: 25°C, **L**: ♂ 25 cm, **pH**: >7, **SG**: 2

Vieja zonata ♂ 3/728
Gesprenkelter Buntbarsch

H: Mexiko u. Guatemala.
♀: Dunkle Zone in Dorsale. V: =
Z: Offenbrüter >1000 J. F: O
T: 25–28°C, **L**: 30 cm, **pH**: >7, **SG**: 1

Vieja heterospila ♂ 3/730
Candelaria-Buntbarsch

H: Mexiko, Guatemala.
♀: Dunkler; verwaschener Dorsalfleck. V: =
Z: Offenbrüter. F: O,H
T: 25–30°C, **L**: <25 cm, **pH**: >7, **SG**: 2

Amphilophus hogaboomorum ♂ 3/730
Hogaboom-Buntbarsch

H: Honduras.
♀: Dunkler, kleiner; Dorsalfleck? V: –
Z: Offenbrüter. F: O
T: 25–30°C, **L**: 30 cm, **pH**: >7, **SG**: 2

Cichlasoma istlanum 3/734
Papagallo-Buntbarsch

H: S-Mexiko.
♂: Größer, heller; hellblau. V: –
Z: Offenbrüter. F: K
T: 27–30°C, **L**: 20 cm, **pH**: >7, **SG**: 2

Amphilophus labiatus 2/870

H: Nic.: Nicaragua-, Managua-, Xiloasee.
♂: Größer. V: –
Z: Ob, 600–700 E., VMFamilie. F: O
T: 24–26°C, L: 25 cm, pH: 7, SG: 3

Herichthys labridens 3/734
Gelber Cichlasoma, Panuco-Buntbarsch

H: N-Mexiko: Rio Panuco.
♂: Größer; längere Dorsale u. Anale. V: –
Z: Offenbrüter, 300–600 E. F: O
T: 22–26°C, L: ♂ 25 cm, pH: >7, SG: 2

Herichthys labridens ♀ 3/734
Gelber Cichlasoma, Panuco-Buntbarsch

Herichthys labridens ♀ 3/734
Gelber Cichlasoma, Panuco-Buntbarsch

Parachromis loisellei ♀ 5/752
Gelber Guapote

H: O-Hon., Nicaragua, Costa Rica, Pan.
♀: Kleiner; mehr gelb. V: =
Z: Offenbrüter. F: K
T: 26–30°C, L: ♂ 25 cm, pH: >7, SG: 1–2

Parachromis loisellei ♂ 5/752
Gelber Guapote

Amphilophus longimanus 2/872
3 Populationen (Angaben für Costa Rica)
H: 1) Hon.–N-Nic. 2) Gua.–C.R. 3) Seen Nic.
♂: Größer, heller. V: =
Z: Offenbrüter, Elternfamilie. F: O
T: 24–28°C, L: 22 cm, pH: 7, SG: 2

Amphilophus lyonsi 3/737
Lyons Buntbarsch
H: Costa Rica, Panama(?).
♂: Größer, schlanker. V: –
Z: Offenbrüter. F: O
T: 25–28°C, L: 30 cm, pH: 7, SG: 2–3

Amphilophus macracanthus ♂ 3/738
Stachelbuntbarsch
H: S-Mex., Gua, El Salvador, NW-Hon.
♂: Dorsale u. Anale länger; größer. V: =
Z: Offenbrüter. F: O
T: 25–28°C, L: 25 cm, pH: >7, SG: 1–2

Vieja maculicauda 2/872
Schwarzgürtelbuntbarsch, Getupfter Buntb.
H: S-Mex., Gua., Bel., Costa R., Pan.
♂: Größer, farbiger. V: –
Z: Ob, < 600 E., Elternfamilie. F: H,O
T: 22–27°C, L: 30 cm, pH: 7, SG: 3

Herichthys minckleyi 5/754

H: N-Mexiko: Cuatro Cienegas-Becken. E
♂: Kopf kantiger; schlanker; größer. V: –
Z: Offenbrüter, Elternfamilie. F: O
T: 26–30°C, L: ♂ 25 cm, pH: 7, SG: 3

Parachromnis motaguensis ♀ 3/740
Tigerbuntbarsch
H: Guatemala, Honduras, El Salvador.
♂: Heller, grünlicher. V: –
Z: Ob, 2000 E, Elternfamilie. F: O
T: 25–30°C, L: >30 cm, pH: 7, SG: 3

Archocentrus nanoluteus ♀ 4/590

H: Panama.
♂: Dunkler Bereich in Dorsale. V: =
Z: Hb, Vater-Mutter-Familie. F: K,O
T: 24–28°C, L: ♂ 9 cm, pH: 7, SG: 1

Hypsophrys nicaraguensis l. ♂, r. ♀ 2/874
Nicaragua-Buntbarsch

H: Nicaragua, Costa Rica.
♂: Dunkles Muster in Flossen. V: =
Z: Ob, Eier haften nicht; VMFamilie. F: O
T: 23–27°C, L: ♂ 25 cm, pH: >7, SG: 2

Hypsophrys nicaraguensis ♂ 2/874
Nicaragua-Buntbarsch

Archocentrus nigrofasciatus 1/690
Zebrabuntb., Grünflossenb., Blaukehlchen

H: Gua., Sal., NW-Hon., Nic., C.R., Pan.
♂: Dorsale u. Anale spitzer; ohne rot. V: –
Z: Hb–Ob, VMFamilie. F: O
T: 20–23°C, L: 15 cm, pH: 7, SG: 3

"Cichlasoma" octofasciatum 1/692
Achtbindenbuntbarsch

H: S-Mexiko, Guatemala u. Honduras.
♂: Dorsale u. Anale spitzer. V: –
Z: Ob, <800 E, Elternfamilie. F: K,O
T: 22–25°C, L: <20 cm, pH: <7, SG: 3

Archocentrus panamensis ♂ 3/742
Panama-Buntbarsch rote Form

H: Panama: Atlantik = rote Form.
♀: Dunkle Dorsalflossenzone. V: =
Z: Hb. F: K
T: 23–26°C, L: 15 cm, pH: 7, SG: 3–4

CICHLIDEN

Archocentrus panamensis 3/742
Panama-Buntbarsch
Bräunliche Form, Laichfärbung
H: Panama: Pazifik = bräunliche Form.

Herichthys pantostictus ♂ 3/744
Punktierter Buntbarsch
H: N-Mexiko. Sw (Bw)
GU: Unbekannt. V: –
Z: Ob?; Seesalzzusatz. F: K
T: 23–26°C, L: >20 cm, pH: >7, SG: 2

Amphilophus robertsoni ♂ 3/746

H: S-Mexiko, Honduras.
♂: Größer; mehr Glanzpunkte. V: –
Z: Ob, <400 E, Elternfamilie. F: K
T: 22–26°C, L: 20 cm, pH: >7, SG: 2–3

Amphilophus rostratus 3/746

H: Nicaragua bis N-Costa Rica.
♂: Größer; mehr Tüpfel in den Flossen. V: =
Z: Ob, Elternfamilie. F: K,O
T: 24–28°C, L: ♂ 24 cm, pH: 7, SG: 2

Archocentrus sajica ♂ 2/878
Sajica-Buntbarsch
H: Costa Rica: in Flüssen.
♂: Dorsale u. Anale spitzer; größer. V: =
Z: Hb, 300 E, E- bis VMFamilie. F: O
T: 23–26°C, L: ♂ 22 cm, pH: 7, SG: 2

Cichlasoma salvini 1/692
Salvins Buntbarsch
H: S-Mexiko, Guatemala, Honduras.
♂: Dorsale u. Anale spitzer; mit blau. V: –
Z: Ob, <500 E, Elternfamilie. F: K,O
T: 22–26°C, L: 15 cm, pH: 7, SG: 2

Archocentrus septemfasciatus ♂ 2/878

Archocentrus septemfasciatus ♀ 2/878

H: Costa Rica; verschiedene Rassen.
♂: Dorsale u. Anale spitzer; größer. V: =
Z: Offenbrüter, Elternfamilie. F: O
T: 24–26°C, L: ♂ 12 cm, pH: 7, SG: 2

Tomocichla sieboldii u. ♀, o. ♂ 2/880
Siebolds Buntbarsch, Maskenbuntbarsch
H: Costa Rica bis Panama.
♀: Kleiner; Dorsale mit Schwarz. V: =
Z: Höhlenbrüter. F: H,O
T: 23–25°C, L: 25 cm, pH: 7, SG: 2–3

Vieja argentea 3/750
Weißer Buntbarsch
H: S-Mexiko und Guatemala.
♂: Stirnbeule im Alter. V: =
Z: Unbekannt. F: O
T: 24–28°C, L: ca. 25 cm, pH: >7, SG: 2

"Cichlasoma" sp. 3/750
Grüner von Panama
H: Panama.
♂: Größer. V: –
Z: Offenbrüter. F: O
T: 23–28°C, L: 18 cm, pH: 7, SG: 3

Archocentrus spilurus ♂ 1/694
Schwarzfleckbuntbarsch
H: Guatemala.
♂: Dorsale u. Anale spitzer; Stirnwulst. V: =
Z: Hb, <300 E, Elternfamilie. F: K,O
T: 22–25°C, L: ♂ 12 cm, pH: 7, SG: 2

Herichthys steindachneri 3/752, 5/756

H: N-Mexiko.
♂: Kantiger Kopf; größer, schlanker. V: =
Z: Offenbrüter, Elternfamilie. F: K
T: 23–26°C, L: ♂ 20 cm, pH: >7, SG: 2

Vieja synspila ♂ 2/880
Quetzalbuntbarsch, Feuerkopfbuntbarsch
H: Guatemala bis Belize.
♂: Fettwulst im Alter, sonst gleich. V: =
Z: Ob, >1000 E, Elternfamilie. F: O
T: 24–28°C, L: 35 cm, pH: >7, SG: 3

Vieja synspila ♀ 2/880
Quetzalbuntbarsch, Feuerkopfbuntbarsch

Cichlasoma trimaculatum 2/882
Schulterfleckbuntbarsch
H: Mexiko bis El Salvador.
♂: 11 cm größer. V: –
Z: Ob, >1000 E; Elternfamilie. F: O
T: 21–30°C, L: ♂ 36 cm, pH: 7, SG: 2–3

Tomocichla tuba 3/754

H: Costa Rica.
♂: Größer. V: =
Z: Offenbrüter; Elternfamilie. F: O
T: 24–30°C, L: 35 cm, pH: 7, SG: 3

Vieja tuyrensis 3/754

H: Panama: Rio Bayano, Rio Tuyra.
♀: Kleiner; Dorsale mit dunkler Zone. V: =
Z: Ob, <5000 E, Elternfamilie. F: O,H
T: 25–30°C, L: <25 cm, pH: 7, SG: 4

Caquetaia umbrifera ♂ 2/884

H: Panama bis Kolumbien.
♂: Dorsale u. Anale filamentiert. V: –
Z: Offenbrüter. F: K
T: 23–27°C, L: <80 cm?, pH: 7, SG: 2–3

Cichlasoma urophthalmus 2/884
Schwanzfleckbuntbarsch

H: Mex., Bel., Hon., Gua., Nic.
♂: Größer; farbiger. V: =
Z: Ob, <600 E; Elternfamilie. F: K,O
T: 20–27°C, L: 20 cm, pH: 7, SG: 1–2

"Geophagus" crassilabris ♂ 3/766

"Geophagus" crassilabris ♀ 3/766

H: Panama.
♂: Größer; andere Farben. V: =
Z: ♀Mb; Mutterfamilie. F: O
T: 25–30°C, L: 15 cm, pH: 7, SG: 2–3

Herotilapia multispinosa 1/724
Regenbogencichlide

H: Nicaragua bis Panama.
♂: Dorsale u. Anale spitzer; größer. V: =
Z: Ob, <1000 E, Elternfamilie. F: K,O
T: 22–25°C, L: 13 cm, pH: 7, SG: 2

Cichlasoma bocourti 5/838

H: Guatemala, Belize.
♂: Größer; orange (weniger gelb). V: =
Z: Offenbrüter. F: O,H
T: 26–30°C, L: 40 cm, pH: 7, SG: 1

Herichthys carpintis 3/788
Perlcichlide
H: N-Mexiko.
♂: Größer; sonst kein Unterschied. V: =
Z: Offenbrüter, Elternfamilie. F: O
T: 24–26°C, L: 30 cm, pH: 7, SG: 1–2

Herichthys pearsei ♂ 4/626
H: Mexiko, Guatemala.
♂: Stirnbeule; größer; glänzender. V: =
Z: Natur: Ob, sehr produktiv. F: K,O
T: 26–30°C, L: ca. 40 cm, pH: 7, SG: 1–2

Herichthys pearsei ♀ 3/790
H: S-Mexiko, N-Guatemala.
♂: Farbiger (grüngelb). V: –
Z: Natur: Ob, sehr produktiv. F: O
T: 25–29°C, L: ca. 30 cm, pH: 7, SG: 1–2

Herichthys deppii 5/840
H: Mexiko.
♀: Dorsale mit dunkler Zone ; kleiner. V:=
Z: Offenbrüter; Elternfamilie. F: K,O
T: 24–27°C, L: ♂ 18 cm, pH: >7, SG: 1–2

Herichthys sp. "Rio Tuxpán/Rio Pantepec" 5/840
H: Mexiko: Rio Tuxpán Einzugsgebiet.
♀: Dorsale mit dunkler Zone ; kleiner. V:–
Z: Ob, >1000 E; Elternfamilie. F: K,O
T: 24–27°C, L: ♂ 22 cm, pH: >7, SG: 1–2

Herichthys tamasopoensis 5/842
H: Mexiko: San Luis Postosi.
♀: Dorsale mit dunkler Zone ; kleiner. V:–
Z: Ob, 200–300 E; Elternfamilie. F: K,O
T: 23–26°C, L: ♂ 18 cm, pH: >7, SG: 1

Neetroplus nematopus 2/958
Normalfärbung
H: Nicaragua, Costa Rica.
♂: Dorsale u. Anale spitzer; 3 cm gr. V: –
Z: Hb, <60 E, 6 T bis Schlupf, Efam. F: O
T: 24–26°C, L: ♂ 11 cm, pH: >7, SG: 2

Neetroplus nematopus 2/958
Brutpflegefärbung

Paraneetroplus bulleri 3/840

H: S-Mexiko; oberer Coatzacoalcos.
♂: Kräftiger rot. V: –
Z: Natur: Ob, Eier groß, wenige. F: O
T: 25–27°C, L: 25 cm, pH: >7, SG: 1–2

Paraneetroplus gibbiceps ♂ 4/664
Grüner Strömungsbuntbarsch
H: S-Mexiko.
♂: Größer, steilere Stirn. V: –
Z: Ob, Eier relativ groß. F: K,O
T: 24–30°C, L: ♂ 30 cm, pH: >7, SG: 3

Paraneetroplus nebulifer ♂ 4/666
Chonga-Buntbarsch, Nebelbuntbarsch
H: S-Mexiko.
♂: Größer, steilere Stirn. V: =
Z: Offenbrüter. F: O
T: 24–28°C, L: ♂ >30 cm, pH: >7, SG: 4

Paraneetroplus gibbiceps ♂ 4/668

H: S-Mexiko.
♂: Größer, steilere Stirn. V: –
Z: Offenbrüter, Eier relativ groß. F: K,O
T: 24–30°C, L: ♂ 30 cm, pH: >7, SG: 4

CICHLIDEN

Parachromis managuensis 1/688
Managua-Buntbarsch
H: O-Honduras, Nicaragua, Costa Rica.
♂: Dorsale u. Anale spitzer; farbiger. V: –
Z: Ob, <5000 E, Elternfamilie. F: K,O
T: 23–25°C, L: <30 cm, pH: >7, SG: 2

Vieja breidohri ♂ 3/842
Angostura-Buntbarsch
H: S-Mexiko: Angostura Stausee.
♀: Dorsale mit schwarzer Zone. V: =
Z: Offenbrüter. F: O,H
T: 22–28°C, L: 21 cm, pH: >7, SG: 2

Vieja hartwegi ♂ 3/842

Vieja hartwegi ♂ 3/842

H: Mexiko: Chiapas Hochland.
♀: Kleiner, Tüpfel feiner; s. Fotos. V: –
Z: Ob, E zahlreich u. klein, Efam. F: O
T: 24–27°C, L: ♂ 16 cm, pH: >7, SG: 1–2

Vieja hartwegi ♀ 3/842

Petenia splendida 2/966
Gefleckter Raubbuntbarsch
H: SO-Mex, Guatemala, Belize, Nicaragua.
♂: Läßt sich nicht unterscheiden. V: –
Z: Natur: Ob; Elternfamilie. F: K
T: 24–26°C, L: <50 cm, pH: >7, SG: 4

Theraps coeruleus ♀ 3/879

Theraps irregularis 3/876
Giraffenbuntbarsch
H: S-Mexiko, Guatemala.
♂: Buckelprofil; farbiger. V: –
Z: Ob. F: O
T: 25–27°C, L: <25 cm, pH: >7, SG: 3–4

Theraps lentiginosus ♀ 3/876

H: S-Mexiko (Atlantikseite), Guatemala.
♂: Größer, viele braune Punkte. V: =
Z: Höhlenbrüter. F: K,O
T: 24–27°C, L: ♂ 25 cm, pH: >7, SG: 3

Theraps lentiginosus ♂ 3/876

H: Guatemala.

Amphilophus nourissati 5/968

H: S-Mexiko: Usumacinta-Einzug.
♂: Kopfbeule; ♀: Dunkel in Dorsale. V: =
Z: Offenbrüter; Juv. sensibel. F: O
T: 26–30°C, L: ♂ >30 cm, pH: >7, SG: 4

Theraps lentiginosus ♀ 3/879

H: Mexiko: Panaque.

CICHLIDEN

Thorichthys affinis ♂ 3/881
Gelbbrustbuntbarsch

H: Mexiko, Guatemala, Belize.
♂: Dorsale u. Anale spitzer; farbiger. V: =
Z: Ob, 100–500 E, Elternfamilie. F: K,O
T: 21–27°C, L: 14 cm, pH: >7, SG: 2

Thorichthys aureus u.♀, o.♂ 3/882
Goldbuntbarsch

H: S-Belize, Guatemala, Honduras.
♂: Dorsale u. Anale spitzer. V: =
Z: Ob. F: K
T: 24–28°C, L: 15 cm, pH: >7, SG: 3–4

Thorichthys aureus ♀ 3/882
Goldbuntbarsch

Thorichthys callolepis ♂ 4/688

H: S-Mexiko.
♂: Dorsale u. Anale spitzer; heller. V: –
Z: Ob. F: K
T: 25–28°C, L: ♂<12 cm, pH: >7, SG: 3

Thorichthys ellioti 3/884

H: S-Mexiko.
♂: Dorsale u. Anale spitzer; farbiger. V: =
Z: Ob, 100–300 E, Elternfamilie. F: K,O
T: 20–27°C, L: 13 cm, pH: >7, SG: 2

Thorichthys ellioti ♀ 3/884

CICHLIDEN

Thorichthys helleri ♂ 3/886

Thorichthys helleri ♂ 3/886

H: S-Mexiko, Guatemala.
♂: Dorsale u. Anale spitzer; farbiger. V: =
Z: Ob, 100–300 E, Elternfamilie. F: K,O
T: 22–27°C, L: 16 cm, pH: >7, SG: 2

Thorichthys meeki 1/690
Feuermaulbuntbarsch

H: Mexiko, Guatemala.
♂: Dorsale u. Anale spitzer; farbiger. V: =
Z: Ob, 100–500 E, Elternfamilie. F: K,O
T: 21–24°C, L: 15 cm, pH: 7, SG: 2

Thorichthys pasionis ♂ 3/888

H: Guatemala.
♀: Ventral mit rötlichen Tüpfeln. V: =
Z: Ob; Elternfamilie. F: K
T: 25–28°C, L: ♂16 cm, pH: ≫7, SG: 1–2

Thorichthys pasionis ♂ 3/888

Thorichthys socolofi 3/890

H: SO-Mexiko.
♀: Kleiner, Dorsalflossenfleck. V: =
Z: Ob, 100–200 E; Elternfamilie. F: K
T: 22–26°C, L: 14 cm, pH: 7, SG: 2–3

CICHLIDEN

Tomocichla tuba ♀ 4/698

H: Nicaragua, Costa Rica, Panama.
♂: Zur Balz Kopf u. Körper dunkel. V: =
Z: Ob, Eier relativ groß. F: K,O
T: 24–30°C, L: >30 cm, pH: >7, SG: 3

Vieja argentea ♀ 4/702

H: S-Mexiko, Guatemala.
♂: Im Ater vorgewölbte Stirnpartie. V: =
Z: Offenbrüter? F: O
T: um 27°C, L: 27 cm, pH: >7, SG: 1–2

Vieja heterospila 4/702
Pozolera-Buntbarsch

H: Mexiko, Guatemala.
♀: Kleiner; dunkle Dorsalflossenzone. V: =
Z: Ob, Eier groß; Elternfamilie. F: H,O
T: um 27°C, L: <22 cm, pH: >7, SG: 1–2

Vieja melanura 4/705

H: Guatemala: Petén-See.
♂: Größer; vorgewölbte Stirn. V: –
Z: Ob; Jungtiere am willigsten. F: O
T: um 27°C, L: 35 cm, pH: <7, SG: 1–2

Vieja regani 3/744

H: S-Mexiko.
♂: Größer; farbiger? V: =
Z: Ob, 300–500 E, Elternfamilie. F: O
T: 24–27°C, L: 25 cm, pH: >7, SG: 1–2

Vieja zonata 5/976
Gürtelbuntbarsch

H: Mexiko: Chiapas: Pazifikseite.
♀: Dorsalflosse dunkler. V: =
Z: Offenbrüter; Elternfamilie. F: O,H
T: 25–28°C, L: 25 cm, pH: >7, SG: 2

Einführung

Das Verbreitungsgebiet der Cichliden der Untergruppe "Südamerika" umfaßt das südliche Mittelamerika – falls ihr Hauptvorkommensgebiet in Südamerika liegt, wie z.B. das von *Aequidens coeruleopunctatus* – und das ganze Südamerika.

Nach den Welsen (Siluriformes) und Salmlern (Characiformes) bilden die Buntbarsche die Fischgruppe mit der größten Präsenz in Südamerika.

Geographische Verbreitung

Die morphologische Anpassung an verschiedene Biotope ist weit fortgeschritten: zigarrenförmige Arten (*Retroculus* spp., *Teleocichla* spp.) in Stromschnellen bis zu recht "unfischigen" Gestalten (*Pterophyllum* spp., *Symphysodon* spp.), die zwischen dem Geäst ins Wasser gefallener Vegetation in ruhigen Gewässern ihr Zuhause haben – ihr Vorzug für letztere Biotope wird durch die wesentlich größere Artenvielfalt in ihnen verdeutlicht. Als Tropenfische stoßen nur einige wenige Arten (einige *Gymnogeophagus*) bis in das Grenzgebiet zu den Subtropen vor, so daß Temperaturen um 15 °C nicht langfristig im Aquarium angeboten werden sollten, vielmehr sollte die untere Grenze bei 20 °C liegen.

Allgemeines

Das Wasser in Südamerika tendiert zu weich und leicht sauer. Fische aus dem Rio Negro-Einzugsbereich ziehen sogar extrem weiches und saures Wasser vor. Oftmals sind diese Arten anfällig für bakterielle Krankheiten und auf die leicht antiseptische Wirkung dieses Wassertyps für ihr Langzeitwohlbefinden bzw. ihre Fortpflanzung angewiesen. In den Flüssen der mittleren Höhenlagen ändern sich Härte und pH-Wert laufend mit dem Wasserstand. Buntbarsche dieser Biotope sind daher diesbezüglich sehr anpassungsfähig, brauchen aber sauerstoffreiches, bestens gefiltertes Wasser; Fische der Niederungen sind eher auf angepaßte pH-Werte und Härte angewiesen, organische Belastung des Wassers schadet ihnen weniger.

Südamerikanische Cichliden sind hauptsächlich Allesfresser mit Tendenz zu Fleischfressern. Pflanzenfresser gibt es unter ihnen wenige, da Pflanzen, durch große jahreszeitliche Wasserstandsschwankungen bedingt (s.S. 65), nur selten in ihrem Biotop vorkommen und meist durch spezialisierte Welse und Salmler abgeweidet werden.

Chaetobranchopsis orbicularis filtriert Plankton. Selbst bei Vorhandensein von Plankton im Aquarium konnte bisher keine Langzeithaltung verwirklicht werden. *Cichla* spp. brauchen unbedingt Lebendfutter (vor allem Fische) und Fleischstücke und lassen sich normalerweise nicht an Pellets gewöhnen; bei *Crenicichla*-Arten gibt es mehr Hoffnung. Obwohl untereinander oft streitsüchtig, können beide letzteren Gattungen problemlos mit Arten anderer Gattungen (u. Familien) vergesellschaftet werden, solange sie von der Größe her nicht als Beute in Frage kommen.

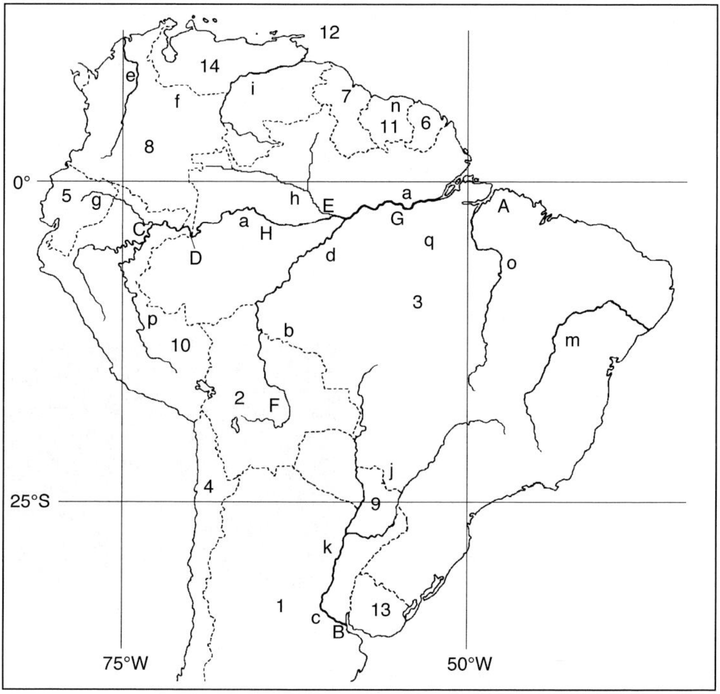

Argentinien (Arg.)	1
Bolivien (Bol.)	2
Brasilien (Bras.)	3
Chile	4
Ecuador (Ec.)	5
Französisch Guyana (Franz. G.)	6
Guyana (Guy.)	7
Kolumbien (Kol.)	8
Paraguay (Par.)	9
Peru	10
Surinam(e) (Sur.)	11
Trinidad (Tri.)	12
Uruguay (Uru.)	13
Venezuela (Ven.)	14
Belém (Bras.)	A
Buenos Aires (Arg.)	B
Iquitos (Peru)	C
Leticia (Kol.)	D
Manaus (Bras.)	E
Santa Cruz (Bol.)	F
Santarém (Bras.)	G
Tefé (Bras.)	H
Amazonas	a
Guaporé	b
La Plata	c
Madeira	d
Magdalena	e
Meta	f
Napo	g
Negro	h
Orinoco	i
Paraguay	j
Paraná	k
São Francisco	m
Surinam	n
Tocantins	o
Ucayali	p
Xingú	q

CICHLIDEN

Die größeren Arten (vor allem *Cichla* spp., mit ihren bis zu 70 cm Länge unter den größten Buntbarschen überhaupt) sind in ihrem gesamten Verbreitungsgebiet sehr geschätzte Speisefische. Obwohl Wachstumsrate und Vermehrung in Teichen Gutes verheißen, ist das Problem einer kostengünstigen Ernährung leider bisher nicht gelöst (FISCHER, 1991).

Die Fortpflanzung findet auf mehrere Weisen statt: *Cichla* sind fruchtbare Offenbrüter mit Elternfamilie; *Apistogramma* sind polygame Höhlenbrüter, die meistens auch monogam fortgepflanzt werden können (mehrere unter ihnen brauchen saures, sehr weiches Wasser). Einige *Aequidens* (und die als *Bujurquina* geführten Arten) sind larvophile Maulbrüter, d.h., sie legen ihre Eier wie Offenbrüter auf eine Unterlage, um dann die schlüpfenden Larven im Maul bis zum Freischwimmen weiter zu schützen. Oftmals "kauen" sie diese Larven auch aus den Eischalen als Schlupfhilfe. Ovophile Maulbrüter gibt es unter den *Geophagus*. Aber die unter den Cichliden wohl meistzitierte Art der Fortpflanzung wird von der Gattung *Symphysodon* ausgeübt. Es handelt sich um Offenbrüter, aber nachdem die Jungen frei schwimmen, ernähren sie sich von dem zu dieser Zeit besonders intensiv abgesonderten Körperschleim der Eltern. Versuche, die Jungen getrennt aufzuziehen (die Eltern sind oftmals schlimme Laichräuber), bringen nur mittelmäßige Erfolge.

Apistogramma sp. aff. *payaminonis* ♀ mit Gelege.

Apistogramma sp. aff. *payaminonis* ♂ Nachzuchtexemplar von Elterntieren aus dem Napo-Payamino-Gebiet, Ecuador. Man beachte Form u. Farbe der Schwanzflosse.

Guianacara owroewefi ♂ 1/666
Sattelfleckbuntbarsch
H: Guyana, N-Brasilien.
♂: 2 cm größer; steilere Stirn. V: =
Z: Hb, 500 E; Vater-Mutter-Fam. F: K,O
T: 22–25°C, L: ♂ 15 cm, pH: 7, SG: 2

Acarichthys heckelii 2/812
Heckels Buntbarsch
H: Guyana, Surinam, Brasilien, Peru.
♂: Etwas schlanker zur Laichzeit. V: +
Z: Hb; Vater-Mutter-Familie. F: O
T: 23–26°C, L: 20 cm, pH: 7, SG: 2–3

Acaronia nassa 2/812
Reusenmaulbuntbarsch
H: Guyana, Brasilien, Bolivien.
♂: Dorsale u. Anale spitz; farbiger. V: –
Z: Ob, Elternfamilie. F: K
T: 25–28°C, L: 25 cm, pH: 7, SG: 3

Aequidens coeruleopunctatus 2/814
H: NW-Ecuador bis S-Costa Rica.
♂: Dorsale u. Anale länger; größer. V: =
Z: Ob; Elternfamilie. F: O
T: 22–27°C, L: 15 cm, pH: 7, SG: 2

Aequidens diadema 2/814
Diadem-Buntbarsch
H: Brasilien/Venezuela: Oberer Rio Negro.
♂: Größer; spitze Genitalpapille. V: +
Z: ♀♂LMb; Elternfamilie. F: O
T: 23–28°C, L: <25 cm?, pH: 7, SG: 2–3

Bujurquina mariae 1/668
Nackenbindenbuntbarsch
H: Kolumbien, W- u. N-Brasilien.
♂: Dorsale u. Anale länger; größer. V: +
Z: ♀♂LMb; Elternfamilie. F: K,O
T: 24–26°C, L: 15 cm, pH: <7, SG: 2

Aequidens metae 3/680
Meta-Buntbarsch
H: Kolumbien: Rio Meta.
GU: Weitgehend gleich. V: +
Z: Ob. F: O
T: 24–28°C, **L**: <20 cm, **pH**: 7, **SG**: 1–2

Aequidens pallidus 1/664, 2/816
Zweipunktbuntbarsch
H: Amazonas bei Manaus.
GU: Nur durch Genitalpapille. V: =
Z: ♀♂LMb; Elternfamilie. F: K,O
T: 23–28°C, **L**: ♂30, ♀20 cm, **pH**: 7, **SG**: 3

Aequidens pallidus 1/664, 2/816
Zweipunktbuntbarsch

Aequidens patricki ♀ 4/576

H: Peru: Ucayali-Region.
♀: Flossen auch lang aber röter. V: =
Z: Ob;Efam;Paarbildung Problem. F:K,O
T: 24°C, **L**: 17 cm, **pH**: 7, **SG**: 2–3

Aequidens pulcher 1/670
Blaupunktbuntbarsch
H: Trinidad, Panama, N-Venezuela, Kol.
♂: Dorsale u. Anale länger. V: +
Z: Ob; Elternfamilie. F: K
T: 18–23°C, **L**: <20 cm, **pH**: 7, **SG**: 1

Aequidens rivulatus 1/672
Goldsaum-Buntbarsch
H: W-Ecuador, Mittelperu.
♂: Größer; Stirnwulst. V: –
Z: Ob; Elternfamilie. F: K
T: 20–24°C, **L**: 20 cm, **pH**: 7, **SG**: 2–3

Aequidens sapayensis ♂ 2/816
Sapayo-Buntbarsch
H: Ecuador: Rio Sapayo.
♂: Wirken größer. V: =
Z: Ob, <400 E; Elternfamilie. F: O
T: 24–26°C, L: ♂ <20 cm, pH: 7, SG: 2–3

Bujurquina vittata 2/818
H: Peru: Oberer Amazonas, Rio Ucayali.
♂: Längere Flossen; größer. V: =
Z: ♀♂LMb; Elternfamilie. F: O
T: 23–27°C, L: 15 cm, pH: 7, SG: 2–3

Aequidens tetramerus ♂ 1/672
Grünglanz-Buntbarsch
H: Zentrales u. NO-Südamerika.
♂: Dorsale u. Anale länger; farbiger. V:=,–
Z: Ob, <1000; Elternfamilie. F: K
T: 24–26°C, L: 25 cm, pH: <7, SG: 2–3

Aequidens sp. (*tetramerus*-Gruppe) 3/680
Grünglanz-Buntbarsch
H: Peru: Yarina Cocha (Rio Ucayali).
♂: Dorsale verlängert; größer. V: =
Z: Ob, <500 E; Elternfamilie. F: O
T: 25°C, L: ♂ 15 cm, pH: 7, SG: 2

Bujurquina vittata ♂ 2/818
Gebänderter Buntbarsch
H: Brasilien, N-Argentinien.
♂: Etwas größer. V: =
Z: ♀♂LMb; 200 E; Elternfamilie. F: O
T: 23–26°C, L: 15 cm, pH: 7, SG: 2–3

Apistogramma agassizii 1/674
Agassiz' Zwergbuntbarsch
H: Brasilien: Amazonas: S-Nebenflüsse.
♂: Größer, farbenprächtiger. V: +
Z: Hb, 150 E; Mann-Mutter-Fam. F: K,O
T: 22–24°C, L: 8 cm, pH: <7, SG: 3

Apistogramma cf. *agassizii* ♂ Tefé
"Tefé"- Zwergbuntbarsch 5/660
H: Brasilien: Rio Tefé-System.
♂: Größer, farbenprächtiger. V: +
Z: Hb, 150 E; Mann-Mutter-Fam. F: K,O
T: 23–29°C, L: ♂ 8 cm, pH: <7, SG: 2

Apistogramma cf. *agassizii* ♂ 5/660
Agassiz' Zwergbuntbarsch
Orange Form

Apistogramma cf. *agassizii* ♂ 5/660
Agassiz' Zwergbuntbarsch
Blaue Form

Apistogramma bitaeniata 1/674
Zweistreifen Zwergbuntbarsch
H: Peru, Brasilien: Amazonas.
♂: Größer, farbenprächtiger. V: +
Z: Hb, 40–60 E; Mann-Mutter-Fam. F: K
T: 23–25°C, L: ♂ 6 cm, pH: ≪7, SG: 3

Apistogramma bitaeniata ♂ 2/820
Zweistreifen Zwergbuntbarsch
H: Mittlerer Amazonas: Leticia.
♂: Größer, farbenprächtiger. V: +
Z: Hb, <100 E; Mann-Mutter-Fam. F: K
T: 26–28°C, L: ♂ 6 cm, pH: <7, SG: 3–4

Apistogramma borelli ♂ 1/676
Borellis Zwergbuntbarsch,Reitzigs Zwergb.
H: Brasilien: Mato-Grosso, Rio Paraguay.
♂: Größer, farbenprächtiger. V: +
Z: Hb, <70 E; Mann-Mutter-Fam. F: K
T: 24–25°C, L: ♂ 8 cm, pH: <7, SG: 3–4

Apistogramma borelli ♂ 3/682
Borellis Zwergbuntbarsch,Reitzigs Zwergb.
Blaue Variante aus dem Rio Paraguay-Gebiet

Apistogramma cacatuoides 1/676
Kakadu-Zwergbuntbarsch
H: Amazonasbecken: 69°–71° West.
♂: Größer, farbenprächtiger. V: +
Z: Hb, <80 E; Mann-Mutter-Fam. F: K,O
T: 24–25°C, L: ♂ 9 cm, pH: 7, SG: 3

Apistogramma cacatuoides ♂ 3/684
Kakadu-Zwergbuntbarsch
Farbvariation

Apistogramma cacatuoides ♂ 3/684
Kakadu-Zwergbuntbarsch
Farbvariation

Apistogramma caetei ♂ 2/820
Caete-Zwergbuntbarsch
H: Brasilien.
♂: Größer, farbenprächtiger. V: +
Z: Hb, 200 E; Mann-Mutter-Fam. F: K
T: 23–30°C, L: ♂ 6 cm, pH: 7, SG: 3

Apistogramma commbrae ♂ 2/822
Corumba-Zwergbuntbarsch
H: Brasilien, Paraguay.
♂: Rötliche Operkularflecken. V: +
Z: Hb, 80 E; MMFam–Efam. F: K
T: 23–28°C, L: ♂ 5 cm, pH: 7, SG: 3

Apistogramma cruzi ♂ 3/682, 5/662
Parallelstreifen-Apistogramma

H: Kolumbien, Ecuador, Peru, Brasilien.
♂: Größer; längere Flossen. V: +
Z: Hb, <150 E; Mann-Mutter-Fam. F: K
T: 22–29°C, L: ♂ 8 cm, pH: <7, SG: 2–3

Apistogramma cruzi ♀ 3, 682, 5/662
Parallelstreifen-Apistogramma

Apistogramma cruzi ♀ 3/682, 5/662
Parallelstreifen-Apistogramma

Apistogramma diplotaenia ♂ 5/664
Doppelband-Apistogramma

H: Brasilien, Venezuela.
♂: Größer, farbenprächtiger. V: +
Z: Hb.; Mann-Mutter-Familie. F: K,O
T: 24–29°C, L: ♂ 5,5 cm, pH: <7, SG: 2–4

Apistogramma diplotaenia ♀ 5/664
Doppelband-Apistogramma

Apistogramma elizabethae ♂ 5/666

H: Ven., Kol., Bras.: Rio Uaupés.
♂: Größer, farbiger, Flossen länger. V: +
Z: Hb, 250 J; Mann-Mutter-Fam. F: K,O
T: 22–29°C, L: ♂ 10 cm, pH: ≪7, SG: 4

Apistogramma elizabethae ♂ 5/666

Apistogramma elizabethae ♀ 5/666

Apistogramma eunotus ♂ 2/822
Hochrücken-Zwergbuntbarsch

H: Peru: Rio Ucayali-Gebiet.
♂: Größer, farbenprächtiger. V: +
Z: Hb, 100 E; Mann-Mutter-Familie. F: K
T: 23–30°C, L: ♂ 8,5 cm, pH: 7, SG: 3

Apistogramma eunotus ♀ 2/822
Hochrücken-Zwergbuntbarsch

Apistogramma geisleri ♂ 5/670

H: Brasilien: NW von Santarém.
♂: Größer; längere Dorsale u. Anale. V: +
Z: Hb; Mann-Mutter-Familie. F: O
T: 21–29°C, L: ♂ 7 cm, pH: 7, SG: 3

Apistogramma gephyra ♂ 2/824, 5/672
Rotsaum-Zwergbuntbarsch

H: Brasilien: Rio Negro bis Santarém.
♂: Größer, farbenprächtiger. V: +
Z: Hb, 120 E; Mann-Mutter-Familie. F: K
T: 23–30°C, L: ♂ 6 cm, pH: ≪7, SG: 3–4

Apistogramma gephyra ♂ 2/824, 5/672
Rotsaum-Zwergbuntbarsch

Apistogramma gephyra ♀ 2/824, 5/672
Rotsaum-Zwergbuntbarsch

Apistogramma gephyra ♂ 2/824, 5/672
Rotsaum-Zwergbuntbarsch

Apistogramma gibbiceps ♂ 2/824, 5/675
Schwarzbinden-Zwergbuntbarsch

H: Brasilien: Rio Negro.
♂: Größer; Kaudale mit 2 Zipfeln. V: +
Z: Hb, 200 E; Mann-Mutter-Familie. F: K
T: 27–29°C, L: ♂ 8 cm, pH: ≪7, SG: 4

Apistogramma gibbiceps ♂ 2/824, 5/675
Schwarzbinden-Zwergbuntbarsch

Apistogramma gibbiceps ♀ 2/824, 5/675
Schwarzbinden-Zwergbuntbarsch

Apistogramma gossei ♂ 5/676

Apistogramma gossei ♀ 5/676

H: Französisch Guyana/Brasilien.
♂: Größer, farbiger; längere D u. A. V: +
Z: Hb; Mann-Mutter-Familie. F: K!
T: 22–29°C, L: ♂ 6 cm, pH: <7, SG: 2–3

Apistogramma guttata ♂ 5/678

H: Venezuela: Rio Morichal Largo-Einzug.
♂: Größer, farbiger; längere D u. A. V: =
Z: Hb; Mann-Mutter-Familie. F: K!
T: 23–29°C, L: ♂ 6 cm, pH: <7, SG: 4

Apistogramma hippolytae ♂ 2/826
Zweipunkt-Zwergbuntbarsch

H: Brasilien: Amazonas, Rio Negro.
♂: Größer, farbenprächtiger. V: +
Z: Hb, <200 E; Mann-Mutter-Fam. F: K!
T: 23–30°C, L: ♂ 6,5 cm, pH: 7, SG: 3

Apistogramma hippolytae ♀ 2/826
Zweipunkt-Zwergbuntbarsch

Apistogramma hoignei ♂ 5/678

H: Venezuela: Rio Apuré, Rio Portuguesa.
♂: Größer, farbiger; längere D u. A. V: +
Z: Hb, Mann-Mutter-Familie. F: K,O
T: 22–24°C, L: ♂ 8 cm, pH: <7, SG: 3

Apistogramma hoignei ♀ 5/678

Apistogramma hongsloi ♂ 2/826, 5/680
Rotstrich-Zwergbuntbarsch

H: Ven., Kol.: Orinoco; Rio Vichada u. Meta.
♂: Größer, farbenprächtiger. V: +
Z: Hb, 60–90 E; Mann-Mutter-Fam. F: K
T: 23–30°C, L: ♂ 7,5 cm, pH: ≪7, SG: 3–4

Apistogramma hongsloi ♂ 2/826, 5/680
Rotstrich-Zwergbuntbarsch rot

Apistogramma hongsloi ♀ 2/826, 5/680
Rotstrich-Zwergbuntbarsch

Apistogramma inconspicua ♂ 3/685
Rostbrauner Zwergbuntbarsch

H: Bolivien, Brasilien, Paraguay.
♂: Größer, Flossen spitzer. V: +
Z: Hb; Mann-Mutter-Familie. F: K
T: 23–28°C, L: ♂ 8 cm, pH: <7, SG: 3

Apistogramma inconspicua ♀ 3/685
Rostbrauner Zwergbuntbarsch
Foto s. S. 5/683

Apistogramma iniridae ♂ 2/828
Fadenflossen-Zwergbuntbarsch
H: Kolumbien: Rio Inirida.
♂: Größer, farbenprächtiger. V: +
Z: Hb, 150 E; Mann-Mutter-Familie. F: K
T: 23–30°C, L: ♂ 7,5 cm, pH: ≪7, SG: 4

Apistogramma juruensis ♂ 5/684
H: Brasilien, Peru: Rio Juruá.
♂: 3 cm größer, D u. A lang. V: +
Z: Versteckb.; Mann-Mutter-Fam. F: K
T: 22–29°C, L: ♂ 8 cm, pH: <7, SG: 2–3

Apistogramma juruensis ♀ 5/684

Apistogramma linkei ♂ 3/686
Gelbbrust-Zwergbuntbarsch
H: Bolivien: Santa Cruz.
♂: Größer, farbenprächtiger. V: +
Z: Hb, 100 E; Mann-Mutter-Fam. F: O
T: 24–26°C, L: ♂ 6 cm, pH: >7, SG: 2

Apistogramma linkei ♀ 3/686
Gelbbrust-Zwergbuntbarsch
Foto s. S. 5/683

Apistogramma luelingi ♂ 3/686
Lülings Zwergbuntbarsch
H: Bolivien: Rio Chapore.
♂: Größer; längere Flossen. V: +
Z: Hb, 60 E; Mann-Mutter-Familie. F: O
T: 22–26°C, L: ♂ 7 cm, pH: 7, SG: 2

CICHLIDEN

Apistogramma luelingi ♂ 3/686
Lülings Zwergbuntbarsch
Foto s. S. 5/688.

Apistogramma luelingi ♀ 3/686
Lülings Zwergbuntbarsch
Foto s. S. 5/688.

Apistogramma macmasteri ♂ 1/678
Villavicencio-Zwergbuntbarsch
H: Brasilien: Amazonas: S-Nebenflüsse.
♂: Größer, farbenprächtiger. **V**: +
Z: Hb, <120 E; Mann-Mutter-Fam. **F**: K!
T: 23–30°C, **L**: ♂ 8 cm, **pH**: <7, **SG**: 3

Apistogramma macmasteri ♀ 1/678
Villavicencio-Zwergbuntbarsch
Foto s. S. 5/688.

Apistogramma meinkeni o.♂,u.♀ 5/689

Apistogramma meinkeni ♂ 5/689

H: Brasilien: Rio Uaupés.
♂: Flossen etwas mehr ausgezogen. **V**: =
Z: Hb, 30 J; Mann-Mutter-Familie. **F**: K
T: 22–29°C, **L**: ♂ 5 cm, **pH**: ≪7, **SG**: 3–4

Apistogramma mendezi ♂ 5/694
Längsstreifen-Apistogramma, Rußkopf-Ap.
H: NW-Brasilien: oberer Rio Negro.
♂: Größer, farbiger. V: +
Z: Hb; Mann-Mutter-Familie. F: K
T: 22–29°C, L: ♂ 10 cm, pH: ≪7, SG: 3–4

Apistogramma mendezi ♀ 5/694
Längsstreifen-Apistogramma, Rußkopf-Ap.

Apistogramma moae ♂ 5/697

H: Brasilien: Bundesstaat Acre: Rio Moa.
♂: Größer; D u. A länger. V: ?
Z: Unbekannt. F: O
T: 21–29°C, L: ♂ 7 cm, pH: <7, SG: 2–3

Apistogramma nijsseni ♂ 2/828
Panda-Zwergbuntbarsch
H: Peru: unteres Ucayali- Gebiet.
♂: Größer, farbenprächtiger. V: +
Z: Hb; Mann-Mutter-Familie. F: K
T: 23–30°C, L: ♂ 6,5 cm, pH: ≪7, SG: 3–4

Apistogramma norberti ♂ 4/576
Norberts Zwergbuntbarsch
H: Peru: Loreto.
♂: Farbenprächtiger, größer. V: +
Z: Hb? 150 E; Mann-Mutter-Fam? F: K
T: 24°C, L: 7 cm, pH: ≪7, SG: 2–3

Apistogramma ortmanni ♂ 5/698
"Tumuremo" Apistogramma
H: O-Venezuela, Guyana, Surinam.
♂: Größer; Dorsale u. Anale länger. V: +
Z: Hb; Mann-Mutter-Familie. F: K!
T: 23–29°C, L: ♂ 7 cm, pH: <7, SG: 2–3

CICHLIDEN

Apistogramma ortmanni ♀ 5/698
"Tumuremo" Apistogramma

Apistogramma paucisquamis ♂ 5/700
Glanzbinden-Apistogramma orange
H: NW-Brasilien: Rio Negro.
♂: Größer, farbenprächtiger. V: +
Z: Hb; Mann-Mutter-Familie. F: K
T: 22–29°C, L: ♂ 10 cm, pH: ≪7, SG: 4

Apistogramma paucisquamis ♀ 5/700
Glanzbinden-Apistogramma
H: Brasilien: Rio Preto.

Apistogramma pertensis ♂ 2/830
Genetzter Zwergbuntbarsch
H: Brasilien: Rio Negro, Amazonas.
♂: Größer; segelartige Dorsale. V: +
Z: Hb, 120 E; Mann-Mutter-Familie. F: K
T: 23–30°C, L: ♂ 6,5 cm, pH: ≪7, SG: 3–4

Apistogramma cf. *pertensis* ♂ 5/702
Genetzter Zwergbuntbarsch
H: Brasilien: Rio Negro, Amazonas.
♂: Größer; segelartige Dorsale. V: +
Z: Hb, 120 E; Mann-Mutter-Familie. F: K
T: 23–30°C, L: ♂ 6,5 cm, pH: ≪7, SG: 3–4

Apistogramma cf. *pertensis* ♀ 5/702
Genetzter Zwergbuntbarsch

Apistogramma piauensis ♂ 5/704
Tüpfelstreif-Apistogramma
H: O-Brasilien: Rio Itapicuru u. Paranaiba.
♂: Größer, farbiger; Dorsale länger. V: +
Z: Hb, 150 E; Mann-Mutter-Familie. F: K
T: 20–29°C, L: ♂ 6 cm, pH: <7, SG: 3

Apistogramma piauensis ♀ 5/704
Tüpfelstreif-Apistogramma

Apistogramma regani ♂ 2/830
Zebra-Zwergbuntbarsch
H: Brasilien: Rio Negro, Amazonas.
♂: Größer; größere Flossen. V: +
Z: Hb?; Mann-Mutter-Familie? F: K
T: 23–30°C, L: ♂ 7 cm, pH: <7, SG: 3–4

Apistogramma regani ♀ 2/830
Zebra-Zwergbuntbarsch

Apistogramma resticulosa ♂ 3/688
Wangenflecken-Zwergbuntbarsch
H: Brasilien: Rio Madeira.
♂: Größer, farbenprächtiger. V: +
Z: Hb, 100 J; Mann-Mutter-Fam. F: O
T: 26°C, L: ♂ 5 cm, pH: <7, SG: 2

Apistogramma rupununi ♂ 5/706
Zweifleck-Apistogramma
H: Bras., Guyana: Rio Branco u. Rupununi.
♂: Größer, farbenprächtiger. V: +
Z: Hb; Mann-Mutter-Familie. F: K,O
T: 22–30°C, L: ♂ 9 cm, pH: <7, SG: 3

CICHLIDEN

Apistogramma sp. "Tiquié 1" ♂ 5/692
"Tiquié 1" (mit 3 Flecken)

Apistogramma sp. "Tiquié 1" ♀ 5/692
"Tiquié 1" (mit 3 Flecken)

H: Brasilien: Rio Uaupés., Rio Tiquié.
♂: Größer; gelblich. ♀: 3–5 Flecken. V:+
Z: Hb 15 J; Mann-Mutter-Familie. F: K
T: 22–29°C, L: ♂ 5 cm, pH: ≪7, SG: 3–4

Apistogramma tucurui ♂ juv. 5/706

Apistogramma tucurui ♀ 5/706

H: Brasilien: Rio Tocantins.
♂: Größer; Flossen mit blauem Glanz. V:+
Z: Hb; Mann-Mutter-Familie. F: K,O
T: 22–30°C, L: ♂ 6 cm, pH: <7, SG: 2–3

Apistogramma sp. ♂ 5/716
"Breitbinden"-Apistogramma

Apistogramma sp. ♀ 5/716
"Breitbinden"-Apistogramma

H: Venezuela, Brasilien: Uaupés, Orinoco.
♂: Größer, farbiger; Flossen länger. V:+
Z: Hb; Mann-Mutter-Familie. F: K
T: 23–29°C, L: ♂ 10 cm, pH: ≪7, SG: 2–4

Apistogramma sp. ♀ 5/718
"Gabelband"-Apistogramma
H: Unbekannt.
GU: Nur ♀♀ bekannt! V: +
Z: Unbekannt. F: K!
T: 23–29°C, L: ♀ 6 cm, pH: <7, SG: 4

Apistogramma sp. ♂ 5/720
"Gelbwangen"-Apistogramma
H: Brasilien: Um Manaus.
♂: Größer; Dorsale u. Anale länger. V: +
Z: Hb; Mann-Mutter-Familie. F: O
T: 21–29°C, L: ♂ 8 cm, pH: 7, SG: 2

Apistogramma sp. ♀ 5/720
"Gelbwangen"-Apistogramma

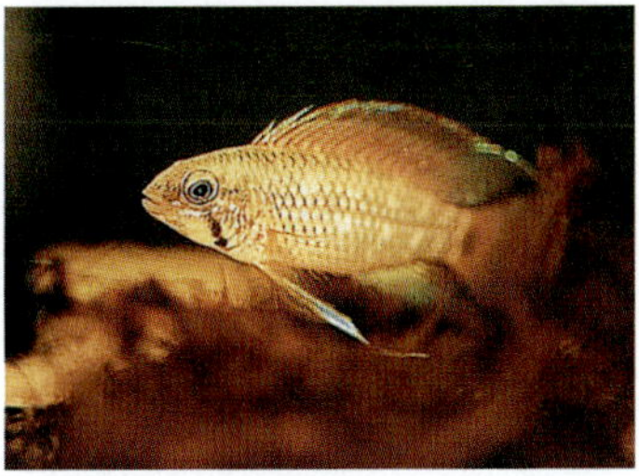

Apistogramma velifera ♂ 5/722
"Vierstreifen"-Apistogramma
H: Venezuela, Brasilien: Orinoco, Uaupés.
♂: Größere Flossen. V: +
Z: Mann-Mutter-Familie. F: K
T: 22–30°C, L: 8 cm, pH: <7, SG: 3–4

Apistogramma velifera ♀ 5/722
"Vierstreifen"-Apistogramma

Apistogramma sp. ♂ 5/724
"Pandurini"-A., "Blue-Sky"-A., "Azur"-A.
H: Peru, Ecuador?: Rio Napo-System.
♂: Größer; siehe Fotos. V: +
Z: Noch unbekannt. F: K,O
T: 20–32°C, L: ♂ 8 cm, pH: <7, SG: 3–4

CICHLIDEN

Apistogramma sp. ♀ 5/724
"Pandurini"-A., "Blue-Sky"-A., "Azur"-A.

Apistogramma staecki ♂ 3/688
Querstreifen-Zwergbuntbarsch, Staecks Z.
H: N-Bolivien.
♂: Größer; zweizipflige Kaudale. **V**: +
Z: Hb, 80 E; Mann-Mutter-Familie. **F**: O
T: 24–28°C, **L**: ♂ 5 cm, **pH**: <7, **SG**: 2–3

Apistogramma steindachneri 1/678
Steindachners Zwergbuntbarsch
H: Guyana-Länder.
♂: Größer; längere Flossen. **V**: +
Z: Hb; Mann-Mutter-Familie. **F**: K
T: 20–25°C, **L**: ♂ 12 cm, **pH**: <7, **SG**: 2

Apistogramma trifasciata 1/680
Dreistreifenzwergbuntbarsch
H: Rio Paraguay, Rio Guaporé.
♂: Größer; 3.–5. Dorsalstrahl länger. **V**: +
Z: Hb, 100 E; Mann-Mutter-Familie. **F**: K
T: 26–29°C, **L**: ♂ 6 cm, **pH**: <7, **SG**: 3

Apistogramma uaupesi ♂ 5/710
Blutkehl-A., Rotkeil-A., Segelflossen-A.
H: Venezuela, Kolumbien, Brasilien.
♂: D segelartig, K zweizipfelig. **V**: +
Z: Hb; <2°dGH, pH 4–5. **F**: K!
T: 23–29°C, **L**: ♂ 9 cm, **pH**: ≪7, **SG**: 4

Apistogramma uaupesi ♀ 5/710
Blutkehl-A., Rotkeil-A., Segelflossen-A.

Apistogramma uaupesi ♂ 5/710
Blutkehl-A., Rotkeil-A., Segelflossen-A.

Apistogramma uaupesi ♀ 5/710
Blutkehl-A., Rotkeil-A., Segelflossen-A.

Apistogramma urteagai ♂ 5/714

Apistogramma urteagai ♀ 5/714

H: Peru: Rio Madre de Dios, Rio Tambopata.
♂: D u. A länger; farbenprächtiger. V: +
Z: Hb; Mann-Mutter-Familie. F: K,O
T: 22–29°C, L: ♂ 6 cm, pH: ≪7, SG: 2

Apistogramma viejita ♂ 2/832
Schwarzkehl-Zwergbuntbarsch
H: Kolumbien: Rio Meta.
♂: Größer; ausgezogene Dorsale. V: +
Z: Hb, 100 E; Mann-Mutter-Familie. F: K
T: 23–30°C, L: ♂ 7,5 cm, pH: ≪7, SG: 4

Apistogrammoides pucallpaensis ♂ 2/832
Pucallpa-Zwergbuntbarsch
H: Peru: Amazonasgebiet.
♂: Dorsale u. Anale länger; farbiger. V: +
Z: Hb, 80 E; MMFam-Efam. F: K
T: 23–30°C, L: ♂ 4,5 cm, pH: <7, SG: 3–4

Astronotus ocellatus 1/682
Pfauenaugenbuntbarsch
H: Amaz., Paraná, Rio Paraguay, Rio Negro.
GU: Nur Genitalpapille. V: =
Z: Ob, 2000 E; Elternfamilie. F: K
T: 22–25°C, L: 33 cm, pH: 7, SG: 4

Crenicichla semifasciata ♀ 2/848
Gefleckter Kammbuntbarsch
H: Paraguay, Uruguay, Argentinien.
♂: Dunkle Flecken. V: =
Z: Hb? F: O
T: 23–27°C, L: 27 cm, pH: 7, SG: 3–4

Crenicichla semifasciata ♂ 2/848
Gefleckter Kammbuntbarsch

Biotodoma cupido 1/684
Schwanzstreifenbuntbarsch
H: Mittlerer Amazonas, W-Guyana.
♂: Dorsale u. Anale spitzer. V: –
Z: Ob, 100 E; Elternfamilie. F: K
T: 23–25°C, L: 13 cm, pH: 7, SG: 3

Biotodoma cupido ♂ 3/708
Schwanzstreifenbuntbarsch
H: Peru bis SO-Brasilien.
♂: Viel farbiger. V: –
Z: Ob, 400 E; Elternfamilie. F: K
T: 22–25°C, L: 12 cm, pH: 7, SG: 3

Biotodoma cf. *cupido* ♂ 3/708
Schwanzstreifenbuntbarsch
Foto s.S. 5/738

Biotodoma wavrini 3/708
Wavrins Buntbarsch

H: Oberer Orinoco, Rio Negro,...
♂: K u. V länger; farbiger. V: +
Z: Vermutlich noch nicht erfolgt. F: K
T: 26–30°C, L: 15 cm, pH: <7, SG: 4

Biotoecus opercularis ♀ 5/738

H: Bei Santarém: Amazonasnebenflüsse.
♂: Ventralen länger. V: +
Z: Hb, fast Mutterfamilie. F: K
T: 28°C, L: 5 cm, pH: <7, SG: 4

Biotoecus opercularis ♂ 5/738

Caquetaia kraussii ♂ 2/850
Krausse's Buntbarsch

H: Kolumbien, Venezuela.
♂: Dorsale u. Anale spitzer; größer. V: –
Z: Ob, <400 E; Elternfamilie. F: K,O
T: 22–27°C, L: 25 cm, pH: 7, SG: 2–3

Caquetaia kraussii juv. 2/850
Krausse's Buntbarsch

Caquetaia myersi ♂ 5/740

H: Kolumbien, Ecuador: Caquetá, Napo.
♂: Flossen blauer. ♀: Gelb. V: =
Z: Ob, <700 E; Elternfamilie. F: K
T: 24–27°C, L: 27 cm, pH: 7, SG: 2–3

Caquetaia spectabilis 3/714
Glänzender Rotkehlbuntbarsch
H: Mittlerer u. unterer Amazonas.
♂: Größer; sonst gleich. V: =
Z: Ob; Elternfamilie. F: K
T: 26–27°C, L: ♂ 25 cm, pH: 7, SG: 1–2

Chaetobranchopsis orbicularis ♂ 2/850

H: Amazonas.
GU: Unbekannt. V: +
Z: Unbek. F: K! (filtrierender Planktonfr.)
T: 23–27°C, L: 12 cm, pH: 7, SG: 4

Chaetobranchopsis orbicularis juv. 2/850

Chaetobranchus flavescens 2/852
Vierbandcichl., Glänzender Spitzkopfbuntb.
H: Guyana, Brasilien, Peru, Bolivien.
♂: Dorsale u. Anale länger; größer. V: ?
Z: Mb? F: O
T: 24–26°C, L: 28 cm, pH: 7, SG: 3

Cichla monoculus ♀ 5/750

H: Ecuador, Peru, Bras., Fr. Guyana,. Bol.
♂: Fettbuckel im Alter. V: =
Z: Natur: Ob, ca. 2000 E; Efam. F: K!
T: 25–28°C, L: 50 cm, pH: <7, SG: 2

Cichla ocellaris 2/856
Grüner Augenfleck-Kammbarsch
H: Ven., Guyana, Bras., Peru, Bolivien.
♂: Fettbuckel im Alter. V: =
Z: Natur: Ob, 10000 E; Efam. F: K!
T: 24–27°C, L: 60 cm, pH: 7, SG: 3–4

CICHLIDEN

Cichla orinocensis 5/750

H: Venezuela, Kolumbien, Brasilien.
♂: Fettbuckel im Alter. V: =
Z: Natur: Ob in Mulde. F: K!
T: 27–29°C, **L**: <70 cm, **pH**: <7, **SG**: 2

Cichla temensis 5/748
Humboldtcichlide

H: Brasilien: Rio Negro, Orinoco.
♂: Größer; Fettbuckel im Alter. V: =
Z: Natur: Ob in Mulde. F: K!
T: 27–29°C, **L**: <70 cm, **pH**: <7, **SG**: 2

Cichlasoma amazonarum 3/716

H: Amazonas-System.
♂: Dorsale u. Anale länger. V: =
Z: Ob, 300 E; Elternfamilie. F: K,O
T: 22–27°C, **L**: 14 cm, **pH**: <7, **SG**: 1

Cichlasoma araguaiense ♂ 4/588

H: S-Amaz. Zufl.: Araguaia, Tocantins, Xingú.
♂: Dorsale u. Anale länger. V: =
Z: Ob; Elternfamilie. F: O
T: 23–27°C, **L**: ♂ 16 cm, **pH**: 7, **SG**: 1–2

Cichlasoma bimaculatum ♂ 2/862
Zweifleckbuntbarsch

H: O-Peru bis Guyana-Länder.
♂: Etwas größer. V: =
Z: Ob; Elternfamilie. F: O
T: 22–27°C, **L**: 20 cm, **pH**: 7, **SG**: 1–2

Cichlasoma boliviense ♂ 3/720
Bolivien Cichlasoma

H: Bolivien: Amazonasgebiet.
♂: Dorsale u. Anale länger. V: =
Z: Ob; Elternfamilie. F: O
T: 23–27°C, **L**: 17 cm, **pH**: 7, **SG**: 1–2

Cichlasoma dimerus 3/724
Dimerus Buntbarsch
H: Rio Paraguay, Rio Paraná.
♂: Dorsale u. Anale länger; größer. V: =
Z: Ob; Elternfamilie. F: O
T: 23–27°C, **L**: 17 cm, **pH**: 7, **SG**: 1

"Cichlasoma" facetum 1/688
Chanchito
H: S-Bras., N-Arg., Paraguay, Uruguay.
♂: Genitalpapille schräg nach hinten. V:–
Z: Ob, 300–1000 E: Elternfamilie. F: K,O
T: 27–30°C, **L**: Nat: 70 cm, **pH**: <7, **SG**: 2

Cichlasoma festae ♀ 2/866
Roter Ecuadorbuntb., Orangeroter Tigerb.
H: W-Ecuador.
♂: Blaue Tüpfel in D, A u. K. V: –
Z: Ob, 3000 E; Elternfamilie. F: K,O
T: 26–28°C, **L**: 50 cm, **pH**: 7, **SG**: 3

Cichlasoma festae ♂ 2/866
Roter Ecuadorbuntbarsch, Orangeroter Tigerbuntbarsch

Cichlasoma orinocoense ♂ 5/754

H: Venezuela: Rio Orinoco.
♂: Größer; D u. A ausgezogen. V: =
Z: Unbekannt. F: K,O
T: 26–30°C, **L**: 50 cm, **pH**: 7, **SG**: 2

"Cichlasoma" ornatum 3/740
Esmeralda-Buntbarsch
H: NW-Ecuador, SW-Kolumbien?
GU: Unbekannt. V: = (bis 14 cm Länge)
Z: Ob? Elternfamilie? F: O
T: 24–27°C, **L**: >20 cm?, **pH**: >7, **SG**: 2

Cichlasoma portalegrense 1/670
Streifenbuntbarsch
H: S-Brasilien, Bolivien, Paraguay.
♀: Mehr braun bis rötlich. V: =
Z: Ob; <500 E, Elternfamilie. F: K
T: 16–24°C, L: 15 cm, pH: <7, SG: 2

Cichlasoma taenia 3/752

H: Trinidad; Venezuela: Orinoco-System.
GU: Kein Unterschied. V: =
Z: Ob; Elternfamilie. F: O
T: 24–27°C, L: ♂ 14 cm, pH: 7, SG: 2

Cleithracara maronii adult 1/668
Maronibuntbarsch, Schlüssellochbuntba.
H: Guyana.
♂: Dorsale u. Anale länger; größer. V: +
Z: Ob, 350 E; Elternfamilie. F: K,O
T: 22–25°C, L: 15 cm, pH: 7, SG: 1–2

Cleithracara maronii juvenil 1/668
Maronibuntbarsch, Schlüssellochbuntba.

Dicrossus filamentosus ♂ 1/696
Gabelschwanz-Schachbrettcichlide
H: Rio Negro, Orinoco.
♂: Kaudale zweizipfelig; farbiger. V: =
Z: Ob, 60–120; Elternfamilie. F: K!
T: 23–25°C, L: ♂ 9 cm, pH: ≪7, SG: 2–3

Crenicara latruncularium ♂ 5/764

H: Bras., Bol.: Rio Guaporé u. Mamoré.
♂: Flossen etwas spitzer. V: =
Z: Ob; polygam. F: O
T: 20–30°C, L: 15 cm, pH: 7, SG: 4

CICHLIDEN

Crenicara latruncularium ♀ 5/764

Crenicara punctulatum 1/696

H: Guyana, N-Brasilien, Ecuador, Peru.
♂: Flossen länger; farbintensiver. V: =
Z: Ob; Elternfamilie. F: K!
T: 23–25°C, L: 12 cm, pH: <7, SG: 3

Crenicichla acutirostris ♂ 5/766

Crenicichla acutirostris ♀ 5/766

H: Brasilien: Bei Santarém.
♂: Kaudale mit feinen Tüpfeln. V: =
Z: Nicht erfolgt; Hb, Elternfamilie. F: K!
T: 26–28°C, L: ♂ 35 cm, pH: <7, SG: 3–4

Crenicichla albopunctata ♂ 5/768

Crenicichla albopunctata ♀ 5/768

H: Guyana, Französisch Guyana.
♂: Glanzflecken. V: =
Z: Hb, Elternfamilie. F: K!
T: 24–27°C, L: ♂ 25 cm, pH: 7, SG: 1–2

Crenicichla alta ♂ 4/596

H: Britisch Guyana, Brasilien.
♀: Auffälliger Flossensaum. V: –
Z: Hb; Vater-Mutter-Familie. F: K
T: 24–27°C, L: ♂ 25 cm, pH: ≪7, SG: 1–2

Crenicichla alta ♀ 4/596

Foto s. S. 5/789.

Crenicichla anthurus ♀ 3/756

H: O-Ecuador, Peru.
♀: Roter Bauch; ohne Glanzflecken. V: =
Z: Hb; Vater-Mutter-Familie. F: K
T: 25–27°C, L: ♂ <25 cm, pH: 7, SG: 3

Crenicichla cametana subadult ♂ 4/596
Sterngucker-Hechtbuntbarsch

H: Brasilien: Rio Tocantins.
♀: Rötliche Bauchzone. V: –
Z: Hb; Vater-Mutter-Familie. F: K
T: 24–27°C, L: 25 cm, pH: 7, SG: 3

Crenicichla cametana ♀ 4/596
Sterngucker-Hechtbuntbarsch

Crenicichla alta ♂ 5/770

H: Brasilien: Rio Branco/Rio Mucajai.
♂: Glanzflecken. V: =
Z: Hb, Elternfamilie. F: K!
T: 24–27°C, L: ♂ 25 cm, pH: 7, SG: 1

Crenicichla alta ♀ 5/770

Crenicichla cincta 4/598

H: Brasilien, Peru.
GU: Unbekannt. V: –
Z: Hb? F: K,O
T: 24–27°C, L: ♂45 cm, pH: <7, SG: 1–2

Crenicichla compressiceps ♂ 4/600

H: Brasilien: Tocantins, Araguaia.
♂: Gebändert, gelbe Flossen. V: –
Z: Hb; Vater-Mutter-Familie. F: K,O
T: 24–27°C, L: ♂ 7 cm, pH: 7, SG: 1–2

Crenicichla cyanonotus ♂ 5/772

H: Venezuela?, Brasilien.
♀: Farbiger; kleiner. V: =
Z: Hb; ♀ pflegt. F: K
T: 24–27°C, L: 25 cm, pH: 7, SG: 1

Crenicichla cyanonotus ♀ 5/772

Crenicichla cyclostoma ♂ 4/600

H: Brasilien: Tocantins-System.
♂: Dorsale ausgezogen; größer. V: =
Z: Hb, kleine Gelege; VMFam. F: K
T: 24°C, L: 15 cm, pH: <7, SG: 1–2

CICHLIDEN

Crenicichla lepidota u. ♀, o. ♂ 4/602

Crenicichla lepidota ♀ 4/602

H: S-Amazonas-System.
♂: Goldene Punkte; größer. **V**: =
Z: Hb; Vater-Mutter-Familie. **F**: K
T: 24–27°C, **L**: ♂ 22 cm, **pH**: 7, **SG**: 1–2

Crenicichla geayi u. ♀, o. ♂ 4/604

Crenicichla geayi ♀ 4/604

H: Venezuela, Kolumbien.
♂: Roter Streifen auf der Seite. **V**: =
Z: Hb; Vater-Mutter-Familie. **F**: K
T: 24–27°C, **L**: 20 cm, **pH**: 7, **SG**: 1–2

Crenicichla jegui ♂ (?) 5/774

H: Brasilien: Rio Tocantins. Endemisch.
♀: Rote Zone in Dorsale; kleiner. **V**: =
Z: Unbekannt. **F**: K!
T: 27–29°C, **L**: >30 cm, **pH**: 7, **SG**: 4

Crenicichla johanna ♀ 2/886
Grauer Kammbuntb., Grauer Hechtcichlide

H: Ven., Guyana, Bras., Peru, Paraguay.
♂: Dorsale mit dunkel/hell Saum. **V**: =
Z: Hb; Vater-Mutter-Familie? **F**: K
T: 23–26°C, **L**: >35 cm, **pH**: 7, **SG**: 3–4

Crenicichla labrina ♂ 5/776

Crenicichla labrina ♀ 5/776

H: Brasilien: Rio Tocantins.
♂: Größer, vertikale Fleckenreihen. V: =
Z: Höhlenbrüter. F: K!
T: 24–27°C, L: 25 cm, pH: 7, SG: 3–4

Crenicichla lenticulata ♀(?) 5/778

H: Kolumbien, Brasilien, Venezuela.
♂: Heller submarginaler Dorsalsaum. V: =
Z: Noch nicht gelungen. F: K!
T: 26–29°C, L: ♂ 38 cm, pH: <7, SG: 4

Crenicichla lepidota ♂ 2/886
Kammbuntbarsch

H: Brasilien, Bolivien.
♂: Körperflecken; größer. V: =
Z: Ob; Vater-Mutter-Familie. F: K
T: 23–28°C, L: ♂ <45 cm, pH: 7, SG: 3–4

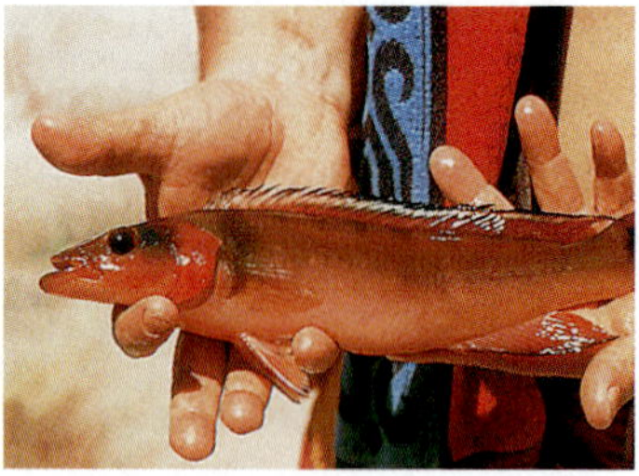

Crenicichla cf. *lugubris* ♀ 5/792
"Atabapo-rot"

H: Kolumbien: oberer Orinoco-Einzug.
♀: Weißes Dorsalband. V: =
Z: Noch nicht erfolgt. F: K
T: 27–29°C, L: ♂ 40 cm, pH: <7, SG: 2

Crenicichla marmorata ♀ 5/778

H: Brasilien: Rio Madeira-System.
♂: Heller submarginaler Dorsalsaum. V: –
Z: Höhlenbrüter; Elternfamilie. F: K
T: 26–28°C, L: ♂ 38 cm, pH: <7, SG: 2–4

Crenicichla multispinosa ♂ 5/780

H: Surinam, Französisch Guyana.
♂: Tüpfel auf dem hinteren Körper. V: =
Z: Bisher nicht erfolgt. F: K!
T: 26–28°C, L: ♂ 32 cm, pH: <7, SG: 3–4

Crenicichla notophthalmus ♂ 1/698
(Foto s. S. 5/782)

H: Brasilien: Amazonas.
♂: Dorsalfleck; cremefarb. Bauchr. V: +
Z: Hb; Vater-Mutter-Familie. F: K
T: 24–27°C, L: <16 cm, pH: <7, SG: 3–4

Crenicichla notophthalmus ♀ 1/698
(Foto s. S. 5/782)

Crenicichla percna 5/786

H: Brasilien: Rio Xingú. E
♀: Z. Laichz: helles Sublateralband. V: =
Z: Noch nicht gelungen. F: K!
T: 28–30°C, L: 35 cm, pH: <7, SG: 3

Crenicichla phaiospilus ♂ 5/784

H: Brasilien: Rio Xingú: kaum im Unterlauf.
♀: Rötlich; weißes Dorsalband. V: =
Z: Höhlenbrüter? F: K
T: 27–30°C, L: ♂ 35 cm, pH: <7, SG: 2

Crenicichla phaiospilus ♀ 5/784

Crenicichla punctata ♂ 5/786

Crenicichla punctata ♀ 5/791

H: SO-Brasilien: Bei Porto Alegre.
♂: Größer; Augenabstand größer. V: =
Z: Noch nicht gelungen; Hb? F: K!
T: 22–25°C, L: ♂ 25 cm, pH: 7, SG: 2

Crenicichla regani ♂ 4/606

Crenicichla regani ♀ 4/606

H: Amazonas-Gebiet: Weit verbreitet.
♂: Dorsale u. Anale länger; s. Fotos. V: +
Z: Hb; Vater-Mutter-Familie. F: K
T: 24–27°C, L: ♂ 14 cm, pH: <7, SG: 1–2

Crenicichla reticulata subadult ♀ 4/606

H: Brasilien, Peru?.
♀: Farbiger. V: =
Z: Ob? F: K,O
T: 24–25°C, L: ♂ 25 cm, pH: 7, SG: 1–2

Crenicichla saxatilis ♂ 3/756
Felsenkammbuntbarsch

H: Surinam: Surinam-System.
♂: Silberne Tüpfel. V: =
Z: Hb; Vater-Mutter-Familie. F: K
T: 25–30°C, L: 25 cm, pH: 7, SG: 3

Crenicichla sp. aff. *sedentaria* ♂ 5/794

Crenicichla sp. aff. *sedentaria* ♀ 5/794

H: Kolumbien: Rio Meta-System.
♂: Größer. ♀: Dorsalfleck. **V**: =
Z: Hb; Vater-Mutter-Familie. **F**: K!
T: 24–26°C, **L**: ♂ <22 cm, **pH**: 7, **SG**: 3

Crenicichla semifasciata ♀ 4/608

H: Brasilien.
♀: Rotes Dorsalflossenband. **V**: =
Z: Hb; Vater-Mutter-Familie. **F**: K,O
T: 24–27°C, **L**: ♂ 25 cm, **pH**: 7, **SG**: 1–2

Crenicichla sp. "Jabuti/Santarém" ♀ 5/788

H: Brasilien: Südliches Santarém.
♂: Größer. ♀: Farbiger. **V**: =
Z: Höhlenbrüter; Vater-Mutter-Fam. **F**: K!
T: 25–30°C, **L**: ♂ 22 cm, **pH**: 7, **SG**: 1

Crenicichla sp. "Orinoco" ♂ 5/796

Crenicichla sp. "Orinoco" ♀ 5/796

H: Venezuela, Kolumbien: Orinoco-Einzug.
♂: D u. A lang. ♀: Flecken in D. **V**: =
Z: Höhlenbrüter. **F**: K!
T: 24–29°C, **L**: ♂ 12 cm, **pH**: ≪7, **SG**: 1–2

Crenicichla sp. "Puerto Gaitán" ♀ 5/790

H: Kolumbien: Rio Meta-Einzug.
♂: D u. A lang. ♀: Flecken in D. V: =
Z: Höhlenbrüter; Vater-Mutter-Fam. F: K!
T: 24–27°C, L: ♂ 25 cm, pH: <7, SG: 2

Crenicichla sp. "Rotpunkt Inirida" ♂ 5/792

H: Kolumbien: ob. Rio Orinoco: Rio Inirida.
♀: D, A, K mit blau/schwarz/roten Saum. V: =
Z: Höhlenbrüter. F: K
T: 25–30°C, L: ♂ >20 cm, pH: <7, SG: 2

Crenicichla sp. "Sinóp" o. ♀, u. ♂ 5/796

H: Brasilien: Mato Grosso: Rio Teles Pires.
♂: Größer. ♀: Dorsale mit Farbsaum. V: =
Z: Hb; Vater-Mutter-Familie. F: K!
T: 24–29°C, L: ♂ <12 cm, pH: 7, SG: 3

Crenicichla sp. "Xingú I" o. ♀, u. ♂ 5/798
Orangen-Hechtbuntbarsch

H: Brasilien: Rio Xingú.
♀: Rote Bauchzone, D weiß gesäumt. V: =
Z: Hb; Elternfamilie. F: K!
T: 24–27°C, L: 35 cm, pH: <7, SG: 3

Crenicichla sp. "Xingú I" 5/798
Orangen-Hechtbuntbarsch
Subadult

Crenicichla sp. "Xingú I" ♀ 5/798
Orangen-Hechtbuntbarsch
Balzfärbung

Crenicichla sp. "Xingú II" ♂ 5/802

Crenicichla sp. "Xingú II" ♀ 5/802

H: SO-Brasilien: Rio Xingú.
♀: Flossen roter, D mit weißem Band. V: =
Z: Noch nicht erfolgt. F: K
T: 28–30°C, L: ♂ 35 cm, pH: <7, SG: 3

Crenicichla sp. "Xingú III" ♂ 5/804

Crenicichla sp. "Xingú III" ♀ 5/804

H: SO-Brasilien: Rio Xingú.
♂: D lang ♀: D mit weißem Band. V: =
Z: Noch nicht erfolgt. F: K
T: 28–30°C, L: ♂ 35 cm, pH: <7, SG: 3

Crenicichla stocki 4/610

H: Brasilien: Rio Tocantins u. Zuflüsse.
♀: Mehr rot? V: =
Z: Hb? Vater-Mutter-Familie? F: K,O
T: 24–27°C, L: 25 cm, pH: <7, SG: 1–2

Crenicichla strigata 1/698
Gestreifter Kammbuntbarsch

H: Guyana, N-Brasilien.
♀: Mit rotviolettem Bauch. V: =
Z: Hb? Vater-Mutter-Familie? F: K
T: 23–27°C, L: >40 cm, pH: 7, SG: 4

Crenicichla sveni ♀ 4/610

H: Kolumbien: Rio Meta.
♂: Dorsale u. Anale länger; größer. V: =
Z: Hb; Vater-Mutter-Familie. F: K,O
T: 24–27°C, **L**: ♂ 30 cm, **pH**: <7, **SG**: 1–2

Crenicichla vittata ♀ 4/612

H: Brasilien: Rio Paraguay.
♀: Roter Bauch. V: =
Z: Hb; Vater-Mutter-Familie. F: K,O
T: 24–27°C, **L**: ♂ 30 cm, **pH**: 7, **SG**: 1–2

Crenicichla vittata ♂ 4/612

Diese Färbung kann auch bei pflegenden ♀ beobachtet werden.
(Foto s. S. 5/781)

Crenicichla wallacii 2/888
Wallace's Hechtcichlide

H: Guyana, Brasilien.
♂: Schlanker. V: =
Z: Hb; Mann-Mutter-Familie. F: K
T: 24–27°C, **L**: 15 cm, **pH**: <7, **SG**: 3–4

Dicrossus maculatus ♂ 5/808
Schachbrettcichlide

H: Brasilien: Amazonaszuflüsse.
♂: Farbiger; längere Flossen (V!). V: +
Z: Offenbr. unter Pflanzen; 150 E. F: K
T: 22–25°C, **L**: 7 cm, **pH**: ≪7, **SG**: 2–3

Satanoperca acuticeps 2/906
Vierfleckerdfresser, Spitzkopf-Perlmuttercich.

H: Amazonasbecken.
♂: Dorsale u. Anale ausgezogen. V: +
Z: Ob?; Elternfamilie. F: O
T: 24–26°C, **L**: 25 cm, **pH**: <7, **SG**: 2–3

CICHLIDEN

Geophagus argyrosticus 4/618
Tränenstrich-Erdfresser
H: Brasilien: Rio Xingú.
♂: Dorsale u. Anale länger; größer. V: =
Z: Ob; Elternfamilie. F: K,O
T: 25–30°C, L: ♂ 15 cm, pH: <7, SG: 1–2

Geophagus brasiliensis 1/704
Brasilperlmutterfisch
H: O-Brasilien: a. im Brackwasser.
♂: Dorsale u. Anale länger im Alter. V: =
Z: Ob, 600–800 E; Elternfamilie. F: K,O
T: 20–23°C, L: 10–28 cm, pH: <7, SG: 3

Satanoperca daemon ♂ 2/908
Dreifleckerdfresser
H: Orinoco, Amazonas u. Rio Negro.
♂: Dorsale fadenförmig ausgezogen. V: =
Z: Natur: Offenbrüter. F: O
T: 27–30°C, L: 30 cm, pH: <7, SG: 2–3

Geophagus grammepareius ♂ 5/814
Brauner Wangenstrich-Erdfresser
H: Venezuela: Rio Caura/Rio Caroni.
♂: Größer; Flossen ausgezogen. V: =
Z: Ob?, Elternfamilie? F: K,O
T: 25–30°C, L: ♂ 14 cm, pH: <7, SG: 1

Geophagus steindachneri ♂ 1/706
Rotbuckel-Buntbarsch
H: Kolumbien: Rio Magdalena.
♂: Stirnbuckel; längere Flossen. V: +
Z: Mb; Mutterfamilie. F: K,O
T: 24–26°C, L: ♂ 25 cm?, pH: <7, SG: 2

Geophagus pellegrini ♂ 4/620
H: W-Kolumbien.
♂: Rote Flossen; Stirnbuckel. V: =
Z: ♀ Mb. F: K,O
T: 25–30°C, L: ♂ >15 cm, pH: ≪7, SG: 1–2

CICHLIDEN

Geophagus proximus 1/706
Surinam-Perlfisch
H: Guyana bis zum Amazonas.
GU: Schwer zu unterscheiden. V: =
Z: LMb, 250 E; Elternfamilie. F: K,O
T: 22–25°C, L: 30 cm, pH: 7, SG: 3

Geophagus sp. 5/814

H: Unbekannt.
♂: Größer; Flossen ausgezogen. V: =
Z: Unbekannt. F: K,O
T: 23–27°C, L: 13 cm, pH: <7, SG: 2–3

Geophagus sp. 3/766
Wangenstricherdfresser
H: Venezuela: Orinoco.
♂: Unbekannt. V: =
Z: Mb? F: O
T: 22–26°C, L: 20 cm, pH: <7, SG: 3

Geophagus sp. "Orinoco" 5/816

H: Venezuela: Rio Caroni/Rio Caura.
♂: Größer; Kopf wuchtigerer. V: =
Z: ♀♂ LMb. F: K,O
T: 27–30°C, L: ♂ 30 cm, pH: ≪7, SG: 1–2

Geophagus sp. "Rio Areões" 5/816

H: Brasilien: Rio Araguaia-System.
♂: Größer; ausgezogene Flossen. V: =
Z: ♀Mb; später ♀♂Mb die Larven. F: O
T: 25–30°C, L: ♂ 15 cm, pH: <7, SG: 1–2

Geophagus taeniopareius o.♀, u.♂ 5/818
Gelber Wangenstrich-Erdfresser
H: Venezuela: Rio Orinoco.
♂: Größer; längere Flossen. V: =
Z: Offenbrüter. F: O
T: 25–30°C, L: ♂ 15 cm, pH: 7, SG: 1–2

CICHLIDEN

Guianacara cf. *geayi* ♂? 5/822
Rotwangen-Sattelfleckbuntbarsch
H: Unbekannt.
♂: Größer; Kopf wuchtiger. V: +
Z: Höhlenbrüter; Vater-Mutter-Fam. F: O
T: 24–27°C, L: ♂ 15 cm, pH: 7, SG: 2

Guianacara sp. "Orinoco" o.♂, u.♀ 5/820

H: Venezuela: Rio Orinoco.
♂: Etwas größer; Kopf wuchtiger. V: +
Z: Höhlenbrüter. F: K,O
T: 27–30°C, L: ♂ 16 cm, pH: <7, SG: 1–2

Guianacara owroeweti ♂ 5/822

Guianacara owroeweti ♀ 5/822

H: Surinam.
♂: Etwas größer; Kopf wuchtiger. V: +
Z: Höhlenbrüter. F: K,O
T: 27–30°C, L: ♂ 16 cm, pH: <7, SG: 1–2

Guianacara sp. "Rotwange" ♂ 5/824

H: Venezuela?
♂: Etwas größer; Flossen länger. V: =
Z: Höhlenbrüter. F: O
T: 23–30°C, L: ♂ 14 cm, pH: <7, SG: 1–2

Gymnogeophagus australis 1/708
La Plata-Erdfresser
H: Argentinien: La Plata-Gebiet.
GU: Nur Genitalpapille. V: =
Z: Ob, ca. 400 E; Elternfamilie. F: O
T: 22–24°C, L: 18 cm, pH: 7, SG: 2

Gymnogeophagus balzanii 1/708
Paraguay-Maulbrüter, Ballonkopf-Erdfresser
H: Paraguay: Rio Paraná.
♂: Dorsale u. Anale länger; Buckel. V: +
Z: ♀Mb, <500 E; Mutterfamilie. F: K,O
T: 22–26°C, L: 20 cm, pH: 7, SG: 3

Gymnogeophagus gymnogenys ♂ 2/910
Dunkler Perlmutterbuntbarsch
H: S-Brasilien, Uruguay, Argentinien.
♂: Im Alter mit Stirnbuckel; größer. V: =
Z: Ob? Elternfamilie? F: O
T: 21–24°C, L: 25 cm, pH: 7, SG: 2–3

Gymnogeophagus labiatus ♂ 5/824
Gestreifter Erdfresser
H: S-Brasilien: Rio Cadeia,...
♂: Farbiger, größer. V: +
Z: ♀ larvophiler Maulbrüter. F: O
T: (15°) 24°C, L: ♂15 cm, pH: 7, SG: 1–2

Gymnogeophagus rhabdotus ♂ 2/910
Gestreifter Erdfresser
H: S-Brasilien, Uruguay, Argentinien.
♂: Farbiger, größer. V: +
Z: Ob, 300 E; Elternfamilie. F: O
T: 20–25°C, L: 15 cm, pH: 7, SG: 2

Heros efasciatus ♂ 4/626

H: Kolumbien, Brasilien, Peru.
♂: Größer, insgesamt heller. V: =
Z: Ob; Elternfamilie. F: K,O
T: 25–32°C, L: 25 cm, pH: 7, SG: 1–2

Heros cf. *notatus* ♂ 5/844

H: N-Abhang des Guyana-Hochlandes.
♀: Gelber; Flossen ungefleckt. V: +
Z: Ob; Elternfamilie. F: O
T: 25–32°C, L: 25 cm, pH: 7, SG: 1

CICHLIDEN

Heros cf. *notatus* ♀ 5/844

Heros cf. *notatus* juv. 5/844

Heros severus 1/694
Augenfleckbuntbarsch
H: N-Südamerika bis Amazonasbecken.
GU: Nur Genitalpapille. **V:** =
Z: Ob, >1000 E; Elternfamilie. **F:** K
T: 23–25°C, **L:** 20 cm, **pH:** <7, **SG:** 2

Heros severus juv. 1/694
Augenfleckbuntbarsch

Hoplarchus psittacus juv. 2/876
Papageibuntbarsch
H: Brasilien: Rio Negro, Orinoco, Paduari.
♂: Nur durch spitze Genitalpapille. **V:** =
Z: Ob; Elternfamilie. **F:** O
T: 24–28°C, **L:** 35 cm, **pH:** ≪7, **SG:** 2–3

Hoplarchus psittacus WF ♂ 2/876
Papageibuntbarsch

Hypselecara coryphaenoides 2/864
Großkopfbuntbarsch
H: Amazonas, Rio Negro.
♂: Dorsale u. Anale länger; Fettwulst. V:–
Z: Unbekannt. F: K
T: 22–25°C, **L**: 25 cm, **pH**: <7, **SG**: 2

Hypselecara temporalis 1/686
Smaragdbuntbarsch, Rotgrüner Buntb.
H: Brasilien: ob. u. mittl. Amazonasgebiet.
♂: Deutliche Fettwulst; größer. V: =
Z: Ob; Elternfamilie. F: K,O
T: 25–28°C, **L**: ♂ 30 cm, **pH**: 7, **SG**: 2–3

Krobia guianensis 1/666, 5/846
Delphinbuntbarsch
H: Guayana-Länder.
♂: Dorsale u. Anale länger; farbiger. V: =
Z: Ob, 500 E; Elternfamilie. F: K,O
T: 23–25°C, **L**: ♂ 15 cm, **pH**: <7, **SG**: 3

Krobia guianensis 1/666, 5/846
Delphinbuntbarsch

Laetacara curviceps 1/662
Tüpfelbuntbarsch (mit Gelege)
H: Amazonasgebiet.
♂: Dorsale u. Anale länger. V: =
Z: Ob, 300 E; Elternfamilie. F: K,O
T: 22–26°C, **L**: ♂ 10 cm, **pH**: <7, **SG**: 2

Laetacara dorsigera 1/662
(mit Gelege)
H: Bolivien.
♂: Dorsale u. Anale länger; größer. V: +
Z: Ob; Elternfamilie? F: K,O
T: 23–26°C, **L**: ♂ 10 cm, **pH**: 7, **SG**: 3–4

CICHLIDEN

Laetacara flavilabris ♂ 5/862
Orangeflossen-Laetacara
H: Ecuador, Peru, Brasilien.
♂: Flossen länger; größer. V: +
Z: Ob, 150 E; Elternfamilie. F: O
T: 24–28°C, L: ♂ 13 cm, pH: <7, SG: 3

Laetacara sp. "Buckelkopf" ♀ 5/861

Laetacara sp. "Buckelkopf" ♂ 5/861

Laetacara thayeri 1/664
Gelblippen-Buntbarsch
H: Peru: Oberer Amazonas.
♂: Dorsale u. Anale länger. V: =
Z: Ob; Elternfamilie. F: K
T: 22–26°C, L: 15 cm, pH: 7, SG: 2

Mazarunia mazarunii ♂ 5/866
Mazaruni-Buntbarsch
H: Guyana: Mazaruni River.
♂: Dorsale spitz; etwas größer. V: +
Z: Erfolgt; keine Angaben. F: K,O
T: 20–30°C, L: 8 cm, pH: <7, SG: 3–4

Mazarunia mazarunii ♀ 5/866
Mazaruni-Buntbarsch

CICHLIDEN

Mesonauta festivus 1/742
Flaggenbuntbarsch
H: W-Guyana, Brasilien.
♂: Kaum zu unterscheiden. V: +
Z: Ob, 200–500 E; Elternfamilie. F: K,O
T: 23–25°C, L: 15 cm, pH: <7, SG: 2–3

Mesonauta insignis 5/871
Flaggenbuntbarsch
H: Bras., Venezuela: Rio Negro/Orinoco.
♂: Größer; mehr blau/gelb. V: +
Z: Ob, <1000 E; Elternfamilie. F: K,O
T: 26–30°C, L: ♂ 20 cm, pH: <7, SG: 2

Mikrogeophagus altispinosus ♂ 3/802
Bolivianischer Schmetterlingsbuntbarsch
H: Bolivien, Brasilien: Guaporé.
♀: Im Alter etwas fülliger. V: +
Z: Ob, <200 E; Elternfamilie. F: K,O
T: 22–26°C, L: 8 cm, pH: 7, SG: 2

Mikrogeophagus altispinosus ♀ 3/802
Bolivianischer Schmetterlingsbuntbarsch

Mikrogeophagus ramirezi 1/748
Südamerikanischer Schmetterlingsbuntb.
H: W-Venezuela, Kolumbien.
♀: Rötliche Ventralzone. V: +
Z: Ob, 150–200 E; Elternfamilie. F: K,O
T: 22–26°C, L: 7 cm, pH: 7, SG: 3

Nannacara adoketa ♂ 5/878
H: Brasilien: ob. Rio Negro, Rio Uaupés.
♂: Farbiger; Flossen länger. V: +
Z: Ob (Hb), 350 J; Elternfamilie. F: K
T: 22–28°C, L: ♂ 12 cm, pH: ≪7, SG: 3–4

Nannacara adoketa ♀ 5/878

Nannacara anomala 1/744
Stahlblauer Maulbrüter
H: W-Guyana.
♂: Farbiger; 4 cm größer. V: +
Z: Hb, 50–300 E; VMFamilie. F: K
T: 22–26°C, L: 9 cm, pH: <7, SG: 2

Nannacara aureocephalus ♂ 3/804
Goldkopf-Schachbrettcichlide
H: Französisch Guyana.
♂: Größer, farbiger, längere Flossen. V: =
Z: Hb, 50–300 E; VMFamilie. F: K!
T: 22–25°C, L: ♂ 9 cm, pH: <7, SG: 2

Nanacara aureocephalus ♀ 3/804
Goldkopf-Schachbrettcichlide

Aequidens hoehnei ♂ 4/640, 5/880

H: Brasilien: Mato Grosso.
♂: Dorsale mit weißem Saum. V: =
Z: Offenbrüter;<600 E; Elternfam. F:K,O
T: 24°C, L: ♂ <15 cm, pH: <7, SG: 1–2

Nannacara anomala ♂ 5/882
Gebänderter Zwergbuntbarsch
H: NO-Brasilien: Bei Belém.
♂: Dorsale u. Anale spitz. V: +
Z: Höhlenbrüter. F: K,O
T: 22–30°C, L: 4 cm, pH: <7, SG: 3

Nannacara anomala ♀ 5/882
Gebänderter Zwergbuntbarsch

Pterophyllum scalare 2/976
Dumerils Segelflosser, Spitzkopfsegelflosser
H: Guyana, Brasilien: Belém–Solimões.
GU: Nur durch Genitalpapille. V: +
Z: Ob; Elternfamilie. F: K,O
T: 26–30°C, H: 10 cm, pH: <7, SG: 2–3

Pterophyllum altum 1/765
Hoher Segelflosser, Altum Scalar
H: Orinoco.
♂: Steilere Rückenlinie? V: +
Z: >500 J; pH 4,4. F: K,O
T: 28–30°C, H: 18 cm, pH: <7, SG: 3

Pterophyllum scalare 1/766
Segelflosser, Skalar Leopardskalar
H: Peru, O-Ecuador.
♂: Genitalpapille spitz. V: +
Z: Ob, <1000 E; Elternfamilie. F: K,O
T: 24–28°C, H: 15 cm, pH: <7, SG: 2

Pterophyllum scalare 1/766
Segelflosser, Skalar
Roter Schleierskalar

Pterophyllum scalare 5/928
Segelflosser, Skalar Perlskalar
H: Peru, O-Ecuador.
♂: Genitalpapille spitz. V: +
Z: Ob, <1000 E; Elternfamilie. F: K,O
T: 20–32°C, H: <25 cm, pH: <7, SG: 3–4

Pterophyllum scalare 1/766
Segelflosser, Skalar
Goldform

Retroculus lapidifer 3/862
Stromschnellen-Erdfresser
H: Brasilien: Tocantins.
GU: Unbekannt. V: +
Z: Ob oder Mb? F: K,O
T: 22–27°C, L: 25 cm, pH: 7, SG: 3–4

Retroculus xinguensis 5/933

H: Brasilien: Rio Xingú, Rio Tapajos?.
♂: Größer; größere Flossen. V: +
Z: Nat: Nester auf Sand o. Stein. F: K,O
T: 27–30°C, L: <25 cm, pH: <7, SG: 4

Satanoperca jurupari 1/704
Teufelsangel, Erdfresser
H: Guyana, Brasilien.
GU: Genitalpapille. V: =
Z: ♀♂ Mb, 150–400 E; Elternfam. F:K,O
T: 24–26°C, L: 25 cm, pH: <7, SG: 2–3

Satanoperca cf. *jurupari* 5/942

H: Brasilien: bei Puerto Ayacucho.
♂: Längere Flossen? V: +
Z: Mb; weiteres unbekannt. F: K,O
T: 24–27°C, L: 20 cm, pH: 7, SG: 2–3

Satanoperca leucosticta 3/864

H: Guyana, Surinam.
♂: Etwas größer. V: +
Z: ♀♂ LMb; Elternfamilie. F: K,O
T: 27–30°C, L: 20 cm, pH: <7, SG: 3

Satanoperca lilith vorn ♂ 5/942

H: Brasilien: Amazonien.
♂: Ältere: ausgezogene Flossen. V: +
Z: Substratlaicher? Elternfamilie? F: K
T: 23–30°C, L: 25 cm, pH: <7, SG: 4

Satanoperca pappaterra 3/866

H: Brasilien, Bolivien: Rio Guaporé.
♂: Etwas größer. V: =
Z: Mb. F: K
T: 24–27°C, L: ♂ 25 cm, pH: <7, SG: 3

Symphysodon aequifasciatus 1/770
Grüner Diskus

H: Amazonas bei Santarém u, Tefé.
GU: Genitalpapille. V: +
Z: Ob, ca.300 E; Efam. Hautsekret. F: K
T: 26–30°C, L: 15 cm, pH: <7, SG: 4

Symphysodon aequifasciatus 1/770
Brauner Diskus

CICHLIDEN

Symphysodon aequifasciatus 1/770
Blauer Diskus ("Royal Blue")

Symphysodon aequifasciatus 2/994
Grüner Diskus
Zuchtform

Symphysodon aequifasciatus 2/994
Blauer Diskus
Nachzuchtmännchen, ganz durchstreift.

Symphysodon aequifasciatus 2/994
Grüner Diskus
Besonders schön gestreift.

Symphysodon aequifasciatus 2/996
Riesendiskus (Zuchtergebnis)
H: Brasilien: Rio Jurna. (Vorfahren.)

Symphysodon discus 1/772
Echter Diskus, Pompadurfisch
H: Brasilien: Rio Negro.
GU: Genitalpapille zur Laichzeit. **V**: +
Z: Ob; Elternfamilie. Hautsekret. **F**: K
T: 26–30°C, **L**: 20 cm, **pH**: <7, **SG**: 4

Symphysodon discus × *Symphysodon aequifasciatus* 2/992

Taeniacara candidi ♂ 3/874
Torpedo-Zwergbuntbarsch
H: Brasilien: um Manaus.
♂: Farbiger; lazettförmige Kaudale. V: =
Z: Hb; MMFam. bis Efam. F: K
T: 25–28°C, L: ♂ 7 cm, pH: ≪7, SG: 3

Tahuantinsuyoa macantzatza 5/956
"Inka-Steinbuntbarsch"
H: Peru: Rio Ucayali-Becken.
♂: Größer, gestreckter, farbiger. V: =
Z: ♀♂LMb; laicht auf Blättern u.ä. F: O
T: 25–28°C, L: ♂ 12 cm, pH: 7, SG: 2

Teleocichla cinderella ♂ 5/958
Aschenputtel-Buntbarsch
H: Bras.: unterer Rio Tocantins/Araguaia.
♂: Größer; Dorsale ausgezogen. V: =
Z: Höhlenbrüter? Elternfamilie? F: K!
T: 24–27°C, L: 14 cm, pH: <7, SG: 3

Teleocichla cinderella ♀ 5/958
Aschenputtel-Buntbarsch

Teleocichla gephyrogramma ♂ 5/960

H: Brasilien: Rio Xingú. E
♂: Kaudale mit rotblauem Saum. V: =
Z: Hb, <50 E; Vater-Mutter-Familie. F:K!
T: 26–30°C, L: 8 cm, pH: <7, SG: 2–3

Teleocichla monogramma ♀ 5/960

H: Brasilien: Rio Xingú.
♂: Größer, heller; längere Flossen. V: =
Z: Höhlenbrüter? F:K
T: 27–33°C, L: ♂ 11 cm, pH: 7, SG: 1

Teleocichla proselytus o.♂, u.♀ 5/962

H: Brasilien: Rio Tapajos, Arapiuns, Cupari.
♂: Größer, heller; längere Flossen. V: =
Z: Höhlenbrüter; "Mutterfamilie". F:K
T: 27–33°C, L: ♂ 11 cm, pH: <7, SG: 1

Teleocichla centisquama ♂ 5/964

H: Brasilien: Rio Xingú bei Altamira.
♂: Läng. Flossen. ♀: Roter Bauch. V: +
Z: Höhlenbrüter; "Mutterfamilie". F:K
T: 27–33°C, L: ♂ 5 cm, pH: <7, SG: 1

Teleocichla sp. "Xingú II" ♀ 5/964
"Schwarzer" Teleo

H: Brasilien: Rio Xingú bei Altamira.
♂: Größer? V: +
Z: Höhlenbrüter? F:K
T: 27–33°C, L: 15 cm, pH: <7, SG: 1

Teleocichla sp. IV ♂ 5/966
"Grundel"-Teleocichla

H: Brasilien: Rio Xingú bei São Felix.
♀: D mit schwarzen Flecken; kleiner V: +
Z: Höhlenbrüter; Vater-Mutter-Fam. F:K
T: 27–33°C, L: ♂ 7 cm, pH: <7, SG: 3

Uaru amphiacanthoides 1/784
Keilfleckbuntbarsch

H: Guyana, Brasilien.
GU: Genitalpapille. V: =
Z: Ob, 300 E; Efam. Hautsekret. F: K
T: 24–26°C, L: 30 cm, pH: <7, SG: 3–4

CICHLIDEN

Einfuhrung

Diese Untergruppe enthält die Buntbarsche Indiens, Sri Lankas, Madagaskars und der Karibik (weder Florida noch Puerto Rico beherbergen einheimische Buntbarsche, obwohl es sowohl auf Kuba als auch auf Hispaniola einige gibt). Cichliden aus Israel, Jordanien und Syrien sind in der Untergruppe "Afrika – Fließgewässer" zu finden.

Geographische Verbreitung

Indien/Sri Lanka

Durch eine dominante Anwesenheit der Cypriniden in dieser Region, gibt es hier kaum Cichliden. Nur die zwei Arten in der salztoleranten Gattung *Etroplus* konnten während der Entwicklungsgeschichte in entsprechenden Küstengewässern Zuflucht finden.

Karibik

Auch hier sind endemische Buntbarsche nur wenig vertreten. Sowohl auf Hispaniola als auch auf Kuba handelt es sich um Arten, die auch in Brackwasser leben. Auf Kuba gibt es nur zwei endemische Arten.

Lac Bempazawa, ein Kratersee auf Nosy Be, Madagaskar, Habitat von *Paratilapia polleni.*

Madagaskar

Die Situation der einheimischen Fische auf Madagaskar scheint sich auf einen kritischen Punkt zuzubewegen: vielerorts sind Tilapien (*Tilapia rendalli* und *Oreochromis mossambicus*) und andere Exoten ausgesetzt worden. So kommt es vor, daß manche Gewässer nur noch von solchen Arten bewohnt werden. Insgesamt sind zur Zeit 20 endemische Buntbarscharten bekannt, man rechnet aber trotzdem noch mit zukünftigen Entdeckungen (O. Lucanus, Datz 11/96).

Nandopsis tetracanthus 2/882
Kubabuntbarsch
H: Kuba. Sw, Bw
♂: Größer. **V**: =
Z: Ob, <600 E, Elternfamilie. **F**: K,O
T: 20–27°C, **L**: 25 cm, **pH**: 7, **SG**: 1

Etroplus maculatus 1/702
Punktierter Buntbarsch, Indischer Buntb.
H: Vorderindien u. Sri Lanka; Sw,(Bw).
♂: Flossensäume mit Rot? **V**: =
Z: Ob, <300 E., Efam., 5% Mw. **F**: K,O
T: 20–25°C, **L**: 8 cm, **pH**: >7, **SG**: 2–3

Etroplus suratensis 2/906
Indischer Streifenbuntbarsch
H: Vorderindien u. Sri Lanka; Sw,Bw,(Mw)
♂: Größer? **V**: –
Z: Ob oder Hb; Elternfamilie. **F**: O,H
T: 23–26°C, **L**: 46 cm, **pH**: >7, **SG**: 3

Nandopsis haitiensis ♂ 5/876
Haiti-Buntbarsch
H: Haiti: Cul-de-Sac-Ebene. Bw.
♂: Größer, heller, Stirnbuckel. **V**: –
Z: Offenbrüter, 150 Eier. **F**: H,O
T: 24–27°C, **L**: ♂ 25 cm, **pH**: >7, **SG**: 1

Nandopsis haitiensis ♀ 5/876
Haiti-Buntbarsch

Paratilapia polleni ♂ 5/902
Fimanga-Buntbarsch
H: Madagaskar. E.
♂: Größer; sonst undeutlich. V: =
Z: <5000 E als Traube; ♀ pflegt. F: K,O
T: 15–30°C, L: ♂ 18 cm, pH: 7, SG: 3

Paratilapia polleni ♂ 4/668
Marakeli-Buntbarsch, Pollenbuntbarsch
H: Madagaskar. E.
♂: Größer; sonst undeutlich. V: =
Z: <5000 E als Traube; ♀ pflegt. F: K,O
T: 24–28°C, L: ♂ 25 cm, pH: 7, SG: 3

Paratilapia polleni I 4/668
Marakeli-Buntbarsch, Pollenbuntbarsch
Foto S. 5/903

Paratilapia polleni II 4/668
Marakeli-Buntbarsch, Pollenbuntbarsch
Foto S. 5/903

Paretroplus kieneri 5/905
Kotsovato-Buntbar., Steinfarbener Damba
H: Madagaskar: Westen der Insel.
GU: Nur durch Genitalpapille. V: –
Z: Offenbrüter, 200 E; Elternfam. F: K,O
T: 24–28°C, L: 20 cm, pH: >7, SG: 2–4

Ptychochromis oligacanthus 3/858
H: Madagaskar. E
GU: Unbekannt. V: =
Z: Offenbrüter, Elternfamilie. F: O
T: 24–30°C, L: 27 cm, pH: 7, SG: 2–3

CICHLIDEN

Perca fluviatilis im Rhein in der Schweiz.

Hypseleotris compressa (s.S. 809); eine der farbigsten Schläfergrundeln.

Einleitung

Teile der Ordnung Perciformes wurden bereits in den Gruppen 7 (Unterordnung Anabantoidei – Kletterfische) und 8 (Familie Cichlidae – Buntbarsche) vorgestellt. Beiden Gruppen beinhalten, von einem aquaristischen Standpunkt aus gesehen, begehrte, ganz spezifische und auch für den Laien leicht zu unterscheidende "Fischtypen". Die Gruppe 9 stellt weitere Familien innerhalb der Barschartigen vor.

PERCIFORMES

Geographische Verbreitung

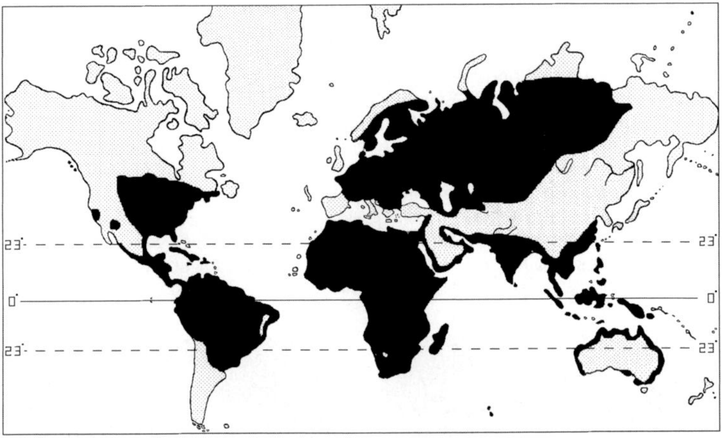

Verbreitungsgebiet der Ordnung Perciformes (ohne Meerwasser).

Allgemeines

Die Ordnung Perciformes ist die größte innerhalb der Wirbeltiere. Unter diesen sind sie vorherrschend in Meeren und vielen tropischen und subtropischen Süßgewässern. Insgesamt 9300 Arten werden in fast 150 Familien eingeteilt; davon leben an die 2200 Arten in Süßwasser. Diese werden artenzahlmäßig nur von den Siluriformes (Gruppe 4 – Welse – mit fast 2300 Arten) und den Cypriniformes (Gruppe 3 – Karpfenartige Fische – mit über 2600 Arten) übertroffen (NELSON, 1994).

Eine derart große Gruppe ist nur schwer zu charakterisieren, da in ihr alle möglichen Variationen an Gestalt, Diät und bewohntem Biotop zu finden sind. Dennoch teilen sie folgende Eigenschaften:

- Die Anwesenheit von echten Stachelstrahlen in der Dorsale, den Ventralen und der Anale.
- Die Dorsale hat einen vorderen stachelstrahligen Teil und einen hinteren weichstrahligen Teil. Diese beiden Teile können miteinander verbunden sein oder getrennt zwei Dorsale bilden (z. B. wie bei Gobiidae – Grundeln).
- Die Abwesenheit einer Adipose.
- Für die Speisefischindustrie ist interessant, daß Perciformes keine Zwischenmuskelgräten haben (im Unterschied z. B. zum Karpfen).
- Normalerweise haben diese Fische Ctenoidschuppen; bei einigen Familien sind die Schuppen allerdings reduziert.
- Die Schwimmblase hat keine Verbindung zum Darm (Physoklisten).

Familie Ambassidae (Chandidae)

Die Familie der Glasbarsche besiedelt Süß-, Brack- und Meerwasser des indischen und westpazifischen Raumes. Süßwasserarten sind vor allem von Indien und Madagaskar bis in die australische Region zu finden.

Acht Familien mit insgesamt 41 Arten werden anerkannt, von diesen sind etwas mehr als 20 Arten in Süßwasser zu finden.

Ihre Dorsale ist zweigeteilt. Mit wenigen Ausnahmen handelt es sich um kleine Gesellschaftsfische, die durch ihre Transparenz und der dadurch sichtbar werdenden Anatomie immer Interessenten finden. Im Aquarium erreichen die größeren Arten ihre natürliche Endlänge nicht.

Die Fortpflanzung ist vereinzelt gelungen: einige in Süßwasser, aber vor allem in Meerwasser war man bisher erfolgreich. Die Eier werden unter anderem an Wasserpflanzen angeheftet, pelagische Eier kommen aber auch vor. Die Jungfische sind meist sehr klein, was ihre Aufzucht erschwert.

Ambassis gymnocephalus 4/711
Commersons Glasbarsch, Glatzkopf
H: Ostküste Afrikas.
♂: Schwarze Spitzen an K u. D. V: =
Z: Freilaicher; Meerwasser!. F: K!
T: 22–28°C, L: 10 cm, pH: >7, SG: 3–4

Ambassis cf. *gymnocephalus* 4/711
Commersons Glasbarsch, Glatzkopf
Foto s. S. 4/708.

Ambassis cf. *gymnocephalus* 4/711
Commersons Glasbarsch, Glatzkopf
Foto s. S. 5/978

Ambassis agrammus 2/1020

H: Australien.
♂: Etwas intensiver, schlanker. V: +
Z: Nicht erfolgt. F: K
T: 20–28°C, L: 7 cm, pH: 7, SG: 3

Pseudambassis baculis 3/906

H: Indien, Myanmar , Thailand.
GU: Unbekannt. V: +
Z: Nicht erfolgt. F: K!
T: 18–25°C, L: 4,5 cm, pH: 7, SG: 2–3

Ambassis buruensis ♂ 3/908

H: SO-Asien.
♂: Schwimmblase hinten zugespitzt. V: +
Z: An Wasserpflanzen; >100 Eier. F: K
T: 22–30°C, L: 7 cm, pH: 7, SG: 3

Ambassis buruensis ♀ 3/908

Ambassis commersonii 2/1020
Commerson's Glasbarsch
H: Afrika, Asien, N-Australien.
♂: Spitzen der D u. K schwarz. V: +
Z: Nicht erfolgt. F: K!
T: 22–26°C, L: 10 cm, pH: 7, SG: 3–4

Ambassis elongatus 2/1022
Gestreckter Glasbarsch
H: N-Australien.
♀: Etwas voller (?). V: +
Z: Noch nicht gelungen. F: K!
T: 20–32°C, L: 7,5 cm, pH: 8, SG: 2

Ambassis macleayi 2/1022
Macleays Glasbarsch
H: Australien, Neuguinea.
♀: Etwas voller (?). V: +
Z: Noch nicht gelungen. F: K
T: 20–32°C, L: 10 cm, pH: 7, SG: 2

BARSCHÄ.

Parambassis ranga 1/800
Indischer Glasbarsch
H: SO-Asien: Indien, Myanmar, Thailand.
♂: Blauer Saum D, A; Schwimmbl. spitz. V:+
Z: An Wasserpflanzen; 150 Eier. F: K
T: 20–30°C, **L**: 8 cm, **pH**: 7, **SG**: 3

Parambassis sp. ♂ 3/905

H: Indien, Assam.

Parambassis sp. ♀ 3/905

H: Indien, Assam, Dibru-Fluß.

Parambassis lala 1/800
Hochflossen-Glasbarsch
H: SO-Asien: Indien, Myanmar.
♂: Blauer Saum an Flossen. V: +
Z: Leicht möglich. F: K
T: 20-40°C, **L**: 3 cm, **pH**: 7, **SG**: 3

Denariusa bandata 2/1024
Pennyfisch
H: Australien.
♂: Schlanker, etwas größer. V: +
Z: Nicht erfolgt. F: K
T: 20–30°C, **L**: 8 cm, **pH**: 7, **SG**: 3

Gymnochanda filamentosa 2/1026
Fadenglasbarsch
H: SO-Asien: Malaysia, Singapur.
♂: D_2 u. A stark verlängert. V: +
Z: Vereinzelt, Brackwasser. F: K!
T: 23–26°C, **L**: 5 cm, **pH**: 7, **SG**: 3–4

Parambassis confinis 4/712
Sepik-Olivenbarsch
H: Neuguinea: Sepikfluß. E.
♂: Kräftiger gefärbt. V: +
Z: Freilaicher, Meerwasser (!). F: K,O
T: 22–28°C, L: 12 cm, pH: >7, SG: 4

Parambassis gulliveri 4/712
Butterbrassen, Riesenglasbarsch
H: S-Neuguinea, N-Australien.
♂: Farbiger, schlanker. V: –
Z: Brackwasser (?). F: K!
T: 23–28°C, L: 28 cm, pH: >7, SG: 4

Tetracentrum apogonoides ♂ 4/714
Tetrabarsch
H: SO-Papua, Neuguinea.
♂: Zeitweilig dunkler. V: +
Z: Nicht erfolgt. F: K
T: 23–28°C, L: 18 cm, pH: 7, SG: 3

Tetracentrum apogonoides ♀ 4/714
Tetrabarsch

Tetracentrum caudovittatus 4/716
Kokoda-Olivenbarsch
H: Neuguinea. Süßwasser.
♂: Kräftiger gefärbt. V: +
Z: Eier pelagisch; Meerwasser (!). F: K
T: 22–26°C, L: 9 cm, pH: >7, SG: 4

Tetracentrum honessi 4/716
Honess' Olivenbarsch
H: Neuguinea. Süßwasser.
GU: Unbekannt. V: +
Z: Freilaicher, Meerwasser (?). F: K,O
T: 22–26°C, L: 8,5 cm, pH: >7, SG: 3

BARSCHÄ.

Familie Apogonidae

Die Familie der Kardinalfische besteht aus etwa 207 Arten in 22 Gattungen. Weitgehend Meeresbewohner, besiedeln die 9 *Glossamia*-Arten nur Süßgewässer Neuguineas und Australiens. Einige *Apogon* findet man auch in Brackwasser und unteren Flußläufen.

Es sind friedliche Schwarmfische, die gut z.B. mit Regenbogenfischen vergesellschaftet werden können. Sie haben zwei Rückenflossen.

Glossamia aprion 2/1012

H: Australien.
GU: Unbekannt. V: +
Z: Natur: Maulbrüter, Vaterfamilie. F: K
T: 23–25°C, L: 12 cm, pH: >7, SG: 2

Australien: Küstennahes Queensland, Cattle Creek. Fundort von Glasbarschen, Grundeln und Regenbogenfischen (letztere siehe Gruppe 10).

Familie Badidae

Die Familie der Blaubarsche wird manchmal lediglich als eine Unterfamilie (Badinae) der Nandidae angesehen. Eine gewisse Verwandtschaft zu den Anabantoidei (Gruppe 7) wird ebenfalls vermutet. Sie bewohnt je nach Unterart Süßgewässer in Pakistan, Indien, Myanmar und Thailand. Es handelt sich um eine farbenfrohe Art, welche schnell ihre Farben wechseln kann, wie einer ihrer Umgangsnamen (Chamäleonfisch) bereits andeutet.

Dieser Fisch bevorzugt ein versteckreich eingerichtetes Aquarium mit Sandboden. Auch sollte die Beleuchtung nicht zu hell ausfallen, wofür eine Schwimmpflanzendecke vorteilhaft ist.

Die Zucht kann bereits in kleinen Becken erfolgen, das Wasser sollte weich und leicht sauer sein: eventuell über Torf filtern.

Leider ist die Art schwer an Flockenfutter zu gewöhnen.

Badis badis 1/790
Blaubarsch
H: Indien.
♂: Farbiger, ventral konkav. V: +
Z: Höhle, Vaterfamilie; 30–100 Eier. F:K!
T: 23–26°C, **L**: 8 cm, **pH**: 7, **SG**: 4

Badis ruber 2/1013
Roter Badis, Chamäleonfisch
H: SO-Asien: Myanmar.
♂: Farbiger, ventral konkav. V: +
Z: Höhle, Vaterfamilie; <150 Eier. F: K!
T: 24–26°C, **L**: 8 cm, **pH**: <7, **SG**: 4

Badis siamensis 3/902
Thailändischer Blaubarsch
H: SO-Indien: Thailand, Phuket.
♂: Farbiger; ventral konkav. V: +
Z: Höhle, Vaterfamilie; 30–100 Eier. F: K
T: 22–26°C, **L**: 6 cm, **pH**: 7, **SG**: 4

BARSCHÄ.

Familie Blenniidae

Die Familie der Schleimfische ist im Atlantik, im Indischen Ozean und im Pazifik zu finden; nur wenige Arten besiedeln Süßwasser, einige Brackwasser. Sie besteht aus 53 Gattungen mit insgesamt 345 Arten.

Es handelt sich um bodenorientierte Fische ohne Schwimmblase. Ihr Körper ist nackt oder von kleinen Schuppen bedeckt.

Salaria fluviatilis ist sehr sauerstoffbedürftig. *S. basilisca* kann auf Dauer nur in Meerwasser gehalten werden; dort allerdings zusammen mit anderen Fischen und Wirbellosen.

Salaria basilisca 5/1004
Labyrinth-Schleimfisch
H: Mittelmeergeb. Sehr selten. Mw, Bw
♂: Gelber Helm. V: =
Z: Höhle, Vaterfam.; 1% Salzzusatz. F: O
T: 18–22°C, L: 18 cm, pH: >7, SG: 2–4

Salaria fluviatilis 1/825
H: Mittelmeergebiet. Sw
♂: Stärkerer Kamm auf dem Kopf. V: (–)
Z: Höhle, Vaterfam.; 200–300 E. F: K,O
T: 18–24°C, L: 15 cm, pH: 7, SG: 2–3

Bovichthyidae Eisfische

Familie Bovichthyidae

Die Familie der Eisfische bewohnt Meerwasser (südliches Australien, Südamerika und Neuseeland) und Süßwasser (Australien und Tasmanien). Sie enthält etwa 11 Arten in 3 Gattungen.

Nur eine Art wandert in südostaustralische Süßgewässer, ansonsten findet man sie in antarktischen Gewässern – daher Eisfische.

Diese Art ist ein bodenorientierter Raubfisch, der trotzdem mit Kaltwasserfischen angemessener Größe vergesellschaftet werden kann.

Pseudaphritis urvillii 2/1058
Congolli, Tupong
H: SO-Australien, Tasmanien. Bw,Sw,Mw
GU: Unbekannt. V: =
Z: Nicht gelungen. F: K
T: 5–20°C, L: 20 cm, pH: >7, SG: 3

Familie Centrarchidae

Die Familie der Sonnenbarsche besteht aus 8 Gattungen mit insgesamt 27 Arten, welche alle in nordamerikanischen Süßgewässern zu finden sind.

Diese Familie enthält einige wichtige Arten für Sportangler und andere, die für Physiologiestudien in Labors verwendet werden; weswegen sie auch kommerziell gezüchtet werden.

Die größte Art ist *Micropterus salmoides* mit über 60 cm Länge, während die Gattung *Elassoma* Zwerge von 3,5 cm beiträgt. Letztere sind auch für ein tropisches Aquarium geeignet, während die anderen Arten kühlere Temperaturen brauchen. Alle müssen jedoch überwintert werden, um ihre Gesundheit zu erhalten und vor allem, um sie leichter vermehren zu können.

Die Arten wedeln entweder eine Grube aus oder legen ihre Eier wahllos zwischen Pflanzen (*Elassoma*). Bei allen Nestbauern betreibt das Männchen Brutpflege (Vaterfamilie), mit Ausnahme von *Micropterus*, wo beide Geschlechter in einer Elternfamilie sich um die Nachkommen kümmern.

Im allgemeinen sind diese Arten sehr empfindlich gegenüber pH-Wert- und Temperaturschwankungen und suboptimaler Wasserqualität (*Elassoma* sind nicht so sensibel). Eine großzügig dimensionierte Filteranlage und gewissenhafte Wartung sind daher notwendig. Das Aquarium sollte auch versteckreich eingerichtet sein, da die Fische sonst, vor allem die kleineren Arten, scheu werden. Gleichzeitig brauchen alle Arten der mittleren und unteren Wasserschichten einen offenen Schwimmraum.

Acantharchus pomotis 4/720, 5/979
Ohrenbarsch, Schlamm-Sonnenbarsch
H: N-Amerika: USA: New York bis Florida.
♂: Metallisch zur Laichzeit? **V**: =
Z: Sandgrube, ♂ bewacht. **F**: K!
T: 5–25°C, **L**: 21 cm, **pH**: 7, **SG**: 4

Acantharchus pomotis 4/720, 5/979
Ohrenbarsch, Schlamm-Sonnenbarsch

Ambloplites rupestris 2/1014, 5/980
Steinbarsch, Gemeiner Felsenbarsch
H: N-Am.: S-Kanada bis USA (Louisiana).
♂: V schwarz, Operkularrand golden. **V**:–
Z: Grube, Vaterfamilie. **F**: K
T: 10–25°C, **L**: 43 cm, **pH**: 7, **SG**: 4

Ambloplites rupestris 2/1014, 5/980

Steinbarsch, Gemeiner Felsenbarsch

Centrarchus macropterus 1/791
Pfauenaugensonnenbarsch, Pfauenaugenb.
H: N-Amerika: O-USA.
♂: Anale schwarz. ♀: Anale weiß. **V**: =
Z: Grube, ♂ pflegt; 200 Eier. **F**: K,O
T: 12–22°C, **L**: 16 cm, **pH**: 7, **SG**: 2

Lepomis gulosus 1/792, (4/722)

Lepomis gulosus 1/792, (4/722)

H: Nordamerika.
♂: Farbintensiver, schlanker. **V**: =
Z: Grube, ♂ pflegt; 1000 Eier. **F**: K,O
T: 10–20°C, **L**: 20 cm, **pH**: >7, **SG**: 2

Elassoma evergladei ♂ 1/792
Zwergbarsch, Schwarzer Zwergbarsch
H: N-Am.: USA: North Carolina bis Florida.
♂: Schwarze Flossen zur Laichzeit. **V**: +
Z: Zwischen Pflanzen; <60 Eier. **F**: K,O
T: 10–30°C, **L**: 3,5 cm, **pH**: >7, **SG**: 2

Elassoma okefenokee ♀ 2/1014
Okefenokee-Zwergsonnenbarsch
H: N-Am.: USA: SW-Georgia: Okefenokee.
♂: Zur Laichzeit dunkler. **V**: =
Z: Zwischen Pflanzen. **F**: K
T: 4–30°C, **L**: 4 cm, **pH**: <7, **SG**: 2–3

Elassoma zonatum ♂ 4/722
Gebänderter Zwergbarsch
H: N-Amerika: O- u. SO-USA.
♂: Farbiger, größer. V: +
Z: Zwischen Pflanzen. F: K,O
T: 10–25°C, L: 3,8 cm, pH: 7, SG: 2–3

Elassoma zonatum ♂ 4/722
Gebänderter Zwergbarsch
N-Florida

Enneacanthus chaetodon 1/794
Scheibenbarsch
H: N-Amerika: NO-USA.
♀: Meist dicker, kräftigere Farben. V: +
Z: Grube, Vaterfamilie; <500 Eier. F: K
T: 4–22°C, L: 10 cm, pH: 7, SG: 3

Enneacanthus gloriosus 1/794
Kiemenfleck-Diamantbarsch
H: N–Amerika: O-USA.
♂: Hochrückiger, längere Flossen. V: +
Z: Grube, Pflanzen; <500 Eier. F: K
T: 10–22°C, L: 8 cm, pH: >7, SG: 2

Enneacanthus obesus 1/796
Diamantbarsch
H: N-Amerika: O-USA.
♂: Farbiger; D u A länger. V: +
Z: Grube, Pflanzen, ♂ pflegt 500. F:K,O
T: 10–22°C, L: 10 cm, pH: >7, SG: 2

Lepomis auritus solis 2/1016
H: N-Amerika: USA: Maine bis Virginia.
♂: Farbenprächtiger. V: –
Z: Grube, ♂ pflegt; 1000 Eier. F: K
T: 4–22°C, L: 20 cm, pH: >7, SG: 2

BARSCHÄ.

Lepomis cyanellus 1/796
Grüner Sonnenbarsch, Grasbarsch
H: N-Amerika: Kanada bis Mexiko.
♂: Niedriger, ♀: Dicker. V: =
Z: Grube, ♂ pflegt; 1000 Eier. F: K,O
T: 18–22°C, L: 20 cm, pH: >7, SG: 2

Lepomis gibbosus 1/798
Gemeiner Sonnenbarsch, Kürbiskernbarsch
H: N-Amerika.
♂: Farbintensiver. V: =
Z: Grube, ♂ pflegt; 1000 Eier. F: K
T: 4–22°C, L: 20 cm, pH: >7, SG: 1–2

Lepomis humilis 4/720
Orangeflecken-Sonnenbarsch
H: N-Amerika: Kanada, USA.
♂: Farbiger, dunkler. V: =
Z: Mulde, ♂ bewacht. F: K
T: 10–28°C, L: 10 cm, pH: >7, SG: 2

Lepomis macrochirus 1/798
Blauer Sonnenbarsch Selten
H: USA: Ohio Valey, Arkansas, Kentucky.
GU: Sehr schwer feststellbar. V: =
Z: Nicht bekannt. F: K
T: 4–22°C, L: 13 cm, pH: >7, SG: 2

Micropterus dolomieu 2/1016
Großer Schwarzbarsch
H: N-Am.: S-Kanada bis USA (Arkansas).
♂: Etwas schlanker u. dunkler. V: –
Z: Nicht erfolgt. F: K
T: 10–18°C, L: 50 cm, pH: >7, SG: 2–3

Micropterus salmoides 2/1018
Forellenbarsch
H: N-Amerika: S-Kanada bis Mexiko.
♂: Etwas schlanker u. dunkler. V: –
Z: Nicht erfolgt. F: K!
T: 10–18°C, L: 60 cm, pH: >7, SG: 4

Familie Latidae

Die Familie der Riesenbarsche besiedelt Süß-, Brack- und Meerwasser des atlantischen, indischen und pazifischen Raumes. Süßwasserarten sind vor allem in Afrika zu finden.

Von den insgesamt 11 Arten in 3 Gattungen leben 7 *Lates* in afrikanischen Süßgewässern.

Riesenbarsche passen höchstens als Jungtiere in ein Heimaquarium. Später werden sie selbst für öffentliche Becken ein Problem, da sie zusätzlich zu ihrer Größe (siehe Kurzbeschreibung) auch aggressive Raubfische sind.

Über *Lates niloticus* ist in den letzten Jahren in Verbindung mit dem Viktoriasee viel berichtet worden (s. S. 673). Dort wurde diese Art ausgesetzt mit dem Ziel, der Bevölkerung eine bessere Nahrungsmittelquelle zu erschließen. Während anfänglich die Bevölkerung keine für solche Riesenfische geeignete Fischereiausrüstung zur Verfügung hatte, trat tatsächlich bald, leider nur kurzfristig, die gewünschte Besserung ein; doch die zur Zeit herrschende Situation ist neben einem Rückgang der Fanggewichte die der Bedrohung vieler endemischer Cichliden, welche die Hauptbeute des Nilbarsches sind. Das Endgleichgewicht der Arten ist noch nicht klar, es ist aber zu hoffen, daß wenigstens einige der bedrohten, bzw. bereits vermeintlich ausgestorbenen Arten, sich aus angepaßten Reliktpopulationen heraus am Ende wieder behaupten können.

Als Speise- und Angelfische sind die Arten dieser Familie geschätzt, aber als Aquarienfische sind sie ungeeignet.

Lates angustifrons juv. 4/724
Schmalstirn-Riesenbarsch
H: Afrika: Tanganjikasee. E.
♀: Fülliger. V: –
Z: Zu groß, pelagisch. F: K
T: 24–28°C, L: 135 cm, pH: >7, SG: 4

Lates calcarifer 2/1019
Barramundi, Riesenbarsch
H: Asien, Australien. Sw,Bw,Mw
GU: Geschlechtsumwandlung (?). V: –
Z: Noch nicht gelungen. Zu groß. F: K
T: 15–28°C, L: 180 cm, pH: >7, SG: 3–4

Lates microlepis 3/904
Kleinschuppiger Riesenbarsch
H: Afrika: Tanganjikasee. E.
GU: Unbekannt. V: –
Z: Zu groß. F: K
T: 24–28°C, L: 135 cm, pH: 7, SG: 4

Familie Channidae

Die Familie der Schlangenkopffische besiedelt Süßgewässer im tropischen Afrika und südlichen Asien mit 2 Gattungen (*Channa* in Asien und *Parachanna* in Afrika) mit insgesamt 21 Arten (18 in Asien, 3 in Afrika).

Durch die Anwesenheit eines suprabranchialen zusätzlichen Atmungsorgans (Labyrinth), werden sie oftmals auch zusammen mit den Kletterfischen (Unterordnung Anabantoidei –Gruppe 7) aufgeführt, obwohl es Meinungen gegen eine enge Verwandtschaft beider gibt, da sich dieses Organ in beiden Gruppen unabhängig voneinander entwickelt hat.
Es finden zwei Arten der Fortpflanzung statt:

- Schwimmgelege. Es werden schwimmende Eier gelegt. Diese steigen zur Wasseroberfläche empor und werden dort vom Männchen bewacht (sie bauen aber kein Schaumnest).
- Maulbrüten. Bei Arten aus Fließgewässern brütet das Männchen die Eier in seinem Maul aus. Die Eizahl beträgt dabei fast nur ein Hundertstel im Vergleich zu Schwimmgelegen.

Gegen Salzzugaben sind alle Schlangenkopffische empfindlich, was z.B. bei einer Behandlung von Ektoparasiten nicht übersehen werden darf. Andererseits ist durch ihre Zusatzatmung der Sauerstoffgehalt des Wassers zweitrangig. Auch sonst sind es sehr widerstandsfähige Fische und sie tolerieren selbst trübe Gewässer. Dank dieser Eigenschaften und der Qualität ihres Fleisches, werden sie in der Speisefischzucht vor allem in Asien, aber vielfach auch in Afrika in Teichen gehalten. Hauptsächlich geht es um die Bevölkerungskontrolle der sich übermäßig vermehrenden Tilapien, die dort gezüchtet werden, da größere Schlangenkopffische Raubfische sind, die kaum Ersatzfutter annehmen.

Die kleineren Arten erreichen immer noch eine Länge um die 30 cm. Als räuberische Einzelgänger können auch sie nur mit größeren, wehrhaften anderen Arten vergesellschaftet werden, da sie sich untereinander oft verfolgen und bei Einzelhaltung häufig scheu sind. (Einige sind außerhalb der Paarungszeit relativ friedlich und können dann auch mit Artgenossen vergesellschaftet werden.) Bei guter Fütterung sind Schlangenkopffische weniger aggressiv und leichter zu vergesellschaften

Obwohl sie keine besonderen Ansprüche an die Wasserqualität stellen, sollte, bedingt durch ihren starken Stoffwechsel, eine gute Filterung vorhanden sein. Ansonsten brauchen sie Unterstände und freien Schwimmraum. Robuste Pflanzen werden nicht beschädigt.

Channa argus 2/1060
Amur-Schlangenkopf
H: Asien: China: Amur u. nördlich.
♀: Zur Laichzeit voller. **V**: =
Z: N.: Schwimmnest, Vfam., 50000. **F**: K!
T: 14–22°C, **L**: <85 cm, **pH**: 7, **SG**: 1–4

BARSCHÄ.

Channa asiatica 3/671
Asiatischer Schlangenkopf
H: Asien: S-China, SO-Asien.
GU: Nicht unterscheidbar. V: –
Z: Schwimmgelege; <2000 Eier. F: K
T: 20–28°C, L: 30 cm, pH: 7, SG: 2

Channa gachua 3/672
Asiatischer Kleiner Schlangenkopf
H: SO-Asien.
GU: Schwer unterscheidbar. V: =
Z: Maulbrüter: ♂; 50–80 Eier. F: K
T: 20–26°C, L: 25 cm, pH: <7, SG: 2–3

Channa lucius 3/674
Glänzender Schlangenkopf
H: SO-Asien.
GU: Schwer unterscheidbar. V: –
Z: Nicht erfolgt. F: K
T: 20–26°C, L: 50 cm, pH: 7, SG: 2–4

Channa marulius 5/1005
Augenfleck-Schlangenkopf 6/1028
H: Asien: Indien.
GU: Schwer zu unterscheiden V: =
Z: Unbekannt. F: K
T: 20–28°C, L: 120 cm, pH: 7, SG: 4

Channa micropeltes juv. 1/827

H: Asien: Indien bis W-Malaysia.
♀: Zur Laichzeit voller? V: –
Z: ♂ pflegt, < 3000 Eier. F: K!
T: 20–28°C, L: <100 cm, pH: 7, SG: 4

Channa orientalis 1/828

H: Asien: Sri Lanka.
♀: Kräftiger. V: –
Z: ♂ Maulbrüter, <40 Eier. F: K
T: 20–26°C, L: 30 cm, pH: 7, SG: 4

BARSCHÄ.

Channa punctata 3/676
Punktierter Schlangenkopf
H: Indien, Sri Lanka, China.
GU: Unbekannt. V: –
Z: Schwimmgelege; nicht erfolgt. F: K
T: 20–28°C, L: 35 cm, pH: 7, SG: 2

Channa striata 1/830
Quergestreifter Schlangenkopf
H: SO-Asien.
GU: Unbekannt. V: –
Z: Schwimmgelege; ♂ pflegt. F: K!
T: 23–27°C, L: 90 cm, pH: >7, SG: 4

Parachanna africana 2/1059
Afrikanischer Schlangenkopffisch
H: W-Afrika: Nigeria, Kamerun.
♂: Farbiger zur Laichzeit? V: =
Z: Schwimmge.; ♂ pflegt; lichtempf. F: K!
T: 25–28°C, L: 32 cm, pH: 7, SG: 1–2

Parachanna insignis 3/674
Gezeichneter Schlangenkopf
H: Tropisches Afrika: Kongobecken.
♂: Größer. V: =
Z: Schwimmgelege; <3000 Eier. F: K
T: 22–28°C, L: 40 cm, pH: <7, SG: 2–4

Parachanna obscura 1/828
Dunkelbäuchiger Schlangenkopf
H: Zentralafrika: Senegal bis Weißer Nil.
♀: Zur Laichzeit voller? V: –
Z: ♂ pflegt, < 3000 Eier. F: K!
T: 26–28°C, L: 35 cm, pH: 7, SG: 4

Parachanna obscura juv. 1/828
Dunkelbäuchiger Schlangenkopf

Datnioides sp. cf. *campbelli*

Familie Datnioididae

Die Familie Datnioididae enthält 5 Arten in Süß- und Brackwasser von Indien bis Borneo und Neuguinea. Die ehemalige Gattung *Coius* ist eingezogen worden.

Einige brauchen 2–3 Eßlöffel Seesalz auf 10 l Wasser. Untereinander sind sie friedlich, wehren sich aber energisch gegen artfremde Angriffe.

Datnioides microlepis 1/802
Tigerbarsch, Tigerfisch Bw
H: Asien: Thai., Kambod., Borneo, Sum.
GU: Unbekannt. **V:** –
Z: Unbekannt. **F:** K
T: 22–26°C, **L:** 40 cm, **pH:** 7, **SG:** 3–4

Datnioides microlepis 1/802
Tigerbarsch, Tigerfisch

Familie Gobiidae

Die Grundeln schließen im INDEX auch die Schläfergrundeln (Familie Eleotridae) mit ein. Die Arten der Gobiidae wurden daher auch nach Unterfamilien alphabetisch geordnet, um die Eleotridae (u. andere Unterfamilien) als Einheit zu erhalten.

212 Gattungen mit über 1800 Arten sind weltweit in tropischen und subtropischen Gebieten zu finden. Ihre größte Artenvielfalt entfalten Grundeln in Meerwasser, aber viele Arten sind in Brack- und Süßwasser zu finden. Diese Familie stellt die meisten Meerwasserarten von allen und oftmals auch die meisten Süßwasserfische auf Inseln. Insgesamt enthält die Gobiidae ähnlich viele Arten wie die Cyprinidae (Gruppe 3) und die Cichlidae (Gruppe 8).

Viele der Süßwasserarten sind amphidrom; d.h., die Eier werden in Süßwasser gelegt, die planktonischen Larven werden dann von der Strömung in die Ästuarien getrieben. Dort und im Meer reifen sie heran. Zur Fortpflanzung wandern die Elterntiere wieder flußaufwärts in Süßwasser zurück. Auch gibt es anadrome Arten. Diese leben in Süßwasser, pflanzen sich aber in litoralem Meerwasser fort, um dann wieder flußaufwärts zu wandern.

Grundeln sind vor allem kleine Fische, die meisten erreichen um die 10 cm Länge. Die Familie enthält einige der kleinsten Arten (und damit der Wirbeltiere) der Welt: *Pandaka pygmaea* (S. 823) ist der kleinste Süßwasserfisch, während *Trimmatom nanus*, das kleinste bisher bekannte Wirbeltier (eine Meerwasserart – hier nicht vorgestellt), nur um wenig kleiner ist. Die größten Arten erreichen zwischen 50 und 60 cm Länge. Einige der Süßwasserarten dieser Größe werden rudimentär in Teichen als Speisefische gezüchtet, so z.B. *Dormitator latifrons*, eine Schläfergrundel (Fam.: Eleotridae) aus dem westlichen Ecuador, welche als sehr widerstandsfähig gegenüber ungünstigen Wasserbedingungen bekannt ist und auch über einen Tag lang außerhalb des Wassers überlebt; eine vorteilhafte Eigenschaft in tropischen Ländern ohne eine wirksame Kühlkette.

Eine Besonderheit unter den Grundeln stellen die Schlammspringer dar (S. 826). Wie ihr Name bereits andeutet, leben diese Arten amphibisch an der Wassergrenze in Ästuarien und Mangrovensümpfen. Sie bewegen sich erstaunlich schnell über Land fort, und mit ihren obenständigen Augen können sie auch außerhalb des Wassers gut sehen.

Süß- und Brackwassergrundeln sind hauptsächlich Höhlenlaicher mit Vaterfamilie; einige sind Offenlaicher (Substratlaicher). Probleme für Aquarienhaltung kommen vor allem von zwei Seiten: einerseits sind viele Arten auf Brack- bzw. Meerwasser zur Eiablage angewiesen, andererseits – und dies ist das Hauptproblem – sind die schlüpfenden Larven vielfach noch so klein, daß deren Ernährung extrem aufwendig ist. Bei reinen Süßwasserarten sind gewöhnlicherweise die Larven etwas größer. Oftmals können die Geschlechter nicht aufgrund von Farb- oder Größenunterschieden identifiziert werden; da hilft normalerweise nur die Morphologie der Genitalpapille weiter: bei Männchen ist sie lang, abgeflacht und spitz, während sie bei Weibchen kürzer und stumpf ist.

Für eine Aquarienhaltung empfiehlt sich mit wenigen Ausnahmen eine Seesalzzugabe in das Wasser. Eine Vergesellschaftung mit anderen Friedfischen ist zwar möglich (ein paar Grundeln sind Räuber), aber da es sich oftmals um scheue, halophile Fische handelt, ist die Auswahl geeigneter Gesellschafter nicht groß.

Die Ventralen der Grundeln sind zu einem Saugnapf vereint, welcher es diesen bodenorientierten Fischen erlaubt, sich der Strömung zu widersetzen. Bei Schläfergrundeln ist das im allgemeinen nicht der Fall.

Gobioides broussonnetii 2/1090
Lila Aalgrundel Bw
H: Amerika: USA (Georgia) bis Brasilien.
GU: Unbekannt. **V**: –
Z: Unbekannt. **F**: K
T: 23–25°C, **L**: 63 cm, **pH**: >7, **SG**: 4

Gobioides grahamae 3/984
Bw
H: S-Amerika: Amazonasdelta, Guyana.
GU: Unbekannt. **V**: –
Z: Unbekannt. **F**: O,K
T: 25°C, **L**: 22 cm, **pH**: >7, **SG**: 4

Gobioides peruanus 3/984
Blaue Aalgrundel Sw,Bw
H: Amerika: Costa Rica bis N-Peru.
♂: Genitalpapille kleiner, flach. **V**: =
Z: Unbekannt. **F**: O
T: 25°C, **L**: 38 cm, **pH**: 7, **SG**: 4

Odontamblyopus rubicundus 4/776
Aalgrundel Bw
H: Indien bis Japan, Indonesien.
♂: Genitalpapille spitz. **V**: –
Z: Hormoninjekt.; in Bodengängen. **F**:K,O
T: 20–30°C, **L**: 33 cm, **pH**: >7, **SG**: 4

BARSCHÄ.

Bunaka gyrinoides 4/750

H: Indowestpazifische Region. Sw
GU: Unbekannt. V: =
Z: Unbekannt. Diadrom? F: K!
T: 22–28°C, L: 40 cm, pH: 7, SG: 3

Butis amboinensis 4/750

H: Indien bis Indonesien u. Neuguinea.
♂: Verlängerte D_2 u. Anale. V: –
Z: Unbekannt. F: K!
T: 22–28°C, L: 13 cm, pH: 7, SG: 3

Butis butis 2/1063
Spitzkopfgrundel
H: Indopazifik. Mw, Bw, Sw.
GU: Unbekannt. V: –
Z: Noch nicht gelungen. F: K!
T: 22–28°C, L: 15 cm, pH: >7, SG: 3

Butis gymnopomus 3/954
Gestreifte Spitzkopfgrundel
H: Indien bis Philippinen, Indonesien,...
♂: Verlängerte D_2 u. Anale. V: –
Z: Auf Steinen; ♂ pflegt. F: K
T: 25°C, L: 11,5 cm, pH: 7, SG: 3

Butis melanostigma 3/958

H: Asien: Indien bis Indochina. Bw
♂: Verlängerte D_2 u. Anale. V: –
Z: Unbekannt. F: K!
T: 25°C, L: 14 cm, pH: 7, SG: 3

Kribia kribensis 4/754

H: W-Afrika: Guinea bis Zaire.
GU: Unbekannt. V: =
Z: Unbekannt. F: K!
T: 22–28°C, L: 5,7 cm, pH: 7, SG: 3

BARSCHÄ.

Kribia nana 4/756
Westafrikanische Zwerggrundel
H: W-Afrika: Nil, Tschadsee, Zaire-System.
♂: Dunkler; Flossenränder heller. V: (–)
Z: Höhlenlaicher; ♂ pflegt. F: K!
T: 24–26°C, **L**: 4 cm, **pH**: <7, **SG**: 3

Oxyeleotris lineolatus 4/764

H: Australien. Sw
♂: Genitalpap. klein, flach, schmal. V: –
Z: N: Versteck; <70000 Eier. F: K!
T: 20–28°C, **L**: 40 cm, **pH**: 7, **SG**: 3

Oxyeleotris marmorata 1/832
Marmorgrundel Sw
H: Indonesien, Malaiische Halbi., Thai.
♂: Verlängerte D_2 u. Anale. V: –
Z: Unbekannt. F: K,O
T: 22–28°C, **L**: 50 cm, **pH**: 7, **SG**: 4

Oxyeleotris urophthalmoides 4/766

H: Sumatra, Borneo. Sw
♂: Genitalpap. klein, flach, schmal. V: –
Z: Unbekannt. F: K!
T: 23–28°C, **L**: 20 cm, **pH**: 7, **SG**: 3

Oxyeleotris urophthalmus 4/766

H: Bor., Malaii. Halbi., Thai?, Neug?. Sw
♂: Genitalpap. klein, flach, schmal. V: –
Z: Noch nicht gelungen. F: K!
T: 23–28°C, **L**: 28 cm, **pH**: 7, **SG**: 3

Dormitator lebretonis ♂ 2/1070, 3/954
Lehmgrundel Bw,Sw
H: W-Afrika: Senegal bis S-Angola.
♂: Verlängerte D_2 u. Anale. V: =
Z: In Höhlen u. auf Pflanzen. F: O
T: 25°C, **L**: 12 cm, **pH**: >7, **SG**: 2–3

Dormitator lebretonis ♀ 2/1070, 3/954
Lehmgrundel

Dormitator lebretonis ♂ 3/954
Lehmgrundel
Schreckfärbung

Belobranchus belobranchus 5/1012
Kehlstachel-Schläfergrundel Sw,Bw

H: Philippinen bis Neuguinea.
GU: Unbekannt. **V**: =
Z: Unbekannt. **F**: K
T: +25°C, **L**: 20 cm, **pH**: >7, **SG**: 3

Dormitator maculatus 1/832, 3/958
Gefleckte Schläfergrundel Sw,Bw,Mw

H: Am.: USA (North Carolina) bis Brasilien.
♂: Verlängerte D_2 u. Anale. **V**: =
Z: Nach Frischwasserzufuhr. **F**: H,O
T: 20–27°C, **L**: 25 cm, **pH**: >7, **SG**: 3–4

Dormitator maculatus ♀ 1/832, 3/958
Gefleckte Schläfergrundel Sw,Bw,Mw

Eleotris amblyopsis 4/752
Bw, Sw

H: Amerika: Surinam bis Costa Rica.
♂: Verlängerte D_2 u. Anale. **V**: –
Z: Unbekannt. **F**: K,O
T: 23–28°C, **L**: 10 cm, **pH**: >7, **SG**: 3

Eleotris fusca 3/960
Sw, Bw
H: Indopa. zw. O-Afrika, Melanesien, Polyn.
♂: Verlängerte D_2 u. Anale. V: –
Z: Planktonische Larven. F: K
T: 25°C, L: 26 cm, pH: >7, SG: 3

Eleotris melanosoma 3/960
Schwarzbauchgrundel Bw, Sw
H: Von O-Afrika bis Tahiti.
♂: Verlängerte D_2 u. Anale. V: –
Z: Unbekannt; ♂ pflegt. F: K,O
T: 25°C, L: 20 cm, pH: >7, SG: 3

Eleotris pisonis 4/752
Bw, Sw
H: Am.: USA: South Carolina bis Brasilien.
GU: Unbekannt. V: =
Z: Unbekannt. F: O
T: 20–27°C, L: 20 cm, pH: >7, SG: 3

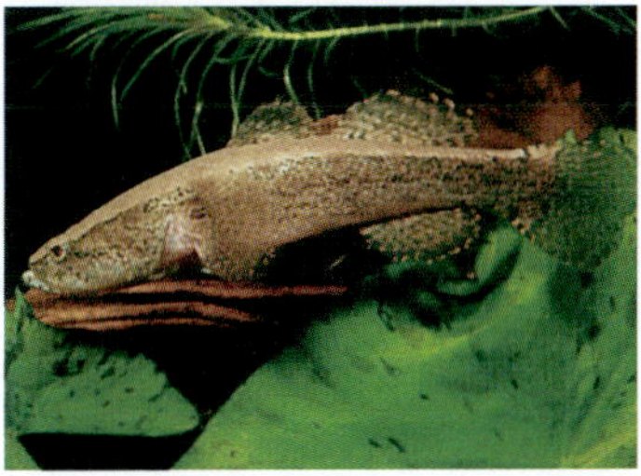

Eleotris vittata 5/1012
Bw, Sw
H: Afrika: Senegal, Namibia, Nigeria.
♂: Größere, flachere Genitalpapille. V: –
Z: Unbekannt. F: K!
T: 22–28°C, L: 24 cm, pH: >7, SG: 3–4

Gobiomorphus australis 2/1064
Streifengrundel Sw,Bw
H: Australien: O-Queensland, Neusüdwales.
GU: Keine bekannt. V: =
Z: Noch nicht geglückt. F: K!
T: 18–25°C, L: 22 cm, pH: >7, SG: 2

Gobiomorphus basalis ♂ 5/1018
H: Australien: Neuseeland.
♂: Verlängerte D_2 u. Anale. V: +
Z: Wintermonate 10°C, J 5,7 mm. F: K
T: 4–22°C, L: 9 cm, pH: 7, SG: 3

Gobiomorphus basalis ♀ 5/1018

Gobiomorphus cotidianus 5/1020
Sw, Bw

H: Australien: Neuseeland.
♂: Verlängerte D_1, D_2 u. Anale. V: +
Z: Höhlen u. offen; <2000 E. F: K!
T: 4–22°C, L: 15 cm, pH: 7, SG: 3

Gobiomorphus huttoni ♂ 5/1022
Rotflossen-Schläfergrundel Sw, Bw

H: Australien: Neuseeland.
♂: Verlängerte D_1, D_2 u. A; farbiger. V: =
Z: Höhlen; <20000 E; im Meer. F: K!
T: 4–20°C, L: 12 cm, pH: 7, SG: 3

Gobiomorphus huttoni ♀ 5/1022
Rotflossen-Schläfergrundel

Gobiomorus dormitor 5/1024
Riesengrundel Sw,Bw

H: Florida, Texas bis Surinam.
♂: Verlängerte D_2 u. Anale. V: –
Z: Zu groß. F: K!
T: 4–22°C, L: 90 cm, pH: 7, SG: 4

Gobiomorus dormitor juv. 5/1024
Riesengrundel

Gobiomorus maculatus 5/1026
Sw,Bw
H: Amerika: N-Mexiko bis N-Peru.
♂: Verlängerte D_2 u. A; farbiger. V: –
Z: Unbekannt. F: K!
T: 22–30°C, L: 32 cm, pH: 7, SG: 4

Bostrychus africanus 5/1030
Afrikanische Schläfergrundel Sw,Bw
H: Afrika: Senegal bis S-Angola.
GU: Unbekannt. V: =
Z: Unbekannt. F: K!
T: +28°C, L: 20 cm, pH: 7, SG: 3

Hemieleotris latifasciata ♂ 2/1064
Breitstreifengrundel
H: Amerika: W-Costa Rica bis Ecuador.
♂: Längere D_2 u. A; Glanzfleck D_1. V: +
Z: Enge Höhlen. F: K
T: 22–26°C, L: 12 cm, pH: 7, SG: 2

Hemieleotris latifasciata juv.♀ 2/1064
Breitstreifengrundel

Hypseleotris compressa ♂ 2/1066
Australische Kärpflingsgrundel Brutfärb.
H: Australien u. Neuguinea. Sw,Bw
♂: Farbiger; Laichz. leuchtend rot. V: +
Z: Unbekannt; ♂ pflegt. F: K,O
T: 10–30°C, L: 11 cm, pH: 7, SG: 2

Hypseleotris cyprinoides ♂ 5/1032
H: Indowestpazifische Region. Sw,Bw
GU: Siehe Fotos. V: +
Z: Blätter, Steinplatten; Aufz. erfolglos. F: K
T: 22–28°C, L: 7 cm, pH: 7, SG: 2

BARSCHÄ.

Hypseleotris cyprinoides ♀ 5/1032

Hypseleotris galii 2/1066
Feuerschwanzschläfergrundel Sw
H: Australien: SO-Queensland, O-NSW.
♂: Größere Flossen, farbiger. V: =
Z: Hartsubstrat; 100 Eier. F: K,O
T: 10–30°C, **L**: 8 cm, **pH**: 7, **SG**: 2

Hypseleotris guentheri ♂ 2/1068
Kärpflingsgrundel
H: SO-Asien: Sulawesi. Sw
♂: Größer; farbiger. V: +
Z: Aufzucht nicht gelungen. F: K,O
T: 25–27°C, **L**: 7 cm, **pH**: 7, **SG**: 1–2

Hypseleotris cf. *guentheri* ♂ 5/1034
H: N-Neuguinea. Sw
♂: Verlängerte D_2 u. A; farbiger. V: +
Z: An Wurzeln. F: K
T: 22–28°C, **L**: 7 cm, **pH**: 7, **SG**: 2

Hypseleotris klunzingeri ♂ 2/1068
Klunzingers Schläferg., Westl. Kärpflingsg.
H: Australien: Murray-Darling-System. Sw
♂: Größer; längere Flossen. V: +
Z: Natur: kleine Eier; ♂ pflegt. F: K,O
T: 10–30°C, **L**: 6,5 cm, **pH**: 7, **SG**: 1–2

Micropercops swinhonis o.♂,u.♀ 3/962
H: Asien: China (N von Hongkong). Sw
♂: Verlängerte D_2 u. A; dunkler. V: +
Z: Unbekannt; ♂ pflegt. F: K,O
T: 18–22°C, **L**: <8 cm, **pH**: 7, **SG**: 2

BARSCHÄ.

Madagaskar: Matsabory, Maintimaso.

Eleotris tohizonae 4/754

H: Madagaskar. Sw
♂: Verlängerte D_2 u. A; farbiger. V: ?
Z: Unbekannt. F: K
T: 22–26°C, L: 10 cm, pH: 7, SG: 2

Mogurnda adspersa 3/962

H: Australien. Sw
♂: Genitalpapille spitz; farbiger. V: =
Z: Substrat/Höhlenl.; ♂ pflegt. F: K
T: 16–20°C, L: 14 cm, pH: 7, SG: 3

Mogurnda kutubuensis ♀ 4/756
Kutubu-Schläfergrundel

H: Papua Neuguinea: Kutubusee. Sw
♂: Genitalpapille spitz, flach, lang. V: =
Z: Unbekannt. F: K,O
T: 23–28°C, L: 11 cm, pH: 7, SG: 3

Mogurnda mogurnda 2/1070
Tüpfelgrundel

H: Australien und Neuguinea. Sw
♂: Bauchseite etwas dunkler. V: –
Z: Höhlenl; Vaterfam; <200 E. F: K,O
T: 24–26°C, L: <17 cm, pH: 7, SG: 3

Mogurnda nesolepis ♂ 4/758
Gelbbauch-Schläfergrundel

H: N-Neuguinea. Sw
♂: Verlängerte D_2 u. A, größere K. V: =
Z: Höhlendecke; ♂ pflegt; <80 E. F: K
T: 22–27°C, L: 5,6 cm, pH: 7, SG: 3

BARSCHÄ.

Mogurnda nesolepis ♀ 4/758
Gelbbauch-Schläfergrundel

Mogurnda pulchra ♂ 4/760
Moresby-Tüpfelgrundel
H: SO-Papua Neuguinea. Sw
♂: Verlängerte D_2 u. Anale. V: =
Z: Substratl.; ♂ pflegt; <200 E. F: K
T: 23–28°C, L: 10 cm, pH: 7, SG: 3

Mogurnda pulchra ♀ 4/760
Moresby-Tüpfelgrundel

Mogurnda sp. "Papuan" 4/762
Gebänderte Tüpfelgrundel
H: O-Papua Neuguinea.
♂: Verlängerte D_2 u. Anale. V: =
Z: Höhlenlaicher; ♂ pflegt. F: K
T: 22–27°C, L: 8 cm, pH: 7, SG: 3

Mogurnda spilota ♀ 4/762
Gefleckte Kutubu-Schläfergrundel
H: Papua Neuguinea: Kutubusee. Sw
♂: Genitalpapille spitz, flach, lang. V: =
Z: Unbekannt. F: K,O
T: 23–28°C, L: 15 cm, pH: 7, SG: 3

Mogurnda variegata ♀ 4/764
Gescheckte Kutubu-Schläfergrundel
H: Papua Neuguinea: Kutubusee. Sw
♂: Genitalpapille spitz, flach, lang. V: =
Z: Unbekannt. F: K,O
T: 23–28°C, L: 15 cm, pH: 7, SG: 3

Ophieleotris aporos 2/1072
Manilaschläfergrundel
H: Indopazifischer Raum. Bw,Mw
♂: Farbiger. V: –
Z: Gelungen; kein Bericht. F: K!
T: 20–30°C, **L**: 40 cm, **pH**: >7, **SG**: 2

Ophiocara porocephala 2/1072
Schlangenkopfschläfergrundel
H: Indopazifischer Raum. Bw
GU: Unbekannt. V: –
Z: Unbekannt. F: K!
T: 20–30°C, **L**: 30 cm, **pH**: >7, **SG**: 2

Padogobius bonelli 5/1021

Perccottus glenii 3/964
Chinesische Schläfergrundel, Goloweschka
H: Asien: GUS-St., China, NO-Korea. Sw
♂: Größer? V: =
Z: N: Substratl, ♂ pflegt; <1000 E. F: K!
T: 15–30°C, **L**: 25 cm, **pH**: 7, **SG**: 3

Ratsirakia legendrei 5/1043

H: Madagaskar. Sw
♂: Verlängerte D_2 u. Anale. V: =
Z: Natur: 2000 E an Pflanzen. F: K
T: 25°C, **L**: 17 cm, **pH**: 7, **SG**: 3

Tateurndina ocellicauda o. ♀, u. ♂ 2/1074
Schwanzfleck-Schläfergrundel
H: Neuguinea: O-Papua. Sw
♂: Hellere Anale u. Dorsale. V: +
Z: Versteckaicher; ♂ pflegt. F: O
T: 22–26°C, **L**: 7,5 cm, **pH**: 7, **SG**: 2

Acentrogobius audax 3/972

H: Mosambik, Riukiu-Inseln. Bw
♂: 3 schmale vert. Linien vorne. V: =
Z: Unbekannt. F: K!
T: 25°C, L: 9 cm, pH: >7, SG: 3

Acentrogobius cyanomos ♂ 5/1008

H: Indien bis Thailand u. Indonesien. Bw
♂: Verlängerte D_1, D_2 u. Anale. V: =
Z: Versteckbrüter? F: K
T: 22–28°C, L: 12 cm, pH: >7, SG: 3

Acentrogobius pflaumii 5/1016

Acentrogobius viridipunctatus 3/972

H: Indischer Ozean, W-Pazifik. Bw
♂: Genitalpap. lang, stachelförmig. V: =
Z: Natur: Versteckläicher. F: K
T: 25°C, L: 16,5 cm, pH: >7, SG: 3

Benthophilus macrocephalus 3/976
Kaspische Kaulquappengrundel

H: Kaspisches Meer: Küste. Sw,Bw
♂: Verlängerte D_2 u. Anale; größer. V: =
Z: Noch nicht erfolgt. F: K
T: 4–20°C, L: 12 cm, pH: >7, SG: 3

Benthophilus stellatus 3/978
Stern-Kaulquappengrundel

H: Schwarzmeerbecken. Sw,Bw
♂: Verlängerte D_2 u. Anale; größer. V: =
Z: Nat: <2500 E bei 30–35 m Tiefe. F: K
T: 4–20°C, L: ♂ 13,5 cm, pH: >7, SG: 3

BARSCHÄ.

Brachygobius doriae mit Laich 1/836

H: Asien: O-Malaysia: Sarawak. Bw,Sw
♂: Kräftiger gefärbt. V: (–)
Z: Versteckl.; ♂ pflegt; 150–200 E. F: K!
T: 22–29°C, L: 4,2 cm, pH: >7, SG: 3

Brachygobius doriae 1/836
Normalfärbung

Brachygobius kabiliensis 3/978

H: Asien: N-Borneo. Bw,Sw
♂: Spitze Genitalpapille. V: (–)
Z: Unbekannt. F: K!
T: 25°C, L: 2,5 cm, pH: 7, SG: 2

Chlamydogobius eremius ♂ 2/1090
Wüstengrundel
H: Australien: Zentral u. S-Australien.
♂: Größer, viel farbiger. V: =
Z: Höhlenlaicher; Vaterfamilie. F: K,O
T: 10–35°C, L: 6 cm, pH: >7, SG: 2

Evorthodus lyricus ♂ 3/980
Lyragrundel Bw,(Sw)
H: Amerika: USA (Virginia) bis Brasilien.
♂: Verlängerte D_1 u. Kaudale. V: =
Z: Höhlenlaicher; Vaterfam; 100 E. F: O
T: 20–30°C, L: 10 cm, pH: >7, SG: 4

Evorthodus lyricus ♀ 3/980
Lyragrundel Bw,(Sw)

Exyrias belissimus 5/1014

Exyrias puntang ♂ 5/1014
Bw

H: Andamanen, Japan, China, N-Australien.
♂: Genitalpapille, spitz u. flach. **V**: =
Z: Unbekannt. **F**: O
T: 23–28°C, **L**: 16 cm, **pH**: >7, **SG**: 3

Exyrias puntang 5/1014

Glossogobius bicirrhosus 3/982
Bw,(Sw)

H: Asien: Riukiu-I., Philippinen, Indonesien.
♂: Fadenartig verlängerte D_1. **V**: =
Z: Unbekannt. **F**: K
T: 25°C, **L**: 8,5 cm, **pH**: >7, **SG**: 3

Psammogobius biocellatus 5/1017
Bw

H: SO-Afrika–S-China, Jap., N-Australien.
♂: Genitalpapille zugespitzt. **V**: =
Z: Noch nicht gelungen. **F**: K
T: 22–28°C, **L**: 11 cm, **pH**: >7, **SG**: 3–4

Glossogobius giuris 3/982
Flachkopfgrundel Bw,Sw

H: Indien, O-Afrika, Rotes Meer–W-Pazifik.
♂: Genitalpapille zugespitzt. **V**: =
Z: Aufzucht nicht gelungen? Sw, Bw **F**: O
T: 25°C, **L**: 42 cm, **pH**: 7, **SG**: 3

Gobiosoma bosc 5/1030
Nackte Grundel Bw
H: Am.: O-USA (Long Island) bis Mexiko.
♂: Genitalpapille zugespitzt; dunkler. V: =
Z: In Muschel- u. Austernschalen. F: K
T: 25°C, L: 6,4 cm, pH: >7, SG: 3

Brachygobius xanthozonus 1/836
Goldringelgrundel, Hummelgr. Bw,Sw
H: SO-Asien: Indonesien.
♂: Intensiver gefärbt. V: (–)
Z: Höhlenl.; Vaterfam.; 150–200 E. F: K!
T: 25–30°C, L: 4,5 cm, pH: >7, SG: 3

Knipowitschia longecaudata ♂ 3/986
Langschwanzgrundel Sw,Bw
H: Schwarzes, Asowsches Meer, Kaspisee.
♂: Dunkle Bänder; D u, A größer. V: (–)
Z: Versteckkaicher; Vaterfamilie. F: K
T: 22–28°C, L: 11 cm, pH: >7, SG: 3–4

Knipowitschia longecaudata ♀ 3/986
Langschwanzgrundel Sw,Bw

Lophogobius cyprinoides ♂ WF 3/988
Bw, Mw
H: M-Amerika: S-Florida bis Venezuela.
♂: Farbige D_1; dunkler. V: ?
Z: Höhlenlaicher; Mw. F: O
T: 24–28°C, L: 10 cm, pH: >7, SG: 3

Mesogobius batrachocephalus 3/988
Krötengrundel Bw,(Sw)
H: Schwarzes, Asow., Kaspisches Meer.
♂: Größer; Genitalpapille spitz. V: –
Z: Höhlenlaicher; Vaterfamilie. F: K!
T: 4–18°C, L: 37 cm, pH: >7, SG: 3

Nematogobius maindroni 4/772

H: W-Afrika: Senegal bis Angola. Bw,Sw
GU: Unbekannt. V: +
Z: Unbekannt. F: K!
T: 20–25°C, L: <8 cm, pH: 7, SG: 3

Neogobius cephalarges constructor 3/992

H: Asien: GUS-Staaten: S-Kaspisches Meer.
GU: Keine bekannt. V: ?
Z: Unbekannt. F: K!
T: 16–22°C, L: 13 cm, pH: 7, SG: 3

Neogobius eurycephalus 5/1036
Bw,Sw

H: Asowsches M., NW des Schwarzen M.
♂: Dunkel u. größer. V: =
Z: Natur: Dez.–April. F: K!
T: 4–20°C, L: 20 cm, pH: >7, SG: 3

Neogobius fluviatilis ♂ 3/992
Flußgrundel Sw

H: Asien: Schwarzes u. Kaspisches Meer.
♂: Größere Flossen; gelbl. z. Laichz. V: =
Z: Mai–Sep.; Substratl.; ♂ pflegt. F: K!
T: 4–20°C, L: 20 cm, pH: 7, SG: 3

Neogobius fluviatilis ♀ 3/992
Flußgrundel

Neogobius gymnotrachelus 3/995
Nackthals-Grundel Sw,Bw

H: Schwarzes, Asowsches M., Kaspisee.
♂: Dunkler, Genitalpapille spitz. V: =
Z: April–Juni; Höhlenl.; ♂ pflegt. F: K!
T: 4–20°C, L: 16 cm, pH: >7, SG: 3

BARSCHÄ.

Neogob. gymnotrachelus macrophthalmus
Kaspische Großaugengrundel 5/1036
H: Asien: Kaspisee. Bw
GU: Unbekannt. V: =
Z: April–Juli (Aug.); Substratl., <570. F: K!
T: 4–18°C, L: 6,7 cm, pH: >7, SG: 3–4

Neogobius kessleri ♂ 3/996
Kessler-Grundel Sw,Bw
H: NW-Schwarzes Meer, Kaspisee, Iran.
♂: Genitalpapille zugespitzt. V: =
Z: März–April (Mai); ♂ pflegt. F: K!
T: 4–20°C, L: 22 cm, pH: 7, SG: 3

Neogobius melanostomus ♂ 3/996
Schwarzmund-Grundel Sw,Bw
H: Schwarzes, Asowsches, Kaspisches M.
♂: Größer; z. Laichzeit schwärzlich. V: =
Z: Substratl; ♂ pflegt; <5000 E. F: K!
T: 4–20°C, L: 25 cm, pH: >7, SG: 3

Neogobius ratan goebeli 4/774

Neogobius ratan ratan ♂ 4/774
Bw
H: N-Schwarzes u. N-Asowsches Meer.
♂: Zur Laichzeit schwärzlich. V: =
Z: März–Mai; Versteckiaicher. F: K!
T: 4–20°C, L: 23 cm, pH: >7, SG: 3

Neogobius ratan ratan ♀ 4/774

BARSCHÄ.

Oligolepis acutipennis ♂ 2/1092

H: S- u. SO- Asien. Mw,Bw,(Sw)
♂: Längere Flossen; größer. V: =
Z: Höhlenl; Larv. pelagisch; erfolglos. F:O
T: 22–26°C, **L**: 12 cm, **pH**: >7, **SG**: 3

Padogobius bonelli 2/1094
Panizza-Grundel, Gardasee-Grundel

H: Europa: N-Italien. Sw
♂: Schlanker; D_1 mit Flecken. V: +
Z: Substratlaicher; ♂ pflegt; einfach. F: K!
T: 10–18°C, **L**: 6 cm, **pH**: >7, **SG**: 2–3

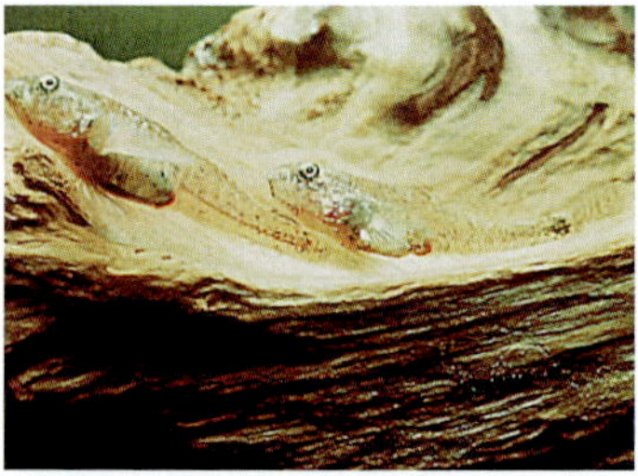

Pomatoschistus marmoratus 4/778
Bw

H: O-Atl., Mittel-, Schwarzes, Asowsches M.
♂: 4 vertikale Balken, dunkle Brust. V: =
Z: Natur: Versteckl.; <1200 E. F: K,O
T: 20–28°C, **L**: 6,5 cm, **pH**: >7, **SG**: 3

Porogobius schlegelii 5/1041

H: W-Afrika: Senegal bis Zaire. Bw,Sw
♂: Genitalpapille spitz, länger. V: =
Z: Unbekannt. F: K!
T: +25°C, **L**: 15 cm, **pH**: >7, **SG**: 3

Proterorhinus marmoratus ♂ 2/1096
Marmorierte Grundel Sw,Bw

H: Österreich, Schwarzes, Kaspisches Meer.
♂: Zur Laichzeit D_1 mit rotem Punkt. V: =
Z: Natur: Bodenlaicher. F: K!
T: 10–18°C, **L**: <11 cm, **pH**: >7, **SG**: 2–3

Pseudapocryptes elongatus 4/778
Lanzettgrundel Bw

H: Indien, Myanmar, Thai., Viet., Kal., Java.
♂: Genitalpapille spitz. V: =
Z: Nicht gelungen. F: K!
T: 23–28°C, **L**: 22 cm, **pH**: >7, **SG**: 4

Redigobius balteatus 2/1088
Vaimosagrundel Bw
H: SO-Asien: Kali., Viet., Sri L., Philipp...
♂: Verlängerte D_2 u. Anale. V: =
Z: Höhlenl; ♂ pflegt. Aufz. schwierig. F: K!
T: 25–28°C, L: 5 cm, pH: >7, SG: 3–4

Redigobius bikolanus ♂ 4/780
Sw,Bw
H: Südafrika–Japan, Guam, NO-Australien.
♂: Verlängerte D_2 u. Anale; größer. V: =
Z: Höhlenl; 1000 E. Aufz. erfolglos. F: K!
T: 21–28°C, L: 4,5 cm, pH: 7, SG: 3

Redigobius bikolanus ♀ 4/780

Redigobius chrysosoma 4/776
Sw,Bw
H: Borneo, Neuguinea, N-Australien.
♂: Genitalpapille spitz u. flach. V: +
Z: Unbekannt. F: K!
T: 23–28°C, L: 6,2 cm, pH: 7, SG: 3

Redigobius chrysosoma 4/776

(Foto 5/1016)

Stenogobius gymnopomus 3/1000

H: Asien: Indien, Indonesien. Sw,Bw
♂: Verlängerte D_1 u. Kaudale. V: =
Z: Unbekannt. F: O
T: 25°C, L: 13,5 cm, pH: >7, SG: 3

Yongeichthys thomasi 5/1050
Bw,Sw

H: W-Afrika: Guinea Bissau bis Zaire.
♂: Genitalpapille spitz. **V**: =
Z: Unbekannt. **F**: K!
T: 25°C, **L**: 6 cm, **pH**: >7, **SG**: 3

Gobiopterus brachypterus 5/1028

H: Sumatra, Java, Australien, Philippinen.
♂: Papille schlank und spitz. **V**: ?
Z: Unbekannt. **F**: K
T: 25°C, **L**: 3 cm, **pH**: 7, **SG**: 4

Gobiopterus chuno 2/1092
Glasgrundel

H: SO-Asien: Indien, Bang., Thai., Singapur.
GU: Unbekannt. **V**: +
Z: Unbekannt. **F**: K
T: 23–26°C, **L**: 2,5 cm, **pH**: ?, **SG**: 4

Mugilogobius adeia ♂ 4/772

H: Asien: Sulawesi: Matanosee. Sw
♂: Verlängerte D_1, D_2 u. Anale. **V**: =
Z: Höhlenl.; ♂ pflegt. Aufz. erfolglos. **F**: K!
T: 22–28°C, **L**: 4,3 cm, **pH**: 7, **SG**: 3

Mugilogobius chulae 3/990
Bw,Mw

H: Asien: Thai., Philipp., Taiwan, Riukiu.
♂: Verlängerte D_1, D_2 u. Anale. **V**: +
Z: Höhlenl.; ♂ pflegt. Aufzucht möglich **F**: K!
T: 25–28°C, **L**: 5 cm, **pH**: >7, **SG**: 2–3

Mugilogobius inhacae 3/990
Bw

H: W-Ind. Ozean: Mosambik, Seychellen.
♂: Verlängerte D_2 u. Anale. **V**: ?
Z: Unbekannt. **F**: K?
T: 22–25°C, **L**: 4 cm, **pH**: >7, **SG**: 3

Mugilogobius chulae 5/1034
Bw

H: Asien: Sri Lanka, Indien, Pakistan.
♂: Verlängerte D_1, D_2 u. Anale. V: ?
Z: Unbekannt. F: K!
T: 22–28°C, L: 2,5 cm, pH: >7, SG: 2–3

Pandaka trimaculata 2/1094
Zwerggrundel

H: SO-Asien: Philippinen. Bw
♂: ♂ 9 mm; z. Laichzeit schlanker. V: =
Z: Noch nicht gelungen. F: K,O
T: 24–30°C, L: ♀ 15 mm, pH: >7, SG: 3

Pseudogobius javanicus 2/1100
Sw

H: Asien: Trop. W-Pazifik, Indien bis Riukiu I.
♂: Genitalpapille spitz. V:=
Z: Substratlaicher; ♂ pflegt. F: O
T: 23–25°C, L: 3 cm, pH: 7, SG: 3

Rhinogobius brunneus 2/1098

H: Asien: Rußland: Amurbecken. Sw
GU: Unbekannt. V:(–)
Z: Unbekannt. F: K!
T: 16–20°C, L: 4,5 cm, pH: 7, SG: 3

Rhinogobius sp. 1 5/1044

H: Asien: Taiwan. Sw
♂: Längere D_1, D_2 u. A; farbiger. V: =
Z: Versteckbrüter. F: K!
T: 25°C, L: 8 cm, pH: 7, SG: 3

Rhinogobius sp. 1 5/1044
(Foto S. 5/1040)

BARSCHÄ.

Rhinogobius sp. 1 5/1044
(Foto S. 5/1040)

Rhinogobius sp. 2 5/1044

H: Rußland: Peter-der-Große-Bucht. Sw
♂: Längere D_1, D_2 u. A; farbiger. V: =
Z: Versteckbrüter. F: K!
T: 4–20°C, **L**: 6,5 cm, **pH**: 7, **SG**: 3

Nordborneo: Regang River bei Song Sarawak.

Rhinogobius duospilus ♂ 2/1100, 3/998
Weißwangen-Grundel (5/1026)

H: Asien: S-China: Bergland, Hongkong. Sw
♂: D_2 u. Anale länger; Kopf breiter. V:(–)
Z: Höhlenl.; ♂ pflegt; <50 große E. F: K!
T: 15–25°C, **L**: 4,5 cm, **pH**: 7, **SG**: 2

Rhinogobius duospilus ♂ 2/1100, 3/998
Weißwangen-Grundel (5/1026)

♂: Branchiostegalmembranen mit roter Zeichnung.

Rhinogobius duospilus ♀ 2/1100, 3/998
Weißwangen-Grundel (5/1026)

BARSCHÄ.

Schismatogobius deraniyagalai ♂ 5/1046

H: Asien: Sri Lanka. Sw
♂: Großes rotes Maul. V: (–)
Z: Höhlenl.; ♂ pflegt; Aufz. erfolglos. F: K!
T: 22–27°C, L: 4,6 cm, pH: 7, SG: 3

Schismatogobius deraniyagalai ♀ 5/1046

Schismatogobius deraniyagalai ♂? 5/1046

Stigmatogobius sadanundio 1/838
Gefleckte Grundel, Rittergrundel Sw,Bw

H: SO-Asien: Sumatra, Borneo, Java.
♂: Flossen größer. V: (–)
Z: Höhlenl.; ♂ pflegt; <1000 E; Bw. F:K,H
T: 20–26°C, L: 8,5 cm, pH: >7, SG: 3

Tridentiger bifasciatus 5/1048
Gestreifte Grundel Bw,Sw

H: Asien: China, Taiwan, Korea, Japan.
♂: Papille spitz; Kopf breiter. V: –
Z: Noch nicht erfolgt. F:K
T: 10–25°C, L: 12 cm, pH: >7, SG: 3

Apocryptes bato 5/1008

H: Indien, Bengalen, Bang., Myanmar. Bw
♂: K extrem lang, Papille spitz. V: =
Z: Zur SW-Monsunzeit. F: O
T: 23–28°C, L: 17 cm, pH: >7, SG: 4

Boleophthalmus pectinirostris 2/1088
Mw,Bw,(Sw)
H: SO-Asien: Japan, China, Thai., Myanmar.
GU: Unbekannt. **V**: =
Z: Unbekannt; (amphibisch). **F**: K
T: 26–30°C, **L**: 20 cm, **pH**: >7, **SG**: 4

Parapocryptes serperaster 3/998
Rillengrundel Bw
H: Asien: S-China, Thai, Malay., Indien.
GU: Unbekannt. **V**: =
Z: Unbekannt. **F**: O,H
T: 25°C, **L**: 22 cm, **pH**: >7, **SG**: 3–4

Periophthalmus barbarus 1/838
Schlammspringer Bw (amphibisch)
H: Rotes M.–Madag., SO-Asien, Australien.
GU: Unbekannt. **V**: (–)
Z: Noch nicht gelungen. **F**: K
T: 25–30°C, **L**: 15 cm, **pH**: ≫7, **SG**: 4

Periophthalmus barbarus 2/1096
Schmetterlings-Schlammspringer
H: W-Afrika: Küsten. Bw (amphibisch)
GU: Unbekannt. **V**: =
Z: Noch nicht gelungen. **F**: K!
T: 26–30°C, **L**: 25 cm, **pH**: >7, **SG**: 4

Awaous lateristriga 5/1010
Seitenbandgrundel
H: Afrika: Senegal bis Angola. Sw,Bw
♂: Genitalpapille länger, spitzer. **V**: =
Z: Wahrscheinlich amphidrom. **F**: K
T: 22–28°C, **L**: 26 cm, **pH**: 7, **SG**: 3–4

Awaous lateristriga juv. 5/1010
Seitenbandgrundel

Awaous strigatus ♂ 3/974
Schmetterlingsgrundel
H: S-Amerika: Kol. bis Bras: Küste. Sw
♂: Verlängerte D_2 u. Anale. V: =
Z: Höhlernl.; ♂ pflegt; Aufz. erfolglos. F:O
T: 25–27°C, L: 10 cm, pH: 7, SG: 3

Awaous flavus ♀ 3/974
Schmetterlingsgrundel

Awaous tajasica WF 3/976

H: S-Amerika: Florida– SO-Bras. Sw,Bw
♂: Genitalpapille lang, stachelförmig. V: =
Z: Unbekannt; diadrom. F: K
T: 22–30°C, L: 30 cm, pH: 7, SG: 4

Sicydium punctatum ♂ 5/1038
Klettengrundel Sw
H: Amerika: Martinique, Trinidad, Kol., Ven.
♂: D_1, D_2 u. A länger; Papille spitz. V: =
Z: Höhlenl.; amphidrom; Aufz. erfolglos. F: O
T: 22–27°C, L: 8 cm, pH: 7, SG: 3

Sicyopus jonklaasi ♂ 3/1000
Lippenstiftgrundel
H: SO-Asien: Sri Lanka. Sw
♂: Rote Oberlippe u. Schwanzstiel. V: =
Z: Unbekannt. (Amphidrom) F: K!
T: 23–25°C, L: 5 cm, pH: 7, SG: 3

Stiphodon elegans 2/1098
Leuchtgobius Sw
H: Indo., Philipp., Neuguinea, Japan,...
♂: Farblicher Unterschied. V: +
Z: Teilerfolg. F: O
T: 24–28°C, L: 4,5 cm, pH: 7, SG: 3

Familie Kuhliidae

Diese Familie besiedelt Meer-, Brack- und Süßwasser des indopazifischen Raumes. Nachdem die Gattungen *Edelia* und *Nannoperca* nun der Familie Percichthyidae (S. 832) zugeordnet wurden, enthält die Familie Kuhliidae nur eine Gattung mit etwa 8 Arten. Nur die aufgeführte Art ist hauptsächlich in Süßwasser zu finden, während einige andere Arten nur zeitweise in Flüsse eindringen.

Die gezeigte Art kann auch in Süßwasserbecken gehalten werden. Auf Vegetation muß verzichtet werden, aber das mit Steinen und Wurzeln eingerichtete Becken sollte strömungsreich mit einer leistungsstarken Pumpe und einer guten Filterung ausgerüstet sein, da sich die Fische in der Natur auch in schnell fließenden Bächen aufhalten.

Kuhlia rupestris 2/1028
Felsen-Flaggenbarsch
H: Indopazifische Küstengebiete.
GU: Unbekannt. **V:** =
Z: Noch nicht gelungen. **F:** K!
T: 20–26°C, **L:** 45 cm, **pH:** 7, **SG:** 4

Kurtidae — Kurter

Familie Kurtidae

Die Familie der Kurter besteht aus nur einer Gattung mit zwei Arten. Es handelt sich um Brack- und Süßwasserbewohner, die selten in Meerwasser gefunden werden. Sie besiedeln den indomalaiischen Raum bis Australien.

Die vorgestellte Art ist unseres Wissens noch nicht in einem Aquarium gepflegt worden. Es ist aber bekannt, daß sie sehr anfällig gegenüber Pilzinfektionen ist und daß die Fische beim Fang leicht einen tödlichen Anfall erleiden. Die Eier werden vom Männchen als Klumpen an einem Nackenhaken herumgetragen. Entwicklungsstadien oder Brutpflege sind noch unbekannt.

Kurtus gulliveri 3/910
Australischer Kurter, Höckerkopf
H: Neuguinea, Australien.
♂: Haken am Kopf. **V:** +
Z: Natur: Eiklumpen am Haken. **F:** K!
T: 20–28°C, **L:** 60 cm, **pH:** 7, **SG:** 3–4

Familie Lutjanidae

Die Familie der Schnapper besteht aus 5 Unterfamilien mit insgesamt 103 Arten in 17 Gattungen, die tropische und subtropische Gebiete, selten Süßwasser, bewohnen. Im Gegensatz dazu sind *Lutjanus fuscescens*, *L. goldiei* und möglicherweise *L. maxweberi* nur aus Süßwasser und Ästuarien bekannt (NELSON, 1994).

Beliebte Speisefische, manchmal rufen sie allerdings in Menschen die Fischvergiftung Ciguatera hervor, wenn bestimmte giftige Algen sich besonders vermehrt haben.

Lutjanus argentimaculatus 2/1033
Mangrovenbarsch
H: Tropischer Indopazifik. Bw, Mw, Sw
GU: Unbekannt. **V**: –
Z: Unbekannt. **F**: K
T: 16–30°C, **L**: 100 cm, **pH**: >7, **SG**: 3

Monodactylidae Flossenblätter

Familie Monodactylidae

Die Familie der Flossenblätter bewohnt Brack- und Meerwasser im westlichen Afrika und Indopazifik. Zeitweise wird auch Süßwasser aufgesucht, doch kann eine Langzeitaquarienhaltung nur in Brack- oder Meerwasser stattfinden. Die Familie besteht aus 2 Gattungen mit insgesamt 5 Arten.

Flossenblätter sind Schwarmfische, die bisher in Aquarien noch nicht vermehrt worden sind.

Monodactylus argenteus 1/804
Silberflossenblatt
H: Afrika, Asien. Brackwasser.
GU: Unbekannt. **V**: =
Z: Noch nicht gelungen. **F**: O
T: 22–28°C, **L**: 25 cm, **pH**: >7, **SG**: 3–4

Monodactylus sebae 2/1034
Seba-Flossenblatt
H: W-Afrika: Senegal–Zaire. Mw, Bw.
GU: Unbekannt. **V**: =
Z: Noch nicht gelungen. **F**: O
T: 24–28°C, **L**: 20 cm, **pH**: >7, **SG**: 3–4

Amazonasnebenfluß bei Santarém, Brasilien.

Familie Nandidae

Die Familie der Nanderbarsche ist in Süßgewässern Westafrikas, Südasiens und des nordöstlichen Südamerika zu finden. Nach einigen Meinungen gehören auch die Blaubarsche (hier in der Familie Badidae – S. 791) als Unterfamilie Badinae dazu. Im INDEX werden nur die beiden anderen Unterfamilien (Nandinae und Pristolepidinae) mit insgesamt 10 Arten in 7 Gattungen den Nanderbarschen zugerechnet.

Das Maul dieser meist spezialisierten Raubfische ist groß und weit vorstreckbar. Um sich ihrer Beute leichter nähern zu können, imitieren einige in der Strömung treibende Blätter.

Der Schwimmraum im Aquarium sollte dicht mit robusten Pflanzen eingerahmt werden, Sandboden und Verstecke aus Steinen und Wurzeln runden die Einrichtung ab.

Monocirrhus polyacanthus 1/805
Blattfisch

H: Südamerika: Peru.
♀: Manchmal voller. **V**: =
Z: Substratlaicher; <300 E, Vfam. **F**: K!
T: 22–26°C, **L**: 12 cm, **pH**: <7, **SG**: 3–4

BARSCHÄ.

Nandus nandus 1/806
Nanderbarsch
H: SO-Asien: Indien, Myanmar, Thailand.
♂: Dunkler, größere Flossen. **V**: –
Z: Freilaicher; <300 Eier. **F**: K!
T: 22–26°C, **L**: 20 cm, **pH**: 7, **SG**: 2–3

Nandus nebulosus 2/1035
Nebelbarsch
H: SO-Asien: Thai., Malaiische Halbi., Indo.
GU: Unbekannt. **V**: –
Z: Freilaicher; <300 Eier. **F**: K!
T: 22–26°C, **L**: 12 cm, **pH**: 7, **SG**: 2–3

Polycentropsis abbreviata 3/911
Afrikanischer Vielstachler
H: Afrika: Nigeria, Kamerun, Gabun.
♀: Schwach konvex, etwas heller. **V**: –
Z: Schaumnest, ♂; <100 Eier. **F**: K!
T: 26–30°C, **L**: 8 cm, **pH**: <7, **SG**: 3–4

Polycentrus schomburgkii 1/806
Schomburgks Vielstachler, S-Am.Vielstach.
H: NO-Südamerika.
♂: Dunkler. **V**: =
Z: Höhlenbrüter, Vaterfam.; <600 E. **F**: K!
T: 22–26°C, **L**: 10 cm, **pH**: <7, **SG**: 2

Pristolepis grooti juv. 3/912
Streifen-Nanderbarsch, Tiger-Nanderb.
H: SO-Asien: Myanmar, Thai., bis Indon.
GU: Unbekannt. **V**: =
Z: Unbekannt. **F**: O
T: 23–28°C, **L**: 21 cm, **pH**: 7, **SG**: 3

Polycentropsis abbreviata 3/911
Afrikanischer Vielstachler

Familie Percichthyidae

Die Familie der Dorschbarsche besteht aus 11 Gattungen mit etwa 22 Arten. Diese besiedeln Süßwasser und selten Brackwasser in Australien und Südamerika, wo sie vor allem in Argentinien und Chile vertreten sind.

Die Gattung *Gadopsis* wird auch in ihre eigene Familie, die Gadopsidae – sogar als Teil der Ordnung Gadiformes – eingeordnet. Andererseits werden die Gattungen *Edelia* und *Nannoperca*, früher Kuhliidae (S. 828), nun als Teil der Familie Percichthyidae betrachtet (NELSON, 1994).

Die kleineren Gattungen (*Edelia*, *Nannatherina* und *Nannoperca*), Zwergbarsche genannt, sind in Australien beliebte Aquarienfische. Es handelt sich um friedliche Gesellschaftsfische untereinander, für Cichliden und andere Fische ähnlicher Größe. In Artbecken pflanzen sie sich ohne größere Probleme fort; die Fortpflanzung kann auch durch einen teilweisen Wasserwechsel ausgelöst werden. Brutpflege scheint keine stattzufinden.

Für ihre Aquarienhaltung sind normale Verhältnisse vollkommen ausreichend: Ein gut bepflanztes Becken mit Sandboden und einigen Verstecken aus Steinen und Wurzeln zusammen mit Wasser, das durchschnittliche Wasserwerte aufweist, ist alles, was sie brauchen. Für ihre Ernährung ist gefriergetrocknetes Futter und Flockenfutter ausreichend, kleines Lebendfutter ist natürlich, wie für Karnivoren üblich, ein Leckerbissen.

Von den größeren Arten beschäftigt sich die australische Speisefischzucht vor allem mit *Macquaria ambigua*, der in Teichen gezüchtet wird und an deren künstlicher Ernährung intensiv gearbeitet wird. Auch *Gadopsis marmoratus* ist untersucht worden, aber die erzielten Ergebnisse waren denen mit Forellen erreichten unterlegen (BARDACH et al., 1972).

Nannoperca obscura 2/1027
Yarra Zwergbarsch
H: Australien.
♂: Schlanker. V: +
Z: Unbekannt. F: K,O
T: 10–30°C, **L**: 7,5 cm, **pH**: 7, **SG**: 2

Edelia vittata 2/1028
Westaustralischer Zwergbarsch
H: Australien.
♂: Dunklere Flossen, schlanker. V: +
Z: Eier klebrig, sinken, 20–60. F: K,O
T: 10–30°C, **L**: 7 cm, **pH**: 7, **SG**: 2

BARSCHÄ.

Gadopsis marmoratus 2/1075
Süßwasserdorsch
H: SO-Australien: Süßgewässer.
♂: Kleiner u. schlanker. V: =
Z: Höhlenlaicher; demersale Eier. F: K
T: 5–20°C, **L**: <60 cm, **pH**: 7, **SG**: 3

Macquaria australasica 2/1036
Macquarie's Barsch, Silberauge
H: Australien.
GU: Unbekannt. V: +
Z: Natur: Sept–Nov; <200 000 E. F: K
T: 4–25°C, **L**: 35 cm, **pH**: 7, **SG**: 3

Nannatherina balstoni 2/1030
Balstons Zwergbarsch
H: Australien.
♂: Schlanker, farbiger (Laichz.). V: +
Z: Unbekannt. F: K
T: 15–30°C, **L**: 8 cm, **pH**: <7, **SG**: 2

Nannoperca australis 2/1030
Südaustralischer Zwergbarsch
H: Australien.
♂: Schlanker, farbiger (Laichz.). V: +
Z: Einfach; keine Brutpflege. F: K,O
T: 10–30°C, **L**: 8 cm, **pH**: 7, **SG**: 2

Nannoperca oxleyana 2/1032
Nördlicher Zwergbarsch
H: Australien.
♂: Schlanker, schwarz (Laichz.). V: +
Z: Einfach. F: K,O
T: 16–30°C, **L**: 7,5 cm, **pH**: 7, **SG**: 2

Macquaria ambigua 2/1036
Australischer Goldbarsch
H: Australien.
GU: Unbekannt. V: =
Z: Teichwirtschaft. F: K
T: 10–30°C, **L**: 75 cm, **pH**: 7, **SG**: 4

Familie Percidae

Die Familie der Echten Barsche besteht aus 9 Gattungen mit insgesamt 159 Arten in 2 Unterfamilien (Percinae und Luciopercinae). Sie bewohnen Süßgewässer der nördlichen Halbkugel. Es handelt sich also weitgehend um Kaltwasserfische. Mit 102 Arten präsentieren sich die Springbarsche Nordamerikas der Gattung *Etheostoma* als die zahlreichsten.

Diese bodenorientierten Fische haben eine rückgebildete Schwimmblase und leben in Fließgewässern. Bei vielen dieser Arten werden die Männchen zur Laichzeit sehr farbenprächtig; sie können sogar - ähnlich den Karpfenfischen - Laichausschlag entwickeln. Sonstige Geschlechtsunterschiede sind vor allem an der Genitalpapille sichtbar: bei Männchen ist sie dreieckig und spitz, bei Weibchen ist sie rund und stumpf.

Außerhalb von Nordamerika sind *Etheostoma*-Arten bisher selten gehalten worden. Da im Aquarium das Biotop möglichst nachgeahmt werden sollte, ist es wichtig, das Ursprungsgebiet der zu haltenden Art zu kennen. Arten aus strömungsreichen Gewässern brauchen Kiesboden und Steine mit bewegtem, sauerstoffreichem Wasser mit einem pH-Wert um neutral, mit mittlerer Härte und klar. Eine starke Strömungspumpe ist daher oftmals unerläßlich. Arten aus stehenden Gewässern, wie z.B. der Sumpfspringbarsch, können in ihren Anforderungen mit amazonischen Arten verglichen werden (aber natürlich etwas kühler). Die Information über ihre Fortpflanzung beruht auf Beobachtungen in der Natur. Die Eier werden unter Steine und in den Kies gelegt (an Wasserpflanzen z.B. beim Sumpfspringbarsch). Zu dieser Zeit sind Männchen territorial.

Unter den großen Arten ist *Perca fluviatilis* (Flußbarsch – S. 837) mehrfach in der Speisefischzucht versucht worden, doch als reiner Fleischfresser hat sich seine Ernährung im Teich als zu teuer herausgestellt. Andere große Percidae sind als Angelfische beliebt, weshalb es Zuchtprogramme mit dem Ziel, diese Arten in Seen und Flüssen auszusetzen, gibt, um das Angebot für Angler zu verbessern.

Etheostoma blennioides, eine der über 100 Arten von Springbarschen.

BARSCHÄ.

Etheostoma blennioides 3/914
Grünseiten-Springbarsch
H: Nordamerika: O-USA.
♂: Kurze, spitze Genitalpapille. V: =
Z: Natur: April–Mai; 460–1830 E. F: K
T: 4–18°C, L: 15 cm, pH: 7, SG: 3

Etheostoma blennioides newmanii
Grünseiten-Springbarsch 3/914

Etheostoma caeruleum 3/916
Regenbogen-Springbarsch
H: Nordamerika: O-USA, SO-Kanada.
♂: Wesentlich farbenprächtger. V: =
Z: Natur: 800 Eier. F: K
T: 4–18°C, L: 8 cm, pH: 7, SG: 2–3

Etheostoma flabellare 3/918
Fächerschwanz-Springbarsch
H: S-Kanada, mittlere bis O-USA.
♂: Genitalpapille sehr klein. V: =
Z: Natur: Steinunterseite; 450 Eier. F: K
T: 4–18°C, L: 8 cm, pH: 7, SG: 3

Etheostoma fusiforme 3/918
Sumpfspringbarsch
H: Nordamerika: O-USA.
♂: Genitalpapille sehr klein. V: =
Z: Natur: an Wasserpflanzen. F: K
T: 14–26°C, L: 6 cm, pH: 7, SG: 2

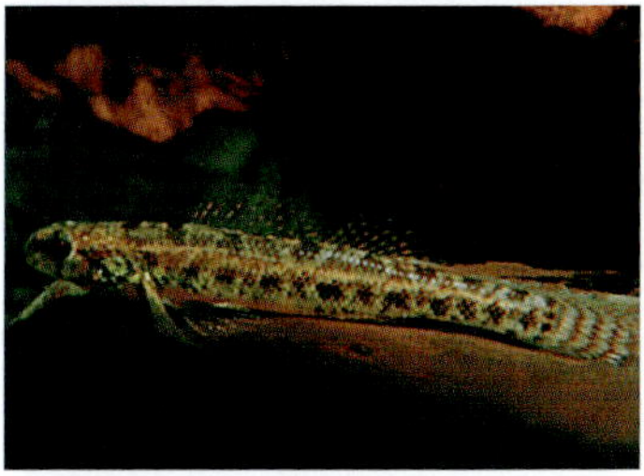

Etheostoma cf. *fusiforme* 3/918
Sumpfspringbarsch
H: Nordamerika: O-USA: N-Florida.

Etheostoma maculatum 4/726
Nadelstich-Riesenbarsch
H: N-Amerika: USA.
♂: Farbiger; größere V u. P. V: =
Z: Wie andere der Gattung. F: K
T: 10–24°C, **L**: 6,5 cm, **pH**: 7, **SG**: 2–3

Etheostoma microperca 4/726
Minispringbarsch
H: N-Amerika: USA.
♂: Etwas kräftiger gefärbt. V: (–)
Z: Unbekannt. F: K
T: 10–22°C, **L**: 3,5 cm, **pH**: >7, **SG**: 3

Etheostoma nigrum 3/920
Schwarzer Springbarsch
H: N-Amerika: O-USA.
♂: Schwärzlich zur Laichzeit. V: =
Z: Natur: April–Juni, Vaterfamilie. F: K
T: 4–18°C, **L**: 6 cm, **pH**: 7, **SG**: 2–3

Etheostoma olmstedi 4/728
Mosaik-Springbarsch
H: USA.
♂: Farbiger. V: (–)
Z: Wie andere der Gattung. F: K
T: 10–24°C, **L**: 5 cm, **pH**: 7, **SG**: 1–2

Etheostoma spectabile 3/920
Orangekehliger Springbarsch
H: N-Amerika: USA.
♂: Farbiger, Genitalpap. dreieckig. V: =
Z: Natur: April, Mai; <1200 E. F: K
T: 4–18°C, **L**: 8 cm, **pH**: 7, **SG**: 2–3

Etheostoma tetrazonum 4/728
Vierbinden-Springbarsch
H: N-Amerika: USA.
♂: Farbiger. V: –
Z: Kiesboden, a. zw. Algenpolstern. F: K
T: 10–28°C, **L**: 6 cm, **pH**: 7, **SG**: 2–3

BARSCHÄ.

Gymnocephalus acerinus 4/730
Don-Kaulbarsch
H: N-Zuflüsse des Schwarzen Meeres.
GU: Unbekannt. V: =
Z: Noch nicht erfolgt (?). F: K
T: 10–24°C, L: 12–21 cm, pH: 7, SG: 3

Gymnocephalus baloni 4/730
Balons Kaulbarsch
H: Europa: unteres Donaubecken.
GU: Nicht beschrieben. V: =
Z: Zwischen Steinspalten? F: K,O
T: 10–20°C, L: 12 cm, pH: 7, SG: 3

Gymnocephalus cernuus 1/808
Kaulbarsch
H: Europa, Asien.
GU: Keine vorhanden. V: –
Z: März–Mai, einzeln an Pfl. u. Steine. F: K!
T: 10–20°C, L: 25 cm, pH: 7, SG: 2–3

Gymnocephalus schraetser 3/922
Schrätzer
H: Europa: Donau u. Nebenflüsse.
GU: Nicht erkennbar. V: =
Z: Natur: April, Mai. F: K
T: 4–18°C, L: 25 cm, pH: >7, SG: 3

Perca fluviatilis 1/808
Flußbarsch
H: Ganz Europa.
♂: Oft lebhafter gefärbt. V: =
Z: N: März–Juni, "Barschschnüre". F: K!
T: 10–22°C, L: 45 cm, pH: >7, SG: 4

Percina caprodes 5/981
Logbarsch, Schweinsb., Zebra-Springb., Manitou-S.
H: N-Amerika: Kanada, O-USA.
♂: D_1 mit rotem Saum; A größer. V: =
Z: Gruppen; E. kleben in Mulden. F: K
T: 4–20°C, L: 18 cm, pH: 7, SG: 3

BARSCHÄ.

Percina sciera 4/732
Rauchspringbarsch
H: USA.
♂: Farbiger, Laichausschlag. V: =
Z: Wie *Etheostoma*. F: K!
T: 10–24°C, L: 13 cm, pH: 7, SG: 2–3

Romanichthys valsanicola 4/734
Groppenbarsch
H: Europa: Rumänien.
GU: Nicht bekannt. V: (–)
Z: Zwischen feinen Kies. F: K
T: 10–20°C, L: ca.12 cm, pH: 7, SG: 4

Sander lucioperca 3/922
Zander, Schill
H: Mittel- u. Osteuropa.
GU: Schwer zu unterscheiden. V: –
Z: April–Mai, in Kies, an Pfl.; ♂ pflegt. F: K!
T: 6–22°C, L: 70 cm, pH: 7, SG: 3

Sander volgensis 4/734
Wolgazander, Steinschill
H: Europa: N-Schwarzes Meer.
GU: Schwer zu unterscheiden. V: –
Z: Natur: April–Mai, zw. Steinen. F: K!
T: 8–22°C, L: 35 cm, pH: >7, SG: 4

Zingel streber 4/736
Streber
H: Europa: Donau. selten
GU: Nicht zu unterscheiden. V: –
Z: Unbekannt. F: K!
T: 5–20°C, L: 20 cm, pH: 7, SG: 3

Zingel zingel 3/924
Zingel
H: Europa. selten
GU: Unbekannt. V: –
Z: Natur: März–Mai, Kiesgeröll. F: K!
T: 4–18°C, L: <50 cm, pH: 7, SG: 3

Familie Polynemidae

Die Familie der Fadenflosser besteht aus 7 Gattungen mit insgesamt 33 Arten. Etwa 4 Arten sind nur aus Süßwasser bekannt (vor allem aus Borneo), während die Familie allgemein in allen tropischen und subtropischen Meeren anzutreffen ist (NELSON, 1994).

Die Brustflossen sind zweigeteilt, wobei der vordere Teil aus bis zu 15 freien, langen Strahlen besteht (= Fadenflosser).

Für Heimaquarien ungeeignet.

Polynemus melanochir 5/1085
Borneo-Fadenflosser, "Fisch mit Haaren"
H: Malaysia, Borneo; Ästuarien. Bw
GU: Unbekannt. **V**: –?
Z: Im Meer: pelagische Eier. **F**: K
T: 24–28°C, **L**: 35 cm, **pH**: >7, **SG**: 4

Pomacentridae Riffbarsche

Familie Pomacentridae

Die Familie der Riffbarsche besteht hauptsächlich aus marinen Arten aller Meere, mit einem Schwerpunkt im Indopazifik; nur wenige sind Brackwasserbewohner. Die Systematik der Pomacentridae ist durch verschiedene Farben innerhalb der gleichen Art und zwischen verschiedenen Verbreitungsgebieten erschwert. ALLEN (1991) spricht von 28 Gattungen mit insgesamt etwa 321 Arten und 6 bekannten, aber unbeschriebenen Arten in 4 Unterfamilien.

Diese Familie ist vor allem Meerwasseraquarianern bekannt, da viele ihrer Arten mit Meeresanemonen in Symbiose leben (*Amphiprion*).

Neopomacentrus taeniurus ♂ 4/738
Süßwasser-Demoiselle
H: W-Indischer Ozean. Bw
♂: Längere Flossenstrahlen. **V**: –
Z: Versteckl.; ♂ pflegt, 1800 E. **F**: K,O
T: 23–28°C, **L**: 9 cm, **pH**: >7, **SG**: 3

Stegastes otophorus 4/738
Süßwasser-Georg
H: Karibik: Kuba. Bw
GU: Unbekannt. **V**: –
Z: Nat.: Versteckaicher, ♂ pflegt. **F**: O
T: 21–28°C, **L**: 14 cm, **pH**: >7, **SG**: 3

BARSCHÄ.

Familie Scatophagidae

Die Argusfische sind eine kleine Familie von nur 2 Gattungen mit insgesamt etwa 4 Arten. Zumindest *Scatophagus tetracanthus* pflanzt sich in Süßwasser fort, aber hauptsächlich werden diese Arten in Meer- und Brackwasser angetroffen. Ihr Verbreitungsgebiet ist der indopazifische Raum (NELSON, 1994).

Es handelt sich um friedliche, lebhafte Schwarmfische, die zumindest in Brackwasser, als Erwachsene aber in Meerwasser gehalten werden sollten. Sie brauchen viel freien Schwimmraum und eine leistungsstarke Filterung, da sie gegen Nitrit sehr empfindlich sind. Die Fische machen im Laufe ihrer Enwicklung eine Metamorphose durch. Ernähren kann man diese Allesfresser mit Flockenfutter, aber auch Lebendfutter und pflanzliche Kost werden nicht verschmäht.

Bedingt durch die verlangte Wasserzusammensetzung, ist die Haltung dieser Fische nur im Jugendstadium einfach.

Scatophagus argus 1/810
Gemeiner Argusfisch, Grüner Argusfisch
H: Tropischer Indopazifik. Bw
GU: Unbekannt. **V:** +
Z: Unbekannt (auch Natur). **F:** O
T: 20–28°C, **L:** 30 cm, **pH:** >7, **SG:** 4

Scatophagus argus atromaculatus 1/810
Rotstirnargusfisch, "*S. rubrifrons* Adult
H: Sri Lanka u. Neuguinea bis Australien.

Scatophagus tetracanthus 1/810
Afrikanischer Argusfisch
H: O-Afrika. Mw, Bw, Sw.
GU: Unbekannt. **V:** +
Z: Noch nicht nachgezüchtet. **F:** O
T: 22–30°C, **L:** 40 cm, **pH:** >7, **SG:** 3

Selenotoca multifasciata 5/982
Punktstreifen-Argusfisch, Silberargus
H: Australien, Indonesien. Bw
GU: Unbekannt. **V:** +,!
Z: Noch nicht nachgezüchtet. **F:** O,H
T: 20–28°C, **L:** <40 cm, **pH:** >7, **SG:** 1–4

Familie Serranidae

Die Familie der Säge- und Zackenbarsche besteht aus 62 Gattungen mit an die 450 Arten in 3 Unterfamilien (NELSON, 1994). Nur wenige sind Süßwasserbewohner. Viele Arten sind Zwitter.

Diese Raubfische sind oft auch innerartlich aggressiv, doch ist *Siniperca chuatsi* als Jungfisch ansprechend gefärbt und daher ein beliebter Aquarienfisch in den GUS-Staaten. *Maccullochella macquariensis* ist in Australien ein wichtiger Speisefisch, der in Teichen gezüchtet wird.

Maccullochella macquariensis 2/1038
Trout Cod, Murray Cod

H: Australien.
GU: Keine bekannt. V: –
Z: Natur: Substratlaicher, 20 000 E. F: K!
T: 18–28°C, L: 80 cm, pH: 7, SG: 3–4

Maccullochella macquariensis var. *peelii* 2/1038

Siniperca chuatsi 3/925
Aucha-Barsch

H: Asien: Amur: Mittel- u. Unterlauf. Sw
♂: Etwas größer u. dunkel. V: –
Z: Natur: Juni, Juli. F: K!
T: 4–22°C, L: 30 cm, pH: >7, SG: 2–3

Siniperca chuatsi 3/925
Aucha-Barsch

Coreoperca kawamebari 4/742
Jap. Auchabarsch, Süßw.-Zackenbarsch

H: Japan, Südkorea. Sw
♂: Größer; rote Anale. V: –
Z: Unbekannt. F: K
T: 10–23°C, L: 13 cm, pH: 7, SG: 3

Familie Sillaginidae

Diese Familie enthält hauptsächlich litorale Meerwasserarten, die nur selten in angrenzende Süßgewässer vordringen. Die Familie besteht aus 3 Gattungen mit insgesamt 31 Arten.

Die Art *Sillaginopsis panijus* hat keine Schwimmblase. Sie ist ein beliebter Angelfisch mit wohlschmekkendem weißem Fleisch. Als Jungfische können sie bis zu einer Länge von 18 cm in Süßwasser gehalten werden, danach brauchen sie Brackwasser.

Sillaginopsis panijus 4/824

H: Asien: Indien, Küstengewässer. Bw
♂: Etwas kleiner u. farbiger. **V**: =
Z: Natur: Juv. 2–3 Monate im Sw. **F**:K,O
T: 22–28°C, **L**: 44 cm, **pH**: >7, **SG**: 4

Teraponidae — Tigerfische, Grunzbarsche

Familie Teraponidae (früher auch Theraponidae)

Die Familie der Tigerfische und Grunzbarsche ist in litoralem Meerwasser, Brackwasser und Süßwasser zu finden. Sie besteht aus 16 Gattungen mit etwa 45 Arten. Die meisten Süßwasserarten sind in Australien und Neuguinea zu finden (Nelson, 1994).

Meist streitlustige Raubfische, können in geräumigen Aquarien trotzdem die mittelgroßen Arten vor allem als Jungfische mit anderen Fischen (z. B. Cichliden) vergesellschaftet werden. *Hephaestus carbo* kann im Aquarium sehr zahm werden.

Die großen Arten sind geschätzte Sport- und Speisefische in ihrem Verbreitungsgebiet, und *Bidyanus bidyanus* hat sich bereits in Teichen vermehrt.

Amniataba percoides 2/1040
Gestreifter Grunzbarsch

H: N-Australien.
GU: Keine äußeren bekannt. **V**: –
Z: Nicht erfolgt. **F**: K
T: 22–28°C, **L**: 20 cm, **pH**: 7, **SG**: 3

Bidyanus bidyanus 2/1040
Austral. Silberbarsch, Silberner Tigerfisch
H: Australien.
GU: Keine äußeren bekannt. V: –
Z: Teichwirtschaft: 500000 Eier. F: K,O
T: 10–30°C, L: 50 cm, pH: 7, SG: 4

Hephaestus carbo 2/1042
Schwarzer Grunzbarsch
H: N-Australien.
GU: Keine äußeren bekannt. V: –
Z: Noch nicht gelungen. F: K
T: 25–30°C, L: <33 cm, pH: 7, SG: 3

Hephaestus fuliginosus 2/1042
Rußiger Grunzbarsch
H: Australien.
GU: Keine äußeren bekannt. V: –
Z: Noch nicht gelungen. F: K
T: 25–30°C, L: 50 cm, pH: 7, SG: 4

Leiopotherapon unicolor 2/1044
Australischer Tüpfelbarsch
H: N-Australien.
GU: Keine äußeren bekannt. V: =
Z: Natur: Fruchtbarer Freilaicher. F: H
T: 15–30°C, L: 15 cm, pH: 7, SG: 2

Pingalla midgleyi 3/928
Midgley's Grunzbarsch
H: N-Australien.
GU: Keine äußeren bekannt. V: =
Z: Nicht erfolgt. F: H,O
T: 23–35°C, L: 14,5 cm, pH: <7, SG: 3

Scortum barcoo 2/1044
Barcoo Barsch
H: Australien.
GU: Keine äußeren bekannt. V: –
Z: Natur: Freilaicher. F: K,O
T: 10–30°C, L: 30 cm, pH: 7, SG: 2

Familie Toxotidae

Die Familie der Schützenfische besteht aus nur einer Gattung mit sechs Arten, die litorales Meerwasser, Brack- und Süßwasser von Indien bis zu den Philippinen, Australien und Polynesien besiedeln.

Ihren Umgangsnamen verdanken die Schützenfische der Fähigkeit, mit ihrem Maul einen Wasserstrahl gezielt auf Insekten zu richten, die an Pflanzen über der Wasseroberfläche sitzen, um diese so "abzuschießen". Es handelt sich um oberflächenorientierte Arten.

In der Natur werden *Toxotes*-Arten in Trupps angetroffen. Im Aquarium können sie vor allem mit artfremden Fischen vergesellschaftet werden. Untereinander sind gleich große Schützenfische ebenfalls friedlich, während sie bei Größenunterschieden unverträglich sind.

Das Aquarium sollte großflächig sein und mäßige, brackwasserbeständige Bepflanzung aufweisen. Die Arten sind wärmebedürftig.

Toxotes chatareus 1/812

H: Asien. Bw.
GU: Keine äußeren bekannt. **V**: =
Z: Unbekannt. **F**: K!
T: 25–30°C, **L**: 27 cm, **pH**: >7, **SG**: 3–4

Toxotes jaculatrix 1/812

H: Asien. Mw,Bw, Sw.
GU: Unbekannt. **V**: =
Z: Nicht erfolgt. **F**: K!
T: 25–30°C, **L**: 24 cm, **pH**: >7, **SG**: 3–4

Toxotes lorentzi 2/1046
Lorentz' Schützenfisch

H: Australien, Neuguinea. Sw.
GU: Keine äußeren bekannt. **V**: =
Z: Unbekannt. **F**: K!
T: 24–32°C, **L**: <23 cm, **pH**: 7, **SG**: 3–4

Toxotes oligolepis 2/1046
Großschuppiger Schützenfisch

H: Australien, Neuguinea. Sw.
GU: Unbekannt. **V**: =
Z: Unbekannt. **F**: K!
T: 24–30°C, **L**: 15 cm, **pH**: 7, **SG**: 3–4

Tetraodon cochinchinensis; Kugelfische (S. 919 ff.) sind zwar "putzig", aber keine Anfängerfische.

Iriatherina werneri; Regenbogenfische (S. 850 ff.) werden immer beliebter.

Division Teleostei

Gruppe 10 ist eine Sammelgruppe, die alle jene Echte Knochenfisch-Ordnungen behandelt, die sich nicht in eine der vorhergehenden Gruppen einordnen lassen. Es finden sich demnach in dieser Gruppe sehr verschiedene Ordnungen, wobei einige für die Aquaristik wenig geeignet sind (z.B. Salmoniformes – Lachsartige – S. 906ff., Mugiliformes – Meeräschenartige – S. 887).

Die Echten Knochenfische haben ihren Ursprung wahrscheinlich im Trias (d.h. im Erdmittelalter, vor 200–220 Millionen Jahren). Heute sind sie die artenreichste Gruppe unter den Wirbeltieren. Etwa 96% aller Fische sind Echte Knochenfische. Diese werden laut Nelson (1994) in 38 Ordnungen mit 426 Familien mit insgesamt über 23500 Arten in mehr als 4000 Gattungen eingeteilt. Von diesen 38 Ordnungen haben 26 Ordnungen Arten (ca. 10000), die zumindest zeitweise mit Süßwasser in Verbindung stehen.

Um verwandte Arten gemeinsam vorstellen zu können, haben wir uns entschlossen, die Familien dieser Gruppe nach ihren Ordnungen alphabetisch aufzuführen. Diese Einteilung weicht zwar etwas von der des Aquarien Atlas ab, da aber hier seine Arten insgesamt vorgestellt werden, ergeben sich zusammenhängende "Minigruppen".

Einige Ordnungen sind von besonderem Interesse für den Aquarianer; auf diese wird im nachfolgenden Teil ausführlicher eingegangen.

Nicht immer werden alle Familien innerhalb einer Ordnung vorgestellt: von wenigen Ausnahmen abgesehen sind es nur jene mit Süßwasservertretern, die auch in einem der Bände des Aquarien Atlas aufgeführt sind.

Trinectes maculatus, eine Rechtsaugenflunder. Dieses Exemplar wurde im ecuadorianischen Amazonasbeckenrand gefangen.

Systematische Übersicht der in Gruppe 10 behandelten Familien (alphabetisch nach Ordnung).

Bitte beachten Sie, daß die in Gruppe 10 des Aquarien Atlas aufgeführten Familien innerhalb der Ordnung Perciformes nun im Index in Gruppe 9 zu finden sind.

Knochenf

KNOCHENF

Ordnung Anguilliformes

Die Aalartigen bestehen aus 15 Familien mit 738 Arten in 141 Gattungen (NELSON, 1994). Es ist oft schwer zu erkennen, welche Larve zu welcher erwachsenen Art gehört.

Aale unternehmen weite Wanderungen, um sich zu vermehren (z.B. *Anguilla anguilla* von Europa zur Sargassosee). Aalblut enthält ein starkes Nervengift. Es handelt sich aber trotzdem um beliebte Speisefische, die auch kommerziell gezüchtet werden.

Anguilla anguilla 3/935
Europäischer Aal
H: Europa.
♀: 60 cm größer. V: –
Z: Natur: weite Wanderungen. F: K,O
T: 4–20°C, L: ♀150 cm, pH: 7, SG: 1–4

Anguilla japonica 4/744
Asiatischer Aal
H: W-USA, Japan, China.
♀: 60 cm größer. V: –
Z: Im Alter von 7–10 Jahren; Meer. F: K,O
T: 4–27°C, L: ♀120 cm, pH: 7, SG: 1–4

Anguilla rostrata 4/744
Amerikanischer Aal
H: O-Kanada, O-USA, Karibik.
♀: 60 cm größer. V: –
Z: Weite Wanderungen; Meer. F: K,O
T: 4–25°C, L: ♀ 120 cm, pH: 7, SG: 1–4

Gymnothorax tile 5/1080
Süßwassermuräne 1% Bw
H: Philippinen, Indo., Sum., Bor., Sing.
GU: Nicht erkennbar. V: =
Z: Pelagische Eier?; Meer. F: K
T: 23–28°C, L: 60 cm, pH: >7, SG: 4

Dalophis boulengeri 5/1081
Delphinaal
H: NW-Afrika: Mauretanien bis zum Kongo.
GU: Unbekannt. V: =
Z: Weite Wanderungen; Meer. F: K,O
T: 23–28°C, L: 60 cm, pH: >7, SG: 4

KNOCHENF.

Ordnung Atheriniformes

Diese Ordnung besteht aus 3 Unterordnungen mit 8 Familien und 47 Gattungen mit insgesamt über 280 Arten. Die beiden reine Meerwasserarten enthaltenden Familien werden hier nicht behandelt.

Wenn wir als Aquarianer von den Ährenfischartigen sprechen, denken wir eigentlich nur an die Regenbogenfische und Blauaugen Australiens und Papua Neuguineas. Auf diese Arten konzentriert sich auch der AQUARIEN ATLAS und somit auch dieser INDEX. Trotzdem sei erwähnt, daß auch reine Meerwasserfamilien (Dentatherinidae und Notocheiridae) und einige Unterfamilien der Atherinidae mit amerikanischen Verbreitungsgebieten dazugehören.

Geographische Verbreitung

Das aquaristisch interessante Gebiet konzentriert sich vor allem auf Australien und Papua Neuguinea.

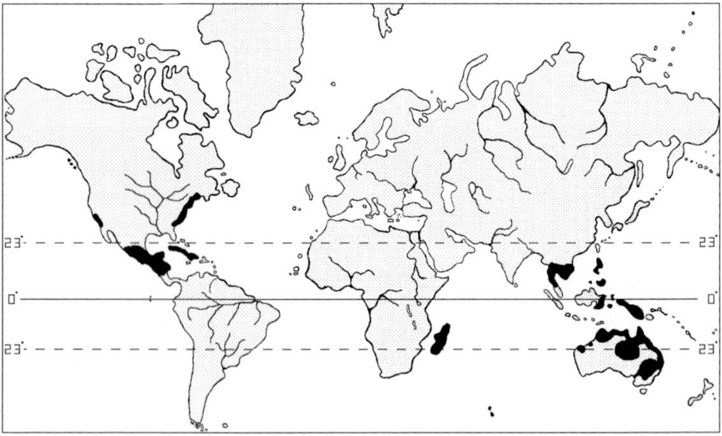

Verbreitungsgebiet der Atheriniformes (Süßwasser).

Die Familien im einzelnen

Was die Salmler (Gruppe 2) für Südamerika sind, sind diese Regenbogenfische für den australischen Raum. Ihre Farbenpracht und Schwimmfreudigkeit zusammen mit ihrer bescheidenen Größe und oftmals geringen Ansprüchen machen aus diesen Friedfischen ideale Arten für Gesellschaftsbecken. Ihre Beliebtheit hat in den letzten Jahren stark zugenommen, was mit einer deutlichen Verbesserung der Auswahl der angebotenen Arten einhergeht.

Die Ährenfischartigen sind leicht mit Flockenfutter und gefriergetrocknetem Futter zu ernähren; es handelt sich um Allesfresser, deren Nahrung jedoch eher eiweißreich sein sollte. Sie sind Freilaicher zwischen Pflanzen. Als Aquariendekoration bieten sich dichte Bepflanzung und Stein- und Wurzelverstecke an. Die meisten Arten sind Schwarmfische. Ein freier Schwimmraum muß erhalten bleiben, und die Filterung sollte großzügig dimensioniert sein, denn die meisten Arten sind klares, bewegtes und sauerstoffreiches Wasser gewohnt (es gibt Ausnahmen). Der Bodengrund sollte aus Sand bestehen.

Familie Atherinidae

Die Familie der Ährenfische enthält etwa 25 Gattungen mit insgesamt 165 Arten in 4 Unterfamilien. Es handelt sich weitgehend um Meeresbewohner, doch etwa 50 Arten sind Süßwasserfische. Sie sind im südlichen mexikanischen Plateau, den östlichen USA, Kuba (*Alepidomus evermanni*) sowie Australien und Neuguinea (etwa 20 Arten in der Gattung *Craterocephalus*) beheimatet.

Craterocephalus lacustris (S. 852) ist zwar friedlich, aber sehr stressempfindlich, so daß für ihn ein Artbecken empfohlen wird.

Familie Bedotiidae

Diese Familie besteht aus 2 Gattungen mit insgesamt 9 Arten. Ihr Verbreitungsgebiet ist auf Madagaskar beschränkt.

Familie Melanotaeniidae

Diese sind die Regenbogenfische schlechthin. Die Familie besteht aus 53 Arten in 6 Gattungen. Sie sind in Nord- und Ostaustralien und in Neuguinea sowie auf einigen Nachbarinseln zu finden. Männchen sind meist hochrückiger und farbiger, doch brauchen einige Arten lange Zeit, um auszufärben.

Die meisten Arten bevorzugen neutrales bis leicht alkalisches Wasser und mittlere Härte.

Familie Phallostethidae

Vier Gattungen in 2 Unterfamilien mit insgesamt 1 Arten gehören zur Familie Phallostethidae. Diese sind in Brack- und Süßgewässern Südostasiens beheimatet. Eine besondere Eigenschaft ihrer Mitglieder ist die Anwesenheit eines Priapiums (ein andropodiumähnliches Begattungsorgan) bei Männchen. Die Befruchtung findet intern statt, aber es werden Eier gelegt. Das Priapium liegt entweder rechts oder links, die Analöffnung auf der gegenüberliegenden Seite; es handelt sich um asymmetrische Fische.

Familie Pseudomugilidae
Die Familie der Blauaugenfische besteht aus 15 Arten in 3 Gattungen in Brack- und Süßwasser sowie selten in Meerwasser des indoaustralischen Raumes.

Familie Telmatherinidae
Die Sulawesi Regenbogenfische bestehen aus etwa 17 Arten in 4 Gattungen, die in Süß- und Brackwasser von Sulawesi und von Inseln westlich von Neuguinea leben. Sie fallen durch ihre "eigenwilligen Flossenanordnungen" auf.

Craterocephalus eyresii 2/1054

H: S-Australien u. Nordterritorium.
GU: Unbekannt. **V**: +
Z: Kein Bericht. **F**: K,O
T: 24–30°C, **L**: 10 cm, **pH**: 7, **SG**: 2–3

Craterocephalus kailolae 5/998
Kailola-Hartköpfchen
H: O-Papua Neuguinea.
GU: Unbekannt. **V**: +
Z: Freilaicher über Pflanzen? **F**: K,O
T: 22–24°C, **L**: 7 cm, **pH**: 7, **SG**: 4

Craterocephalus lacustris 5/998
Kutubu-Hartköpfchen
H: O-Papua Neuguinea: Kutubusee.
GU: Nicht erkennbar. **V**: +(–,Stress)
Z: Unbekannt. **F**: K,O
T: 22–24°C, **L**: <13 cm, **pH**: >7, **SG**: 4

Craterocephalus marjoriae 2/1054
Marjorie-Süßwasserährenfisch
H: Australien: S-Queensland: Küstenflü.
GU: Unbekannt. **V**: +
Z: Kein Bericht. **F**: K,O
T: 24–30°C, **L**: 8 cm, **pH**: 7, **SG**: 2

Craterocephalus nouhuysi 5/1000
Fly Hartköpfchen
H: Australien.
GU: Nicht erkennbar. **V**: +
Z: Freilaicher über Pflanzen? **F**: K,O
T: 22–24°C, **L**: 12 cm, **pH**: >7, **SG**: 3

Craterocephalus stercusmuscarum 2/1056
Gesprenkelter Süßwasserährenfisch
H: Australien: Queensland.
GU: Unbekannt. V: +
Z: Kein Bericht. F: O
T: 24–30°C, L: 10 cm, pH: <7, SG: 2

Labidesthes sicculus 5/1000
Rotmaul-Ährenfisch
H: N-Amerika: USA, Kanada.
♂: Farbiger, blutrotes Maul. V: =
Z: Freilaicher über Pflanzen? F: K,O
T: 10–20°C, L: 13 cm, pH: 7, SG: 3–4

Menidia menidia 5/1002
Mondährenfisch
H: O-Küste USA. (Brackwasser)
♂: Schlanker zur Laichzeit. V: +
Z: Gezeitenbereich über Gras. F: K,O
T: 8–24°C, L: 10 cm, pH: >7, SG: 3–4

Craterocephalus stramineus 2/1056

H: Australien: Queensland, Nordterritorium.
GU: Unbekannt. V: +
Z: Kein Bericht. F: K,O
T: 25–30°C, L: 7 cm, pH: 7, SG: 2–3

Bedotia madagascariensis 1/822
Madagaskar-Ährenfisch, Rotschwanz-Ä.
H: Madagaskar.
♂: Farbiger; D1 spitz. V: +
Z: Pflanzenlaicher. F: K,O
T: 20–24°C, L: 15 cm, pH: 7, SG: 2

Rheocles sikurae 5/1002

H: Madagaskar: Andasibe.
GU: Unbekannt. V: =
Z: Pflanzenlaicher? F: K,O
T: 18–22°C, L: 8 cm, pH: 7, SG: 3

Cairnsichthys rhombosomoides 2/1108
Cairns-Regenbogenfisch
H: Australien: N-Queensland.
♂: Hochrückiger, gelbe Flossenränd. V: +
Z: Freilaicher zw. Pflanzen. F: K,O
T: 21–25°C, L: ♂ 8 cm, pH: >7, SG: 3–4

Cairnsichthys rhombosomoides ♂ 5/1063
Cairns Regenbogenfisch

Chilatherina axelrodi ♂ 3/1012
Axelrods Regenbogenfisch
H: Papua Neuguinea: Bei Bewani.
♂: Hochrückiger; spitze Flossen. V: +
Z: Freilaicher zw. Pflanzen. F: O
T: 27–30°C, L: ♂ 10 cm, pH: >7, SG: 2

Chilatherina bleheri ♂ 2/1108
Blehers Regenbogenfisch
H: Neuguinea: Irian Jaya.
♂: Schlanker, farbiger. V: +
Z: Freilaicher zw. Pflanzen. F: K,O
T: 23–27°C, L: 10 cm, pH: >7, SG: 2

Chilatherina bulolo ♀ 4/789
Bulolo-Regenbogenfisch
H: Papua Neuguinea: Markham-System.
♂: Hochrückiger, farbiger. V: =
Z: Freilaicher zw. Pflanzen. F: O
T: 24–26°C, L: 8 cm, pH: 7, SG: 2

Chilatherina campsi 2/1110
Hochland-Regenbogenfisch
H: Papua Neuguinea: Zentrales Hochland.
♂: Etwas hochrückiger u. farbiger. V: +
Z: Natur: Dauerl. zw. Pflanzen. F: K,O
T: 21–26°C, L: ♂ 10 cm, pH: >7, SG: 2–3

Chilatherina crassispinosa ♂ 4/790
Silberregenbogenfisch, Silberner Regenb.
H: N- Neuguinea.
♂: Hochrückiger, farbiger. V: +
Z: Dauerlaicher zw. Pflanzen. F: O
T: 25–30°C, L: ♂ 9 cm, pH: >7, SG: 2

Chilatherina crassispinosa ♀ 2/1110
Silberregenbogenfisch, Silberner Regenb.

Chilatherina fasciata ♂ 2/1112
Gestreifter Regenbogenfisch
H: Papua Neuguinea: Wanam-See.
♂: Farbiger, heller. V: +
Z: Freilaicher zw. Pflanzen. F: K,O
T: 28–32°C, L: ♂ 11 cm, pH: >7, SG: 2

Chilatherina lorentzii ♀ 3/1012
Lorentz-Regenbogenfisch
H: N-Papua Neuguinea.
♂: Hochrückiger, spitzere D u. A. V: +
Z: Freilaicher zw. Pflanzen. F: O
T: 26–30°C, L: ♂ 12 cm, pH: >7, SG: 2

Chilatherina sentaniensis 2/1112
Sentani-Regenbogenfisch
H: Neuguinea: Sentani-See?
♂: 1,5 cm größer. V: =
Z: Unbekannt. F: K,O
T: 24–28°C, L: ♂ 11,5 cm, pH: 7, SG: 2–3

Glossolepis incisus ♂ 1/850
Lachsroter Regenbogenf., Roter Guinea R.
H: Neuguinea: Sentani-See.
♂: Hochrückiger, mehr rot. V: +
Z: Freilaicher zw. Pflanzen. F: K,O
T: 22–24°C, L: 15 cm, pH: >7, SG: 2

Glossolepis maculosus 2/1114
Gefleckter Regenbogenfisch
H: Neuguinea: Omsis-Fluß.
♂: Etwas hochrückiger u. farbiger. V: +
Z: Dauerlaicher zw. Pflanzen. F: K,O
T: 23–27°C, L: 6 cm, pH: >7, SG: 2

Glossolepis multisquamatus ♂ 2/1114
Sepik-Regenbogenfisch
H: Neuguinea: Untere Sepik-Fluß.
♂: Hochrückiger, farbiger. V: +
Z: Freilaicher zw. Pflanzen. F: K,O
T: 26–30°C, L: ♂ 13 cm, pH: 7, SG: 2

Glossolepis multisquamata ♂ 4/790
Sepik-Regenbogenfisch

Glossolepis multisquamata ♂ 4/790
Sepik-Regenbogenfisch

Glossolepis ramuensis ♂ 4/792
Ramu-Regenbogenfisch
H: Papua Neuguinea: Ramu-System.
♂: Hochrückiger, farbiger. V: +
Z: Freilaicher zw. Pflanzen. F: O
T: 24–27°C, L: 8 cm, pH: 7, SG: 1

Glossolepis wanamensis ♂ 2/1116
Lake Wanam-Regenbogenfisch
H: Papua Neuguinea: Lake Wanam. E
♂: Hochrückiger; D_1 u. A größer. V: +
Z: Freilaicher zw. Pflanzen. F: K,O
T: 26–30°C, L: ♂ 10 cm, pH: >7, SG: 2

Iriatherina werneri o.♂,u.♀ 2/1116
Filigran-Regenbogenfisch
H: S-Neuguinea, N-Australien.
♂: Größere Flossen, farbiger. V: +
Z: Freilaicher zw. Javamoos. F: K,O
T: 24–28°C, **L**: ♂ 5 cm, **pH**: 7, **SG**: 2–3

Melanotaenia affinis ♂ 2/1118
H: N-Neuguinea.
♂: Spitze Dorsale u. Anale, farbiger. V: +
Z: Freilaicher. F: K,O
T: 20–30°C, **L**: 12 cm, **pH**: >7, **SG**: 2

Melanotaenia angfa ♂ 4/792
Yakati-Regenbogenfisch
H: Neuguinea: Yakati River.
♂: Hochrückiger u. farbiger? V: +
Z: Freilaicher zw. Pflanzen? F: O?
T: 24–26°C, **L**: 13 cm, **pH**: 7, **SG**: 3

Melanotaenia arfakensis 4/794
Arfak-Regenbogenfisch
H: Neuguinea: Prafi-System.
♂: Seitenband deutl., dunkl. Flossen. V: +
Z: Freilaicher; etwas schwieriger. F: O
T: 24–28°C, **L**: 9 cm, **pH**: 7, **SG**: 2–3

Melanotaenia boesemani ♂ 2/1118
Boeseman's Regenbogenfisch
H: Neuguinea: Ajamaru Seen.
♂: Hochrückiger, farbiger, orange. V: +
Z: Dauerlaicher zw. Pflanzen. F: K,O
T: 27–30°C, **L**: ♂ 10 cm, **pH**: >7, **SG**: 2

Melanotaenia boesemani ♂ 2/1118
Boeseman's Regenbogenfisch
Ausgefärbt.

Melanotaenia eachamensis ♂ 2/1120
Lake Eacham Regenbogenfisch
H: Australien: Lake Eacham. E
♂: Hochrückiger, farbiger. V: +
Z: Unbekannt. F: K,O
T: 24–30°C, L: 8 cm, pH: >7, SG: 2

Melanotaenia exquisita ♂ 2/1120
H: Australien: Edith River, Lake Malkyllumbo.
♂: Hochrückiger, farbiger. V: +
Z: Unbekannt. F: K,O
T: 24–30°C, L: ♂ 7 cm, pH: 7, SG: 2

Melanotaenia fluviatilis 1/850
Australischer Perlmutterregenbogenfisch
H: Australien: New South Wales, Queensl.
♂: Rote Linien am Schwanzstiel. V: +
Z: Freilaicher zw. Pflanzen. F: K,O
T: 22–25°C, L: 10 cm, pH: >7, SG: 2

Melanotaenia fredericki 4/794
Sorong-Regenbogenfisch
H: Neuguinea: Irian Jaya.
♂: Etwas farbiger, Flossen auch rund! V: +
Z: Freilaicher zw. Pflanzen. F: O
T: 24–28°C, L: 10 cm, pH: 7, SG: 2–3

Melanotaenia goldiei o.♀, u.♂ 2/1122
Goldie Regenbogenfisch
H: Neuguinea u. Aru Inseln: Verbreitet.
♂: Hochrückiger, farbiger, größer. V: +
Z: Freilaicher zw. Pflanzen. F: K,O
T: 25–28°C, L: 12 cm, pH: >7, SG: 2

Melanotaenia gracilis 2/1122
Schlanker Regenbogenfisch
H: Australien: N-Westaustralien.
♂: Hochrückiger, größer. V: +
Z: Unbekannt. F: K,O
T: 22–28°C, L: ♂ 7,5 cm, pH: >7, SG: 2

Melanotaenia herbertaxelrodi ♂ 2/1124
Lake Tebera-Regenbogenfisch
H: Papua Neuguinea: Lake Tebera Bassin.
♂: Hochrückiger, farbiger. V: +
Z: Freilaicher zw. Pflanzen. F: K,O
T: 20–26°C, L: 9 cm, pH: >7, SG: 2

Melanotaenia irianjaya ♂ 4/796
Irian Jaya-Regenbogenfisch
H: Neuguinea: Irian Jaya.
♂: Etwas farbenprächtiger. V: +
Z: Freilaicher zw. Pflanzen. F: O
T: 23–26°C, L: <10 cm, pH: <7, SG: 2

Melanotaenia irianjaya ♀ 4/796
Irian Jaya-Regenbogenfisch

Melanotaenia lacustris 3/1015
Kutubu-Regenbogenfisch, Aquamarin-R.
H: S-Neuguinea: Kutubu-See. E
♂: Dunklere, längere Flossen; farbiger. V: +
Z: Freilaicher zw. Pflanzen. F: O
T: 20–24°C, L: 12 cm, pH: >7, SG: 2–3

Melanotaenia maccullochi 1/852
Zwergregenbogenfisch
H: NO-Australien, im Süden bis Sydney.
♂: Spitzere Flossen, farbiger. V: +
Z: Freilaicher zw. Pflanzen. F: K,O
T: 20–25°C, L: 7 cm, pH: >7, SG: 1

Melanotaenia maccullochi ♂ 3/1016
Zwergregenbogenfisch
H: S-Papua Neuguinea Variante.
♂: Farbiger, schlanker. V: +
Z: Freilaicher zw. Pflanzen. F: O
T: 24–30°C, L: <7 cm, pH: 7, SG: 1

Melanotaenia maccullochi ♂ 3/1016
Zwergregenbogenfisch
H: Australien: Harvey Creek.

Melanotaenia monticola u.♀,o.♂ 3/1018
Gebirgsregenbogenfisch
H: Papua Neuguinea: bei Mendi.
♂: Hochrückiger, spitzere Flossen. **V**: +
Z: Freilaicher zw. Pflanzen. **F**: O
T: 18–22°C, **L**: 9 cm, **pH**: 7, **SG**: 3

Melanotaenia nigrans ♂ 2/1124
Großer Regenbogenfisch
H: SW-Papua Neuguinea.
♂: A u. D_2 mit schwarzem Saum. **V**: +
Z: Freilaicher zw. Pflanzen. **F**: K,O
T: 18–24°C, **L**: ♂ 7 cm, **pH**: >7, **SG**: 1

Melanotaenia oktediensis ♂ 4/798
Oktedi-Regenbogenfisch
H: S-Papua Neuguinea: Ok Tedi River.
♂: 2. Dorsale u. Anale länger. **V**: +
Z: Freilaicher zw. Pflanzen. **F**: O
T: 23–26°C, **L**: 11 cm, **pH**: 7, **SG**: 2–3

Melanotaenia papuae ♂ 2/1126
Papua-Regenbogenfisch (var?)
H: Neuguinea: Bei Port Moresby.
♂: Größer, farbiger. **V**: +
Z: Freilaicher zw. Pflanzen. **F**: K,O
T: 22–32°C, **L**: ♂ 6,5 cm, **pH**: >7, **SG**: 2

Melanotaenia papuae ♂ 4/798
Papua-Regenbogenfisch
H: Neuguinea: Bei Port Moresby.
♂: Etwas größer u. farbiger. **V**: +
Z: Freilaicher zw. Pflanzen. **F**: O
T: 24–30°C, **L**: ♂ 7,5 cm, **pH**: >7, **SG**: 1–2

Melanotaenia parkinsoni ♂ 2/1126
Parkinsons Regenbogenfisch
H: Neuguinea: Kamp Welsh River.
♂: Hochrückiger, farbiger. V: +
Z: Freilaicher zw. Pflanzen. F: K,O
T: 26–30°C, L: ♂ 12 cm, pH: >7, SG: 2–3

Melanotaenia praecox ♂ 4/796
Diamant-Regenbogenfisch
H: Neuguinea: Irian Jaya.
♂: Hochrückiger, farbiger, größer. V: +
Z: Freilaicher zw. Pflanzen. F: K,O
T: 22–28°C, L: 6 cm, pH: <7, SG: 2–3

Melanotaenia sexlineata ♂ 4/800
Fly River-Regenbogenfisch
H: Papua Neuguinea: Oberer Fly River.
♂: Hochrückiger, gelber. V: +
Z: Freilaicher zw. Pflanzen. F: O
T: 24–26°C, L: 7 cm, pH: >7, SG: 2

Melanotaenia splendida australis ♂
Westlicher Regenbogenfisch 2/1128
H: Westaustralien.
♂: Farbiger, längere Flossen. V: +
Z: Freilaicher zw. Pflanzen. F: K,O
T: 22–28°C, L: ♂ 10 cm, pH: 7, SG: 2

Melanotaenia splendida australis ♀
Westlicher Regenbogenfisch 4/800

Melanotaenia splendida inornata o.♀
2/1131

Melanotaenia splendida rubrostriata ♂
Rotgestreifter Regenbogenfisch 2/1128
H: Neuguinea: Zentral Irian Jaya.
♂: Hochrückiger, farbiger, größer. V: +
Z: Freilaicher zw. Pflanzen. F: K,O
T: 24–28°C, L: ♂ 13 cm, pH: >7, SG: 2–3

Melanotaenia splendida splendida
Kap York-Regenbogenfisch 1/852
H: Australien: Kap York Halbinsel.
♂: Hochrückiger, farbiger. V: +
Z: Freilaicher zw. Pflanzen. F: K
T: 20–25°C, L: 15 cm, pH: 7, SG: 2

Melanotaenia splendida tatei ♂ 3/1018
Wüstenregenbogenfisch
H: Zentral-Australien.
♂: Hochrückiger, A u. D_2 spitzer. V: +
Z: Freilaicher zw. Pflanzen. F: O
T: 20–30°C, L: <10 cm, pH: 7, SG: 2

Melanotaenia trifasciata ♂ 2/1132
Juwelen Regenbogenfisch
H: Australien: Nordterritorium, Cap York.
♂: Farbiger, spitzere A u. D_2. V: +
Z: Freilaicher zw. Pflanzen. F: K,O
T: 25–30°C, L: 12 cm, pH: 7, SG: 2

Melanotaenia trifasciata ♂ 2/1132
Juwelen Regenbogenfisch
Giddy River, Arnhemland

Melanotaenia trifasciata ♂ 2/1132
Juwelen Regenbogenfisch
Coen, Cape York Halbinsel, NO-Australien

Melanotaenia trifasciata ♂ 2/1132
Juwelen Regenbogenfisch

Rhadinocentrus ornatus ♂ 2/1140
"Regenbogenbarsch", Weichstrahl-Sonnenf.
H: Australien: N-Neusüdwales, S-Queensl.
♂: Spitze D_2; farbiger; 3 cm größer. V: +
Z: Dauerlaicher; leicht. F: K,O
T: 20–30°C, L: ♂ 7 cm, pH: <7, SG: 2

Rhadinocentrus ornatus ♂ 2/1140
"Regenbogenbarsch",Weichstrahl-Sonnenfisch
Blaue Form

Gulaphallus mirabilis ♂ 5/1082
Phallus-Wunderfisch
H: Philippinen. 1–2% Bw.
♂: Mit Priapium (Begattungsorgan). V:+
Z: Innere Befrucht., Eierleger. F: K
T: 23–28°C, L: 3,3 cm, pH: >7, SG: 4

Kiunga ballochi 3/1026
Kiunga-Blauauge
H: Papua Neuguinea: Oberer Fly River.
GU: Unbekannt. V: +
Z: Unbekannt. F: O
T: 24–26°C, L: 3 cm, pH: >7, SG: 3

Pseudomugil connieae ♂ 2/1134
Popondetta-Regenbogenfisch, Connies R.
H: Papua Neuguinea: Bei Popondetta.
♂: D_1 höher; farbiger V: =
Z: Freilaicher zw. Pflanzen. F: K,O
T: 25–28°C, L: ♂ 5,5 cm, pH: >7, SG: 2

Pseudomugil furcatus o.♀, u.♂ 2/1134
Gabelschwanz-Regenbogenfisch
H: O-Neuguinea.
♂: D_1 ausgezogen; farbiger V: +
Z: Freilaicher zw. Pflanzen. F: K,O
T: 24–26°C, L: ♂ 5,5 cm, pH: >7, SG: 2

Pseudomugil gertrudae ♂ 2/1136
Gertruds R., Gepunkteter R., Geflecktes Blauauge
H: Australien, Neuguinea, Aru Inseln.
♂: Farbiger, längere Flossen. V: +
Z: Dauerlaicher; 28 Tage lagern. F: K,O
T: 25–30°C, L: 3 cm, pH: <7, SG: 2

Pseudomugil mellis ♂♂ 2/1136
Honig-Regenbogenfisch, Honig-Blauauge
H: Australien: Queensland.
♂: Farbiger, längere Flossen. V: +
Z: Dauerlaicher zw. Pflanzen. F: K,O
T: 24–28°C, L: 3 cm, pH: <7, SG: 2

Pseudomugil novaeguineae 4/820
Guinea-Blauauge
H: Neuguinea.
♂: Farbiger, spitzere Flossen. V: +
Z: Freilaicher zw. Pflanzen. F: K,O
T: 26–30°C, L: 3,5 cm, pH: 7, SG: 2–3

Pseudomugil paludicola 3/1026
Sumpf-Blauauge
H: W-Papua Neuguinea.
GU: Unbekannt. V: –
Z: Freilaicher zw. Pflanzen? F: O
T: 26–30°C, L: 3–3,5 cm, pH: >7, SG: 3

Pseudomugil paskai ♂ 4/820
Paska-Blauauge
H: Papua Neuguinea: Nahe Kiunga.
♂: Ausgezogene Flossen; farbiger. V: +
Z: Freilaicher zw. Pflanzen. F: K,O
T: 22–26°C, L: 3 cm, pH: 7, SG: 3–4

Pseudomugil signifer 1/822
Schmetterlingsährenfisch, Celebes-Ährenf.
H: Australien: N- u. O-Queensland.
♂: Größer; farbiger. **V**: +
Z: Freilaicher zw. Pflanzen. **F**: K,O
T: 23–28°C, **L**: 4,5 cm, **pH**: 7, **SG**: 2

Pseudomugil signifer Cairns Form 2/1138
Schmetterlingsregenbogenf., Pazifik-Blauau.
H: Australien: N- u. O-Queensland.
♂: Farbiger, längere Flossen **V**: +
Z: Dauerlaicher zw. Pflanzen. **F**: K,O
T: 23–28°C, **L**: 4 cm, **pH**: <7, **SG**: 2

Pseudomugil tenellus 2/1138
Schönes Blauauge
H: Australien: O-Alligator River System.
♂: Etwas intensiver gefärbt. **V**: +
Z: Dauerlaicher zw. Pflanzen. **F**: K,O
T: 28–35°C, **L**: 4 cm, **pH**: <7, **SG**: 2

Telmatherina celebensis 3/938
Towoeti Sonnenstrahlfisch
H: Indonesien: Sulawesi: Towoeti-See.
♂: Flossen etwas verlängert. **V**: +
Z: Freilaicher zw. Pflanzen. **F**: O
T: 24–26°C, **L**: 8 cm, **pH**: 7, **SG**: 3–4

Marosatherina ladigesi 1/824
Celebes Sonnenstrahlfisch
H: Indonesien: Sulawesi.
♂: Flossen verlängert; farbiger **V**: +
Z: Freilaicher zw. Pflanzen. **F**: K,O
T: 22–28°C, **L**: 7,5 cm, **pH**: 7, **SG**: 2–3

Tominanga sanguicauda 5/1100
Blutschwanz-Ährenfisch
H: Indonesien: Sulawesi.
♂: Flossen verlängert; farbiger **V**: =
Z: Bisher nicht beschrieben. **F**: K,O
T: 20–26°C, **L**: 6 cm, **pH**: 7, **SG**: 3

Ordnung Batrachoidiformes

Die Ordnung der Froschfischartigen besteht aus nur einer Familie mit 3 Unterfamilien mit insgesamt 69 Arten in 19 Gattungen. Es handelt sich hauptsächlich um bodenorientierte litorale Meerwasserbewohner, aber auch Brackwasser- und einige wenige Süßwasserbewohner sind dabei.

Einige Froschfische (so auch die vorgestellte Art) können quakende Laute erzeugen. Die Stacheln ihrer vorderen Dorsale und der Kiemendeckeldornen können giftig sein; das Gift erzeugt nur Schmerzen und ist sonst nicht gefährlich (außer bei Allergie). Viele der Arten können in sehr sauerstoffarmem Wasser leben und sogar mehrere Stunden außerhalb des Wassers überdauern.

Froschfische sind wenig aktive, bodenorientierte Raubfische, die ihre Beute mit einem kräftigen Sog ins Maul spülen. Im Aquarium brauchen sie Versteckmöglichkeiten und zumindest 2,5–3% Salzgehalt; Langzeithaltung in Süßwasser ist nicht möglich.

Potamobatrachus trispinosus 3/939
Froschfisch, "Löwenkopfwels" Mw,Bw
H: Südamerika: Brasilien.
GU: Unbekannt. **V**: –
Z: Unbekannt. **F**: K
T: 23–28°C, **L**: 20 cm, **pH**: >7, **SG**: 4

BELONIFORMES

Ordnung Beloniformes

Diese Ordnung besteht aus 5 Familien mit 191 Arten in 38 Gattungen. Etwa 51 Arten leben in Süßwasser und leichtem Brackwasser. Früher wurden sie als Teil der Cyprinodontiformes (Gruppe 5) angesehen (NELSON, 1994).

Die Exocoetidae – Fliegende Fische – sind Teil der Beloniformes, aber als reine Meerwasserbewohner werden sie hier im INDEX nicht behandelt.

Für die Süßwasseraquaristik interessant sind die folgenden Familien:

Familie Adrianichthyidae

Arten dieser Familie – auch Reisfische oder Asiatische Leuchtaugenfische genannt – besiedeln Süß- und Brackwasser von Indien bis Japan und dem Indoaustralischen Archipel. Die Familie besteht aus 3 Unterfamilien mit 11 Arten in 4 Gattungen.

Im Aquarium sollte für mehrere Arten dem Wasser etwas Salz (Tendenz zum Brackwasser) zugegeben werden. Auch gibt es Arten, die gegenüber Stickstoffverbindungen sehr empfindlich sind und eine starke Filterung brauchen. Die Dekoration sollte ihren Schwerpunk bei einer dichten Randvegetation haben, damit unterlegene Exemplare der in einigen Fällen auftretenden innerartlichen Aggression besser ausweichen können.

Da die Fische dieser Familie relativ farblos sind, hat sie wenig Verbreitung in der Aquaristik gefunden, obwohl die Fortpflanzungsweise ihrer Arten ungewöhnlich ist: Die befruchteten Eier werden vom Weibchen erst einige Zeit an der Bauchunterseite herumgetragen bevor sie zwischen Pflanzen verteilt werden oder sogar bis die Jungen schlüpfen.

Familie Belonidae

Die 10 Gattungen mit 34 Arten enthalten etwa 11 Arten von Hornhechten, die auf Süßwasser in Südamerika, Indien und Südostasien beschränkt sind.

Es sind schreckhafte Arten, die aus dem Wasser springen und sich leicht verletzen können. Aquaristisch ist noch nicht viel über sie bekannt.

Familie Hemiramphidae

Unter den 85 Arten der insgesamt 12 Gattungen sind etwa 24 in Süßgewässern des indoaustralischen Raumes und Südamerika zu finden. Vier Gattungen von Halbschnäblern (*Dermogenys, Hemiramphus, Nomorhamphus, Zenarchopterus*) haben eine modifizierte Analflosse (hier Andropodium genannt und analog dem Gonopodium der Lebendgebärenden Zahnkarpfen), welche als Begattungsorgan die interne Befruchtung der Weibchen ermöglicht. Die ersten drei Gattungen sind lebendgebärend, während die vierte eierlegend ist.

Oryzias celebensis 1/572
Celebesbärbling
H: O-Asien: Indonesien: S-Celebes.
♂: Ausgefranste Anale, längere D. **V**: =
Z: Eiertraube ins Pflanzendickicht. **F**: K,O
T: 22–30°C, **L**: 5 cm, **pH**: >7, **SG**: 3

Oryzias latipes ♂ 2/1148
Japankärpfling, Medaka
H: O-Asien: Japan, China, S-Korea.
♂: Farbiger, Flossen größer. **V**: +
Z: Eiertraube ins Pflanzendickicht. **F**: O,K
T: 18–24°C, **L**: 3,5 cm, **pH**: 7, **SG**: 2

Oryzias latipes ♀ 2/1148
Japankärpfling, Medaka
Mit Eiertraube.

Oryzias latipes iliensis ♂ 5/462
Kaspischer Leuchtaugenfisch
H: Asien: Zuflüsse des Kaspischen Meeres.
♂: Anale länger. ♀: Eitraube. V: +
Z: Eiertraube ins Pflanzendickicht. F: K,O
T: 12–24°C, L: 4 cm, pH: 7, SG: 2

Open-air-Zierfischverkaufsanlage in Djakarta, Malaysia

Oryzias minutillus ♂ 3/579
Zwergreiskärpfling
H: SO-Asien: SO-Thailand bis Malaysia.
♂: Etwas größer u. schlanker. V: +
Z: Eiertraube ins Pflanzendickicht. F: K
T: 22–26°C, L: 2 cm, pH: 7, SG: 4

Oryzias nigrimas ♂ 5/462
Schwarzmantel-Reiskärpfling
H: Indonesien: Sulawesi: Lake Poso.
♂: Dunkler, Flossen verlängert. V: (–)
Z: Eiertraube ins Pflanzendickicht. F: K
T: 20–26°C, L: 6 cm, pH: >7, SG: 2–3

Oryzias sp. "Bentota" ♂ *O. melastigmus?*
Sri Lanka-Leuchtaugenf., Bentota-Reiskär.
H: Sri Lanka: Bei Beruwala. 5/464
♂: Farbiger, Flossen größer; kleiner. V: +
Z: Eiertraube ins Pflanzendickicht. F: K,O
T: 18–25°C, L: 4 cm, pH: ≫7, SG: 4

Xenopoecilus sarasinorum 5/464
Sarasins Schaufelkärpfling
H: Sulawesi: Lindu See. E
♂: Längere Flossen, etwas größer. V: +
Z: Eiertraube bis Schlupf. F: K
T: 24–30°C, L: 8 cm, pH: >7, SG: 2

Xenopoecilus oophorus ♂ 5/466

Xenopoecilus oophorus ♀ 5/466

H: Sulawesi: Poso See. E.
♂: Kürzere Ventralen. V: +
Z: Eiertraube bis Schlupf. F: K
T: 23–28°C, L: 6,5 cm, pH: >7, SG: 3

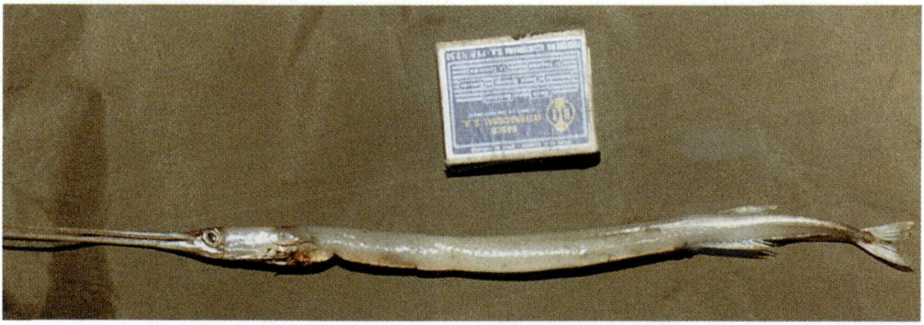

Hornhecht aus dem Rio Suno, einem Klarwasserfluß mit Stein/Sandboden, der in den Rio Napo oberhalb von Coca mündet (Ostekuador, Südamerika). Der Fisch wurde nachts zufällig an der Oberfläche schwimmend in seichtem Wasser über offenem Sand einige Meter vom Ufer gesichtet und mit einem Käscher gefangen. Leider hat er den Transport zur Farm nicht überstanden.

Potamorrhaphis guianensis 3/940

H: Amazonien, Guyana-L., Paraguay.
GU: Unbekannt. V: =
Z: Noch nicht gelungen. F: K
T: 23–26°C, L: <40 cm, pH: 7, SG: 3–4

Xenentodon cancila 1/826
Süßwasser-Hornhecht

H: Asien: Indien, Sri Lanka, Thai., Burma,...
♂: D u. A mit schwarzem Saum. V: =
Z: An Pflanzenblättern <15 E. täglich. F: K
T: 22–28°C, L: 32 cm, pH: 7, SG: 4

Xenentodon cancila 1/826
Süßwasser-Hornhecht

Dermogenys ebrardtii 3/1002
Ebrardt-Halbschnäbler
H: SO-Assien: Celebes.
♂: Anale als Andropodium. V: =
Z: 28–42 TT, 20 J, 20 mm. F: K
T: 24–26°C, **L**: 9 cm, **pH**: 7, **SG**: 3

Dermogenys pusilla ♂ 1/841
Hechtköpfiger Halbschnäbler
H: SO-Asien: Thai., Sing., Indo., Malai.Halbi.
♂: Anale als Andropodium. V: =
Z: 20–60 TT, 10–30 J; nicht leicht. F: K
T: 18–30°C, **L**: 7 cm, **pH**: 7, **SG**: 3

Dermogenys sumatrana o.♂, u.♀ 2/1102
Sumatra-Halbschnäbler
H: SO-Asien: Indonesien, Singapur.
♂: Anale als Andropodium; kleiner. V: =
Z: 42–56 TT, <30 J; nicht leicht. F: K
T: 26–30°C, **L**: ♂ 5 cm, **pH**: 7, **SG**: 3

Nomorhamphus vivipara ♂ 4/782
Luzon Halbschnäbler
H: Philippinen: Luzon.
♂: Anale Andropodium; 2 cm kl. V: +
Z: 42 TT, 25 J. F: K,O
T: 23–28°C, **L**: ♀ 8,5 cm, **pH**: 7, **SG**: 3

Hemirhamphodon chrysopunctatus
Leuchtpunkt-Halbschnäbler 3/1002
H: SO-Asien: S-Borneo: um Benjarmasin.
♂: Anale als Andropodium. V: –
Z: Unbekannt. F: K
T: 24–28°C, **L**: 8,5 cm, **pH**: <7, **SG**: 4

Hemirhamphodon pogonognathus 2/1102
Zahnleistenhalbschnäbler
H: SO-Asien: Thai., Sing., Indo., Malai.Halbi.
♂: Hinterteil Anale Andropodium. V: =
Z: 30–40 J, 12 mm; über 21 Tage. F: K,O
T: 22–28°C, L: ♂ 9 cm, pH: >7, SG: 3

Hemirhamphodon (?) sp. 5/1052
Eierlegender Halbschnäbler (!)
H: SO-Asien: Indonesien.
♀: Flächige Anale; rundlicher. V: +
Z: Dauerlaicher zw. Pflanzen. F: K
T: 22–26°C, L: 6 cm, pH: <7, SG: 2

Nomorhamphus liemi 1/842

H: Indonesien: S-Sulawesi: Maros-Hochl.
♂: Andropodium; 3 cm kleiner. V: +
Z: 42–56 TT, <11 J, 18 mm. F: K
T: 24–26°C, L: ♀ 9 cm, pH: 7, SG: 3

Nomorhamphus liemi 1/842

H: Indonesien: Sulawesi: O von Maros.
♂: Andropodium. V: +
Z: 42–56 TT, <11 J, 18 mm. F: K
T: 23–26°C, L: ♀ 9 cm, pH: 7, SG: 3

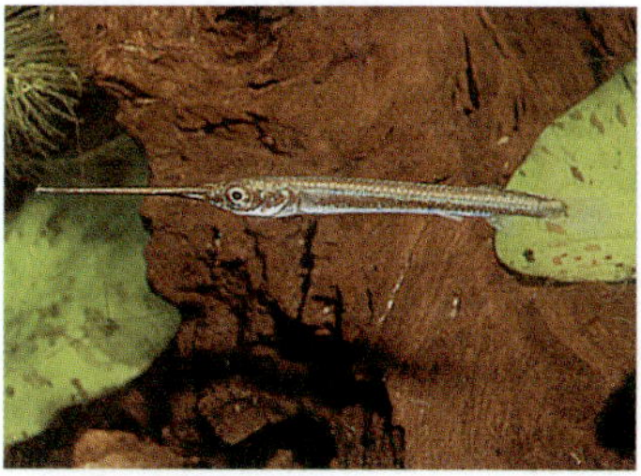

Zenarchopterus dispar ♀ 4/782
Halbschnabelhecht
H: SO-Asien: Weit verbreitet.
♂: Fiederige Anale. V: –
Z: Fakultativ lebendgebärend? F: K
T: 24–28°C, L: 15 cm, pH: >7, SG: 3–4

Zenarchopterus kampeni ♀ 5/1053
Neuguinea Halbschnäbler
H: Neuguinea: Unterer Sepik, Ramu,....
♂: Anale umgebildet. V: =
Z: Innere Befruchtung? Eierlegend. F: K
T: 24–28°C, L: 18 cm, pH: 7, SG: 3–4

Ordnung Clupeiformes

Die Ordnung der Heringsartigen besteht weitgehend aus Meerwasserfischen, die uns sicher weltweit vom Speiseteller her bekannt sind. Insgesamt zählt man 5 Familien mit fast 360 Arten in 83 Gattungen. Davon sind 80 Arten zumindest zeitweilig auf Süßwasser angewiesen (NELSON, 1994).

Die Fische brauchen viel freien Schwimmraum, und manche Arten ersticken, wenn sie sich nicht genug bewegen können (so auch *Denticeps clupeoides*). Es sollte immer ein Schwarm gehalten werden, weshalb ein großes Aquarium gebraucht wird. *Nematolosa erebi* ist sehr stressempfindlich.

Nematolosa erebi 2/1062
Australischer Süßwasserhering
H: Australien, Neuguinea.
♂: Rote Schnauze zur Laichzeit. **V**: =
Z: Unbekannt. **F**: O
T: 15–25°C, **L**: 47 cm, **pH**: 7, **SG**: 4

Denticeps clupeoides ♀ 5/1006
Goldstreifen-Süßwasserhering
H: Afrika: SW-Nigeria, SO-Benin, SW-Kam.
♂: Farbigere Flossen. **V**: +
Z: Unbekannt; Krankheitsanfällig. **F**: K
T: 20–25°C, **L**: 5 cm, **pH**: <7, **SG**: 3–4

ELOPIFORMES
Megalopidae Tarpune

Ordnung Elopiformes

Diese Ordnung ist relativ klein mit nur 8 Arten, die sich auf 2 Gattungen in 2 Familien verteilen.

Es handelt sich weitgehend um große Meerwasserbewohner. Für das Heimaquarium sind nur Jungfische geeignet. Die vorgestellte Art sollte zumindest in Brackwasser gehalten werden. Eine Vergesellschaftung kann mit Brackwasserarten erfolgen (z.B. *Monodactylus* spp.), doch erfordert die Haltung dieser Schwarmfische bereits im Artbecken viel Platz.

Megalops cyprinoides 2/1107
Indopazifischer Tarpun
H: Indopaz. Raum: <100 km flußaufwärts.
GU: Unbekannt. **V**: –
Z: Frühjahr/Sommer. **F**: K
T: 22–24°C, **L**: 150 cm, **pH**: >7, **SG**: 3–4

Ordnung Esociformes

Die Ordnung der Hechte und Hundsfische besteht aus nur 4 Gattungen mit 10 Arten in 2 Familien. Ihr Verbreitungsgebiet ist auf die nördliche Halbkugel beschränkt. Es handelt sich um Kaltwasserfische, wobei *Dallia pectoralis* (S. 874) einen Extremfall darstellt: diese Art überlebt, solange ihre Körperhöhlenflüssigkeit nicht auch gefroren ist.

Familie Esocidae

Die Familie der Hechte enthält eine Gattung mit 5 Arten. Unter den Hechten ist *Esox lucius* die am meisten gezüchtete. In Nordamerika fast ausschließlich als Sportfisch vermehrt und ausgesetzt, wird er in Europa in der Karpfenfischzucht zur Kontrolle unerwünschter Vermehrung eingesetzt. Hechte sind stationäre Raubfische des Stoßräuber-Typs.

Sie können in Aquarien nur einzeln gehalten werden, da sie sich auch gegenseitig fressen. An die Wasserbedingungen stellen sie keine gehobenen Ansprüche, brauchen aber Unterstände, aus denen sie hervorstoßen.

Familie Umbridae

Die Familie der Hundsfische besteht aus 3 Gattungen mit mindestens 5 Arten. Die Gattung *Dallia* nimmt eine Sonderstellung ein, doch geht die Tendenz in den letzten Jahren dahin, sie in die Familie der Umbridae mit einzubeziehen (NELSON, 1994).

Diese Arten können sich im Schlammboden der Gewässer eingraben (daher in USA: "Mudminnows"). Hundsfische können über ihre Schwimmblase fast ihren gesamten Sauerstoffbedarf decken. Werden sie am Luftholen gehindert, sterben sie selbst in sauerstoffreichen Gewässern an Sauerstoffmangel.

Für die Aquarienhaltung ist eine dichte Randbepflanzung unter Berücksichtigung eines freien Schwimmraums und die Benutzung von feinem Sand als Bodengrund das wichtigste. Mit *Dallia pectoralis* gibt es wenig Erfahrung, aber wahrscheinlich braucht die Art ein Kühlaggregat.

Esox lucius 3/965
Europäischer Hecht
H: Europa u. Sibirien, Nordamerika.
♂: 60 cm kleiner. **V**: –
Z: Feb. bis Mai an Wasserpflanzen. **F**: K
T: 10–22°C, **L**: ♀150 cm, **pH**: 7, **SG**: 1

Esox niger 3/966
Amerikanischer Hecht
H: Nordamerika: S-Kanada, USA.
♂: Etwas kleiner. **V**: –
Z: Noch nicht erfolgt. **F**: K
T: 10–20°C, **L**: 80 cm, **pH**: 7, **SG**: 1–2

Dallia pectoralis 3/1044
Fächerfisch
H: Arktische u. subarktische Gewässer.
♂: Blaßrote Flossen zur Laichzeit. V: +,–
Z: Natur: Mai–August, 40–300 E. F: K
T: 4–14°C, L: <33 cm, pH: 7, SG: 4

Novumbra hubbsi ♂ 4/830
H: USA: Olympic-Halbinsel.
♂: Dunkler. V: =
Z: Frühjahr, an Pflanzen. F: K,O
T: 4–25°C, L: 8 cm, pH: 7, SG: 2

Novumbra hubbsi ♀ 4/830

Umbra krameri 3/1044
Ungarischer Hundsfisch
H: Europa: Donau-Unterlauf. Gefährdet.
♂: Kleiner, blasser zur Laichzeit. V: =
Z: Grube, 200–300 E, Mutterfamilie. F: K
T: 10–23°C, L: 11,5 cm, pH: <7, SG: 1–2

Umbra limi 1/870
Amerikanischer Hundsf., Central Mudminnow
H: Nordamerika: Kanada, USA.
♂: Kleiner, zur Laichzeit gelb bis rot. V: =
Z: Grube, 200–300 E, Mutterfamilie. F: K
T: 17–22°C, L: ♀ 15 cm, pH: <7, SG: 2

Umbra pygmaea 1/870
Amerikanischer Hundsf., Eastern Mudminnow
H: Nordamerika: USA: Long Island.
♂: Kleiner. V: +
Z: Grube, 200–300 E, Mutterfamilie. F: K
T: 17–23°C, L: ♀ 15 cm, pH: <7, SG: 2

KNOCHENF.

Ordnung Gadiformes

Die Ordnung der Dorschartigen besteht aus 12 Familien mit etwa 482 Arten in 85 Gattungen. Sie ist weltweit verbreitet, und in der Meeresfischfangindustrie ist sie mit über einem Viertel an der Weltfangquote beteiligt. Die Systematik innerhalb der Ordnung ist noch nicht eindeutig geklärt. Nur wenige Arten sind in Brackwasser zu finden, in Süßwasser ist nur eine beheimatet (von einer anderen gibt es Süßwasserpopulationen).

Von der Wasserzusammensetzung aus gesehen, ist nur *Lota lota* für ein Süßwasseraquarium geeignet. Als sehr räuberische und groß werdende Art ist jedoch lediglich Einzelhaltung im Artbecken als Jungfisch möglich. Die Temperaturansprüche der Art (es handelt sich um einen Kaltwasserfisch) können im Sommer auch den Gebrauch einer Kühlanlage notwendig machen. Da die Art nachtaktiv und tarnfarbig ist, wird sie nicht oft in Hobbyaquarien angetroffen. Eine Zucht im Aquarium ist noch nicht gelungen.

Gaidropsaurus mediterraneus ist eine Meerwasserart, welche im Aquarium in Brackwasser (als Jungfisch allerdings auch in Süßwasser) gehalten werden kann. Das Aquarium sollte von vornherein als Brackwasseraquarium geplant sein. Gegenüber Artgenossen friedlich, ist eine Vergesellschaftung im Aquarium bei anderen Arten nur mit größeren (Brackwasser-) Fischen möglich. Wie die vorerwähnte Art, ist auch diese nicht besonders attraktiv, und eine Haltung über die Sommermonate kann ebenfalls eine Kühlanlage bedingen.

Keine der beiden Arten kann für das Aquarium empfohlen werden.

Lota lota 3/967
Quappe, Rutte, Trüsche
H: Europa: N des Balkans u. Pyrenäen.
GU: Unbekannt. **V**: =
Z: Nat: Nov.–März; Eier mit Ölkugel. **F**: K!
T: 4–18°C, **L**: 60 cm, **pH**: >7, **SG**: 3

Gaidropsarus mediterraneus 4/768
Seequappe selten
H: Ostsee- u. Atlantik-Zufl. Mw, 1% Bw
GU: Unbekannt. **V**: =
Z: Plankt. Larven in Flußmündungen. **F**: K!
T: 5–18°C, **L**: 50 cm, **pH**: >7, **SG**: 4

Ordnung Gasterosteiformes

Die Ordnung der Stichlingsfische hat eine weltweite – vor allem marine – tropische und subtropische Verbreitung. Die Einteilung der Ordnung wird, systematisch gesehen, noch nicht allgemein anerkannt; wir folgen – wie auch sonst weitgehend im INDEX – NELSON (1994). Demnach besteht die Ordnung aus zwei Unterordnungen, den Stichlingen (Gasterosteoidei) und den Seenadeln (Syngnathoidei), mit insgesamt 257 Arten in 71 Gattungen und 11 Familien. Von diesen sind etwa 19 Süßwasserarten und weitere 40 Arten findet man in Brackwasser.

Unterordnung Gasterosteoidei

Süß- und Brackwasserarten sind in der Familie Gasterosteidae enthalten. Die Nieren der Stichlinge scheiden eine klebrige Flüssigkeit aus, mit der die Männchen ein Nest aus Pflanzenmaterial bauen. Es handelt sich um Kaltwasserfische, die im Winter kühl gehalten werden müssen (5–8 °C), damit sie im kommenden Frühjahr ablaichen.

Unterordnung Syngnathoidei

Vor allem die Familien Indostomidae und Syngnathidae (Seenadeln) enthalten Süß- und Brackwasserarten. Das Maul dieser Fische ist röhrenförmig mit einer kleinen Öffnung.

Die Familie Indostomidae enthält nur 3 Arten. Die Winzlinge sollten vorzugsweise in einem Artbecken gepflegt werden, doch sind kleine, friedliche Gesellschaftsfische, z. B. der Gattung *Rasbora*, durchaus angebracht. Eine Besonderheit dieser Fische ist, daß sie ihren Kopf nach oben und unten bewegen können.

Eine Gattung in der Familie Syngnathidae (Unterfamilie Hippocampinae) ist uns allen bekannt: *Hippocampus* – die Seepferdchen – mit etwa 25 Arten; leider sind diese alle auf Meerwasser angewiesen.

Für Süßwasser- (und Brackwasser-) Aquarianer bietet die mehrheitlich Meerwasser bewohnende Familie Syngnathidae (Seenadeln) mit insgesamt etwa 190 Arten in 51 Gattungen einige Alternativen.

Die Männchen der Seenadeln haben eine Bruttasche, in welcher sie in einer Vaterfamilie die Eier erbrüten. Bei einigen Arten ist dies bereits im Aquarium gelungen. Die Ernährung der Elterntiere ist aufwendig: meistens wird nur kleines Lebendfutter angenommen.

Apeltes quadracus 3/968
Amerikanischer Stichling, Vierstachliger Sti.
H: Nordamerika: Labrador bis Virginia.
♂: Farbiger zur Laichzeit. **V**: =
Z: 1%S; Nest, Vaterfamilie. **F**: K!
T: 4–20°C, **L**: 6 cm, **pH**: 7, **SG**: 2

KNOCHENF.

Culaea inconstans 3/968
Fünfstacheliger Stichling
H: Nordamerika: S-Kanada, NO-USA.
♂: Zur Laichzeit schwarz. V: =
Z: Nest, polygam, Vaterfamilie. F: K!
T: 4–18°C, L: 7 cm, pH: 7, SG: 3

Culaea inconstans ♂ 3/968
Fünfstacheliger Stichling

Culaea inconstans 3/968
Fünfstacheliger Stichling

Culaea inconstans 3/968
Fünfstacheliger Stichling
Nest

Gasterosteus aculeatus 1/834
Dreistachliger Stichling, Großer Stichling
H: Europa außer Donaugebiet.
♂: Lebhafter; zur Laichzeit farbiger. V: =
Z: Nest, <50 E; polygam, Vfam. F: K!
T: 4–22°C, L: 12 cm, pH: <7, SG: 2

Pungitius platygaster 4/770
Aral-Stichling
H: Asien: Küsten des Aralsees, Teniz-See,...
♂: Hochzeitskleid. V: =
Z: Natur: Nest; polygam, Vfam. F: K
T: 4–20°C, L: 5,3 cm, pH: 7, SG: 2

KNOCHENF.

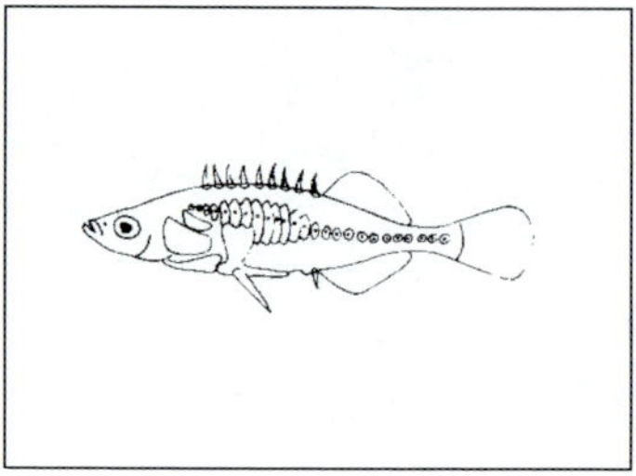

Pungitius platygaster 4/770

Pungitius pungitius 1/834
Neunstachliger Stichling, Kleiner St., Zwergst.
H: Europa außer Donaugebiet u. Mittelmeer.
♂: Zur Laichzeit farbiger. **V**: =
Z: Nest, <50 E; polygam, Vfam. **F**: K!
T: 10–20°C, **L**: 7 cm, **pH**: <7, **SG**: 2

Indostomus crocodilus ♂ 3/1004
"Burma-Stichling"
H: SO-Asien: Oberes Burma u. Thailand,
♂: Schlanker; D breiter schwarz. **V**: +
Z: 20 E an Stein; Vfam. **F**: K
T: 24–28°C, **L**: 3 cm, **pH**: <7, **SG**: 2–3

Indostomus paradoxus ♀ 3/1004
"Burma-Stichling"
Kambodscha, Thailand.

Doryichthys deokhatoides ♂ 3/1038

H: SO-Asien: Malaysia, Indonesien.
♂: Bauchseite mit 2 Längskanten. **V**: +
Z: Noch nicht gelungen; Vfam. **F**: K!
T: 24–28°C, **L**: 13 cm, **pH**: 7, **SG**: 4

Enneacampus ansorgii 1/864

H: W-Afrika: Von Kamerun bis Gabun.
♂: Bauchfurche. **V**: +
Z: In Bruttasche; Vaterfamilie. **F**: K!
T: 24–28°C, **L**: 15 cm, **pH**: 7, **SG**: 4

Hippichthys spicifer 4/828
Braune Seenadel, Indische Seenadel
H: Rotes Meer bis Indonesien.
♂: Bruttasche. V: =
Z: 10 g/l Salz; Bauchtasche, Vfam. F: K!
T: 23–28°C, L: 18 cm, pH: >7, SG: 4

Syngnathus abaster 3/1038
Schwarzmeer-Seenadel
H: Europa, Asien: Asow. u. Schwarzes Meer.
♂: Bauchfurche; kleiner. V: +
Z: Noch nicht gelungen; Vfam. F: K!
T: 22–24°C, L: 21,5 cm, pH: >7, SG: 4

Syngnathus abaster 3/1039

Doryichthys deokhatoides 1/865
Große Süßwassernadel
H: Afrika: Küstengew. von Sen. bis Ang.
♂: Bauchtasche. V: (–)
Z: 10 g/l Salz; Bauchtasche, Vfam. F: K!
T: 22–26°C, L: 20 cm, pH: >7, SG: 4

Ordnung Gonorhynchiformes

Die Ordnung der Sandfische besteht aus 4 Familien mit etwa 35 Arten (28 Süßwasser) in 7 Gattungen. (NELSON, 1994). Diese Familien gehören einer von 4 Unterordnungen an.

Die Familie Gonorhynchidae ist nur im Meer zu finden.

Die monotypische Familie Chanidae ihrerseits ist mit ihrer algenfressenden Meerwasserart *Chanos chanos* in Südostasien die Grundlage für eine wichtige Speisefischzucht. Die Metamorphose der Junglarven findet in Brackwasser statt; diese Jungfische werden dann gefangen, um in Teichen herangefüttert zu werden. Die Art wird nicht in Gefangenschaft vermehrt und ist auch kein Aquarienfisch.

Die Familie Kneriidae enthält 24 Arten, alle Bewohner der Süßgewässer im tropischen Afrika und im Nil. Die Gattungen *Kneria* und *Parakneria* werden hier mit einigen Arten vorgestellt. Das Hauptmerkmal zur Trennung der beiden Gattungen ist das Vorhandensein eines Occipitalorgans bei männlichen Tieren der Gattung *Kneria*. Die Aufgabe dieses Organs ist noch nicht eindeutig geklärt: im Aquarium wurde das Anheften eines Männchens an ein Weibchen beobachtet, aber es wurden keine Gameten abgegeben. Auch sind vermutlich einige *Kneria*-Arten eher als *Parakneria* zu bezeichnen (SEEGERS, DATZ 9/96). Eine andere, nicht geteilte Eigenschaft dieser sonst recht ähnlichen Fische bezieht sich auf die relative Stellung der Dorsalflosse zu den Ventralen: Bei *Kneria* liegt der Beginn der Dorsale stets über oder hinter dem Ansatz der Ventralen, bei *Parakneria* befindet er sich deutlich davor (SEEGERS, DATZ 11/96).

Die Aquarienhaltung dieser aus sauerstoffreichen und klaren Fließgewässern stammenden, bodenorientierten Friedfische setzt starke Filterung mit entsprechender Strömung voraus. Die Wassertemperatur muß eher kühl sein. Beleuchtung sollte stark sein, um Algenwachstum zu fördern. Diese Algen werden von den Fischen von glatten Oberflächen "abgelutscht". Die Arten können mit anderen Friedfischen, die ähnliche Ansprüche stellen, vergesellschaftet werden. Ihre Zucht ist artbedingt einfach bis noch nicht gelungen.

Die Familie Phractolaemidae – Afrikanische Schlammfische – ist monotypisch. Ihre Art, *Phractolaemus ansorgei*, hat eine lungenartig modifizierte Schwimmblase, die ihr zusätzliches Luftatmen ermöglicht. Das Maul dieses bodenorientierten und stark wühlenden Friedfisches ist sehr klein. Seine Haltung sollte in einem gedämpft beleuchteten Aquarium mit weichem Boden und dichter Bepflanzung erfolgen.

Kneria sp. WF (3/1005)

H: Afrika: Zaire: Shaba.

Kneria sp. 1/844

H: Afrika: Angola bis Ostafrika.
♂: Occipitalorgan. V: +
Z: Nach zusammenhaften Freil.; Efam. F: O
T: 18–22°C, L: 7 cm, pH: 7, SG: 1–2

Parakneria spekii 3/1006

H: Afrika: Tansania.
♂: Occipitalorgan. V: +
Z: Keine Pflege. F: O
T: 20–22°C, L: 5,5 cm, pH: 7, SG: 2

Parakneria tanzaniae 5/1054
Tansania-Paraknerie

H: O-Afrika: Zentraltansania (Hochland).
♂: Schlanker, kleiner? V: +
Z: Unbekannt. F: O
T: 18–22°C, L: 7 cm, pH: >7, SG: 3

Parakneria sp. aff. *tanzaniae* 3/1006

H: O-Afrika: Tansania.
♂: Schlanker. V: +
Z: Unbekannt. F: O
T: 22–24°C, L: 7,5 cm, pH: 7, SG: 2–3

Parakneria thysi 5/1054
Thys' Paraknerie

H: Afrika: Zairesystem.
GU: Unbekannt. V: +
Z: Laichwanderungen? F: O
T: 18–22°C, L: 5 cm, pH: 7, SG: 3

Phractolaemus ansorgii 1/861
Afrikanischer Schlammfisch

H: W-Afrika: Nigerdelta, Äthiopien, Zaire.
♂: Weiße Knötchen am Kopf; ... V:+
Z: Noch nicht gelungen. F: K
T: 25–30°C, L: 15 cm, pH: 7, SG: 2

Ordnung Gymnotiformes

Die Ordnung der Nacktaalartigen ist nur in Süßgewässern Süd- und Mittelamerikas (in letzterem Bereich nur die Familie Gymnotidae) zu finden. Sie besteht aus 6 Familien mit insgesamt über 62 Arten (man rechnet noch mit vielen Neuentdeckungen) in 23 Gattungen (NELSON, 1994).

Diese Ordnung fällt durch die äußere Gestalt ihrer Mitglieder auf: sie haben weder Bauchflossen noch eine Dorsale, ihre Schwanzflosse fehlt ebenfalls oder ist sehr zurückgebildet, und ihre Anale ist sehr strahlenreich (über 140) und dient mit ihren wellenartigen Bewegungen sowohl als Antrieb als auch als Rücktrieb. Diese auch als "Südamerikanische Messerfische" bezeichneten Fische können Teile ihrer Kaudalregion bei Verlust regenerieren.

Alle Arten haben ein mehr oder weniger stark entwickeltes elektrisches Organ (stark entwickelt bei *Electrophorus electricus*), mit dessen Hilfe sie sich in ihren dunklen Heimatgewässern orientieren und "verständigen".

Es handelt sich um dämmerungs- und nachtaktive, versteckt lebende Fische. Die auf elektrischen Feldern basierende Orientierung bietet eine merkwürdige Möglichkeit: diese Messerfische "verstecken" sich tagsüber in durchsichtigen Plastikrohrhöhlen und bleiben so einem Betrachter sichtbar. Ansonsten brauchen sie versteckreich eingerichtete Aquarien und können nur mit Vorsicht vergesellschaftet werden. Untereinander sind sie meistens bissig, aber gleichzeitig eingesetzte Exemplare vertragen sich besser. Artfremde Gesellschafter dürfen als Beute von der Größe her nicht in Betracht kommen, sonst verschwinden einige davon jede Nacht.

Die Fortpflanzung von Messerfischen ist vereinzelt schon gelungen. Exotische Wasserwerte sind dabei nicht notwendig, leicht sauer und weich ist ausreichend. Wichtig scheint die Imitation der Regenzeit zu sein. Das bedeutet: nach Absenken des Wasserspiegels, erneutes Auffüllen mit einhergehender Senkung des Leitwerts und der Wassertemperatur mit folgendem erneuten Anstieg der Temperatur und der Imitation von Regen; eine geringe Strömung scheint auch zu helfen.

Die Familie Apteronotidae - Geist-Messeraale - ist die einzige innerhalb der Ordnung, bei der die Kaudale nicht mit der Anale in Verbindung steht.

Electrophorus electricus erzeugt eine ausreichende elektrische Energie (hohe Spannung, geringer Strom), um seine Beute mit einem elektrischen Schlag zu töten. Sie wird über 2 Meter lang.

Die Arten der Familie Rhamphichthyidae graben sich als einzige – tagsüber – in den weichen Bodengrund ein.

Adontosternarchus devenanzii 5/988

H: Venezuela: Rio Portuguesa.
♂: Etwas schlanker. V: =
Z: Hochwasser imitieren. F: K!
T: 20–30°C, L: 20 cm, pH: 7, SG: 3

Apteronotus albifrons 1/821
Amerikanischer Weißstirn Messerfisch
H: Ven., Guy., Bras., Peru, Ec.
GU: Unbekannt. V: =
Z: Siehe Ordnungs-Einleitung. F: K,O
T: 23–28°C, L: <50 cm, pH: 7, SG: 3

Apteronotus albifrons 1/821
Amerikanischer Weißstirn Messerfisch
(Foto s. S. 3/937)

Apteronotus leptorhynchus 3/936

H: Brasilien, Peru, Guyana Länder.
GU: Unbekannt. V: =
Z: Unbekannt. F: K,O
T: 24–28°C, L: 40 cm, pH: 7, SG: 3

Platyurosternarchus macrostomus 5/988

H: Brasilien, Guyana, Peru, Venezuela.
GU: Unbekannt. V: ?
Z: Noch nicht erfolgt. F: K
T: 22–28°C, L: 40 cm, pH: 7, SG: 3

Electrophorus electricus 1/831
Zitteraal
H: Bras., Peru, Ecuador, Venezuela, Guyana.
GU: Unbekannt. V: –,!
Z: Unbekannt. F: K
T: 23–28°C, L: 230 cm, pH: 7, SG: 3

Gymnotus anguillaris 5/994

H: Sur., Brasilien, Guyana, Peru?, Ven?.
GU: Nicht bekannt. V: =
Z: Noch nicht gelungen. F: K
T: 22–30°C, L: 30 cm, pH: 7, SG: 3

Gymnotus carapo 1/840
Gebänderter Messerf., Amerikanischer M.
H: Guatemala, Amazonien, Rio de la Plata.
GU: Nicht bekannt. V: =
Z: Noch unbekannt. F: K
T: 22–28°C, L: 60 cm, pH: 7, SG: 2–3

Gymnotus coatesi 5/994

H: Venezuela, Brasilien.
GU: Nicht bekannt. V: =
Z: Noch nicht gelungen. F: K
T: 22–30°C, L: 30 cm, pH: 7, SG: 3

Gymnotus pedanopterus 5/996

H: Venezuela, Brasilien.
GU: Nicht bekannt. V: =
Z: Noch nicht gelungen. F: K
T: 22–28°C, L: 30 cm, pH: 7, SG: 3

Gymnotus sp. 5/996

H: Tropisches Südamerika.
GU: Nicht bekannt. V: –
Z: Noch nicht gelungen. F: K
T: 20–30°C, L: 30 cm, pH: 7, SG: 3

Brachypopomus sp. 5/992

H: Venezuela, Brasilien.
GU: Unbekannt. V: =
Z: Siehe Ordnungseinleitung. F: K,O
T: 22–28°C, L: 30 cm, pH: <7, SG: 3

Steatogenes elegans 1/862

H: Guyana, Brasilien, Peru.
GU: Unbekannt. V: =
Z: Noch nicht gelungen. F: K
T: 22–26°C, L: 20 cm, pH: <7, SG: 3

Gymnorhamphichthys rondoni 5/990
Mäuseschwanz-Glasmesserfisch
H: Par., Bras., Sur., Ven., Kol., Peru.
GU: Unbekannt. V: (–)
Z: Unbekannt. F: K
T: 25–28°C, L: 15 cm, pH: <7, SG: 3–4

Gymnorhamphichthys cf. *rondoni* 5/990
Mäuseschwanz-Glasmesserfisch
Eventuell ein Jungtier.

Eigenmannia virescens 4/827

H: Tropisches Südamerika: Weit verbreitet.
♂: Hoden erscheinen weißlich; größer. V: =
Z: Imitation der Regenzeit. F: K!
T: 20–30°C, L: ♂ 35 cm, pH: 7, SG: 3

Eigenmannia cf. *virescens* 5/992

H: Tropisches Südamerika.
♂: Hoden erscheinen weißlich; größer. V: =
Z: Noch nicht geglückt. F: K!
T: 20–30°C, L: ♂ 35 cm, pH: 7, SG: 3

Eigenmannia virescens 1/862
Grüner Messerfisch
H: Weit in den Tropen verbreitet.
♂: 25 cm größer. V: =
Z: Siehe Ordnungseinleitung. F: K
T: 22–28°C, L: ♂ 45 cm, pH: <7, SG: 2–3

Sternopygus macrurus 3/1029

H: Guyana-L., Brasilien, Peru, Bolivien.
♂: Größer. V: –
Z: Unbekannt. F: K!
T: 22–28°C, L: 90 cm, pH: <7, SG: 3–4

Am Rande des Amazonasbeckens (hier ein Rio Napo-Zufluß am ostandinen Abhang Ecuadors) ist das Wasser reißend und noch relativ fischarm, doch kann man bereits einige Loricariidae, Characiidae und Lebiasinidae darin finden.

Ordnung Mugiliformes

Die Ordnung der Meeräschenartigen enthält nur die Familie Mugilidae mit etwa 17 Gattungen und 80 Arten. Die Stellung dieser Familie ist umstritten, so wird sie verschiedentlich zu den Perciformes oder auch zu den Atheriniformes gerechnet (NELSON, 1994). Ihre Mitglieder sind in allen tropischen und gemäßigten litoralen Meeres- und Brackwasserzonen anzutreffen.

Als Aquarienfische ist die Familie insgesamt wenig geeignet, doch als Speisefisch ist die Gewöhnliche Meeräsche (*Mugil cephalus*) in Südostasien zusammen mit *Chanos chanos* (s. S. 880) die wichtigste Art, die in Küstenteichen gezüchtet wird. Inzwischen ist auch ihre künstliche (hormoneingeleitete) Vermehrung gelungen.

Rhinomugil corsula hat obenständige Augen, mit denen sie über die Wasseroberfläche blickt; es ergibt sich dadurch ein vieraugenähnlicher Anblick.

Chelon labrosus juv. (5/1074)

Chelon labrosus (5/1074)

Liza dumerili 5/1075

H: Küstengewässer Westafrikas. 2%Bw
GU: Unbekannt. V: +
Z: Im Meer. F: K
T: 20–25°C, L: 28 cm, pH: >7, SG: 4

Mugil cephalus 5/1076
Gewöhnliche Meeräsche Mw,Bw

H: Atlantikküsten, Indien bis Hongkong.
♂: Hochzeitskleid; 1/3 kleiner. V: =
Z: Im Meer. F: K
T: 5–25°C, L: <90 cm, pH: >7, SG: 4

Rhinomugil corsula 5/1078
Indische Meeräsche 0,5% Bw

H: Indien, Burma, Bengalen, Hindustan.
GU: Unbekannt. V: +
Z: N: Eier u. Larven planktonisch. F: K,O
T: 22–30°C, L: 48 cm, pH: >7, SG: 4

Rhinomugil corsula 5/1078
Indische Meeräsche 0,5% Bw

OSMERIFORMES

Ordnung Osmeriformes

Diese Ordnung besteht aus 13 Familien in 2 Unterordnungen mit 236 Arten in 74 Gattungen. Die hier behandelten (Süß- und Brackwasser-) Familien (Galaxiidae, Lepidogalaxiidae und Retropinnidae) gehören alle zur Unterordnung Osmeroidei (NELSON 1994). MOYLE u. CECH (1988) zählen die Familien Galaxiidae und Retropinnidae zu den Salmoniformes und die Lepidogalaxiidae zu den Esociformes.

Die Familie Lepidogalaxiidae ist monotypisch. *Lepidogalaxias salamandroides* vergräbt sich in feuchten Sand, um Trockenperioden zu überdauern; Befruchtung ist intern, aber es werden Eier gelegt (PUSEY u. STEWARD, 1989).

Galaxiidae haben keine Adipose, während die sonst sehr ähnlichen Retropinnidae eine haben. Die geographische Verbreitung der Galaxiidae auf der südlichen Halbkugel wird als einer der Hinweise gedeutet, daß die Kontinente früher zusammenhingen (siehe auch Characiformes, S. 40).

Wenige Einzelheiten sind über diese kleinen bis mittelgroßen Fische bekannt. Sie werden als das südliche ökologische Gegenstück zu den nördlichen Salmoniden betrachtet (letztere sind aber bereits – als Speisefische – weltweit verbreitet worden).

Galaxiiden sind mit wenigen Ausnahmen (z.B. *Neochanna cleaveri*, ein nächtlicher Einzelgänger, der sich auch gerne in den Bodengrund eingräbt) friedliche, bewegungsfreudige Schwarmfische der mittleren Wasserschichten.

Die Fortpflanzungsbiologie vieler Arten ist unbekannt, aber es gibt auch Fälle, in denen in Artbecken ohne besonderes Zutun die Fische spontan laichen (z.B. *Galaxiella pusilla* – Substratlaicher).

Brachygalaxias bullocki u.♂, o.♀ 2/1076

H: Südamerika: S-Chile.
♂: Weißer Fleck. V: ?
Z: Noch nicht gelungen. F: K!
T: 15–20°C, L: <6 cm, pH: 7, SG: 4

Brachygalaxias gothei u.♀, o.♂ 2/1076

H: Südamerika: S-Chile.
♂: Mit rotem Band. V: ?
Z: Zufall; mehrere ♂♂ folgen 1♀. F: K
T: 15–22°C, L: 5 cm, pH: 7, SG: 3–4

Galaxias auratus 2/1078
Goldene Galaxie
H: Australien: Tasmanien.
GU: Unbekannt. V: +
Z: Noch nicht erfolgt. F: K,O
T: 10–28°C, L: 24 cm, pH: 7, SG: 2–3

Neochanna cleaveri 2/1078
Tasmanischer Schlammfisch
H: Australien: Tasmanien, Victoria (selten).
GU: Unbekannt. V: (–)
Z: Unbekannt. F: K!
T: 10–20°C, L: 14 cm, pH: 7, SG: 4

Galaxias maculatus 2/1080
Gefleckte Galaxie
H: S- u. W-Australien bis Chile.
GU: Unbekannt. V: (–)
Z: Natur: Brackwasser, Seegras. F: K!
T: 10–22°C, L: 19 cm, pH: 7, SG: 3

Galaxias olidus 2/1080
Gebirgsgalaxie
H: Australien: Victoria.
GU: Unbekannt. V: +
Z: Unbekannt. F: K,O
T: 4–30°C, L: 13,5 cm, pH: 7, SG: 3–4

Galaxias "fuscus" olidus 2/1080
Gebirgsgalaxie

Galaxias rostratus 2/1082
Flachköpfige Galaxie
H: Australien: Murray Fluß. Sehr selten
GU: Unbekannt. V: +
Z: Unbekannt. F: K,O
T: 10–26°C, L: 13 cm, pH: 7, SG: 3–4

Galaxias tanycephalus 2/1082

H: Australien: Tasmanien.
♂: Farbiger, größer. V: +
Z: Unbekannt. F: K!
T: 10–26°C, L: 15 cm, pH: 7, SG: 3

Galaxias truttaceus 2/1084
Forellen-Galaxie
H: SW-Australien bis Tasmanien.
GU: Unbekannt. V: +
Z: Unbekannt. F: K
T: 6–20°C, L: 13 cm, pH: 7, SG: 3

Galaxias zebratus 4/769
Kap-Galaxias
H: Südafrika: Kap-Region.
♂: Farbiger, größer. V: =
Z: Unbekannt. F: K,O
T: 24–26°C, L: 20 cm, pH: 7, SG: 2–3

Galaxiella munda 2/1084
Schlamm-Zwerggalaxie
H: W-Australien.
♂: Farbiger, kleiner. V: +
Z: Unbekannt. F: K,O
T: 8–24°C, L: 5 cm, pH: 7, SG: 2

Knochenf.

Galaxiella nigrostriata 2/1086
Schwarzstreifen-Zwerggalaxie
H: W-Australien.
♂: Farbiger, schlanker. **V**: (–)
Z: Unbekannt. **F**: K,O
T: 10–25°C, **L**: 3,5 cm, **pH**: 7, **SG**: 3

Galaxiella pusilla 2/1086
Zwerggalaxie
H: Australien: S-Victoria.
♂: Farbiger, 1,5 cm kleiner. **V**: (–)
Z: Substratlaicher. **F**: K,O
T: 10–30°C, **L**: ♀ 4,5 cm, **pH**: 7, **SG**: 2

Paragalaxias mesotes 2/1086
Tasmanische Paragalaxie
H: Australien: Tasmanien.
GU: Unbekannt. **V**: (–)
Z: Unbekannt. **F**: K,O
T: 5–20°C, **L**: 8 cm, **pH**: 7, **SG**: 3

Lepidogalaxias salamandroides 2/1104
Salamanderfisch
H: Australien: Südküste.
♂: Anale mit hautartigem Lappen. **V**:(–)
Z: Unbekannt. **F**: K!
T: 8–25°C, **L**: 6,5 cm, **pH**: <7, **SG**: 3

Prototroctes maraena 2/1053
Grayling, Cucumber Hering
H: Australien: Küstenflüsse. Bedroht.
♂: Schlanker? **V**: –
Z: Laicht in Süßwasser. **F**: K,O
T: 10–25°C, **L**: 30 cm, **pH**: 7, **SG**: 3

Retropinna semoni 3/1028
Australischer Stint
H: Australien: S-Queensl., Neusüdwales,...
♂: Größere Flossen. **V**: (–)
Z: Laichrost; ruhiges Wasser. **F**: K,O
T: 10–25°C, **L**: 8 cm, **pH**: 7, **SG**: 2

Ordnung Osteoglossiformes

Die Ordnung der Knochenzüngler besteht aus 2 Unterordnungen: den Notopteroidei (Nilhechte, Elefantenfische – die Familien Gymnarchidae, Hiodontidae [2 Arten in der Gattung *Hiodon*, im ATLAS noch nicht erfaßt], Mormyridae und Notopteridae) und den Osteoglossoidei (Knochenzüngler – die Familien Osteoglossidae und Pantodontidae). Insgesamt besteht die Ordnung aus 6 Familien mit etwa 217 Arten in 29 Gattungen. Die meisten Arten sind Teil der Familie Mormyridae (etwa 18 Gattungen mit an die 200 Arten).

Geographische Verbreitung

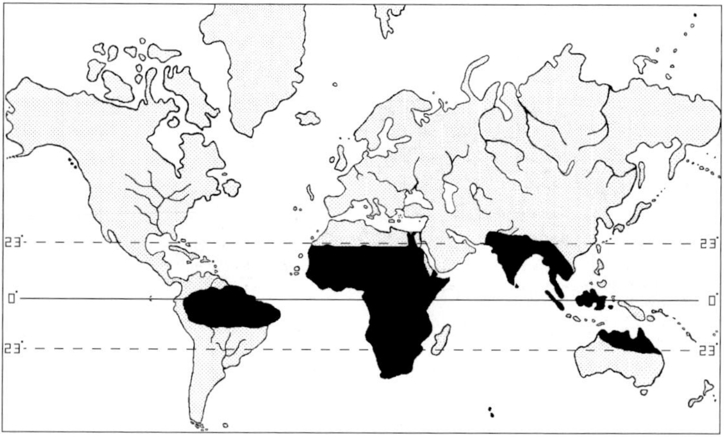

Verbreitungsgebiet der Ordnung Osteoglossiformes (ohne Hiodontidae = in Nordamerika).

Familie Gymnarchidae

Eine monotypische Familie mit nur der Art *Gymnarchus niloticus*. Diese ist kein geeigneter Aquarienfisch: neben seiner erreichbaren Länge von 150 cm, handelt es sich um einen Räuber, der selbst größere Beute mit elektrischen Schlägen zu betäuben imstande ist. In der Natur baut das Männchen ein Nest aus Pflanzenteilen, welches 1 m unter der Wasseroberfläche schwebt. Dort hinein werden ca. 1000 Eier von 1 cm Durchmesser gelegt. Die Jungfische sind zum Zeitpunkt des Verlassens des Nestes bereits 10 cm lang.

Weiche Böden werden bevorzugt, da die Fische diese nach Würmern durchsuchen. Die Art hat nur Ventralflossen und eine sehr strahlenreiche Dorsale. Mit ihren wellenartigen Bewegungen kann sie sich wahlweise vorwärts oder rückwärts bewegen.

Familie Mormyridae
Die afrikanischen Elefantenfische (im AQUARIEN ATLAS auch Nilhechte) besiedeln nur das tropische Afrika und den Nil. Ihr Umgangsname spielt auf das rüsselartig verlängerte Maul einiger Arten an. Elefantenfische haben eine dicke, drüsenreiche Haut und ein elektrisches Organ am Schwanzstiel, welches zur Abgrenzung der Reviere eingesetzt wird.

Als kleine bis große Fische (6 bis ca. 50 cm, doch erreicht eine Art 150 cm) gibt es praktisch für jede Beckengröße geeignete Arten. Die meisten sind gesellig und nachtaktiv. Ihre Zucht ist schwer, ein Nachahmen der Regenzeit scheint unerläßlich zu sein (s.S. 882).

Familie Notopteridae
Die (afrikanischen und südostasiatischen) Messerfische haben eine breite Analflosse, die mit der Kaudalen einen über 100-strahligen Flossensaum bildet. Die Ventralen und die Dorsale sind klein oder fehlen ganz. Die Familie kann atmosphärische Luft atmen (über die Schwimmblase).
Mit zunehmendem Alter untereinander oftmals aggressiv und territorial, Fremdfischen gegenüber jedoch meist friedlich.

Familie Osteoglossidae
Die Familie der Knochenzüngler besteht aus 4 Gattungen mit insgesamt 5 Arten. Es handelt sich um große, behäbige Raubfische, die, solange sie gut gefüttert werden, auch mit großen ruhigen Arten (*Geophagus* spp., *Leporinus* spp. u.a.) gehalten werden können. Ihre großen Schuppen geben ihnen ein urtümliches Aussehen. *Arapaima gigas*, ein obligater Luftatmer, ist der größte beschuppte Süßwasserfisch und gehört jetzt in die Familie Arapaimidae (Seite 901). Alle Arten sind in ihrer Heimat beliebte Speisefische, doch sind einige im Handel nicht zu finden, da sie geschützt sind.

Familie Pantodontidae
Diese monotypische Familie enthält nur *Pantodon buchholzi*, den Schmetterlingsfisch. Dieser oberflächenorientierte Raubfisch kann mit Fischen angemessener Größe der mittleren und unteren Wasserschichten vergesellschaftet werden.

Gymnarchus niloticus 5/1051
Nilhecht

H: Nil, Niger, Tschad, Gambiabecken.
GU: Unbekannt. V: –
Z: Nest, 1000 Eier 10 mm Ø. F: K
T: 23–28°C, L: 150 cm, pH: 7, SG: 4

Brienomyrus brachyistius 5/1064

H: Nigeria, Liberia, Gambia bis Zaire.
♂: Anale größer? V: =
Z: Eier in die Anale bei Hochwasser. F: K
T: 20–28°C, L: 28 cm, pH: 7, SG: 4

Brienomyrus longianalis 5/1064

H: Unterer Nil, S-Kamerun.
♂: Anale größer? V: =
Z: Noch nicht erfolgt. F: K
T: 22–26°C, **L**: 15 cm, **pH**: 7, **SG**: 4

Brienomyrus niger 4/802

H: Zaire-, Niger-, Volta-, Tschadsystem, Senegal, Gambia, Weißer Nil.
♂: Basis der Anale eingebuchtet. V: =
Z: Imitation von Regen, usw. F: K
T: 22–28°C, **L**: 13 cm, **pH**: ≪7, **SG**: 4

Campylomormyrus alces 4/802

H: Zaire, Angola: Zairebecken.
♂: Anale eingebuchtet. V: =
Z: Noch nicht gelungen. F: K
T: 22–28°C, **L**: 36 cm, **pH**: ≪7, **SG**: 4

Campylomormyrus elephas 3/1020

H: Zairebecken.
GU: Unbekannt. V: =
Z: Noch nicht gelungen. F: K
T: 26–28°C, **L**: 40 cm, **pH**: 7, **SG**: 3–4

Campylomormyrus numenius 5/1066
Ibis Nilhecht, Elefantenfisch

H: Zairebecken.
♂: Ausgezogene Anale. V: ?
Z: In Überschwemmungsgebieten. F: K
T: 22–25°C, **L**: 65 cm, **pH**: 7, **SG**: 4

Campylomormyrus rhynchophorus 4/804

H: Zairebecken.
♂: Anale eingebuchtet. V: =
Z: Imitation von Regen. F: K
T: 22–28°C, **L**: 22 cm, **pH**: <7, **SG**: 3–4

Campylomormyrus tamandua 1/854

Campylomormyrus tamandua 4/804

H: Volta, Niger, Thad-, Schari-, Zairebecken.
♂: Anale an der Basis eingebuchtet. V: =
Z: Imitation der Regenzeit. F: K
T: 22–24°C, L: 43 cm, pH: <7, SG: 4

Gnathonemus petersii 1/854
Tapirfisch, Elefanten-Rüsself., Spitzbartf.
H: Zairebecken, Nigeria, Kamerun.
♂: Anale an der Basis eingebuchtet. V: =
Z: Noch nicht gelungen. F: K,O
T: 22–28°C, L: 23 cm, pH: 7, SG: 3

Marcusenius schilthuisiae 2/1142
Schilthuis' Nilhecht
H: Mittlerer Kongofluß.
GU: Unbekannt. V: =
Z: Noch nicht gelungen. F: K,O
T: 24–28°C, L: 10 cm, pH: 7, SG: 3

Hippopotamyrus discorhynchus 4/806

H: Zairebecken, Tanganjika-, Malawisee,...
♂: Anale mit eingebuchteter Basis. V: =
Z: Imitation der Regenzeit. F: K
T: 22–28°C, L: <30 cm, pH: <7, SG: 3–4

Marcusenius thomasi ♂ 5/1066
Löffelschnabel-Nilhecht
H: Zairebecken.
♂: Anale konkav u. länger. V: +
Z: Unbekannt. F: K
T: 23–27°C, L: 5 cm, pH: 7, SG: 3

Hippopotamyrus pictus ♀ 4/806

H: Weißer Nil, Goldk., Burkina Faso, Nig.
♂: Basis der Anale eingebuchtet. V: =
Z: Imitation der Regenzeit. F: K,O
T: 22–28°C, L: 30 cm, pH: <7, SG: 3–4

Marcusenius ussheri 5/1068
Papageien-Nilhecht

H: Oberer Zaire, Oberer Niger.
♂: Größere Anale? V: =
Z: Zwischen Steinen u. Felsspalten. F: K
T: 20–24°C, L: 30 cm, pH: 7, SG: 3

Hyperopisus bebe 4/808

H: Nilbecken, Äth., Sen., Volta, Tschad.
♂: Schwach eingebuchtete Anale. V: =
Z: Noch nicht gelungen. F: K
T: 22–28°C, L: 51 cm, pH: 7, SG: 3–4

Isichthys henryi 4/808

H: Sierra Leone bis Nigeria, Kam., Gabun.
♂: Anale mit eingebuchteter Basis. V: =
Z: Imitation der Regenzeit. F: K
T: 22–28°C, L: 29 cm, pH: <7, SG: 3–4

Brienomyrus brachyistius 2/1142

H: Sierra Leone, Liberia, Elfenbeinküste.
GU: Unbekannt. V: =
Z: Noch nicht gelungen. F: K
T: 25–28°C, L: 18 cm, pH: 7, SG: 3

Brienomyrus longianalis 2/1144
Schmaler Nilhecht

H: Nigeria, Kamerun.
GU: Unbekannt. V: –
Z: Noch nicht gelungen. F: K,O
T: 25–30°C, L: 15 cm, pH: 7, SG: 3

Marcusenius macrolepidotus 2/1144
Großschuppiger Nilhecht
H: Südliches O-Afrika.
GU: Unbekannt. V: =
Z: Noch nicht gelungen. F: K
T: 22–26°C, L: 25 cm, pH: 7, SG: 3

Marcusenius macrolepidotus 4/810
Großschuppiger Nilhecht
H: Ghana, Zaireb., Tan., Kenia, Malawisee,...
♂: Basis der Anale eingebuchtet. V: =
Z: Imitation der Regenzeit. F: K
T: 22–28°C, L: <15 cm, pH: <7, SG: 3–4

Mormyrops anguilloides 4/810
H: Sen., Gam., Nig., Volta, Tschad, Zaire u. Sambesibecken, Tan.- u. Mal-See.
♂: Basis der Anale eingebuchtet. V: –
Z: Imitation der Regenzeit. F: K
T: 22–28°C, L: 150 cm!, pH: 7, SG: 3–4

Mormyrops curtus 4/812
H: Zaire: Unterer Zaire.
♂: Basis der Anale eingebuchtet. V: =
Z: Noch nicht gelungen. F: K
T: 22–28°C, L: 40 cm, pH: <7, SG: 3–4

Oxymormyrus zanclirostris 5/1068
Tubenmaul-Nilhecht
H: Mittleres Zairebecken.
♂: Größere Anale. V: –
Z: Natur: Zw. Felsspalten u. Algen. F: K
T: 23–26°C, L: 27 cm, pH: 7, SG: 4

Mormyrus rume 4/812
H: Kongo Republik.
♂: Basis der Anale eingebuchtet. V: =
Z: Imitation der Regenzeit? F: K
T: 22–28°C, L: 36 cm, pH: 7, SG: 3–4

Mormyrus caballus 4/814

H: Zairebecken, Kamerun, Angola.
♂: Basis der Anale eingebuchtet. V: =
Z: Imitation der Regenzeit? F: K
T: 22–28°C, L: 20 cm, pH: <7, SG: 3–4

Mormyrus caschive 4/814

H: Nilb., Eduard-, Albert-, Georgesee,...
♂: Basis der Anale eingebuchtet. V: =
Z: Imitation der Regenzeit? F: K
T: 22–28°C, L: 52 cm, pH: <7, SG: 3–4

Mormyrus kannume 3/1020
Tapir-Rüsselfisch

H: Nil und viele der großen Seen.
GU: Unbekannt. V: –
Z: Unbekannt F: K
T: 22–26°C, L: 50 cm, pH: 7, SG: 3

Mormyrus rume proboscirostris 4/816

H: Zaire: Oberer Zaire.
♂: Basis der Anale eingebuchtet. V: =
Z: Imitation der Regenzeit? F: K
T: 22–28°C, L: 20 cm, pH: <7, SG: 3–4

Mormyrus rume proboscirostris 3/1022

H: Angola, Zaire: Oberer Zaire.
GU: Unbekannt. V: =
Z: Noch nicht erfolgt. F: K
T: 24–28°C, L: 60 cm, pH: <7, SG: 3–4

Pollimyrus maculipinnis 5/1070
Spatennilhecht

H: Oberer Niger; Nominatform im Nil.
♂: Größere Anale. V: =
Z: Nest in Überschwemmungsgeb. F: K!
T: 20–25°C, L: 5 cm, pH: 7, SG: 3

Petrocephalus bovei 2/1146

H: Unterer Nil; Senegal- u. Gambiafluß.
GU: Unbekannt. V: =
Z: Pflanzennest im Dunkeln. F: K
T: 23–26°C, L: 12 cm, pH: 7, SG: 4

Petrocephalus catostoma ♂ 2/1146

H: O- u. S-Afrika; weit verbreitet.
♂: Anale in Wellenform. V: –
Z: Unbekannt. F: K
T: 23–26°C, L: 13 cm, pH: 7, SG: 3

Petrocephalus christyi 4/816

H: Zairebecken.
♂: Stärker eingebuchtete Anale. V: =
Z: Imitation der Regenzeit. F: K
T: 22–28°C, L: 11 cm, pH: <7, SG: 3–4

Petrocephalus keatingii 5/1070
(evtl. *Petrocephalus catostoma*)

H: Afrika: Zairebecken, Nigeria.
♂: Stärker eingebuchtete Anale. V: =
Z: Imitation des Hochwassers. F: K!
T: 20–30°C, L: 12 cm, pH: 7, SG: 3

Petrocephalus tenuicauda 5/1072

Petrocephalus simus 3/1022

H: Von Lybien bis Zaire.
♂: Stärker eingebuchtete Anale. V: –
Z: Noch nicht gelungen. F: K
T: 24–28°C, L: 12 cm, pH: 7, SG: 3

Petrocephalus sp. 5/1072

Pollimyrus adspersus 4/818

H: Zairebecken, Kamerun, Nigeria.
♂: Stärker eingebuchtete Anale. V: =
Z: Imitation der Regenzeit? F: K
T: 22–28°C, **L**: 8 cm, **pH**: <7, **SG**: 3–4

Pollimyrus isidori 4/818

H: Nil, Gambia, Niger-Volta-, Tschadbecken, Elfenbeinküste.
♂: Stärker eingebuchtete Anale. V: =
Z: Imitation der Regenzeit. F: K
T: 22–28°C, **L**: 10 cm, **pH**: <7, **SG**: 3–4

Brienomyrus niger 5/1073

H: Senegal, Gambia, Burkina Faso,...
♂: Stärker eingebuchtete Anale. V: =
Z: Imitation der Regenzeit. F: K
T: 22–28°C, **L**: 6 cm, **pH**: <7, **SG**: 3–4

Pollimyrus nigripinnis 3/1024
Schwarzflossiger Nilhecht

H: Zaire: Mittleres Zairebecken.
GU: Unbekannt. V: –
Z: Noch nicht gelungen. F: K
T: 24–26°C, **L**: 12 cm, **pH**: 7, **SG**: 3–4

Chitala ornata 2/1150
Tausenddollarfisch

H: SO-Asien: Thai., Bur., Große Sundainseln.
GU: Unbekannt. V: –
Z: Substratlaicher, Vaterfamilie. F: K
T: 24–28°C, **L**: <100 cm, **pH**: <7, **SG**: 3

KNOCHENF.

Notopterus notopterus 1/856
Asiatischer Fähnchen-Messerfisch
H: SO-Asien: Indien, Bur., Thai., Malay,...
GU: Unbekannt. V: –
Z: Substratlaicher; Vaterfamilie. F: K!
T: 24–28°C, L: 35 cm, pH: <7, SG: 3

Xenomystus nigri 1/856
Afrikanischer Messerfisch
H: Afrika: Zaire, Gabun, Niger, Liberia.
GU: Unbekannt. V: –
Z: Natur: 150–200 E, 2 mm Ø. F: K!
T: 22–28°C, L: 30 cm, pH: <7, SG: 2–3

Heterotis niloticus 2/1152
Westafrikanischer Knochenzüngler
H: W- u. Zentralafrika.
GU: Nicht erkennbar. V: =
Z: N: Pflanzennest; Mutterfamilie. F: K,O
T: 25–30°C, L: 90 cm, pH: 7, SG: 4

Papyrocranus afer 3/1025
Afrikanischer Fähnchen-Messerfisch
H: W-Afrika und Zairebecken.
GU: Unbekannt. V: –
Z: Gelungen; Vaterfamilie. F: K
T: 24–30°C, L: <62 cm, pH: <7, SG: 3

Arapaima gigas 2/1151
Paiche, Piracurú, Arapaima
H: Südamerika: Amazonien. Geschützt.
♂: Zur Laichzeit dunkler Kopf, farbiger. V: –
Z: Natur: in Gruben Vfam, Efam. F: K!
T: 25–29°C, L: <300 cm, pH: <7, SG: 4

Osteoglossum bicirrhosum 1/858
Gabelbart, Arowana, Arahuana, Knochenzüngler
H: Südamerika: Amazonien.
♂: Unterkiefer u. Anale länger. V: =
Z: ♂ Mb, 60 T; 8–10 cm lang. F: K
T: 24–30°C, L: <120 cm, pH: <7, SG: 4

Osteoglossum ferreirai 1/858
Schwarzer Knochenzüngler
H: Südamerika: Rio Negro.
GU: Unbekannt. **V**: =
Z: ♂ Mb, 56 T; 9 cm lang. **F**: K
T: 24–30°C, **L**: 100 cm, **pH**: <7, **SG**: 4

Scleropages formosus 2/1152
H: Australien, SO-Asien. Geschützt.
GU: Unbekannt. **V**: =
Z: Natur: ♀ Mb; Mutterfamilie. **F**: K
T: 24–30°C, **L**: 90 cm, **pH**: <7, **SG**: 2–3

Scleropages jardini 2/1155
Gepunkteter Barramundi
H: N-Australien, Neuguinea.
GU: Unbekannt. **V**: =
Z: Natur: ♂ Mb? Vaterfamilie? **F**: K
T: 24–30°C, **L**: 80 cm, **pH**: <7, **SG**: 3

Scleropages leichardtii 2/1154
Gepunkteter Barramundi
H: Australien: Queensland: Fitzroy River.
GU: Unbekannt. **V**: =
Z: Natur: ♂ Mb? Vaterfamilie? **F**: K
T: 24–30°C, **L**: 80 cm, **pH**: <7, **SG**: 3

Scleropages leichardtii 2/1154
Gepunkteter Barramundi

Pantodon buchholzi 1/860
Schmetterlingsfisch
H: Afrika: Nigeria, Kamerun, Zaire.
♂: Hinterrand der Anale eingebuchtet. **V**: =
Z: <220 Schwimmeier. **F**: K
T: 23–30°C, **L**: 10 cm, **pH**: <7, **SG**: 3

Ordnung Percopsiformes

Dies ist eine Süßwasser-Ordnung mit 3 Familien. Die Familie Aphredoderidae enthält nur die rechts aufgeführte Art.

Die Position der Analöffnung ist bei Jungfischen normal, wandert aber mit dem Alter nach vorn; auch wird mit der Zeit ein Analflossenstrahl zum dritten Stachel. Die Art sollte kühl überwintert werden.

Aphredoderus sayanus 4/718
Piratenbarsch
H: USA: Minnesota bis Texas.
GU: Gering. **V**: –
Z: Nest; Eltern bewachen. **F**: K!
T: 5–26°C, **L**: 13 cm, **pH**: 7, **SG**: 3–4

Ordnung Pleuronectiformes

Die Schollenartigen sind überwiegend Meerwasserfische. Von 11 Familien mit insgesamt 570 Arten in 123 Gattungen sind nur 20 Arten zumindest teilweise in Süßwasser anzutreffen (NELSON, 1994). Der INDEX stellt 2 Familien (Achiridae und Soleidae) mit einigen ihrer Arten vor. Beide sind Rechtsaugenflundern, d.h., daß bei den anfänglich symmetrischen, "normal schwimmenden" Jungfischen das linke Auge auf die rechte Seite wandert, sobald sie im Verlauf ihres Wachstums auf ein Flach-am-Boden-liegen mit seitlicher Schwimmlage (links nach unten) übergehen.

Achirus achirus 4/826
Zwergsüßwasserflunder
H: Südamerika: Sur., Bras., Peru, Uru.
GU: Unbekannt. **V**: +
Z: Unbekannt. **F**: K
T: 25–28°C, **L**: 10 cm?, **pH**: <7, **SG**: 3–4

Trinectes maculatus 5/984
Zwergflunder, Amerikanische Seezunge
H: S-Nordamerika, Südamerika (Ecuador).
GU: Unbekannt. **V**: +
Z: Noch nicht gelungen. **F**: O
T: 20–24°C, **L**: 25 cm, **pH**: 7, **SG**: 3–4

Trinectes maculatus 5/984
Zwergflunder, Amerikanische Seezunge
Jungtier.

Trinectes maculatus 5/984
Gefleckte Flunder, Sandflund., Hogshocker
H: Nordamerika: Küsten bis Florida.
GU: Unbekannt. **V**: +
Z: Gelungen. **F**: K,O
T: 5–22°C, **L**: 45 cm, **pH**: 7, **SG**: 1–4

Trinectes maculatus 5/984
Gefleckte Flunder, Sandflund., Hogshocker
Jungtier.

Synaptura salinarum 2/1157
Australische Süßwasserseezunge (Bw)
H: Australien: Golf von Carpentaria Zuflüsse.
GU: Unbekannt. **V**: =
Z: Unbekannt. **F**: K,O
T: 22–30°C, **L**: 15 cm, **pH**: >7, **SG**: 3–4

Platichthys flesus 5/1084
Gemeine Flunder (2% Salzzugabe)
H: Nord- u. Ostsee, Mittelmeer, Schwarzes Meer, Küsten Nordamerikas.
GU: Unbekannt. **V**: =
Z: Pelagische Eier im Meer. **F**: K,O
T: 5–25°C, **L**: 60 cm, **pH**: >7, **SG**: 4

Synaptura selheimi 4/825
Mw, (Bw)
H: Australien: Golf von Carpentaria Zuflüsse.
GU: Unbekannt. **V**: =
Z: Unbekannt. **F**: K
T: 22–26°C, **L**: <15 cm, **pH**: >7, **SG**: 2–4

Ordnung Salmoniformes

Die Systematik der Salmoniformes ist umstritten. Die Unterfamilien Coregoninae und Thymallinae werden auch als Familien (Coregonidae und Thymallidae) angesehen. Wir folgen hier – wie sonst meist auch – NELSON (1994), wonach sie als Unterfamilien angesehen werden.

Das natürliche Verbreitungsgebiet der Lachsartigen ist die nördliche Halbkugel. Lachse als Könige der Fische zu bezeichnen, hat nicht wie beim Diskus einen ästhetischen, sondern einen kulinarischen Grund. Lachse und Forellen werden weltweit in kühlen Gebieten als Speisefische gezüchtet bzw. in Seen als Angelfische ausgesetzt. In tropischen Regionen geschieht gleiches mit Forellen auf größeren Höhenlagen, wo die Temperatur kühl genug ist. Auf der südlichen Halbkugel ist z.B. Chile in Südamerika aktiv an der Lachszucht beteiligt (es gibt dort übrigens auch Anfangsprojekte mit Stör-Arten). Alle Salmoniformes sind Kaltwasserfische, Lachse darunter die empfindlichsten. Für alle Arten muß während der Sommermonate ein Kühlaggregat im Aquarienfilterkreislauf zwischengeschaltet werden. Als sehr aktive Schwarmfische, die obendrein noch sauerstoffbedürftig sind und fast ausnahmslos eine beachtliche Länge erreichen, kann ihre Haltung in einem Heimaquarium nicht empfohlen werden. Nur Spezialisten (und Speisemärkte) sollten sich auf eine Haltung dieser Fische einlassen.

Die Laichwanderungen der Lachse sind allgemein bekannt. Zu Tausenden (siehe Foto unten) steigen die Fische aus dem Meer empor auf dem Weg zurück in ihre Geburtsgewässer; um an ihr Ziel zu gelangen, überwin-

Oncorhynchus nerka, Laichplatz, Kanada: British Columbia

den sie selbst Wasserfälle. Einmal an ihrem "Geburtskiesbett" angelangt, laichen sie dort ab und sterben vor Erschöpfung. Einige nicht-anadrome Fische laichen mehrfach. Während der Laichwanderung sind Männchen leicht an einem vergrößerten Oberkiefer (Lachshaken) zu erkennen.

Alle Salmoniformes sind Fleischfresser.

In der Speisefischzucht werden Lachse hauptsächlich in Fjorden und Buchten in Netzgehegen gezüchtet. Norwegen, die Vereinigten Staaten, Kanada und Chile sind die größten Produzenten. Der Abtransport der Stoffwechselprodukte durch Meeresströmungen ist ein produktionsbedingtes Umweltproblem. Der Einsatz von Chemikalien gegen Fischkrankheiten ein anderes.

Forellen werden hauptsächlich im Inland in Zementtanks mit dauerndem Wasseraustausch gezüchtet. Die günstigste Wachstumstemperatur liegt bei etwa 15 °C, während die Fische bei etwa 9 °C zum Ablaichen gebracht werden (hauptsächlich Regenbogenforellen).

Coregonus albula pereslavicus 4/748
Renke, Maräne, Schäpel
H: N-Europa, N-Asien.
GU: Unbekannt. **V**: =
Z: Nat.: Über Sand- u. Kiesbänken. **F**: K
T: 4–18°C, **L**: 34 cm, **pH**: 7, **SG**: 4

Coregonus autumnalis migratorius 3/944
Baikal-Omul, Baikalrenke
H: Rußland: Baikalsee. E.
GU: Unbekannt. **V**: =
Z: Natur: In Flüssen <47000 benth.E. **F**:K
T: 4–16°C, **L**: 56 cm, **pH**: >7, **SG**: 4

Coregonus lavaretus 3/944
Kleine Maräne
H: Europa, Asien.
GU: Unbekannt. **V**: =
Z: Natur: In freiem Wasser. **F**: K
T: 4–16°C, **L**: 57 cm, **pH**: >7, **SG**: 4

Coregonus muksun 4/748
Renke, Maräne, Schäpel
H: N-Europa, N-Asien.
GU: Unbekannt. **V**: =
Z: N: Über Sand- u. Kiesbänken. **F**: K
T: 4–18°C, **L**: 15–75 cm, **pH**: 7, **SG**: 4

Coregonus oxyrhinchus 3/941
Schnäpel, Gangfisch, Kleine Schwebrenke
H: N-Europa, N-Asien. Gefährdet.
♂: Nicht unterscheidbar. **V**: =
Z: Natur: In freiem Wasser. **F**: K
T: 4–20°C, **L**: <50 cm, **pH**: 7, **SG**: 3

Coregonus pidschian 4/748
Renke, Maräne, Schäpel
H: N-Europa, N-Asien.
GU: Unbekannt. **V**: =
Z: N: Über Sand- u. Kiesbänken. **F**: K
T: 4–18°C, **L**: 25–52 cm, **pH**: 7, **SG**: 4

Coregonus sardinella 4/748
Renke, Maräne, Schäpel
H: N-Europa, N-Asien.
GU: Unbekannt. **V**: =
Z: N: Über Sand- u. Kiesbänken. **F**: K
T: 4–18°C, **L**: 15–33 cm, **pH**: 7, **SG**: 4

Coregonus sp. 4/748
Renke, Maräne, Schäpel (Foto S. 4/747)
H: N-Europa, N-Asien.
GU: Unbekannt. **V**: =
Z: N: Über Sand- u. Kiesbänken. **F**: K
T: 4–18°C, **L**: 15–85 cm, **pH**: 7, **SG**: 4

Hucho hucho 3/1030
Huchen
H: Europa: Donau.
♂: Zur Laichzeit "Lachshaken". **V**: –
Z: Laichwanderung März bis Mai. **F**: K
T: 6–18°C, **L**: <150 cm, **pH**: 7, **SG**: 3

Oncorhynchus gorbuscha ♀♀,♂♂ 5/1087
Buckelkopflachs, Rosa Lachs
H: NW-USA, NO-Asien.
♂: Zur Laichzeit "Lachshaken", rosa. **V**: –
Z: Laichwanderung z."Geburtsort". **F**: K
T: 4–12°C, **L**: 76 cm, **pH**: 7, **SG**: 4

Oncorhynchus keta ♂ 5/1088
Hundslachs, Chumlachs
H: Nordamerika, Asien.
♂: Weiße Spitzen an Ventralen u. Anale. V: –
Z: Laichwanderung z."Geburtsort". F: K
T: 4–10°C, **L**: 102 cm, **pH**: 7, **SG**: 4

Oncorhynchus kisutch Jährlinge 5/1088
Silberlachs, Coholachs
H: Nordamerika, SO-Asien.
♂: Flanken leuchtend rot. V: –
Z: Laichwanderung z."Geburtsort". F: K
T: 4–10°C, **L**: 98 cm, **pH**: 7, **SG**: 4

Oncorhynchus mykiss 3/1030
Regenbogenforelle
H: Nordamerika, jetzt auch Europa.
♂: Zur Laichzeit "Lachshaken". V: –
Z: Gruben im Kies (90 T bis Schlupf). F: K
T: 10–20°C, **L**: 50 cm, **pH**: 7, **SG**: 4

Oncorhynchus nerka ♂ 5/1091
Roter Lachs (4/823)
H: Nordamerika, NO-Asien.
♂: Zur Laichzeit "Lachshaken"; rot. V: –
Z: Laichwanderung z."Geburtsort". F: K
T: 4–10°C, **L**: 85 cm, **pH**: 7, **SG**: 4

Oncorhynchus tschawytscha 5/1096
Königslachs (4/823)
H: Nordamerika: USA: Alaska.
♂: Zur Laichzeit bräunlich rot. V: –
Z: Laichwanderung z."Geburtsort". F: K
T: 4–12°C, **L**: 147 cm, **pH**: 7, **SG**: 4

Salmo salar ♂ 3/1033
Lachs, Salm
H: N-Europa.
♂: Ältere mit "Lachshaken". V: –
Z: Laichwanderung Sept. bis Feb. F: K
T: 6–18°C, **L**: <150 cm, **pH**: 7, **SG**: 4

Salmo salar juv. 3/1033
Lachs, Salm

Salmo salar 3/1033
Lachs, Salm

Salmo trutta f. *fario* juv. 3/1034
Bachforelle

H: Europa, N-Afrika.
♂: Zur Laichzeit "Lachshaken". **V**: –
Z: Kiesgruben; Jan. bis März. **F**: K
T: 2–16°C, **L**: 50 cm, **pH**: 7, **SG**: 4

Salmo trutta × *Salvelinus fontinalis* 4/822
Tigerfisch

H: Europa. Hybride.
♂: Zur Laichzeit "Lachshaken". **V**: –
Z: Unfruchtbarer Naturhybride. **F**: K
T: 5–15°C, **L**: 50 cm, **pH**: 7, **SG**: 3

Salvelinus alpinus ♂ 3/1035
Tiefsee-Saibling, Schwarzreuter

H: Europa: Tiefe Seen des Alpengebiets.
♂: Farbiger. **V**: –
Z: Über Kiesboden; 20–80 m Tiefe. **F**: K
T: 4–16°C, **L**: 15 cm, **pH**: 7, **SG**: 4

Salvelinus fontinalis ♂♂ 3/1036
Bachsaibling

H: O-Nordamerika, jetzt auch Europa.
♂: Farbiger? **V**: –
Z: Oktober bis März. **F**: K
T: 10–14°C, **L**: 40 cm, **pH**: 7, **SG**: 4

Salvelinus fontinalis 3/1036
Bachsaibling

Salvelinus alpinus 5/1098

H: N-Asien: Sibirien.
♂: Farbiger. V: –
Z: Laichwanderung. F: K
T: 5–18°C, **L**: 75 cm, **pH**: 7, **SG**: 4

Salvelinus malma 5/1098

H: Nordamerika, Asien.
♂: Farbiger. V: –
Z: Anadrome Laichwanderung. F: K
T: 4–18°C, **L**: 63 cm, **pH**: 7, **SG**: 4

Thymallus thymallus 3/1042
Äsche

H: Europa.
♂: Größere Flossen; größer. V: –
Z: Kiesgruben, März bis Juni. F: K
T: 6–18°C, **L**: 50 cm, **pH**: 7, **SG**: 3–4

Thymallus thymallus l. ♀, r. ♂ 5/1108
Äsche

Thymallus thymallus ♂ 5/1108
Äsche beim Laichen

KNOCHENF.

Ordnung Scorpaeniformes

Die Systematik der Drachenköpfe wird nicht einheitlich anerkannt; laut Nelson (1994) besteht die Ordnung aus 25 Familien mit 266 Gattungen. Von ihren insgesamt 1271 Arten stehen jedoch nur 62 mit Süßwasser in Verbindung; 52 von diesen sind Groppen.

Die Familie Comephoridae enthält nur die beiden lebendgebärenden Ölfische (siehe unten); beides sind Kaltwasserarten, die in großen Tiefen (750–1000 m) leben. Ihr Fleisch ist sehr ölig; Ventralflossen fehlen. Fast alle Weibchen sterben nach dem Gebären. Die Familie Cottidae (Groppen) besteht ebenfalls nur aus Kaltwasserarten. Die Familie Cottocomephoridae (Baikalgroppen) wirden nun auch dazugerechnet. Die Platycephalidae bestehen aus Meerwasserarten und einigen wenigen, die in Brackwasser eindringen; bodenorientierte Räuber, die sich eingraben. Die Arten der Familie Tetrarogidae haben sehr giftige Flossenstacheln. Wie für die Ordnung allgemein, sollte ihre Haltung Spezialisten vorbehalten bleiben; keine empfehlenswerten Aquarienfische.

Comephorus baikalensis 3/942
Großer Ölfisch
H: Asien: Rußland: Baikalsee. E
♂: Kleiner; 3–4% sind ♂. **V:** ?
Z: Lebendgebärend; July-Okt. **F:** K
T: 4–18°C, **L:** ♀ 19 cm, **pH:** 7, **SG:** 3–4

Comephorus dybowskii 3/942
Kleiner Ölfisch
H: Asien: Rußland: Baikalsee. E
♂: 5 cm kleiner; 12–21% sind ♂. **V:** ?
Z: Lebendgebärend; Feb.-März. **F:** K
T: 4–18°C, **L:** ♀ 14 cm, **pH:** 7, **SG:** 3–4

Batrachocottus baicalensis 3/950
Großköpfige Baikalgroppe
H: Asien: Rußland: Baikalsee. (E)
♂: Dünne Flossenstrahlen. **V:** =
Z: März, April; Vaterfamilie. **F:** K
T: 4–20°C, **L:** 19 cm, **pH:** 7, **SG:** 3

Cottocomephorus inermis 3/950
Langflossige Baikalgroppe juv.
H: Asien: Rußland: Baikalsee, Angara.
♂: Dunkelbraune Pektorale. **V:** =
Z: Feb–April; Vaterfamilie. **F:** K
T: 4–20°C, **L:** 19 cm, **pH:** 7, **SG:** 3

Cottocomephorus grewingkii ♂ 3/952
Gelbflossige Baikalgroppe
H: Asien: Rußland: Baikalsee. E
♂: Laichausschlag, größer. **V**: =
Z: Küste, <2400E; Vaterfamilie. **F**: K
T: 4–20°C, **L**: 19 cm, **pH**: 7, **SG**: 2–3

Cottocomephorus grewingkii ♀ 3/952
Gelbflossige Baikalgroppe

Cottus cognatus 5/1007
Schleimige Groppe
H: O-Sibirien, N-Nordamerika.
GU: Unbekannt. **V**: =
Z: Zwischen Steinen; Vaterfam. **F**: K,O
T: 4–16°C, **L**: 8 cm, **pH**: 7, **SG**: 3

Cottus gobio 3/947
Groppe, Koppe, Kaulkopf, Mühlkoppe
H: Europa.
♂: Farbiger, größerer Kopf. **V**: =
Z: Erfolgt; Hb, <1000 E; Vaterfam. **F**: K
T: 10–16°C, **L**: 15 cm, **pH**: >7, **SG**: 2–3

Cottus gobio 3/947
Groppe, Koppe, Kaulkopf, Mühlkoppe

Leocottus kessleri adult ♂ 3/948
Sandgroppe
H: Asien: Rußland: Baikalsee u. Flüsse.
♂: Flacher Kopf, dicke Flossenstrahlen. **V**:=
Z: Mai, Juni; Vaterfamilie. **F**: K
T: 4–20°C, **L**: 14 cm, **pH**: 7, **SG**: 2–3

Paracottus knerii 3/948
Steingroppe
H: Asien: Rußland: Baikal- u. Bauntsee.
♂: Größer, dickere Flossenstrahlen. V: =
Z: Mai–Juli; zw. Steinen; Vfam. F: K
T: 4–20°C, L: <14 cm, pH: 7, SG: 2–3

Procottus jeittelesii 3/952
Rote Baikalgroppe
H: Asien: Rußland: Baikalsee. E
♂: Größer, dickere Flossenstr.; dunkler. V:=
Z: Nov.–Feb.; Vaterfamilie. F: K
T: 4–20°C, L: 35 cm, pH: 7, SG: 3

Platycephalus indicus 4/724
Indi. Flachkopf, Schaufelk., Indian. Teufel
H: Küsten Indiens, Madagaskar.
GU: Unbekannt. V: –
Z: Pelagisch im Meer. F: K
T: 22–28°C, L: 45 cm, pH: >7, SG: 4

Notesthes robusta 2/1156
Bullrout, Kroki Mw Bw
H: Australien: Queensland, Neusüdwales.
GU: Unbekannt. V: =,!
Z: Noch nicht gelungen. F: K
T: 10–30°C, L: 35 cm, pH: >7, SG: 4

Neovespicula depressifrons 4/740
Mw Bw
H: Indonesien, Philippinen, Neuguinea.
GU: Unbekannt. V: =,!
Z: Eier pelagisch; 0,8% Salzgehalt. F: K
T: 22–28°C, L: 10 cm, pH: 7, SG: 3

Neovespicula depressifrons 4/740

Atypische Färbung

Ordnung Synbranchiformes

Diese Ordnung besteht aus 3 Familien mit insgesamt etwa 87 Arten in 12 Gattungen. Sie sind in den Tropen und Subtropen zu finden und mit Ausnahme von 3 Arten sind alle Süßwasserbewohner. Der INDEX behandelt zwei der Familien.

Familie Mastacembelidae

Das Verbreitungsgebiet der Stachelaale erstreckt sich vom tropischen Afrika bis Südostasien. Ihr Körper ist aal- bis bandförmig, ihr Kopf ist spitz mit einer rüsselförmigen, beweglichen "Nase" (Rostrum). Eine Serie von einzelnen Stacheln (9–42) liegt vor der strahlenreichen Dorsalflosse (daher Stachelaale). Die Anale ist ebenfalls sehr strahlenreich. Beide Flossen bilden zusammen mit der Kaudale einen mehr oder weniger übergangslosen Saum; Ventralflossen haben sie keine. Stachelaale haben eine Schwimmblase.

Als bodenorientierte, nachtaktive Fische verbringen viele Arten den Tag im Boden vergraben; es ist daher wichtig, daß dieser weich und nicht scharfkantig ist. Auch sollte das Aquarium ihrem natürlichen Biotop entsprechend dicht bepflanzt und gedämpft beleuchtet werden. Bei Gefahr vergraben sie sich blitzschnell im Bodengrund. Die größeren Arten sind regionale Speisefische. Ein ausführlicher Bericht über Haltung und Zucht von *Macrognathus* sp. aff. *circumcinctus* ist im AQUARIEN ATLAS Band 5, Seite 1056ff. zu finden. Es handelt sich um einen Pflanzenlaicher (Javamoos), der etwa 30 Eier legt.

Familie Synbranchidae

Der Tanganjikasee in Afrika; Heimatbiotop zahlloser Buntbarsche, aber auch einiger endemischer Stachelaale.

Das Verbreitungsgebiet der Kiemenschlitzaale schließt das tropische Südamerika, Afrika und Südostasien mit Indonesien und Australien ein. Dorsale, Kaudale und Anale bilden einen Flossensaum, der oftmals verschwindend niedrig ist. Ventrale und Pektorale sowie eine Schwimmblase fehlen diesen bodenorientierten, aalförmigen Fischen (keine Verwandtschaft). Ihre Kiemen sind reduziert und wären in den sumpfigen, sauerstoffarmen Biotopen, in denen diese "Aale" gefunden werden, auch keine große Hilfe für die Fische. Sie haben vielmehr verschiedene Möglichkeiten entwickelt, atmosphärischen Sauerstoff zu assimilieren: über gefäßreiche Membranen im Schlund, eine lungenartige Modifikation der Kiemenhöhle oder über den Enddarm.

Es handelt sich um Raubfische, die in einem Aquarium nur mit Gesellschaftern angemessener Größe oder in einem Artaquarium gehalten werden können. Als nachtaktive, versteckt lebende Fische bekommt man sie selten zu Gesicht.

Mastacembelus loennbergii 4/786
Lönnbergs Stachelaal
H: Afrika: Tschad-, Benue- u. Nigerbecken.
GU: Unbekannt. **V:** =
Z: Noch nicht gelungen. **F:** K
T: 25–30°C, **L:** 26 cm, **pH:** 7, **SG:** 3

Mastacembelus cf. *moorii* 5/1060
Tanganjikasee-Stachelaal
H: Afrika: Tanganjikasee. E.
GU: Unbekannt. **V:** =
Z: Noch nicht gelungen; (zu groß). **F:** K
T: 20–24°C, **L:** 44 cm, **pH:** >7, **SG:** 4

Mastacembelus praensis 5/1060

H: Afrika: Ghana: Prah-River-System.
GU: Unbekannt. **V:** =
Z: Noch nicht gelungen. **F:** K,O
T: 23–26°C, **L:** <20 cm, **pH:** <7, **SG:** 2–3

Mastacembelus shiranus 4/786
Shire-Stachelaal
H: Afrika: Malawisee. E.
GU: Unbekannt. **V:** ?
Z: Noch nicht gelungen. **F:** K
T: 23–27°C, **L:** 26 cm, **pH:** >7, **SG:** 3

Mastacembelus flavidus 3/1008

H: Afrika: Tanganjikasee. Sehr selten. E.
GU: Unbekannt. V: =
Z: Noch nicht gelungen. F: K
T: 24–28°C, **L**: 27 cm, **pH**: >7, **SG**: 3

Mastacembelus moorii 2/1105
Moore's Stachelaal

H: Afrika: Tanganjikasee.
GU: Unbekannt. V: –
Z: Noch nicht gelungen. F: K
T: 25–28°C, **L**: 44 cm, **pH**: >7, **SG**: 3–4

Mastacembelus plagiostomus 2/1106

H: Afrika: Tanganjikasee.
GU: Unbekannt. V: ?
Z: Noch nicht gelungen. F: K
T: 25–28°C, **L**: 35 cm, **pH**: >7, **SG**: 3–4

Mastacembelus tanganicae 3/1008
Tanganjika-Stachelaal

H: Afrika: Tanganjikasee. E.
GU: Unbekannt. V: =
Z: Noch nicht gelungen. F: K
T: 24–28°C, **L**: 19 cm, **pH**: >7, **SG**: 3

Mastacembelus cryptacanthus 4/784

H: Afrika: Kam., Nig., mittl. Zairebecken.
GU: Unbekannt. V: –?
Z: Algennester? Keine Brutpflege. F: K
T: 24–30°C, **L**: 25 cm, **pH**: 7, **SG**: 3

Mastacembelus frenatus 4/784
Zügel-Stachelaal

H: Afrika: Tanganjikasee. E.
GU: Unbekannt. V: –?
Z: Noch nicht gelungen. F: K
T: 23–27°C, **L**: 25 cm, **pH**: >7, **SG**: 3

Macrognathus aculeatus 1/848
Augenfleck-Stachelaal
H: SO-Asien: Thai., Sum., Mol., Bor., Java.
GU: Unbekannt. V: =
Z: >1000 E. 1% Bw. F: K
T: 23–28°C, L: 35 cm, pH: 7, SG: 3

Mastacembelus armatus 1/846
Stachelaal, Riesenstachelaal
H: SO-Asien: Indien, Sri L., Thai., S-Ch., Sum.
♂: Zur Laichzeit wesentlich schlanker. V: =
Z: Noch nicht gelungen. 1% Bw. F: K
T: 22–28°C, L: 75 cm, pH: 7, SG: 3

Mastacembelus favus 5/1062
Stachelaal, Riesenstachelaal

Macrognathus circumcinctus 1/846
Gürtelstachelaal
H: SO-Asien: SO-Thailand.
GU: Unbekannt. V: =
Z: Siehe Ordnungseinleitung. F: K
T: 24–27°C, L: 16 cm, pH: 7, SG: 3

Macrognathus circumcinctus 5/1056
Gürtelstachelaal

Macrognathus circumcinctus 5/1062
Gürtelstachelaal

Macrognathus circumcinctus 1/846
Gürtelstachelaal (gelbe Form)
H: SO-Asien: SO-Thailand.
GU: Unbekannt. V: =
Z: Siehe Ordnungseinleitung. F: K
T: 24–28°C, L: 16 cm, pH: 7, SG: 3

Mastacembelus erythrotaenia 1/848
Rotstreifen-Stachelaal, Feueraal
H: SO-Asien: Thai., Bur., Sumatra, Borneo.
♀: Voller, wenn reif. V: =
Z: Noch nicht gelungen. 1% Bw. F: K
T: 24–28°C, L: 100 cm, pH: 7, SG: 3

Macrognathus zebrinus 1/848
Bänder-Stachelaal, Zebrastachelaal
H: SO-Asien: Thailand: bei Trang.
GU: Unbekannt. V: =
Z: Noch nicht gelungen. 1% Bw. F: K
T: 23–28°C, L: 9 (31) cm, pH: 7, SG: 3

Macrognathus zebrinus 3/1010
Bänder-Stachelaal, Zebrastachelaal

Monopterus albus 2/1158
Ostasiatischer Kiemenschlitzaal
H: Asien: von Japan bis Thailand u. Burma.
GU: Unbekannt. V: –
Z: Natur: Schaumnest; Brutpflege. F: K
T: 25–28°C, L: 90 cm, pH: 7, SG: 3–4

Synbranchus marmoratus 2/1158
Amerikanischer Kiemenschlitzaal
H: Mittel- u. Südamerika: S-Mex. bis S-Bras.
GU: Unbekannt. V: –
Z: Unbekannt. F: K
T: 20–22°C, L: 150 cm, pH: 7, SG: 3–4

Ordnung Tetraodontiformes

Die Kugelfischartigen bestehen aus 9 Familien mit etwa 100 Gattungen. Von den insgesamt 339 Arten können 20 in Süßwasser gefunden werden (12 sind reine Süßwasserbewohner) (NELSON, 1994).

Die Eigenschaft einiger ihrer Familien (so auch der hier vorgestellten Tetraodontidae), ihren Magen mit Wasser zu füllen und sich dadurch kugelartig einem Raubfisch als "zu groß" zu präsentieren, hat der Ordnung (und Familie) ihren Namen gegeben. Nimmt man solch einen Fisch aus dem Wasser, füllt sich sein Magen mit Luft. Vorsicht, für einige Arten kann das tödlich sein.

In der japanischen Kochkunst ist Kugelfischzubereitung einer der kulinarischen Höhepunkte. Die Innereien vieler dieser Arten sind hochgiftig (Tetraodotoxin = ein Nervengift), jahreszeitlich kann auch die Muskulatur dieses Gift enthalten und so kommt es immer wieder einmal zu Todesfällen nach einem festlichen Fugu-Restaurantbesuch.

Die Süß- und Brackwasserarten innerhalb der Tetraodontidae sind exotische Bewohner unserer Aquarien. Ihre Fortbewegungsart weicht von der der meisten unserer "Standardarten" ab. Sie haben keine Ventralflossen und bewegen sich durch propellerartige Drehungen ihrer Pektoralen fort. Die Dorsale und Anale mit der Kaudale als Ruder sorgen für schnelles Schwimmen. Dies, zusammen mit ihrem "Gesichtsausdruck", macht aus Kugelfischen putzige Beckeninsassen. Außerdem werden sie zahm. Problematisch ist lediglich ihre Bissigkeit untereinander und zum Teil auch gegenüber artfremden Fischen. Als Jungtiere sind viele Arten fast Schwarmfische, aber mit zunehmendem Alter werden sie territorial. Einige Arten sind auf Brackwasser für eine Langzeithaltung angewiesen.

Die Arten der Familie Triacanthidae (Dreistachler) sind als Speisefische und aquaristisch unbedeutend. Die gezeigte Art sollte ausgewachsen in Meerwasser gehalten werden.

Carinotetraodon lorteti o.♀, u.♂ 1/866
Kammkugelfisch
H: SO-Asien: Thailand.
♂: Siehe Fotos. V: –
Z: Javamoos, 350 E; ♂♀ herausfangen F:K
T: 24–28°C, L: 6,5 cm, pH: <7, SG: 3

Colomesus asellus 5/1101
Assel-Kugelfisch
H: Südamerika: W-Brasilien.
GU: Unbekannt. V: =
Z: Noch nicht gelungen. F: K
T: 22–28°C, L: 14 cm, pH: <7, SG: 3

Chelonodon patoca 2/1160

H: SO-Afrika bis SO-Asien, Australien,...
GU: Unbekannt. V: =
Z: Noch nicht gelungen. Bw. F: K!
T: 23–28°C, L: 25 cm, pH: >7, SG: 3

Aurigobus modestus 3/1040

H: O-Asien: S-Thai., Malaysia u. Indonesien.
GU: Unbekannt. V: –
Z: Noch nicht gelungen. F: K,O
T: 23–28°C, L: 13 cm, pH: 7, SG: 3

Colomesus psittacus 2/1160
Papageienkugelfisch
H: S-Am.: Venez., Guyana, Brasilien, Peru.
GU: Unbekannt. V: =
Z: Noch nicht gelungen. F: K,O
T: 23–26°C, L: 25 cm, pH: 7, SG: 3

Tetraodon biocellatus 1/868
Palembang-Kugelfisch
H: SO-Asien: Thai,. Malai.Halbi., Bor., Sum.
♂: Kleiner, schlanker. V: –
Z: Unbekannt. F: K
T: 22–26°C, L: 6 cm, pH: 7, SG: 2–3

Tetraodon cf. *biocellatus* 5/1104

Tetraodon cutcutia 3/1040

H: Asien: Indien, Sri Lanka, Bangladesh.
♂: Größer, dunkler; Hochzeitskleid. V: –
Z: Substratlaicher, Vaterfamilie. F: K,O
T: 24–28°C, L: 8 cm, pH: 7, SG: 3

Tetraodon lineatus 2/1162
Nilkugelfisch
H: Afrika: Sen., Gam., Nig., Nil, Tschad,...
GU: Unbekannt. V: –
Z: Natur: In größeren Tiefen. F: K
T: 24–26°C, L: 45 cm, pH: 7, SG: 3

Tetraodon cochinchinensis 5/1102
Fangs Kugelfisch
H: Asien.
♂: Farbiger? V: –
Z: Natur: Substratlaicher, Vaterfam. F: K
T: 20–25°C, L: 10 cm?, pH: 7, SG: 3–4

Tetraodon cochinchinensis 5/1102
Fangs Kugelfisch
Beim Ablaichen.

Tetraodon cochinchinensis 2/1162

H: SO-Asien: Vermutlich Thailand.
♀: Zur Laichzeit "Negativfarben". V: –
Z: Substratlaicher, 300–500 E; Vfam. F: K
T: 24–28°C, L: 12 cm, pH: 7, SG: 3

Tetraodon mbu 2/1164
Goldringelkugelfisch
H: Afrika: Mittlerer u. unterer Kongo.
GU: Unbekannt. V: –
Z: Noch nicht gelungen. F: K
T: 24–26°C, L: 75 cm, pH: 7, SG: 4

Tetraodon miurus 2/1164
Brauner Kugelfisch
H: Afrika: Mittlerer u. unterer Kongo.
GU: Unbekannt. V: –
Z: Noch nicht gelungen. F: K
T: 24–28°C, L: 15 cm, pH: 7, SG: 4

Tetraodon nigroviridis 1/866
Grüner Kugelfisch
H: SO-Asien: Indonesien, Sumatra, Borneo.
GU: Unbekannt. **V**: –
Z: Substratlaicher, Bw, Vaterfam. **F**: K,O
T: 24–28°C, **L**: 17 cm, **pH**: 7, **SG**: 3

Tetraodon schoutedeni 1/868
Kongokugelfisch, Leopardkugelfisch
H: Afrika: Unterer Zaire: Stanley Pool.
♂: Wesentlich kleiner. **V**: =
Z: Frei/Substratlaicher; Vaterfam. **F**: K
T: 22–26°C, **L**: 10 cm, **pH**: 7, **SG**: 3

Tetraodon baileyi 5/1102
H: Asien. 0,5% Bw.
GU: Unbekannt. **V**: –
Z: Noch nicht gelungen. **F**: K
T: 20–25°C, **L**: 12 cm, **pH**: 7, **SG**: 3–4

Arothron cf. *nigropunctatus* 5/1106
Zwergkugelfisch
H: Asien: Indien: Ganges u. Nebenflüsse.
GU: Unbekannt. **V**: –
Z: Noch nicht gelungen. **F**: K
T: 24–26°C, **L**: 8 cm, **pH**: >7, **SG**: 3–4

Carinotetraodon travancoricus 5/1105
Malabar-Kugelfisch
H: Asien: Indien, Burma. Sw, Bw.
GU: Unbekannt. **V**: =
Z: Noch nicht gelungen. **F**: K
T: 22–28°C, **L**: 15 cm, **pH**: 7, **SG**: 3

Triacanthus biaculeatus 5/1109
H: Pers. Golf, Golf v. Oman, China, Japan, Philippinen, Australien. >0,5% Bw.
GU: Unbekannt. **V**: =
Z: Unbekannt. **F**: K
T: 20–30°C, **L**: 20 cm, **pH**: >7, **SG**: 4

KNOCHENF.

Vollglasaquarium um die Jahrhundertwende; aus dem Katalog "Aquarien" der Firma A. Glaschker, Leizpig. Beachte Heizung (Bunsenbrenner), Boden- und oberen Kantenschutz.

Allgemeine Abkürzungen

Durch unser Bestreben, auf begrenztem Raum eine hohe Informationsdichte zu erreichen, ohne auf Piktogramme zurückgreifen zu müssen, wurde oft die Verwendung von Abkürzungen unvermeidbar. Abkürzungen, welche nur in einer Gruppe vorkommen, sind in der Einleitung zur entsprechenden Gruppe aufgeführt.
Im INDEX allgemein finden folgende Abkürzungen unter den verschiedenen Rubriken Verwendung:

Wissenschaftlicher Name:
cf.: [confero = vergleichen] höchstwahrscheinlich handelt es sich auf dem Foto um die genannte Art, aber nicht mit Sicherheit, da es doch Unterschiede gibt.
sp. aff.: [species = Art, affinis = benachbart, Affinität] Die gezeigte Art ist sehr ähnlich der genannten Art, es handelt sich aber um eine andere, noch nicht bestimmte.

Abkürzungen

Habitat:

Afrika:

Ä-Guinea	Äquatorial Guinea	Lib.	Liberia
Ägyp.	Ägypten	Nig.	Nigeria
Äth.	Äthiopien	Sam.	Sambia
Elf.	Elfenbeinküste	Sen.	Senegal
Gam.	Gambia	S.Leone	Sierra Leone
Gab.	Gabun	Sud.	Sudan
Goldk.	Goldküste	Tan.	Tansania
Gui.	Guinea	Z-Af.Rep.	Zentralafrikanische Republik
Kam.	Kamerun		

Amerika:

Ama.	Amazonasfluß	Kol.	Kolumbien
Arg.	Argentinien	Mex.	Mexiko
Bol.	Bolivien	Nic.	Nicaragua
Bras.	Brasilien	Pan.	Panama
Ec.	Ecuador	Par.	Paraguay
Franz.G.	Französisch Guyana	Sur.	Surinam(e)
Gua.	Guatemala	Tri.	Trinidad
Guy.	Guyana	Uru.	Uruguay
Guy.L.	Guyana-Länder	Ven.	Venezuela
Hon.	Honduras		

Asien:

Bang.	Bangladesch	Malay.	Malaysia
Beng.	Bengalen	Malaii.Halbi.	Malaiische Halbinsel
Bor.	Borneo		
Bur.	Burma	Pak.	Pakistan
Ch.	China	Thai.	Thailand
Kal.	Kalimantan	Sing.	Singapur
Kamb.	Kambodscha	Sri L.	Sri Lanka
Indo.	Indonesien	Sum.	Sumatra

Zucht:

E	Eier
J	Junge
TT	Tage Tragzeit
WL	Wochen Lagerung

Himmelsrichtungen:

N-	Nord-, nördlich
O-	Ost-, östlich
S-	Süd-, südlich
W-	West-, westlich

Sonstige:

E	Endemisch
Nat.	In der Natur
zw.	zwischen

Flossen:

A	Anale (Afterflosse)
D	Dorsale (Rückenflosse)
D_1	Vordere Dorsale
D_2	Hintere Dorsale
K	Kaudale (Schwanzflosse)
P	Pektoralen (Brustflossen)
V	Ventralen (Bauchflossen)

Dieses Glossar enthält auch Stichwörter, welche in den verschiedenen Bänden des AQUARIEN ATLAS vorkommen (Botanik, Chemie u.a. Bereiche).

Abdomen: Körperhohlraum mit den Organen. Bei Gliederfüßern (Krebsen, Garnelen usw.) der Teil des Körpers, der hinter dem Thorax (Brust) oder Cephalothorax (Kopfbrust) liegt (der „Schwanz").

Ablegerpflanze: Tochterpflanze, die an Ausläufern der Mutterpflanze gebildet wird, später festwurzelt und schließlich selbständig wird. (Siehe Band 1, S. 76)

Achselsproß: Bei höheren Pflanzen bilden sich die Seitensprosse als Achselsprosse aus (Achselknospen), die von teilungsfähig gebliebenem Gewebe in den Blattachseln erzeugt werden. Achselknospen bleiben auch entwicklungsfähig, wenn die Blätter abgefallen sind.

Adipose: Fettflosse, z.B. bei Salmlern vorhandene kleine Flosse hinter der Dorsale. Bei Welsen kann die Fettflosse groß sein.

Adventivpflanzen: Vegetativ an einem Organ (z.B. Blatt) der Mutterpflanze gebildete Jungsprosse. (Siehe Band 1, S. 78)

Adventivwurzeln: Neu angelegte Wurzeln, die sich an abgeschnittenen oder verletzten Sproßteilen (auch an Blättern) bilden.

agam: Ohne dauerhafte Paarbindung, Fische, welche keinen dauerhaften Bund zwischen den sich fortpflanzenden Partnern eingehen. Diese Art der Fortpflanzung ist besonders bei ↓ Mbuna-Buntbarschen zu beobachten. Da gilt im allgemeinen, daß das Männchen sich bald nach der Befruchtung nach einem anderen Weibchen umsieht. Erbrütung der Eier und Larven sowie das Hüten der Brut sind in diesem Fall nur Aufgabe des Weibchens; das Männchen kümmert sich nicht um die Nachkommenschaft.

Ähre: Blütenstand mit Einzelblüten ohne Stiel an einer Hauptachse.

alkalisch: Laugenhaft. pH-Wert über 7,0. Beispiele sind Gewässer mit hoher Härte; z.B. ostafrikanische Seen (Malawi, Tanganijka) haben einen pH-Wert von über 8,0. Lackmus-Papier färbt sich blau.

Ammoniak (NH_3): Gasförmige Verbindung von Stickstoff und Wasserstoff. NH_3 ist für Lebewesen hochgiftig. In saurem Wasser (pH <7) kommt es nur als ↓ Ammonium (ungiftig) vor. Besonders in Aquarien ostafrikanischer Buntbarsche ist wegen der alkalischen pH-Werte des öfteren eine Kontrolle angebracht. (Siehe Band 1, S. 38)

Ammonium (NH_4^+): Ungiftig im Vergleich zu ↑ Ammoniak. Die in der Aquaristik angewandten Meßmethoden geben immer die Summe von Ammoniak und Ammonium an, wobei der Ammoniumanteil mit steigendem pH-Wert abnimmt.

Amöben: Mikroskopische, amorphe (ohne feste Gestalt also) Einzeller, die aus einer nackten Protoplasmamasse bestehen. Sie verändern laufend ihre Form während sie sich fortbewegen und Nahrung aufnehmen. Unter ungünstigen Lebensbedingungen wird eine ↓ Zyste gebildet. Sie können sowohl harmlose Darmbewohner als auch ↓ Parasiten sein. Fortpflanzung erfolgt durch Teilung.

amphidrom: Reife Fische laichen im Süßwasser, die geschlüpften Larven werden von der Strömung ins Meer oder Brackwassermündungsgebiet getrieben und entwickeln sich im Plankton. Als Erwachsene kehren die Fische in Süßwasser zurück um dort abzulaichen.

anadrom: Wanderfische, die im Süßwasser schlüpfen, dann aber bald in das Meer abwandern, um dort den Großteil ihres Lebens zu verbringen. Zum Laichen wandern sie wieder flußaufwärts (z.B. Lachs). Gegenteil: ↓ katadrom.

Anale: Afterflosse eines Fisches. Sie beginnt direkt hinter der Analöffnung.

Andropodium: Gonopodium. Eine Modifikation der Afterflosse, die manchen Arten lebendgebärender Fische als Kopulationsorgan dient, vor allem den Poeciliinae.

Anämie: Eine bedeutende Verminderung des Hämoglobinspiegels (roter Blutfarbstoff) und der Anzahl der roten Blutkörperchen, was den Sauerstofftransport im Blut vermindert. Anämie entsteht u.a. durch Blutverlust, verringerte Blutbildung im Knochenmark oder durch gesteigerten Abbau der roten Blutkörperchen in der Milz. Mangel an Vitaminen oder Eisen, das Bestandteil des ↓ Hämoglobins ist, führen ebenfalls zur Anämie.

Antibiotikum: Zahlreiche Chemikalien, wie z.B. Penizillin und Streptomycin, die, von Mikroorganismen und Pilzen synthetisiert, die Fähigkeit haben, in schwachen Konzentrationen das Wachstum von Bakterien und anderen Mikroorganismen zu hemmen (bakteriostatische Wirkung) oder diese zu töten (bakterizide Wirkung). Antibiotika werden in der medikamentösen Behandlung von Infektionskrankheiten eingesetzt.

Ascites: Bauchwassersucht. Krankhafte Ansammlung von Flüssigkeit in der freien Bauchhöhle. Bei entzündlichen Prozessen findet sich eine eiweiß- und zellreiche trübe Flüssigkeit, der bei Tuberkulose und Krebs auch Blut beigemengt sein kann. In den übrigen Fällen handelt es sich um den Austritt einer eiweißarmen, klaren Flüssigkeit in den Bauchraum. (Band 1, S. 928 f.)

Ascorbinsäure (Vitamin C): Der Mensch (außer im ersten Lebensjahr), das Meerschweinchen und die meisten Fische sind auf die Zufuhr von Ascorbinsäure mit der Nahrung angewiesen. Vitamin C ist wasserlöslich und erfüllt vielfältige Körperfunktionen. Mangelerscheinungen variieren von Art zu Art, jedoch handelt es sich hauptsächlich um ↓ Lordose, ↓ Skoliose, Verringerung der Blutkörperchen, Blutungen, ↑ Ascites und verformte Kiemendeckel. Vitamin C ist sehr labil bei Hitze und zerfällt im Laufe der Lagerung, unter alkalischen Bedingungen und durch Oxydation. Deshalb ist immer auf frisches, nach Gebrauch gut verschlossenes und kühl aufbewahrtes Futter zu achten. Neuerdings gibt es ein stabilisiertes, nicht so empfindliches Vitamin C.

Assimilation: Umwandlung von körperfremden Nährstoffen unter Energieverbrauch zu körpereigenen Substanzen (Assimilaten).

Atrophie: Degeneration des Körpers, eines Organs, oder eines Teiles dessen als Folge einer mangelhaften Ernährung oder einer Krankheit.

Aufwuchs: Weitgehend eine Schicht Algen, die sich auf einer harten Unterlage unter Sonnenlicht bildet mit einer Vielzahl der darin lebenden wirbellosen Organismen. Viele Fische haben sich auf das Abweiden dieser Schicht spezialisiert (Aufwuchsfresser, ↓ Mbuna).

Bakterien: Einzellige Mikroorganismen, charakterisiert durch das Fehlen eines Zellkerns. Ihre Zellwand besteht größtenteils aus proteinhaltigen Zuckern (Peptidoglykan), im Unterschied zu Pflanzen, deren Wände aus Zellulose bestehen. Die bisher etwa 2.500 bekannten Bakterien erscheinen in einer der drei Formen: Bazillen (Stäbchen), Kokken (Kugeln) und Spirillen (Spiralen). Je nach der Bakterie sind sie entweder nützlich (z.B., Fermente, Darmflora, biologische Filter), unschädlich oder krankheitserregend (z.B. mit ↑ Antibiotika zu behandeln).

Basisbürtig: An der Basis, am Bodenniveau, „unten" seinen Ursprung habend.

Beifang: Beim kommerziellen Fang von Aquarienfischen kommt es des öfteren vor, daß andere Arten mitgefangen werden. Dabei handelt es sich normalerweise um Arten in geringeren Stückzahlen, die schwerer zu fangen oder unbekannt sind und deren systematisches Fangen und Vermarkten sich nicht lohnt. Diese sogenannten Beifänge erreichen die Aquariengeschäfte sporadisch und in geringer Stückzahl. Oftmals wird die Art erst beim Importeur als verschieden erkannt und – bei wünschenswerten Arten – als etwas Besonderes angeboten.

benthonisch: Verbunden mit oder auf, in oder dicht über dem Bodengrund von Gewässern (dem Benthos). (Gegenteil: ↓ pelagisch)

Blattspreite: Im typischen Fall besteht ein Laubblatt aus der meist flächig entwickelten Blattspreite – in der bei fast allen Pflanzen die Prozesse der Photosynthese ablaufen – dem Blattstiel und dem Blattgrund (Ansatzstelle des Blattes am Sproß). Die Blattspreite ist bei einfachen Blättern ungeteilt, hat aber gewöhnlich einen mehr oder weniger stark gelappten Rand. Bei zusammengesetzten Blättern sitzen an der ursprünglichen Mittelrippe (Blattspindel) mehrere kleine Blattspreiten.

Blütenspatha: Blütenscheide. ↓ Spatha.

Brackwasser: Salzhaltiges Süßwasser. Während „normales" Meerwasser über 30 g/l Salz enthält, sind es bei Brackwasser zwischen 2 und 25 g/l. Siehe auch Band 1, S. 38.

bullos: Ein beulen- oder waffelartiges Aussehen einer Oberfläche, z.B. einer ↑ Blattspreite.

Carapax: Ein Chitinschild (↓ Chitin), das die Kopfbrust (↑ Abdomen) vieler Gliederfüßer umgibt.

Chitin: Hornähnlicher Stoff im Panzer der Gliederfüßer. Chitin ist ein stickstoffhaltiger Vielfachzucker (Polysaccharid) mit unverzweigten Kettenmolekülen (N-Acetylglucosamin). Es baut das recht feste Außenskelett der Gliederfüßer auf und ist so starr, daß es nicht mitwachsen kann. Tiere mit einer Chitinhaut müssen sich deshalb häuten, um zu wachsen. Chitin kommt in Hummerschalen und Maikäferflügeln besonders rein vor. Im Pflanzenreich kommt es in den Zellwänden von Pilzen vor.

Ciliata: Wimpertierchen. Einzeller mit einer Vielzahl von Wimpern, welche zur Fortbewegung und zum Nahrungserwerb dienen. Im Gegensatz zu anderen Protozoen haben sie zwei Zellkerne, einen Macronucleus und einen Micronucleus. Zu den Wimpertierchen gehören z.B.: Pantoffeltierchen, Glockentierchen, Trompetentierchen.

Cyclops: Ruderfußkrebse der Gattung *Cyclops* mit einem zentral gelegenen Auge vorne am Körper. Sie sind 0,6–5,5 mm lang und werden oft gezüchtet oder in Teichen gefangen, um als Nahrung für größere Fischbrut zu dienen.

Daphnien: Wasserflöhe; früher das meistverwendete Zierfischfutter. Je nach Art bis zu 6 mm groß.

Degeneration: Entartung und Rückbildung. Veränderung eines Lebewesens oder eines Organs in das Negative. Durch Inzucht können sich Degenerationen in der Form von blasseren Farben, geringerer Größe, unregelmäßiger Beschuppung usw. ergeben. Eine gewissenhafte Auswahl der Zuchttiere seitens des Züchters ist deshalb besonders wichtig, will man doch die Art über Generationen hinweg im Aquarienmillieu erhalten.

Detergenzien: Synthetische Reinigungsmittel ähnlich den Seifen in ihrer Fähigkeit, Fette und Öle in eine „wasserlösliche" Emulsion zu bringen, um Schmutz zu entfernen. Achtung: Detergenzien dürfen nicht zum Reinigen von Aquarien oder deren Technik verwendet werden, da sie die Schleimhäute der Fische schädigen!

Diffusor: Poröses Luftleitungsendstück durch das Luft/Sauerstoff/CO_2 in das Aquariumwasser eingebracht wird. Die Poren teilen die Luft in kleine Bläschen, um so die Kontaktzeit zu verlängern und die Kontaktoberfläche zu vergrößern. Der Betriebsdruck liegt etwas höher als bei einfachem Austritt der Luft am Schlauchende, was für die erforderliche Leistung der Luftpumpe berücksichtigt werden muß.

digen: Durch die Verschmelzung zweier Zellen gezeugt.

diadrom: Die Fähigkeit einer Fischart, sich frei zwischen Süß- und Meerwasser bewegen zu können. ↓ katadrom, ↑ anadrom

Dichromatismus: [gr.: di = zwei, chrom = Farbe] Zwei sich in der Farbe unterscheidende, aber sonst ähnliche Formen innerhalb einer Art, insbesondere geschlechtsbedingt (geschlechtlicher Dichromatismus).

Dimorphismus: [gr.: di = zwei, morph = Form] Innerhalb einer selben Art die Präsenz von zwei Formen, die sich im Aussehen (Form, Farbe usw.) unterscheiden, insbesondere geschlechtsbedingt (geschlechtlicher Dimorphismus).

DNS: **D**esoxyribo**n**uklein**s**äure; eine Nukleinsäure, aus der Gene bestehen. Es handelt sich also um die Substanz, mit deren Hilfe das Erbgut von Elternlebewesen an die Nachkommen weitergegeben wird. Auf Zellniveau bewahrt sie die Information in den Tochterzellen nach der Zellteilung. Die Säure wird größtenteils im Zellkern gefunden.

disjunkt: Nicht zusammenhängend. Z.B., wenn eine Art in zwei von einander entfernten Gebieten nachgewiesen wurde, aber ein bedeutendes Zwischengebiet diese Art (anscheinend) nicht beherbergt.

Dolde: Schirmähnlicher Blütenstand. Die Seitenachsen mit Ihren Blüten scheinen einem Punkt der Hauptachse zu entspringen.

dorsal: Auf den Rücken bezogen, auf die obere Hälfte des Fisches.

Dorsale: Die Rückenflosse eines Fisches. Siehe Band 1, S. 157.

Eifleckmethode: Eine Befruchtungsweise der Eier bei Maulbrütern; vor allem im Malawisee weit verbreitet. Die Anale der Männchen zeigt ein Muster mit gelben, eiartigen Punkten. Nachdem ein Weibchen abgelaicht hat, nimmt es sofort alle Eier in sein Maul. Wenn es die Eiattrappen des Männchens entdeckt, schnappt es nach diesen und es gelangen dadurch die Spermien in das Maul des Weibchens, und die dort befindlichen Eier werden so befruchtet. Bei manchen Arten haben Männchen sehr lang ausgezogene Ventralen mit gelben Spitzen anstelle der Attrappen der Anale.

Eiweiße (Proteine): Eiweiße gehören zu den wichtigsten Bausteinen aller pflanzlichen und tierischen Zellen. Sie sind für das Leben unerläßlich. Der Tierkörper ↑ assimiliert sie zum Wachsen. Manche Fischgruppen (Fleischfresser wie etwa die Salmoniden) können keine Proteine pflanzlichen Ursprungs verwerten; sie brauchen also tierische Proteine, am besten von Fischen. Andere Fische haben ein spezialisiertes Verdauungssystem (lange Gedärme), um pflanzliche Proteine zu verdauen (Pflanzenfresser wie z.B. Tilapien und Harnischwelse). Proteine sind der teuerste Bestandteil (Menge mal Preis) des Fischfutters.

Ektoparasiten: Außenschmarotzer, die auf der Körperoberfläche des Wirts (Haut oder leicht zugängliche Körperhöhlen, wie der Kiemenraum) leben: z.B. *Ichthyophtyrius*, *Oodinium* u.a. (Band 1, S. 910ff.) und Krebse wie *Ergasilus* u.a. (Band 1, S. 922ff.)

Elternfamilie: Beide Geschlechter pflegen die Brut, wobei die Verteidigung des Reviers hauptsächlich Aufgabe des Männchens ist.

Embolie: Verstopfung von Blutgefäßen durch einen Fremdkörper, z.B. Blutgerinnsel oder Luftblase.

emers: Über der Wasseroberfläche seiend: z.B. Teile der Wasserpflanzen (Blätter und Blüten der Schwertpflanzen (*Echinodorus*), die den Wasserspiegel durchstoßen. ↓ submers.

endemisch: Pflanzen oder Tiere, die nur in einem einzigen, meist kleinen und natürlich abgeschlossenen Gebiet vorkommen (z.B. auf einer Insel oder in einem See), sind dort endemisch.

Endoparasit: Innenschmarotzer. Z.B. Darmwürmer. ↓ Parasit.

endständig: Am Ende eines Körpers (z.B. Spitze eines Stammes) liegend.

Enzym: Ein Protein (↑ Eiweiß), das als ↓ Katalysator wirkt. Als Protein kann es durch Hitze, Chemikalien usw. seine Eigenschaften verlieren. Seine Funktionsfähigkeit ist damit verloren, da die räumliche Struktur oft der Schlüssel zur katalytischen Funktion ist.

Epidermis: Die äußere, nichtsensible, nichtdurchblutete Zellschicht der Haut bei Tieren und Pflanzen.

Epithel: Hautgewebe, charakterisiert durch dichtliegende Zellen mit wenig Zwischenzellsubstanz. Es überzieht freie Flächen auch im Körperinneren.

Fahne: Oberer Teil der ↓ Spatha (oberhalb des ↓ Kragens, falls vorhanden) einer Cryptocorynenblume.

fakultativ: Die Möglichkeit, eine Wahl zu haben, z.B. nicht nur parasitisch leben zu müssen. Gegenteil ↓ obligat.

ferrophil: Eisenliebend. Eigenschaft einiger Pflanzenarten, günstig auf Eisendüngung anzusprechen.

fertil: Fruchtbar. Die Fähigkeit von Organismen, Nachkommen hervorzubringen.

Fieder: Kleines Blättchen, welches zu mehreren ein Blatt bildet.

flottierend: An der Wasseroberfläche schwimmend.

flutend: Dicht unter der Wasseroberfläche, teilweise diese durchstoßend, treibende Pflanzen(teile).

Freilaicher: Fischarten, die ihre Eier wahllos im Wasser verteilen, anstatt sie an eine Unterlage anzuheften.

Fruchtblatt: Teil des weiblichen Teils der Blüte (↓ Stempel). Ein einfacher Stempel hat nur ein Fruchtblatt.

Fruchtknoten: Teil des ↓ Stempels, welcher die Samen hervorbringt.

Fundortform: Abweichungen in Farbe und/oder Aussehen einer Art, die den Individuen einer begrenzten geographischen Lage gemeinsam sind. Diese Abweichungen sind jedoch taxonomisch nicht bedeutend genug, um den Status einer Unterart zu ergeben.

Gamet: Fortpflanzungszelle.

Gametogenese: Prozeß der Geschlechtszellenbildung.

Ganzrandig: Der Rand einer ↑ Blattspreite weist keinerlei Zähnchen auf, sondern ist glatt.

Gelappt: Der Rand einer ↑ Blattspreite hat große, runde Abschnitte. Der Einschnitt nähert sich etwa $^1/_4$ dem Mittelnerv.

Genotyp: Das Erbbild eines Lebewesens (zum Unterschied von einem Erscheinungsbild eines Lebewesens, als Ergebnis der Umwelteinflüsse auf dieses genetisch bedingte Erbbild, = Phänotyp).

gezackt: Der Rand einer ↑ Blattspreite weist Zähne senkrecht zum Mittelnerv auf.

glattrandig: ↑ ganzrandig.

Gram-Färbung: Eine nach dem dänischen Bakteriologen H.C. GRAM entwickelte Methode zur Einteilung von Bakterien. Der Bakterienausstrich wird mit einem basischen Farbstoff (z.B. Kristallviolett oder Methylviolett) gefärbt und anschließend mit einer Jod-Jodkalium-Lösung gebeizt, dann langsam mit einem neutralen Wirkstoff (Alkohol oder Aceton) entfärbt. Es schließt eine Gegenfärbung an, z.B. mit Fuchsin oder Safranin. Bakterien bleiben entweder blau (gram-positiv) oder werden rot (gram-negativ). Viele der gram-positiven Bakterien werden erfolgreich mit Penicillin und Sulfonamiden behandelt, während bei gram-negativen Bakterien Tetrazyklin oder Chloramphenikol einzusetzen ist.

Granulom: Krankhafte Gewebeveränderung mit körnchenartiger Geschwulstbildung.

Griffel: Teil des ↓ Stempels zwischen ↑ Fruchtknoten und ↓ Narbe. Normalerweise verlängert.

Habitat: Das Verbreitungsgebiet einer Tierart.

Habitus: Das Gesamtbild eines Lebewesens, bestehend aus Verhalten und Aussehen.

Haftlaicher: Arten, deren Eier klebende Eigenschaften besitzen. Diese Eier werden normalerweise an ein Substrat (Stein, Blatt) angeheftet.

Hämoglobin: Ein eisenhaltiges, sauerstofftransportierendes Molekül. Es befindet sich auf den roten Blutkörperchen von Wirbeltieren. Es ist für den O_2 und CO_2 Transport zu und von den Zellen verantwortlich. Das Hämoglobin der Roten Mückenlarven ähnelt im Aufbau sehr dem menschlichen Hämoglobin.

Herbivoren: Pflanzenfresser: Algen und Pflanzenteile. Siehe Band 1, S. 201.

Hermaphrodit: Zwitter, also Lebewesen, die sowohl männliche als auch weibliche Geschlechtsprodukte hervorbringen. Je nach der Art kann dies sowohl simultan (gleichzeitig) als auch konsekutiv (nacheinander) geschehen.

Histologie: Biologische Wissenschaft, die sich mit dem Studium von Körpergeweben befaßt.

Hochblatt: Endständiges Blatt, auch Braktee genannt. Ein modifiziertes Blatt in der Nähe der Blüten. Es unterscheidet sich durch seine geringere Größe und vereinfachte Form von den „normalen" Laubblättern.

Hormone: Chemische Anreger, von Hormondrüsen gebildet und in kleinsten Mengen direkt an den Blutstrom abgegeben. Von diesem im Körper verteilt, regeln sie den Stoffwechsel an einem spezifischen Zielort. Jedes Hormon hat ein antagonistisches (entgegenwirkendes) Hormon. Das Spiel beider (z.B. Adrenalin-Noradrenalin, Insulin-Glucagon) ist der Regulationsmechanismus. Auch drosselt sich die Hormonproduktion ab einer bestimmten Konzentration im Blut von selbst. In der Aquakultur ist das Spritzen von Hypophyse- (Hirnanhangdrüse-) Hormonen von ausschlaggebender Bedeutung in der Zucht der Mehrheit der Wanderfische, z.B. *Colossoma* sp., manchen Karpfenähnlichen, Welsen usw. Ohne diesen künstlichen Eingriff käme es zwar oftmals zur Reife der Eier, eine Ablage würde aber Mangels eines Reizes nicht erfolgen.

Hüllblatt: ↑ Hochblätter, die die Blüten umhüllen oder Knospen schützen.

Hyphen: Fadenförmige Pilzzellen.

Immersion: Ein-, Untertauchen; medizinisch: Dauerbad.

Immunität: Fähigkeit eines Organismus, von außen eindringende Krankheitserreger und deren Gifte abwehren zu können.

Infektion: Eindringen von Krankheitserregern in den Körper (mit oder ohne Krankheitsbild).

Infusorien: Einzellige, mikroskopische Organismen, die sich entwickeln, wenn Wasser auf organische Reste gegossen wird und dort längere Zeit verbleibt (Aufguß). Bei diesen sog. „Aufgußtierchen" handelt es sich in erster Linie um Geißel- oder Wimpertierchen. Sie sind mobil und ernähren sich von Bakterien, mikroskopischen Algen und Mikroorganismen. Aquarianer können zu Hause selber Infusorien züchten, indem sie z.B. Bananenschalen oder Heu aufgießen. Der Schwamm eines eingefahrenen Filters ist eine weitere Quelle. Infusorien sind ein notwendiges erstes Futter für kleinste Fischbrut, für die geriebene Flocken oder *Artemia*-Nauplien anfänglich zu groß sind (z.B. Kletterfisch-Brut).

Insektizid: Insektentötendes Mittel; für Fische und insbesondere Krebstiere sehr schädlich. Bei Verwendung von Insektiziden ist das Becken abzudecken und die Membranpumpe abzustellen. Zusätzlich sollte eine Bewegung der Wasseroberfläche vermieden werden.

Internodium: Der zwischen zwei Blattansatzstellen (Knoten) liegende, blattfreie Sproßabschnitt bei Pflanzen (z.B. bei Bambus und anderen Gräsern).

Interzellulär: Zwischen den Zellen liegend.

intrazellulär: Innerhalb der Zelle liegend.

Ion: Elektrisch geladenes Atom oder molekulares Teilchen. S. Bd. 1, S. 38.

Karnivoren: Fleischfresser. Hier sind sowohl Raubfische als auch Fische gemeint, die nur Insekten und deren Larven, Fleisch, Würmer, Krebse und andere tierische Nahrung annehmen. Siehe Band 1, S. 200f.

katadrom: Fische, die die meiste Zeit ihres Lebens in Süßwasser verbringen, aber in Meerwasser eindringen, um zu laichen (z.B. Amerikanischer Aal). Gegenteil: ↑ anadrom.

Katalysator: Element oder Molekül, welches chemische Vorgänge beschleunigt oder überhaupt erst ermöglicht. Der Katalysator verbraucht sich dabei selbst nicht und kann in weitgehend unveränderter Form und Menge wiedergewonnen werden. ↑ Enzym.

Kaudale: Schwanzflosse. Die kaudal (hinten) gelegene Flosse. Siehe Band 1, S. 157.

Kelch: Sammelbegriff der ↓ Kelchblätter. Auch Kalyx.

Kelchblatt: Grünes Blatt, gefolgt von farbigen Blütenblättern (↓ Kronblatt).

Kiemenrechen: Eine Reihe von fingerartigen Fortsätzen der Kiemenbögen (wie die Zinken eines Rechens), den Kiemenlamellen gegenüber. Er dient bei Planktonfressern zum Herausfiltern der Schwebstoffe aus dem Atmungswasser, wozu er besonders lang und dicht entwickelt ist. Bei Raubfischen ist der Abstand zwischen den einzelnen, auch zurückgebildeten, „Zinken" weiter.

kleistogam: Selbstbestäubend, bei geschlossenen Blüten.

Kohlendioxid: CO_2, farbloses und nicht brennbares Gas mit schwach säu-

erlichem Geruch und Geschmack. Es entsteht bei Verbrennung von kohlenstoffhaltigen Substanzen (Kohle, Treibstoffe, organische Verbindungen), bei der alkoholischen Gärung sowie bei der menschlichen, tierischen und pflanzlichen Atmung.
Kohlendioxid kommt frei in der Atmosphäre (0,03%), im Wasser gelöst und in der Erdkruste in Form verschiedener Karbonate (Dolomit, Kalkstein, Kreide, Marmor u.a.) vor. Kohlendioxid wird unter Normalbedingungen bei –78°C fest (Trockeneis), flüssiges Kohlendioxid existiert nur unter Druck. In Wasser ist es – besonders bei steigendem Druck – gut löslich und bildet dabei z.T. die Kohlensäure. Siehe Band 1, S. 31 ff.

Kolben: Einfacher Blütenstand mit ungestielten Einzelblüten an einer fleischig-verdickten Zentralachse.

Kommensalismus: Beziehung zwischen zwei verschiedenen Arten. Dabei zieht eine Art Nutzen, während die andere weder Nutzen (↓ Symbiose) zieht, noch Schaden (↓ Parasitismus) nimmt.

Kosmopolit: Weltweit verbreitete Pflanzen- oder Tierart. Gegenteil: ↑ endemisch.

Kragen: Teil einer Wasserkelch- (*Cryptocoryne*) Blüte. Rand an der ↓ Spatha zwischen ↑ Fahne und ↓ Schlund.

kranial: Am Kopfende, „vorne“ liegend.

Kronblatt: Das meist farbige Blatt einer Blüte. Baustein der ↓ Krone.

Krone: Alle Kronblätter zusammen. Der sichtbarste und im allgemeinen farbigste Teil einer Blüte.

Kupfersulfat: $CuSO_4 \cdot 5H_2O$ (Kupfervitriol) wird u.a. in der Schädlingsbekämpfung und in der Galvanotechnik verwendet. Im Aquarium wird es hauptsächlich zur Bekämpfung von Ektoparasiten (*Ichthyophthirius* und *Oodinium*, Band 1, S. 910 ff.) angewendet. Nicht bei weichem Wasser verwenden, da es dann auch für Fische extrem giftig ist!

Kutikula (Cuticula): Die Kutikula vieler Tiere ist eine nichtzellige äußere Schicht auf der ↑ Epidermis, von der sie abgeschieden wird. Als dickere Schicht aus Kalk bildet sie das Außenskelett der Weichtiere, aus Chitin das der Gliedertiere.

Laichausschlag: Die Anwesenheit von Hautknötchen, normalerweise in der ↑ Kranialgegend der Männchen Karpfenähnlicher Fische, während der Fortpflanzungszeit. Ihr Aussehen ähnelt dem der Weißpünktchenkrankheit, ist jedoch größer und lokalisiert. Die Punkte bedürfen keiner medikamentösen Behandlung.

lanzettlich: Form der ↑ Blattspreite. Schmal mit progressiver Verjüngung zu Spitzen an beiden Enden. Die breiteste Stelle ist etwas näher an der Basis.

larvophil: Typ des Maulbrüters. Fischarten, die ihre Larven im Maul erbrüten. Im allgemeinen wird auf ein hartes Substrat gelaicht, wo auch die Befruchtung stattfindet. Anschließend betreibt der Fisch Brutpflege, bis die Larven schlüpfen, wozu er sie gegebenenfalls auch aus ihren Eihüllen befreit. Dann werden die Larven in den Mundraum aufgenommen, um dort bis zum Freischwimmen gepflegt zu werden. ↓ Ovophiler Maulbrüter.

latent: Versteckt, verborgen, gebunden, aufgespeichert.

lateral: Seitlich, bei Fischen meist in Verbindung mit der Seitenlinie.

Limnivoren: Aufwuchsfresser. ↑ Aufwuchs. Siehe Band 1, S. 202.

Linear: Lange und schlanke ↑ Blattspreite mit parallelen Rändern.

Litoral: Die Küstenzone eines statischen Wasserkörpers (See, Meer, Ozean).

lokal: Örtlich, örtlich beschränkt.

Lordose: Frontale (bei Fischen nach oben u. unten) Krümmung der Wirbelsäule.

l-Typ (Eier): Eier, die mit ihrer Längsachse an eine Unterlage angeheftet werden. ↓ p-Typ.

makroskopisch: Mit freiem Auge sichtbar. („Makro", griechisch, „lang", „groß").

Mann-Mutter-Familie: Ein polygames Männchen beansprucht ein Großrevier, welches die Brutreviere einiger Weibchen umfaßt. An der eigentlichen Pflege des Nachwuchses ist das Männchen nicht beteiligt. (z.B. *Apistogramma*).

Maulbrüter: Die Brutpflege im Maul bis zum Freischwimmen der Jungfische, angefangen mit frisch gelegten Eiern (↓ ovophiler Maulbrüter) oder frisch geschlüpften Larven (↑ larvophiler Maulbrüter). Meistens ist die Erbrütung Aufgabe des Weibchens, aber es gibt auch Fischarten, bei denen beide Eltern oder auch nur das Männchen (selten) abwechselnd oder gleichzeitig maulbrüten.

Mbuna: Ein Typ Malawisee-Buntbarsch, der in enger Verbindung zu felsigen Biotopen lebt. Weitere Eigenschaften: u.a. vergleichsweise wenige Kopfschuppen, Eiflecken an der Afterflosse (vor allem bei Männchen) und nur ein funktioneller Eierstock. Meistens handelt es sich um ↑ agame ↑ Aufwuchsfresser.

Membran: Dünnes, feines Häutchen, mit trennender oder abgrenzender Funktion. Semipermeable Membranen erlauben den Durchfluß von Wasser, halten aber Ionen, Bakterien usw. zurück. In der Aquaristik die Membran einer Luftpumpe oder eines Osmosegerätes.

mikroskopisch: Nur durch das Mikroskop erkennbar, verschwindend klein. („Mikro", griechisch, „klein").

Mimese: Tarnungsschutzsystem einer Tierart, beruhend auf Nachahmung in Verhalten und Erscheinung eines belebten oder unbelebten Vorbildes. Angleichungstarnung.

Mimikry: Abschreckungsschutzsystem einer Tierart. Im allgemeinen beruhend auf Vorspiegelung abstoßender oder abschreckender Eigenschaften wie Gift, Stacheln oder unangenehmem Geruch/Geschmack, wodurch der Imitator ebenfalls von Feinden gemieden wird.

Monochrom: Einfarbig, hier bezeichnend für das Fehlen farblicher Unterschiede zwischen den Geschlechtern einer Art.

monogam: Ein Weibchen pro Männchen in der vorherrschenden Sozialstruktur, im Unterschied zu polygam, wo im allgemeinen ein Männchen mit mehreren Weibchen ablaicht (Harem bei Zwergbuntbarschen z. B.).

Monogenese: Ungeschlechtliche Fortpflanzung.

Monomorph: Einförmig. Das Fehlen von geschlechtsbedingten Unterschieden in Form (z.B. Flossenlänge, Körpergröße/-proportionen) und Farbe (nur Farbe = ↑ monochrom) innerhalb einer Art.

Mormyrasten: Elektrorezeptoren der Nilhechte (Elefantenfische) Afrikas.

Morphe: Form.

Mucosa: Schleimhaut.

Mutterfamilie: Soziale Struktur, nach welcher das Weibchen die Brutpflege übernimmt. Die Bindung zum männlichen Geschlecht beschränkt sich auf den Moment des Ablaichens bis zur Befruchtung der Eier.

Narbe: Teil des weiblichen Blütengeschlechtsteiles (↓ Stempel), welches den Pollen empfängt.

Natriumthiosulfat: Wirkstoff in Chlorbindemitteln; macht gechlortes Leitungswasser für Aquarien brauchbar.

Nekrose: Absterben eines Organs oder Gewebes infolge örtlicher Stoffwechselstörungen.

nekrotisch: Abgestorben, brandig.

Nerv: Auch Vene und Ader genannt: die linienartigen Verdickungen der ↑ Blattspreite.

Nervatur: Aderung des Blattes; Aderung eines Insektenflügels.

Nominatform: Die Form einer Art, die als Referenz für Unterarten dient. Der Name der Unterart ist eine Wiederholung des Artennamens (z.B. *Symphysodon aequifasciatus aequifasciatus*, der Braune Diskus).

obligat: Notwendig. Keine Wahl haben, gezwungen sein. Gegenteil ↑ fakultativ.

Odontoden: Stachelartige Fortsätze bei Loricariidae, die insbesondere von den sexuell aktiven Männchen während der Fortpflanzungszeit gebildet werden. Odontoden werden hauptsächlich am Kopf und auf den Pektoralstacheln gebildet, sie können aber auch am Körper entlang verteilt sein. Nach Ende der Fortpflanzungsperiode fallen sie ab.

Omnivoren: Allesfresser. Siehe Band 1, S. 202.

Ovipar: Eierlegend.

ovophil: Typ des Maulbrüters. Fischarten, die ihre Eier im Maul erbrüten. Die Eier werden im offenen Wasser oder im Maul des Weibchens befruchtet. In letzterem Fall, schnappt das Weibchen nach den Eiflecken auf der Afterflosse des Männchens, wodurch das Weibchen die Spermien „einatmet". Die Eier werden im Mundraum bis zum Freischwimmen der geschlüpften Larven erbrütet. ↑ Larvophiler Maulbrüter.

Pädogenese: Fortpflanzung im Larvenstadium. Eizellen entwickeln sich ohne Befruchtung, z.B. bei ↑ Daphnien.

Parasit: Lebewesen, welches auf einem (↑ Ektoparasit) oder in einem (↑ Endoparasit) anderen Lebewesen (↓ Wirt) lebt, um sich von ihm zu ernähren.

Parasitismus: Ausschlaggebend dieser Form des Zusammenlebens zweier Arten ist, daß der Vorteil der einen (↑ Parasit) mit einem Schaden der anderen (↓ Wirt) einhergeht.

Pathogenität: Fähigkeit, Krankheiten hervorzurufen.

Pektoralen: Brustflossen eines Fisches. Siehe Band 1, S. 157.

pelagisch: Im freien Wasser (pelagial) sich bewegend oder treibend, ohne Beziehung zum Boden oder dem ↑ Litoral (z.B. ↑ Plankton).

Phyllodium: Ein wie eine Spreite verbreiteter Blattstiel mit der Assimilationsfunktion einer ↑ Blattspreite. Die Spreite selbst ist zurückgebildet.

Physoklist: Fisch, dessen Schwimmblase keine Verbindung zum Darm hat (kein *Ductus pneumaticus*). Der Gasdruck in der Schwimmblase wird über Gasdrüsen geregelt. Meist handelt es sich um stammesgeschichtlich höher entwickelte Fische. Gegenteil: ↑ Physostom.

Physostom: Fische, deren Schwimmblase über einen Luftgang (*Ductus pneumaticus*) mit dem Darm in Verbindung steht. Über diesen Gang wird ausschließlich oder teilweise der Gasdruck in der Schwimmblase geregelt. Gegenteil: ↑ Physoklist.

Pigmente: Farbstoffe in Pflanzen- und Tierzellen; z.B. Karotinoide sind für Rottöne verantwortlich. Bei mangelhaftem Fischfutter können diese Farben mit der Zeit bei den Fischen verblassen.

Planarien: Gruppe meist 0,2–40 mm langer, weißlicher bis sehr dunkel gefärbter Strudelwürmer, die entweder in Süßgewässern und Meeren, oder im Humus und unter Blättern auf dem Land vorkommen. Ihr Körper ist breit und flach. Oftmals mit *Tubifex* in Zuchtaquarien eingeschleppt fressen sie den Fischlaich.

Plankton: Freischwebende pflanzliche (Phytoplankton) und tierische (Zooplankton) Kleinlebewesen. Sie treiben mit der Strömung in horizontaler Richtung, können sich aber eigenständig je nach Lichteinfall in vertikaler Richtung bewegen. Sie sind die Grundnahrung vieler Fische.

polygam: Mehr als einen Geschlechtspartner habend. Bei Fischen ist der gewöhnlichere Fall, daß ein Männchen mit mehreren Weibchen lebt bzw. ablaicht (*Apistogramma*, Maulbrüter des Malawisees).

Population: Bevölkerungsgruppe. Gruppe von Fischen einer Art und bestimmter Herkunft, die von anderen Gruppen der gleichen Art aus anderen Gebieten unterschieden werden kann. Die Unterschiede reichen allerdings nicht aus, um den einzelnen Gruppen den Status einer ↓ Unterart zu verleihen. Insbesondere bei den Killifischen ein relativ oft auftretender Fall. Es ist wichtig, die Fundortangabe mit dem Fisch weiterzugeben, um so zu ermöglichen, daß die einzelnen Populationen in Gefangenschaft genetisch erhalten bleiben. ↓ Rasse.

primär: Die Grundlage bildend, wesentlich, ursprünglich. Ausschlaggebend und notwendig.

Protein: ↑ Eiweiß. Für Lebewesen unerläßliche chemische Verbindungen. Alle ↑ Enzyme und zahlreiche ↑ Hormone sind Proteine.

p-Typ (Eier): Eier, die mit ihrem Pol an eine Unterlage (z.B. Dach einer Höhle) angeheftet werden.

Pyridoxin: Wie Pyridoxol, Pyridoxal und Pyridoxamin zur Vitamin-B_6-Gruppe gehörend. Vitamin B_6 spielt im Aminosäurestoffwechsel bei der Übertragung von Aminogruppen eine Rolle; sein Mangel ruft Krankheitserscheinungen hervor. Vitamin B_6 ist in tierischen und pflanzlichen Nahrungsmitteln (Leber, Hefe, Kartoffeln) zu finden.

Querder: Im Boden lebende Larve der Neunaugen (s. Gruppe 0).

Quirl: Mehr als zwei seitliche Pflanzenglieder, die auf gleicher Höhe der Sproßachse oder eines Seitensprosses entspringen; auch Blatt- und Blütenwirtel. (↓ Wirtel)

Rasse: Eine taxonomische Einteilung unterhalb der Art oder Unterart. Lokalpopulationen (↑ Population), z.B. verschiedener Färbung oder Größe, die sich jedoch fruchtbar miteinander kreuzen (vermehren), können Rassen sein. Die Definition ist biologisch nicht genau festgelegt. Variationsbreiten innerhalb einer Art können zu verschiedenen Rassen erklärt werden. Sollte kein Genaustausch zwischen den einzelnen Vorkommensgebieten möglich sein (z.B. Trennung durch großen Fluß, Wasserfall, ausgedehnte Sandflächen zwischen Felsbiotopen usw.), kann im Laufe von Jahrtausenden (durch natürliche Mutationen) aus der Rasse eine Unterart oder Art entstehen (z.B. Buntbarsche der ostafrikanischen Seen).

Regenzeit-Imitation: Einige Fische laichen nur im Aquarium, wenn man die Regenzeit möglichst naturgetreu nachahmt: 1. Kürzere Tageslichtzeiten, maximal 10 Stunden; 2. Dunkel, keine Sonne ins Aquarium lassen, Beleuchtung auf 1/4 bis 1/2 der sonstigen Stärke; 3. Weichwasser bis maximal 4° dGH; 4. Regentropfennachahmung, z.B. durch Filterauslauf, den man über die Aquarium-Querspange oder über eine andere Glasscheibe ins Aquarium tropfen läßt; 5. Reichliche Nahrungsgaben; 6. Hoher Sauerstoffbedarf; 7. Temperaturabsenkung um 2-3° C auf ca. 24° C.

Resorption: Rückbildung. Es kann vorkommen, daß reife Eier nicht gelegt werden (↑ Hormone), sondern wieder resorbiert werden. Aufsaugen, Einsaugen in die Blut- oder Lymphbahn.

Respiration: Äußere Atmung.

rheophil: Strömungsliebend. Eigenschaft von Organismen, die sich an das Leben in schnell fließenden Gewässern angepaßt haben. Bei Fischen zeigt sich diese Anpassung u.a. durch eine besonders stromlinienförmige Körperform, rückgebildete Schwimmblase, Saugmaul und ruckartige Schwimmweise, aber auch durch erhöhten Sauerstoffbedarf und eine größere Empfindlichkeit gegenüber belastetem Wasser.

Rhizom: Unter dem Boden wachsender Sproß. Er speichert Nährstoffe, ist aber nicht an der ↑ Assimilation beteiligt. Er wächst unbegrenzt weiter, die ältesten Teile sterben ab.

Riboflavin: (Vitamin B_2). Riboflavin kommt in den Zellen in Form von FMN (Flavinmononukleotid) und FAD (Flavinadenindinukleotid) vor. Es spielt eine wichtige Rolle bei der Zellatmung. Wegen seines reichen Vorkommens in Milch und Käse hatte es früher die Bezeichnung Lactoflavin.

Rosette: Blattanordnung, bei der meist dichtgedrängte Blätter an der Sproßbasis einer Pflanze (grundständige Blätter) stehen. Die ↑ Internodien sind extrem kurz.

Scheidenblatt: Ein langes, mehr oder weniger röhrenförmiges Blatt, welches ein Organ ganz oder teilweise umgibt.

schizogen: Durch Spaltung oder Auseinanderweichen von Zellwänden entstanden.

Schizogonie: Eine Form der ungeschlechtlichen Fortpflanzung: eine Vielkernige „Mutter"-Zelle teilt sich in einkernige „Kinder"-Zellen.

Schlund: Teil einer Cryptocorynen-Blüte. Teil der ↓ Spatha unterhalb des Kragens, falls vorhanden, aber oberhalb des Ovariums.

Schule: Gruppe von Fischen gleichen Geschlechts oder Alters.

Schwarm: Sammelbegriff für eine größere Anzahl gleicher Fische, Vögel oder Insekten in gleichem Bewegungszustand.

Schwarzwasser: Dunkles, teefarbenes Wasser geringer bis keiner Härte und sehr niedrigem pH-Wert (ca. 4,5) mit leicht antiseptischer Wirkung. Der Nährstoffgehalt ist gleichfalls gering; die einzige Vegetation dieser Gewässer sind hineinragende Landpflanzen. Seine Farbe wird durch Huminsäuren hervorgerufen. Der Río Negro (= Schwarzer Fluß) in Brasilien führt Schwarzwasser.

Schwefelwasserstoff: H_2S, Wasserstoffsulfid. Farbloses, unangenehm riechendes (verfaulte Eier), sehr giftiges, wasserlösliches Gas, das bei der Zersetzung von Eiweiß unter anaeroben Bedingungen entsteht. Anzeichen dafür sind schwarze Zonen im Boden. Sollte das Filtermaterial danach riechen, ist es durch neues zu ersetzen.

Sektion: Artengruppe. Z.B. Sektion *Parapetenia,* als Bezeichnung einer Gruppe zentralamerikanischer Cichliden mit einer Anzahl gemeinsamer Eigenschaften.

sekundär: Nachträglich hinzukommend; in zweiter Linie in Betracht kommend. Weniger wichtig.

selbstfertil: Selbstbefruchtend. Die Art braucht keinen Pollen einer anderen Pflanze, um fruchtbare Samen zu erzeugen.

Selbstverzweiger: Pflanze, die „von sich aus", ohne Eingriff des Züchters also, Zweige hervorbringt, die man ab einer bestimmten Größe trennen kann, um damit ein neues Individuum heranzuziehen.

sitzend: Ohne Stiel direkt mit einer Achse (Ast, Stamm) verbunden. Blatt ohne Blattstiel.

Skoliose: Seitliche Verkrümmung der Wirbelsäule.

Solitär(pflanze): Einzeln, außerhalb einer Gruppe stehende (voluminöse) Pflanze.

spatelförmig: ↑ Blattspreite mit einer rundlichen, stumpfen Spitze, welche sich zur Basis hin verjüngt. Die breiteste Stelle liegt nahe an der Spitze.

Spatha: Ein Hochblatt, welches bei der Familie Araceae den Blüten das farbige Aussehen gibt und sie überragt (Blütenscheide).

Spathaspreite: Der breite Teil einer ↑ Spatha.

Sporangium: Einzellige oder mehrzellige Behälter, in denen Sporen gebildet und aus denen sie gereift entlassen werden.

Spreite: ↑ Blattspreite.

Staubblatt: Das männliche pollentragende Geschlechtsorgan einer Blüte. Es besteht aus Staubfaden und Staubbeutel.

Staubgefäß: ↑ Staubblatt.

Stempel: Das weibliche Geschlechtsorgan einer Blüte, bestehend aus ↑ Narbe, ↑ Griffel und ↑ Fruchtknoten.

Stickstoff: Chemisches Symbol N (vom lateinischen „Nitrogenium"), ein farb-, geruch- und geschmackloses, reaktionsträges, ungiftiges, in Form zweiatomiger Moleküle, N_2, bestehendes Gas. In Organismen ist es in Proteinen und Nukleinsäuren enthalten und kann von Pflanzen und Tieren nur in Form von Stickstoffverbindungen aufgenommen werden; einige Mikroorganismen (stickstoffoxydierende Bakterien) können elementaren Stickstoff in Stickstoffverbindungen überführen. Stickstoff ist eines der Hauptprobleme der Aquaristik. ↑ Ammoniak.

Stimulanzien: Anregend wirkende Substanzen.

Sublitoral: Unterhalb des Uferbereichs (↑ Litoral) in Binnengewässern.

submers: Untergetaucht; unterhalb der Wasseroberfläche befindlich, vor allem bei Pflanzen.

Substratlaicher: ↑ Haftlaicher.

Symbiose: Das Zusammenleben zweier Arten, wobei jeder Partner (Symbiont), im Gegensatz zum ↑ Parasitismus oder ↑ Kommensalismus, Nutzen aus dieser Verbindung zieht.

Therapie: Krankenbehandlung, Heilbehandlung.

Thrombose: Verstopfung von Blutgefäßen durch Blutgerinnsel.

Trugdolde: Blütenstand ähnlich einer ↑ Dolde. Diese wird durch die gestauchten Seitenachsen mit Ausnahme der eigentlichen Blüten vorgetäuscht.

Tubus: Röhre. ↑ Schlund der *Cryptocoryne*.

Unterart: (Subspezies, Rasse). Gruppe von Individuen innerhalb einer Art, die untereinander mehr gemeinsam haben als zu den weiteren Mitgliedern der Art. Individuen verschiedener Unterarten können sich untereinander unbegrenzt fruchtbar kreuzen, was jedoch nicht dazu führen sollte, dies in Gefangenschaft zu fördern; im Gegenteil, die einzelnen Unterarten sollten immer rein erhalten bleiben. Fischunterarten kommen meist aus ↑ disjunktiven Gewässern, die jedoch nahe beieinander liegen.

Utrikel: Pflanzenteile, die in der Lage sind, tierische Nahrung (*Cyclops* u.a.) aufzunehmen (z.B. der Wasserschlauch).

Vakuole: Mit Flüssigkeit oder Nahrung gefülltes Bläschen im Zellplasma.

Varietät: Abart. Eine unter der Unterart stehende systematische Kategorie. In einer Varietät werden diejenigen Individuen zusammengefaßt, die sich aus verschiedenen Gründen deutlich von den anderen Individuen derselben Art oder Unterart unterscheiden.

Vaterfamilie: Soziale Struktur, nach welcher das Männchen die Brutpflege übernimmt. Die Bindung zum weiblichen Geschlecht beschränkt sich auf den Moment des Ablaichens.

Vater-Mutter-Familie: Das Weibchen pflegt Eier und Larven. Nach dem Freischwimmen führt die Brut auch das Männchen, welches bis dahin das Revier verteidigt hat.

vegetative Vermehrung: Ungeschlechtliche Fortpflanzung. Bei mehrzelligen Pflanzen ist die Bildung von Sporen, Brutknospen, Knollen, Zwiebeln, Ausläufern und Rhizomen eine Form der ungeschlechtlichen Fortpflanzung.

ventral: Den Bauch betreffend.

Ventralen: Bauchflossen eines Fisches. Siehe Band 1, S. 157.

Virus: Gruppe kleinster Krankheitserreger, die bakteriendichte Filter passieren und nur mit Hilfe der Gene einer lebendigen Zelle sich fortpflanzen können. Erreger von AIDS, Pocken usw. Sie sprechen nicht auf Antibiotika an, aber für viele gibt es Impfstoffe, um einer Infektion vorzubeugen.

vivipar: Lebendgebärend, im Gegensatz zu ↑ ovipar.

Weißwasser: Z.B. das Wasser des Amazonas. Normalerweise milchig trübe, mit nahe an neutralem pH-Wert und gewisser Härte. Flüsse mit diesem Typ Wasser entspringen Gebirgen, die der Erosion ausgesetzt sind. ↑ Schwarzwasser.

Wirtel: Die Gesamtheit (mindestens zwei) der an einem Knoten der Sproßachse stehenden Laub- oder Blütenblätter.

zirkumtropisch: Tropische Zonen rund um den Erdball.

Zwitterblüte: Eine Blüte mit männlichem und weiblichem Geschlecht. Sie hat also Staub- und Fruchtblätter.

Zyste: Wiederstandsfeste Kapsel (z.B. Zysten von *Artemia salina*), die von zahlreichen niederen Pflanzen und Tieren als Fortpflanzungskeim gebildet wird. Zysten sind sehr resistent gegenüber ungünstigen Umweltbedingungen (Trockenheit, extreme Temperaturen, Salzgehalt des Wassers usw.). Wenn sich die Bedingungen bessern, schlüpft das Lebewesen.

Zytologie: Wissenschaft und Lehre von der Zelle, ihrem Aufbau und ihren Funktionen.

Das folgende Literaturverzeichnis bezieht sich direkt auf die im INDEX gebrachten Informationen. Ein ausführlicheres Verzeichnis kann am Ende eines jeden AQUARIEN ATLAS gefunden werden.

Allen,G.R., 1991. Riffbarsche der Welt. Mergus Verlag GmbH, Postfach 86, 49302 Melle, Deutschland.

Burgess, W. E., 1989. Freshwater and Marine Catfishes. T.F.H. Publications Inc., Neptune City, NJ 07753, USA.

Estevez R., M.,1990. La Cachama - Cultivo en estanques. 4. Auflage. Litografía Cafetera Ltda, Manizales, Kolumbien.

Ferraris, C., Jr., 1991. Catfish in the Aquarium. Tetra Press, Morris Plains, NJ 07950, USA.

Fink, S.V. und Fink, W.L., 1981. Interrelationships of the ostariophysan fishes (Teleostei). J. Linn. Soc. (Zool.) 72(4): 297–353.

Fischer, G.W., 1991. Acclimation to captivity, predatory characteristics and production economics of Tucunare, *Cichla monoculus* (Spiz, 1831) (Pisces: Cichlidae), including polyculture with tilapia, *Oreochromis niloticus* (L.), in Amazonian Ecuador. Doctoral Diss., Texas A&M University, College Station, TX, USA.

Franke, H.J.,1985. Handbuch der Welskunde. Landbuch-Verlag GmbH, Hannover, Deutschland.

Konings, A., 1988. Tanganyika Cichlids. Verduijn Cichlids & Lake Fish Movies. 2761 DL Zevenhuizen, Holland, und 4352 Herten 6, Deutschland.

Konings, A., 1989. Malawi Cichlids in their natural habitat. Verduijn Cichlids & Lake Fish Movies. 2761 DL Zevenhuizen, Holland, und 4352 Herten 6, Deutschland.

Linke, H., 1990. Labyrinthfische – Farbe im Aquarium. 3. überarbeitete Auflage, Tetra Verlag, 4520 Melle 1, Deutschland.

Meyer, M.K., Wischnath, L. und Foerster, W., 1985. Lebendgebärende Zierfische: Arten der Welt. Mergus Verlag GmbH, Postfach 86, 49302 Melle, Deutschland.

Moyle, P.B. und Cech, Jr., J.J., 1988. Fishes—an Introduction to Ichthyology. 2. Auflage. Prentice Hall, New Jersey 07632, USA.

Nelson, J.S., 1994. Fishes of the World. 3. Auflage. John Wiley & Sons, Inc., New York, USA.

Paepke, H.-J.,1983. Die Hechtlinge – Gasterosteidae. A. Ziemsen Verlag. Wittenberg, Deutschland.

Pinter, H., 1983. Handbuch der Aquarienfisch-Zucht, 4. Auflage. Alfred Kernen Verlag, Stuttgart, Deutschland.

Pitcher, T. J. und Hart, P. J. B., (eds.), 1995. The Impact of Species Changes in African Lakes. Chapman & Hill, Fish and Fisheries Series 18, New York, USA.

Pusey, B.J. und Steward, T., 1989. Internal fertilization in *Lepidogalaxias salamandroides* Mees (Pisces: Lepidogalaxiidae). Zool. J. Linn. Soc. 97(1): 69–79.

van Ramshorst, J.D., (ed.), 1995/1978. The complete Aquarium Encyclopedia of Tropical Freshwater Fish. Chartwell Books, Inc., 1 P.O.Box 7100, Edison New Jersey 00818-7100, USA/Elsevier Publishing Projects, S, A, Lausanne, Schweiz.

Roberts, T.R., 1992. Systematik revision of the Southeast Asian anabantoid fish genus *Osphronemus*, with description of two new species. Ichthyol. Explor. Freshwaters 2(4): 351–360.

Sterba, G., 1987. Süßwasserfische der Welt. Urania-Verlag, Leipzig, Jena, Berlin, Deutschland.

World Conservation Monitoring Centre – Rote Liste (Fische)

Animal Redlist – Stand: 11. Oktober 1996
World Conservation Monitoring Centre, Cambridge, UK.
Internet Adresse: http://iucn.org/themes/ssc

Die wissenschaftlichen Namen sind direkt aus der Roten Liste übernommen worden; es können daher Unterschiede zu der im INDEX verwendeten Nomenklatur bestehen.
Es werden nur Süß- und Brackwasserarten aufgeführt.

Zeichenerklärung:

Ex:	Extinct	= ausgestorben
Exw:	Extinct in wild	= in der Natur ausgestorben
CE:	Critically endangered	= kritisch gefährdet
E:	Endangered	= gefährdet
V:	Vulnerable	= anfällig
NT:	Near threatened	= bald bedroht
CD:	Conservation dependant	= Schutzmaßnahmenabhängig

CEPHALASPIDOMORPHI
PETROMYZONTIFORMES
PETROMYZONTIDAE

Eudontomyzon danfordi (NT)
H: Bosnien und Herzegowina, Bulgarien, Jugoslawien, Kroatien, Moldawien, Österreich, Rumänien, Slowakei, Tschechische Republik, Ukraine, Ungarn

Eudontomyzon hellenicus (V)
H: Griechenland

Eudontomyzon vladykovi (NT)
H: Bulgarien, Jugoslawien, Österreich, Rumänien

Lampetra fluviatilis (NT)
H: Albanien, Belgien, Dänemark, Deutschland, Estland, Finnland, Frankreich, Großbritannien, Irland, Italien, Lettland, Litauen, Luxemburg, Niederlande, Norwegen, Österreich, Polen, Portugal, Rußland, Schweden, Schweiz, Slowakei, Spanien, Tschechische Republik

Lampetra hubbsi (NT)
H: USA

Lampetra minima (Ex)
H: USA

Lampetra planeri (NT)
H: Belgien, Bulgarien, Deutschland, Estland, Finnland, Frankreich, Großbritannien, Irland, Italien, Lettland, Litauen, Luxemburg, Niederlande, Norwegen, Österreich, Portugal, Rußland, Schweden, Schweiz, Slowakei, Spanien, Tschechische Republik

Lethenteron zanandreai (E)
H: Italien, Kroatien, Slowenien

Mordacia praecox (V)
H: Australien

ELASMOBRANCHII
PRISTIFORMES
PRISTIDAE

Pristis microdon (E)
H: Australien, Indien, Indonesien, östlicher Indischer Ocean, Papua Neuguinea, Südafrika, Thailand, westlicher Zentralpacifik

ACTINOPTERYGII
ACIPENSERIFORMES
ACIPENSERIDAE

Acipenser baerii (V)
H: Rußland

Acipenser baerii baerii (E)
H: Rußland

Acipenser baerii baikalensis (E)
H: Rußland

Acipenser baerii stenorrhynchus (V)
H: Rußland

Acipenser brevirostrum (V)
H: Kanada, Nordwestatlantik, USA, zentraler Westatlantik

Acipenser dabryanus (CE)
H: China

Acipenser fulvescens (V)
H: Kanada, USA

Acipenser guldenstaedti (E)
H: Aserbaidschan, Bulgarien, Iran, Jugoslawien, Kasachstan, Mittelmeer und Schwarzes Meer, Moldawien, Rumänien, Rußland, Türkei, Turkmenistan, Ukraine, Ungarn

Acipenser gueldenstaedti (E)
H: Aserbaidschan, Iran, Jugoslawien, Kasachstan, Mittelmeer und Schwarzes Meer, Rumänien, Rußland, Turkmenistan, Ukraine, Ungarn

Acipenser medirostris (V)
H: Kanada, nordöstlicher Pazifik, USA

Acipenser mikadoi (E)
H: Japan, nordwestlicher Pazifik, Rußland

Acipenser naccarii (V)
H: Albanien, Italien, Jugoslawien, Kroatien

Acipenser nudiventris (E)
H: Aserbaidschan, Bulgarien, Iran, Kasachstan, Mittelmeer und Schwarzes Meer, Moldawien, Rumänien, Rußland, Ukraine, Ungarn, Usbekistan

Acipenser nudiventris (CE)
H: Ungarn, Rumänien

Acipenser oxyrinchus oxyrinchus (NT)
H: Kanada, Mexiko, Nordwestatlantik, USA, zentraler Westatlantik

Acipenser persicus (E)
H: Aserbaidschan, Georgien, Iran, Mittelmeer und Schwarzes Meer, Rußland, Türkei

Acipenser persicus (V)
H: Aserbaidschan, Iran, Mittelmeer und Schwarzes Meer, Rußland

Acipenser nudiventris (Ex)
H: Mittelmeer und Schwarzes Meer, Kasachstan, Usbekistan

Acipenser ruthenus (V)
H: Bosnien und Herzegowina, Deutschland, Jugoslawien, Kasachstan, Lettland, Litauen, Österreich, Rumänien, Rußland, Schweiz, Slowakei, Tschechische Republik, Ukraine, Ungarn

Acipenser schrencki (E)
H: China, Rußland

Acipenser sinensis (E)
H: China

Acipenser stellatus (E)
H: Aserbaidschan, Bulgarien, Georgien, Iran, Jugoslawien, Kasachstan, Mittelmeer und Schwarzes Meer, Moldawien, Rumänien, Rußland, Turkmenistan, Ukraine, Ungarn

Acipenser stellatus (V)
H: Aserbaidschan, Iran, Kasachstan, Mittelmeer und Schwarzes Meer, Rußland, Turkmenistan

Acipenser sturio (CE)
H: Albanien, Algerien, Belgien, Deutschland, Estland, Finnland, Frankreich, Georgien, Griechenland, Großbritannien, Irland, Italien, Jugoslawien, Marokko, Mittelmeer und Schwarzes Meer, Niederlande, nordöstlicher Atlantik, Norwegen, Polen, Portugal, Rumänien, Rußland, Schweden, Schweiz, Spanien, Türkei, Ukraine, Ungarn

Acipenser transmontanus (NT)
H: Kanada, pazifischer Nordosten, USA

Acipenser transmontanus (E)
H: USA

Huso dauricus (E)
H: China, Rußland

Huso huso (Ex)
H: Mittelmeer und Schwarzes Meer, Italien

Huso huso (E)
H: Aserbaidschan, Bulgarien, Iran, Italien, Jugoslawien, Kasachstan, Mittelmeer und Schwarzes Meer, Moldawien, Rumänien, Rußland, Turkmenistan, Ukraine, Ungarn

Huso huso (CE)
H: Mittelmeer und Schwarzes Meer, Rußland

Pseudoscaphirhynchus fedtschenkoi (CE)
H: Kasachstan

Pseudoscaphirhynchus hermanni (CE)
H: Turkmenistan, Usbekistan

Pseudoscaphirhynchus kaufmanni (E)
H: Tajikistan, Turkmenistan, Usbekistan

Scaphirhynchus albus (E)
H: USA

Scaphirhynchus platorynchus (V)
H: USA

Scaphirhynchus suttkusi (CE)
H: USA

POLYODONTIDAE

Polyodon spathula (V)
H: USA

Psephurus gladius (CE)
H: China

OSTEOGLOSSIFORMES
OSTEOGLOSSIDAE

Scleropages formosus (E)
H: Brunei, Kambodscha, Indonesien, Malaysia, Philippinen, Singapur, Thailand, Vietnam

Scleropages leichhardti (NT)
H: Australien

NOTOPTERIDAE

Chitala blanci (NT)
H: Kambodscha, Thailand

CLUPEIFORMES
CLUPEIDAE

Alosa alabamae (E)
H: USA

Alosa Mazedonien (V)
H: Griechenland

Clupeonella abrau muhlisi (V)
H: Türkei

Jenkinsia parvula (V)
H: Venezuela, Zentraler Westatlantik

Tenualosa thibaudeaui (E)
H: Kambodscha, Laos, Thailand, Vietnam

CYPRINIFORMES
CYPRINIDAE

Acanthobrama hulensis (Ex)
H: Israel

Acheilognathus elongatus (E)
H: China

Acheilognathus longipinnis (V)
H: Japan

Alburnus akili (V)
H: Türkei

Alburnus albidus (V)
H: Kroatien, Italien, Türkei

Anabarilius polylepis (E)
H: China

Anaecypris hispanica (E)
H: Portugal, Spanien

Aulopyge hugeli (V)
H: Bosnien und Herzegowina, Kroatien

Balantiocheilos melanopterus (E)
H: Indonesien, Malaysia, Thailand

Barbopsis devecchi (V)
H: Somalien

Barbus andrewi (V)
H: Südafrika

Barbus brevipinnis (V)
H: Mosambik, Südafrika

Barbus calidus (E)
H: Südafrika

Barbus caninus (NT)
H: Italien, Schweiz

Barbus capensis (V)
H: Südafrika

Barbus comizo (V)
H: Portugal, Spanien

Barbus erubescens (CE)
H: Südafrika

Barbus euboicus (CE)
H: Griechenland

Barbus guiraonis (V)
H: Spanien

Barbus haasi (V)
H: Spanien

Barbus hospes (NT)
H: Namibia, Südafrika

Barbus kimberleyensis (V)
H: Südafrika

Barbus microcephalus (V)
H: Portugal, Spanien

Barbus motebensis (V)
H: Südafrika

Barbus plebejus (NT)
H: Kroatien, Italien, Slowenien, Schweiz

Barbus prespensis (V)
H: Albanien, Griechenland, Mazedonien

Barbus sclateri (NT)
H: Portugal, Spanien

Barbus serra (E)
H: Südafrika

Barbus steindachneri (V)
H: Portugal

Barbus treurensis (CD)
H: Südafrika

Barbus trevelyani (CE)
H: Südafrika

Barbus tyberinus (NT)
H: Italien

Caecobarbus geertsi (V)
H: Zaire

Caecocypris basimi (V)
H: Irak

Capoeta pestai (NT)
H: Türkei

Carassius carassius (NT)
H: Belorussland, Belgien, Bosnien und Herzegowina, Bulgarien, Dänemark, Deutschland, Estland, Finnland, Frankreich, Griechenland, Großbritannien, Italien, Jugoslawien, Kroatien, Lettland, Litauen, Luxemburg, Moldawien, Niederlande, Österreich, Polen, Rumänien, Rußland, Schweden, Schweiz, Slowakei, Slowenien, Tschechische Republik, Türkei, Ukraine, Ungarn

Cephalakompsus pachycheilus (CE)
H: Philippinen

Chalcalburnus belvica (NT)
H: Albanien, Griechenland, Mazedonien

Chela caeruleostigmata (CE)
H: Kambodscha, Thailand

Chondrostoma genei (NT)
H: Italien, Slowenien

Chondrostoma holmwoodii (V)
H: Türkei

Chondrostoma lusitanicum (V)
H: Portugal

Chondrostoma prespensis (NT)
H: Albanien, Griechenland, Mazedonien

Chondrostoma scodrensis (CE)
H: Albanien, Jugoslawien

Cyprinella alvarezdelvillari (CE)
H: Mexiko

Cyprinella bocagrande (CE)
H: Mexiko

Cyprinella caerulea (V)
H: USA

Cyprinella callitaenia (NT)
H: USA

Cyprinella formosa (V)
H: Mexiko, USA

Cyprinella monacha (NT)
H: USA

Cyprinella panarcys (E)
H: Mexiko

Cyprinella proserpina (V)
H: Mexiko, USA

Cyprinella santamariae (V)
H: Mexiko

Cyprinella xanthicara (V)
H: Mexiko

Cyprinus carpio (CE)
H: Bulgarien, Kroatien, Österreich, Rumänien, Slowakei, Slowenien, Jugoslawien, Ungarn,

Cyprinus micristius (E)
H: China

Cyprinus yilongensis (Ex)
H: China

Danio pathirana (CE)
H: Sri Lanka

Dionda diaboli (V)
H: Mexiko, USA

Dionda dichroma (V)
H: Mexiko

Dionda mandibularis (CE)
H: Mexiko

Epalzeorhynchos bicolor (Exw)
H: Thailand

Eremichthys acros (V)
H: USA

Erimystax cahni (V)
H: USA

Evarra bustamantei (Ex)
H: Mexiko

Evarra eigenmanni (Ex)
H: Mexiko

Evarra tlahuacensis (Ex)
H: Mexiko

Garra barreimiae (V)
H: Arabische Emirate, Oman

Garra dunsirei (V)
H: Oman

Garra longipinnis (V)
H: Oman

Gibbibarbus cyphotergous (V)
H: China

Gila alvordensis (V)
H: USA

Gila boraxobius (V)
H: USA

Gila crassicauda (Ex)
H: USA

Gila cypha (V)
H: USA

Gila ditaenia (V)
H: Mexiko, USA

Gila elegans (E)
H: Mexiko, USA

Gila intermedia (NT)
H: Mexiko, USA

Gila modesta (CE)
H: Mexiko

Gila nigrescens (CE)
H: Mexiko, USA

Gila purpurea (V)
H: Mexiko, USA

Gobio hettitorum (V)
H: Türkei

Hampala lopezi (CE)
H: Philippinen

Hybognathus amarus (E)
H: USA

Iberocypris palaciosi (E)
H: Spanien

Iotichthys phlegethontis (V)
H: USA

Iranocypris typhlops (V)
H: Iran

Labeo fisheri (E)
H: Sri Lanka

Labeo lankae (CE)
H: Sri Lanka

Labeo seeberi (CE)
H: Südafrika

Ladigesocypris ghigii (V)
H: Griechenland, Türkei

Lepidomeda albivallis (CE)
H: USA

Lepidomeda altivelis (Ex)
H: USA

Lepidomeda vittata (V)
H: USA

Leuciscus illyricus (V)
H: Kroatien

Leuciscus keadicus (V)
H: Griechenland

Leuciscus lucumontis (NT)
H: Italien

Leuciscus turskyi (Ex)
H: Kroatien

Leuciscus microlepis
H: Kroatien

Leuciscus polylepis (E)
H: Kroatien

Leuciscus svallize (V)
H: Kroatien

Leuciscus ukliva (CE)
H: Kroatien

Lythrurus snelsoni (V)
H: USA

Macrhybopsis gelida (V)
H: USA

Macrhybopsis meeki (NT)
H: USA

Mandibularca resinus (CE)
H: Philippinen

Meda fulgida (V)
H: USA

Moapa coriacea (CE)
H: USA

Neolissochilus theinemanni (V)
H: Indonesien

Notropis aguirrepequenoi (V)
H: Mexiko

Notropis amecae (Ex)
H: Mexiko

Notropis aulidion (Ex)
H: Mexiko

Notropis buccula (V)
H: USA

Notropis cahabae (CE)
H: USA

Notropis imeldae (V)
H: Mexiko

Notropis mekistocholas (CE)
H: USA

Notropis melanostomus (V)
H: USA

Notropis moralesi (CE)
H: Mexiko

Notropis orca (Ex)
H: Mexiko, USA

Notropis perpallidus (CD)
H: USA

Notropis saladonis (Ex)
H: Mexiko

Notropis simus (E)
H: Mexiko, USA

Onychostoma alticorps (E)
H: Taiwan

Opsaridium peringueyi (V)
H: Südafrika

Oregonichthys crameri (V)
H: USA

Oregonichthys kalawatseti (CD)
H: USA

Ospatulus palaemophagus (E)
H: Philippinen

Ospatulus truncatus (CE)
H: Philippinen

Pachychilon pictum (NT)
H: Albanien, Griechenland, Jugoslawien

Paraphoxinus alepidotus (V)
H: Kroatien

Paraphoxinus croaticus (V)
H: Kroatien

Paraphoxinus ghetaldi (V)
H: Kroatien

Paraphoxinus metohiensis (V)
H: Kroatien

Phenacobius teretulus (V)
H: USA

Phoxinellus anatolicus (E)
H: Türkei

Phoxinellus egridiri (CE)
H: Türkei

Phoxinellus handlirschi (CE)
H: Türkei

Phoxinellus pleurobipunctatus (NT)
H: Griechenland

Phoxinellus zeregii (NT)
H: Türkei

Phoxinellus zeregii fahirae (V)
H: Türkei

Phoxinellus zeregii meandri (NT)
H: Türkei

Phoxinus cumberlandensis (V)
H: USA

Phoxinus tennesseensis (NT)
H: USA

Phreatichthys andruzzi (V)
H: Somalien

Plagopterus argentissimus (V)
H: USA

Pogonichthys ciscoides (Ex)
H: USA

Pogonichthys macrolepidotus (E)
H: USA

Poropuntius tawarensis (V)
H: Indonesien

Probarbus jullieni (E)
H: Kambodscha, Laos, Malaysia, Thailand, Vietnam

Pseudobarbus afer (NT)
H: Südafrika

Pseudobarbus asper (V)
H: Südafrika

Pseudobarbus burchelli (E)
H: Südafrika

Pseudobarbus burgi (CE)
H: Südafrika

Pseudobarbus phlegethon (E)
H: Südafrika

Pseudobarbus quathlambae (CE)
H: Lesotho

Pseudobarbus tenuis (E)
H: Südafrika

Pseudophoxinus beoticus (E)
H: Griechenland

Pseudophoxinus stymphalicus (NT)
H: Griechenland

Ptychocheilus lucius (V)
H: USA

Puntius amarus (CE)
H: Philippinen

Puntius asoka (E)
H: Sri Lanka

Puntius bandula (CE)
H: Sri Lanka

Puntius baoulan (CE)
H: Philippinen

Puntius clemensi (CE)
H: Philippinen

Puntius cumingii (CD)
H: Sri Lanka

Puntius disa (CE)
H: Philippinen

Puntius flavifuscus (CE)
H: Philippinen

Puntius hemictenus (V)
H: Philippinen

Puntius herrei (CE)
H: Philippinen

Puntius katalo (CE)
H: Philippinen

Puntius lanaoensis (CE)
H: Philippinen

Puntius lindog (V)
H: Philippinen

Puntius manalak (CE)
H: Philippinen

Puntius manguaoensis (V)
H: Philippinen

Puntius martenstyni (E)
H: Sri Lanka

Puntius nigrofasciatus (CD)
H: Sri Lanka

Puntius pleurotaenia (CD)
H: Sri Lanka

Puntius sirang (V)
H: Philippinen

Puntius speleops (V)
H: Thailand

Puntius titteya (CD)
H: Sri Lanka

Puntius tras (CE)
H: Philippinen

Puntius tumba (V)
H: Philippinen

Rasbora baliensis (V)
H: Indonesien

Rasbora tawarensis (V)
H: Indonesien

Rasbora vaterifloris (CD)
H: Sri Lanka

Rasbora wilpita (E)
H: Sri Lanka

Relictus solitarius (E)
H: USA

Rhinichthys cobitis (V)
H: USA

Rhinichthys deaconi (Ex)
H: USA

Rhodeus ocellatus smithi (CE)
H: Japan

Rutilus lemmingii (V)
H: Portugal, Spanien

Rutilus macedonicus (NT)
H: Griechenland

Rutilus macrolepidotus (V)
H: Portugal

Rutilus meidingeri (E)
H: Österreich, Deutschland, Slowakei

Scardinius graecus (V)
H: Griechenland

Schizothorax lepidothorax (E)
H: China

Sinocyclocheilus anatirostris (V)
H: China

Sinocyclocheilus angularis (V)
H: China

Sinocyclocheilus anophthalmus (V)
H: China

Sinocyclocheilus hyalinus (V)
H: China

Sinocyclocheilus microphthalmus (V)
H: China

Stypodon signifer (Ex)
H: Mexiko

Spratellicypris palata (CE)
H: Philippinen

Tanakia tanago (V)
H: Japan

Tor yunnanensis (E)
H: China

Typhlobarbus nudiventris (V)
H: China

Typhlogarra widdowsoni (V)
H: Irak

Vimba melanops (V)
H: Griechenland, Mazedonien

CATOSTOMIDAE

Chasmistes muriei (Ex)
H: USA

Lagochila lacera (Ex)
H: USA

COBITIDAE

Botia sidthimunki (CE)
H: Laos, Thailand

Cobitis calderoni (V)
H: Portugal, Spanien

Cobitis meridionalis (NT)
H: Albanien, Griechenland, Mazedonien

Cobitis paludica (NT)
H: Portugal, Spanien

Lepidocephalichthys jonklaasi (E)
H: Sri Lanka

Misgurnis fossilis (NT)
H: Belorussland, Belgien, Bosnien und Herzegowina, Bulgarien, Deutschland, Estland, Frankreich, Jugoslawien, Kroatien, Lettland, Litauen, Luxemburg, Moldawien, Niederlande, Österreich, Polen, Rumänien, Rußland, Schweiz, Slowakei, Slowenien, Tschechische Republik, Ukraine, Ungarn

Protocobitis typhlops (V)
H: China

Sabanjewia larvata (NT)
H: Italien

BALITORIDAE

Acanthocobitis urophthalmus (CD)
H: Sri Lanka

Hemimyzon taitungensis (V)
H: Taiwan

Homaloptera thamicola (V)
H: Thailand

Nemacheilus smithi (V)
H: Iran

Nemacheilus troglocataractus (V)
H: Thailand

Nemacheilus tschaiyssuensis (V)
H: Türkei

Oreonectes anophthalmus (V)
H: China

Schistura jarutanini (V)
H: Thailand

Schistura oedipus (V)
H: Thailand

Schistura sijuensis (V)
H: Indien

Sinogastromyzon puliensis (V)
H: Taiwan

Sphaerophysa dianchiensis (V)
H: China

Sundoreonectes tiomanensis (V)
H: Malaysia

Triplophysa gejiuensis (V)
H: China

Triplophysa xiangxensis (V)
H: China

Yunnanilus macrogaster (V)
H: China

Yunnanilus niger (V)
H: China

Yunnanilus nigromaculatus (E)
H: China

CATOSTOMIDAE

Catostomus bernardini (V)
H: Mexiko, USA

Catostomus cahita (V)
H: Mexiko

Catostomus conchos (V)
H: Mexiko

Catostomus leopoldi (V)
H: Mexiko

Catostomus microps (E)
H: USA

Catostomus santaanae (V)
H: USA

Catostomus snyderi (NT)
H: USA

Catostomus warnerensis (V)
H: USA

Catostomus wigginsi (V)
H: Mexiko

Chasmistes brevirostris (E)
H: USA

Chasmistes cujus (CE)
H: USA

Cycleptus elongatus (NT)
H: Mexiko, USA

Deltistes luxatus (E)
H: USA

Moxostoma hamiltoni (NT)
H: USA

Moxostoma hubbsi (V)
H: Kanada

Xyrauchen texanus (E)
H: USA

CHARACIFORMES
CHARACIDAE

Astyanax mexicanus jordani (V)
H: Mexiko

Gymnocharacinus bergi (E)
H: Argentinien

SILURIFORMES
DIPLOMYSTIDAE

Diplomystes chilensis (E)
H: Chile

ICTALURIDAE

Ictalurus mexicanus (V)
H: Mexiko

Ictalurus pricei (V)
H: Mexiko

Noturus baileyi (CE)
H: USA

Noturus flavipinnis (V)
H: USA

Noturus gilberti (V)
H: USA

Noturus lachneri (V)
H: USA

Noturus munitus (NT)
H: USA

Noturus placidus (NT)
H: USA

Noturus stanauli (V)
H: USA

Noturus taylori (V)
H: USA

Noturus trautmani (CE)
H: USA

Prietella lundbergi (V)
H: Mexiko

Prietella phreatophila (E)
H: Mexiko

Satan eurystomus (V)
H: USA

Trogloglanis pattersoni (V)
H: USA

BAGRIDAE

Austroglanis barnardi (CE)
H: Südafrika

Austroglanis gilli (V)
H: Südafrika

Coreobagrus ichikawai (V)
H: Japan

Pseudobagrus medianalis (E)
H: China

SILURIDAE

Silurus mento (E)
H: China

PANGASIIDAE

Pangasianodon gigas (E)
H: China, Kambodscha, Laos, Myanmar

AMBLYCIPITIDAE

Liobagrus nigricauda (E)
H: China

SISORIDAE

Oreoglanis siamensis (V)
H: Thailand

CLARIIDAE

Clarias cavernicola (CE)
H: Namibia

Clarias maclareni (CE)
H: Kamerun

Encheloclarias curtisoma (CE)
H: Malaysia

Encheloclarias kelioides (CE)
H: Indonesien, Malaysia

Encheloclarias prolatus (V)
H: Malaysia

Encheloclarias tapeinopterus (V)
H: Indonesien

Horaglanis krishnai (V)
H: Indien

Uegitglanis zammaranoi (V)
H: Somalia

HETEROPNEUSTIDAE

Heteropneustes microps (V)
H: Sri Lanka

ARIIDAE

Arius bonillai (E)
H: Kolumbien, östlicher Zentralpazifik, zentraler Westatlantik

PLOTOSIDAE

Oloplotosus torobo (V)
H: Papua Neuguinea

MOCHOKIDAE

Chiloglanis bifurcus (E)
H: Südafrika

PIMELODIDAE

Rhamdia reddelli (V)
H: Mexiko

Rhamdia zongolicensis (V)
H: Mexiko

TRICHOMYCTERIDAE

Rhizosomichthys totae (Ex)
H: Kolumbien

Trichomycterus chungarensis (V)
H: Chile

Trichomycterus laucaensis (NT)
H: Chile

Trichomycterus rivulatus (NT)
H: Chile

SALMONIFORMES
UMBRIDAE

Novumbra hubbsi (NT)
H: USA

Umbra krameri (V)
H: Bosnien und Herzegowina, Bulgarien, Jugoslawien, Kroatien, Moldawien, Österreich, Rumänien, Slowakei, Slowenien, Tschechische Republik, Ukraine, Ungarn

LEPIDOGALAXIIDAE

Lepidogalaxias salamandroides (NT)
H: Australien

OSMERIDAE

Hypomesus transpacificus (E)
H: USA

PLECOGLOSSIDAE

Plecoglossus altivelis ryukyuensis (E)
H: Japan

SALANGIDAE

Neosalanx regani (V)
H: Japan

RETROPINNIDAE

Prototroctes maraena (V)
H: Australien

Prototroctes oxyrhynchus (Ex)
H: Neuseeland

GALAXIIDAE

Galaxias argenteus (V)
H: Neuseeland

Galaxias fontanus (CE)
H: Australien

Galaxias fuscus (CE)
H: Australien

Galaxias gracilis (V)
H: Neuseeland

Galaxias johnstoni (CE)
H: Australien

Galaxias pedderensis (CE)
H: Australien

Galaxias postvectis (V)

H: Neuseeland

Galaxias rekohua (V)
H: Neuseeland

Galaxias rostratus (V)
H: Australien

Galaxias tanycephalus (V)
H: Australien

Galaxias zebratus (NT)
H: Südafrika

Galaxiella munda (NT)
H: Australien

Galaxiella nigrostriata (NT)
H: Australien

Galaxiella pusilla (V)
H: Australien

Neochanna apoda (NT)
H: Neuseeland

Neochanna burrowsius (V)
H: Neuseeland

Paragalaxias mesotes (V)
H: Australien

SALMONIDAE

Acantholingua ohridana (V)
H: Albanien, Mazedonien

Coregonus alpenae (Ex)
H: Kanada, USA

Coregonus hoyi (V)
H: Kanada, USA

Coregonus huntsmani (V)
H: Kanada, USA

Coregonus johannae (Ex)
H: Kanada, USA

Coregonus kiyi (V)
H: Kanada, USA

Coregonus nigripinnis (Ex)
H: Kanada

Coregonus reighardi (CE)
H: Kanada

Coregonus zenithicus (V)
H: Kanada, USA

Hucho hucho (E)
H: Bosnien und Herzegowina, Deutschland, Jugoslawien, Kroatien, Österreich, Polen, Rumänien, Slowakei, Slowenien, Tschechische Republik, Ukraine, Ungarn

Oncorhynchus apache (CE)
H: USA

Oncorhynchus chrysogaster (V)
H: Mexiko

Oncorhynchus formosanus (CE)
H: Taiwan

Oncorhynchus gilae (E)
H: USA

Oncorhynchus ishikawai (E)
H: Japan

Salmo carpio (V)
H: Italien

Salmo letnica (V)
H: Albanien, Mazedonien

Salmo platycephalus (CE)
H: Türkei

Salmothymus obtusirostris (E)
H: Jugoslawien, Kroatien

Salvelinus agassizi (Ex)
H: USA

Salvelinus confluentus (V)
H: Kanada, USA

Salvelinus japonicus (E)
H: Japan

Salvethymus svetovidovi (V)
H: Rußland

Stenodus leucichthys leucichthys (E)
H: Aserbaidschan, Kasachstan, Rußland

PERCOPSIFORMES
AMBLYOPSIDAE

Amblyopsis rosae (V)
H: USA

Amblyopsis spelaea (V)
H: USA

Speoplatyrhinus poulsoni (NT)
H: USA

Typhlichthys subterraneus (V)
H: USA

OPHIDIIFORMES
BYTHITIDAE

Lucifuga simile (V)
H: Kuba

Lucifuga spelaeotes (V)
H: Bahamas

Lucifuga subterranea (V)
H: Kuba

Lucifuga teresinarum (V)
H: Kuba

Saccogaster melanomycter (V)
H: Kolumbien, zentraler Westatlantik

Stygicola dentata (V)
H: Kuba

Typhliasina pearsei (V)
H: Mexiko

BATRACHOIDIFORMES
BATRACHOIDIDAE

Batrachoides manglae (V)
H: Kolumbien, östlicher Zentralpazifik, Venezuela, zentraler Westatlantik

Sanopus astrifer (V)
H: Belize, zentraler Westatlantik

Sanopus greenfieldorum (V)
H: Belize, zentraler Westatlantik

Sanopus reticulatus (V)
H: Belize, zentraler Westatlantik

Sanopus splendidus (V)
H: Belize, Mexiko, zentraler Westatlantik

ATHERINIFORMES
ATHERINIDAE

Basilichthys australis (NT)
H: Chile

Cairnsichthys rhombosomoides (V)
H: Australien

Cauque mauleanum (NT)
H: Chile

Chilatherina bleheri (V)
H: Indonesien

Chilatherina sentaniensis (CE)
H: Indonesien

Chirostoma bartoni (V)
H: Mexiko

Craterocephalus amniculus (V)
H: Australien

Craterocephalus centralis (NT)
H: Australien

Craterocephalus dalhousiensis (V)
H: Australien

Craterocephalus fluviatillis (E)
H: Australien

Craterocephalus gloveri (V)
H: Australien

Craterocephalus helenae (NT)
H: Australien

Craterocephalus lacustris (V)
H: Papua Neuguinea

Craterocephalus lentiginosus (NT)
H: Australien

Glossolepis incisus (V)
H: Indonesien

Glossolepis wanamensis (CE)
H: Papua Neuguinea

Kiunga ballochi (CE)
H: Papua Neuguinea

Melanotaenia arfakensis (V)
H: Indonesien

Melanotaenia boesemani (E)
H: Indonesien

Melanotaenia eachamensis (V)
H: Australien

Melanotaenia gracilis (NT)
H: Australien

Melanotaenia lacustris (V)
H: Papua Neuguinea

Melanotaenia oktediensis (V)
H: Papua Neuguinea

Melanotaenia parva (V)
H: Indonesien

Melanotaenia pygmaea (NT)
H: Australien

Menidia conchorum (NT)
H: USA

Menidia extensa (V)
H: USA

Paratherina cyanea (V)
H: Indonesien

Paratherina labiosa (V)
H: Indonesien

Paratherina lineata (V)
H: Indonesien

Paratherina striata (V)
H: Indonesien

Paratherina wolterecki (V)
H: Indonesien

Poblana alchichica (CE)
H: Mexiko

Poblana letholepis (E)
H: Mexiko

Poblana squamata (E)
H: Mexiko

Pseudomugil mellis (E)
H: Australien

Rheocles sikorae (Ex)
H: Madagaskar

Rheocles wrightae (CE)
H: Madagaskar

Scaturiginichthys vermeilipinnis (CE)
H: Australien

Telmatherina abendanoni (V)
H: Indonesien

Telmatherina antoniae (V)
H: Indonesien

Telmatherina celebensis (V)
H: Indonesien

Telmatherina ladigesi (V)
H: Indonesien

Telmatherina obscura (V)
H: Indonesien

Telmatherina opudi (V)
H: Indonesien

Telmatherina prognatha (V)
H: Indonesien

Telmatherina sarasinorum (V)
H: Indonesien

Telmatherina wahjui (V)
H: Indonesien

Tominanga aurea (V)
H: Indonesien

Tominanga sanguicauda (V)
H: Indonesien

PHALLOSTETHIDAE

Phallostethus dunckeri (V)
H: Malaysia

CYPRINODONTIFORMES
APLOCHEILIDAE

Campellolebias brucei (V)
H: Brasilien

Cynolebias boitonei (V)
H: Brasilien

Cynolebias constanciae (V)
H: Brasilien

Cynolebias marmoratus (V)
H: Brasilien

Cynolebias minimus (V)
H: Brasilien

Cynolebias opalescens (V)
H: Brasilien

Cynolebias splendens (V)
H: Brasilien

Nothobranchius sp. (E)
H: Namibia

Pachypanchax sakaramyi (V)
H: Madagaskar

CYPRINODONTIDAE

Aphanius anatoliae (E)
H: Türkei

Aphanius burduricus (E)
H: Türkei

Aphanius splendens (CE)
H: Türkei

Aphanius sureyanus (CE)
H: Türkei

Aphanius transgrediens (CE)
H: Türkei

Crenichthys baileyi (V)
H: USA

Crenichthys nevadae (V)
H: USA

Cualac tessellatus (E)
H: Mexiko

Cyprinodon alvarezi (Exw)
H: Mexiko

Cyprinodon beltrani (E)
H: Mexiko

Cyprinodon bovinus (CE)
H: USA

Cyprinodon ceciliae (Ex)
H: Mexiko

Cyprinodon diabolis (V)
H: USA

Cyprinodon elegans (E)
H: USA

Cyprinodon fontinalis (E)
H: Mexiko

Cyprinodon inmemoriam (Ex)
H: Mexiko

Cyprinodon labiosus (E)
H: Mexiko

Cyprinodon latifasciatus (Ex)
H: Mexiko

Cyprinodon longidorsalis (Exw)
H: Mexiko

Cyprinodon macrolepis (E)
H: Mexiko

Cyprinodon maya (E)
H: Mexiko

Cyprinodon meeki (CE)
H: Mexiko

Cyprinodon pachycephalus (CE)
H: Mexiko

Cyprinodon pecosensis (CE)
H: USA

Cyprinodon radiosus (E)
H: USA

Cyprinodon simus (E)
H: Mexiko

Cyprinodon spp. (Ex)
H: Mexiko

Cyprinodon tularosa (V)
H: USA

Cyprinodon verecundus (CE)
H: Mexiko

Cyprinodon veronicae (CE)
H: Mexiko

Fundulus albolineatus (Ex)
H: USA

Fundulus julisia (V)
H: USA

Fundulus waccamensis (V)
H: USA

Lucania interioris (CE)
H: Mexiko

Megupsilon aporus (Exw)
H: Mexiko

Orestias chungarensis (V)
H: Chile

Orestias laucaensis (NT)
H: Chile

Pantanodon Madagaskariensis (E)
H: Madagaskar

Valencia hispanica (E)
H: Spanien

Valencia letourneuxi (E)
H: Albanien, Griechenland

GOODEIDAE

Allotoca maculata (CE)
H: Mexiko

Ameca splendens (Exw)
H: Mexiko

Ataeniobius toweri (E)
H: Mexiko

Characodon audax (V)
H: Mexiko

Characodon garmani (Ex)
H: Mexiko

Characodon lateralis (E)
H: Mexiko

Empetrichthys merriami (Ex)
H: USA

Girardinichthys multiradiatus (V)
H: Mexiko

Girardinichthys viviparus (CE)
H: Mexiko

Goodea gracilis (V)
H: Mexiko

Hubbsina turneri (CE)
H: Mexiko

Ilydon whitei (CE)
H: Mexiko

Skiffia francesae (Exw)
H: Mexiko

Xenoophorus captivus (E)
H: Mexiko

POECILIIDAE

Gambusia alvarezi (V)
H: Mexiko

Gambusia amistadensis (Ex)
H: USA

Gambusia eurystoma (CE)
H: Mexiko

Gambusia gaigei (V)
H: USA

Gambusia georgei (Ex)
H: USA

Gambusia heterochir (V)
H: USA

Gambusia hurtadoi (V)
H: Mexiko

Gambusia krumholzi (V)
H: Mexiko

Gambusia longispinis (V)
H: Mexiko

Gambusia nobilis (V)
H: USA

Gambusia senilis (NT)
H: Mexiko, USA

Poecilia latipunctata (CE)
H: Mexiko

Poecilia sulphuraria (CE)
H: Mexiko

Poeciliopsis occidentalis (NT)
H: Mexiko, USA

Poeciliopsis occidentalis sonorensis (V)
H: Mexiko

Priapella bonita (Ex)
H: Mexiko

Xiphophorus couchianus (CE)
H: Mexiko

Xiphophorus gordoni (E)
H: Mexiko

Xiphophorus meyeri (E)
H: Mexiko

BELONIFORMES
ADRIANICHTHYIDAE

Adrianichthys kruyti (CE)
H: Indonesien

Oryzias celebensis (V)
H: Indonesien

Oryzias marmoratus (V)
H: Indonesien

Oryzias matanensis (V)
H: Indonesien

Oryzias nigrimas (V)
H: Indonesien

Oryzias orthognathus (E)
H: Indonesien

Oryzias profundicola (V)
H: Indonesien

Xenopoecilus oophorus (E)
H: Indonesien

Xenopoecilus poptae (CE)
H: Indonesien

Xenopoecilus sarasinorum (E)
H: Indonesien

HEMIRAMPHIDAE

Dermogenys megarramphus (NT)
H: Indonesien

Dermogenys weberi (V)
H: Indonesien

Nomorhamphus towoeti (V)
H: Indonesien

Tondanichthys kottelati (V)
H: Indonesien

GASTEROSTEIFORMES
GASTEROSTEIDAE

Pungitius hellenicus (CE)
H: Griechenland

SYNGNATHIFORMES
SYNGNATHIDAE

Solegnathus dunckeri (V)
H: Australien, südwestlicher Pazifik, westlicher Zentralpazifik,

Solegnathus hardwickii (V)
H: Nordwestlicher Pacifik, westlicher Zentralpazifik

Syngnathus watermayeri (CE)
H: Südafrika

SYNBRANCHIFORMES
SYNBRANCHIDAE

Ophisternon infernale (E)
H: Mexiko

COTTIDAE

Cottus asperrimus (V)
H: USA

Cottus echinatus (Ex)
H: USA

Cottus extensus (V)
H: USA

Cottus greenei (V)
H: USA

Cottus leiopomus (V)
H: USA

Cottus petiti (CE)
H: Frankreich

Cottus pygmaeus (CE)
H: USA

PERCIFORMES
PERCICHTHYIDAE

Edelia obscura (V)
H: Australien

Maccullochella ikei (E)
H: Australien

Maccullochella macquariensis (E)
H: Australien

Maccullochella peelii mariensis (NT)
H: Australien

Nannoperca oxleyana (E)
H: Australien

Nannoperca variegata (V)
H: Australien

TERAPONTIDAE

Bidyanus bidyanus (V)
H: Australien

Hephaestus adamsoni (V)
H: Papua Neuguinea

Hephaestus epirrhinos (NT)
H: Australien

Leiopotherapon aheneus (NT)
H: Australien

Leiopotherapon macrolepis (NT)
H: Australien

Pingalla midgleyi (NT)
H: Australien

Syncomistes kimberleyensis (NT)
H: Australien

Syncomistes rastellus (NT)
H: Australien

Varia jamoerensis (V)
H: Indonesien

CENTRARCHIDAE

Ambloplites cavifrons (V)
H: USA

Micropterus notius (NT)
H: USA

ELASSOMATIDAE

Elassoma boehlkei (NT)
H: USA

Elassoma okatie (V)
H: USA

PERCIDAE

Crystallaria asprella (V)
H: USA

Etheostoma acuticeps (NT)
H: USA

Etheostoma aquali (V)
H: USA

Etheostoma australe (V)
H: Mexiko

Etheostoma boschungi (E)
H: USA

Etheostoma cinereum (V)
H: USA

Etheostoma cragini (NT)
H: USA

Etheostoma ditrema (V)
H: USA

Etheostoma fonticola (V)
H: USA

Etheostoma grahami (V)
H: Mexiko, USA

Etheostoma kanawhae (NT)
H: USA

Etheostoma luteovinctum (NT)
H: USA

Etheostoma maculatum (NT)
H: USA

Etheostoma moorei (V)
H: USA

Etheostoma nianguae (V)
H: USA

Etheostoma nuchale (E)
H: USA

Etheostoma okaloosae (E)
H: USA

Etheostoma osburni (NT)
H: USA

Etheostoma pallididorsum (V)
H: USA

Etheostoma pellucidum (V)
H: Kanada, USA

Etheostoma pottsi (V)
H: Mexiko

Etheostoma rubrum (NT)
H: USA

Etheostoma sellare (Ex)
H: USA

Etheostoma striatulum (V)
H: USA

Etheostoma trisella (V)
H: USA

Etheostoma tuscumbia (V)
H: USA

Etheostoma wapiti (V)
H: USA

Gymnocephalus schraetzer (V)
H: Bulgarien, Deutschland, Jugoslawien, Kroatien, Moldawien, Österreich, Rumänien, Slowakei, Tschechische Republik, Ukraine, Ungarn

Percarina demidoff (V)
H: Moldawien, Rußland, Ukraine

Percina antesella (V)
H: USA

Percina aurolineata (V)
H: USA

Percina burtoni (V)
H: USA

Percina cymatotaenia (E)
H: USA

Percina jenkinsi (V)
H: USA

Percina lenticula (V)
H: USA

Percina macrocephala (NT)
H: USA

Percina nasuta (NT)
H: USA

Percina pantherina (V)
H: USA

Percina rex (V)
H: USA

Percina tanasi (V)
H: USA

Percina uranidea (NT)
H: USA

Romanichthys valsanicola (CE)
H: Rumänien

Zingel asper (CE)
H: Frankreich, Schweiz

Zingel streber (V)
H: Bosnien und Herzegowina, Bulgarien, Deutschland, Griechenland, Italien, Jugoslawien, Kroatien, Moldawien, Österreich, Schweiz, Slowakei, Slowenien, Tschechische Republik, Ukraine, Ungarn

Zingel zingel (V)
H: Bosnien und Herzegowina, Bulgarien, Deutschland, Jugoslawien, Kroatien, Moldawien, Österreich, Rumänien, Slowakei, Slowenien, Tschechische Republik, Ukraine, Ungarn

CICHLIDAE

Allochromis welcommei (CE)
H: Uganda

Astatotilapia dwarf bigeye scraper (CE)
H: Kenia

Astatotilapia shovelmouth (E)
H: Uganda

Astatotilapia barbarae (E)
H: Uganda

Astatotilapia brownae (E)
H: Tansania

Astatotilapia latifasciata (CE)
H: Uganda

Astatotilapia martini (Ex)

Astatotilapia megalops (Ex)

Astatotilapia piceata (E)
H: Tansania

Astatotilapia velifer (V)
H: Uganda

Chetia brevis (V)
H: Mosambik, Südafrika

Cichlasoma bartoni (V)
H: Mexiko

Cichlasoma labridens (E)
H: Mexiko

Cichlasoma minckleyi (V)
H: Mexiko

Cichlasoma pantostictum (V)
H: Mexiko

Cichlasoma steindachneri (V)
H: Mexiko

Enterochromis paropius (CE)
H: Tansania

Gaurochromis obtusidens (Ex)

Gaurochromis simpsoni (E)
H: Uganda

Haplochromis ruby (CE)
H: Uganda

Haplochromis annectidens (CE)
H: Uganda

Haplochromis lividus (Exw)

Haplochromis obliquidens (E)
H: Tansania, Uganda

Harpagochromis artaxerxes (Ex)

Harpagochromis boops (Ex)

Harpagochromis cavifrons (Ex)

Harpagochromis frogmouth (V)
H: Kenia, Uganda

Harpagochromis guiarti complex (CE)
H: Uganda

Harpagochromis maculipinna (Ex)

Harpagochromis michaeli (Ex)

Harpagochromis nyanzae (Ex)

Harpagochromis pachycephalus (Ex)

Harpagochromis paraplagiostoma (Ex)

Harpagochromis pectoralis (Ex)

Harpagochromis plagiostoma (CE)
H: Uganda

Harpagochromis spekii (Ex)

Harpagochromis thuragnathus (Ex)

Harpagochromis victorianus (Ex)

Harpagochromis worthingtoni (CE)
H: Uganda

Hoplotilapia retrodens (Ex)

Konia dikume (CE)
H: Kamerun

Konia eisentrauti (CE)
H: Kamerun

Labrochromis ishmaeli (Exw)

Labrochromis mylergates (Ex)

Labrochromis pharyngomylus (Ex)

Labrochromis teegelaari (Ex)

Lipochromis backflash *cryptodon* (CE)
H: Uganda

Lipochromis black *cryptodon* (CE)
H: Tansania

Lipochromis microdon (Ex)

Lipochromis parvidens-like (CE)
H: Uganda

Lipochromis small obesoid (CE)
H: Uganda

Lipochromis maxillaris (CE)
H: Kenia

Lipochromis melanopterus complex (CE)
H: Tansania

Macropleurodus bicolor (CE)
H: Tansania

Myaka myaka (CE)
H: Kamerun

Oreochromis esculentus (V)
H: Kenia, Tansania, Uganda

Oreochromis variabilis (V)
H: Kenia, Uganda

Oxylapia polli (V)
H: Madagaskar

Paralabidochromis beadlei (CE)
H: Uganda

Paralabidochromis chilotes complex (V)
H: Kenia, Tansania, Uganda

Paralabidochromis chromogynos (V)
H: Kenia, Tansania, Uganda

Paralabidochromis crassilabris (V)
H: Kenia, Tansania, Uganda

Paralabidochromis victoriae (CE)
H: Kenia

Paretroplus dami (V)
H: Madagaskar

Paretroplus kieneri (V)
H: Madagaskar

Paretroplus maculatus (CE)
H: Madagaskar

Paretroplus petiti (CE)
H: Madagaskar

Platytaeniodus degeni (Exw)

Prognathochromis arcanus (Ex)

Prognathochromis argenteus (Ex)

Prognathochromis bartoni (Ex)

Prognathochromis bayoni (Ex)

Prognathochromis decticostoma (Ex)

Prognathochromis dentex (Ex)

Prognathochromis estor (Ex)

Prognathochromis flavipinnis (Ex)

Prognathochromis gilberti (Ex)

Prognathochromis gowersi (Ex)

Prognathochromis howesi complex (E)
H: Tansania

Prognathochromis long snout (E)
H: Uganda

Prognathochromis longirostris (Ex)

Prognathochromis macrognathus (Ex)

Prognathochromis mandibularis (Ex)

Prognathochromis mento (CE)
H: Tansania

Prognathochromis nanoserranus (Ex)

Prognathochromis nigrescens (Ex)

Prognathochromis paraguiarti (Ex)

Prognathochromis percoides (Ex)

Prognathochromis perrieri (Exw)

Prognathochromis prognathus (Ex)

Prognathochromis pseudopellegrini (Ex)

Prognathochromis venator (E)
H: Uganda

Prognathochromis vittatus (Ex)

Prognathochromis worthingtoni (CE)
H: Uganda

Prognathochromis xenostoma (Ex)

Psammochromis acidens (V)
H: Kenia, Tansania, Uganda

Psammochromis aelocephalus (V)
H: Kenia, Tansania, Uganda

Psammochromis cassius (Ex)

Ptychochromoides sp. (V)
H: Madagaskar

Ptychochromoides betsileanus (CE)
H: Madagaskar

Ptyochromis Rusinga oral sheller (CE)
H: Kenia

Ptyochromis rainbow sheller (CE)
H: Kenia, Tansania

Ptyochromis annectens (E)
H: Kenia

Ptyochromis granti (E)
H: Kenia

Ptyochromis sauvagei (V)
H: Kenia, Tansania

Pungu maclareni (CE)
H: Kamerun

Pyxichromis orthostoma (V)
H: Uganda

Pyxichromis parorthostoma (Ex)

Sarotherodon caroli (CE)
H: Kamerun

Sarotherodon galileus Ejagham (V)
H: Kamerun

Sarotherodon linnellii (CE)
H: Kamerun

Sarotherodon lohbergeri (CE)
H: Kamerun

Sarotherodon steinbachi (CE)
H: Kamerun

Serranochromis meridianus (CD)
H: Südafrika

Stomatepia mariae (CE)
H: Kamerun

Stomatepia mongo (CE)
H: Kamerun

Stomatepia pindu (CE)
H: Kamerun

Tilapia jewel (V)
H: Kamerun

Tilapia little black (V)
H: Kamerun

Tilapia yellow-green (V)
H: Kamerun

Tilapia bakossiorum (V)
H: Kamerun

Tilapia bemini (V)
H: Kamerun

Tilapia bythobathes (V)
H: Kamerun

Tilapia deckerti (V)
H: Kamerun

Tilapia flava (V)
H: Kamerun

Tilapia guinasana (CE)
H: Namibia

Tilapia gutturosa (V)
H: Kamerun

Tilapia imbriferna (V)
H: Kamerun

Tilapia kottae (V)
H: Kamerun

Tilapia snyderae (V)
H: Kamerun

Tilapia spongotroktis (V)
H: Kamerun

Tilapia thysi (V)
H: Kamerun

Xystichromis bayoni (Ex)

Xystichromis Kyoga flameback (CE)
H: Uganda

Xystichromis nuchisquamulatus (E)
H: Kenia

Xystichromis phytophagus (CE)
H: Kenia

Yssichromis argens (Exw)

Yssichromis pyrrhocephalus (V)
H: Kenia, Tansania

ELEOTRIDAE

Boroda expatria (V)
H: Philippinen

Butis butis (NT)
H: Mosambik, Südafrika

Eleotris melanosoma (NT)
H: Mosambik, Südafrika

Gobiomorphus alpinus (V)
H: Neuseeland

Hypseleotris dayi (NT)
H: Südafrika

Hypseleotris ejuncida (NT)
H: Australien

Hypseleotris kimberleyensis (NT)
H: Australien

Hypseleotris regalis (NT)
H: Australien

Kimberleyeleotris hutchinsi (NT)
H: Australien

Kimberleyeleotris notata (NT)
H: Australien

Mogurnda furva (V)
H: Papua Neuguinea

Mogurnda spilota (V)
H: Papua Neuguinea

Mogurnda variegata (V)
H: Papua Neuguinea

Mogurnda vitta (V)
H: Papua Neuguinea

Typhleotris madgascarensis (V)
H: Madagaskar

Typhleotris pauliani (V)
Category/Criteria:Vulnerable/D2
H: Madagaskar

GOBIIDAE

Chlamydogobius gloveri (V)
H: Australien

Chlamydogobius micropterus (CE)
H: Australien

Chlamydogobius squamigenus (CE)
H: Australien

Croilia mossambica (NT)
H: Mosambik, Südafrika

Economidichthys pygmaeus (V)
H: Griechenland

Economidichthys trichonis (V)
H: Griechenland

Eucyclogobius newberryi (V)
H: USA

Glossgobius flavipinnis (V)
H: Indonesien

Glossogobius ankaranensis (CE)
H: Madagaskar

Glossogobius biocellatus (NT)
H: Mosambik, Südafrika, Tansania

Glossogobius intermedius (V)
H: Indonesien

Glossogobius matanensis (V)
H: Indonesien

Knipowitschia croatica (V)
H: Kroatien

Knipowitschia punctatissima (V)
H: Italien

Knipowitschia thessala (V)
H: Griechenland

Lentipes whittenorum (V)
H: Indonesien

Mistichthys luzonensis (CD)
H: Philippinen

Mugilogobius adeia (V)
H: Indonesien

Mugilogobius latifrons (V)
H: Indonesien

Oligolepis keiensis (NT)
H: Mosambik, Südafrika

Padogobius martensii (NT)
H: Italien, Kroatien, Slowenien, Schweiz

Padogobius nigricans (V)
H: Italien

Pandaka pygmaea (CE)
H: Philippinen

Papillogobius melanobranchus (NT)
H: Mosambik, Südafrika

Papillogobius reichei (NT)
H: Mosambik, Südafrika, Tansania

Priolepis robinsi (NT)
H: Zentralwestatlantik

Redigobius bikolanus (NT)
H: Mosambik, Südafrika

Redigobius dewaali (NT)
H: Mosambik, Südafrika

Sicydium stimpsoni (NT)
H: USA

Sicyopus axillimentus (V)
H: Philippinen

Silhouettea sibayi (NT)
H: Mosambik, Südafrika

Stiphodon surrrufus (V)
H: Philippinen

Stupidogobius flavipinnis (V)
H: Indonesien

Taenioides jacksoni (NT)
H: Südafrika

Tamanka sarasinorum (V)
H: Indonesien

Weberogobius amadi (CE)
H: Indonesien

ANABANTIDAE

Sandelia bainsii (E)
H: Südafrika

BELONTIIDAE

Belontia signata (CD)
H: Sri Lanka

Betta burdigala (V)
H: Indonesien

Betta chini (V)
H: Malaysia

Betta chloropharynx (V)
H: Indonesien

Betta hipposideros (V)
H: Malaysia

Betta livida (E)
H: Malaysia

Betta macrostoma (V)
H: Brunei

Betta miniopinna (CE)
H: Indonesien

Betta persephone (CE)
H: Malaysia

Betta simplex (V)
H: Thailand

Betta spilotogena (CE)
H: Indonesien

Betta tomi (V)
H: Malaysia

Malpulutta kretseri (CD)
H: Sri Lanka

Parosphromenus harveyi (E)
H: Malaysia

CONVENTION ON INTERNATIONAL TRADE IN ENDANGERED SPECIES OF WILD FAUNA AND FLORA (CITES) APPENDIX III

Stand: 11 Juni 1992

PISCES

CERATODIFORMES
Ceratodidae
Neoceratodus forsteri

COELACANTHIFORMES
Coelacanthidae
Latimeria chalumnae

ACIPENSERIFORMES
Acipenseridae
Acipenser brevirostrum
Acipenser oxyrhynchus
Acipenser sturio
Polyodontidae
Polyodon spathula

OSTEOGLOSSIFORMES
Osteoglossidae
Arapaima gigas
Scleropages formosus

CYPRINIFORMES
Cyprinidae
Caecobarbus geertsi
Probarbus jullieni
Catostomidae
Chasmistes cujus

SILURIFORMES
Schilbeidae
Pangasianodon gigas

PERCIFORMES
Sciaenidae
Cynoscion macdonaldi

Register

Wissenschaftliche Namen sind **fett** gedruckt. Arten und Gattungen sind zusätzlich *kursiv* aufgeführt, während höhere Taxa (Familien, usw.) in KAPITÄLCHEN gebracht werden.
Synonyme und andere "wissenschaftliche" Benennungen (Handelsnamen u.a.) sind *kursiv* und mager aufgeführt. Die Hochzahl bezieht sich auf die Position der Art auf der angegebenen Seite, da aus Platzgründen in den einzelnen Steckbriefen der Arten solche Bezeichnungen nicht aufgeführt werden.
Umgangsnamen sind gerade und mager gedruckt.
Die rot gedruckten Verweise beziehen sich auf Aquarien Atlas Band 6.

A

Register

C

D

F

G

H

J

L

M

N

P

Q

S

Register

V

W

X

Y

Hans A. Baensch,

geboren 1941 in Flensburg, wuchs in der Umgebung von Hannover auf. Die heimische Wasserfauna und -flora wurden dem Biologensohn durch den Vater schon früh vertraut. Nach einer Lehre als Zookaufmann trat er 1961 in die väterliche Zierfischfutterfabrik ein, bereiste nahezu alle Zierfischzentren der Erde und nahm an zwei Amazonas-Expeditionen teil, wobei er an der Entdeckung von drei Fischarten beteiligt war. Er taucht und fotografiert leidenschaftlich in tropischen Gewässern. 1974 erschien sein erstes Buch "Kleine Seewasser Praxis".
1977 machte er sich mit einem eigenen Verlag selbständig. Er lebt heute auf einem kleinen Bauernhof bei Melle inmitten von Wald und Wasser, wo er aktiven Naturschutz für heimische Amphibien, Reptilien und Fische betreibt. Er schreibt und verlegt Bücher, die Naturfreunden Freude bringen und Wissen vermitteln. Mit den Buchreihen AQUARIEN ATLAS und MEERWASSER ATLAS hat er für die Autoren des MERGUS Verlages einen weltweiten Ruf erworben. Seine Bücher erscheinen in 7 Sprachen, einschließlich Chinesisch. Er hat zusammen mit Rüdiger Riehl für die Aquarien- und Fischkunde mit der Reihe der AQUARIEN ATLANTEN eine neue Ära eingeleitet und neue Maßstäbe gesetzt.

Dr. Gero W. Fischer,

geboren 1961 in Saarbrücken, ging bald mit seinen Eltern nach Übersee und lebt seit 1968 im südamerikanischen Ecuador. Er besuchte die Deutsche Schule Quito und verbrachte die meiste Freizeit auf der elterlichen Rinderfarm am Rande des Amazonasbeckens. Sowohl die Aquarien seiner frühesten Kinderzimmer als auch die farbigen Fischschwärme um ihn herum beim Schnorcheln - im Korallenriff von Bora Bora in Polynesien, auf einer Weltreise - ließen ihn bald mit Sieb und Eimer losziehen, dann im Einbaum und Motorgleitboot, um die neue Urwaldheimat bis hinein in entlegenere Flüsse und Seen auf Fang- und Forschungsfahrten ichthyologisch zu erkunden.
Ein langjähriges Studium schloß er 1991 mit einer Promotion in Aquakultur (Ph.D.) an der Texas A&M University, USA, ab; die dazu notwendigen Feldarbeiten führte er in Teichen, Becken und Aquarien auf seiner, nunmehr auch mit Aquakultur befaßten Hacienda durch.
Dort werden von ihm jetzt auch Speisefische gezüchtet - bei wöchentlicher Ernte das ganze Jahr hindurch - und mehrere Dutzend Zier- und Speisefischarten auf ihre Produktionseignung hin experimentell untersucht.
In den letzten Jahren übersetzt Dr. Fischer MERGUS ATLANTEN ins Englische und Spanische.

Otto Böhm,

geboren 1922 in Wien. Mit acht Jahren hatte er das erste Rahmenbecken mit dem damals obligatorischen Heizkegel. Aus Obstkisten baute er sich kleine Terrarien und pflegte darin einheimische Eidechsen, Frösche und Blindschleichen. Von Sonntagsausflügen brachte Otto Böhm Wasserschnecken, Elritzen, Feuersalamander und Molche mit und pflegte diese erfolgreich. Später machte er die ersten aquaristischen Erfahrungen mit Stichlingen und Macropoden. Nach den "Lebendgebärenden" folgten eierlegende Salmler, und 1959 gelang die erste Nachzucht des Roten Neonsalmlers. Ab 1970 weckten die Killifische sein Interesse, und er wurde Mitglied bei der Deutschen Killifischgesellschaft. Aus Afrika kamen damals zahlreiche Neuheiten, und es gelang ihm, die meisten davon nachzuzüchten und zu verbreiten. Er begann zu fotografieren. Erfahrungen aus sechzig Jahren wurden in zahlreichen Publikationen im In- und Ausland vermittelt.

Dieter Bork,

geboren 1945 in Hanau, ist seit 1956 engagierter Aquarianer. Seine aquaristischen Aktivitäten wurden durch den Dienst bei der Bundeswehr sowie das anschließende Studium zum Dipl. Ing. (FH) unterbrochen. Als Ingenieur ist er tätig und verantwortlich für die Beschaffung und Instandhaltung von Produktionsanlagen.
Seit 1972 ist er Mitglied bei der Deutschen Killifisch Gemeinschaft. Seit über 25 Jahren beschäftigt er sich intensiv mit der Zucht von Aquarienfischen. Sein besonderes Interesse gilt hierbei den Killifischen, den Zwergcichliden, seltenen Lebendgebärenden sowie verschiedenen Zwergrasborinen.
Seit 1988 unternimmt er regelmäßig Sammel- und Studienreisen in die Heimatländer der Aquarienfische. Hieraus resultieren weitere Aktivitäten in Form von Vorträgen und Veröffentlichungen in Fachzeitschriften.

Heinz H. Büscher,

geboren 1942 in Bielefeld, arbeitet seit über 30 Jahren als Biotechniker in einem pharmazeutischen Unternehmen in der Schweiz.

In früher Jugend begann er mit Beobachtungen von einheimischen Wasserbewohnern in Bombentrichtern. Seine wichtigsten Hilfsmittel wurden bereits zur Schulzeit Lupe und Mikroskop, und es begann eine aquaristische Laufbahn, deren Werdegang heute wohl eher zu den Ausnahmen zählt.

Nach vielen Jahren der Haltung und Zucht von Salmlern und südamerikanischen Zwergcichliden sowie der Pflege von Niederen Tieren und Schleimfischen aus dem Mittelmeer, erwachte Ende der 60er Jahre das Interesse an Fischen aus dem Malawi- und dem Tanganjikasee. Auf zahlreichen Reisen an den Tanganjikasee entdeckte er über 14 unbekannte Cichlidenarten. Vor allem die eingehende Untersuchung eines Teils der zairischen Küste ergab eine reiche Fülle an Beobachtungen über Lebensweisen und Artengemeinschaften und führte zu Neuentdekkungen, von denen er bisher zehn als neue Arten beschrieben hat.

Hans-Georg Evers,

geboren 1964 in Hamburg, wo er auch heute noch lebt. Nach dem Abitur Ausbildung zum Schiffahrtskaufmann. Seit dem 11. Lebensjahr betreibt er die Aquaristik und zeitweise auch Terraristik, und bisher gelang die Nachzucht bei über 200 Fischarten. Besonders die Welse und in den letzten Jahren verstärkt auch die Salmler bilden das Hauptinteressengebiet.

Im VDA-Arbeitskreis "Barben-Salmler-Schmerlen-Welse" ist er als Spartenleiter Salmler und Regionalgruppen-Obmann aktiv.

Neben nomenklatorischen Problemen und deren Umsetzung und Bedeutung für die Aquaristik sind es vor allem die züchterischen Aspekte, die in über 100 verschiedenen Publikationen im In- und Ausland über diese Fischgruppen besonders behandelt wurden.

1994 erschien sein Buch "Panzerwelse", 1996 zusammen mit Autor Ingo Seidel das BSSW-Sonderheft "Maulbrütende Harnischwelse". Daneben arbeitete er an verschiedenen anderen Buchprojekten mit, insbesondere in Form von Fotografien.

Seit 1992 bereiste er diverse Male Lateinamerika und konnte einige aquaristisch und teilweise auch wissenschaftlich neue Fischarten nachweisen.

Dr. Jörg Freyhof,

geboren am 4.11.1964 in Ludwigshafen am Rhein. Studium der Biologie an den Universitäten Heidelberg und Bonn. Promoviert in Biologie mit dem Schwerpunkt limnische Ökologie und Fischereiwissenschaften über deterministische und zufällige Strukturierungen einer Fischgemeinschaft eines Seitenflusses des Rheins.
Interessenschwerpunkte sind die Fragenkreise der Biologie der Fische der Palaearktis sowie Afrikas.
In einer Aquarianerfamilie aufgewachsen, beschäftigte er sich mit vielen Fischgruppen und bereiste auf der Suche nach Fischen West-, Zentral- und Nordafrika, Südamerika und europäische Länder.
Er ist Wissenschaftlicher Mitarbeiter in der Sektion Ichthyologie am Zoologischen Forschungsinstitut und Museum Alexander König in Bonn.

Steffen E. P. Hellner,

geboren 1961 in Rendsburg/Holstein. Abitur 1981. Anschließend bis 1983 Zeitsoldat, Verbindungsoffizier zur US-Armee, Oberleutnant d. Res. Er studierte Politikwissenschaft und Philosophie in München, Stuttgart und Tübingen. Ab 1989 arbeitete er als Konzeptionstexter in Werbeagenturen, seit 1993 selbständig als Freier Texter für Werbung und PR. Nach Ehefrau Godja und Sohn Moritz (geb. Juni 1996) sind gute Freunde und die Natur ihm das Wichtigste.
Er ist seit dem 12. Lebensjahr Aquarianer. Mit 14 hielt er erste Killifische, seitdem ist er auf diese Fischgruppe spezialisiert.
1977 Eintritt in die Deutsche Killifisch Gemeinschaft, deren Redakteur er 1996 wird.
1989 erschien seine Monographie über Killifische, die auch ins Englische übersetzt wurde. In der Folge Mitarbeit als Co-Autor/Fachberater für Killifische an mehreren Büchern. Einladungen zu Fachvorträgen führten ihn über Deutschland hinaus nach England, Belgien, Österreich und in die Schweiz sowie die USA. Von seinen bisherigen Sammelreisen nach Sierra Leone, in die USA und dreimal nach Brasilien führte er viele Killifische erstmals ein und entdeckte mehrere unbekannte Arten. Geplant sind eine weitere Sammelreise nach Kamerun und zwei wissenschaftliche Erstbeschreibungen von Killifischen.

Harro Hieronimus,

geboren 1956 in Krefeld, ist seit seiner Kindheit Aquarianer. Schon während des Studiums (Chemie/Geographie Sek. II) wurden die aquaristischen Neigungen vertieft, erste Veröffentlichungen entstanden. Das änderte sich auch nicht nach Aufnahme seiner Tätigkeit als Fachberater für naturwissenschaftliche Lehrmittel.
Schon früh waren es die Lebendgebärenden Zahnkarpfen und die mexikanischen Hochlandkärpflinge, die ihn besonders reizten. So ist es nicht verwunderlich, daß ihn seine bisherigen Sammelreisen nach Mexiko und Mittelamerika führten. Allerdings kamen schon Mitte der 80er Jahre zwei weitere Gruppen hinzu, die ihn ebenso interessierten: die Regenbogenfische und die Welse, vor allem die Panzerwelse.
Seit 1986 leitet er die von ihm gegründete Internationale Gesellschaft für Regenbogenfische (IRG), seit 1992 auch die Deutsche Gesellschaft für Lebendgebärende Zahnkarpfen (DGLZ).
Inzwischen hat er nicht nur mehrere Bücher zu aquaristischen Themen sowie einige 100 Artikel in Fachzeitschriften des In- und Auslandes verfaßt und in zahlreichen Vorträgen aquaristische Themen vorgestellt, sondern auch bislang zwei Panzerwelse wissenschaftlich neu beschrieben. Weitere Arten sollen bald folgen.

Martin Hoffmann,

geboren 1970 in Salzgitter. Aufgewachsen als Sohn eines Hobbyaquarianers, zeigte er frühzeitig Interesse an Zierfischen. Daneben erkundete er die einheimische aquatische Fauna (Stichlinge, Frösche, Molche etc.). Sein erstes Aquarium bekam er mit 10 Jahren, kurze Zeit später zwei weitere. Erste Nachzuchterfolge mit lebendgebärenden Zahnkarpfen und Metallpanzerwelsen stellten sich ein. Inzwischen liegt sein Hauptinteresse an südamerikanischen kleinen Salmlern (auch an Panzerwelsen und Zwergbuntbarschen).
1990 machte Martin Hoffmann Abitur und anschließend leistete er seinen Zivildienst im Pflegedienst eines Krankenhauses ab. 1991 beginnt er das Studium der Humanmedizin an der Medizinischen Hochschule Hannover. Voraussichtliche Approbation nach einer zweijährigen experimentellen Doktorarbeit im Fach Innere Medizin Anfang 1998.
1994 erfüllte er sich einen Traum: eine Reise nach Brasilien (Tefé). Von dort brachte er einige selbstgefangene Fische mit (u.a. Tefé-Apistogramma). Seit einigen Jahren publiziert er zusammen mit seinem Vater Peter Hoffmann in der DATZ.

Peter Hoffmann,
geboren 1942 in Liegnitz, Schlesien. Nach der Volksschule 1956 Formerlehre, 1959 Gesellenprüfung, 1963 Gießereitechnikerprüfung an der Hüttenschule in Duisburg ist er jetzt als Fertigungsplaner tätig.
Mit sieben Jahren hielt er bereits Stichlinge im Einweckglas, und mit neun Jahren pflegte er Goldfische in seinem ersten Vollglasaquarium. Von da ab entwickelte er sich zum begeisterten Aquarianer bis hin zu einem Hobbykeller mit ca. 40 Becken.
Peter Hoffmann betreibt die Hobbyzierfischzucht und Fotografie mit Vorliebe für Beifänge aus Südamerika, speziell Salmler, Zwergbuntbarsche und Panzerwelse. Seit 20 Jahren trägt er Zucht- und Erfahrungsberichte mit Fotodokumentationen für die DATZ bei.
Zwei Reisen führten ihn nach Brasilien zum Rio Negro und Lago Tefé zum erfolgreichen Fischfang mit anschließendem Transport nach Deutschland.

Hans Horsthemke,
geboren am 17.12.1952 in Bochum, studierte Germanistik und Geographie und arbeitet seit 1981 als Lehrer an einem Dortmunder Gymnasium.
Seit früher Jugend Aquarianer, interessierte er sich seit Mitte der 70er Jahre für Brackwasserfische, speziell aber beschäftigte er sich intensiv mit brack- und süßwasserbewohnenden Grundeln (Gobioidei).
Seine aquaristischen Erfahrungen mit annähernd 150 exotischen Grundelarten haben sich in zahlreichen Aufsätzen in Fachzeitschriften niedergeschlagen, in denen vor allem die Fortpflanzungsbiologie dieser Fische behandelt wurde. Seit einigen Jahren arbeitet er an einer Monographie über Grundeln für das Brack- und Süßwasseraquarium, die in Kürze erscheinen wird.

Prof. Dr. Frank Kirschbaum,

geboren 1942 in Hilden, begann bereits mit zehn Jahren mit der Zucht von Fischen und Amphibien.
Nach dem Abitur 1961 studierte er Biologie und Biochemie mit dem Schwerpunkt Zoologie in Köln und Tübingen. Seine Doktorarbeit mit dem Titel "Untersuchungen zum Farbmuster der Zebrabarbe" zeigt, daß er sich fortan in der Wissenschaft mit Fischen befaßte.
Während eines fast fünfjährigen Forschungsaufenthaltes in Frankreich gelang ihm als erstem die Zucht von schwach elektrischen Fischen (Nilhechte und Messerfische). Diese Erfolge waren Ausgangspunkt für Untersuchungen zur Entwicklung und Evolution elektrischer Organe. Bei diesen Studien wurden zum ersten Mal larvale elektrische Organe entdeckt. Die Ergebnisse dieser Untersuchungen boten die Basis für die Habilitationsschrift, die 1984 erfolgreich abgeschlossen wurde.
Von 1978 bis 1988 folgte eine Tätigkeit als Assistent am Zoologischen Institut in Köln, von 1988 bis 1992 leitete er eine Arbeitsgruppe am Institut für Toxologie und Embryopharmakologie an der Freien Universität in Berlin, seit 1992 ist er Leiter der Abteilung Biologie und Ökologie der Fische am traditionsreichen Institut am Müggelsee in Berlin, dem Institut für Gewässerökologie und Binnenfischerei (ein Blaue-Liste-Institut).
Mehrere Forschungsreisen führten ihn nach Südamerika, Mittelamerika, Afrika und Südostasien, dabei interessierten ihn vor allem ökologische Fragestellungen und Fragen zur Systematik der Messerfische.

Magister Anton Lamboj,

geboren 1956 in Baden bei Wien. Seine ersten Kontakte mit Fischen erfolgten schon in frühester Kindheit durch die Goldfische des Großvaters im Gartenteich. Mit zehn Jahren erhielt er sein erstes Aquarium mit tropischen Zierfischen.
Nach der Reifeprüfung begann er seine berufliche Laufbahn bei den Österreichischen Bundesbahnen, wo er auch heute noch hauptberuflich tätig ist.
In der zweiten Hälfte der 70er Jahre erfolgte eine weitgehende Spezialisierung auf westafrikanische Zwergbuntbarsche und die Beschäftigung mit der Systematik dieser Fische. Dies führte schließlich 1988 zum Biologiestudium, bei welchem zunächst 1993 der Diplomabschluß erfolgte. Die Doktorarbeit, in der die Gattung *Chromidotilapia* einer Revision und monographischen Bearbeitung unterzogen wird, steht kurz vor der Fertigstellung. Seit 1983 reiste er zehnmal nach West- und Zentralafrika, um Lebensräume und Verbreitung der bevorzugten Fischgruppe ausführlich zu untersuchen.
Insgesamt wurden bisher mehr als fünfzig Publikationen - sowohl aquaristisch als auch wissenschaftlich - von ihm verfaßt. Zudem gehören zahlreiche Vorträge im In- und Ausland sowie die Mitarbeit an verschiedenen Buchprojekten und Zeitschriften zu seinem regelmäßigen Betätigungsfeld.

Manfred K. Meyer

geboren 1952 in Friedberg, Hessen, Studium der Mathematik, pflegte mit zehn Jahren bereits Guppies in seinem ersten Aquarium. Später, Anfang der 70er Jahre, hat er sich besonders auf lebendgebärende Zierfische spezialisiert, und seit Mitte der 80er Jahre befaßt er sich zusätzlich mit Cichliden aus den ostafrikanischen Grabenseen, hier besonders Malawi- und Tanganjikasee, und weiterhin mit Fischen aus dem westafrikanischen Raum.
Zwei Bücher über lebendgebärende Zierfische, über 100 Beiträge in internationalen und nationalen zoologischen Abhandlungen und aquaristischen Fachzeitschriften sind bislang mit seinem Namen verbunden. In Zusammenarbeit mit zahlreichen Autoren konnten zudem über 20 neue Fischarten aus Afrika und Mittelamerika von ihm beschrieben werden.
Außer der Aquaristik und der Phylogenese bei Fischen beschäftigt sich der Autor beruflich mit der KI-Computer-Forschung und hier speziell mit der Entwicklung von neuronalen Netzen.

Gerhard Ott

wurde 1954 am Niederrhein geboren. Schon als Schuljunge hatte er zu Hause einen kleinen "Zoo", zu dem ab dem 12. Lebensjahr auch ständig Aquarien gehörten. Nach dem Abitur studierte er Erziehungswissenschaften (Andragogik), Philosophie, Theologie und Biologie in Hamburg. Er diplomierte mit einer Arbeit über "Ethologie und Pädagogik". Über zehn Jahre fuhr er zur See und dient zur Zeit als Korvettenkapitän im Stab des Flottenkommandos in Glücksburg an der Ostsee.
Gerhard Ott interessiert sich in der Aquaristik besonders für die Ichthyofauna der Insel Sri Lanka und des südindischen Raumes sowie für die Cypriniformes Südasiens und Südostasiens, besonders für die Cobitoidea. Er moderiert das VDA-Referat Fischbestimmungsstelle, zeichnet verantwortlich für die Spartenleitung Schmerlen im VDA Arbeitskreis BSSW (Barben Salmler Schmerlen Welse) und ist im Aquarien- und Terrarien-Verein Aquatropic 1990 e.V. aktiv. Seit 1971 schreibt er Beiträge für Fachzeitschriften und Bücher. Sein erstes Buch "Schmerlen" erschien 1988.

Kurt Paffrath (✝),

geboren 1931 in Köln, bearbeitete in den Ausgaben des AQUARIEN ATLAS jeweils den Part über Aquarienpflanzen.

Seine besondere Vorliebe zu den Aquarienpflanzen ist über seinen Beruf entstanden. Nach dem Krieg kam er bei einem Eifeler Bauern in die Landwirtschaftslehre. 1948 schloß sich eine Gärtnerlehre in einer Klostergärtnerei an. Ab 1953 arbeitete er im Botanischen Garten Köln. Hier wurden ihm aufgrund seiner bereits gesammelten Erfahrungen mit Aquarienpflanzen die Betreuung der tropischen Sumpf- und Wasserpflanzen sowie die Pflege der Schauaquarien übertragen. 1958 erfolgte die Meisterprüfung in Botanischer Gärtnerei. 1965 ging er ins Kölner Grünflächenamt, in dem er seit 1982 als Gartenbautechniker arbeitet.
Seinen großen Erfahrungsschatz um die Aquarienpflanzen hat er bei fast 300 Diavorträgen in Aquarienvereinen weitergegeben. Hinzu kommen zahlreiche Fachaufsätze in vielen in- und ausländischen Aquarienzeitschriften. 1978 erschien sein Buch über die Pflege von Aquarienpflanzen im Landbuch-Verlag Hannover.

Dr. Rüdiger Riehl,

geb. 1949 in Gombeth bei Kassel, beschäftigte sich bereits im Alter von sechs Jahren mit Fischen, indem er einheimische Arten in Einmachgläsern hielt und beobachtete. Bald folgte ein Aquarium und der Umstieg auf exotische Fische.

Nach dem Abitur 1967 folgte in Gießen das Studium der Biologie. In seiner Diplom- und Doktorarbeit untersuchte er mit unterschiedlichen Methoden die Eibildung (Oogenese) von einheimischen Süßwasserfischen. Er promovierte 1976 in Gießen zum Dr. rer. nat.

Von 1974 bis 1979 war er in Gießen am Institut für Allgemeine und Spezielle Zoologie als wiss. Angestellter tätig. Anschließend wechselte er an die Hautklinik der Universität Heidelberg (1979 - 1982) und arbeitete über menschlichen Hautkrebs. Ende 1982 ging Dr. Riehl nach Düsseldorf und ist dort als Akademischer Oberrat für die Elektronenmikroskopie der Biologischen Institute verantwortlich. In Düsseldorf arbeitete er weiter an unterschiedlichen Thematiken über Fische; etwa 130 Artikel in wissenschaftlichen Zeitschriften und sechs Bücher belegen diese Aktivitäten. Seit 1977 nahm er an zahlreichen nationalen und internationalen Kongressen mit Vorträgen und Posterdemonstrationen teil. Forschungsaufenthalte verbrachte er in Israel, Österreich, Liechtenstein und in der Antarktis. Außerdem ist er an zwei internationalen Fischprogrammen maßgeblich beteiligt: eines über die Eier antarktischer Arten, das andere über die Aquakultur ökonomisch wichtiger Fische.

Dipl. Biol. Uwe Römer,

Jahrgang 1959, ist seit seiner frühen Kindheit naturbegeistert. Schon früh beschäftigte er sich mit speziellen Fragen des Schutzes und der Biologie heimischer Fische, Amphibien und Reptilien. Während der Gymnasialzeit folgte die Spezialisierung auf die Ornithologie und ein intensives Engagement im Naturschutz.
Mehrere wissenschaftliche Langzeituntersuchungsprogramme sind Ergebnis dieser Phase. Die Beschäftigung mit der Vogelkunde führte auch zu einer regen Reisetätigkeit. Schwerpunkte waren Vogelinseln im Nordatlantik, in Skandinavien und Nordamerika. Die fachliche Spezialisierung führte zu einer umfangreichen gutachterlichen Tätigkeit für Planungsbüros und Behörden bereits neben dem Studium. Zur Zeit tätig als Biologe in einer Biologischen Station. Gleichzeitig Fertigstellung der Promotion, in der er sich mit der Biologie von Buntbarschen der Gattung *Apistogramma* beschäftigte.
Bereits zu Beginn des Studiums in Bielefeld wurde sein Interesse auf neotropische Fische, besonders die Zwergbuntbarsche der Gattung *Apistogramma*, sowie ökologische und ethnologische Probleme Amazoniens gelenkt, weshalb nach 1990 mehrere Reisen in das Gebiet des Rio Negro folgten, wobei es ihm sogar gelang, in den weitestgehend unzugänglichen Rio Uaupés zu gelangen. Die Hauptbildthemen des begeisterten Naturfotografen sind Vögel, Buntbarsche und ethnologische Motive. Aus seinem umfangreichen Diaarchiv illustrierte er die meisten seiner 100 Publikationen und zahlreichen Vorträge in Europa und Nordamerika.

Dr. Jürgen Schmidt,

geboren 1959 in Kamen, hatte schon in der Kindergartenzeit sein erstes Aquarium und andere Haustiere.
In den 70er Jahren spezialisierte er sich auf Labyrinthfische und andere südostasiatische Formen.
Er studierte in Münster Biologie und Geographie mit den Schwerpunkten Verhaltensforschung und Landschaftsökologie und promovierte mit dem Titel "Vergleichende Untersuchungen zum Fortpflanzungsverhalten der *Betta*-Arten (Belontiidae, Anabantoidei)". Diplom-Arbeiten erstellte Dr. Schmidt in Biologie zu Kampffischen und in Geographie zur Gewässerökologie eines Bachtals im Sauerland.
Er arbeitet in der Lehre an der WWU Münster, in verschiedenen Verlagen sowie als Naturjournalist. So entstanden Beiträge zu Büchern und zahlreiche Artikel in aquaristischen und wissenschaftlichen Zeitschriften.

Erwin Schraml,

geboren 1957 in Augsburg. Aus einer großen Naturverbundenheit heraus und der Faszination des Verborgenen, entwickelte er schon früh ein intensives Interesse an der heimischen Fischwelt. Besonders begeisterten ihn die räumliche Wirkung und die Beobachtungsmöglichkeiten, die Aquarien bieten. Bald war jeder verfügbare Meter Platz in seiner Umgebung mit "Ausschnitten aus Unterwasserlebensräumen" angefüllt.
Daraus entstand das Bedürfnis nach sowohl sprachlicher als auch fotografischer Dokumentation. Dies drückte sich in einer Vielzahl von Artikeln in Fachzeitschriften und einer fotografischen Ausbildung aus. Ein Archiv von Tausenden von Bildern ermöglicht heute die Mitwirkung bei der Illustration vieler Bücher und Zeitschriften. Weil selbst publiziertes Wissen über Fische leicht in Vergessenheit gerät und sich oft schwer wiederfinden läßt, entwickelte er Datenbankapplikationen, um aquaristische und ichthyologische Arbeiten zu indizieren und zu archivieren.
Als Hobbytaucher beobachtet er das Verhalten der Fische in ihrem Lebensraum und ergänzt so seine Erfahrungen. Kontakte zu Ichthyologen helfen ihm, auf taxonomische Fragen Antworten zu erhalten. Verbindungen zu Zierfischimporteuren lassen den Strom von ihm fotografierter neuer Arten bisher nicht abreißen. Der Umgang mit Fischen ist zu einem großen Teil seines Lebens geworden. Parallel dazu ist er seit Jahren als selbständiger Sozialpädagoge tätig und schafft so die Lebensgrundlage für sich und seine Familie.

Ingo Seidel

wurde 1967 in Delmenhorst geboren. Nachdem er sich schon in frühester Jugend für alles, was draußen herumkrabbelte, -flog oder -schwamm, interessierte, wurde er durch seinen Vater recht frühzeitig an die Aquaristik herangeführt. Im Alter von zehn Jahren erhielt er sein erstes Aquarium und war fortan begeisterter Aquarianer. Die berufliche Entwicklung verlief jedoch in eine ganz andere Richtung. Nach dem Abitur begann er eine Ausbildung zum Mathematisch-Technischen Assistenten und ist nun in einem Bremer Elektronik-Konzern im Bereich Simulationstechnik mit der Entwicklung von Software beschäftigt.
Vor allem die Fischwelt Südamerikas hat es ihm angetan, wobei er sich zunächst intensiver den Zwergcichliden der Gattung *Apistogramma* widmete. Später verlagerte sich sein Interesse jedoch immer mehr zu den Welsen, mit deren Vermehrung er sich nun fast ausschließlich beschäftigt. Spezialisiert hat er sich auf die Harnischwelse der Familie Loricariidae, aber auch über 30 verschiedene Panzerwels-Arten wurden von ihm bereits erfolgreich vermehrt. Auf seinen Reisen nach Südamerika konnte er viele Erkenntnisse über die Lebensweise dieser interessanten Fischgruppe sammeln. Seit 1992 leitet er die Sparte Welse im VDA-Arbeitskreis Barben Salmler Schmerlen Welse.

Dr. Andreas Spreinat

geboren 1960 in Lemgo, hatte bereits mit sechs Jahren sein erstes Aquarium. Frühzeitig, Anfang der 70er Jahre, hat er sich auf Malawisee-Buntbarsche spezialisiert. Nach dem Abitur 1979 und einer freiwilligen zweijährigen Marinedienstzeit auf einem U-Boot als Navigationsunteroffizier studierte er in Göttingen Biologie mit dem Schwerpunkt Mikrobiologie/Biochemie. Seine Doktorarbeit hatte den Titel "Thermostabile stärkeabbauende Enzyme von thermophilen anaeroben Mikroorganismen". Seit 1991 ist er Angestellter in einem Ingenieurbüro in Göttingen, als Bereichsleiter zuständig für biologisch-chemische Analysen, Umweltgutachten und Umweltsanierungen.

Die erste von sechs Reisen zum Malawisee erfolgte 1984, auf denen er als ambitionierter Taucher mit etwa 600 Tauchgängen von seinen insgesamt ca. 32.000 Fischfotos viele Unterwasseraufnahmen schoss. Zwei Bücher über Malawiseecichliden, Beiträge in Fachzeitschriften und zahlreiche nationale und internationale Vorträge sind bisher mit seinem Namen verbunden.

Dr. Wolfgang Staeck,

geboren 1939 in Berlin, studierte Biologie an der Freien Universität Berlin. Nach dem Staatsexamen folgte eine mehrjährige Tätigkeit als wissenschaftlicher Mitarbeiter an der Technischen Universität Berlin. 1972 promovierte er mit den Nebenfächern Zoologie und Botanik.

Einem größeren Publikum ist Dr. Staeck durch Fachvorträge sowie seine Publikationen bekannt. Seit 1966 hat er eine Vielzahl von Aufsätzen über Aquariumfische in deutschen und ausländischen Zeitschriften sowie mehrere Bücher veröffentlicht. Da sein Hauptinteresse der Verhaltensbiologie von Buntbarschen gilt, ist er auch heute noch Aquarianer und aus langjähriger Erfahrung mit der Praxis der Aquaristik vertraut.

Seit 1972 hat er auf zahlreichen Forschungsreisen, die dem Studium von Cichliden in ihren natürlichen Lebensräumen gewidmet waren und zur Entdeckung vieler neuer Arten, Unterarten und Farbrassen führten, wiederholt Süd- und Mittelamerika sowie in Ostafrika den Tanganjika- und den Malawisee bereist. Insbesondere in den beiden ostafrikanischen Seen, die er bereits Anfang der 70er Jahre besuchte, aber auch in mittel- und südamerikanischen Gewässern hat er die Fischwelt als Taucher beobachtet und fotografiert. Dabei gelang es ihm, die natürliche Lebensweise und die Biotope vieler Cichliden erstmals in Unterwasseraufnahmen zu dokumentieren. Als Ergebnis seiner Reisen veröffentlichte er die wissenschaftliche Erstbeschreibung von rund einem Dutzend Fischarten.

Helmut Stallknecht,

geboren 1935 in Mühlhausen/Thüringen, besitzt seit über 50 Jahren Aquarien und begann bereits in den ersten Jahren nach dem Zweiten Weltkrieg mit der Zucht von Aquarienfischen. Er studierte Geographie, Geologie, Biologie und Fischereibiologie, war als Lehrer, im Großhandel der ehemaligen DDR, als Berufszüchter, Redakteur und Fachbuchautor tätig.
In zahlreichen Beiträgen für Fachzeitschriften stehen Beobachtungen zum Fortpflanzungsverhalten und die gelungene Zucht durch mit aquaristisch-biologischen Methoden bewirkte Haltungsbedingungen im Vordergrund. Das breite Band aquaristischer Erfahrungen hat seine Ursache in der ohne Importe erzwungenen Erhaltungszucht der DDR-Aquaristik.
Seit 1960 sind mehr als 800 Aufsätze und Mitteilungen, ab 1969 inzwischen 17 Broschüren und Bücher erschienen, in denen es vor allem um das Heranführen des Lesers an auf dem engen Raum des Aquariums beobachtbare biologische Zusammenhänge geht.
Erst in den letzten Jahren war es ihm möglich, auch die Heimatgebiete der Aquarienfische in Venezuela, Costa Rica, Sri Lanka und Thailand zu bereisen. Von dort mitgebrachte eigene Fänge und andere Neuheiten setzen ihm immer neue Herausforderungen und frischen seine Experimentierlust auf.

Frank Warzel (✝ 2005),

geboren 1960 in Koblenz, aufgewachsen bei Mainz, hatte bereits seit frühester Jugend Interesse an der Fauna seiner näheren Umgebung. Erste Exkursionen an die umliegenden Gewässer brachten zahlreiches Wassergetier auf den elterlichen Balkon. Das erste eigene Aquarium mit tropischen Fischen hatte er bereits mit sieben Jahren.
Nach seiner Zivildienstzeit 1983 folgte die Ausbildung zum Klimatechniker. Trotz einer mehr als 5jährigen Praxis-Abstinenz, verlor er nie ganz den Kontakt zu und die Faszination an der Aquaristik. Im Rahmen des wieder aufkeimenden Interesses wurde auch eine Sammlung an wissenschaftlicher Literatur angelegt, die heute nahezu alle Erstbeschreibungen von Cichlidenarten, Synonyme eingeschlossen, umfaßt.
Seit seiner ersten Veröffentlichung im Jahre 1988, folgten mehr als 50 Artikel und einige, auch internationale Vorträge sowie mehrere Südamerikareisen. Sein besonderes Interesse gilt den Hechtbuntbarschen, von denen er sowohl aquaristisch als auch wissenschaftlich neue Arten aus Brasilien und Kolumbien einführte und zum Teil auch erfolgreich nachzüchtete.

Uwe Werner,

1948 geboren, ist Fremdsprachenlehrer und seit 1958 Aquarianer. Er hat Erfahrungen mit den unterschiedlichsten Fischfamilien gesammelt, die er in seinem Buch "Aquarienpraxis - Süßwasser" (1987) zusammengefaßt hat. Seine speziellen Kenntnisse über die Buntbarsche Süd- und Mittelamerikas und seine Qualitäten als Aquarienfotograf führten zu einem zweibändigen Standardwerk (1985; 1988), von dem eine Neufassung in Vorbereitung ist.

Nach wie vor erscheinen zahlreiche Veröffentlichungen in in- und ausländischen Fachzeitschriften. Bücher über das "Fischfangabenteuer Südamerika" und "Ausgefallene Aquarienpfleglinge" erschienen 1992 und 1993. Seit Beginn der 80er Jahre hat Uwe Werner viele ichthyologische Sammelreisen nach Süd- und Mittelamerika unternommen. Er hat viele unbekannte Fische (zumeist Buntbarsche) zum ersten Mal (oder wieder neu) aus Ecuador, Venezuela, Brasilien, Kolumbien, Costa Rica, Guatemala, Honduras und vor allem aus Mexiko nach Deutschland eingeführt.

Rudolf Hans Wildekamp,

geboren 1945 in Putten, Niederlande, bekam sein erstes Aquarium im Alter von fünf Jahren. 1962 machte er sein Abitur und wurde Berufssoldat in der Niederländischen Luftwaffe. Dort war er als Flugzeugelektroniktechniker tätig und seit den letzten zwölf Jahren als Flugplatzumweltoffizier. Hauptaufgabe ist dabei, die Vogelschlaggefahr für die Flugzeuge zu reduzieren, wobei u.a. der Vogelzug mit Radar studiert wird.

Seit 1970 befaßt er sich hauptsächlich mit Killifischen und bereiste dazu mehrmals Südeuropa und die Türkei, die Vereinigten Staaten, Mexico, Brasilien, Thailand, Nigeria, Somalia, Kenia, Tansania und Uganda. Aus diesen Reisen folgten die Beschreibung von 19 neuen Killifischarten, viele Beiträge in Fachzeitschriften und zahlreiche nationale und internationale Vorträge.

Seit 1993 sind von seiner Hand drei von insgesamt sechs Teilen der Bücherserie "A World of Killies" in den USA veröffentlicht worden. In dieser Serie wird alles Wissenswerte über die Killifische der Welt vorgestellt.

Fotografenverzeichnis

Dr. Gerald R. Allen, David Allison, Aqua Medic, Kai Arendt, Dr. Herbert R. Axelrod, Herbert Bader, Hans A. Baensch, Dr. Ulrich Baensch, H.-J. Bäselt, P.G. Bianco, Rudi Bischoff, Friedrich Bitter, Heiko Bleher, Dr. Rüdiger Bless, Jörg Bohlen, Otto Böhm, Dieter Bork, Sven Brun, Gerhard Brünner, Horst Büscher, Ingo Carstensen, Maurice Chauche, Helmut Debelius, Horst Dieckhoff, Norbert Dokoupil, Dupla Aquaristik, Jaroslav Eliás, Udo Essmann, Dr. Vollrad Etzel, Hans-Georg Evers, Dr. Gero W. Fischer, Dr. Walter Foersch, Dr. Stanislav Frank, Dr. Hanns Joachim Franke, Jörg Freyhof, Karl Albert Frickhinger, Joachim Frische, Heiner Garbe, J. Geck, S. Gehmann, Jürgen Glaser, M. Göbel, Jaap-Jan de Greef, Hans-Jürgen Günther, Werner Gutekunst, Hilmar Hansen, Klaus Hansen, Andreas Hartl, Horst Haunert, Steffen Hellner, Dr. Hans-J. Herrmann (Hamburg), Dr. Hans-J. Herrmann (Berlin), Wolfgang Herzog, Harro Hieronimus, Martin Hoffmann, Peter Hoffmann, Kerstin Holota, Hans Horsthemke, Kurt Huwald, Stefan Inselmann, Heinrich Jung, Juwel Aquarium, Burkhard Kahl, Horst Kipper, Dr. Frank Kirschbaum, Karl Knaack, Alexander M. Kochetov, Dr. Sergei M. Kochetov, Joachim Kollo, Dr. A. Konings, Edith Korthaus, Ingo Koslowski, Dr. Maurice Kottelat, René Krummenacher, Dr. Friedhelm Krupp, Axel Kulbe, Mr. Lagdon, J. Lake, Anton Lamboj, Horst Linke, Karl-Heinz Lübeck, Oliver Lucanus, Peter Lucas, Dr. Volker Mahnert, Olaf Manzischke, Hans-Joachim Mayland, Juan Carlos Merino, Manfred K. Meyer, Ulrich Minde, Friedrich Müller, Arend van den Nieuwenhuizen, J. Nikolas, Aaron Norman, Roland Numrich, Gerhard Ott, Kurt Paffrath, Klaus Paysan, A. Pieter, Alan Pinkerton, Helmut Pinter, Eduard Pürzl, Hans Reinhard, Günter Reitz, Dr. Patrick de Rham, Hans Joachim Richter, Dr. Rüdiger Riehl, Michel Roggo, Manfred Rogner, Dr. Uwe Römer, Hans Jürgen Rösler, Lucas Rüber, Mike Sandford, David D. Sands, Hiromichi Sasakawa, Ingo Schindler, Ulrich Schliewen, Günther Schmelzer, Werner Schmettkamp, Gunther Schmida, Dr. Jürgen Schmidt, Dr. Eduard Schmidt-Focke, Erwin Schraml, Ulrich Schramm, Roland Schreiber, Dr. Gottfried Schubert, Thomas Schulz, Peter Schupke, Lothar Seegers, Ingo Seidel, Werner Seuss, Mark Smith, Wolfgang Sommer, Ernst Sosna, Dr. Andreas Spreinat, Dr. Wolfgang Staeck, Rainer Stawikowski, B. Stemmer, Klaus Szafranek, Tetra Archiv, W. A. Tomey, F. Vermeulen, Dr. Jörg Vierke, Prof. Dr. W. Villwock, Vogelsänger-Studios, Frank Warzel, Berthold Weber, Frans Wennmacker, Uwe Werner, G. Westdörp, Ruud Wildekamp, Klaus Wilkerling, Wolfgang A. Windisch, Lothar Wischnath, Kai Erich Witte, Tonnie Woeltjes, Dr. Axel Zarske, Rudolf Zukal, Georg Zurlo.

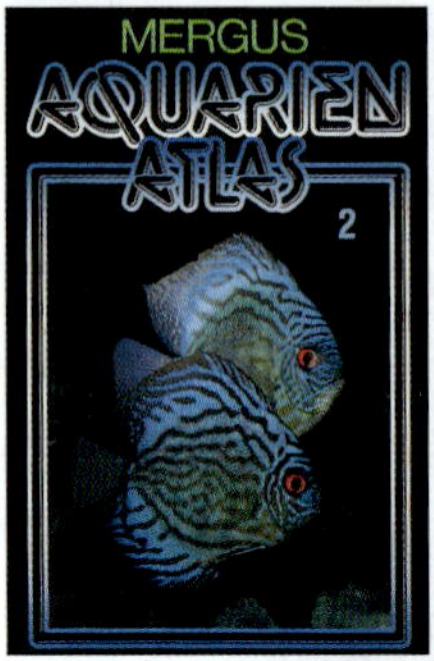

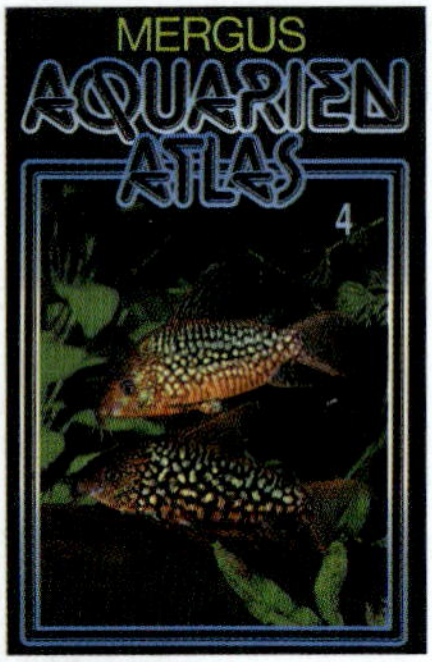

Band 2: Hans A. Baensch, Dr. Rüdiger Riehl; 1216 Seiten, ca.1150 Fotos
Ergänzungsband mit 900 Fischarten und 150 Wasserpflanzen
festgeb.: ISBN 978-3-88244-011-9 • Taschenb.: ISBN 978-3-88244-014-0

Band 3: Dr. Rüdiger Riehl, Hans A. Baensch; 1136 Seiten, ca. 1100 Fotos
Weiterer Ergänzungsband mit ca. 850 Fischarten und 80 Pflanzen
festgeb.: ISBN 978-3-88244-033-1 • Taschenb.: ISBN 978-3-88244-114-7

Band 4: Hans A. Baensch, Dr. Rüdiger Riehl; 864 Seiten, 873 Fotos
Ergänzungsband mit ca. 700 neuen Fischarten
festgeb.: ISBN 978-3-88244-038-6 • Taschenb.: ISBN 978-3-88244-105-6

Band 5: Dr. Rüdiger Riehl, Hans A. Baensch; 1152 Seiten, 1276 Fotos
Ergänzungsband mit weiteren 850 Fischarten
festgeb.: ISBN 978-3-88244-029-4 • Taschenb.: ISBN 978-3-88244-113-0

Band 6: Hans A. Baensch, Hans-Georg Evers; 1232 Seiten, ca. 1300 Fotos
Ergänzungsband mit weiteren 800 Fischarten, 20 Pflanzen und fast 30 anderen Wassertieren, hauptsächlich Krebstiere.
festgeb.: ISBN 978-3-88244-068-3 • ISBN Taschenb.: 978-3-88244-118-5

WELS ATLAS

Band 1 (2. erweiterte Auflage)

Hans-Georg Evers, Ingo Seidel

864 Seiten, ca. 940 Farbfotos, Format 12,5 x 19 cm.

Die Harnischwelse bilden die größte Gruppe südamerikanischer Welse, und viele Arten sind beliebte Aquarienpfleglinge. Dieser Band ist der erste von zwei Teilen einer ausführlichen Bearbeitung der Familie Loricariidae wie es sie in dieser Form noch nicht gegeben hat.
Schwerpunkte dieses Bandes sind ein einleitender Teil mit Vorstellung der Lebensräume und ausführlichen Pflege- und Zuchthinweisen, sowie die Besprechung der Unterfamilien Hypoptopomatinae und Loricariinae, in über 900 Farbfotos eindrucksvoll dargestellt. Ein weiterer Teil stellt die Welsfamilien Cetopsidae, Nematogenyidae und Trichomycteridae vor.

ISBN 978-3-88244-063-8 Kunstleder

WELS ATLAS

Band 2

Ingo Seidel, Hans-Georg Evers

1360 Seiten, ca. 1600 Farbfotos, Format 12,5 x 19 cm.

Die Familie der Harnischwelse (Loricariidae) ist die größte und sicherlich auch beliebteste Familie der Welsartigen. Dieser Band ist der zweite Teil der umfangreichsten Monographie über diese Fischgruppe, die bislang erschienen ist. Während der erste Band das große Einleitungskapitel für diese Familie beinhaltete und sich im Artenteil mit den Unterfamilien Hypoptopomatinae und Loricariinae beschäftigte, haben wir es in diesem Band hauptsächlich mit den Vertretern der Unterfamilien Ancistrinae und Hypostominae zu tun, aber auch die aquaristisch gänzlich unbekannten Unterfamilien Lithogeneinae und Neoplecostominae werden erstmalig detailliert betrachtet. Ein wesentlicher Bestandteil dieses Buchs sind die sogenannten L-Welse, die in ihrer ganzen Vielfalt und Farbenpracht vorgestellt werden.

ISBN 978-3-88244-067-6 Kunstleder

CICHLIDEN ATLAS

Band 1 (2. Auflage)

DR. UWE RÖMER

2. Auflage. 1311 Seiten, über 1400 Farbfotos,
ca. 200 Zeichnungen,
Format 12,5 x 19 cm.

Ein Volltreffer für Freunde der Zwergcichliden Südamerikas. Der Schwerpunkt liegt bei den bisher beschriebenen *Apistogramma*-Arten, viele davon sind Neuheiten. Ein völlig neuer und erstmalig erstellter wissenschaftlicher Bestimmungsschlüssel für *Apistogramma*, die Geschlechterentwicklung nach pH-Wert und Wassertemperatur, Pflege und Zucht sind weitere Schwerpunkte dieses Buches. Die Artbestimmung der *Apistogramma* schon bei Jungtieren und Weibchen bietet dem Benutzer Sicherheit bei der artenreinen Nachzucht. Zahlreiche Zeichnungen und Verbreitungskarten vervollständigen diesen Band mit über 1.400 Farbfotos und der umfassendsten Literatursammlung, welche jemals über die Gattung *Apistogramma* zusammengetragen wurde.

ISBN 978-3-88244-082-9 Kunstleder

CICHLIDEN ATLAS

Band 2

DR. UWE RÖMER

1. Auflage. 1320 Seiten, über 1280 Farbfotos,
ca. 400 Zeichnungen,
Format 12,5 x 19 cm.

Dieser MERGUS ATLAS ergänzt umfassend die Darstellung der Zwergbuntbarsche Südamerikas des CICHLIDEN ATLAS Bd. 1. Alle neu eingeführten *Apistogramma*-Arten werden präsentiert, vier von ihnen und eine neue Gattung wissenschaftlich beschrieben. Informationen zur Haltung, Zucht, Evolution und Biogeographie werden ebenfalls vermittelt. Zahlreiche Diagramme, Tabellen, über 400 Zeichnungen, 125 Karten und gut 1280 Farbfotos.

ISBN 978-3-88244-084-3 Kunstleder

GARTENTEICH ATLAS

Rund um den Gartenteich und das Kaltwasseraquarium

BAENSCH, PAFFRATH, SEEGERS

3. Auflage, 1056 Seiten, 1150 Fotos, Format 12,5 x 19 cm

Was dem Taucher ein prächtiger Unterwassergarten, ist dem Gartenliebhaber sein Gartenteich.
Der Band gibt Tips und praxisbezogene Beispiele zur Errichtung und Pflege eines Teiches. Ein breiter Teil ist den Tieren im und um den Teich gewidmet. 440 Land- und Wasserpflanzen werden von Kurt Paffrath in Farbfotos vorgestellt.
1056 Seiten, 1150 Farbfotos, zahlreiche Zeichnungen.
Format wie alle MERGUS ATLAS - Bände 12,5 x 19 cm.

ISBN 978-3-88244-069-0 Kunstleder
ISBN 978-3-88244-126-0 Taschenbuch

TERRARIEN ATLAS

Band 1

DR. HANS-JOACHIM HERRMANN

1152 Seiten, über 1360 Farbfotos
Format 12,5 x 19 cm.

Der erste Band des terraristischen Standardwerkes stellt in unvergleichlich großer ArtenfülleAmphibien aller drei Ordnungen vor, die Schwanz-, Schleichen- und Froschlurche. In kurzen Steckbriefen und in zauberhaft schönen Fotos werden die einzelnen Arten portraitiert. Auch der einführende Teil über die biologischen und terraristischen Grundlagen brilliert durch viele bemerkenswerte Farbfotos und einen gut verständlichen, fachlich fundierten Text.

ISBN 978-3-88244-079-9 Kunstleder

TERRARIEN ATLAS

Band 2

DR. HANS-JOACHIM HERRMANN

1104 Seiten, über 2000 Farbfotos
Format 12,5 x 19 cm.

Der zweite Teil des Terraristik-Standardwerkes handelt alle Froschfamilien ab, die im ersten Band noch nicht enthalten waren. Darunter sind die terraristisch wichtigsten Gruppen mit den buntesten und verhaltensbiologisch interessanten Vertretern, etwa Dendrobatiden, Laubfrösche, Echte Kröten, Riedfrösche und Mantellen. In knappen Porträts mit komprimierten Informationen über Herkunft, Lebensraum, Biologie, Pflege und Fortpflanzung werden die einzelnen Arten vorgestellt und in ausgezeichneten Farbfotos, die auch zur Bestimmung geeignet sind, abgebildet. Dieses Buch ist unverzichtbar für alle Terrarianer und an Biologie, Beobachtung und Pflege von Fröschen interessierte Leser.

ISBN 978-3-88244-073-7 Kunstleder